엑스포지멘터리

마태복음 I

Matthew

엑스포지멘터리 마태복음 I

초판 1쇄 발행 2021년 5월 31일
2쇄 발행 2021년 6월 1일

지은이 송병현

펴낸곳 도서출판 이엠
등록번호 제25100-2015-000063
주소 서울시 강서구 공항대로 220, 601호
전화 070-8832-4671
E-mail empublisher@gmail.com

내용 및 세미나 문의 스타선교회: 02-520-0877 / EMail: starofkorea@gmail.com / www.star123.kr
Copyright © 송병현, 2021, *Print in Korea.*
ISBN 979-11-86880-82-1 93230

「이 도서의 국립중앙도서관 출판시 도서목록(CIP)은 서지정보유통지원시스템 홈페이지(http://seoji.nl.go.kr)와 국가자
료공동목록시스템(http://www.nl.go.kr/kolisnet)에서 이용하실 수 있습니다. (CIP제어번호:CIP2015000753)」

엑스포지멘터리

마태복음 I

Matthew

| 송병현 지음 |

EXPOSItory comMENTARY

한국 교회를 향한 아름다운 섬김

우리 시대를 포스트모던 시대라고 합니다. 절대적 가치를 배제하고 모든 것을 상대화하는 시대입니다. 이런 시대를 살아가면서 목회자들은 여전히 변하지 않는 절대적인 계시의 말씀인 성경을 들고 한 주간에도 여러 차례 설교하도록 부름을 받습니다. 그런가 하면 진지한 평신도들도 날마다 성경을 읽고 해석하며 삶의 마당에 적용하도록 도전을 받고 있습니다.

이런 시대 속에서 우리는 전통적인 주석과 강해를 종합하는 도움을 기다리고 있었습니다. 저는 이러한 시대적 요청에 송병현 교수가 꼭 필요한 응답을 했다고 믿습니다. 그것이 구약 엑스포지멘터리 전권 발간에 한국 교회가 보여 준 뜨거운 반응의 이유였다고 믿습니다.

물론 정교하고 엄밀한 주석을 기대하거나 혹은 전적으로 강해적 적용을 기대한 분들에게는 이 시리즈가 다소 기대와 다를 수도 있을 것입니다. 그러나 목회 현장에서 설교의 짐을 지고 바쁘게 살아가는 설교자들과 날마다 일상에서 삶의 무게를 감당하며 성경을 묵상하는 성도들에게 이 책은 시대의 선물입니다.

저는 저자가 구약 엑스포지멘터리 전권을 발간하는 동안 얼마나 자신을 엄격하게 채찍질하며 이 저술을 하늘의 소명으로 알고 치열하게 그 임무를 감당해 왔는지 지켜보았습니다. 그리고 그 모습에 큰 감동을 받았습니다. 그렇기에 다시금 신약 전권 발간에 도전하는 그에게 중보 기도와 함께 진심 어린 격려의 박수를 보내고 싶습니다.

구약 엑스포지멘터리에 추천의 글을 쓰며 말했던 것처럼 이는 과거 박윤선 목사님 그리고 이상근 목사님에 이어 한국 교회를 향한 아름다운 섬김으로 기억될 것입니다. 더불어 구약과 신약 엑스포지멘터리 전권을 곁에 두고 설교를 준비하고 말씀을 묵상하는 주님의 종들이 하나님 말씀 안에서 더욱 성숙해 한국 교회의 면류관이 되기를 기도합니다.

이 참고 도서가 무엇보다 성경의 성경 됨을 우리 영혼에 더 깊이 각인해 성경의 주인 되신 주님을 높이고 드러내는 일에 존귀하게 쓰이기를 축복하고 축원합니다. 제가 그동안 이 시리즈로 받은 동일한 은혜가 이 선물을 접하는 모든 분에게 넘치기를 기도합니다.

2021년 1월

이동원 목사 | 지구촌 목회리더십센터 대표

신약 엑스포지멘터리 시리즈를 시작하며

지난 10년 동안 구약에 관해 주석 30권과 개론서 4권을 출판했다. 이 시리즈의 준비 작업은 미국 시카고 근교에 자리한 트리니티복음주의신학교(Trinity Evangelical Divinity School)에서 목회학석사(M. Div.)를 공부할 때 시작되었다. 교수들의 강의안을 모았고, 좋은 주석으로 추천받은 책들은 점심을 굶어가며 구입했다. 덕분에 같은 학교에서 구약학박사(Ph. D.) 과정을 마무리하고 한국으로 올 때 거의 1만 권에 달하는 책을 가져왔다. 지금은 이 책들 대부분이 선교지에 있는 여러 신학교에 가 있다.

신학교에서 공부할 때 필수과목을 제외한 선택과목은 거의 성경 강해만 찾아서 들었다. 당시 트리니티복음주의신학교가 나에게 참으로 좋았던 점은 교수들의 신학적인 관점의 폭이 매우 넓었고, 다양한 성경 과목이 선택의 폭을 넓혀 주었다는 점이다. 세계적으로 유명한 구약과 신약 교수들의 강의를 들으면서도 내 마음 한구석은 계속 불편했다. 계속 "소 왓?"(So what?, "그래서 어쩌라고?")이라는 질문이 나를 불편하게 했다. 그들의 주옥같은 강의로도 채워지지 않는 부분이 있었기 때문이다.

주석은 대상에 따라 학문적 수준이 천차만별인 매우 다이내믹한 장르다. 평신도들이 성경 말씀을 쉽게 이해하도록 돕기 위해 출판된 주석들은 본문 관찰에 대한 가장 기본적인 내용과 쉬운 언어로 작성된다. 나에게 가장 친숙한 예는 바클레이(Barclay)의 신약 주석이다. 나는 고등학생과 대학생 시절에 바클레이가 저작한 신약 주석 17권으로 큐티(QT)를 했다. 신앙생활뿐 아니라 나중에 신학교에 입학할 때도 많은 도움이 되었다.

평신도들을 위한 주석과는 대조적으로 학자들을 위한 주석은 당연히 말도 어렵고, 논쟁적이며, 일반 성도들이 몰라도 되는 내용을 참으로 많이 포함한다. 나는 당시 목회자 양성을 위한 목회학석사(M. Div.) 과정을 공부하고 있었기 때문에 성경 강해를 통해 설교와 성경 공부를 인도하는 데 도움이 될 만한 강의를 기대했다. 교수들의 강의는 학문적으로 참으로 좋았다. 그러나 그들이 가르치는 내용을 성경 공부와 설교에는 쉽게 적용할 수 없다는 생각이 들었다. 이러한 필요가 채워지지 않았기 때문에 계속 "소 왓"(So what?)을 반복했던 것이다.

그때부터 자료들을 모으고 정리하며 나중에 하나님이 기회를 주시면 목회자들의 설교와 성경 공부에 실질적인 도움을 줄 수 있는 주석을 출판하겠다는 꿈을 품었다. 그러면서 시리즈 이름도 '엑스포지멘터리'(exposimentary=expository+commentary)로 정해 두었다. 그러므로 『엑스포지멘터리 시리즈』는 20여 년의 준비 끝에 10년 전부터 출판을 시작한 주석 시리즈다. 2010년에 첫 책인 창세기 주석을 출판할 무렵, 친구인 김형국 목사에게 사전에도 없는 'Exposimentary'를 우리말로 어떻게 번역하면 좋겠냐고 물었다. 그는 우리말로는 쉽게 설명할 수 없는 개념이니 그냥 영어를 소리 나는 대로 표기해 사용하라고 조언했다. 이렇게 해서 엑스포지멘터리 시리즈 주석이 탄생하게 되었다.

지난 10년 동안 많은 목회자가 이 주석들로 인해 설교가 바뀌고 성경 공부에 자신감을 얻었다고 말해 주었다. 참으로 감사한 일이다. 나는 학자들을 위해 책을 쓰는 것이 아니라, 목회자들을 위해 주석을 집필하고 있다. 그래서 목회자들이 알아야 할 정도의 학문적인 내용과 설교 및 성경 공부에 도움이 될 만한 실용적인 내용이 균형을 이룬 주석을 출판하기 위해 노력하고 있다. 또한 학문적으로 높은 수준의 주석을 추구하지 않기 때문에 구약을 전공한 내가 감히 신약 주석을 집필할 생각을 했다. 나의 목표는 은퇴할 무렵까지 마태복음부터 요한계시록까지 신약 주석을 정경 순서대로 출판하는 것이다. 이 책으로 도움을 받은 독자들이 나를 위해 기도해 준다면 참으로 감사하고 영광스러운 일이 될 것이다.

2021년 1월 방배동에서

시리즈 서문

"너는 50세까지는 좋은 선생이 되려고 노력하고, 그 이후에는 좋은 저자가 되려고 노력해라." 내가 미국 시카고 근교에 위치한 트리니티복음주의신학교(Trinity Evangelical Divinity School) 박사 과정을 시작할 즈음에 지금은 고인이 되신 스승 맥코미스키(Thomas E. McComiskey)와 아처(Gleason L. Archer) 두 교수님이 주신 조언이다. 너무 일찍 책을 쓰면 훗날 아쉬움이 많이 남는다며 하신 말씀이었다. 박사 학위를 마치고 1997년에 한국에 들어와 신학대학원에서 가르치기 시작하면서 나는 이 조언을 마음에 새겼다. 사실 이 조언과 상관없이 당시에 곧장 책을 출판하기는 불가능한 일이었다. 중학생이었던 1970년대 중반에 캐나다로 이민 가서 20여 년 만에 귀국해 우리말로 강의하는 일 자체가 그 당시 나에게 매우 큰 도전이었던 만큼, 책을 출판하는 일은 사치로 느껴질 뿐이었다.

세월이 지나 어느덧 선생님들이 말씀하신 쉰 살을 눈앞에 두었다. 1997년에 귀국한 후 지난 10여 년 동안 나는 구약 전체에 대한 강의안을 만드는 일을 목표로 삼았다. 나 자신에게 동기를 부여하기 위해 몸담고 있는 신대원 학생들에게 매 학기 새로운 구약 강해 과목을 개설

해 주었다. 감사한 것은 지혜문헌을 제외한 구약 모든 책의 본문 관찰을 중심으로 한 강의안을 13년 만에 완성할 수 있었다는 점이다. 앞으로 수년에 거쳐 이 강의안들을 대폭 수정해 매년 2–3권씩을 책으로 출판하려 한다. 지혜문헌은 잠시 미루어 두었다. 시편 1권(1–41편)에 대해 강의안을 만든 적이 있는데, 본문 관찰과 주해는 얼마든지 할 수 있었지만 무언가 아쉬움이 남았다. 삶의 연륜이 가미되지 않은 데서 비롯된 부족함이었다. 그래서 지혜문헌에 대한 주석은 예순을 바라볼 때쯤 집필하기로 했다. 삶을 조금 더 경험한 후로 미루어 둔 것이다. 아마도 이 시리즈가 완성될 즈음이면, 자연스럽게 지혜문헌에 대한 책을 출판할 때가 되지 않을까 싶다.

이 시리즈는 설교를 하고 성경 공부를 인도해야 하는 중견 목회자들과 평신도 지도자들을 마음에 두고 집필한 책이다. 나는 이 시리즈의 성향을 'exposimentary'('해설주석')이라고 부르고 싶다. Exposimentary라는 단어는 내가 만든 용어다. 해설/설명을 뜻하는 'expository'라는 단어와 주석을 뜻하는 'commentary'를 합성했다. 대체로 expository는 본문과 별 연관성이 없는 주제와 묵상으로 치우치기 쉽고, commentary는 필요 이상으로 논쟁적이고 기술적일 수 있다는 한계를 의식해 이러한 상황을 의도적으로 피하고 가르치는 사역에 조금이나마 실용적이고 도움이 되는 교재를 만들기 위해 만들어낸 개념이다. 나는 본문의 다양한 요소와 이슈들에 대해 정확하게 석의하면서도 전후 문맥과 책 전체의 문형(文形, literary shape)을 최대한 고려해 텍스트의 의미를 설명하고 우리 삶과 연결하고자 노력했다. 또한 히브리어 사용은 최소화했다.

이 시리즈를 내놓으면서 감사할 사람이 참 많다. 먼저, 지난 25년 동안 내 인생의 동반자가 되어 아낌없는 후원과 격려를 해 준 아내 임우민에게 감사한다. 아내를 생각할 때마다 참으로 현숙한 여인(cf. 잠 31:10–31)을 배필로 주신 하나님께 감사할 뿐이다. 아빠의 사역을 기도와 격려로 도와준 지혜, 은혜, 한빛에게도 고마운 마음을 표한다. 평생

기도와 후원을 아끼지 않는 친가와 처가 친척들에게도 감사하다는 말을 전하고 싶다. 항상 옆에서 돕고 격려해 주는 평생 친구 장병환·윤인옥 부부에게도 고마움을 표하며, 시카고 유학 시절에 큰 힘이 되어 주신 이선구 장로·최화자 권사님 부부에게도 이 자리를 빌려 평생 빚진 마음을 표하고 싶다. 우리 가족이 20여 년 만에 귀국해 정착할 수 있도록 배려를 아끼지 않으신 백석학원 설립자 장종현 목사님에게도 감사드린다. 우리 부부의 영원한 담임 목자이신 이동원 목사님에게도 고마움을 표하고 싶다.

2009년 겨울 방배동에서

감사의 글

스타선교회의 사역에 물심양면으로 헌신해 오늘도 하나님의 말씀이 온 세상에 선포되는 일에 기쁜 마음으로 동참하시는 백영걸, 정진성, 장병환, 임우민, 정채훈, 강숙희 이사님들께 감사의 마음을 전하고 싶습니다. 이사님들의 헌신이 있기에 세상은 조금 더 살맛 나는 곳이 되고 있습니다. 온 세상이 코로나19로 인해 겸손해질 수밖에 없는 시간을 지나고 있습니다. 여호와 라파의 주님께서 창궐한 코로나19를 다스리시고, 투병 중인 정채훈 이사님을 온전히 낫게 하실 것을 믿습니다.

2021년 꽁꽁 얼어붙은 방배동에서

일러두기

엑스포지멘터리(exposimentary)는 '해설/설명'을 뜻하는 엑스포지토리(expository)라는 단어와 '주석'을 뜻하는 코멘터리(commentary)를 합성한 단어다. 본문의 뜻과 저자의 의도와는 별 연관성이 없는 주제와 묵상으로 치우치기 쉬운 엑스포지토리(expository)의 한계와 필요 이상으로 논쟁적이고 기술적일 수 있는 코멘터리(commentary)의 한계를 극복해 목회 현장에서 가르치고 선포하는 사역에 실질적으로 도움을 주는 새로운 장르다. 본문의 다양한 요소와 이슈에 대해 정확하게 석의하면서도 전후 문맥과 책 전체의 문형(文形, literary shape)을 최대한 고려해 텍스트의 의미를 설명하고 성도의 삶과 연결하고자 노력하는 설명서다. 엑스포지멘터리는 다음과 같은 원칙을 바탕으로 인용한 정보를 표기한다.

1. 참고문헌을 모두 표기하지 않고 선별된 참고문헌으로 대신한다.
2. 출처를 표기할 때 각주(foot note) 처리는 하지 않는다.
3. 출처는 괄호 안에 표기하되 페이지는 밝히지 않는다.
4. 여러 학자가 동일하게 해석할 때는 모든 학자를 표기하지 않고 일

부만 표기한다.

5. 한 출처를 인용해 설명할 때 설명이 길어지더라도 문장마다 출처를 표기하지 않는다.

6. 본문 설명을 마무리하면서 묵상과 적용을 위해 "이 말씀은…"으로 시작하는 문단(들)을 두었다. 이 부분만 읽으면 잘 이해되지 않는 것들도 있다. 그러나 본문 설명을 읽고 나면 이해가 될 것이다.

7. 본문을 설명할 때 유대인들의 문헌과 외경과 위경에 관한 언급을 최소화한다.

8. 구약을 인용한 말씀은 장르에 상관없이 가운데 맞춤으로 정렬했으며, NAS의 판단 기준을 따랐다.

주석은 목적과 주된 대상에 따라 인용하는 정보의 출처와 참고문헌 표기가 매우 탄력적으로 제시되는 장르다. 참고문헌 없이 출판되는 주석도 있고, 각주가 전혀 없이 출판되는 주석도 있다. 또한 각주와 참고문헌 없이 출판되는 주석도 있다. 엑스포지멘터리 시리즈는 이 같은 장르의 탄력적인 성향을 고려해 제작된 주석이다.

선별된 약어표

개역	개역한글판
개역개정	개역개정판
공동	공동번역
새번역	표준새번역 개정판
현대	현대인의 성경
아가페	아가페 쉬운성경
BHS	Biblica Hebraica Stuttgartensia
ESV	English Standard Version
KJV	King James Version
LXX	Septuaginta
MT	Masoretic Text
NAB	New American Bible
NAS	New American Standard Bible
NEB	New English Bible
NIV	New International Version
NIRV	New International Reader's Version

NRS	New Revised Standard Bible
TNK	Jewish Publication Society Tanakh
AB	Anchor Bible
ABCPT	A Bible Commentary for Preaching and Teaching
ABD	The Anchor Bible Dictionary, 6 vols. Ed. by D. N. Freedman. New York, 1992
ABR	Australian Biblical Review
ABRL	Anchor Bible Reference Library
ACCS	Ancient Christian Commentary on Scripture
ANET	The Ancient Near Eastern Texts Relating to the Old Testament. 3rd ed. Ed. by J. B. Pritchard. Princeton: Princeton University Press, 1969
ANETS	Ancient Near Eastern Texts and Studies
ANTC	Abingdon New Testament Commentary
AOTC	Abingdon Old Testament Commentary
ASTI	Annual of Swedish Theological Institute
BA	Biblical Archaeologist
BAR	Biblical Archaeology Review
BAGD	A Greek–English Lexicon of the New Testament and Other Early Christian Literature, 2nd ed. Ed. by Bauer, W., W. F. Arndt, F. W. Gingrich, and F. W. Danker. Chicago, 1979.
BAR	Biblical Archaeology Review
BBR	Bulletin for Biblical Research
BCBC	Believers Church Bible Commentary
BCL	Biblical Classics Library
BECNT	Baker Exegetical Commentary on the New Testament

BETL	Bibliotheca Ephemeridum Theoloicarum Lovaniensium
BETS	Bulletin of the Evangelical Theological Society
BibOr	Biblia et Orientalia
BibSac	Bibliotheca Sacra
BibInt	Biblical Interpretation
BR	Bible Reseach
BRev	Bible Review
BRS	The Biblical Relevancy Series
BSC	Bible Student Commentary
BST	The Bible Speaks Today
BT	Bible Translator
BTB	Biblical Theology Bulletin
BTC	Brazos Theological Commentary on the Bible
BV	Biblical Viewpoint
BZ	Biblische Zeitschrift
BZNW	Beihefte zur Zeitschrift für die neutestamentliche Wissenschaft
CB	Communicator's Bible
CBC	Cambridge Bible Commentary
CBQ	Catholic Biblical Quarterly
CBQMS	Catholic Biblical Quarterly Monograph Series
CGTC	Cambridge Greek Testament Commentary
CurBS	Currents in Research: Biblical Studies
CurTM	Currents in Theology and Missions
DJG	Dictionary of Jesus and the Gospels. Ed. by J. B. Green, S. McKnight, and I. Howard Marshall. Downers Grove, 1992.
DNTB	Dictionary of New Testament Background. Ed. by C. A. Evans and S. E. Porter. Downers Grove, 2000.

DPL	Dictionary of Paul and His Letters. Ed. by G. F. Hawthorne, R. P. Martin, and D. G. Reid. Downers Grove, 1993.
DSB	Daily Study Bible
ECC	Eerdmans Critical Commentary
ECNT	Exegetical Commentary on the New Testament
EDNT	Exegetical Dictionary of the New Testament. Ed. by H. Balz, G. Schneider. Grand Rapids, 1990−1993.
EvJ	Evangelical Journal
EvQ	Evangelical Quarterly
ET	Expository Times
FCB	Feminist Companion to the Bible
GTJ	Grace Theological Journal
HALOT	The Hebrew and Aramaic Lexicon of the Old Testament. Ed. by L. Koehler and W. Baumgartner. Trans. by M. E. J. Richardson. Leiden, 1994−2000.
Hist. Eccl.	Historia ecclesiastica (Eusebius)
HNTC	Holman New Testament Commentary
HTR	Harvard Theological Review
IB	Interpreter's Bible
IBS	Irish Biblical Studies
ICC	International Critical Commentary
IDB	Interpreter's Dictionary of the Bible
ISBE	The International Standard Bible Encyclopedia. 4 vols. Ed. by G. W. Bromiley. Grand Rapids, 1979−1988.
JAAR	Journal of the American Academy of Religion
JBL	Journal of Biblical Literature
JESNT	Journal for the Evangelical Study of the New Testament

JETS	Journal of the Evangelical Theological Society
JQR	Jewish Quarterly Review
JRR	Journal from the Radical Reformation
JSNT	Journal for the Study of the New Testament
JSNTSup	Journal for the Study of the New Testament Supplement Series
JTS	Journal of Theological Studies
LABC	Life Application Bible Commentary
LB	Linguistica Biblica
LCBI	Literary Currents in Biblical Interpretation
LEC	Library of Early Christianity
Louw—Nida	Greek—English Lexicon of the New Testament: Based on Semantic Domains, 2nd ed., 2 vols. By J. Louw, and E. Nida. New York, 1989.
LTJ	Lutheran Theological Journal
MBC	Mellen Biblical Commentary
MenCom	Mentor Commentary
MJT	Midwestern Journal of Theology
NAC	New American Commentary
NCB	New Century Bible
NIB	The New Interpreter's Bible
NIBC	New International Biblical Commentary
NICNT	New International Commentary on the New Testament
NICOT	New International Commentary on the Old Testament
NIDNTT	New International Dictionary of New Testament Theology. Ed. by C. Brown. Grand Rapids, 1986.
NIDOTTE	The New International Dictionary of Old Testament Theology and Exegesis. Ed. by W. A. Van Gemeren.

Grand Rapids, 1996.

NIGTC	New International Greek Testament Commentary
NIVAC	New International Version Application Commentary
NovT	Novum Testamentum
NovTSup	Novum Testamentum Supplements
NSBT	New Studies in Biblical Theology
NTL	New Testament Library
NTM	New Testament Message
NTS	New Testament Studies
PBC	People's Bible Commentary
PNTC	Pillar New Testament Commentary
PRR	The Presbyterian and Reformed Review
PSB	Princeton Seminary Bulletin
ResQ	Restoration Quarterly
RevExp	Review and Expositor
RR	Review of Religion
RRR	Review of Religious Research
RS	Religious Studies
RST	Religious Studies and Theology
RTR	Reformed Theological Review
SacP	Sacra Pagina
SBC	Student's Bible Commentary
SBJT	Southern Baptist Journal of Theology
SBL	Society of Biblical Literature
SBLDS	Society of Biblical Literature Dissertation Series
SBLMS	Society of Biblical Literature Monograph Series
SBT	Studies in Biblical Theology

SHBC	Smyth & Helwys Bible Commentary
SJT	Scottish Journal of Theology
SNT	Studien zum Neuen Testament
SNTSMS	Society for New Testament Studies Monograph Series
SNTSSup	Society for New Testament Studies Supplement Series
ST	Studia Theologica
TBT	The Bible Today
TD	Theology Digest
TDOT	Theological Dictionary of the Old Testament. 11 vols. Ed. by G. J. Botterweck et al. Grand Rapids, 1974–2003.
TDNT	Theological Dictionary of the New Testament. Ed. by G. Kittel and G. Friedrich. Trans. by G. W. Bromiley. 10 vols. Grand Rapids, 1964–1976.
Them	Themelios
TJ	Trinity Journal
TNTC	Tyndale New Testament Commentaries
TS	Theological Studies
TT	Theology Today
TTC	Teach the Text Commentary Series
TWBC	The Westminster Bible Companion
TWOT	R. L. Harris, G. L. Archer, Jr., and B. K. Waltke (eds.), Theological Wordbook of the Old Testament, 2 vols. Chicago: Moody, 1980.
TynBul	Tyndale Bulletin
TZ	Theologische Zeitschrift
USQR	Union Seminary Quarterly Review
VE	Vox Evangelica

VT	Vetus Testament
WBC	Word Biblical Commentary
WBCom	Westminster Bible Companion
WCS	Welwyn Commentary Series
WEC	Wycliffe Exegetical Commentary
WTJ	The Westminster Theological Journal
WUNT	Wissenschafliche Untersuchungen zum Neuen Testament und die Kunde der älteren Kirche
WW	Word and World
ZNW	Zeitschrift für die neutestamentliche Wissenschaft

차례

선별된 참고문헌

(Select Bibliography)

Aland, K., ed. *Synopsis of the Four Gospels: Greek-English Edition of the Synopsis Quattuor Evangeliorum.* 7th ed. Stuttgart, Germany: German Bible Society, 1983.

Albright, W. F.; C. S. Mann. *Matthew.* AB. Garden City, NY: Doubleday, 1971.

Alexander, J. *Commentary on the Prophecies of Isaiah.* New York/London: Wiley & Putnam, 1847.

Allen, W. C. *A Critical and Exegetical Commentary on the Gospel according to St. Matthew.* ICC. Edinburgh: T&T Clark, 1912.

Allison, D. C. *The New Moses: A Matthean Typology.* Minneapolis: Fortress, 1993.

_____. *Studies in Matthew: Interpretation Past and Present.* Grand Rapids: Baker, 2005.

_____. "Divorce, Celibacy, and Joseph." JSNT 49 (1993): 3–10.

Augsburger, M. S. *Matthew.* CC. Waco, TX: Word, 1982.

Aune, D. E. *The New Testament in Its Literary Environment.* Philadelphia:

Westminster, 1987.

_____., ed. *The Gospel of Matthew in Current Study: Studies in Memory of William G. Thompson S. J.* Grand Rapids: Eerdmans, 2001.

Aus, R. D. *Matthew 1-2 and the Virginal Conception.* Lanham, MD: University Press of America, 2004.

Bacon, B. W. "The Five Books of Moses against the Jews." Expositor 15 (1918): 56-66.

_____. *Studies in Matthew.* London: Constable, 1930.

Bailey, K. E. *Poet and Peasant.* Grand Rapids: Eerdmans, 1976.

_____. *Through Peasant Eyes: More Lucan Parables, Their Culture and Style.* Grand Rapids: Eerdmans, 1980.

Banks, R. *Jesus and the Law in the Synoptic Tradition.* SNTSMS 28. Cambridge: Cambridge University Press, 1975.

Barclay, W. *The Gospel of Matthew.* 2 vols. DSB. Rev. ed. Philadelphia: Westminster Press, 1975.

Barton, B. B.; M. Fackler; L. K. Taylor; D. R. Veerman. *Matthew.* LABC. Wheaton: Tyndale, 1996.

Bauckham, R., ed. *The Gospel for All Christians.* Grand Rapids: Eerdmans, 1998.

_____. *Jesus and the Eyewitnesses: The Gospels as Eyewitness Testimony.* Grand Rapids: Eerdmans, 2006.

Bauer, D. R. *The Structure of Matthew's Gospel: A Study in Literary Design.* JSNTSup 31. Sheffield: Almond, 1988.

_____. "The Kingship of Jesus in Matthean Infancy Narrative: A Literary Analysis." CBQ 57: 306-23.

Baumgardt, D. "Kaddish and the Lord's Prayer." JBQ 19 (1991): 164-69.

Beale, G. K.; B. L. Gladd. *The Story Retold: A Biblical-Theological Introduction to the New Testament.* Downers Grove, IL: InterVarsity Press, 2020.

Beare, F. W. *The Gospel according to Matthew: Translation, Introduction and Commentary.* Philadelphia: Harper & Row, 1981.

_____. "The Mission of the Twelve of the Twelve and the Mission Charge: Matthew 10 and Parallels." JBL 89 (1970): 1-13.

Beasley-Murray, G. R. *Baptism in the New Testament.* Grand Rapids: Eerdmans, 1962.

Betz, H.-D. *Essays on the Sermon on the Mount.* Philadelphia: Fortress, 1985.

_____. *The Sermon on the Mount: A Commentary on the Sermon on the Mount, Including the Sermon on the Plain (Matthew 5:3-7:27 and Luke 6:20-49).* Hermeneia. Minneapolis: Fortress, 1995.

Blomberg, C. L. *The Historical Reliability of the Gospels.* Downers Grove, IL: InterVarsity Press, 1987.

_____. *Interpreting the Parables.* Downers Grove, IL: InterVarsity Press, 1990.

_____. *Matthew.* NAC. Nashville: Broadman & Holman, 1992.

Bonhoeffer, D. *Discipleship.* Trans. by B. Green and R. Krauss. Minneapolis: Fortress, 2001.

Bonnard, P. *L'évangile selon Saint Matthieu.* Neuchâtel: Delachaux & Niestlé, 1963.

Boring, M. E. "The Gospel of Matthew: Introduction, Commentary, and Reflections." Pp. 87-505 in *NIB*, vol. 8. Nashville: Abingdon, 1995.

Bornkamm, G.; G. Barth, H. J. Held. *Tradition and Interpretation in*

Matthew. NTL. Philadelphia: Westminster Press, 1963.

Brandon, S. G. F. *Jesus and the Zealots*. New York: Scribner's, 1967.

Broadus, J. A. *Commentary on the Gospel of Matthew*. Philadelphia: American Baptist Publication Society, 1886.

Brooks, S. H. *Matthew's Community: The Evidence of His Special Sayings Material*. JSNTSup. 16. Sheffield: Sheffield Academic Press, 1987.

Brown, D. *The Four Gospels: A Commentary, Critical, Experimental and Practical*. Carlisle, PA: The Banner of Truth Trust, 1976rep.

Brown, J. K. *The Disciples in Narrative Perspective: The Portrayal and Function of the Matthean Disciples*. SBL Academic Biblica 9. Atlanta: Society of Biblical Literature, 2002.

Brown, R. E. *The Birth of the Messiah: A Commentary on the Infancy Narratives in the Gospels of Matthew and Luke*. 2nd ed. New York: Doubleday, 1993.

_____. *The Death of the Messiah: From Gethsemane to Grave. A Commentary on the Passion Narratives of the Four Gospels*. 2 vols. New York: Doubleday, 1994.

Brown, S. "The Twofold Representation of the Mission in Matthew's Gospel." ST 31 (1977):21−32.

Bruce, A. B. *The Gospel According to Matthew*. The Expositor's Greek Testament. Grand Rapids: Eerdmans, 1976.

Bruce, F. F. *Hard Sayings of Jesus*. Downers Grove, IL: InterVarsity Press, 1983.

_____. *New Testament History*. Garden City, New York: Doubleday & Company, 1980.

Bruner, F. D. *Matthew: The Christbook(Matthew 1-12). The*

Churchbook(Matthew 13-28). 2 vols. Dallas: Word, 1987, 1990.

Buchanan, G. W. *Gospel of Matthew*. 2 vols. Mellen Biblical Commentary. Lewiston, NY: Mellen Biblical Press, 1996.

Bultmann, R. *The History of the Synoptic Tradition*. 2nd ed. Trans. by J. Marsh. Oxford: Blackwell, 1968.

_____. *Theology of the New Testament*. 2 vols. Trans. by K. Grobel. New York: Charles Scribner's Sons, 1951.

Burgess, J. A. *A History of the Exegesis of Matthew 16:17-19 from 1781 to 1965*. Ann Arbor: Edwards Brothers, 1976.

Burridge, R. A. "Gospel Genre and Audiences." Pp. 113–46 in *The Gospels for All Christians: Rethinking the Gospel Audiences*. Ed. by R. Bauckham. Grand Rapids: Eerdmans, 1998.

_____. *What Are the Gospels? A Comparison with Graeco-Roman Biography*. 2nd ed. Grand Rapids: Eerdmans, 2004.

Byrskog, S. *Story as History—History as Story: The Gospel Tradition in the Context of Ancient Oral History*. Leiden: Brill, 2002.

Calvin, J. *Calvin's New Testament Commentaries, Volume 2: A Harmony of the Gospels: Matthew, Mark, and Luke*. Grand Rapids: Eerdmans, 1995.

Cameron, P. S. "Lead Us Not into Temptation." ExpTim 101(1990): 299–301.

_____. *Violence and the Kingdom: The Interpretation of Matthew 11:12*. Frankfurt: Peter Lang, 1984.

Caragounis, C. C. *Peter the Rock*. BZNW 58. Berlin: de Gruyter, 1990.

Carlston, C. E.; D. Norlin. "Statistics and Q—Some Further Observations." NovT 41 (1999): 108–23.

Carrington, P. *The Primitive Christian Calendar*. Cambridge: Cambridge University Press, 1952.

Carson, D. A. "Matthew." Pp. 1–599 in *The Expositor's Bible Commentary*, vol. 8. Ed. by F. E. Gaebelein. Grand Rapids: Zondervan, 1984.

_____. *The Sermon on the Mount: An Evangelical Exposition of Matthew 5-7*. Grand Rapids: Baker, 1978.

_____. *When Jesus Confronts the World*. Grand Rapids: Baker, 1987.

_____. "What is the Gospel?—Revisited." Pp. 147–170 in *For the Fame of God's Name: Essays in Honor of John Piper*. Ed. by S. Storms and J. Taylor. Wheaton, IL: Crossway, 2010.

Carson, D. A.; Moo, D. J.; Morris, L., eds. *An Introduction to the New Testament*. Grand Rapids: Zondervan, 1992.

Carter, W. *Households and Discipleship: A Study of Matthew 19-20*. JSNTSup 103. Sheffield: JSOT Press, 1994.

_____. *Matthew: Storyteller, Interpreter, Evangelist*. Peabody, MA: Hendrickson, 1996.

Casey, M. "General, Generic, and Indefinite: The Use of the Term 'Son of Man' in Jewish Sources and the Teaching of Jesus." JSNT 29 (1987): 21–56.

Cassidy, R. J. "Matthew 17:24–27—A Word on Civil Taxes." CBQ 41 (1979): 571–80.

Cassuto, U. *A Commentary on the Book of Exodus*. Jerusalem: Magnes Press, 1967.

Chapman, D. W. "Perceptions of Crucifixion Among Jews and Christians in the Ancient World." TynBul 51 (2000): 313–16.

Charette, B. *The Theme of Recompense in Matthew's Gospel*. JSNTSup 79. Sheffield: JSOT Press, 1992.

Combrink, H. J. B. "The Structure of the Gospel of Matthew as

Narrative." TynBul 34 (1983): 61–90.

Cope, O. L. *Matthew: A Scribe Trained for the Kingdom of Heaven.* New York: Ktav, 1977.

Cousland, J. R. C. *The Crowds in the Gospel of Matthew.* NovTSup 102. Leiden: E. J. Brill, 2002.

Crossan, J. D. *Cliffs of Fall: Paradox and Polyvalence in the Parables of Jesus.* New York: Seabury, 1980.

_____. *The Historical Jesus: The Life of a Mediterranean Jewish Peasant.* San Francisco: Harper, 1991.

Cullman, O. *The Christology of the New Testament.* Philadelphia: Westminster Press, 1959.

Daube, D. *The New Testament and Rabbinic Judaism.* London: University of London Press, 1956.

Davies, M. *Matthew.* Readings: A New Biblical Commentary. Sheffield: JSOT Press, 1993.

Davies, W. D. *The Setting of the Sermon on the Mount.* Cambridge: Cambridge University Press, 1966.

Davies, W. D.; D. C. Allison. *The Gospel According to Matthew.* 3 vols. ICC. Edinburgh: T&T Clark, 1988, 1991, 1997.

Davis, S.; D. Kendall; G. O'Collins, ed. *The Resurrection: An Interdisciplinary Symposium on the Resurrection of Jesus.* Oxford: Oxford University Press, 1997.

Deatrick, E. P. "Salt, Soil, Savior." BA 25 (1962): 41–48.

deSilva, D. A. *An Introduction to the New Testament: Context, Methods and Ministry Formation.* Downers Grove, IL: InterVarsity Press, 2004.

Derrett, J. D. M. *Law in the New Testament.* London: Dartman, Longman & Todd, 1970.

_____. "Binding and Loosing (Matt 16:19, 18:18; John 20:23)." JBL 102 (1983): 112−17.

Dibelius, M. *From Tradition to Gospel.* Trans. by B. L. Woolf. Cambridge: James Clarke & Company, 1971.

Doeve, J. W. *Jewish Hermeneutics in the Synoptic Gospels and Acts.* Assen: Van Gorcum, 1954.

Donaldson, T. L. *Jesus on the Mountain: A Study in Matthean Theology.* JSNTSup 8. Sheffield: JSOT Press, 1985.

Dunn, J. D. G. *Jesus and the Spirit: A Study of the Religious and Charismatic Experience of Jesus and the First Christians as Reflected in the New Testament.* London: SCM, 1975.

_____. *Unity and Diversity in the New Testament: An Inquiry into the Character of Earliest Christianity.* Philadelphia: Westminster Press, 1977.

Edwards, R. A. *Matthew's Narrative Portrait of the Disciples.* Valley Forge, PA: Trinity Press International, 1997.

_____. *Matthew's Story of Jesus.* Philadelphia: Fortress, 1985.

Ellis, P. F. *Matthew: His Mind and His Message.* Collegeville, MN: Liturgical Press, 1974.

Farrer, A. M. "On Dispensing with Q." Pp. 55−88 in *Studies in the Gospels: Essays in Memory of R. H. Lightfoot.* Ed. by D. E. Nineham. Oxford: Blackwell, 1955.

_____. *St. Matthew and St. Mark.* 2nd ed. London: Dacre, 1966.

Fenton, J. S. *Saint Matthew.* Westminster Pelican Commentaries. Philadelphia: Westminster, 1963.

_____. "Matthew and the Divinity of Jesus: Three Questions concerning Matthew 1:20−23." Pp. 79−82 in *Studia Biblica 1978, Vol 2:*

Papers on the Gospels. Ed. by E. A. Livingstone. Sheffield: JSOT Press, 1980.

Ferguson, E. *Backgrounds of Early Christianity*. Grand Rapids: Eerdmans, 1987.

Feiler, P. F. "The Stilling of the Storm in Matthew: A Response to Günther Bornkamm." JETS 26 (1983): 399–406.

Filson, F. V. *The Gospel according to St. Matthew*. 2nd ed. BNTC. London: Adam & Charles Black, 1971.

Fitzmyer, J. A. "The Matthean Divorce Texts and Some New Palestinian Evidence." TS 37 (1976): 208–11.

Fleming, T. V. "Christian Divorce." TS 24 (1963): 109.

France, R. T. *The Gospel of Matthew*. NICNT. Grand Rapids: Eerdmans, 2007.

_____. *Jesus and the Old Testament*. Grand Rapids: Baker, 1982.

_____. *Matthew*. TNTC. Grand Rapids: Eerdmans, 1985.

_____. *Matthew: Evangelist and Teacher*. London: Paternoster, 1989.

Frye, R. M. "The Synoptic Problems and Analogies in Other Literatures." Pp. 261–302 in *The Relationships among the Gospels: An Interdisciplinary Dialogue*. Ed. by W. O. Walker. San Antonio, TX: Trinity University Press, 1978.

Funk, R. W., R. W. Hoover, Jesus Seminar. *The Five Gospels: What Did Jesus Really Say? The Search for Authentic Words of Jesus*. San Francisco: HarperOne, 1996.

Gardner, R. B. *Matthew*. BCBC. Scottdale, PA: Herald, 1991.

Garland, D. E. *Reading Matthew: A Literary and Theological Commentary on the First Gospel*. New York: Crossroad, 1993.

Gathercole, S. J. *The Preexistent Son: Recovering the Christologies of Matthew,*

Mark, and Luke. Grand Rapids: Eerdmans, 2006.

Garlington, D. B. "Oath—Taking in the Community of the New Age (Matthew 5:33—37)." TJ 16 (1995): 139—70.

Gench, F. T. *Wisdom in the Christology of Matthew*. New York: University Press of America, 1997.

Gerhardsson, B. *The Testing of God's Son (Matt 4:11 & Par.): An Analysis of an Early Christian Midrash*. Lund: Gleerup, 1966.

Gibbs, J. A. *Matthew 1:1-11:1*. Concordia Commentary. St. Louis, MO: Concordia, 2006.

Glasscock, E. *Matthew*. Moody Gospel Commentary. Chicago: Moody Press, 1997.

Goodacre, M. *The Case Against Q: Studies in Markan Priority and the Synoptic Problem*. Harrisburg, PA: Trinity Press International, 2002.

_____. *The Synoptic Problem: A Way Through the Maze*. London/New York: T&T Clark, 2001.

Goulder, M. D. *Midrash and Lection in Matthew*. London: SPCK, 1974.

Gray, S. W. The *Least of My Brothers: Matthew 25:31-46—A History of Interpretation*. Atlanta: Scholars Press, 1989.

Green, H. B. *The Gospel According to Matthew: Introduction, and Commentary*. The New Clarendon Bible. Oxford: Oxford University Press, 1975.

_____. *Matthew, Poet of the Beatitudes*. JSNTSup. Sheffield: Sheffield Academic Press, 2001.

Green, J. B., J. K. Brown, N. Perrin, eds. *Dictionary of Jesus and the Gospels*, 2nd ed. Downers Grove, IL: InterVarsity Press, 2013.

Guelich, R. A. *The Sermon on the Mount: A Foundation for Understanding*.

Waco, TX: Word, 1992.

_____. "The Gospel Genre." Pp. 173–208 in *The Gospel and the Gospels*. Ed. by P. Stuhlmacher. Grand Rapids: Eerdmans, 1991.

Gundry, R. H. *Matthew: A Commentary on His Literary and Theological Art*. Grand Rapids: Eerdmans, 1982.

_____. *Matthew: A Commentary on His Handbook for Mixed Church Under Persecution*. 2nd ed. Grand Rapids: Eerdmans, 1994.

_____. *A Survey of the New Testament*. Rev. ed. Grand Rapids: Zondervan, 1981.

Guthrie, D. *New Testament Introduction*. Downers Grove, IL: InterVarsity Press, 1970.

_____. *New Testament Theology*. Downers Grove, IL: InterVarsity Press, 1981.

Hagner, D. A. *Matthew*. 2 vols. WBC. Dallas: Word, 1993, 1995.

Hanson, A. T. "Rahab the Harlot in Early Christian Tradition." JSNT 1 (1978): 53–60.

Hare, D. R. A. *The Theme of Jewish Persecution of Christians in the Gospel according to St. Matthew*. Cambridge: Cambridge University Press, 1967.

_____. *Matthew*. Interpretation. Louisville: John Knox, 1993.

Harrington, D. J. *The Gospel of Matthew*. SacP. Collegeville, MN: Liturgical Press, 1991.

Harris, M. J. *Jesus as God: The New Testament Use of Theos in Reference to Jesus*. Grand Rapids: Baker, 1992.

Hauerwas, S. *Matthews*. BTC. Grand Rapids: Baker, 2006.

Hays, R. B. *The Moral Vision of the New Testament: Community, Cross, New Creation, A Contemporary Introduction to New Testament Ethics*. San

Francisco: HarperOne, 1996.

Heil, P. *Jesus Walking on the Sea*. Rome: Pontifical Biblical Institute, 1981.

Held, H.-J. "Matthew as Interpreter of the Miracle Stories." Pp. 165-299 in *Tradition and Interpretation in Matthew*. Ed. by G. Bornkamm et al. Philadelphia: Westminster Press, 1963.

Hendriksen, W. *Exposition of the Gospel according to Matthew*. Grand Rapids: Baker, 1973.

Hengel, M. *The Four Gospels and the One Gospel of Jesus Christ: An Investigation into the Collection and Origin of the Canonical Gospels*. London: SCM, 2000.

_____. *Crucifixion in the Ancient World and the Folly of the Message of the Cross*. Philadelphia: Fortress, 1977.

Hengstenberg, E. W. *Christology of the Old Testament, abridged edition*. Grand Rapids: Kregel, 1970.

Hill, D. *The Gospel of Matthew*. NCB. Greenwood, NC: Attic, 1972.

Hoehner, H. W. *Chronological Aspects of the Life of Christ*. Grand Rapids: Zondervan, 1977.

Holst, R. "The One Anointing of Jesus: Another Application of the Form-Critical Method." JBL 95 (1976): 435-46.

Hooker, M. *Jesus and Servant*. London: SPCK, 1959.

House, H. W. *Chronological And Background Charts of the New Testament*. Grand Rapids: Zondervan, 1981.

Hughes, D. *The Star of Bethlehem: An Astronomer's Confirmation*. New York: Walker, 1979.

Isaksson, A. *Marriage and Ministry in the New Testament*. Lund: Gleerup, 1965.

Jeremias, J. *The Parables of Jesus*. 2nd ed. New York: Scribner's, 1972.

_____. *The Sermon on the Mount*. *Trans.* by N. Perrin. Philadelphia: Fortress, 1963.

Jones, B. C. *Matthean and Lukan Special Material: A Brief Introduction with Texts in Greek and English*. Eugene, OR: Wipf & Stock, 2011.

Jones, I. H. *The Matthean Parables: A Literary and Historical Commentary*. SNT 80. New York: E. J. Brill, 1995.

Keener, C. S. *A Commentary on the Gospel of Matthew*. Grand Rapids: Eerdmans, 1999.

_____. *The Gospel of Matthew: A Socio-Rhetorical Commentary*. Grand Rapids: Eerdmans, 2009.

Kidger, M. *The Star of Bethlehem: An Astronomer's View*. Princeton, NJ: Princeton University Press, 1999.

Kilpatrick, G. D. *Origins of the Gospel according to St. Matthew: Textual and Source Study*. Bolchazy–Carducci Publishers, 2007rep.

Kingsbury, J. D. *Matthew as Story*. 2nd ed. Philadelphia: Fortress, 1988.

_____. *Matthew: Structure, Christology, Kingdom*. Philadelphia: Fortress, 1975.

Kissinger, W. S. *The Sermon on the Mount: A History of Interpretation and Bibliography*. Metuchyen, NY: Scarecrow & ATLA, 1975).

Knowles, M. P. *Jeremiah in Matthew's Gospel: The Rejected Prophet Motif in Matthean Redaction*. London: Bloomsbury Publishing, 2015.

Kümmel, W. G. *Introduction to the New Testament*. Trans. by H. C. Kee. Nashville: Abingdon, 1975.

Kupp, D. D. *Matthew's Emmanuel: Divine Presence and God's People in the First Gospel*. SNTSMS. Cambridge: Cambridge University Press, 1997.

Ladd, G. E. *A Theology of the New Testament*. Grand Rapids: Eerdmans, 1974.

Lambrecht, J. *The Sermon on the Mount: Proclamation and Exhortation*. Wilmington, DE: Michael Glazier, 1985.

La Grand, J. *The Earliest Christian Mission to "All Nations" in the Light of Matthew's Gospel*. Atlanta: Scholars Press, 1995.

Levine, A.-J. *A Feminist Companion to Matthew*. FCB. Sheffield: Sheffield Academic Press, 2001.

_____. *The Social and Ethnic Dimensions of Matthean Salvation History*. Lewiston, NY: Mellen Biblical Press 1988.

Lewis, J. P. "'The Gates of Hell Shall Not Prevail against It'(Matt 16:18): A Study of the History of Interpretation." JETS 38(1995): 349-67.

Lightfoot, R. H. *History and Interpretation in the Gospels*. New York: Hodder & Stoughton, 1934.

Lohr, C. H. "Oral Techniques in the Gospel of Matthew." CBQ 23 (1961): 403-35.

Long, T. G. *Matthew*. WBCom. Louisville: Westminster John Knox, 1997.

Longenecker, R. N. *The Christology of Early Jewish Christianity*. Grand Rapids: Baker, 1981.

_____. *Biblical Exegesis in the Apostolic Period*. Grand Rapids: Eerdmans, 1999.

Longman, T.; D. G. Reid. *God is a Warrior*. Grand Rapids: Zondervan, 1995.

Luther, M. *Luther's Works*. 15 vols. Ed. & Trans. by J. J. Pelikan and H. T. Lehmann. St. Louis: Concordia, 1955-1960.

Luz, U. *Matthew: A Commentary*. 3 vols. Trans. by W. C. Linss and J. E. Crouch. Minneapolis, MN: Augsburg, 1989–2005.

Manson, T. W. *The Sayings of Jesus*. London: SCM, 1949.

Marcus, J. "The Gates of Hades and the Keys of the Kingdom (Matt 16:18–19)." CBQ 50 (1988): 443–55.

Massaux, E. *The Influence of the Gospel of Saint Matthew on Christian Literature before Saint Irenaeus*. Macon, GA: Mercer University Press, 1990.

Martin, R. *New Testament Foundation: A Guide for Christian Students*. vol. 1. Grand Rapids: Eerdmans, 1975.

McArthur, H. K. *Understanding the Sermon on the Mount*. New York: Harper, 1960.

McConnell, R. S. *Law and Prophecy in Matthew's Gospel: The Authority and Use of the Old Testament in the Gospel of St. Matthew*. Basel: Friedrich Reinhardt, 1969.

McHugh, J. *The Mother of Jesus in the New Testament*. Garden City, NJ: Doubleday, 1975.

McKnight, S. *Turning to Jesus: The Sociology of Conversion in the Gospels*. Louisville: John Knox Press, 2002.

_____. *The Jesus Creed: Loving God, Loving Others*. Brewster, MA: Paraclete, 2004.

McNeile, A. H. *The Gospel According to Matthew: The Greek Text with Introduction, Notes, and Indices*. Grand Rapids: Baker, 1980.

Maier, J. P. *Matthew*. Wilmington, DE: Michael Glazier, 1980.

_____. *The Vision of Matthew: Christ, Church, and Morality in the First Gospel*. New York: Paulist, 1979.

Meier, J. P. *A Marginal Jew: Rethinking the Historical Jesus: The Roots of the*

Problem and the Person. New York: Doubleday, 1991.
Menken, M. J. *Mathew's Bible: The Old Testament Text of the Evangelist*. BETL. Leuven: Leuven University Press, 2004.
Metzger, B. A *Textual Commentary on the Greek New Testament*. New York: United Bible Societies, 1971.
Miller, R. J. *The Jesus Seminar and Its Critics*. Salem, OR: Polebridge Press, 1999.
______. *Born Divine: The Births of Jesus and Other Sons of God*. Santa Rosa, CA: Polebridge Press2003.
Molnar, M. *The Star of Bethlehem: The Legacy of the Magi*. Piscataway, NJ: Rutgers University Press, 1999.
Moo, D. J. *The Old Testament in the Gospel Passion Narratives*. Sheffield: Almond Press, 1983.
______. "Matthew and Midrash: An Evaluation of Robert H. Gundry's Approach." JETS 26 (1983): 31–39.
Morris, L. *The Gospel according to Matthew*. Grand Rapids: Eerdmans, 1992.
Motyer, J. A. *The Prophecy of Isaiah*. Downers Grove, IL: InterVarsity Press, 1993.
Mounce, R. H. *Matthew*. Good News Commentaries. New York: Harper & Row, 1985.
Neusner, J. "First Cleanse the Inside." NTS 22 (1976): 486–95.
Nolland, J. *The Gospel of Matthew: A Commentary on the Greek Text*. NIGTC. Grand Rapids: Eerdmans, 2005.
______. "A Text-Critical Discussion of Matthew 1:16." CBQ 58 (1996): 665–73.
Olmstead, W. G. *Matthew's Trilogy of Parables: The Nation, the Nations*

and the Reader in Matthew 21:28-22:14). SNTS Monograph. Cambridge: Cambridge University Press, 2003.

Orchard, B.; T. Longstaff, eds. *J. J. Griesbach: Synoptic Text Critical Studies, 1776-1976.* SNTSMS. Cambridge: Cambridge University Press, 1978.

Orton, D. E. *The Understanding Scribe: Matthew and the Apocalyptic Ideal.* JSNTSup 25. Sheffield: Sheffield Academic Press, 1989.

Osborne, G. R. *Matthew.* ECNT. Grand Rapids: Zondervan, 2010.

Osborne, G. R.; M. C. Williams. "The Case for the Markan Priority View of Gospel Origins: The Two/Four—Source View." Pp. 19–96 in *Three Views on the Origins of the Synoptic Gospels.* Ed. by R. L. Thomas. Grand Rapids: Kregel, 2002.

Oswalt, J. N. *The Book of Isaiah.* 2 vols. NICOT Grand Rapids: Eerdmans, 1986, 1998.

Overman, J. A. *Church and Community in Crisis: The Gospel according to Matthew.* Valley Forge, PA: Trinity Press International, 1996.

_____. *Matthew's Gospel and Formative Judaism: The Social World of the Matthean Community.* Philadelphia: Fortress, 1990.

Parker, P. *The Gospel before Mark.* Chicago: University of Chicago Press, 1953.

Parpola, S. "The Magi and the Star: Babylonian Astronomy Dates Jesus' Birth." BRev 17 (2001): 16–23.

Patte, D. *The Gospel according to Matthew: A Structural Commentary on Matthew's Faith.* Philadelphia: Fortress, 1987.

Payne, P. B. "The Order of Sowing and Ploughing in the Parable of Sower." NTS 25 (1978): 123–29.

Perkins, L. "'Let the Reader Understand': A Contextual Interpretation of

Mark 13:14." BBR 16 (2006): 95-104.

Perlewitz, M. *The Gospel of Matthew. Message of Biblical Spirituality*. Wilmington: Michael Glazier, 1988.

Pesch, R. "He Will Be Called a Nazorean': Messianic Exegesis in Matthew 1-2. Pp. 129-78 in *The Gospels and the Scriptures of Israel. Ed. by C. A. Evans and W. R. Stegner*. JSNTSup. Sheffield: Sheffield Academic Press, 1994.

Plummer, A. *An Exegetical Commentary on the Gospel according to St. Matthew*. Grand Rapids: Baker, 1982.

Powel, M. A. "Do and Keep What Moses Says(Matthew 23:2-7)." JBL 114 (1995): 419-35.

Porter, S. E. *Idioms of the Greek New Testament*. Sheffield: Almond Press, 1992.

Porter, S. E.; B. R. Dyer, eds. *The Synoptic Problem: Four Views*. Grand Rapids: Baker Academic, 2016.

Pregeant, R. *Matthew*. Chalice Commentaries. St. Louis: Chalice, 2004.

Przybylski, B. *Righteousness in Matthew and His World of Thought*. Cambridge: Cambridge University Press, 1980.

Reicke, B. "Synoptic Prophecies on the Destruction of Jerusalem." Pp. 121-34 in *Studies in New Testament and Early Christian Literature*. Ed. by D. E. Aune. Leiden: Brill, 1972.

Reymond, R. L. "Who Is the 'LMH of Isaiah 7:14?" Presbyterion 15 (1989): 1-15.

Ridderbos, H. N. *Matthew*. BSC. Grand Rapids: Zondervan, 1987.

Rist, J. M. *On the Independence of Matthew and Mark*. Cambridge: Cambridge University Press, 1978.

Robinson, J. A. T. *Redating the New Testament*. Philadelphia: Westminster

Press, 1976.

Robinson, J. M.; P. Hoffmann; J. S. Kloppenborg, eds. *The Critical Edition of Q: Synopsis Including the Gospels of Matthew and Luke, Mark, and Thomas, with English, German and French Translations of Q and Thomas.* Hemeneia. Minneapolis: Fortress, 2000.

Rousseau, J. J.; R. Arav. *Jesus and His World: An Archaeological and Cultural Dictionary.* Minneapolis: Fortress, 1995.

Saldarini, A. *Matthew's Christian-Jewish Community.* Chicago: University of Chicago Press, 1994.

Sanders, E. P. *Jesus and Judaism.* Philadelphia: Fortress, 1985.

Sanders, J. A. "Nazwrai/oj in Matthew 2:23." Pp. 116–28 in *The Gospels and the Scriptures of Israel.* Ed. by C. A. Evans and W. R. Stenger. JSNTSup. Sheffield: Sheffield Academic Press.

Schnabel, E. J. *Early Christian Mission.* 2 vols. Downers Grove, IL: InterVarsity Press, 2004.

Schnackenburg, R. *The Gospel of Matthew.* Trans. by R. R. Barr. Grand Rapids: Eerdmans, 2002.

Schweizer, E. *The Good News according to Matthew.* Trans. by D. E. Green. Atlanta: John Knox, 1975.

Scott, B. B. *Hear Then the Parable: A Commentary on the Parables of Jesus.* Minneapolis: Fortress, 1989.

Seitz, C. R. *Isaiah 1-39.* Interpretation. Louisville: John Knox, 1993.

Senior, D. P. *Matthew.* ANTC. Nashville: Abingdon, 1998.

Shuler, P. L. *A Genre for the Gospels: The Biographical Character of Matthew.* Philadelphia: Fortress, 1982.

Sider, J. W. *Interpreting the Parables: A Hermeneutical Guide to Their Meaning.* Grand Rapids: Zondervan, 1995.

Siker, J. S. *Disinheriting the Jews: Abraham in Early Christian Controversy.* Louisville, KY: Westminster John Knox Press, 1991.

Sim, D. C. *The Gospel of Matthew and Christian Judaism: The History and Social Setting of the Matthean Community.* Edinburgh: T&T Clark, 1998.

_____. *Apocalyptic Eschatology in the Gospel of Matthew.* SNTSMS 88. Cambridge: Cambridge University Press, 1996.

Simonetti, M., ed. *Matthew.* 2 vols. ACCS. Downers Grove, IL: InterVarsity Press, 2001, 2002.

Slingerland, H. D. "The Transjordanian Origin of St. Matthew's Gospel." JSNT 3 (1979): 18−28.

Smallwood, E. M. *The Jews under Roman Rule.* Leiden: E. J. Brill, 1976.

Smillie, G. R. "'Even the Dogs': Gentiles in the Gospel of Matthew." JETS 45 (2002): 73−97.

Smith, R. H. "Mt 27:25—The Hardest Verse in Matthew's Gospel." Currents in Theology and Missiology 17 (1990): 421−428.

Snodgrass, K. R. "Recent Research on the Parable of the Wicked Tenants An Assessment." IBR 8 (1998): 187−215.

Soarés−Prabhu, G. *The Formula Questions in the Infancy Narrative of Matthew.* Rome: Biblical Institute Press, 1976.

Stanton, G. *Gospel for a New People: Studies in Matthew.* Edinburgh: T&T Clark, 1992.

Stein, R. H. *An Introduction to the Parables of Jesus.* Philadelphia: Westminster Press, 1981.

_____. *Jesus the Messiah.* Downers Grove, IL: InterVarsity Press, 1996.

Stendahl, K. *The School of St. Matthew and Its Use of the Old Testament.* Philadelphia: Fortress, 1968.

Streeter, B. H. *The Four Gospels: A Study of Origins Treating of the Manuscript Tradition, Sources, Authorship, and Dates.* New York: Macmillan, 1925.

Strauss, M. L. *Four Portraits, One Jesus: A Survey of Jesus and the Gospels.* Grand Rapids: Zondervan, 2007.

Suggs, M. J. *Wisdom, Christology, and Law in Matthew's Gospel.* Cambridge, MA: Harvard University Press, 1970.

Stuhlmacher, P., ed. *The Gospel and the Gospels.* Grand Rapids: Eerdmans, 1991.

Sweeney, M. A. *Isaiah 1-39*, FOTL. Grand Rapids: Eerdmans, 1996.

Tagama, K. "People and Community in the Gospel of Matthew." NTS 16 (1969-70): 149-62.

Talbert, C. H. *What Is a Gospel? The Genre of the Canonical Gospels.* Philadelphia: Fortress, 1977.

Tasker, R. V. G. *The Gospel according to St. Matthew.* TNTC. Grand Rapids: Eerdmans, 1961.

Theissen, G. *The Gospels in Context: Social and Political History in the Synoptic Tradition.* Trans. by L. M. Maloney. Minneapolis: Fortress, 1991.

Theissen, G.; A. Merz. *The Historical Jesus: A Comprehensive Guide.* Minneapolis: Fortress, 1997.

Thomas, R. L., ed. *Three Views on the Origins of the Synoptic Gospels.* Grand Rapids: Kregel, 2002.

Tolbert, M. *Perspectives on the Parables: An Approach to Multiple Interpretations.* Philadelphia: Fortress, 1979.

Toussaint, S. D. *Behold the King: A Study of Matthew.* Portland, OR: Multnomah, 1981.

Trilling, W. *The Gospel According to St. Matthew.* 2 vols. New York: Crossroad, 1981.

Tuckett, C. M. "Jesus and the Gospels." Pp. 71-86 in *The New Interpreter's Bible, vol. 1.* Nashville: Abingdon, 1994.

Turner, N. *Grammatical Insights into the New Testament.* New York: Bloomsbury Academic, 2015.

Twelftree, G. H. *Jesus the Miracle Worker.* Downers Gorve, IL: InterVarsity Press, 1999.

Van Tilborg, S. *The Jewish Leaders in the First Gospel.* New York: Paulist, 1979.

Vermes, G. *The Religion of Jesus the Jew.* Minneapolis: Fortress, 1993.

Verseput, D. *Rejection of the Humble Messianic King: Study of the Composition of Matthew 11-12-European University Studies v. 291.* Frankfurt: Peter Lang, 1986.

Viviano, B. T. "Where Was the Gospel According to Matthew Written?" CBQ 41 (1979): 533-46.

Walker, P. W. *Jesus and the Holy City: New Testament Perspectives on Jerusalem.* Grand Rapids: Eerdmans, 1996.

Walvoord, J. F. *Matthew: The Kingdom Come.* Chicago: Moody Press, 1974.

Watts, J. D. W. *Isaiah 1-33.* WBC Waco, TX: Word, 1985.

Watts, R. E. "Immanuel: Virgin Birth Proof Text or Programmatic Warning of Things to Come (Isa. 7:14 in Matt. 1:23)?" Pp. 92-113 in *From Prophecy to Testament: The Function of the Old Testament in the New.* Ed. by C. A. Evans. Peabody, MA: Hendrickson, 2004.

Weaver, D. J. *Matthew's Missionary Discourse: A Literary Critical Analysis.* JSNTSup 38. Sheffield: JSOT Press, 1990.

Weber, S. K. *Matthew*. HNTC. Nashville: Holman, 2000.

Wenham, D. *The Parables of Jesus*. Downers Grove, IL: InterVarsity Press, 1989.

Wenham, J. W. "Gospel Origins." TJ 7 (1978): 112−134.

_____. "When Were the Saints Raised?" JTS 32 (1981): 150−52.

Wiebe, P. H. "Jesus' Divorce Expectation." JETS 32 (1989): 327−33.

Wildberger, H. *Isaiah 1-12*. CC. Philadelphia: Fortress, 1991.

Wilkins, M. J. *The Concept of Disciple in Matthew's Gospel as Reflected in the Use of the Term Mathētēs*. NTSup. Leiden: E. J. Brill, 1988.

_____. *Following the Master: A Biblical Theology of Discipleship*. Grand Rapids: Zondervan, 1992.

_____. *Discipleship in the Ancient World and Matthew's Gospel*. 2nd ed. Grand Rapids: Baker, 1995.

_____. *Matthew*. NIVAC. Grand Rapids: Zondervan, 2004.

Willis, J. T. "The First Pericope in the Book of Isaiah." *VT* 34 (1984): 63−77.

Williams, M. C. *The Gospels from One: A Comprehensive New Analysis of the Synoptic Gospels*. Grand Rapids: Kregel, 2006.

Willis, J. T. *Isaiah*. The Living Word Commentary on the Old Testament. Austin, TX: Sweet, 1980.

Willis, W. L., ed. *The Kingdom of God in Twentieth-Century Interpretation*. Peabody, MA: Hendrickson, 1987.

Windisch, H. *The Meaning of the Sermon on the Mount*. Philadelphia: Fortress,1951rep.

Winterhalter, R.; G. W. Fisk. *Jesus' Parables: Finding Our God Within*. New York: Paulist, 1993.

Witherington, B. *Matthew*. SHBC. Macon, GA: Smith & Helwys,

2006.

_____. "The Turn of the Christian Era: The Tale of Dionysius Exiguus."
BAR 43 (2017): 26.

Wolf, H. M. *Interpreting Isaiah: The Suffering and Glory of the Messiah*.
Grand Rapids: Zondervan, 1985.

Wrede, W. *The Messianic Secret*. Trans. by J. C. G. Greig. Cambridge:
James Clarke & Company, 1971.

Wright, N. T. *Jesus and Victory of God*. Christian Origins and the
Question of God 2. Minneapolis: Fortress, 1996.

_____. *The New Testament and the People of God*. Christian Origins and
the Question of God 1. Minneapolis: Fortress, 1992.

_____. "The Lord's Prayer as a Paradigm of Christian Prayer." Pp. 132–
54 in *Into God's Presence: Prayer in the New Testament*. Ed. by R. L.
Longenecker, Grand Rapids: Eerdmans, 2001.

Wright, N. T.; M. F. Bird. *The New Testament in Its World: An
Introduction to the History, Literature, and Theology of the First
Christians*. Grand Rapids: Zondervan Academic, 2019.

Wuest, K. S. *The Practical Use of the Greek New Testament*. Chicago:
Moody Press, 1982.

Yamasaki, G. *John the Baptist in Life and Death: Audience-Oriented
Criticism of Matthew's Narrative*. JSNTSup 167. Sheffield: Sheffield
Academic Press, 1998.

Yang, Y.-E. *Jesus and the Sabbath in Matthew's Gospel*. JSNTSup 138.
Sheffield: Academic Press, 1997.

Young, E. J. *The Book of Isaiah*. 3 vols. NICOT. Grand Rapids:
Eerdmans, 1965–1972.

Zanchettin, L., ed. *Matthew: A Devotional Commentary*. Mahwah, NJ:

Paulist, 1997.

Zerwick, M. *A Grammatical Analysis of the Greek New Testament, 5th ed.* Trans. by M. Grosvenor. Rome: Biblical Institute Press, 1996.

마태복음

3 심령이 가난한 자는 복이 있나니

천국이 그들의 것임이요

4 애통하는 자는 복이 있나니

그들이 위로를 받을 것임이요

5 온유한 자는 복이 있나니

그들이 땅을 기업으로 받을 것임이요

6 의에 주리고 목마른 자는 복이 있나니

그들이 배부를 것임이요

7 긍휼히 여기는 자는 복이 있나니

그들이 긍휼히 여김을 받을 것임이요

8 마음이 청결한 자는 복이 있나니

그들이 하나님을 볼 것임이요

9 화평하게 하는 자는 복이 있나니

그들이 하나님의 아들이라 일컬음을 받을 것임이요

10 의를 위하여 박해를 받은 자는 복이 있나니

천국이 그들의 것임이라

11 나로 말미암아 너희를 욕하고 박해하고 거짓으로 너희를 거슬러 모든 악한 말을 할 때에는 너희에게 복이 있나니 12 기뻐하고 즐거워하라 하늘에서 너희의 상이 큼이라 너희 전에 있던 선지자들도 이같이 박해하였느니라

(5:3-12)

18 예수께서 나아와 말씀하여 이르시되 하늘과 땅의 모든 권세를 내게 주셨으니 19 그러므로 너희는 가서 모든 민족을 제자로 삼아 아버지와 아들과 성령의 이름으로 세례를 베풀고 20 내가 너희에게 분부한 모든 것을 가르쳐 지키게 하라 볼지어다 내가 세상 끝 날까지 너희와 항상 함께 있으리라 하시니라

(28:18-20)

소개

마태복음은 1세기 말부터 2세기 사이의 가장 중요한 복음서로 자리매김한 후 기독교인들에게 가장 사랑받은 정경이 되었다(deSilva, Guthrie, Luz, Massaux). 마태복음은 기독교 역사에서 가장 많이 복사되고, 가장 많이 읽히고, 가장 많이 설교된 책이다(Wilkins, Wright & Bird). 초대교회 교부들도 저서에 마태복음을 가장 많이 인용했다.

　인쇄술이 발명된 1400년대까지는 필사(筆寫)가 문서를 복사하는 유일한 방법이었던 만큼 그리스도인들이 문서화된 정경을 접하기는 쉽지 않았다. 이러한 상황에서 교회는 마태복음을 예수 그리스도의 말씀과 가르침을 접하는 유일한 출처로 삼다시피 했다(Guthrie, Simonetti). 마태복음처럼 예수님의 가르침과 사역을 체계적이면서 자세하게 묘사하는 책이 흔치 않았기 때문이다. 마태복음의 인기는 이 복음서가 예수님을 새로운 모세이자, 온 이스라엘이 오랫동안 기다렸던 다윗의 후손으로 오신 메시아라고 하는 데서 비롯되었다고 해도 과언이 아니다(cf.

Allison).

마태는 예수님이 하나님의 현현이시며, 삶과 사역을 통해 하늘나라를 이 땅에 도래하게 하셨다고 한다(4:12-17). 물론 다른 복음서들도 동일한 증언과 가르침을 반영하고 있지만, 마태복음은 독보적이라 할 정도로 이러한 사실을 강조한다. 초대교회는 과거(구약과 유대인들의 전통)를 포기하지 않으면서도 새 시대(신약과 이방인들의 시대)의 도래를 껴안으려고 노력했는데, 신약의 그 어떤 책보다 구약을 많이 인용하는 마태복음이 가장 확실한 길을 제시했다(cf. Dibelius, Doeve, Wilkins). 특히 산상 수훈은 초대교회가 유대교와 기독교의 관계를 이해하는 데 매우 중요하게 작용했다(Guthrie, cf. Betz, Guelich, Lambrecht). 그들은 산상 수훈 등을 통해 예수님이 구약의 율법을 완성하신 것으로 이해했다(cf. Carson, Derrett, Ferguson, Guthrie, Longenecker).

예수님은 구약 말씀에 따라 다윗의 후손으로 오셔서 이스라엘의 왕좌에 앉으신 분이며(Toussaint, cf. 1:1-16; 2:1-6), 하나님이 다윗을 택하시기 훨씬 전에 아브라함에게 약속하신 구원을 성취하셨다(Gench, Kingsbury, Kupp, Suggs, cf. 창 12:1-3; 갈 3:8). 이런 차원에서 예수님은 구약 시대 선지자들의 예언뿐만 아니라 율법을 포함한 모든 구약 정경의 가르침대로 오셨다(Gench, Longenecker). 구약의 흐름과 맥이 예수님의 삶과 가르침 안에서 끊긴 것이 아니라, 오히려 이어진 것이다(Beale & Gladd).

그렇다고 해서 예수님이 오직 유대인들만 구원하시기 위해 오신 이스라엘만의 메시아는 아니었다. 예수님은 인종과 사회적 지위에 상관없이 누구든지 하나님을 믿는 자들, 곧 아브라함의 모든 후손(신약에서 '아브라함의 후손'은 하나님을 믿는 모든 주의 자녀로 범위가 확장됨)을 죄에서 비롯된 억압과 고통에서 해방시키신 온 인류의 구세주였다(LaGrand, Levine, cf. Brown, Bruce, Wrede). 마치 여호와 하나님이 옛적에 이스라엘 백성을 이집트의 억압과 고통에서 해방시키신 것처럼 말이다. 예수님은 죄의 억압과 고통에서 해방된 하나님의 백성에게 새로운 출애굽을 경험하게 하시고, 그들과 새 언약을 세우셨다(Wright & Bird).

하나님과 새 언약을 맺은 사람들은 하나님 나라에 입성하는데, 예수님이 선포하신 하나님 나라는 사람들이 상상하고 기대하던 것과는 질적으로 다른 나라였다(cf. 13장). 하나님의 나라는 예수님의 삶과 사역을 통해 이미 세상에 임했고, 승천하신 예수님이 다시 오실 때도 임할 것이다(cf. Willis). 예수님이 선포하신 하나님 나라의 가장 기본적인 성향은 신학자들이 말하는 '이미—아직'(already—not yet) 긴장 상태(tension)이다(Beale & Gladd).

마태복음은 복음서 중 '교회'(ἐκκλησία)라는 단어를 사용하는 유일한 복음서이며(16:18; 18:17), 주님의 백성이 이 땅에서 예수님의 제자로 살아가는 것이 무엇을 의미하는지 가장 구체적이고 자세하게 설명하는 책이기도 하다(Brown, Carter, Wilkins). 이러한 이유 등으로 신학자들과 성도들은 교회가 어떠해야 하는가를 정의하기 위해 마태복음을 찾았고, 이 복음서의 가르침은 기독교인들의 삶의 기준이 되었다(Massaux).

공관복음(Synoptic Gospels)

신약을 시작하는 복음서들을 살펴보면 처음 세 권(마태복음, 마가복음, 누가복음)과 네 번째 책인 요한복음의 내용과 성향이 참으로 다르다는 것을 알 수 있다(cf. Aland). 초대교회 교부들도 이러한 사실을 깨닫고 네 복음서를 두 부류로 분리해 따로 취급했다(Aune, cf. Carson et al., deSilva, Guthrie, Kümmel). 요한복음과 따로 구별된 세 복음서를 '공관복음'(synoptic gospels)이라는 호칭으로 부르기 시작한 사람은 독일 신학자 그라이스바흐(J. J. Griesbach, 1745–1812)다(Orchard & Longstaff).

'공관'(共觀)은 함께[동시에] 보는 것을 의미하며, 헬라어 '신옵티코스'(συνοπτικος)에서 유래했다. 이 세 복음서의 내용이 같거나 비슷한 부분이 참으로 많은 만큼 서로 의존해(interdependent) 저작된 작품으로 보는 것이 이 개념의 핵심이다(cf. O'Collins, Frye). 그러므로 세 복음서의 저자와 저작 시기, 서로에 대한 의존도를 논하는 일은 '공관복음'이라는 개념에서 시작되어야 한다.

공관복음 저자들은 무엇을 출처로 삼아 책을 저작했는가? 세 저자 중 누가 누구를 인용한 것인가? 각 복음서는 서로에게 어느 정도의 영향을 미쳤는가? 마가복음이 다른 두 책에 비해 상대적으로 간결한 필체를 지녔고, 길이도 상당히 짧다는 점이 의미하는 바는 무엇인가? 학자들이 이러한 질문 등에 답을 찾으려고 하는 것을 '공관 문제'(synoptic problem)라고 한다. 이 공관 문제에 대한 역사적 흐름을 간략하게 요약하면 다음과 같다(Blomberg, Bultmann, Frye, Goodacre Thomas, Williams).

1. 공관 문제(Synoptic Problem)

세 복음서의 관계에 대한 첫 번째 단계는 '오거스틴 가설'(Augustinian Hypothesis)이다. 아우구스티누스(Augustinus, Augustine, 354-430)는 마가가 마태복음을 요약했고, 누가는 마가와 마태복음을 인용해 복음서를 저작했다고 주장한다. 그러므로 그의 가설에 따르면 세 복음서가 저작된 순서는 '마태복음-마가복음-누가복음'이다. 이 가설은 어떤 역사적 자료나 증거에 근거한 것이 아니라, 초대교회가 마태복음을 가장 중요한 복음서로 간주한 데서 비롯되었다. 아우구스티누스의 주장은 1,000여 년 동안 교회의 유일한 관점이 되다시피 했다.

두 번째 단계는 '그리스바흐 가설'(Griesbach Hypothesis)이다(Orchard & Longstaff, cf. Blomberg). 그는 아우구스티누스가 주장한 가설 중 마태복음이 가장 먼저 저작된 문서라는 점에는 동의했지만, 누가가 마가와 마태를 인용했다는 부분에 대해서는 문제를 제기했다. 그리스바흐는 대안으로 1783년과 1789년에 '두 복음설'(Two-Gospel Theory)을 주장했다 (cf. Bultmann, Thomas). 그의 주장의 핵심은 누가가 마태를 인용했고, 마가는 마태와 누가를 요약했다는 것이다(Frye, cf. Porter & Dyer). 그의 가설에 따르면 세 복음서의 저작 순서는 '마태복음-누가복음-마가복음'이 된다.

세 번째 단계는 '두 출처 가설'(Two-sources Hypothesis)이다. 이 가설은 맨 처음 독일 학자 바이제(C. H. Weisse, 1801-1866)에 의해 처음 제시되었으며, 홀츠만(H. J. Holtzmann, 1834-1910)에 의해 대중화되기 시작했다(Kümmel, Thomas, cf. Porter & Dyer). 바이제는 마태복음이 가장 먼저 저작되었다는 전통적인 견해를 부인했다. 그는 세 복음서 중 제일 먼저 저작된 것은 마가복음이며, 마태와 누가가 마가복음과 다른 한 출처를 인용해 각 복음서를 저작했다고 주장했다(Orchard & Longstaff, Thomas). 그는 이 출처를 'Q'(=die Quelle, 독일어로 '출처'라는 뜻)라고 불렀다.

오늘날 대부분의 학자가 바이제의 가설에 동의한다. 마가복음이 가장 먼저 저작되었고 마태와 누가가 마가복음과 Q를 인용해 복음서를 제작했다며, 마가복음의 우선 저작(Markan priority)과 Q의 존재를 기정 사실화한다(Blomberg, Carlston & Norlin, Hengel, Orchard & Longstaff, Robinson et al.).

스트리터(Streeter)는 두 출처 가설에 누가복음이 원형(Proto-Luke)으로 존재하다가 마가복음과 Q를 통해 보완된 것이라는 주장을 더했다. 그는 마태복음도 원형(Proto-Matthew)으로 존재하다가 마가복음과 Q를 통해 보완되었다면서 '네 출처 가설'(Four-sources Hypothesis)을 완성했다(Osborne & Williams, Streeter). 훗날 일부 학자는 이 두 원형을 M(=마태만 사용한 고유 출처)과 L(=누가만 사용한 고유 출처)로 부르기도 했다(cf. Jones).

네 번째 단계는 두 출처 가설을 보완한 것으로 '파레르 가설'(Farrer Hypothesis), 혹은 '파레르-굴데르 가설'(Farrer-Goulder Hypothesis)이나 '파레르-굴데르-구다크레 가설'(Farrer-Goulder-Goodacre Hypothesis)이라고

불린다. 이 가설에 따르면 세 복음서 중 마가복음이 제일 먼저 저작되었고, 마태는 마가복음과 자기 고유 출처를 인용해 마태복음을 저작했으며, 누가는 마가복음과 마태복음과 자기 고유 출처를 인용해 저작했다고 한다(Farrer, Goodacre, Goulder, Green). 이들 주장의 핵심은 세 복음서의 저작 과정에 Q를 논할 필요가 없다는 것이다. 이 외에 마태와 마가는 서로에 대한 의존도가 전혀 없는 독립적인 복음서를 저작했다는 주장도 있다(Gibbs, Rist).

2. Q문서

바이제(Weisse)는 마태와 누가가 마가복음과 Q(=출처)를 인용해 각각의 책을 저작했다고 주장했다. Q를 쉽게 설명하자면 마가복음에는 없고, 마태복음과 누가복음에만 있는 두 복음서의 공통적인 부분이다. 그러므로 Q가 어떤 내용을 담고 있는가를 규정하는 것은 그다지 어려운 일이 아니다. 다만 구약과 신약 등 모든 정경 원본은 저자들이 하나님이 주신 영감에 따라 오류 없이 저작했다는(cf. 딤전 3:16; 벧후 1:20-21) 성경의 영감설과 연관해 Q에 대해 다소 불편하게 느끼는 이들이 있을 수 있다. 혹은 존재 여부를 전혀 알 수 없는 Q를 기정사실화해 정경(마태복음과 누가복음)의 유래를 설명하는 것에 대해 부정적인 시각을 제시할 수도 있다(Farrer, Goodacre, Goulder, Green).

　구약의 관점에서 Q의 존재는 문제가 되지 않는다. 저자들이 하나님의 영감을 받아 저작한 구약 정경 중 상당수가 이미 존재하던 출처들(=구약의 'Qs')을 인용해 저작되었기 때문이다. 주전 300년대에 저작된 것으로 추정되는 역대기는 사무엘서와 열왕기를 50% 이상 인용한다. 역대기는 이 외에도 최소 10여 가지의 출처를 더 언급한다. 여호수아기부터 열왕기에 이르는 구약의 역사서들은 주전 550년경에 바빌론에서 최종 편집(혹은 저작) 되었다. 이 책들의 최종 편집자들(저자들)도 그들에게 전수된 출처들을 인용해 최종 작품을 집필했다. 출애굽 시대(주전 1400년대) 사람인 모세는 어떻게 창세기에 기록한 내용을 알게 되었을까? 그도 분명 그에게 전수된 출처들을 인용해 창세기를 집필했던 것이 확실하다. 에스라—느헤미야서 저자도 전수된 자료들을 인용해 수많은 계보와 목록을 집필했다(이 같은 내용에 관해서는 엑스포지멘터리 시리즈 구약 주석들의 서론 부분을 참조하라).

구약의 문서화 작업 과정을 고려하면 Q는 특별히 문제가 되지 않는다. 복음서 저자인 누가도 자신이 누가복음을 집필하기 전에 이미 여러 사람이 예수 그리스도의 삶과 가르침에 대해 저술했다고 증언한다. 그도 이러한 역사적 흐름 속에서 이미 출판된 출처들을 바탕으로 자신의 책을 저술하고 있음을 암시한다. 이슈는 복음서 저자들이 여러 출처를 인용했는지 혹은 인용하지 않고 독창적으로 저술했는지가 아니라, 그들이 인용하고 있는 내용이 역사적, 신학적으로 신뢰할 만한 출처인가 하는 점이다. 누가는 이 이슈에 관해 그가 인용한 것들은 모두 예수님의 삶과 가르침을 직접 체험한 목격자들(증인들)과 말씀의 일꾼 된 자들이 제공한 내용이라며 충분히 신뢰할 만한 출처들임을 암시한다.

> 우리 중에 이루어진 사실에 대하여 처음부터 목격자와 말씀의 일꾼 된 자들이 전하여 준 그대로 내력을 저술하려고 붓을 든 사람이 많은지라 그 모든 일을 근원부터 자세히 미루어 살핀 나도 데오빌로 각하에게 차례대로 써 보내는 것이 좋은 줄 알았노니 이는 각하가 알고 있는 바를 더 확실하게 하려 함이로라(눅 1:1-4).

또한 신약이 탄생할 당시 유명한 사람들의 가르침과 지혜를 모으는 것은 일상적인 일이었기 때문에, 그리스도인들이 예수님의 가르침과 사역에 관한 이야기들을 모아 두지 않았다고 가정하는 것이 더 이상하다(Blomberg). Q에 마태복음과 누가복음이 공통으로 인용한 것 외에 다른 내용도 포함되어 있었다는 주장은(Goulder, Gundry) 소모적이며 별의미가 없다. 우리는 Q를 전수받지 못했기 때문에 확인할 방법이 없기 때문이다. Q의 내용을 구체적으로, 체계적으로 규정하는 책들도 있다(cf. Robinson et al.). 그러나 본 주석에서는 마가복음에는 없지만 마태복음과 누가복음에 공통으로 등장하는 내용으로 Q의 범위를 제한한다. 대부분의 학자는 Q가 처음에는 구전으로 존재했다가, 마태와 누가가 인용할 시기에 문서화되었을 것으로 추정한다(cf. Blomberg, Carlston & Norlin, Robinson et al.).

3. 공관복음과 Q의 관계

공관복음 중 가장 먼저 저작된 마가복음은 661절로 구성되어 있다. 훗날 이 복음서를 인용한 것으로 생각되는 마태복음은 1,068절로 이루어져 있다. 이 중 500절은 마가복음을 인용했으며, 인용한 절 수를 비율로 계산하면 대략 76%에 달한다. 인용한 헬라어 단어 수를 계산하면 마태는 마가복음의 90% 정도를 인용해 마태복음을 작성했다.

 1,068절로 구성된 마태복음 중 마가복음을 인용하고 있는 500절을 제하면 568절이 남는데, 이 568절이 마가복음에서 찾아볼 수 없는 내용이다. 이 568절은 마태가 Q와 자신의 고유 출처(학자들은 이 출처를 M이라고 부르며, 333절로 구성되어 있음)를 바탕으로 구성했다.

 마태복음이 마가복음을 인용할 때는 마가복음에 기록된 것보다 더 간략하게 표현한다(Wright & Bird). 마태는 마가복음에 기록된 내용을 대체하거나 전면적으로 개정하기보다는 자신의 필요에 따라 개정하거나, 재구성하거나, 새로운 자료로 더 풍성하게 만드는 '새로운 편집본'(fresh edition)을 지향한다(Stanton). 마태복음은 일반적으로 마가복음의 내용과 순서를 따르지만 마가복음이 중요하게 부각시키는 '메시아적 비밀스러움'(messianic secrecy)에 관해서는 상당 부분 희석시킨다. 반면에 마태복음은 제자들의 실패, 예수님의 삶과 사역을 통해 구약 예언이 성취되었다는 사실 그리고 종말론적인 소망을 강조한다.

누가복음은 1,149절로 이루어져 있으며, 이 중 350절은 마가복음을 인용한 내용이다. 비율로 계산하면 누가는 마가복음을 구성하는 661절 중 약 53%를 인용한다. 마태복음에 비해 누가복음의 마가복음 의존도가 상대적으로 낮은 것이다.

1,149절로 구성된 누가복음 중 마가복음을 인용한 350절을 제하면 799절이 남는데, 이 내용은 마가복음에서 찾아볼 수 없는 것들이다. 이 799절은 누가가 Q와 자신의 고유 출처(학자들은 이 출처를 L이라고 하며, 564절로 구성되어 있음)를 바탕으로 구성했다. 누가복음이 가장 늦게 저작되었다고 하는 이들은 누가가 Q와 마태복음 그리고 자신의 고유 출처(L)를 인용해 이 799절을 집필했다고 주장하기도 한다.

4. Q의 내용

대체로 학자들은 Q를 50년대 문서로 본다(cf. Blomberg, Porter, Robinson et al.). Q가 마태의 고유 출처인 M을 포함한다는 등의 주장을 통해 Q의 범위를 전통적인 견해보다 훨씬 더 넓게 보는 이들도 있다(Goulder, Gundry). 그러나 이미 언급한 것처럼 본서는 Q의 범위를 마태복음과 누가복음이 공유하는 내용 중 마가복음에 없는 것들로 제한한다. 이 같은 기준으로 범위를 제한하면 Q는 총 235절로 구성된다(cf. Aland, Carlston & Norlin, Robinson et al.).

Q의 내용은 다음과 같다(cf. House, Martin, Orchard & Longstaff, Porter & Dyer). 단, 마태복음은 인용하는 Q의 일부 내용을 여러 개로 쪼개는 것에 반해 누가복음은 대부분 하나로 묶어 인용하기 때문에 누가복음을 기준으로 표기하는 것이 바람직하다.

세례 요한의 회개 권면(눅 3:7-9; 마 3:7-10)

예수님이 시험을 받으심(눅 4:1-13; 마 4:1-11)

산상 수훈(눅 6:20-23; 마 5:3-4, 6, 11, 12)

원수 사랑(눅 6:27-36; 마 5:39-42, 44-48; 7:12)

심판에 대한 가르침(눅 6:37-42; 마 7:1-5; 10:24; 15:14)

말씀을 듣는 자들과 행하는 자들(눅 6:47-49; 마 7:24-27)

백부장의 종(눅 7:1-10; 마 7:28a; 8:5-10, 13)

세례 요한의 질문(눅 7:18-20; 마 11:2-3)

예수님의 대답(눅 7:22-35; 마 11:4-19)

제자도에 관한 가르침(눅 9:57-60; 마 8:19-22)

전도와 선교(눅 10:2-16; 마 9:37-38; 10:9-15; 11:21-23)

예수님의 감사 기도(눅 10:21-24; 마 11:25-27; 13:16-17)

주기도문(눅 11:2-4; 마 8:19-22)

기도 응답(눅 11:9-13; 마 7:7-11)

예수님과 바알세불(눅 11:14-23; 마 12:22-30)

요나의 증표(눅 11:29-32; 마 12:38-42)

빛에 대한 가르침(눅 11:33-36; 마 5:15; 6:22, 23)

바리새인들을 비난하심(눅 11:37-21:1; 마 23:1-36)

진정한 신앙 고백(눅 12:2-12; 마 10:19, 26-33; 12:32)

근심에 대한 가르침(눅 12:22-34; 마 6:19-21, 25-33)

신실함에 대한 가르침(눅 12:39-46; 마 24:43-51)

이 세대의 징조(눅 12:51-56; 마 10:34-36; 16:2, 3)

고소하는 자와 협상하라는 가르침(눅 12:57-59; 마 5:25-26)

겨자씨와 누룩 비유(눅 13:18-21; 마 13:31-33)

이스라엘 정죄(눅 13:23-30; 마 7:13-14, 22, 23; 8:11-12)

예루살렘에 대한 통곡(눅 13:34-35; 마 23:37-39)

제자가 되려면 치러야 할 대가(눅 14:26-35; 마 10:37-38; 5:13)

두 주인을 섬기는 것(눅 16:13; 마 6:24)

율법과 이혼(눅 16:16-18; 마 11:12-13; 5:18, 32)

죄와 용서와 믿음(눅 17:1-6; 마 18:6-7, 15, 20-22)

인자의 날(눅 17:23-27, 33-37; 마 24:17-18, 26-28, 37-41)

마태복음의 고유 출처 M

마태복음을 구성하는 1,068절 중 500절은 마가복음을 인용한 것이다. 또한 235절은 Q를 인용한 것이다. 그러므로 1,068절 중 마가복음을 인용한 500절과 Q를 인용한 235절을 제하면 333절이 남는다. 이 333절은 마가복음이나 누가복음에서 찾아볼 수 없는 내용으로 구성되어 있다. 학자들은 마태복음에서만 발견되는 이 333절을 M(마태의 고유 출처)이라고 부른다.

일부 학자들은 마태가 마가복음과 Q와 M에 '안디옥 전승'을 더해 마태복음을 저작했다며 M과 안디옥 전승을 차별화하려고 하지만, 별 의미가 없다. 우리에게는 M과 안디옥 전승 둘 다 없으며 이 두 문서는 가설 안에서 존재할 뿐이기 때문이다. 누가의 증언(눅 1:1-4)에 반영된 내용(여러 출처가 존재함)에 따르면 M은 한 문서일 수도 있고, 여러 문서일 수도 있다. 어떠한 물리적 증거도 없는 오늘날 상황에서는 M을 하나로 취급하는 것이 바람직하며, 세분화하는 것은 소모적일 뿐 별 도움이 되지 않는다. M은 다음과 같은 내용으로 구성되어 있다(cf. Beale & Gladd, Brooks, House, Jones, Wright & Bird).

예수님의 계보(1:2-17)

천사들이 예수님의 탄생을 알림(1:18-25)

동방 박사 이야기(2:1-12)

예수님의 피신과 귀향(2:13-23)

산상 수훈

    예수님이 율법을 완성하심(5:17-20)

    분노에 대한 가르침(5:21-24)

    화평에 대한 가르침(5:25-26)

    이혼에 대한 가르침(5:31)

    맹세에 대한 가르침(5:33-37)

    보복에 대한 가르침(5:38-42)

    원수에 대한 가르침(5:43)

    자선에 대한 가르침(6:1-4)

    금식에 대한 가르침(6:16-18)

    믿음에 대한 가르침(6:19-34)

    돼지와 진주(7:6)

    기도에 대한 가르침(7:7-11)

    좁은 문으로 가라는 권면(7:13-14)

권위를 가지고 말씀하심(7:28-29)

맹인과 말 못하는 사람을 치료하심(9:27-34)

추수할 것이 많음(9:35-38)

다가오는 핍박(10:21-23)

제자의 길(10:24-42)

회개하지 않는 도시(11:20-24)

제자의 삶(11:25-30)

가라지 비유(13:24-30, 36-43)

숨겨진 보배 비유(13:44)

값진 진주 비유(13:45-46)

그물 비유(13:47-50)

새것과 옛것 비유(13:51-52)

베드로가 물 위를 걸음(14:28-31)

베드로와 교회(16:17-19)

물고기와 동전(17:24-27)

죄인 징계(18:15-20)

용서에 관한 질문(18:21-22)

용서하지 않는 종 비유(18:23-35)

포도원 일꾼 비유(20:1-16)

두 아들 비유(21:28-32)

가식적인 영성(23:2-5, 7-12)

서기관과 바리새인들 정죄(23:13-39)

세상 끝 날에 대한 경고(24:32-41)

준비된 삶에 대한 권면(24:42-44)

지혜로운 종과 악한 종 비유(24:45-51)

열 처녀 비유(25:1-13)

양과 염소 비유(25:31-46)

가룟 유다의 자살(27:3-10)

빌라도가 손을 씻음(27:24-25)

죽었던 성인들이 살아남(27:52-53)

경비병이 무덤을 지킴(27:62-66)

경비병의 보고(28:11-15)

대사명(28:16-20)

장르

신약을 구성하는 정경 27권 중 처음 네 권을 복음서라고 한다. 예수 그리스도의 죽음과 부활을 통해 세상에 임한 복음을 묘사하고 있기 때문이다. 그러므로 우리는 한 복음(그리스도의 죽음과 부활)에 대해 네 복음서를 전수받았다(cf. Brown, Hengel, Strauss, Stuhlmacher). 이는 구약에서 숫자 '4'가 총체성과 포괄성을 상징하는 숫자인 것과 연관이 있는 듯하다. 고대 근동 사회에서는 온 세상을 아우를 때 오늘날처럼 네 방향(동-서-남-북)을 가리켰다. 구약에서도 이러한 현상이 여러 차례 반복된다(cf. 창 28:14; 민 35:5; 신 3:27 등). 에스겔 선지자가 하나님의 보좌를 떠받들고 있는 네 생물(천사) 환상을 보았을 때, 네 생물이 각각 네 얼굴과 네 날개와 몸을 틀지 않고 네 방향으로 이동하는 것도 이러한 포괄성 및 총체성과 연관이 있다(cf. 겔 1장; 10장).

역사를 주관하시는 하나님은 예수님의 죽음과 부활에 관해 증언하는 복음서인 마태복음-마가복음-누가복음-요한복음을 정경으로 정하셨다. 따라서 예수님의 삶과 사역을 연구하고 묵상하기 위해 당시 저작된 다른 자료들(cf. 눅 1:1-4)을 참고할 수는 있지만, 마치 하나님이 그 자료들에 네 정경에 버금가는 권위를 부여하신 것처럼 대해서는 안 된다. 구약과 신약을 연구하는 학자 중 일부는 더 나아가 외경(apocrypha)과 위경(pseudepigrapha), 그 외 유대인들의 전승(tradition)까지 정경만큼이나 권위 있는 것으로 취급하는데, 바람직한 처사는 아니다. 이 책들을 참고하되 정경을 대하는 것처럼 해서는 안 된다. 앞으로 계속 출판될 엑스포지멘터리 신약 주석 시리즈에서는 오직 구약과 신약 정경을 바탕으로 본문을 설명할 것이다. 외경과 위경과 미쉬나(Mishna) 등 유대인들의 전승을 인용하는 것은 배제할 것이다. 유일한 예외는 요한계시록 주석이 될 것이다. 요한계시록은 구약과 연결할 때 중간사 문헌이 많이 도움이 되기 때문이다.

어떤 저자든 작품을 만들 때 자기 작품이 일정한 기준과 원칙에 따라 읽히고 해석되기를 원한다. 집필자는 이러한 의도와 기대를 작품의 장르를 통해 표현한다. 그러므로 장르는 작품 안에서 직접적으로 언급되는가 하면, 암시되기도 한다. 혹은 무의식적으로 성립된 저자와 독자

사이의 계약 또는 약속이라고도 할 수 있다(Burridge, cf. Guelich).

네 복음서는 예수 그리스도의 복음에 관한 책이다. '복음'(εὐαγγέλιον)은 '좋은/복된 소식'이라는 의미이며, 아마도 이사야서(40:9; 52:7; 61:1 등)에서 시작된 개념일 것이다(Beale & Gladd). 복음을 가장 간략하게 정의하자면 '듣는 이들에게 복된 소식'이라는 뜻이다. 구약에서는 사람에게 복된 소식을 주실 수 있는 분은 하나님뿐이기에 신약에서도 예수 그리스도의 복음은 처음부터 끝까지 여호와 하나님의 개입(사역)을 전제한다.

예수님의 복음에 관해 기록하고 있는 복음서들은 구체적으로 어떤 장르적 특징을 지니고 있는가? 한 학자는 복음서를 가리켜 창의적인 미드라쉬(creative midrash)라고 한다(Gundry). 미드라쉬는 정경이 간단히 언급하는 한 사건이나 인물을 근거로 완전히 새로운 이야기를 만들어낸 것이다. 진보적인 성향의 학자들은 구약에서 가장 독보적인 미드라쉬로 요나서를 지목한다. 열왕기하 14:25이 '아밋대의 아들 선지자 요나'를 언급하는데, 누군가가 이 말씀을 근거로 삼아 미드라쉬로 저작한 것이 요나서라는 것이다. 그러므로 이들은 요나서에 나타나는 선지자와 그의 사역이 지닌 역사성을 부인한다. 요나서는 열왕기하 14:25을 바탕으로 창조된 허구라는 뜻이다. 물론 전혀 설득력이 없는 논리다(『엑스포지멘터리 소선지서 1권』의 "요나서" 섹션을 참조하라).

미드라쉬의 예를 하나 더 들자면, 몇 년 전에 상영된 영화 〈노아〉가 있다. 창세기는 노아의 삶에 대해 많은 공간을 할애하지 않기 때문에 창세기에 기록된 내용만으로 노아에 관한 장편 영화를 만들기에는 턱없이 부족하다. 이에 해당 영화의 작가는 온갖 상상력을 동원해 허구적인 소설을 썼다. 따라서 영화 〈노아〉는 전형적인 미드라쉬다.

건드리(Gundry)는 미드라쉬가 순전한 허구와 연관된 장르라는 것을 알기 때문에 복음서를 가리켜 당시 독자들이 사실인 부분과 사실이 아닌 부분을 구분할 수 있도록 한 '창의적인 미드라쉬'(creative midrash)라고 한다. 이러한 주장은 별로 설득력이 없다(Moo, cf. Guelich, Shuler, Talbert). 복음서들이 구약을 미드라쉬처럼 대하는 부분이 전혀 없지는 않지만, 복음서들이 구약 말씀을 대할 때는 그 말씀에 대한 해석이 주류를 이루기 때문이다(Carson, France, Moo, Stendahl). 게다가 복음서들의 출처에 대한 유일한 언급이라 할 수 있는 누가복음 1:1-4은 복음서에 기록된 예수님의 삶과 사역이 이를 직접 목격한 목격자들의 기억과 증언을 토대로 하는 만큼 모든 내용이 사실이라는 것을 전제한다.

복음서 저자들의 이 같은 전제에 따르면 네 복음서에 기록된 모든 것은 사실이며, 예수님의 삶과 사역에서 비롯된 것들이다. 그러나 복음서 저자들의 전제에 동의하지 못하는 일부 학자들은 복음서에서 '역사적 예수'(historical Jesus)를 찾아 나섰다(cf. Crossan, Theissen & Merz). 예수님 시대 유대교와 사도 시대 교회들의 교리와 가르침으로 오염되지 않은 순수한 '인간 예수'를 찾아 나선 것이다. 한때는 수년 동안 복음서에 예수님이 하신 것으로 기록된 말씀 중 어떤 것이 예수님이 하신 것이고, 어떤 것이 하시지 않은 것인지를 규명하는 '예수 세미나'(Jesus Seminar)까지 진행했다.

결과는 참으로 실망스럽고 허황됐다(cf. Funk, Miller). 이들의 노력은 참으로 소모적이었으며, 정경 저자들의 전제만 받아들여도 피할 수 있는 낭비였다. 복음서의 예수님은 역사적 예수와 동일하다. 복음서는 기록된 것들을 직접 목격한 증인들의 증언을 바탕으로 하고 있기 때문이다(cf. Bauckham, Byrskog, 눅 1:1-4; 행 1:1-3; 벧후 1:16).

마태복음에는 역사(history), 전기(biography), 신학(theology), 고백(confession), 교리(dogma), 설교(sermon) 등 다양한 양식의 글이 포함되어 있다(Carson). 그러므로 마태복음의 장르를 규명하는 일은 쉽지 않다. 마태가 살던 사회에는 '삶'(Lives)이라는 장르가 있었다. 이는 묘사하는 사람의 삶, 시대, 가르침, 찬양, 도덕, 철학, 이야기 등을 포함하는 매우 유연한 장르였으며, 여러 면에서 마태복음과 비슷하다 할 수 있다

(Burridge). 반면에 지난 수십 년 동안 다수의 학자는 마태복음의 장르를 그리스-로마 시대 전기(Graeco-Roman biography)라고 했다(Shuler, Talbert, cf. Burridge). 여기에 유대인과 헬라(Hellenistic) 문화의 전기도 포함해 더 유연한 장르로 정의해야 한다는 것이 상당수 학자의 주장이다(Beale & Gladd, Carson et al., deSilva, Osborne).

이 양식의 문헌들은 주인공(지도자)의 삶과 업적 등을 회고함으로써 독자들이 그가 남긴 메시지와 가르침을 믿도록 했다. 마태복음도 예수 그리스도의 복음을 독자들에게 알리고 믿게 하려는 목적으로 저작되었다(Beale & Gladd). 마태가 전하고자 하는 복음의 핵심은 하나님이 예수 그리스도의 죽음과 부활을 통해 이루신 일이다(cf. 롬 1:1-4; 고전 15:3-4). 비슷한 맥락에서 마가복음도 "하나님의 아들 예수 그리스도의 복음의 시작이라"라는 말로 시작한다(막 1:1).

마태복음과 그리스-로마 시대 전기가 비슷한 점도 많지만 차이점도 있기에 복음서의 장르가 될 수 없다며, 복음서의 장르를 완전히 독창적인 것으로 간주해야 한다는 이들도 있다(Aune, Guelich Keener). 당시에도 새로운 장르가 끊임없이 개발되고 있었기 때문에 복음서 저자들 역시 새로운 장르를 제시하는 것으로 간주해도 별문제가 없다는 것이다.

장르를 논할 때 복음서의 신학적인 면도 고려해야 한다. 마태복음은 분명 기독교적인 관점과 신학적인 메시지와 목적을 담고 있는 정경이다. 그러므로 이 책을 당시 문화에서 비슷한 것을 찾을 수는 있지만 동일한 것은 찾을 수 없는 독특한 장르로 보는 것이 바람직하다(cf. Aune). 한 주석가는 마태복음을 예수님의 삶에 대한 신학적 전기(theological biography)라고 부른다(Osborne, cf. Boring). 마태복음은 역사적인 사실을 전달하는 일에 매우 보수적이며 성실하다(Keener).

저자

초대교회 교부이자 역사가였던 가이사랴의 유세비우스(Eusebius of Caesarea, 260-339)는 헤라폴리스 감독(Bishop of Hierapolis)이었던 파피아스(Papias, 60-130)의 저서『주님의 말씀 주해』(Λογίων Κυριακῶν Ἐξηγήσις, *Exposition of the Sayings of the Lord*)에서 마태복음은 복음서 중 처음으로 저작된 것이며, 사도 마태가 히브리어(혹은 아람어)로 저작한 것을 헬라어로 번역한 것이라는 말을 남겼다고 했다(Hist. Eccl. 3.39.16). 파피아스의 책은 현존하지 않기 때문에 유세비우스를 통해 남겨진 그의 말은 훗날 아우구스티누스가 복음서 중 마태복음이 가장 먼저 저작되었으며, 마가가 마태의 복음서를 요약했다고 하는 가설을 제시하는 데 중요하게 작용했다. 한편, 파피아스의 증언과 몇 가지 언어적인 이슈 등을 토대로 아직도 마태복음이 처음에 아람어로 저작되었다고 주장하는 이들이 있다(Parker, Robinson, Wenham). 그러나 파피아스가 남긴 말이 정확히 무엇을 의미하는지는 학자들 사이에 끊임없는 논쟁을 유발했으며 아직도 모든 이가 동의하는 결론은 나지 않았다(cf. Carson, Morris, Osborne, Wright & Bird).

오늘날 많은 학자가 마태복음으로 알려진 이 책을 사도 마태가 저작했다는 데 문제를 제기한다. 그들의 문제 제기는 크게 두 가지 논리에 근거한다. 첫째, 사도 마태는 예수님의 열두 제자 중 한 사람이며, 주님의 삶과 사역을 옆에서 지켜본 사람이다(cf. 9:9-13; 10:3). 반면에 마가는 예수님을 직접 경험하지 못하고 마가복음을 집필했다. 그러므로 예수님의 삶과 사역의 증인(eyewitness)인 마태가 예수님을 직접 경험하지 못한 마가의 글을 인용하는 것은 납득이 가지 않는 일이라는 주장이다.

그러나 마태가 어떤 사도였는지 생각해 보면, 그가 마가복음을 인용하는 것은 충분히 가능한 일이다. 복음서에 비추어진 마태는 베드로나 요한처럼 예수님 가까이에서 주변을 맴도는 제자가 아니다. 요즘 말로 '인싸'(insider)는 아니었던 것이다. 따라서 마태가 예수님의 제자 중 가장 권위 있고 최고의 '인싸'라 할 수 있는 베드로의 회고와 증언을 바탕으로 저작한 마가복음을 인용하는 것은 오히려 당연한 일이다(Wilkins). 마가가 저작해서가 아니라, 그의 책이 예수님의 수제자였던 베드로의 증언을 바탕으로 하기 때문이다. 그러므로 마태가 마가복음을 인용하는 것은 일종의 정통과 권위에 대한 호소(appeal)라 할 수 있다.

둘째, 마태복음을 구성하고 있는 헬라어의 완성도가 1세기 팔레스타인에 살던 유대인인 마태가 사용했다고 보기에는 너무 높다는 것이다. 이 주장도 문제가 되지 않는다. 당시 팔레스타인에 살던 사람들은 흔히 아람어, 헬라어, 라틴어 등 세 가지 언어를 구사했다(Beale & Gladd, Carson et al., Ferguson). 오늘날 스칸디나비아 사람 중 상당수가 모국어뿐 아니라, 영어와 독일어에 능통한 것처럼 말이다. 게다가 세리(tax-collector)였던 마태(9:9)가 고품격 헬라어를 사용하는 것은 당연한 일이다.

학자 중에는 마태복음을 당시 그리스도인 사이에 유명했던 사람들(빌립, 베드로, 야고보, 바돌로매, 마리아, 도마 등)의 이름을 사칭한 (pseudonym) 문서 중 하나로 보는 이도 있다(Kilpatrick). 마태복음이 위경처럼 마태를 사칭한 누구인지 도저히 알 수 없는 사람에 의해 저작되었다는 것이다. 그러나 누군가가 사도 중 하나를 사칭하고자 했다면, 베드로 같은 제자가 독자들에게 훨씬 더 좋은 반응을 얻었을 것이다. 마태복음이 다른 사도들보다 상대적으로 유명하지 않은 마태의 이름과 연관된 점은 오히려 그가 이 복음서를 저작한 증거라 할 수 있다 (Wilkins).

마태는 어떤 사람이었는가? 신약은 마태의 행적에 관해 많은 말을 하지 않는다. 그는 예수님의 열두 제자 중 한 사람이었으며(9:9-13; 막 3:16-19), 레위라는 이름으로 불리기도 했다(막 2:14; 눅 5:27-28). 한 사람이 두 이름으로 불리는 현상에 대해 한 학자는 원래 이 제자의 이름은 레위였는데, 회심하고 난 후 마태란 이름을 얻은 것으로 추측한다 (Hagner, cf. Wilkins). 아마도 마태복음의 저자는 어릴 때부터 '마태 레위'(Mathew Levi) 혹은 '마태'나 '레위'로 불렸을 것이다(Carson, France). 구약에서 한 사람이 여러 이름을 지니는 것은 자주 있는 일이다. 야곱은 이스라엘로 불렸고(창 32:28), 모세의 장인은 이드로(출 3:1), 르우엘(민 10:29), 호밥(삿 4:11) 등의 이름을 지니기도 했다.

마태의 이름 중 레위(Levi)는 그가 레위 지파 사람이었음을 암시하는 듯하다(Albright & Mann). 그가 알패오의 아들이었다는 사실(막 2:14)을 '알패오의 아들 야고보'(막 3:18)와 연결하면 마태와 야고보는 형제였을 수도 있다. 그러나 복음서가 제자 중 베드로와 안드레가 형제이고 (10:2) 야고보와 요한이 형제라는 사실을 구체적으로 알려 주는 것으로 보아(10:2; 막 3:17), 마태와 야고보는 형제가 아니었을 것이다. 비록 둘 다 알패오라는 이름의 아버지를 두었지만, 그들의 아버지는 동명이인 (同名異人)이었을 것이다.

마태는 세리가 되기 위해 상당히 높은 수준의 교육을 받았을 것으로 보인다. 그는 가버나움 근처 큰길에서 세금을 걷는 자리에 있다가 예수님의 부르심을 받았다. 마태는 예수님의 초청을 받자마자 큰 잔치를 벌였고 죄인과 세리들을 초청했다(cf. 9:10-11; 눅 5:29-30). 당시 세리들은 로마 제국을 위해 자기 백성에게 세금을 징수한다는 이유로 매국노 취급을 받기 일쑤였다. 나라의 독립을 위해 투쟁하던 열심당원들 (zealots)의 암살 대상이 되기도 했다. 그러므로 예수님의 열두 제자 중 세리 마태와 열심당원 시몬이 함께 있었다는 것은 참으로 특이하고도 기적적인 일이라 할 수 있다(Barclay).

사도이자 세리였던 마태가 이 복음서의 제자로 지목되는 이유는 마가복음이 마태의 이름만 언급하는 것(막 3:18)과 달리 마태복음은 마태를 두 차례나 세리로 언급했고(9:9; 10:3), 복음서 중 유일하게 성전에 바치는 세금에 관해 언급하기 때문이다(17:24-27). 마태는 세리였기 때문에 성전세에도 관심이 많았다는 주장이다. 이러한 것들은 오늘날 기준으로 사도 마태가 이 복음서를 저작했다는 주장에 대한 설득력 있는 증거가 되지 못한다. 그럼에도 불구하고 사도 시대 이후 교회는 이러한 이유 등으로 사도 마태를 마태복음의 저자로 지목했다. 사도 마태를 저자로 간주하면 분명한 장점이 있다. 유대인이자 예수님의 제자였던 마태는 구약과 유대인들의 관습에 익숙했고 또한 예수님의 삶과 가르침을 가장 가까이에서 목격한 사람이었다. 그는 예수님의 복음과 이스라엘과 교회의 관계에 대한 책을 저작하기에 가장 적합한 사람이었다(cf. France).

대부분의 구약 정경들처럼 네 복음서는 각 책의 저자를 직접적으로 밝히지는 않는다. 그러나 초대교회는 네 복음서를 구분하기 위해 가장 합리적이라고 생각했던 방법을 사용했다. 바로 복음서들을 저자의 이름을 붙여 부르기 시작한 것이다. 그러므로 마태가 마태복음을 저작했다는 확고한 증거는 없다. 어떤 이들은 이 복음서의 저자가 누구였는지 앞으로도 영원히 알 수 없을 것이며, 다만 유대교의 가르침과 풍습에 대해 상당히 많이 알고 헬라어를 구사하는 유대인 기독교인이었을 것이라고 말한다(Kümmel). 한편, 마태복음의 저자가 이방인 기독교인이라는 주장도 있다(Meier, van Tilborg)

이 같은 혼란 속에서 가장 합리적인 대안은 사도 마태가 이 책의 저자가 아니라는 확고한 증거가 나오기 전까지는 전통적인 견해를 따르는 것이다. 초대교회 교부들은 모두 마태를 이 복음서의 저자로 지목했다(Papias, Irenaeus, Clement of Alexandria, Eusebius, Origen). 이러한 전통적인 견해를 구체적인 증거도 없이 무시하는 것은 어리석은 일이다. 또한 저자가 누구인지 모른다고 하는 것보다 사도 마태가 저자라고 하는 것이 훨씬 더 설득력이 있다. 다행인 것은 마태복음의 저자가 정확히 누구인가 하는 문제는 본문 해석에 별 영향을 미치지 않는다는 사실이다(Carson).

저작 시기

1,000여 년 동안 마태복음이 네 복음서 중 가장 먼저 저작된 것으로 생각한 교회(cf. 오거스틴 가설)는 전통적으로 50-60년대를 마태복음이 저작된 시기로 보았다(cf. Wilkins). 그러나 오늘날의 학자 대부분은 마태복음이 아니라 마가복음이 제일 먼저 저작되었다고 한다(cf. Goodacre, Hengel, Osborne & Williams, Streeter). 그런데도 마태복음의 저작 시기를 50년대 말에서 60년대 초로 보는 학자가 많다(Beale & Gladd, Carson et al., Gundry, Osborne, Wilkins). 가장 큰 이유는 마태복음과 누가복음의 관계에서 비롯된다. 이 학자들은 누가복음과 사도행전이 61-63년경에 저작된 것으로 간주한다(cf. Beale & Gladd, Gundry, Osborne). 또한 누가가 복음서 중 가장 먼저 저작된 마가복음과 두 번째로 집필된 마태복음을 인용해 누가복음을 저작했다고 본다. 그러므로 마태복음은 아무리 늦어도 누가복음 저작 시기로 여겨지는 61-63년 이전에 저작되었다는 것이다(Beale & Gladd, Carson et al., deSilva, Gundry).

반면에 마태복음의 저작 시기를 70-100년 사이로 보는 이도 많다(Allison, Carter, Stranton, Wright & Bird). 이 학자들이 100년을 마지노선으로 보는 것은 안디옥의 이그나티우스(Ignatius of Antioch)가 110년에 서머나 교회에 보낸 『서머나 서신』(*Epistle to the Smyrneans*) 1.1에서 마태복음의 예수님 세례 이야기(3:13-17)를 인용하기 때문이다. 또한 이레나에우스(Irenaeus)는 175년경에 저작된 『이단들에 대하여』(*Against Heresies*) 3.1.1에서 "마태는 히브리인들을 위하여 그들의 언어로 문서화된 복음을 발간했으며, 베드로와 바울은 로마에서 설교하여 교회의 기초를 세웠다"라는 말을 남겼다(Maxxaux). 그들은 이러한 증거들을 토대로 100년을 마태복음 저작 시기의 마지막 보루로 간주하는 것이다.

70-100년 중에는 80년대에 저작된 것이라고 주장하는 학자가 가장 많다(Bruce, Davies & Allison, Hagner, Keener, Luz). 이들이 제시하는 증거는

75

다음과 같다(Keener). 첫째, 마태복음에는 예수님과 바리새인들의 논쟁이 치열한데, 이러한 대립 분위기는 70년 이후와 잘 어울린다. 둘째, 마태의 세계관이 70-80년대 유대교를 주도했던 랍비들의 주장(rabbinic movement)과 잘 어울린다. 셋째, 60년대 중반에 저작된 것으로 보이는 마가복음을 인용하고 있다. 넷째, 마태복음 24장이 언급하는 성전 파괴는 70년에 있었던 일이다.

이 학자들은 이러한 이유 등으로 마태복음의 저작 시기를 빨라도 70년대, 늦으면 100년대 정도로 본다. 그러나 바리새인들이 처음에 기독교인들과 격렬하게 논쟁을 벌인 것은 사실이지만, 60년대에 접어들어서는 '율법을 지키는 유대인 그리스도인들'을 용납했다(Osborne). 그러므로 바리새인들과의 대립 분위기가 70년대 이후와 잘 어울린다는 것은 설득력 있는 주장이 아니다. 또한 이 학자들이 80년대 이후 교회의 정황(Sitz im Leben)상 중요했던 이슈들이라고 구분하는 것은 모두 30-100년 사이에 교회가 당면했던 보편적인 주제들이다(Carson).

이 학자들이 주장하는 것처럼 마태복음이 언급하는 것들이 복음서가 저작된 시기를 가늠할 수 있는 유일한 잣대가 된다면, 그들이 주장하는 것과 다른 논리도 충분히 가능하다. 예를 들어 유대인들의 손 씻기, 성전세, 성전에서 예물 드리는 일 등은 예루살렘 성전이 사라진 70년 이후에는 아예 언급할 필요가 없다(Osborne). 또한 마태복음은 바리새인뿐 아니라 사두개인도 맹렬하게 비난하는데, 사두개인은 70년에 예루살렘 성전이 함락된 이후 더는 영향력을 행사하지 못하고 역사 속으로 사라졌다. 그러므로 만일 마태복음이 80년대 이후에 저작된 책이라면 굳이 사두개인에 대한 비난을 언급할 필요가 없다.

학자들이 마태복음의 저작 시기를 70년 이후로 고집하는 가장 큰 이유는 24장에 기록된 성전 파괴에 관한 말씀 때문이다. 유대인들은 그들을 지배하던 로마인을 상대로 66년에 독립전쟁을 일으켰고, 이 전쟁은 73년 유대인들의 마지막 보루이던 마사다(Masada)가 함락되면서 끝이 났다. 전쟁 중 로마인들은 70년에 유대인들의 종교와 정체성의 상징인 예루살렘 성전을 파괴했다. 따라서 마태복음은 이 사건이 이미 일어난 후(after the fact)에 저작되었다는 것이다.

이 같은 학자들의 주장에 가장 크게 작용하는 것은 그들의 입장을 뒷받침할 만한 역사적 증거나 자료가 아니다. 그들의 그릇된 성경관에서 비롯된 편견이다. 그들이 주장하는 것처럼 성경은 분명히 사람들의 손을 통해 저작되었다. 우리는 하나님이 성경 저자들을 성령과 영감으로 감동시키셔서 오류가 없는 하나님의 말씀을 쓰게 하셨다고 믿는다. 그러나 그들은 성경이 저자들의 신학과 사상을 반영한 것으로 여길 뿐, 오류가 없는 하나님의 말씀으로 생각하지 않는다. 그러므로 그들은 성경에 많은 오류와 편견이 들어가 있다고 주장한다.

우리는 성경이 하나님의 말씀이며, 이 말씀에는 미래에 대한 예언도 포함되어 있다고 믿는다. 그러나 그들은 성경에는 예언이 없으며, 오직 예언처럼 보이도록 저작된 역사가 있을 뿐이라고 한다. 그들 생각에 인간은 미래에 대해 예언할 능력을 가지고 있지 않기 때문이다. 그러므로 마태복음 24장에 기록된 성전 파괴에 관한 말씀도 이 일이 이미 일어난 다음(after the fact)에 기록된 것이라고 주장한다. 쉽게 말해서 마태가 예수님이 하지 않으신 말씀을 마치 하신 것처럼 기록했다는 것이다.

그들의 주장은 전혀 설득력이 없는 순환 논리(circular reasoning)에 불과하다. 인간은 예언을 할 수 없다고 단정해 놓고, 예언으로 보이는 것은 모두 일이 일어난 다음에 예언처럼 묘사된 역사적 회고에 불과하다고 하기 때문이다. 구약에서는 다니엘서의 내용과 저작 시기를 놓고 학자들 사이에 비슷한 논쟁이 있다. 진보적인 학자들은 다니엘서가 주전 2세기에 예언서처럼 저작된 역사서라고 주장한다. 그들이 이 같은 결론에 도달한 데는 정경론(성경론)이 가장 큰 기여를 했다.

만일 성경이 오류가 없는 하나님의 말씀이고, 이 말씀에 미래에 대한 예언이 포함되어 있다는 것을 인정한다면, 예수님이 70년에 있을 성전 파괴에 관해 미리 말씀을 남기신 것이 문제 될 이유가 없다. 더욱이 예수님은 하나님의 현현이자 성육신하신 하나님의 말씀이며 삼위일체의 제2인이시다. 인간의 역사와 현재와 미래를 주관하는 하나님이시다. 이런 주님이 성전이 파괴되기 몇십 년 전에 그 일에 관해 예언하신 것은 문제가 아니라 당연한 일이다. 그러므로 70년에 있었던 성전 파괴에 관한 말씀이 예언이라면, 60년대 혹은 그 이전이라 해도 마태복음의 저작 시기로 충분히 가능성이 있다.

모든 것을 고려할 때, 마태복음이 반영하고 있는 시대적 상황은 50-64년 팔레스타인 기독교를 기반으로 한다(Reicke). 그러므로 70년 이전에(Blomberg, Carson, France, Gundry, Morris, Osborne, Wilkins), 더 구체적으로 65-67년(Osborne), 혹은 넓게 60년대를 저작 시기로 보는 학자가 많다(Beale & Gladd, Carson, France, Wilkins). 또한 많은 학자가 주장하는 것처럼 61-63년경에 저작된 누가복음이 마태복음을 인용하고 있다면, 마태복음은 그 이전에 저작되었을 것이다. 50년대에 저작되었을 가능성도 다분하다.

목적

마태복음은 어디서, 어떤 목적으로 쓴 책일까? 학자들은 이 복음서를 쓴 장소로 다양한 곳을 제안했다. 이집트의 알렉산드리아(Alexandria)에서 쓰였다고도 하고(van Tilborg), 혹은 메소포타미아 상류 지역에 위치한 에데사(Edessa, 'Antiochia on the Callirhoe'로도 알려짐)(Bacon), 두로(Tyre)(Kilpatrick), 이스라엘 서북부에 있는 고대 항구도시 시세리아(Caesarea Maritima)(Viviano), 도시를 특정할 수 없는 시리아 지역(Province of Syria)(Schweizer), 요단강 동편에 위치한 펠라(Pella)(Slingerland) 등에서 쓰였다고

도 한다.

그러나 가장 많은 지지를 얻는 견해는 시리아의 북쪽 오론테스강에 위치한 안디옥(Syrian Antioch, Antioch on the Orontes)에서 저작되었다는 것이다(Carson et al., Beale & Gladd, Ferguson, Guthrie, Wright & Bird, cf. 행 26장). 오늘날 터키의 도시 안타키아(Antakya) 근처에 있던 안디옥은 마태복음이 쓰일 무렵에는 로마 제국에서 로마와 알렉산드리아 다음으로 인구가 많았던 도시였다(Rousseau, Ferguson, Beale & Gladd). 안디옥은 이스라엘에서 멀지 않은 곳이었으며, 유대인이 많이 거주했다. 사도 시대에는 유대인과 이방인으로 이루어진 교회가 번성했던 곳이다(cf. 행 11:19-26; 13:1-3).

안디옥에서 저작된 마태복음은 어떤 목적으로 쓰였는가? 마태복음이 다른 복음서보다 구약과 유대인적인 이미지로 가득하다 하여 당시 안디옥에 거주하는 유대인 그리스도인들을 위해 쓴 책이라는 이들이 있다(Keener, Strauss). 마태복음 5:46-47, 6:7-8, 6:31-32, 18:17 등을 근거로 삼아 이 책이 반(反)이방인적(anti-Gentile) 메시지를 담고 있으며, 대사명(Great Commission) 역시 유대인들에게만 제한적으로 적용되는 오직 유대인 그리스도인들을 위해 쓰여진 책이라고 주장하는 이도 있다(Sim). 그는 마태복음을 탄생시킨 공동체가 유대인 중심이었기 때문에 이런 일이 가능했다고 한다.

이와는 정반대로 유대인들이 하나님께 버림받았다는 것을 기정사실로 하기 위해 쓰여진 책이라고 주장하는 이들도 있다(Walker). 이 논리에 따르면 마태복음은 전적으로 이방인 그리스도인들을 위한 책이다. 이는 예수님이 행하시는 기적, 즉 이방인인 백부장의 종을 살리는 일에서 역력히 드러난다(8:10-13). 예수님은 율법학자들과 논쟁을 벌이시고(9:2-6; 15:1-20; cf. 7:28-29), 그들이 말씀을 잘못 해석하고 있다는 점도 지적하신다(22:24-33; cf. 10:15; 12:32-37, 39, 41-42). 이 과정에서 예수님은 구약의 최종 해석자가 되시며(cf. 4:23; 9:35; 12:9; 13:54;

23:34), 산상 수훈은 하나님 나라 실현의 최종적인 율법이 된다.

예수님은 유대인들의 메시아로서 그들을 깨우쳐 전도하려고 하신다 (cf. 10:5-6; 15:24; 20:28; 26:28). 그들을 향해 '너희 회당, 그들의 회당' 등이라고 말씀하시며 거리를 두기도 하신다. 그러나 유대인들은 예수님을 버렸다(11-12장, 수난 이야기[passion narrative], cf. 21:41; 22:13; 23:33). 이로써 하나님 나라에 대한 약속이 유대인들에게서 의로운 남은 자들과 이방인들에게 옮겨간다(21:43; 22:9-10). 대사명(Great Commission, 28:18-20)도 유대인들에게 적용되지 않으며, 오직 이방인들에게만 전도하라는 신학적 권면이라고 한다(Walker).

한편, 마태복음이 바리새인들과 안디옥 교회를 구성하던 유대인과 이방인 그리스도인들의 갈등을 해소하기 위해 쓰인 책이라고 주장하는 이들도 있다(cf. Wright & Bird). 그러나 마태복음에는 계파 간의 갈등보다 모든 사람을 위한 보편적인 선포가 더 많다. 사람과 공동체가 이책의 중심 테마라며 믿음 공동체의 신학적 필요를 채우기 위해 쓰였다는 이도 있으나(Tagama), 마태복음에서 믿음 공동체는 여러 주제 중 하나일 뿐 중심 주제는 아니다.

이처럼 다양한 추측이 난무한 것은 대부분 마태복음이 잉태한 공동체를 지나치게 의식하는 데서 비롯되었다(cf. Sim). 지난 60여 년 동안 학자들은 이 공동체를 '마태 공동체'(Matthean Community)라고 불렀다 (Sim, Stendahl, Tagama). 모든 성경은 저작된 시대와 정황이 있는 만큼 당시 마태복음을 저작한 공동체를 논할 수 있다(cf. 28:15). 그러나 공동체가 처한 상황과 필요를 지나치게 의식하면 문제가 된다. 마태복음이 예수님이 실제로 사셨던 삶과 사역을 알리기 위해서가 아니라, 저자인 마태가 속한 공동체의 상황(Sitz im Leben)과 필요를 충족시키기 위해 책이 저작되었다고 주장하기 때문이다. 그러나 이러한 처사는 잘못된 접근 방법이다(Osborne). 복음서들은 온 교회를 위해 저작된 것이며, 믿지 않는 사람들이 믿게 하려고 저작되었다(Bauckham).

마태 공동체를 강조하다 보면 저자가 공동체가 당면한 이슈를 논하는 과정에서 예수님이 하시지 않은 말씀을 주님이 하신 것이라 할 수 있고, 예수님 시대에는 존재하지 않았던 관점이나 사상이 마태의 서술을 통해 선포된 것이라는 억지 주장이 나올 수 있다. 게다가 공동체의 필요와 당면한 이슈로 불리는 것들도 학자들 대부분의 주관적 추측에서 비롯된 것이지 책이 직접적으로 언급하는 것들이 아니다. 실제로 마태복음은 30-70년대 교회가 당면했던 보편적인 이슈들과 연관이 있는 만큼 '마태 공동체'라는 구체적인 교회와 연관시킬 필요는 없다 (Carson). 마태 공동체의 필요와 이슈는 성경의 진실성을 훼손할 수 있기에 조심스럽게 접근해야 한다.

마태복음은 초대교회 성도들이 매주 함께 드리는 공동체 예배에서 읽기 위해 저작된 성구집(lectionary)이라고 주장하는 이들이 있다 (Goulder, cf. Carrington, Kilpatrick). 이들은 마태복음보다 상대적으로 짧은 마가복음은 6개월짜리 성구집이었고, 마태복음은 1년에 거쳐 읽도록 구성된 성구집이라고 한다. 신약을 살펴보면 분명 초대교회 교인들이 예배 때 사용한 자료들이 있었던 것을 알 수 있다. 대표적인 사례로 빌립보서 2:6-11을 꼽을 수 있다. 학자들은 이 말씀이 바울 시대에 교회가 사용하던 찬송가였다고 생각한다. 이는 충분한 설득력이 있는 해석이며, 내용은 다음과 같다.

6 그는 근본 하나님의 본체시나
하나님과 동등됨을 취할 것으로 여기지 아니하시고
7 오히려 자기를 비워
종의 형체를 가지사 사람들과 같이 되셨고
8 사람의 모양으로 나타나사
자기를 낮추시고 죽기까지 복종하셨으니
곧 십자가에 죽으심이라

81

9 이러므로 하나님이 그를 지극히 높여

모든 이름 위에 뛰어난 이름을 주사

10 하늘에 있는 자들과 땅에 있는 자들과 땅 아래에 있는 자들로

모든 무릎을 예수의 이름에 꿇게 하시고

11 모든 입으로 예수 그리스도를 주라 시인하여

하나님 아버지께 영광을 돌리게 하셨느니라

비슷한 사례들이 신약 곳곳에 있기 때문에 마태복음이 초대교회 성도들이 예배에서 정기적으로 사용하도록 저작한 성구집(lectionary)이라는 주장을 전적으로 배제할 수는 없다. 그러나 아직 이를 입증할 만한 역사적 증거들은 없다(cf. Hengel). 그러므로 신중해야 한다.

대부분의 학자는 마태복음이 어느 특정한 공동체나 교회의 필요를 채우기 위해 저작된 것으로 보지 않는다. 단순히 온 인류의 구세주이신 예수 그리스도의 삶과 사역을 통해 드러난 복음을 선포하기 위해 저작된 것으로 본다(Bauckham, Carson). 독자가 마태 공동체처럼 구체적인 그룹이 아니라, 온 세상과 인류라는 것이다(Bauckham, Wright & Bird). 마태복음의 대상에는 유대인들도 포함되어 있다. 즉, 마태복음은 유대인 혹은 이방인이 아니라 유대인과 이방인 성도들을 위해 쓰인 책이다.

성도들은 이 책을 읽음으로써 그리스도의 복음에 대한 확고한 확신과 믿음을 얻는다. 또한 유대인과 이방인 중 복음을 모르는 사람들에게 복음을 알리기 위한 전도와 선교 목적도 지닌다(Carson, Osborne, cf. 요 20:31).

신학적 메시지

신약을 시작하는 마태복음은 여러 가지 중요한 신학적 메시지를 담고

있다. 마태복음의 신학적 메시지는 신약의 정체성을 확립함으로써 나머지 복음서와 서신서 등이 어떻게 읽혀야 하는지 방향을 제시한다. 본서에서는 마태복음의 다양한 신학적 메시지 중 몇 가지만 간략하게 정리하고자 한다.

1. 예언과 성취

마태복음은 60여 개의 구약 텍스트를 직접 인용하며, 그 외에도 수많은 구절에서 구약을 연상케 한다(cf. Beale & Carson, France, Stendahl). 또한 신약 정경 중 구약을 가장 많이 인용해 예수 그리스도의 삶과 사역을 조명한다. 이에 초대교회에서는 마태복음을 구약과 신약을 잇는 연결 다리로 간주해 네 복음서의 순서를 정할 때 마태복음을 제일 앞에 두었다(cf. Wilkins).

마태복음은 "주께서 선지자로 하신 말씀을 이루려 하심이니…"(ἵνα πληρωθῇ τὸ ῥηθὲν ὑπὸ κυρίου διὰ τοῦ προφήτου)나 비슷한 표현을 자주 사용한다(1:22; 2:15, 17, 23; 4:14; 8:17; 12:17; 13:35; 21:4; 27:9). 또한 마태는 신약 저자 중에서 가장 많이 구약 말씀과 예수 그리스도를 연결시킨다(cf. Beale & Carson, Blomberg). 예수님은 구약 예언의 성취시기 때문이다. 이러한 사실은 예수님이 아브라함에서 시작된 다윗 계보를 완성시키시는 일(1:1-17)과 구약의 다양한 예언이 성취된 것(1:22-23; 2:4-5, 15, 17, 23 등), 율법이 완성된 일(5:17-48) 등을 통해서 강조된다. 따라서 저자의 독특하고 고유한 신학적 차별화가 구약을 근거로 하고 있다고 해도 과언이 아니다(Stanton). 마태는 예수님의 삶과 사역이 모든 면에서 구약의 예언을 성취하고 있다고 생각하기 때문이다.

마태는 어떻게 예수님이 구약을 성취한다고 하는가? 마태복음뿐 아니라 신약 전체가 구약의 예언이 예수님을 통해 모두 성취되었다고 한다고 할 때 '성취'는 최대한 넓고 포괄적인 의미를 지닌 개념으로 이해되어야 한다(cf. Doeve, Beale & Carson, Gundry). 선지자들이 미래에 대해 예언한 것뿐만 아니라 율법 규정도 예수님을 통해 성취되기 때문이다. 예를 들어, 히브리서는 레위기에 기록된 제사 제도가 예수님의 죽음을 통해 성취되었으며(히 10장), 예수님은 멜기세덱 제사장에 관한 말씀에 따라 제2의 멜기세덱으로 오셔서 새 언약의 대제사장이 되셨다고 한다(히 5-8장). 그러나 구약의 제사 제도는 율법의 일부이지 예언이 아니다. 멜기세덱도 창세기에 한 번 등장하고 사라지는 희미한 인물이며(창 14:18-20) 그의 이야기에서 예언이라 할 만한 것은 없다.

비슷한 맥락에서 마태복음은 부모 품에 안긴 어린 예수님이 이집트로 내려갔다가 돌아오는 일을 통해 이스라엘의 출애굽 경험을 성취하셨다고 한다(2:14-15). 그러나 마태가 성취되었다며 인용하는 말씀인 호세아 11:1은 역사적인 회고일 뿐 예언은 아니다.

헤롯은 동방 박사들에게 속은 것을 알고 메시아가 태어났다는 베들레헴과 주변에 사는 두 살 아래 남자아이를 모두 살해했다(2:16). 이로 인해 아이를 잃은 부모들은 통곡했다. 마태는 이 상황을 예레미야 31:15에 기록된 "라마에서 슬퍼하며 통곡하는 소리가 들리니 라헬이 그 자식 때문에 애곡하는 것이라 그가 자식이 없어져서 위로받기를 거절하는도다"라는 예언을 성취한 것으로 보았다(2:17-28). 그러나 이 말씀은 주전 586년에 포로가 되어 바빌론으로 끌려가는 유다 사람들을 두고 한 말씀이지 아이들의 죽음에 대한 예언이 아니다.

마태는 심지어 구약에 없는 예언도 성취되었다고 한다. 마태복음 2:23은 예수님이 나사렛에서 사신 이유를 "그는 나사렛 사람이라고 불릴 것이다"라는 예언을 성취하기 위해서라고 한다. 그러나 구약 어디에도 이런 예언이나 말씀이 없다. 예수님을 팔아 은 30개를 받은 가룟 유다는 죄책감에 시달리다가 제사장들에게 돈을 돌려주고 자살했다(27:3-5). 마태는 제사장들은 그 돈으로 토기장이의 땅을 사서 나그네들의 묘지로 사용했는데, 이 일이 예레미야의 예언을 이룬 것이라고 한다(27:7-10). 그러나 예레미야서 어디에도 이와 연결된 말씀이 없다. 가장 근접한 말씀은 스가랴 11:10-13이다. 그러나 스가랴서의 말씀도 가룟 유다의 자살과는 전혀 상관없는 일이다.

물론 예언이 그대로 성취된 사례도 많다. 마태는 이스라엘을 다스릴 왕이 베들레헴에서 태어날 것이라는 예언(미 5:2)이 예수님의 탄생을 통해 온전히 성취되었다고 한다(2:5-6). 예수님은 세례 요한이 광야에서 주의 길을 예비하는 종에 대한 이사야의 예언을 성취했다고 말씀하신다(3:3; cf. 사 40:3). 이 외에도 매우 다양한 형태의 구약 인용과 성취가 있다(cf. Beale & Carson, Beale & Gladd, Ellis, Moo, Longenecker, Stendahl). 그러므로 구약 예언과 말씀이 신약에서 성취되었다고 할 때는 '성취'의 개념을 매우 유동적이고 넓게 정의해야 한다. 마태의 예언 성취에 대한 이 같은 자세는 아마도 그 당시 정통적인 구약 해석 방식으로 자리 잡았던 '유대교적 논리 스타일'(rabbinic style of reasoning)을 반영한다고 할 수 있다(cf. 15:1-20; 19:1-9).

2. 하나님 나라

구약은 종말(세상이 끝나는 날)이 되면 하나님이 다스리시는 메시아의 나라가 세워질 것이라고 한다. 이 나라가 임하면 악인들과 세상 나라들은 하나님께 절대적으로 복종하거나 심판을 받아 영원한 벌을 받을 것이다(cf. 창 49:9-10; 시 110편; 단 2:35, 44-45 등). 반면에 하나님의 백성은 주님과 함께 영원히 잔치를 누릴 것이다(사 25:6; cf. 23:5). 이미 죽은 사람들은 부활해 잔치를 누리거나 심판을 받는다(사 25:7-9; 26:19-27:1; 단 12:1-2). 그러므로 어떤 사람이 부활하는지는 이슈가 아니다. 그날에는 주의 백성뿐만 아니라, 원수들을 포함한 모든 사람이 부활할 것이다. 중요한 점은 무엇을 위한 부활이냐 하는 것이다. 어떤 이들은 하나님과 영생을 누리기 위해 부활할 것이며, 그 외 사람들은 영원히 부끄러움을 당하기 위해 부활할 것이다(cf. 25:46).

선지자들은 하나님의 나라가 '여호와의 날' 혹은 세상이 끝나는 날에 실현될 것이라 했다(cf. 사 13장; 겔 13장; 욜 3장; 습 1장; 말 4장). 마태복음은 이 나라가 이미 임했고, 앞으로도 임할 것이라고 한다(Beale & Gladd, cf. 10-13장). 하나님 나라는 처음 임할 때 세상 모든 사람이 아니라, 소수에게만 임하는 신비로운(mysterious) 나라다(13:11; cf. 막 4:11; 눅 8:10). 예수님이 비유로 말씀하시는 것과 "귀 있는 자는 들을지어다"라는 말씀을 되풀이하시는 이유는 이 소수를 위해 오셨기 때문이다(13:10-17). 하나님 나라는 주님이 온 세상을 심판하시는 날, 곧 장차 임할 세상 끝 날에 모든 사람에게 임한다(cf. 12장).

어떻게 같은 날이 두 차례나 임할 수 있다는 것인가? 이 신비로움은 마태복음 13장에 기록된 하나님 나라에 대한 비유들을 바탕으로 이해해야 한다. 간략하게 말하자면 메시아이신 예수님의 오심으로 하나님의 나라가 시작되었지만(inaugurated), 아직 완성되지는(consummated) 않았다. 하나님 나라의 완성은 세상 끝 날에 있을 일이다. 그러므로 하나님의 나라는 '이미'(already) 임했지만, '아직'(not yet) 완성되지 않았다(Beale & Gladd).

예수님이 요한에게 세례를 받으실 때 하늘이 열리며 하나님의 영이 주님께 임한 것은 하나님 나라가 시작되었음을 알린다(3:13-17). 이어진 광야 시험(4:1-11; cf. 21:44)은 예수님이 세상을 지배하는 악의 세력인 사탄을 물리치신 것을 상징한다. 예수님이 귀신을 쫓아내시는 사역도 이미 악의 세력에게서 거두신 승리와 지속되는 하나님 나라의 능력에 기초한 것이다(8:16-17, 28-31; 9:32-33 등). 그러나 최종적이고 절대적인 악한 세력의 파괴는 세상이 끝나는 날 있을 최후 심판을 기다려야 한다(cf. 24장). 따라서 하나님의 나라는 이미 임했지만, 주님이 다시 오시는 날 완성될 것이다.

3. 예수 그리스도

교회는 초대교회 때부터 마태복음을 바탕으로 예수 그리스도가 누구 신지 설명해 왔다고 할 수 있다. 마태는 예수님에 대해 크게 세 가지를 강조한다.

첫째, 예수님은 천지를 창조하신 하나님의 아들이시다. 마태복음 은 예수님에 대해 '하나님의 아들'(θεοῦ υἱός)이라는 표현을 사용함으로 써(8:29; 14:33; 16:16 등) 예수님과 하나님의 '아들-아버지' 관계를 지 속적으로 강조한다(7:21; 10:32-33; 11:25-27; 12:50; 15:13; 18:35; 20:23; 24:36; 25:34; 26:39, 42, 53; 28:19). 예수님이 하나님을 '아버지'(πατήρ)로 부르시는 것도 23차례나 등장한다. 이 중 8회는 마가복음을 인용한 것 이며, 15회는 마태복음에서만 발견되는 고유 사례들이다(Wilkins).

복음서 저자 중 마태는 그 누구보다도 예수님이 하나님의 아들 되심 을 자주 반복하며 예수님이 하나님으로부터 오셨음을 강조한다. 예수 님은 하나님을 '아버지'라고 부를 수 있는 유일한 분이며, 거짓 선지자 들을 영원한 심판으로 내칠 수 있는 권세를 지니신 분이다(7:22-23). 그러므로 예수님은 단순히 사람들에게 존경받는 선생이 아니라, 경배 와 찬양을 받으시기에 합당한 온 세상과 하늘의 권세를 가지신 주님 (Lord)이시다(28:16-20).

구약은 하나님을 '신적 용사'(Divine Warrior, cf. Longman & Reid)로 자주 묘사하는데(시 18:7-15; 24:7-10; 68:4; 104:1-3) 마태복음도 예수님을 신 적 용사로 표현한다. 예수님이 신적 용사라는 사실은 태풍을 잠잠하 게 하시는 일을 통해 가장 확실하게 드러난다(8:23-27; 막 4:36-41; 눅 8:22-25). 구약은 오직 여호와 하나님만이 요동치는 물과 바다 괴물을 심판하시거나 다스리실 수 있다고 한다(cf. 시 74:13-14; 107:23-32; 겔 32:2; 단 7:2). 그러므로 태풍을 잠잠케 하신 예수님의 기적은 구약과 깊 은 연관이 있다. 예수님은 악한 세력의 상징인 갈릴리 호수의 흉흉한

물을 잠잠하게 하신 일을 통해 자신이 하나님의 현현(성육신)이며 장차 악을 심판할 것을 암시하신다(Beale & Gladd).

예수님은 구약의 여호와와 동일시되는 분이기 때문에 마태복음은 예수님을 '주'(κύριος)라고 부른다. '주'는 당시 팔레스타인에서 존대말로 많이 사용되었다. 이 호칭은 하나님을 의미하는 단어로 사용되고(1:20, 22, 24; 2:13, 15, 19 등), 주님을 경배할 때 사용되기도 한다(14:28; 15:25; 17:4 등). 또한 예수님께 신적(神的)인 도움을 청하는 사람들과 제자들이 예수님을 부르는 호칭으로 사용된다(8:2, 6, 25; 9:28; 14:30; 15:22, 25; 17:15; 20:30-31, 33). 예수님도 그분 자신의 신성을 점차 드러내시며 이 호칭을 사용하신다(9:38; 21:3; 22:43-45; 23:39; 24:42; 25:37, 44)(France). 그러므로 마태복음에서 이 호칭은 시간이 지날수록 더 큰 존경과 경외의 타이틀이 된다. 예수님은 사람들의 처음 기대를 초월하는 신적인 (divine) 분이며, 하나님만 하실 수 있는 일들이 예수님의 삶을 통해 일어나고 있기 때문이다.

베드로는 예수님께 "그리스도시요 살아 계신 하나님의 아들"이라고 고백하는데(16:16), 이 고백은 마태복음에서 예수님의 신분을 가장 확실하고 존귀하게 표현한 것이라 할 수 있다. 하나님의 아들이신 예수님이 온 인류의 구세주로 오신 일은 우연이 아니다. 태초부터 하나님이 계획하신 일이다(cf. 창 3:15, 20). 구약의 율법과 선지자들도 예수님이 오실 것을 예언했다. 그러므로 예수님의 오심은 하나님이 태초부터 온 인류를 구원하기 위해 세우신 계획의 절정이다(cf. 28:18-20).

둘째, 예수님은 다윗의 후손으로 오신 이스라엘의 왕이시다(9:27; 15:22; 20:30-31; 21:9, 15; 22:42). 마태복음은 다윗왕을 17차례 언급하는데, 이는 신약의 그 어느 책보다 높은 빈도수다. '다윗의 아들'은 마태복음에서 매우 중요한 개념이다(cf. 1:1; 9:27; 12:23; 15:22; 20:30-31; 21:9, 15; 22:42, 45). 하나님은 옛적에 다윗과 그의 후손들이 영원히 이스라엘을 다스릴 것이라고 말씀하셨으며(삼하 7장), 이 말씀은 장차 오실 메시아가 다윗의 후손으로 오실 것이라는 예언이기도 하다(cf. 삼하 7:13). 우리는 이것을 다윗 언약이라고 한다. 하나님이 이 언약(약속)으로 다윗을 축복하신 이상 온 인류를 구원할 메시아이자 이스라엘을 다스릴 왕은 반드시 다윗의 후손으로 와야 한다. 선지자들은 심지어 이 구세주가 다윗의 고향 베들레헴에서 태어날 것이라고 구체적으로 예언했다(미 5:2; cf. 마 2:6).

마태는 예수님의 탄생을 통해 드디어 이스라엘의 오랜 기다림이 끝났다고 한다. 온 인류를 구원하고 다스릴 왕이신 예수님이 다윗의 후손으로 오셨기 때문이다. 이 점을 강조하기 위해 마태는 예수님의 계보를 이스라엘의 선조 아브라함부터 시작해 다윗까지 14대, 다윗부터 그의 후손들이 바빌론에 포로로 끌려갈 때까지 14대, 포로 생활에서 돌아와 예수님에 이르기까지 14대 등 총 14-14-14대로 정리한다. 그러나 구약에 기록된 바에 따르면 아브라함부터 예수님까지 정확하게 14-14-14대는 아니다. 마태가 의도적으로 14×3으로 정리한 것이다.

히브리 사람들은 숫자를 표기할 때 아라비아 숫자를 사용하지 않고 히브리어 알파벳을 사용했다. 이 히브리 숫자 표현 방식을 '게마트리아'(Gematria)라고 한다. 다윗의 히브리어 이름(דוד)에 게마트리아 방식을 적용해 자음들의 숫자적 가치(ד=4, ו=6, ד=4)를 더하면 '14'가 된다. 마태는 예수님의 계보에 14를 세 차례 사용함으로써 예수님이 참으로 다윗의 후손으로 오신 이스라엘의 왕이심을 강조한다. 이스라엘이 그토록 기다리고 갈망했던 왕이 오신 것이다.

예수님은 온 인류를 구원하기 위해 오신 하나님이시다. 또한 다윗의 후손으로 오심으로써 온전히 인간이심을 드러내셨다. 마태복음은 예수님이 인간이신 것이 죽음을 당면했을 때 가장 확실히 드러났다고 한다. 겟세마네 동산에서 기도하시던 예수님은 죽음을 앞둔 인간의 모습으로만 설명이 가능하다. "고민하고 슬퍼하사 이에 말씀하시되 내 마음이 심히 고민하여 죽게 되었으니 너희는 여기 머물러 나와 함께 깨어 있으라"(26:37-38), "내 아버지여 만일 할 만하시거든 이 잔을 내게서 지나가게 하옵소서…내 아버지여 만일 내가 마시지 않고는 이 잔이 내게서 지나갈 수 없거든 아버지의 원대로 되기를 원하나이다"(26:39, 42). 십자가에 달리신 예수님은 "나의 하나님, 나의 하나님, 어찌하여 나를 버리셨나이까"라는 울부짖음을 마지막으로 남기고 숨을 거두셨다(27:46, 50). 예수님은 제자들도 이해하지 못한, 참으로 외롭게 살다가 죽음을 맞이한 인간이셨다(cf. 26:40, 43, 69-75).

예수님은 그분의 신성과 인성을 '인자'(υἱὸς τοῦ ἀνθρώπου)라는 호칭을 통해 드러내신다. 마태복음에서 예수님은 이 호칭을 31차례 사용하신다(8:20; 9:6 등). '인자'는 예수님이 자신을 가리켜 칭하신 타이틀이다. 이 호칭의 구약적 배경을 생각해 보자. '인자'(בֶּן־אָדָם)는 에스겔서에 90차례 이상 사용되며 선지자 에스겔의 연약함을 강조한다(겔 2:1, 3, 6, 8; 3:1, 3, 4, 10, 17, 25 등; cf. 단 8:17). 영원하시고 전능하신 하나님 앞에 서 있는 한없이 나약한 인간을 보여 준다. 이와는 대조적으로 다니엘서에서 이 타이틀은 영광스러운 통치자 메시아를 뜻한다. 인자는 '옛적부터 항상 계신 이'(하나님)에게 온 세상을 다스리는 권세를 받으셨다(단 7:13-14). 그러므로 인자는 예수님의 신성과 인성을 부각시키는 가장 적절한 표현이다.

마태복음은 인자이신 예수님의 사역과 신분을 세 가지로 강조한다(Wilkins). (1)인자로 오신 예수님은 죄인들의 죄를 용서하기 위해 오신 겸손한 종이다(8:20; 9:6; 11:19; 12:8; 12:32; 12:40). (2)인자로 오신 예수님은 죽음과 부활을 통해 하나님의 백성을 대속하시고 구원하시는 고난받는 종이다(16:23, 27-28; 17:9, 12, 22; 20:18, 28; 26:2, 24, 45). (3)인자로 오신 예수님은 하늘나라를 이 땅에 세우기 위해 다시 오실 영광스러운 왕이자 심판자다(10:23; 13:37, 41; 19:28; 24:27, 30, 37, 39, 44; 25:31; 26:64).

사람들의 잘못된 기대감으로 인해 예수님의 사역은 그리스도의 정체성에 대해 수많은 오해를 불러일으켰다. 예수님이 자신을 인자로 칭하신 것도 이러한 혼선에 별로 도움이 되지 않았다. 그러나 이 타이틀이 최종적으로 사용된 마태복음 26:64에서 예수님이 하나님으로부터 오신 이스라엘의 구세주라는 사실이 확실히 드러난다. "내가 너희에게 이르노니 이후에 인자가 권능의 우편에 앉아 있는 것과 하늘 구름을 타고 오는 것을 너희가 보리라"(26:64). 그리고 이에 대해 예수님을 재판하던 대제사장이 의도치 않게 예수님이 그리스도이심을 시인한다 (27:41-43; cf. 26:63-64).

셋째, 예수님은 십자가 죽음과 부활로 세우신 교회의 주인이시다. 마태복음은 네 복음서 중 유일하게 '교회'(ἐκκλησία)라는 단어를 사용한다. 한번은 예수님이 베드로의 '주는 그리스도시요 살아 계신 하나님의 아들'이라는 고백 위에 교회를 세우겠다고 하셨다(16:16-18). 그리고 또 죄를 지은 사람이 계속 회개하기를 거부하면 이 사실을 교회에게 알리고, 교회가 최종적으로 그를 권면하게 하라고 하셨다(18:15-20). 성도들에게 교회의 권위는 최종적이다. 교회는 예수님의 몸이며, 교회의 머리는 예수님이시다(엡 5:23; 골 1:18, 24). 그러므로 몸이 머리의 다스림을 받는 것처럼 교회는 주인이신 예수님의 지배를 받아야 한다. 성도들이 교회의 권위에 복종해야 하는 것은 예수님이 바로 교회의 주인이시기 때문이다. 하나님의 함께하심을 상징하는 '임마누엘'로 오신 예수님(1:23)은 항상 교회와 함께하신다(cf. Kupp).

예수님은 이처럼 매우 특별한 분이기 때문에 태어나실 때부터 모든 것이 특별했다. 주님은 처녀의 몸을 통해 잉태하셨다(1:23). 또한 예수님이 탄생하시기 전에 천사가 마리아에게 미리 이름도 알려 주었다 (1:18-25). 장차 마리아에게서 태어날 아이의 이름은 '예수'(Ἰησοῦς)인데, 백성을 그들의 죄에서 구원하신다는 의미다. 예수님은 죄로 허덕이는 사람들을 구원하기 위해 하나님이 보내신 구세주시다.

예수님이 태어나신 후에도 하나님의 특별한 보호는 계속되었다. 하나님은 헤롯왕의 음모를 피하도록 어린 예수님을 이집트로 보내셨다 (2:13-15). 그리고 예수님이 요한에게 세례를 받을 때 하늘에서 말씀하셨다(3:13-17). 변화산에서도 제자들에게 예수님에 대해 "내 사랑하는 아들이요 내 기뻐하는 자니 너희는 그의 말을 들으라"라고 권면하셨다 (17:5).

4. 구원의 구체성과 보편성

마태복음은 구약이 이스라엘 백성에게 임할 것이라고 했던 구원이 드디어 그들에게 임했다며 구체성을 강조한다. 예수님은 이스라엘의 목자로 오셨고(2:6), 헤롯왕은 예수님의 탄생에 위협을 느끼고 그를 죽이려 했다(2장). 예수님 자신도 이스라엘을 구원하기 위해 왔다는 사실을 누누이 강조하셨고, 이스라엘을 구원하라며 제자들을 파송하셨다(10:1-6). 주님은 이스라엘 사람들을 가르치시고 치료하셨다(cf. 15:22-26). 그리고 이스라엘 사람 중 믿음을 찾았지만 찾을 수 없다며 탄식하셨다(6:30; 8:26; 14:31; cf. 8:10). 이처럼 예수님은 이스라엘 사람들을 구원하기 위해 사역하셨다.

또한 예수님은 세상 모든 민족에 구원이 임했다며 보편성도 강조하신다. 이스라엘에서 볼 수 없었던 믿음을 이방인들에게서 찾으셨고 (8:10), 이스라엘 사람들이 거부한 하나님의 나라가 이방인들에게 갈 것이라고 경고하셨다(21:43-44). 부활하신 예수님은 제자들에게 세상 "모든 민족을 제자로 삼아 아버지와 아들과 성령의 이름으로 침례를 베풀라"라고 말씀하시고(28:19) 승천하셨다.

복음이 이스라엘뿐 아니라 온 세상에 임하게 된 것은 우연이나 실수로 빚어진 일이 아니다. 하나님이 태초부터 계획하셨던 인류 구원 역사의 일부다. 구약은 아브라함의 후손으로 오는 이가 이러한 구원을 이루실 것이라고 한다(cf. 창 12:1-3; 22:18). 마태복음은 그리스도가 다

윗의 아들이며(이스라엘의 왕으로 오심), 아브라함의 아들(온 인류의 구원자
되심)이라는 사실을 동시에 강조한다(1:1; cf. 롬 4:16-17).

그러나 예수님의 구원 사역에는 순서가 있다. 예수님은 먼저 길을
잃고 방황하는 이스라엘 백성을 구원하시는 '다윗의 아들'이시다. 또한
세상 모든 백성을 구원하시는 '아브라함의 후손'이시다. 마태복음은 이
러한 순서를 구체적으로 강조하는 유일한 복음서다. 예수님은 먼저 이
스라엘의 잃어버린 양을 찾아오셨고(10:5-6; 15:24), 그다음 이방인들
을 찾아오셨다(21:44; 28:19). 예수님의 구원은 이방인을 포함하지만,
유대인에게 우선권이 있었다(1:5; 2:1-12; 8:5-13; 12:18, 21; 15:21-28;
22:1-10; 24:14; 27:54; 28:19-20).

마태복음이 예수님을 이스라엘과 온 인류의 구원자로 묘사하는 것
은 교회가 옛것(구약과 유대인들의 전통)을 포기하지 않으면서 새것(신약과
이방인들의 시대)을 껴안게 하기 위해서다. 이러한 가르침은 선지자들의
'남은 자들'에 대한 이해와 맥을 같이한다. 선지자들은 미래에 형성될
'이스라엘 이후 공동체'(post-Israel community)는 남은 자들(하나님께 신실한
사람들)로 구성될 것이라고 했는데, 이 남은 자 공동체는 범위가 넓어지
는 면모가 있는가 하면 좁아지는 면모도 지녔다.

남은 자 공동체가 좁아진다는 것은 이런 의미다. 예전에는 누구든
아브라함의 후손, 곧 이스라엘 사람이면 하나님의 백성이 될 수 있었
다. 그러나 선지자들이 계시로 받은 남은 자들의 공동체는 더는 혈연
으로 이어지는 집단이 아니다. 이스라엘 사람이라 할지라도 믿음이 없
으면 남은 자가 될 수가 없다.

또한 남은 자 공동체의 범위는 넓어지기도 한다. 예전에는 이스라엘
사람들만 남은 자들이 될 수 있었다. 반면에 선지자들이 꿈꾸었던 남
은 자들은 이방인들을 포함한다. 이방인 중에서도 믿음이 있는 사람들
은 남은 자가 될 수 있다. 심지어 이방인들이 여호와의 제사장이 되어
하나님을 가장 가까운 곳에서 섬기는 일이 있을 것이라고 한다(cf. 사

65-66장). 신약은 이런 시대가 도래했다고 하는데(롬 3:29; 9:24; 엡 2:11-22), 마태복음도 이러한 사실을 선포하고 있다.

5. 새 믿음 공동체

로마 제국과 세상 권세들의 위협에서 교회가 생존하려면 공동체로 존재하는 것이 필수적이다. 또한 교회는 맹목적인 사교 집단이 아니기 때문에 구성원들이 공유하는 가치와 고백이 반드시 필요하다. 예수님은 "주는 그리스도시요 살아 계신 하나님의 아들이시니이다"라는 베드로의 고백 위에 교회를 세우겠다고 하셨다(16:13-18). 그러므로 아무나 교인이 될 수는 없다.

마태복음에서는 제자들과 무리와 종교 지도자들이 각각 다른 역할을 하면서 누가 예수님이 세우신 교회의 구성원인지 정의한다(cf. Wilkins). 유대인 종교 지도자들은 예수님을 반대하는 적대자들(antagonists)이다. 그들은 교회의 구성원이 될 수 없으며, 예수님의 십자가 죽음에 책임이 있는 자들이다. 무리는 중립적인 다수이며 가르침과 사역의 대상이다. 이들은 긍정적으로나 부정적으로 예수님과 연관되어 있지는 않다(Cousland). 무리는 예수님의 사역(전도) 대상이며, 주님은 그들을 제자로 세우기를 원하셨다. 주님의 부르심을 받고 무리에서 나와 예수님을 '주'라고 고백하는 자들만이 교회의 구성원이 될 수 있었다(7:21; cf. 8:21-22).

세 번째 그룹인 제자들은 예수님을 따르는 이들이며, 이들이야말로 예수님이 세우신 교회의 구성원들이다. 처음에는 제자 공동체가 대부분 유대인으로 구성되었다. 그러므로 마태복음은 성도들이 유대교의 다양한 풍습과 성전 중심적인 삶에 익숙해져 있음을 암시한다. 그러나 시간이 지나면서 이방인 제자도 많아진다. 결과적으로 새 믿음 공동체는 자연스럽게 인종적·종교적·사회적 담을 모두 헐고 교회의 주인이

자 메시아이신 예수님을 경배하기 위해 모인 제자들의 공동체다.

처음에는 사도들을 포함한 교회 구성원들이 대부분 유대인이었기 때문에 구약의 이스라엘과 교회를 연결시키는 것이 당연하다고 생각했다. 그러나 이방인 성도들이 주류가 되면서 문제가 발생했다. 이방인 성도들은 대부분 유대교를 거치지 않고 하나님의 백성이 되었기 때문에 구약과 유대교 풍습에 낯설었다. 또한 유대인들이 대부분 메시아 예수를 거부하는 상황에서 굳이 교회가 구약과 유대교에서 비롯된 뿌리를 껴안아야 하는가를 질문했다.

이에 대해 마태복음은 새것과 옛것의 연계성(13:52), 낡은 가죽 부대와 새 포도주(9:17), 예언과 성취(1:22; 2:15, 17, 23; 4:14; 8:17; 12:17; 13:14; 21:4-5; 26:56; 27:9), 예수님의 율법 완성(5:17-20) 이야기들을 통해 옛 이스라엘이 예수 그리스도의 교회로 갱신되었음(renew)을 강조한다(2:6; 10:5-6; 15:24; 16:18-19; 18:19-20; 19:28; 28:19-20). 마태복음은 이스라엘과 교회의 단절과 대조가 아니라, 연결성과 갱신을 강조한다.

교회는 구약 말씀이 예수 그리스도를 통해 성취되었으므로 예수님을 통해 유대인 전통(heritage) 중 유효한 것들은 껴안아야 한다. 교회는 유대교의 이단아가 아니라 정당한 상속자이며 구약에서 시작된 하나님의 온 인류 구원 계획의 한 중심에 있기 때문이다(deSilva). 그러므로 이방인 그리스도인들은 기독교의 유대교적 뿌리를 버릴 필요가 없으며, 교회를 유대교화할 필요도 없다. 마태복음은 유대교적 기독교와 이방인적 기독교인들을 이어 주는 역할을 한다(Hengel).

이러한 사실이 시간과 장소를 초월해 교회에 끊임없는 도전이 되어야 한다. 교회 안에서 성(性)과 인종과 사회적 지위와 종교적 관습에 따른 차별은 모두 사라져야 한다. 유대인과 이방인들과 부자와 가난한 자들과 정결한 자들과 부정한 자들까지 모두 예수 그리스도의 제자가 되도록 부르심을 받았다. 이 부르심에 응하는 이들은 누구든 주님의 제자가 될 수 있으며, 교회의 구성원이 된다(22:10). 그러므로 마태복음

은 이방인들을 차별하는 구약과 유대인들의 관습을 익히 알면서도 예
수님이 '세상의 모든 짐 진 자들'을 부르셨다고 한다(11:28).

예수님의 권위에 무조건 복종하겠다는 유대인과 이방인 제자들로 이
루어진 교회는 하나님 백성의 핵심이며, 온 세상을 향해 하나님 나라
복음의 증인이 되라는 부르심을 받았다. 이 믿음 공동체를 다스리시는
분은 메시아요, 다윗 계열의 왕이요, 하나님의 아들이시며 인자, 곧 임
마누엘로 오신 예수님이다. 주님이 다스리시는 하나님 나라는 예수님
의 삶과 사역과 죽음과 부활과 승천을 통해 이미 시작되었다. 예수님
의 하나님 나라 통치는 성도들이 주님께 순종하는 것과 재림으로 완성
될 것이다. 안타까운 것은 한국 교회가 이미 임한 하나님의 나라와 죽
어서 갈 천국을 구분하는 데 혼선을 빚는다는 사실이다.

구조

마태복음은 대체로 사건들과 가르침을 나열할 때 시대적 순서
(chronological order)를 따르지만, 이 시대적 순서를 중요시하거나 의미를
부여하지는 않는다(Boring). 예수님이 사역하신 장소에 따라 책의 흐름
을 분석하면 다음과 같다(Boring).

   I. 예수님의 사역 준비(1:1-4:16)
   II. 예수님의 갈릴리 사역(4:17-18:35)
   III. 예수님의 유다 지도자들과 갈등, 죽음, 부활, 갈릴리 귀환
   (19:1-28:20)

한편, 마태복음에서 두 차례(4:17; 16:21) 반복되는 '이때부터 예수께
서 비로소'('Ἀπὸ τότε ἤρξατο ὁ Ἰησοῦς, 'From that time Jesus began to')라는

문구를 바탕으로 다음과 같이 세 부분으로 나누는 학자도 있다(Bauer, Kingsbury).

  I. 인간 예수(1:1-4:16)
  II. 메시아 예수의 선포(4:17-16:20)
  III. 메시아 예수의 고난, 죽음, 부활(16:21-28:20)

  마태복음이 마가복음을 인용한다고 생각하는 학자들은 마가복음의 흐름을 바탕으로 마태복음을 다음과 같이 구분한다(France).

  I. 서론(1:1-4:11)
  II. 갈릴리 사역(4:12-16:20)
  III. 갈릴리에서 예루살렘까지 여정(16:21-20:34)
  IV. 예루살렘 지도자들과 갈등(21:1-25:46)
  V. 고난과 부활(26:1-28:20)

  더 자세하게 분석해 보면 마태복음에는 다섯 개의 주요 디스코스(major discourse=긴 스피치)가 있는데, 이는 마태가 예수님을 새로운 모세로 묘사하는 것과 연관이 있다(Allison, Bacon). 전통적으로 모세가 저작한 것으로 알려진 정경 다섯 권(창세기-신명기, '모세 오경'이라 함)과 숫자가 같기 때문이다. 이 다섯 디스코스의 시작은 회중(×3), 산(×2), 앉음(×2), 제자들이 예수님께 옴(×4), 제자들(×5), '말씀하시되'(×6), 질문(×3), 장소의 변화(×5)라는 공통점을 지닌다(Davies & Allison).
  다섯 디스코스는 일종의 교회 선언문(manifesto for the church), 사명(vocation), 미션(mission), 삶(life), 소망(hope)을 구성한다(Wright & Bird). 즉, 하나님 나라 백성이 지니고 추구해야 할 믿음과 의(righteousness)를 정의하는 것이다. 다섯 디스코스 사이사이에는 내러티브(narrative) 섹션들이

들어가 모든 디스코스를 감싼다(Combrink, Ellis, Lohr). 다섯 디스코스와 이를 감싸고 있는 내러티브를 중심으로 마태복음을 구분하면 다음과 같다(cf. Bacon, daSilva, Davies & Allison, Wright).

A. 내러티브: 탄생과 시작(1-4장)
  B. 디스코스: 축복과 나라 입성(5-7장)
    C. 내러티브: 권세와 초청(8-9장)
      D. 디스코스: 전도에 대한 스피치(10장)
        E. 내러티브: 세대가 거부함(11-12장)
          F. 디스코스: 비유 스피치(13장)
        E′. 내러티브: 제자들이 받아들임(14-17장)
      D′. 디스코스: 공동체에 대한 스피치(18장)
    C′. 내러티브: 권세와 초청(19-22장)
  B′. 디스코스: 화[정죄]와 나라(23-25장)
A′. 내러티브: 죽음과 부활(26-28장)

이 구조에 따르면 책의 중앙은 하나님 나라에 대한 비유들(13장)이다. 마태복음이 하나님 나라를 강조하고 정의하는 것과 잘 어울린다. 우리말 사전은 디스코스(discourse)를 '담론, 담화'라고 설명하지만, 이 단어의 정확한 의미를 반영하지 못하기 때문에 디스코스로 남겨 두거나 '스피치'(speech)로 번역했다.

마태복음의 전반부는 숫자 '3'을 전략적으로 사용하는 듯하다(cf. Davies & Allison). 예수님의 계보에서는 14대가 세 차례 반복된다(1장). 예수님이 광야에서 사탄의 시험을 받으실 때도 마귀는 예수님을 세 차례 유혹했다(4장). 그러나 '3'을 중심으로 한 패턴은 마태복음이 마가복음을 본격적으로 인용하기 시작하는 12:22(cf. 막 3:22)에서 멈춘다. 3을 중심으로 이야기를 전개하는 것은 마태의 고유 기법이다. 그렇다면 마태복음 1:1-12:21은 저자가 가장 독창적으로 서술한 부분이라 할 수 있다. 이 본문을 살펴보면 다음과 같은 분석이 가능하다(Boring).

 A. 다윗의 아들이자 하나님의 아들이신 메시아 왕 예수(1:1-25)
　 B. 이 세대 나라와 갈등(2:1-23)
　　 C. 세례 요한과 연관한 예수님의 사역(3:1-4:17)
　　　 D. 제자들을 부르심(4:18-22)
　　　　 E. 말씀과 사역을 통해 드러난 메시아의 권세(4:23-9:35)
　　　 D′. 제자들 파송(9:36-11:1)
　　 C′. 세례 요한과 연관한 예수님의 사역(11:2-19)
　 B′. 이 세대 나라와 갈등(11:20-12:14)
 A′. 섬기는 왕(12:15-21)

　본 주석에서는 마태복음을 서문(1:1-2:23)과 말문(26:3-28:20)이 감싸고 있는 다섯 섹션(모세 오경 모델을 근거로 함)으로 구분해 본문을 주해할 것이다. 또한 각 섹션은 마태가 전략적으로 사용하는 숫자 3을 바탕으로 '내러티브-디스코스-끝맺음'으로 세분화한다.

　Ⅰ. 서문: 어린 시절 이야기(1:1-2:23)
　Ⅱ. 예수님의 사역 시작(3:1-7:29)
　　 내러티브(3:1-4:25)
　　 디스코스 1(산상 수훈)(5:1-7:27)
　　 끝맺음(7:28-29)
　Ⅲ. 예수님의 권위가 드러남(8:1-11:1)
　　 내러티브(8:1-10:4)
　　 디스코스 2(선교적)(10:5-10:42)
　　 끝맺음(11:1)

Ⅰ. 서문: 어린 시절 이야기

(1:1-2:23)

마태복음은 예수님의 탄생 이야기로 시작한다. 예수님의 탄생은 구약과 신약의 가장 확실한 연결고리이기 때문이다. 예수님이 이 땅에 오신 것은 우연히 일어난 일이 아니라, 태초부터 여호와 하나님이 계획하신 일이다. 또한 구약은 언젠가 온 인류를 구원할 메시아가 오실 것을 여러 차례 예언했다. 드디어 이 모든 예언이 성취될 때가 이르렀다! 민족의 구세주를 학수고대하던 이스라엘이 드디어 주님을 만날 수 있게 되었다! 창조주의 구속을 기다리던 온 인류가 드디어 하나님의 현현을 경험할 수 있게 된 것이다! 그러므로 예수님의 탄생 이야기는 매우 긍정적이며, 흥분된 분위기에서 시작한다.

마태가 예수님 이야기를 자세한 계보로 시작하는 데는 분명한 이유가 있다. 그는 먼저 예수님이 어떤 역사적 흐름과 정황에서 오셨는지 설명한다. 사람이 누구인가 하는 것은 그가 어디에서 왔는지와 직접적인 연관이 있다. 사람의 가족적 뿌리가 그의 정체성을 상당 부분 정의하기 때문이다. 그러므로 예수님이 구약 시대부터 간절히 바라며 학수고대하던 메시아임을 가장 확실하게 설명하는 방법은 예수님이 메시아의 계보를 따라서 오셨다는 것을 알리는 것이다.

한 가지 아쉬운 것은 이 섹션이 예수님의 탄생과 어린 시절에 관한 유일한 회고라는 사실이다. 3장에서 만나는 예수님은 이미 성인이 되어 있으시다(cf. 눅 3:23). 그러므로 주님의 어린 시절에 대해 좀 더 상세한 정보를 얻을 수 있으면 좋았을 것이라는 미련이 남는다. 부모를 따라 성전을 찾은 예수님과 대화하던 율법 선생들이 깜짝 놀라는 장면을 보면 예수님의 어린 시절이 평범하지는 않았을 것이다(cf. 눅 2:41-52). 실제로 1945년에 이집트의 나그함마디(Nag Hammadi)에서 발굴된 '도마복음'(Gospel of Thomas)은 예수님이 어린 시절부터 매우 특별하셨음을 증언한다. 그러나 역사를 주관하시는 하나님이 도마복음을 정경에 포함되지 않도록 두셨다는 것은 이 책이 그저 재미있는 이야깃거리에 불과하다는 것을 의미한다. 아마도 마태는 최대한 빨리 온 인류의 구세주로 오신 예수님의 삶과 사역을 묘사하고자 주님의 어린 시절 이야기들을 매우 간략하게 정리한 것으로 보인다.

이 섹션의 내용은 교차대구법 구조를 지닌다. 이야기를 시작하는 예수님의 계보(1:1-17)는 예수님이 이스라엘 왕 다윗의 후손으로 오신 것을 강조하는 데 반해, 이야기 마무리 부분에서 예수님이 이집트에서 곧바로 나사렛으로 돌아오신 일(2:19-23)은 메시아이신 예수님이 온 인류의 구세주로 오신 것을 암시하는 듯하다. 당시 나사렛을 포함한 갈릴리 지역에는 이방인이 많이 살았기 때문이다. 그러므로 예수님이 나사렛으로 돌아오신 것은 주님이 유대인들의 구원자시며, 이방인들의 구원자도 되심을 암시한다.

예수님의 탄생(1:18-25)은 아이들의 죽음(2:16-18)과 대칭을 이룬다. 한 중앙에 있는 동방 박사 이야기(2:1-12)와 헤롯이 아이들을 죽이기로 한 일(2:13-15)은 앞으로 예수님을 환영할 사람들이 있는가 하면, 저항하고 죽이려 드는 자들도 있을 것을 암시하는 듯하다. 마태는 이 같은 구조를 통해 독자들에게 온 인류를 구원할 메시아가 오셨으니 동방 박사들처럼 그를 환영하든지, 혹은 헤롯처럼 그를 대적하든지 선택하라고 권면하는 듯하다. 이러한 관점에서 본문을 분석하면 다음과 같다.

  A. 이스라엘의 구세주로 오신 예수님(1:1-17)
    B. 예수님의 탄생(1:18-25)
      C. 경배하는 동방 박사들(2:1-12)
      C′. 죽이려 하는 헤롯(2:13-15)
    B′. 아이들의 죽음(2:16-18)
  A′. 나사렛으로 오신 온 인류의 구세주(2:19-23)

A. 이스라엘의 구세주로 오신 예수님(1:1-17)

본문은 예수님은 누구시며, 어떻게 오시게 되었는지 매우 간략하게 정리한다. 헬라어 성경은 1절에 등장하는 이름들을 '그리스도-다윗-아브라함' 순서로 언급한다. 반면에 17절은 이 순서를 뒤집어 '아브라함-다윗-그리스도' 순으로 언급한다. 1절과 17절은 2-16절에 대한 제목과 요약으로, 일종의 괄호(A-B-A′)를 형성하며 2-16절을 감싸고 있다 (cf. Hagner, Osborne). 그러므로 이 섹션은 다음과 같이 세 부분으로 나눌 수 있다.

  A. 제목(1:1)
    B. 계보(1:2-16)
  A′. 요약(1:17)

> I. 서문: 어린 시절 이야기(1:1-2:23)
>   A. 이스라엘의 구세주로 오신 예수님(1:1-17)

1. 제목(1:1)

¹ 아브라함과 다윗의 자손 예수 그리스도의 계보라

학자들은 이 말씀을 예수님 계보(1:2-17)의 제목(Brown, France, Hagner, Hendricksen, Nolland)으로, 혹은 1:2-2:17에 대한 표제로(Blomberg, Carson), 혹은 1:2-4:16에 대한 제목(Kingsbury)으로, 혹은 마태복음 전체에 대한 표제로 간주한다(Davies & Allison, Hill, Maier, Morris). 본문이 '계보'(γένεσις)라는 말을 사용하고 있고, 17절이 1절과 일종의 괄호를 형성하고 있다는 점을 고려해 이 말씀을 1:2-17에 대한 제목으로 보는 것이 바람직하다.

우리말과 헬라어 어순이 다르기 때문에 개역개정에서는 드러나지 않지만, 마태복음과 신약 전체를 시작하는 첫 문구는 '예수의 계보 책'(Βίβλος γενέσεως Ἰησοῦ)이다. '계보 책'(Βίβλος γενέσεως)은 모세 오경의 첫 번째 책이자, 정경 전체의 첫 번째 책인 창세기를 연상시키는 용어다(cf. 창 2:4; 5:1). 마태가 구약 말씀을 인용할 때 자주 사용한 칠십인역(LXX)도 창세기를 이렇게 불렀다. 창세기가 세상의 시작을 알리는 책이었던 것처럼, 마태복음은 예수 그리스도의 오심과 하나님 나라의 도래를 통한 새로운 시작을 알린다(Wilkins).

'계보'(Βίβλος γενέσεως)를 문자적으로 풀이하면 '족보'(book of genealogies)와 '출처들의 책'(book of origins)이다. 또한 이 용어는 상당히 많은 의미를 함축하고 있다. 히브리어로 족보(계보)를 뜻하는 단어는 '톨레돗'(תּוֹלְדֹת)이다. 이 단어는 창세기에서 11차례 사용되며(창 2:4; 5:1; 6:9; 10:1; 11:10, 27; 25:12, 19; 36:1, 9; 37:2), 모세는 메시지를 구상하기 위해 이를 전략적으로 사용했다(cf. 『엑스포지멘터리 창세기』). 이 단어의 의미를 한 가지로 규정하기는 쉽지 않다. 따라서 개역한글 성경은 이 단어를 창세기에서만 '대략'(2:4; 36:1), '계보'(5:1), '사적'(6:9), '후예'(10:1; 11:10; 11:27; 25:12, 19), '약전'(37:2) 등 다섯 개 단어로 번역한다. 게네시스(γένεσις)-톨레돗(תּוֹלְדֹת)의 다양한 기능이 어떻게 정의되던 간에 이 단어의 가장 기본적인 의미는 '족보'이다.

마태복음과 창세기는 왜 이렇게 족보에 많은 관심을 쏟는 것일까? 무엇보다도 이스라엘의 역사가 시작되기 전부터 세상이 어떻게 시작되었고, 그들의 구세주 예수 그리스도의 오심이 하나님이 주관하시는 역사 속에서 어떻게 진행되어 왔는가를 보여 주기 위해서다. 예수님의 오심은 창조주 하나님의 철저한 계획과 정한 때에 따라 진행되어 온 일이라는 것이다.

이러한 사실은 우리의 존재성과도 깊은 연관이 있다. 사람의 가치와 자존감을 논할 때 가장 중요한 이슈는 아마도 '우리는 누구에게서/어디서 왔는가?' 하는 것이다. 창세기는 이 문제에 관해 명쾌한 답을 제시한다. "인간은 하나님께로부터 왔으며, 하나님의 모양대로, 형상대로 지음을 받았다." 이러한 사실을 전제하는 마태복음은 드디어 때가 차매 예수님이 죄의 굴레에서 빠져나오지 못하는 '하나님의 모양대로, 형상대로 지음 받은 사람들'을 사탄의 나라에서 '출애굽'시키기 위해 오셨다고 외친다. 그렇기 때문에 예수 그리스도의 복음은 아무리 볼품없고 흉악한 사람이라도 하나님의 구원과 사랑을 받을 자격이 있다고 말한다.

인류의 구세주로 오신 분의 이름은 '예수'이다. '예수'(Ἰησοῦς)는 구약에서 유래한 이름이다. 예수의 히브리어 이름인 '예수아'(יֵשׁוּעַ)는 '여호수아'(יְהוֹשׁוּעַ)를 줄인 것이며, '여호와가 구원하신다, 구원하시는 여호와'라는 의미를 지녔다(cf. 출 24:13; 느 7:7). 이 이름은 구원을 뜻하는 '호세아'(הוֹשֵׁעַ)에 여호와를 의미하는 접두사 '여-'(-יְהוֹ)를 더한 것이다. 모세가 가나안 정탐을 떠나는 눈의 아들 호세아의 이름을 이렇게 바꿔 부른 것이 유래가 되었다(민 13:8, 16). 칠십인역(LXX)은 이 이름을 헬라어로 '예수'(Ἰησοῦς)라고 표기했다. 구약의 이름 중 온 인류의 구세주에게 가장 잘 어울리는 이름이다(cf. 1:21). 마태는 이 이름을 150차례 사용한다.

본문에서 예수님은 그리스도, 다윗의 자손, 아브라함의 자손이라는 세 가지 타이틀(수식어)을 지니신다. 첫째, 이 복음서에서 16차례 사용되는 '그리스도'(Χριστός)는 '기름 부음을 입은 자'라는 뜻을 지닌 히브리어 단어 '메시아'(מָשִׁיחַ)를 헬라어로 번역한 것이다. 구약에서 메시아는 총 39차례 사용되며 때로는 왕(삼상 2:10; 16:13; 24:10; 삼하 1:14, 16; 19:21)과 제사장(출 28:41; 레 4:3; 6:22)과 선지자(시 105:15)를 의미한다. 이스라엘 역사에서 다윗은 기름 부음을 입은 이의 상징이 되었다. 온 인류를 구원하실 이는 하나님의 선택을 받은 기름 부음을 입은 자가 될 것을 기대하는 표현이다. 복음서에서는 '그리스도'가 흔하게 나타나지 않은 표현이라는 사실을 고려할 때, 마태가 1장에서만 세 차례나 예수님을 그리스도로 부르는 것은(1:1, 16, 18) 그의 신앙 고백이라 할 수 있다(Carson).

'다윗의 후손'(υἱοῦ Δαυὶδ)은 직역하면 '다윗의 아들'이다. 이는 다윗 언약(cf. 삼하 7:11-16; 시 89:28)이 선포된 이후 장차 왕으로 오실 메시아를 상징하는 호칭이 되었다. 선지자들에 따르면 이스라엘을 구원할 메시아는 반드시 다윗의 후손으로 오셔야 한다(cf. 1:2-16). 이사야 선지자는 다음과 같이 예언했다(cf. 사 11:1).

이는 한 아기가 우리에게 났고
한 아들을 우리에게 주신 바 되었는데
그의 어깨에는 정사를 메었고
그의 이름은 기묘자라, 모사라,
전능하신 하나님이라,
영존하시는 아버지라,

평강의 왕이라 할 것임이라
그 정사와 평강의 더함이 무궁하며
또 다윗의 왕좌와 그의 나라에 군림하여
그 나라를 굳게 세우고
지금 이후로 영원히 정의와 공의로
그것을 보존하실 것이라
만군의 여호와의 열심이 이를 이루시리라

(사 9:6-7)

마태는 드디어 이스라엘이 학수고대하던 메시아가 다윗의 후손으로 오셨다고 한다. 이 메시아로 태어난 아이는 평범한 사람이 아니다. 그는 '기묘자, 모사, 전능하신 하나님, 영존하시는 아버지, 평강의 왕' 등 오직 여호와 하나님에게만 어울리는 성호들을 지닌다. 그러므로 '다윗의 후손'은 마태복음에서 매우 중요한 개념이다(1:1; 9:27; 12:23; 15:22; 20:30-31; 21:9, 15; 22:42, 45).

마태복음은 다윗왕의 이름을 신약의 그 어느 책보다 많이 17차례나 언급한다. 다윗은 이스라엘 역사에서 가장 용맹스럽고 위대한 정복자였다. 그러므로 그의 이름은 이스라엘 사람들의 향수와 추억을 자극할 뿐 아니라(Carson), 다윗의 후손으로 오실 메시아가 그들을 억압하는 로마 사람들을 정복하고 해방시킬 정치적-군사적 용사로 오실 것을 기대하게 했다(cf. 21:9). 그러나 다윗의 후손으로 오신 예수님은 그들의 이 같은 욕구를 충족시키는 메시아가 아니셨다. 이스라엘뿐 아니라 온 인류를 죄와 사망과 질병에서 해방시키는, 모든 면에서 그들의 상상을 초월하는 메시아셨다.

'아브라함의 후손'(υἱοῦ Ἀβραάμ)을 직역하면 '아브라함의 아들'이다. 예수님은 참된 이스라엘 사람이라는 뜻이다(Osborne). 다윗도 아브라함의 후손이기 때문에 다윗의 후손은 모두 아브라함의 후손이다. 그렇다면 마태가 굳이 다윗의 후손으로 오신 예수님이 아브라함의 후손이 되신다고 하는 이유는 무엇일까?

하나님은 아브라함에게 하란을 떠나 가나안으로 가라고 명하시며, 그가 순종하면 여러 가지 축복이 그의 것이 될 것이라고 하셨다(창 12:1-3). 우리는 이것을 '아브라함 언약'(Abrahamic Covenant)이라고 한다. 아브라함 언약 중 다른 사람들(이방인들)과 연관된 부분은 "너를 축복하는 자에게는 내가 복을 내리고 너를 저주하는 자에게는 내가 저주하리니 땅의 모든 족속이 너로 말미암아 복을 얻을 것이라"(창 12:3; cf. 17:7; 22:18)라는 말씀이다. 마태는 이전에는 이스라엘 사람들만 하나님의 백성이 되는 복을 누렸지만, 이제는 그들뿐 아니라 온 인류가 메시아이신 예수님을 통해 복을 얻을 때가 이르렀음을 선포한다(cf. 3:9; 8:11; 21:43; 28:19). 하나님은 아브라함의 후손을 통해 '천하 만민'(πάντα τὰ ἔθνη)이 복을 받을 것이라고 하셨는데(창 22:18, LXX), 훗날 예수님은 '천하 만민'(πάντα τὰ ἔθνη)을 제자 삼으라고 하신다(28:19).

마태복음은 첫 절에서 아브라함과 다윗의 이름을 언급함으로써 구약에서 가장 중요한 언약이라 할 수 있는 아브라함 언약과 다윗 언약이 예수님을 통해 성취(완성)되었다고 한다. 앞으로도 다윗과 아브라함을 계속 언급하며 독자들에게 이 사실을 상기시킬 것이다. 예수님은 이 언약들을 바탕으로 이보다 더 좋은 새 언약을 세워 예레미야가 예언했던 새 언약 시대를 열어 가실 것이다(cf. 렘 31:31-34).

이 말씀은 예수님이 이 땅에 오신 것은 우연한 일이 아니라 옛적부터 하나님이 계획하고 준비하신 일이라 한다. 하나님은 수천 년 전에 아브라함과 다윗에게 약속하신 것을 지키고자 메시아이자 아들인 예수님을 보내셨다. 인간은 어제 한 약속도 잊지만, 하나님은 수백, 수천 년이 지나도 약속하신 것을 잊지 않고 반드시 이루시는 신실한 분이다. 그러므로 우리는 우리의 생각이나 감정을 의지하는 신앙이 아니라, 말씀하신 것은 반드시 이루는 하나님의 신실하심에 의지하는 믿음으로 성도의 삶을 살아야 한다.

2. 계보(1:2-16)

[2] 아브라함이 이삭을 낳고 이삭은 야곱을 낳고 야곱은 유다와 그의 형제들을 낳고 [3] 유다는 다말에게서 베레스와 세라를 낳고 베레스는 헤스론을 낳고 헤스론은 람을 낳고 [4] 람은 아미나답을 낳고 아미나답은 나손을 낳고 나손은 살몬을 낳고 [5] 살몬은 라합에게서 보아스를 낳고 보아스는 룻에게서 오벳을 낳고 오벳은 이새를 낳고 [6] 이새는 다윗 왕을 낳으니라 다윗은 우리야의 아내에게서 솔로몬을 낳고 [7] 솔로몬은 르호보암을 낳고 르호보암은 아비야를 낳고 아비야는 아사를 낳고 [8] 아사는 여호사밧을 낳고 여호사밧은 요람을 낳고 요람은 웃시야를 낳고 [9] 웃시야는 요담을 낳고 요담은 아하스를 낳고 아하스는 히스기야를 낳고 [10] 히스기야는 므낫세를 낳고 므낫세는 아몬을 낳고 아몬은 요시야를 낳고 [11] 바벨론으로 사로잡혀 갈 때에 요시야는 여고냐와 그의 형제들을 낳으니라 [12] 바벨론으로 사로잡혀 간 후에 여고냐는 스알디엘을 낳고 스알디엘은 스룹바벨을 낳고[13] 스룹바벨은 아비훗을 낳고 아비훗은 엘리아김을 낳고 엘리아김은 아소르를 낳고 [14] 아소르는 사독을 낳고 사독은 아킴을 낳고 아킴은 엘리웃을 낳고 [15] 엘리웃은 엘르아살을 낳고 엘르아살은 맛단을 낳고 맛단은 야곱을 낳고 [16] 야곱은 마리아의 남편 요셉을 낳았으니 마리아에게서 그리스도라 칭하는 예수가 나시니라

신약에는 계보가 거의 없지만, 구약에는 다양한 계보가 있다. 계보는 크게 두 가지로 나뉜다. 첫째, 넓은 계보(broad genealogy) 혹은 병렬 계보(parallel genealogy)는 한 세대를 옆으로 나열하는 방식을 취한다(cf. 대상 2:1). 즉, 한 사람의 여러 자녀를 언급하는 경우다. 둘째, 깊은 계보

(deep genealogy) 혹은 직선 계보(linear genealogy)는 한 사람의 후손들을 여러 세대에 걸쳐 나열하는 방식을 취한다(cf. 대상 3:10). 본문의 계보는 깊은 계보이며, 이러한 계보에서는 마지막에 언급되는 이름이 가장 중요하다. 마태도 마지막을 "그리스도라 칭하는 예수가 나시니라"(16절)라고 마무리함으로써 예수님이 어떻게 어디에서 오셨는지 설명하기 위해 이 계보를 작성했음을 암시한다.

성경의 계보는 항상 제한적인 정보만 제공한다. 아브라함에게는 이삭뿐 아니라 이스마엘과 그 외 여러 아들이 있었다. 이삭에게는 야곱뿐 아니라 에서도 있었다. 야곱에게는 열두 아들이 있었는데, 본문은 이 열두 아들 중 유다의 이름만 언급한다(3절). 이처럼 모든 자손을 나열하지 않고 오직 필요한 정보만 제한적으로 제공하는 방법은 예수님에 이르기까지 계속된다.

마태는 아브라함에게서 유래한 이스라엘의 수많은 선조 중 오직 메시아 예수의 오심과 연관된 사람들만 나열한다. 본문이 야곱의 열두 아들 중 유다만 언급하는 것은 야곱이 죽기 전에 열두 아들을 한자리에 모아 복을 빌어 주면서(창 49장), 메시아가 유다의 후손으로 오실 것을 예언했기 때문이다. "규가 유다를 떠나지 아니하며 통치자의 지팡이가 그 발 사이에서 떠나지 아니하기를 실로가 오시기까지 이르리니 그에게 모든 백성이 복종하리로다"(창 49:10; cf. 히 7:14). '규'와 '통치자의 지팡이'는 왕권을 상징한다. 그러므로 이스라엘을 다스릴 왕은 유다 지파에서 나올 것이라는 예언이다. 이스라엘을 다스리는 왕이 언제까지 유다 지파에서만 나올 것인가? '실로가 오시기까지'이다.

이 '실로'(שׁילֹה)는 사무엘의 어머니 한나 시대에 여호와의 법궤를 모신 성막이 있던 실로(שִׁלֹה)가 아니다. 칠십인역(LXX)은 '실로가 오시기까지'((שׁילֹה) עַד כִּי־יָבֹא)라는 히브리어 문구를 헬라어로 '그를 위해 모아 둔 것들이 올 때까지'(ἕως ἂν ἔλθῃ τὰ ἀποκείμενα αὐτῷ)로 번역했다. 이는 이 말씀을 메시아에 대한 예언으로 해석한 것으로, 메시아가 오실 때까지 이스라엘을 다스리는 왕은 유다 지파에서만 나올 것이라는 뜻이다. 드디어 메시아가 유다의 자손, 더 구체적으로 다윗의 후손으로 오셨다.

마태는 아브라함에서 다윗까지를 14대로 정리했다. '아브라함-이삭-야곱-유다와 형제들(이 12명이 이스라엘의 열두 지파를 시작함)-베레스와 세라(쌍둥이, cf. 창 38:27)-헤스론-람-아미나답-나손-살몬-보아스-오벳-이새-다윗'(2-6a절). 그리고 다윗의 아들 솔로몬에서 바빌론으로 잡혀간 여고냐(여호야긴)까지도 14대로 정리했다. '솔로몬-르호보암-아비야-아사-여호사밧-요람-웃시야-요담-아하스-히스기야-므낫세-아몬-요시야-여고냐'(6b-11절).

여고냐의 아들 스알디엘에서 예수님까지는 13대로 정리했다. '스알디엘-스룹바벨-아비훗-엘리아김-아소르-사독-아킴-엘리웃-엘르아살-맛단-야곱-요셉(마리아)-예수님'(12-16절). 스룹바벨 이후의 계보는 아마도 마태의 고유 출처(M)를 인용한 것으로 보인다(cf. Boring, Nolland). 유대인들은 계보를 매우 중요하게 여겼기 때문에 보존하려고 최선을 다했다. 구약에 기록되지 않은 계보들은 성전에 보존했는데, 70년에 성전이 파괴되면서 이 계보들도 모두 사라졌다(Wilkins, cf. Carson). 본문에 기록된 계보의 특이한 점은 각 세대를 묘사할 때 모두 아버지가 아들을 낳은 것으로 표현하는데, 예수님의 경우는 아버지 요셉이 아니라, 어머니 마리아가 낳은 것으로(Μαρίας, ἐξ ἧς ἐγεννήθη Ἰησοῦς) 묘사하는 것이다. 잠시 후 언급될 예수님의 동정녀 탄생을 염두에 두고 이렇게 표현하는 것이다(cf. 23절).

우리가 잘 알다시피, 이 계보는 구약의 계보와 잘 어울리지 않는다(cf. Brown, Carson, Osborne, Wilkins). 열왕기는 솔로몬부터 바빌론으로 끌려간 여고냐(여호야긴)에 이르기까지 다윗 왕조를 14대가 아니라 17대로 묘사한다. '솔로몬-르호보암-아비야-아사-여호사밧-여호람(요람)-아하시야-요아스-아마샤-웃시야-요담-아하스-히스기야-므낫

세-아몬-요시야-여고냐(여호야긴)'(cf. 『엑스포지멘터리 열왕기』). 마태는
이 왕들 중에서 '아하시야-요아스-아마샤'에 이르는 3대를 건너뛰고
있다.

그렇다면 마태가 구약에 기록된 역사적 사실을 부인하거나 왜곡하고
있는가? 그렇지 않다. 계보에 대한 저자의 선택권을 인정해야 한다.
성경에 기록된 계보들은 대부분 포괄적이지 않은(not comprehensive) 경
우가 많다. 오늘날 표기법에 비유해 예를 들자면 성경의 계보들은 '여
호사밧-요람-웃시야' 등 아버지와 아들과 손주로 이어지는 것이 아니
라, '여호사밧…요람…웃시야…'이며, '…'는 한 세대에서 여러 세대를
그냥 지나칠 수도 있고, 그대로 표현할 수도 있다.

마태는 아브라함에서 예수님까지 42대라고 하면서도 41명의 이름만
언급한다. 이와는 대조적으로 누가는 아브라함에서 예수님까지를 56대
로 정리한다(눅 3:23-38). 이 중 다윗에서 예수님까지가 42대다. 반면에
마태는 다윗에서 예수님까지를 28대로 말하면서 27명을 언급한다. 성
경 계보는 저자에 따라 상당히 유동적으로 정리되는 성향을 지닌 장
르다.

구약에서도 이러한 현상을 자주 접한다. 예를 들자면 출애굽기
6:14-26은 야곱에서 모세와 아론에 이르는 기간을 다섯 세대로 정리
했다. 그러나 역대기상 7:23-27은 요셉에서 여호수아까지를 열 세대
로 정리했다. 이 시대는 이스라엘의 조상들이 이집트에 머물렀던 기간
이었고 400년(cf. 창 15:13) 혹은 430년(cf. 출 12:40-41)에 달했다. 그렇다
면 모세 집안 사람들이 여호수아 집안의 사람들보다 결혼을 평균적으
로 두 배 이상 늦게 한 것일까?

일반적으로 생각할 때 400년은 모세의 계보가 정리하는 것처럼 다섯
세대로 표현하기에는 너무 길다. 모세의 계보보다 두 배나 많은 열 세
대로 구성된 여호수아의 계보 마저도 한 세대를 40년으로 전제하는데,
이 또한 쉽지 않다. 당시 사람들의 평균 수명은 40년이었으며, 대부분

십 대(teenage) 때 결혼했다. 여자는 보통 12세에 약혼을 하고 이듬해 식을 올렸다. 남자는 보통 18세 이전에 결혼했다. 18세를 넘기고도 결혼을 하지 않으면 "신들의 저주를 받았다"라고 말하기도 했다. 그렇다면 현실적으로 생각할 때 한 세대는 15-20년이어야 한다. 일명 '백세시대'이자 결혼이 과거에 비해 많이 늦어진 오늘날에도 한 세대는 30년 정도라는 사실을 고려하면 여호수아 계보에 반영된 한 세대당 40년도 너무 길게 느껴진다.

성경 저자들이 전하고자 하는 메시지를 구상하면서 필요에 따라 계보에 반영된 세대 수를 임의로 정리했다고 생각하는 것이 옳을 것이다. 또한 성경에서 누가 누구를 '낳았다'(יָלַד, γεννάω)는 말이 반드시 '아버지-아들' 관계를 묘사하는 것은 아니다. 몇 세대를 띄어 넘는 '조상-후손' 관계를 의미하기도 한다. 마태도 예수님이 요셉에게서 나셨다고 하지만(16절), 또한 '다윗의 아들'(υἱοῦ Δαυὶδ)이자 '아브라함의 아들'(υἱοῦ Ἀβραάμ)이라고 한다(1절).

계보의 여러 가지 기능 중 하나는 마지막에 언급된 인물을 정당화하고 부각시키는 것인데, 본문도 마지막에 언급된 예수님의 오심을 정당화하고 알리는 데 목적을 둔다. 그러므로 이 계보의 실제성 혹은 역사성을 논하는 것은 전혀 의미가 없다(cf. Wilson). 성령의 영감을 받은 마태가 믿을 만한 출처를 인용해 실제로 있었던 일을 정확하게 기록하고 있다고 전제하고 본문을 해석해 나가는 것이 바람직하다(cf. Albright & Mann, Brown).

이 계보에는 한 가지 특이한 점이 있다. 일상적으로 구약의 계보들은 남자들만 언급하며, 여자들은 포함하지 않는다. 만일 포함한다면 선조들의 아내인 사라와 리브가, 라헬 등이 더 어울릴 이름들이다(Carson). 이와는 대조적으로 이 계보가 기록하는 다섯 여인—다말(3절), 라합(5절), 룻(5절), 밧세바(6절), 마리아(16절)—은 한 가지 부정적인 공통점을 지녔다. 모두 사회적으로 환영받지 못하는 상황에 있는 여인들이다. 또한 처음 네 여인은 모두 이방인이다. 네 번째 여인 밧세바는 이스라엘 여인이었지만(대상 3:5), 이방인인 헷 사람 우리아와 결혼했기 때문에 훗날 랍비 문헌들은 그녀를 이방인으로 취급했다(Boring, Maier, Schweizer).

마태는 분명 어떤 메시지를 선포하기 위해 이 떳떳하지 못한 여인들을 메시아의 계보에 올렸다. 또한 이 네 이방인 여인은 잠시 후 예수님의 탄생을 축하하기 위해 찾아올 이방인, 곧 동방 박사들의 이야기와 연관이 있는 듯하다. 메시아 예수님의 탄생은 유대인뿐 아니라 모든 이방인과 연관된 일이며, 온 인류가 환영할 일이라는 것이다(Carson, Hauerwas, Luther).

다말은 시아버지와의 관계를 통해 쌍둥이 아들을 얻었다(창 38장). 라합은 여리고성에서 몸을 팔던 창녀였다(Brown, Hanson, Wilkins). 룻은 인간 번제를 즐기는 신 몰렉(그모스)을 숭배한다는 이유로 이스라엘 사람들이 혐오하던 모압 사람이었다(룻 1장). 율법은 모압 사람들은 영원히 회중에 들어올 수 없다고 한다(신 23:3). 마태는 솔로몬의 어머니 이름을 직접적으로 언급하지는 않지만, 솔로몬을 낳은 여인은 헷 사람 우리아의 아내였던 밧세바다.

밧세바는 전쟁터에 있는 남편 몰래 다윗왕과 간음한 여자다(삼하 11장). 본문도 이 사실을 언급한다. "다윗은 우리야의 아내에게서 솔로몬을 낳고"(6절). 이 네 여인의 특이한 상황이 다섯 번째인 마리아도 매우 특이한 상황을 경험할 것을 예고하는 듯하다(Allen, Filson, Green). 예수님의 어머니 마리아는 혼전 임신을 했다. 물론 우리는 성령이 하신 일이라는 사실을 잘 알지만, 이러한 사실을 모르는 사람들에게는 손가락질의 대상이 되었을 것이다. 하나님이 인류의 구원을 이루어 가시는 방법이 사람들의 모든 기대를 깬 매우 독특한 방식이다(Carson).

시아버지와 정을 나눈 며느리, 창녀, 이방인, 간음한 여인, 결혼 전에 임신한 처녀가 메시아의 계보에 오른 유일한 여인들이라는 것이 충격적일 수 있다. 그러나 하나님은 이처럼 부끄러운 여인들을 통해 예수님이 온 세상의 구세주로 오게 하셨다. 이 같은 사실은 예수님의 사역과 복음의 포괄성을 예고하는 듯하다. 예수님이 구원하실 수 없는 죄인은 세상에 없다. 그리스도의 복음에서 배제되어야 할 사람도 없다. 주님은 신분의 귀천에 상관없이 모든 사람을 구원하기 위해 이 땅에 오셨다. 이 같은 사실이 오늘날 한국 교회의 한 모퉁이에서 형성되고 있는 '기독교 귀족들'에 대해 무엇을 말하고 있는지 생각해 보아야 한다.

계보는 오랜 역사를 간략하게 정리하는 기능을 한다. 우리가 접하고 있는 예수님의 계보는 하나님이 아브라함에게 메시아를 약속한 이후 그 약속을 지키기 위해 얼마나 많이 참으시고 수고하셨는지를 증언한다. 하나님은 태초 이후 인간들과 끊임없이 언약을 맺으셨다. 아담과 노아와 아브라함과 언약을 맺으셨고, 이삭과 야곱 등에게 아브라함과 맺은 언약을 재확인해 주시기도 했다. 하나님이 이들과 언약을 맺으면서 약속하신 내용도 씨앗/자손(seed, people), 땅(land), 주권(sovereignty), 축복(blessing)으로 비슷하다. 문제는 아브라함과 그의 후손들이 끊임없이 하나님의 약속을 위기에 빠뜨렸다는 것이다(cf. 『엑스포지멘터리 창세기』).

한 예로 믿음의 조상이라 하는 아브라함을 생각해 보자. 아브라함이 하나님의 축복을 약속으로 받고 가나안에 들어가자마자 기근이 임했다(창 12:10). 아브라함은 하나님의 뜻을 구하는 대신 아주 쉽게 '약속의 땅'을 포기하고 이집트로 내려갔다. 이집트에 가서는 자신의 생명을 위협하는 요소들을 제거한다는 취지로 아내 사라를 여동생이라고 속였으며, 이러한 사실을 알 리 없는 이집트 왕은 사라를 아내로 취했다(창 12:11-16). 하나님이 약속하신 자손 축복이 사라의 몸에서 태어날 이삭을 통해 성취되어야 한다는 점을 생각할 때, 아브라함의 행동은 인간적으로 매우 수치스러운 일이었을 뿐만 아니라 하나님의 언약을 위기에 빠뜨리는 일이었다. 만일 바로가 사라와 관계를 맺어 사라가 임신하게 된다면 하나님이 아브라함에게 약속하신 자손 축복은 어떻게 될 것인가? 결국 하나님이 이 문제에 직접 개입하셔서 아브라함이 해를 받지 않고 아내 사라와 함께 이집트를 떠나게 해 주셨다(창 12:17-20).

훗날 아브라함은 동일한 방법으로 아비멜렉도 속였다(창 20:1-2). 아비멜렉에게도 사라를 아내가 아니라 여동생으로 소개한 것이다. 이집트 왕처럼 아비멜렉도 아브라함의 말만 듣고 사라를 아내로 취했다. 하나님의 약속이 또 한 번 위기를 맞이했다. 이번에도 하나님이 직접 개입하셔서 아브라함 부부에게 해가 가지 않는 선에서 이 문제를 해결해 주셨다. 부전자전이라고 이삭도 아버지 아브라함을 닮아 아내 리브가를 자기 누이라고 속였다(창 26:7). 이삭도 하나님의 약속을 위험에 빠뜨렸던 것이다.

아브라함은 이집트 왕에게 사라를 여동생이라고 속이는 사건을 통해 많은 부를 모으게 되었다(창 12:16, 20). 그가 많은 가축을 이끌고 가나안 땅으로 다시 돌아왔을 때, 비좁은 땅 때문에 그의 종들과 조카 롯의 종들 사이에 많은 다툼이 있었다(창 13:6). 아브라함은 문제의 해결책으로 롯에게 먼저 땅을 택하게 하고 자신은 조카가 정한 지역의 반대 방향으로 가겠다고 했다(창 13:8-9). 이 제안은 아브라함이 조카를 배려하는 것처럼 보이지만 사실은 하나님의 약속을 다시 한번 위험에 빠뜨리는 일이었다. 하나님이 그의 자손들에게 가나안 땅을 기업으로 주겠다고 이미 약속하셨는데(창 12:7), 아브라함이 롯에게 가나안 땅을 선택할 권한을 주었기 때문이다. 만일 롯이 요단강 서편에 정착한다면, 하나님은 아브라함과 후손들에게 이 땅을 주기 위해 다른 플랜을 세우셔야 한다.

아브라함뿐 아니라 이삭과 야곱 등 이스라엘 선조들은 한결같이 이랬다. 이곳에 이름을 올린 이스라엘 왕 중에는 하나님께 순종하기는커녕 오히려 온갖 죄를 지어 하나님의 역사를 방해한 자가 많다. 이들이 통치하는 시대를 지나면서 하나님의 약속과 축복도 계속 위기를 맞았다. 그러므로 이 계보에 이름을 올린 메시아의 선조들은 하나님의 놀라운 축복을 약속으로 받았지만, 그 약속이 성취될 때까지 보전하며 기다릴 만한 능력이 없었다.

인간은 이처럼 나약한 존재다. 인간에게 은혜로운 약속을 주시는 분은 하나님이다. 또한 그 약속이 실현되도록 철저하게 지켜 주셔야 하는 분도 하나님이다. 인간은 주님께 받은 축복마저도 자신의 것으로 지켜낼 능력이 없기 때문에 하나님의 절대적인 주권과 능력만이 받은 축복을 누리는 복된 삶을 가능케 한다. 이러한 관점으로 이 계보를 생각해 보면 오래전에 아브라함에게 주신 메시아 약속이 예수님을 통해 실현되기까지 하나님이 얼마나 간섭하시고 참으셨는지 상상할 수 있다. 그러므로 이 계보는 하나님의 신실하심에 대한 증언이다.

본문은 예수님이 이 땅에 살았던 수많은 사람의 후손으로 오셨다고 한다. 예수님의 조상 중에는 신실한 사람도 있었고, 악한 사람도 있었다. 잘난 사람도 있었고, 못난 사람도 있었다. 귀족도 있었고 사회적으로 따돌림을 받을 수밖에 없는 사람도 있었다. 예수님이 이처럼 다양한 사람으로 구성된 계보를 통해 오신 것은 장차 선포하실 하나님 나라 복음이 온 세상 모든 사람을 위한 것임을 암시한다. 우리도 최선을 다해 오늘을 살아내면, 언젠가 하나님은 우리 일생을 주님이 들어 쓰시는 역사의 한 부분으로 만드실 것이다.

세상에는 복음이 수용할 수 없을 만큼 높은 사람도, 낮은 사람도 없다. 가장 낮은 사람부터 가장 높은 사람까지 누구든 예수님의 복음을 통해 하나님의 자녀가 될 수 있다. 예수님의 계보에 오른 여인들이 이러한 사실을 증거한다. 전도의 대상에 소외되고 연약한 이웃들을 배제하는 일은 없어야 한다. 하나님은 우리가 섬기도록 가난하고 소외된 이웃들을 이 세상에 두셨다.

3. 요약(1:17)

¹⁷ 그런즉 모든 대수가 아브라함부터 다윗까지 열네 대요 다윗부터 바벨론으로 사로잡혀 갈 때까지 열네 대요 바벨론으로 사로잡혀 간 후부터 그리스도까지 열네 대더라

앞 섹션에서 언급한 것처럼 아브라함에서 다윗까지 그리고 다윗의 아들 솔로몬에서 여고냐까지는 14대가 맞다. 그러나 여고냐의 아들 스알디엘에서 예수님까지는 13대다. '스알디엘-스룹바벨-아비훗-엘리아김-아소르-사독-아킴-엘리웃-엘르아살-맛단-야곱-요셉(마리아)-예수님'(12-16절). 그러므로 여고냐(여호야긴)를 두 차례 세지 않는 한 14대가 아니다. 여고냐는 바빌론으로 끌려간 사람이기 때문에 끌려가기 전 유다에서의 삶과 바빌론에서의 삶을 구분해 두 차례로 셀 수 있다. 그러나 계보에서 한 사람을 두 차례 계수하는 것은 특이한 상황이다. 앞 섹션(2-26절)에 기록된 계보에서도 이런 일은 없다. 그럼에도 불구하고 마태는 아브라함에서 예수님에 이르는 계보가 '14-14-14대'라고 한다.

학자들은 여러 가지 추측과 제안을 내놓았다. 여고냐(여호야긴)를 두 번 계수하자고 하는 이들은 그가 경험한 것에 따라 삶을 두 파트로 나누어야 한다고 주장한다. 여고냐가 바빌론으로 끌려갈 때는 하나님의 심판을 받았고 자식도 없었다. 그는 바빌론에 도착하자마자 감옥에 갇혔다(왕하 24:8-12; 렘 22:30). 그는 바빌론 감옥에 갇힌 지 37년 만에 자유인이 되었고, 바빌론 사람들이 내려준 하사품을 먹으며 여생을 평안히 살았다(왕하 25:27-30). 여고냐의 삶이 끌려갈 때와 풀려났을 때 이처럼 대조적이기 때문에 그를 두 차례 계수해야 한다는 것이다(Hendriksen).

여고냐를 두 차례 계수하되 다른 논리를 펼치는 이들도 있다. 여고냐는 불과 3개월 동안 유다의 왕이었다가 바빌론으로 잡혀갔다. 즉위라고 하기는 너무나도 짧다. 그러므로 그의 이름을 한 번은 그에게 왕권을 물려준 아버지 여호야김(주전 609-598년에 유다를 통치함)을 상징하는 것으로, 한 번은 그의 바빌론 삶을 상징하는 것으로 두 번 계수해야 한다고 한다(Wilkins).

마태의 계보 중 여고냐-스알디엘 사이에 이름 하나가 빠졌기 때문이라는 주장도 있다(McNeile). 그러나 이렇다 할 역사적 증거가 없으니 설득력이 부족하다. 한 주석가는 예수님의 부모인 요셉과 마리아를 따로 계수해야 한다고 주장한다(Gundry). 아버지 요셉은 예수님의 법적인 부모이지만, 어머니 마리아는 예수님의 육체적인 부모이기 때문이다. 마태가 42세대를 말하면서도 41명의 이름을 언급하는 것에 이렇다 할 의미를 두지 말고 단순히 상징적으로 보아야 한다는 학자도 있다(Carson). 마태에게 중요한 것은 42대이지, 42명의 세세한 조상 이름이 아니라는 것이다. 가장 설득력 있는 제안이다.

그러나 만일 예수님의 계보를 반드시 42대로 설명해야 한다면, 마태가 제시하는 예수님의 계보를 아브라함-다윗, 다윗-요시야, 여고냐-예수님 등으로 구분하는 것이 바람직하다(Schweizer). 요시야는 주전 609년에 이집트 왕 느고와 전쟁을 하다가 죽임을 당했다. 이때 유다는 독립국가로서 자치권을 잃었다고 할 수 있다. 이후 유다를 다스린 모든 왕은 이집트가 세우거나 바빌론이 세웠기 때문이다. 그러므로 요시야의 죽음으로 인해 자치권을 잃은 유다는 '바빌론 포로기'를 맞았다.

마태가 이 계보에서 가장 중요시하는 인물은 다윗왕이다. 그는 메시아가 그의 후손으로 오게 하는 일에 결정적인 역할을 했다(cf. 삼하 7장). 또한 마태는 자주 예수님이 다윗의 후손이라는 사실을 언급한다. 그러므로 마태복음에서 다윗은 참으로 중요한 인물이다. 6절은 다윗을 두 차례 언급하는데, 6a절은 그를 앞 14대를 마무리하는 마지막 인물로(6절),

6b절은 그를 다음 14대를 시작하는 인물로 언급한다. 이러한 정황을 고려할 때 반드시 42대를 논해야 한다면 다윗을 두 차례 계수하는 것이 가장 설득력이 있다.

예수님의 계보가 강조하고자 하는 '14-14-14(14×3)'를 '7-7-7-7-7-7(7×6)'로 세분화할 것을 제한하는 이도 있다(Hendriksen). 이렇게 하면 예수님이 일곱 번째 7을 시작하기 위해 오셨다는 뜻이 된다. 구약에서 일곱 해가 일곱 번 지나면 희년이다(=7×7). 그러므로 예수님은 인류에게 '희년'의 해방을 주기 위해 오셨다는 의미가 된다. 그러나 마태는 예수님의 계보를 14×3으로 구분하지, 7×6으로 구분하지 않는다.

마태는 무엇 때문에 예수님의 계보를 14-14-14로 정리하는 것일까? 옛 유대인들은 숫자를 표기할 때 아라비아 숫자를 사용하지 않고 히브리어 알파벳을 사용했다. 이 히브리 숫자 표현 방식을 '게마트리아'(Gematria)라고 한다. 다윗의 히브리어 이름(דוד)에 게마트리아 방식을 적용해 자음의 숫자적 가치(ד=4, ו=6, ד=4)를 더하면 14가 된다. 마태는 다윗의 이름에 들어간 숫자 14를 세 차례 반복함으로써 예수님은 참으로 다윗 후손이며, 이스라엘이 그토록 기다리던 다윗 계열의 왕이심을 선포하고자 한 것이다.

또한 구약, 특히 창세기에서 14는 속박을 상징하는 숫자다. 야곱은 라반의 집에 머물면서 두 아내를 위해 14년 동안 종살이를 했다. 요셉은 17살 때 이집트로 끌려갔다가 14년째 되던 해인 30세 때 국무총리가 되었다. 우상의 노예가 된 이스라엘의 가장 어두운 시대를 기록하고 있는 사사기에서도 14는 죄의 속박을 상징하는 숫자다. 구약에서 14는 속박과 억압의 숫자인 것이다. 이러한 배경을 바탕으로 마태는 예수님의 계보를 14-14-14대로 정리해 죄의 노예가 되어 고통받는 인류에게 그들을 묶고 있는 모든 억압의 사슬을 끊고 해방시켜 줄 구세주가 오셨다는 사실을 강조하고자 한다.

이 말씀은 역사는 무작위 혹은 우연의 연속이 아니라, 하나님의 통제 아래 균형과 하모니를 이루며 하나님이 계획하신 바에 따라 적절하게 진행되는 것임을 보여 준다. 마태가 예수님의 계보를 일정한 숫자에 따라 정리한 것은 이러한 교훈을 주기 위해서다. 사람의 눈에는 우연으로 보이는 일들이 하나님의 계획과 섭리 안에서 조화를 이룬다.

우리의 삶에 일어나는 일들도 마찬가지다. 특히 어려운 일을 겪을 때 당장은 이해하기가 어렵지만, 시간이 지나면서 그 일도 하나님의 계획의 일부였다는 사실을 깨닫게 된다. 그러므로 어려운 일이 닥칠 때 이해하려고 너무 애쓰지 말고 버텨 내자. 이해하고 정리하는 것은 시간이 많이 지난 다음에 해도 된다. 모든 것을 역사를 주관하시는 하나님께 맡기고 당장 삶을 살아내는 것이 가장 중요하다.

Ⅰ. 서문: 어린 시절 이야기(1:1-2:23)

B. 예수님의 탄생(1:18-25)

[18] 예수 그리스도의 나심은 이러하니라 그의 어머니 마리아가 요셉과 약혼하고 동거하기 전에 성령으로 잉태된 것이 나타났더니 [19] 그의 남편 요셉은 의로운 사람이라 그를 드러내지 아니하고 가만히 끊고자 하여 [20] 이 일을 생각할 때에 주의 사자가 현몽하여 이르되 다윗의 자손 요셉아 네 아내 마리아 데려오기를 무서워하지 말라 그에게 잉태된 자는 성령으로 된 것이라 [21] 아들을 낳으리니 이름을 예수라 하라 이는 그가 자기 백성을 그들의 죄에서 구원할 자이심이라 하니라 [22] 이 모든 일이 된 것은 주께서 선지자로 하신 말씀을 이루려 하심이니 이르시되

[23] 보라

처녀가 잉태하여 아들을 낳을 것이요

그의 이름은 임마누엘이라 하리라

하셨으니 이를 번역한즉 하나님이 우리와 함께 계시다 함이라 [24] 요셉이

잠에서 깨어 일어나 주의 사자의 분부대로 행하여 그의 아내를 데려왔으나
²⁵ 아들을 낳기까지 동침하지 아니하더니 낳으매 이름을 예수라 하니라

예수님의 계보(1-17절)는 하나님이 때가 차면 온 인류의 구세주 메시아를 보낼 것이라며 주신 축복의 결과다. 사람들은 메시아를 약속으로 받고도 그 약속을 꾸준히 위협에 빠뜨렸다. 하나님은 약속이 위기에 빠질 때마다 개입해 그 약속을 위험에서 구하고 보존하셨다. 그러므로 예수님의 계보는 인류 역사 내내 지속된 하나님의 신실하심에 대한 증거다.

예수님의 탄생을 통해 하나님이 태초부터 약속하신 때가 무르익었다. 그러나 이번에도 메시아 약속은 한 번 더 위기에 빠진다. 예수님의 아버지 요셉이 결혼하기 전에 임신한 약혼녀 마리아와 파혼을 하려고 한 것이다(18-19절). 만일 요셉이 파혼하면, 예수님은 다윗의 후손이 되지 못한다. 다윗의 후손인 요셉의 법적인 아이가 아니기 때문이다. 그러므로 동정녀를 통해 탄생하신 예수님이 다윗의 후손이 되려면 요셉이 자신과 상관없이 임신한 마리아를 아내로 맞아들여야만 한다. 그래야 예수님이 다윗의 후손으로 '입양될'(adopted) 수 있다(Kingsbury). 요셉으로서는 결코 쉽지 않은 일이다. 이번에도 하나님이 개입하셔서 이 위기에서 요셉과 마리아의 부부관계를 보존하실 뿐 아니라, 다윗의 후손으로 오시는 이스라엘 왕에 대한 약속을 실현하신다.

다윗의 자손인 요셉은 마리아와 약혼했다(18절). 구약 시대부터 약혼(μνηστευθείσης)은 오늘날의 약혼보다 훨씬 더 강력한 법적인 책임을 요구하는 용어였다(cf. HALOT). 두 사람이 첫날밤을 지내야 결혼이 성립되지만, 법적으로는 약혼한 순간부터 부부로 취급했다. 결혼식을 올리지 않은 채 남자가 죽으면 첫날밤을 지내지 않았어도 여자는 과부가 되었다. 그러므로 마태도 아직 식을 올리지는 않았지만, 요셉을 '그녀의 남편'(ὁ ἀνὴρ αὐτῆς)이라 부르고(새번역, 공동, NAS, NIV, NRS, ESV), 그

가 마리아와 헤어지려 하는 것을 '이혼하다'(ἀπολύω)라는 동사로 묘사한다(19절, NIV, ESV, NIRV). 약혼을 하면 유일하게 갈라설(파혼할) 방법은 몇 명의 증인 앞에서 이혼 증서를 써 주는 것이었다(cf. 신 24:1).

요셉과 마리아의 관계가 위기를 맞았다. 요셉이 아직 약혼녀와 동거를 시작하지 않았는데, 그녀가 임신했기 때문이다(18절). 율법에 따르면 이런 경우 요셉이 문제를 제기하면 그의 약혼녀인 마리아뿐 아니라, 그녀와 잠자리를 같이한 남자도 죽임을 당할 수 있다(cf. 레 20:10; 신 22:23-24). 물론 이 일은 성령이 하신 일이다. 마리아가 딴 남자와 놀아난 결과가 아니라, 인류를 구원하시고자 하는 하나님이 성령(πνεύματος ἁγίου)을 통해 임신하게 하셨다. 요셉은 이러한 사실을 알 리 없다. 마리아가 아무리 설명해도 믿을 수 없다(cf. 눅 1:30-38). 그러므로 이 일은 요셉에게는 참으로 곤혹스럽고 화나는 일이다.

요셉이 마리아를 재판에 회부해 벌을 받게 해도 그를 욕하거나 지나치다고 할 사람은 없다. 율법이 보장하는 그의 권리이기 때문이다. 그러나 요셉은 마리아를 배려해 떠들썩하게 하지 않고 조용히 관계를 끊고자 했다. '끊다'(ἀπολύω)는 이혼한다는 뜻이다. 아직 결혼식을 올리지 않았으니 파혼하겠다는 의미다(새번역, 공동).

마태는 남의 아이를 밴 약혼녀를 배려해 율법적인 권리를 포기하고 조용히 관계를 정리하려고 했던 요셉을 '의로운 사람'(δίκαιος)이라고 한다(19절). 일상적으로 이 단어는 각 사람의 도덕적 청렴함이나 법적인 온전함을 뜻한다(BAGD). 그러나 신약이 처음으로 언급하는 '의로움'(δίκαιος)은 이러한 법적 혹은 도덕적 옳고 그름이 아니라, 남(죄인)에 대한 배려라는 점이 인상적이다. 여기서 의로움은 '선함, 착함'으로 이해되어야 한다. 하나님은 요셉이 선한 사람이었기 때문에 예수님의 동정녀 탄생에 그를 사용하셨다.

요셉의 계획을 아신 하나님은 '주의 사자'(ἄγγελος κυρίου), 곧 천사를 그에게 보내셨다(20절). 천사가 사람에게 나타나 앞으로 있을 일에 관

123

해 알려 주는 것은 구약에서도 종종 있었던 일이지만(창 16:11-12; 37장; 40장; 삿 13:3-7; 단 7장), 그다지 흔한 일은 아니다. 우리말 번역본에는 반영되지 않았지만, 마태는 천사의 등장을 '보라!'(ἰδού)라는 말로 소개한다(cf. NAS, ESV). 참으로 놀라운 일이 벌어지고 있는 것이다.

천사는 요셉의 꿈에 나타나 마리아가 임신한 아이에 관해 말한다. 천사의 스피치는 옛적에 하나님이 아브라함에게 이삭의 탄생에 관해 주신 말씀과 비슷한 형태를 취하고 있다(창 17:19). 천사의 스피치는 요셉이 당면한 상황에 대해 몇 가지 사실을 확인해 준다. 첫째, 요셉은 다윗의 자손(υἱὸς Δαυίδ)이다(20절). 직역하면 '다윗의 아들'이다. 예수님이 아브라함과 다윗의 아들로 묘사된 것과 같은 맥락의 표현이다(cf. 1, 17절). 구약에 따르면 메시아는 반드시 다윗의 아들로 오셔야 하는데, 이 과정에서 예수님의 법적인 아버지 요셉의 계보가 매우 중요하다. 그러므로 천사는 요셉이 다윗의 자손임을 확인하며 스피치를 시작한다.

둘째, 요셉은 마리아를 아내로 데려오는 일을 무서워할 필요가 없다(20절). 문맥을 고려할 때 "무서워하지 말라, 두려워하지 말라"(μὴ φοβηθῇς)보다 "염려하지 말라, 걱정하지 말라"(μὴ μεριμνᾶτε)가 더 잘 어울린다. 요셉은 남의 아이를 가진 마리아와 결혼하는 것을 무서워하기보다 걱정하고 염려하고 있기 때문이다. 그런데도 천사가 '무서워하지 말라'(μὴ φοβηθῇς)라고 하는 것은 구약에서 자주 사용되는 '두려워 말라'(אַל־תִּירָא)라는 표현 때문일 것이다.

하나님이 위로와 구원의 메시지를 선포하실 때 많은 경우 이 표현으로 시작하시며, 칠십인역(LXX)은 이 히브리어 문장을 본문에 사용된 '무서워하지 말라'(μὴ φοβηθῇς)로 자주 번역했다. 즉, 천사는 자신이 요셉과 마리아의 결혼을 '구원하기 위해' 왔고, 마리아가 혼전 임신한 아이를 통해 온 세상이 구원받을 것을 암시하며 '구원의 메시지'를 선포하고자 이 표현을 사용하고 있다.

셋째, 마리아가 임신한 아이는 성령으로 잉태되었다(20절). 그녀의 태중에 있는 아이는 간음 등 죄로 인해 생긴 아이가 아니다. 성령, 곧 거룩하신 하나님에 의해 거룩하게(특별하게) 잉태된 아이다. 마태는 이 사실을 강조하기 위해 18절과 20절에서 '[성령]으로부터'를 의미하는 전치사(ἐκ)를 두 차례 사용한다. 이 일은 전적으로 하나님이 하신 일이라는 것이다(cf. Osborne, Wilkins).

옛적에 하나님이 세상을 창조하실 때 성령이 함께하셨던 것처럼(창 1-2장), 하나님이 메시아를 통해 새로운 역사를 시작하시는 이 순간에 성령이 함께하시는 것은 당연한 일이다(Hill). 예수님이 잉태된 것은 성령이 하신 일이기 때문에 만일 요셉이 마리아와 파혼을 한다면, 마리아는 참으로 억울한 일을 당할 수밖에 없다. 또한 하나님의 구원 사역에도 차질이 불가피하다.

넷째, 마리아는 사내아이를 임신했으며, 아이의 이름은 '예수'다(21절). 구약에서도 이삭과 이스마엘 등 태중에 있는 아이가 태어나기 전에 하나님이 이름을 지어 주시는 경우가 종종 있었다. 그러나 장차 마리아에게서 태어날 아이의 이름은 특별하다. 이미 언급한 것처럼 예수(Ἰησοῦς)는 구약에서 유래한 이름이며 히브리어 이름 예수아(ישוע)를 헬라어로 표현한 것이다. 예수아는 '여호와가 구원하신다, 구원하시는 여호와'라는 의미를 지닌 여호수아(יהושוע)를 줄인 것이다.

구약에서 이름은 그 이름을 지닌 사람의 성향이나 삶을 상징하는 경우가 많다. '그가 [비]웃다'라는 의미를 지닌 이삭은 하나님의 말씀을 비웃은 아브라함과 사라의 불신을 상징하는 이름이다. 어머니의 뱃속에서부터 형 에서와 치열하게 경쟁한 동생에게는 야곱이란 이름이 주어졌다. 그는 이후로도 아버지와 형을 속였기 때문에 하나님이 얍복강에서 그를 만나셨을 때 그의 이름을 이스라엘로 바꿔 주셨다. 이러한 정서를 고려할 때 '예수'(Ἰησοῦς)는 온 인류의 구세주가 되실 분에게 가장 적절한 이름이다.

다섯째, 마리아가 임신 중인 아이가 장차 이룰 일은 백성을 죄에서 구원하는 것이다(21절). 예수님은 이스라엘을 로마의 압제에서 해방시키는 정치적, 군사적 지도자로 오신 것이 아니다. 그들을 죄와 병마의 속박에서 구원하는 구세주로 오셨다. '구원하다'(σῴζω)는 사람을 육체적 죽음과 병마에서 해방시키고, 영원한 죽음에서 보호하는 등 다양한 의미를 지니지만, 정치적, 군사적 해방은 포함하지 않는다(TDNT). 훗날 유대인들은 대부분 이 사실을 오해하거나 받아들이지 못했기 때문에 예수님에게 실망하고 그분을 십자가에 못 박았다.

여섯째, 마리아의 태중에 있는 아이는 오래전에 하나님이 이사야 선지자를 통해 주신 예언을 이루기 위해 태어난다(22–23절). 이 말씀은 구약의 예언이 어떻게 신약에서 실현되는가를 이해하는 데 매우 중요한 말씀이다(France, cf. Knowles). 마태는 '이루다'(πληρόω)를 구약 예언과 약속이 성취되었다는 의미로 자주 사용한다(2:5–6, 15, 17–18, 23; 4:14–16; 8:17; 11:10; 12:17–21; 13:14–15; 21:4–5; 26:31, 56; 27:9–10). 공관복음 중에서는 마태복음에만 사용되는 표현이다(Wilkins). 드디어 하나님의 '때'가 임한 것이다.

마태가 처음 인용하는 구약 말씀인 이사야 7:14은 구약학자들 사이에 많은 논쟁을 일으켰다. 논쟁의 핵심은 이사야 7:14에서 처녀가 잉태한다는 것이 무슨 뜻인가와 이 임마누엘 아이가 누구인가 하는 것이다.

처녀가 잉태하는 일에 대해 생각해 보자. 많은 학자가 예수님의 동정녀 탄생은 실제 있었던 일이 아니며 마태가 조작한 이야기라고 주장한다(Goulder, Miller, Schweizer). 그러나 그들의 주장은 기적은 일어날 수 없다는 편견에서 비롯된 것이지 설득력 있는 증거를 바탕으로 한 것이 아니다. 우리는 옛적에도, 또한 지금도 인류의 역사에 개입하시고 필요에 따라 기적을 베푸시는 하나님을 믿는다. 그러므로 예수님의 동정녀 탄생은 문제가 되지 않는다. 기적은 과학으로 설명할 수 없으며, 믿음으로 설명되어야 한다.

히브리어로 '처녀'는 '베툴라'(בְּתוּלָה)이다. 이사야 7:14은 이 단어를 사용하지 않고 '알마'(עַלְמָה)라는 단어를 사용하는데, 이 단어는 어린아이부터 나이 든 여인에 이르기까지 여자를 칭하는 가장 보편적이고 광범위한 용어다(NIDOTTE). 미혼 여성뿐 아니라 결혼한 여성도 포함한다. 그러므로 만일 이사야가 처녀를 의미했다면 '알마'보다는 '베툴라'를 사용해야 했다. '베툴라'는 결혼하지 않은 처녀를 뜻하기 때문이다.

마태는 어떻게 이사야 7:14의 '여자'(עַלְמָה)를 '처녀'(בְתוּלָה)로 바꾸어 읽었는가? 그가 인용하는 번역본 성경에서 비롯되었다. 마태는 히브리어 사본(MT)이 아니라 칠십인역(LXX)을 사용하는데, 칠십인역(LXX)은 이사야 7:14을 번역하면서 '알마'(עַלְמָה)를 '여자'가 아닌 '처녀'로 대처했다. 헬라어에서 히브리어 단어 '알마'를 번역하기에 적합한 단어는 '구네'(γυνή)이다. 메시아주의 관점이 상당히 가미되어 있는 번역으로 알려진 칠십인역(LXX)은 의도적으로 '처녀'를 뜻하는 '파르테노스'(παρθένος)로 번역했다(cf. BAGD).

그렇다면 이사야서의 '알마'(עַלְמָה)와 칠십인역(LXX)의 '처녀'(παρθένος)의 관계를 어떻게 이해해야 하는가? 이사야서 말씀에서는 미혼이든 기혼이든 상관없다. 이 징조는 처녀 혹은 기혼 여성이 임신해서 아들을 낳는 것이 중요한 것이 아니라, 아이가 태어날 때까지의 시간에 초점이 맞추어져 있기 때문이다. 또한 '알마'의 범위는 처녀를 포함하며, 이 단어는 구약에서 처녀의 의미로 사용되기도 한다. 구약에서 '알마'는 총 7번 사용된다. 창세기 24:43에서 아브라함의 종이 이삭의 아내를 구하러 갔을 때, 결혼 적령기의 처녀(viz., 리브가)를 지칭할 때 사용되었다. 출애굽기 2:8에서는 모세를 바구니에 띄워 보내고 그의 누이 미리암이 따라갈 때 미리암을 일컫는 단어로 사용되었다. 이때 미리암은 나이가 어린 소녀였다. 시편 68:25에서는 탬버린을 치는 여자들을 뜻한다. 이 여인들이 결혼했는지, 미혼인지는 중요하지 않다. 아가 1:3과 6:8에서는 왕비나 시녀를 제외한 궁녀를 뜻하는 의미로 사용되었다. 반면에 잠언 30:19은 분명히 결혼한 여인을 전제로 이 단어를 사용했다. 그리고 마지막으로 이사야서 본문에 사용되었다. 따라서 '알마'는 처녀를 의미할 수 있는 단어다.

칠십인역(LXX)은 '알마'를 어떻게 번역했는지 살펴보자. 창세기 24:43에서 결혼 적령기의 리브가를 '딸'(θυγατέρ)로 번역하고, 나머지는 모두 '여자, 여자아이'(νεάνις)로 번역했다. '처녀'(παρθένος)로 번역한 곳은 이사야 7:14이 유일하다. 칠십인역(LXX)을 번역한 사람들이 이사야 본문에 특별한 메시아적 의미를 부여한 것을 알 수 있다.

위 내용을 바탕으로 다음과 같은 결론을 내릴 수 있다. '알마'(여자)는 '베툴라'(처녀) 개념을 포함하고 있다. 성경의 전체적인 분위기를 보면 '알마'는 주로 결혼하지 않은 '여자아이'를 가리키는 의미로 쓰인다. 그러므로 마태가 본문에서 이사야 7:14을 인용해 예수님의 동정녀 탄생을 회고하는 것은 결코 문제가 될 수 없다. 그는 '알마' 안에 '베툴라'가 포함되어 있다는 것을 알고 이 부분을 강조하는 것이다.

'하나님이 우리와 함께하신다'는 뜻을 지닌 임마누엘은 메시아 예수님의 중요한 호칭이다. 여호와 하나님이 예수님을 통해 우리와 함께하시기 때문이다(cf. 18:20; 28:20; 요 1:14). 그런데 원래 이사야가 말한 임마누엘 아이는 누구였는가? 그를 낳을 처녀는 누구였는가? 지금까지 이 이슈들에 대해 수많은 책과 논문이 출판되었다. 학자들의 지지를 가장 많이 얻은 다섯 가지 해석은 이러하다(cf. 『엑스포지멘터리 이사야』). (1)아하스의 아내가 히스기야를 잉태할 것을 뜻한다(Seitz, Sweeney, Wildberger, cf. Davies & Allison), (2)'알마'는 이 예언이 선포된 지 얼마 지나지 않아 아들을 얻은 모든 유다 여자를 의미한다(McKane, cf. Gray), (3)이사야 선지자의 아내가 아들 마헬살랄하스바스를 낳을 것을 뜻한다(Gottwald, Oswalt, Willis, Wolf, cf. Beale & Carson), (4)동정녀 마리아가 예수님을 잉태할 것을 의미한다(Alexander, Hengstenberg, Motyer, Reymond, Young), (5)이 예언은 이사야 시대에 1차적으로 성취되었고, 훗날 메시아 예수의 탄생을 통해 다시 성취되었다(cf. Blomberg, Gundry, Hagner).

위 해석 중 마지막 다섯 번째 해석이 가장 설득력이 있다. 구약의 예언 중에는 한 번만 성취되는 것들도 있지만, 두세 번, 혹은 여러 차례 성취되는 것도 많다. 이사야의 예언은 아하스에게 주어졌기 때문에 그 시대에 분명 성취되어야 한다. 그러므로 임마누엘은 아하스 혹은 이사야의 아이였다. 동시에 마태복음 1장에 기록된 해석도 존중해야 한다. 예수님이 임마누엘 아이로 와서 이 예언을 최종적으로 성취하셨기 때문이다. 이 해석은 보수적인 학자들이 가장 선호하는 것이며, 마태의 이사야 인용을 충분히 설명한다.

마소라 사본(MT)은 이사야 7:14을 "그(3인칭 여성단수, 아이의 어머니)는 그의 이름을 임마누엘이라고 부를 것"(קָרָאת שְׁמוֹ עִמָּנוּ אֵל)이라 한다. 칠십인역(LXX)은 "너(2인칭 단수)는 그의 이름을 임마누엘이라고 부를 것"(καὶ καλέσεις τὸ ὄνομα αὐτοῦ Εμμανουηλ)이라고 번역했다. 칠십인역(LXX)을 인용한 마태는 "그들(3인칭 복수)이 그의 이름을 임마누엘이라고 부를 것"(καὶ καλέσουσιν τὸ ὄνομα αὐτοῦ Ἐμμανουήλ)이라 한다(cf. Soares-Prabhu). 본문의 '그들'은 누구인가? 바로 예수 그리스도의 사역을 통해 죄에서 구원을 받은 사람들이다. 마태는 이들을 예수님이 죄에서 구원하실 '자기 백성'(τὸν λαὸν αὐτοῦ)으로 제한한다(21절).

마소라 사본과 본문이 지니고 있는 이 같은 차이에 별 의미를 두지 않는 것이 보편적이다(cf. Brown). 그러나 이 말씀이 처음 선포된 이사야 7장은 신앙적으로 이스라엘 역사상 최악의 왕 중 하나인 아하스에 관한 이야기다. 아하스 이야기의 가장 핵심적인 이슈는 믿음이다. 선지자는 아하스에게 여호와를 의지할 것을 강력하게 권고하지만, 그는 끝까지 하나님 믿기를 거부한다. 마태는 이 말씀의 구약적 배경을 바탕으로 예수님을 통해 구원받은 사람들은 그를 임마누엘이라고 부를 것이라 한다. '하나님이 우리와 함께하신다'는 의미를 지닌 임마누엘은 책의 마지막에 기록된 대사명(Great Commission)에도 등장하는 개념이며, 마태복음의 시작과 마무리를 장식한다. "내가 세상 끝 날까지 너희와 항상 함께 있으리라"(28:20).

마태는 지금까지 예수님이 그리스도이며, 아브라함의 아들이며, 다윗의 아들이라고 했다. 이제 '하나님이 우리와 함께하신다'는 의미를 지닌 임마누엘(Εμμανουηλ)을 통해 예수님이 '하나님의 아들'(υἱὸς τοῦ θεου)이심을 선언한다(cf. Kingsbury). 구약에서 숫자 '4'는 포괄성과 총체성을 상징하는 숫자로 자주 사용된다. 마태는 이러한 전승을 바탕으로 마태복음에서 이 네 가지 타이틀(그리스도, 아브라함의 아들, 다윗의 아들, 임마누엘)로 예수님을 묘사함으로써 주님이 온전하고 완벽한 구세주이심을 강조한다. 인간에게 예수님 외에는 그 무엇도, 그 누구도 필요 없다.

구약은 하나님이 자기 백성과 함께하기 위해 지성소에 임재하시는 것을 '셰키나 영광'(שכינה)이라 한다. 가장 확실하고 영구적인 하나님의 임재다. 임마누엘(עמנו אל, Εμμανουηλ)은 바로 이 영광을 상징한다. 그러므로 예수님이 임마누엘로 불리는 것은 자기 백성과 영원히 함께하기 위해 오신 하나님이라는 뜻이다(Fenton, Harris, cf. 18:20; 28:20).

잠에서 깨어난 요셉은 주저하지 않고 곧바로 하나님의 말씀에 순종했다. 마리아도 예수님의 탄생에 관한 하나님의 말씀에 전적으로 순종했다(눅 1:26-38). 예수님은 하나님을 경외하는 경건한 부모를 두신 것이다. 요셉은 임신한 마리아를 집으로 데려왔다(24절). 결혼식을 올렸다는 뜻이다. 그러나 아내가 잉태한 아이를 낳을 때까지 그녀와 동침하지 않았다(25절). '그녀와 동침하지 않았다'(οὐκ ἐγίνωσκεν αὐτὴν)를 직역하면 '그녀를 알지 않았다'이다. 구약에서도 히브리어로 '알다'(ידע)는 성적인 뉘앙스를 지녔다. 가톨릭교회는 본문을 바탕으로 예수님이 태어나신 후에도 마리아가 영원히 동정녀였다고 주장하는데, 근거 없는 추측이다(cf. Boring, Davies & Allison, Wilkins). 예수님에게는 동생들이 있었기 때문이다(12:46; 막 6:3). 드디어 아이가 태어나자 천사가 알려 준 것에 따라 아이의 이름을 예수라고 불렀다.

이 말씀은 사람들이 하나님의 약속과 축복을 위기에 빠트려도 하나님은 계획한 일을 반드시 이루신다고 한다. 요셉은 본의 아니게 예수님이 다윗의 후손으로 태어나시는 것을 위협했지만, 하나님이 천사를 보내 이 위기를 해결하셨다. 하나님은 우리에게 약속한 일들도 때가 되면 반드시 이뤄 주실 것이다.

또한 본문은 우리에게 선하게 살 것을 권면한다. 요셉은 참으로 의로운 사람이었다. 그는 자기와 상관없이 혼전 임신을 한 마리아를 돌에 맞아 죽게 할 수도 있었다(cf. 요 8:1-11). 그러나 심성이 착한 요셉은 조용히 파혼하려고 했다. 하나님은 이처럼 선한 요셉을 예수님의 육신의 아버지로 쓰셨다. 하나님은 선한 사람들을 통해 역사를 이루어 가신다. 우리도 예수님의 가르침에 따라 선한 삶을 살면서 하나님이 우리를 사용해 주실 것을 기대해도 좋다.

Ⅰ. 서문: 어린 시절 이야기(1:1-2:23)

C. 경배하는 동방 박사들(2:1-12)

온 인류를 구원하실 메시아가 드디어 태어나셨다. 동쪽에서 박사들이 아기로 태어나신 메시아를 경배하러 유다를 찾아왔다. 매년 크리스마스 때마다 교회학교 행사에 반드시 등장하는 우리 모두의 추억이 서려 있는 감동적이고 아름다운 이야기다. 이 이야기는 마태가 고유 출처(M)를 근거로 저작한 것이기 때문에 다른 복음서에는 없다(cf. Hill, Brown, Gundry, Schweizer).

마태복음에서 이 본문처럼 다양하게 해석되는 말씀도 흔치 않다(Carson). 기적을 믿지 않는 사람들에게는 역사적 사실로 인정하기 참으로 어려운 이야기이기 때문이다. 어떤 이들은 예수님의 동정녀 탄생은 실제 있었던 일로 인정하지만, 동방 박사 이야기는 역사적 사실이 아니라 마태가 지어낸 것이므로 믿을 수 없다고 한다(Brown). 그러나 과학적으로 생각하면 동정녀 탄생이 동방 박사 이야기보다 훨씬 실현되기 어려운 일이다. 이 일도 예수님이 어떤 분인지를 알리기 위해 하나님이 행하신 기적이며, 역사적 사실이다. 예수님은 온 세상 사람의 경배와 찬양을 받으시기에 합당한 하나님의 아들이시다.

동방 박사들은 온 세상을 대표해 아기로 탄생하신 메시아 예수를 환영하고 경배하고자 한다. 그러므로 이 이야기는 아기로 태어나신 예수님을 죽이려고 했다가 죽이지 못해 화가 나 베들레헴 주변에서 태어난 남자 아기들을 모두 죽이는 헤롯의 이야기와 강력한 대조를 이룬다 (2:16-18). 메시아는 모든 사람에게 환영받는 분은 아니다. 어떤 이들은 미워하고 죽이려고까지 한다. 동방 박사 이야기는 그들이 향한 목적지에 따라 세 부분으로 구분된다(Brown).

A. 동방 박사들이 예루살렘을 찾아옴(2:1-6)
B. 동방 박사들이 베들레헴을 찾아감(2:7-11)
C. 동방 박사들이 고향으로 돌아감(2:12)

> I. 서문: 어린 시절 이야기(1:1-2:23)
> C. 경배하는 동방 박사들(2:1-12)

1. 동방 박사들이 예루살렘을 찾아옴(2:1-6)

¹ 헤롯왕 때에 예수께서 유대 베들레헴에서 나시매 동방으로부터 박사들이 예루살렘에 이르러 말하되 ² 유대인의 왕으로 나신 이가 어디 계시냐 우리가 동방에서 그의 별을 보고 그에게 경배하러 왔노라 하니 ³ 헤롯왕과 온 예루살렘이 듣고 소동한지라 ⁴ 왕이 모든 대제사장과 백성의 서기관들을 모아 그리스도가 어디서 나겠느냐 물으니 ⁵ 이르되 유대 베들레헴이오니 이는 선지자로 이렇게 기록된바

⁶ 또 유대 땅 베들레헴아

너는 유대 고을 중에서 가장 작지 아니하도다
네게서 한 다스리는 자가 나와서
내 백성 이스라엘의 목자가 되리라

하였음이니이다

예수님은 헤롯왕 때 유대 베들레헴에서 나셨다(1절). 베들레헴은 야곱이 베냐민을 출산하면서 죽은 라헬을 묻은 에브랏 근처에 있었다(창 35:19). 다윗의 조상 보아스와 룻이 결혼해 살았던 곳이며(룻 1:22-2:6), 또한 다윗왕이 탄생한 곳이다. 베들레헴은 이스라엘 역사에서 유서 깊은 곳이다.

본문에 등장하는 헤롯은 '헤롯 대왕'(Herod the Great)으로 알려진 자다. 주전 73년에 태어났으며 로마 사람들이 주전 40년에 그를 유대 왕으로 임명했다(Carson). 그는 즉위한 지 3년 만에 모든 정치적 적을 제거하고 왕권을 굳건하게 했다. 헤롯은 유대에 평화가 임한 후 전국에 많은 건축 프로젝트를 추진했다. 성경과 관련해 가장 유명한 프로젝트는 제2성전을 재건한 일이다. 옛적에 바빌론에서 돌아온 귀향민들이 주전 520-516년에 건축한 성전이 노후되자 10년(주전 20-10년쯤)에 걸쳐 재건하고 확장한 것이다.

헤롯은 시기심과 피해망상으로 가득한 사람이었으며, 아내와 두 아들을 죽였다. 이 이야기에서도 그의 온전하지 못한 정신 상태가 예수님을 죽이려 하는 동기가 된다. 헤롯은 주전 4년에 죽었으므로, 예수님은 그 이전에 태어나셨다. 학자들은 대체로 주전 6-5년을 예수님이 태어나신 때로 본다. 그렇다면 예수님의 탄생을 기점으로 BC(Before Christ, 그리스도가 오시기 전 시대)와 AD(Anno Domini, 주님의[이 오신 이후] 해)로 나뉘는 달력 시스템에서 어떻게 이런 일이 벌어졌는가?

인류 역사를 처음으로 BC와 AD로 구분한 사람은 엑시구스(Dionysius Exiguus, 470-544)라는 수도사였다(Witherington). 그는 최선을 다했지만,

그의 계산에는 오류가 있었다. 오늘날 우리가 사용하는 달력은 그레고리력(Gregorian calendar)으로, 1500년대에 교황 그레고리가 제정한 것이다. 그레고리력은 엑시구스의 구분을 그대로 도입했기 때문에 '그리스도'(Christ)가 '그리스도가 오시기 전 시대'(Before Christ)에 태어나는 일이 벌어진 것이다!

이스라엘에는 같은 이름으로 불리는 마을이 많았다. 베들레헴도 예외는 아니다. 그러므로 마태는 이 베들레헴을 '유대 베들레헴'(Βηθλέεμ τῆς Ἰουδαίας)이라고 한다. 스불론 지파에 속한 베들레헴과 구분하기 위해서다(수 19:15). 베들레헴은 예루살렘에서 남쪽으로 10㎞ 정도 떨어진 곳에 있는 마을이었다(ABD). 다윗왕이 이곳에서 태어났기 때문에 (삼상 16:4; cf. 룻 1:19; 2:4; 4:11) '다윗 동네'로 불리던 곳이다(눅 2:4). 미가 선지자는 베들레헴에서 메시아가 태어날 것을 예언했다(미 5:2). 그러므로 이 예언을 성취하기 위해 메시아이신 예수님이 베들레헴에서 태어나셨다.

예수님의 탄생을 축하하기 위해 사람들이 찾아왔다(1절). 마태는 그들의 방문이 놀랄 만한 일이라며, 우리말 번역본에는 반영되지 않았지만 '보라'(ἰδού)라는 감탄사로 그들의 도착을 소개한다. '박사'(μάγος)는 주로 제사장이었으며 점성술과 마법에 뛰어난 자들이었다. 그들은 별들의 변화를 관찰해 점을 쳤기 때문에 '박사'라고 불렸다. 마술을 행하는 것으로 알려진 시몬이 이 부류의 사람이다(행 8:9-24).

박사들이 '동방'(ἀπὸ ἀνατολῶν)에서 왔다는데 어디서 왔다는 것일까? 학자들은 주로 아라비아, 바빌론, 페르시아, 이집트에서 왔을 것이라고 주장하지만 정확히 알 수는 없다(Brown, Davies & Allison). 예수님 시대에 점성술로 가장 유명한 곳이 페르시아였으므로 가장 가능성이 있어 보인다. 만일 페르시아에서 왔다면 1,000㎞ 이상을 왔다. 참으로 먼 길을 온 사람들이다.

박사들이 '그를 경배하려고'(προσκυνῆσαι αὐτῷ) 왔다는 것을 그들이 이미 예수님의 신성(divinity)을 깨달은 것으로 해석할 필요는 없다 (Broadus). 그러나 그들은 자신들이 깨닫고 있는 것보다 더 깊은 고백을 하고 있다(Carson). 그들의 경배는 예수님이 온 세상 사람들의 예배를 받으시기에 합당한 분인 것을 선언하고 있기 때문이다. 예물을 들고 예수님을 찾아온 박사들은 옛적에 솔로몬을 찾아왔던 스바 여왕을 생각나게 한다(왕상 10장; 시 72:10-11, 15).

먼 길을 온 박사들은 가뜩이나 자격지심과 피해망상에 시달리며 아내와 아들들까지 죽인 헤롯을 자극하는 질문을 했다. "유대인의 왕 (βασιλεὺς τῶν Ἰουδαίων)으로 나신 이가 어디 계시냐"(2절). 자신들은 보좌에 앉아 있는 헤롯이 아니라, 새로 나신 왕을 경배하러 왔으니 그분이 어디 계신지 알려 달라는 것이다! 마태복음이 저작될 때쯤 그리스도인들은 오직 하나님만 경배해야 한다는 사실을 깊이 깨닫고 있었다. 그러므로 이 말씀은 예수님이 우리의 경배를 받으실 하나님이심을 암시한다(cf. Hagner).

박사들의 질문은 스스로 유대인의 왕이라고 자부하던 헤롯이 위협을 느끼기에 충분했다. 결국 박사들은 헤롯에게 자극적인 말을 했다가 많은 아이를 죽게 한다(16절). 우리는 이 사건에서 말에 대한 지혜를 배워야 한다. 말은 적절한 말을 적절한 때에 하는 것도 중요하지만, 상대를 고려하면서 해야 한다. 전혀 예측하지 못한 결과를 초래할 수 있기 때문이다.

박사들은 '동방에 뜬 그의[예수님의] 별'(αὐτοῦ τὸν ἀστέρα ἐν τῇ ἀνατολη)을 보고 왔다는데(2절), 별은 옛적에 점쟁이 발람이 남긴 예언을 연상케 한다. "한 별이 야곱에게서 나오며 한 규가 이스라엘에서 일어날 것이다"(민 24:17, cf. Beale & Carson, Davies & Allison). 그런데 그들이 본 별은 어떤 것일까? 별은 거의 움직임이 없는 천체다. 그러므로 어떤 이들은 이 별이 무엇이었는지 규명하는 데 많은 시간을 바친다 (Hughes, Kidger, Molnar, cf. Boring, Carson, Wilkins). 어떤 별(별자리)이었는지를 밝히는 일이 호기심을 자극하지만(cf. Parpola), 소모적이고 중요하지 않은 일이다. 이 일은 하나님이 박사들의 길을 인도하기 위해 베푸신 기적이다(Blomberg, Carson, France, Osborne). 하나님이 밤하늘에 떠 있는 별의 움직임을 일시적으로 조작하신 것일 수도 있고, 새로운 별을 만들어 사용하셨다가 사용 후 폐기하셨을 수도 있다. 요나를 삼킨 물고기처럼 말이다. 그러므로 지나치게 이 별에 집착하는 것은 바람직하지 않다.

박사들의 말에 헤롯이 소동했다(3절). '소동하다'(ταράσσω)는 놀라서 혼란에 빠졌다는 뜻이다(BAGD). 헤롯은 자격지심과 피해망상에 시달리는 사람이다. 또한 그는 유대인의 왕인 척하지만, 정작 유대인들은 그를 달갑게 여기지 않았다. 유대인들에게 그는 그들을 억압하는 로마 측 강탈자였다(Carson). 헤롯은 이두매인(Idumean)이었는데, 에돔 사람이라는 뜻이다. 민족주의적인 성향이 매우 강했던 유대인들은 이방인인 그를 더더욱 싫어했다. 그러므로 헤롯은 '유대인의 왕'이 태어났다는 소식에 매우 당황했다.

헤롯이 당황하는 것은 충분히 이해가 가는데, 온 예루살렘 사람은 무엇 때문에 덩달아 함께 소동했을까? 학자들 대부분은 예루살렘에서 헤롯과 함께 나라를 다스리는 유대인 엘리트들이 헤롯처럼 위협을 느낀 것으로 해석한다(Bauer, Walker). 그러나 이러한 분위기는 훗날 예수님이 사역을 시작한 후의 일이다. 또한 마태가 소수 엘리트를 '온 예루살렘'(πᾶσα Ἱεροσόλυμα)으로 표현할 것 같지는 않다. 그러므로 이 말씀은 대부분 유대 사람이 그토록 기다리던 메시아 왕, 곧 그들을 이방인의 억압에서 해방시킬 분이 태어나셨다는 소식에 흥분해 혼란을 겪었다는 말이다. 이들의 소동은 헤롯의 소동과는 질적으로 다르다. 같은 소식이 참으로 다른 결과를 초래하고 있다.

헤롯왕은 구약에 박식한 대제사장들과 서기관들을 불렀다. 당시 대제사장들(ἀρχιερεῖς)은 사두개인이었고, 서기관들(γραμματεῖς)은 대부분 바리새인이었다(Carson). 이 두 그룹은 서로 상극이었다. 그러므로 이 두 그룹이 함께 모였다는 본문의 신빙성에 대해 문제를 제기하는 이들이 있다(Schweizer). 그러나 만일 헤롯이 한 그룹만 부르면 그들에게 속을 수도 있다. 유대교는 그에게 친숙한 종교가 아니기 때문이다. 그러므로 그는 속지 않으려고 두 그룹을 함께 부른 것으로 보인다.

헤롯이 유대 종교를 다스리다시피 하던 엘리트 제사장인 사두개인들뿐 아니라 바리새인인 서기관들까지 부르는 것으로 보아 박사들의 질문을 매우 심각하게 대하고 있음을 알 수 있다. 그는 그리스도가 어디서 나겠느냐고 물었다(4절). 그들은 미가 5:2을 근거로 베들레헴에서 태어날 것이라고 말했다(5-6절). 메시아 예수에 대해 알 수 있는 유일한 방법이 성경 말씀을 통해서라는 사실이 인상적이다(Patte).

미가는 주전 8세기(선지자 이사야도 같은 시대에 사역함)에 이 예언을 남겼다. "베들레헴 에브라다야 너는 유다 족속 중에 작을지라도 이스라엘을 다스릴 자가 네게서 내게로 나올 것이라"(미 5:8). 이 예언이 선포된 지 700여 년 만에 성취되고 있다. 그들이 헤롯에게 답하며 사용하는 '이는 선지자로 이렇게 기록된바'(γὰρ γέγραπται διὰ τοῦ προφήτου)는 구약의 권위를 매우 높이는 표현이다(Carson).

마태는 미가의 예언에 "내 백성 이스라엘의 목자가 되리라"라는 말씀을 더해 메시아가 어떤 일을 할 것인지 보완 설명을 한다(6d절). 아마도 미가 5:2을 이어가는 5:4의 "그가 여호와의 능력과 그의 하나님 여호와의 이름의 위엄을 의지하고 서서 목축하니"라는 말씀에 "네가 내 백성 이스라엘의 목자가 되며"라는 사무엘하 5:2(=대상 11:2) 말씀을 추가한 것으로 보인다(Keener). 한 예언에 서로 다른 말씀을 엮는 것은 당시 랍비들의 스타일이었다. 예수님이 바로 이스라엘이 그토록 기다리던 메시아임을 더욱더 강조하기 위해서다(France, Hagner). 메시아 왕을 목자로 표현하는 것은 구약에서도 종종 있는 일이다(cf. 겔 34:11-16). 이 메시아-목자는 길을 잃고 방황하는 하나님의 양들을 하나님께 인도해 가실 것이다.

베들레헴은 조그만 마을에 불과했다. 그러나 이곳에서 다윗왕뿐 아니라, 온 인류를 구원하실 메시아가 나셨다. 메시아의 탄생을 통해 이 조그만 마을이 온 세상에 유명해진 것이다. 어떻게 생각하면 우리 삶도 이와 같지 않을까 싶다. 우리가 지닌 능력을 의지하지 말고, 하나님께 쓰임 받을 것을 기대해야 한다.

모든 학자가 예수님이 베들레헴에서 태어났다고 믿는 것은 아니다. 예수님이 나사렛에서 태어나셨다고 주장하는 이들도 있다(Boring, Meier). 훗날 율법학자들이 예수님이 나사렛에서 사신 것을 이유로 들어 그분이 메시아가 될 수 없다고 말하기 때문이다(cf. 눅 4:22; 요 1:46; 7:27, 41-42). 마태는 예수님이 태어나신 곳은 베들레헴이며(1절), 자라신 곳이 나사렛이라고 한다(23절).

이 말씀은 아는 것하고 믿는 것은 별개라는 사실을 암시한다. 헤롯의 소환을 받고 와서 구약에 기록된 예언을 근거로 메시아가 베들레헴에서 날 것이라고 말한 대제사장들과 서기관들은 훗날 그들이 예언한 곳에서 태어나신 메시아 예수님을 부인하고 십자가에 못 박는다. 이러한 죄를 짓지 않으려면 아는 것에 영성을 더해야 한다.

또한 하나님의 역사는 우리가 전혀 예측하지 못한 곳에서 시작될 수도 있다. 그들 자신들이 하나님이 특별히 선택하고 사랑하시는 유일한 백성이라고 자부하던 유대 사람들은 메시아의 임박한 탄생을 알지 못했다. 그러므로 하나님은 먼 동방에서 이방인 박사들을 데려와 이러한 사실을 일깨워 주셨다. 우리는 예민하게 깨어 있는 영성으로 하나님의 일하심을 보고 깨닫게 해 달라고 끊임없이 기도하며 살아야 한다.

2. 동방 박사들이 베들레헴을 찾아감(2:7-11)

⁷ 이에 헤롯이 가만히 박사들을 불러 별이 나타난 때를 자세히 묻고 ⁸ 베들레헴으로 보내며 이르되 가서 아기에 대하여 자세히 알아보고 찾거든 내게 고하여 나도 가서 그에게 경배하게 하라 ⁹ 박사들이 왕의 말을 듣고 갈새 동방에서 보던 그 별이 문득 앞서 인도하여 가다가 아기 있는 곳 위에 머물러 서 있는지라 ¹⁰ 그들이 별을 보고 매우 크게 기뻐하고 기뻐하더라 ¹¹ 집에 들어가 아기와 그의 어머니 마리아가 함께 있는 것을 보고 엎드려 아기께 경배하고 보배 합을 열어 황금과 유향과 몰약을 예물로 드리니라

헤롯은 전문가들로부터 유대의 왕이 선지자의 예언에 따라 예루살렘에서 불과 10㎞ 남쪽에 위치한 베들레헴에서 태어날 것이라는 말을 듣고 조용히 박사들을 불렀다. '조용히'($\lambda\acute{\alpha}\theta\rho\alpha$)는 '아무도 모르게, 비밀스럽게'라는 의미를 지닌다(새번역, NAS, NIV). 그가 조용히 박사들을 부른 것은 유대의 왕으로 태어나는 아이에 대한 관심과 음모를 숨기기 위해서이며(Osborne), 메시아 왕을 학수고대하는 유대 사람들의 동요를 막기 위해서였다(Hagner).

헤롯은 박사들에게 별이 나타난 때에 관해 자세히 물었다(7절). '자세히 묻다'($\dot{\alpha}\kappa\rho\iota\beta\acute{o}\omega$)는 정확하고 구체적인 정보를 구한다는 뜻이다. 그는 별의 크기나 모습에는 관심이 없다. 오직 별이 그들에게 나타난 때에만 관심이 있다. 혹시 그가 유대의 왕으로 태어난 아기를 죽이는 일에 실패할 경우, 별이 나타난 시기에 베들레헴에서 태어난 모든 사내아이를 죽이기 위해서다(cf. 16절).

헤롯은 음모를 숨긴 채 박사들에게 베들레헴으로 가서 아기에 대해 자세히 알아보라고 한다(8절). '자세히 알아보라'($\dot{\epsilon}\xi\epsilon\tau\acute{\alpha}\sigma\alpha\tau\epsilon$ $\dot{\alpha}\kappa\rho\iota\beta\hat{\omega}\varsigma$)는 말은 조심스럽고 신중하게 찾아 보라는 뜻이다. 그는 유대의 왕으로 태

어난 아이를 찾거든 자기에게도 알려 달라는 말을 더한다(8절). 그러면서 아이에 대한 소식을 접하는 대로 자기도 찾아가 아기로 태어나신 유대 왕을 경배하겠다고 한다. 물론 거짓말이다. 그의 유일한 목표는 혹시라도 훗날 그의 정치적인 적이 될 수 있는 아기를 미리 죽이는 것이다.

박사들은 헤롯의 말을 전혀 의심하지 않는 듯하다(cf. 12절). 자기 권좌에 위협이 된다며 아내와 두 아들을 죽인 헤롯의 잔인무도함은 온 나라가 아는 일이었다. 로마 황제 아우구스투스(Augustus, 주전 27년에서 주후 14년까지 다스림)는 "헤롯의 아들이 되느니 차라리 그의 돼지가 되겠다"라는 말을 남겼다. 아마도 그들은 멀리 떨어진 타국에서 왔기 때문에 헤롯왕에 대해 잘 몰랐던 것 같다(Osborne, Wilkins).

박사들은 헤롯이 알려 준 대로 베들레헴으로 갔다(9절). 그런데 이게 웬일인가! 그들이 아기로 태어나신 유대의 왕을 경배하기 위해 고향을 떠날 때부터 예루살렘에 도착할 때까지 길을 인도하던 별이 이번에도 나타나 그들을 인도하지 않는가! 이번에도 마태는 놀라움과 흥분된 분위기를 고조시키기 위해 우리말 번역본은 번역하지 않은 감탄사 '보라!'(ἰδοὺ)를 사용한다. 예루살렘에서 베들레헴까지는 10㎞ 거리로 2-3시간이면 걸어서 갈 수 있는 길이다. 이 짧은 여정을 박사들이 이때까지 따라온 별이 인도했다. 출애굽 때 구름기둥과 불기둥이 이스라엘의 길을 인도한 모습을 연상케 한다(출 13:21; 40:38).

같은 별이 계속 그들의 길을 밝힌다는 것은 하나님이 그들을 인도하고 계신다는 증거다. 이 별은 하나님이 그들을 안내하기 위해 특별히 준비하신 것이다. 그러므로 크리스마스 별이 무엇이었는지 규명하려는 노력은 별 의미가 없다. 하나님이 행하신 기적이기 때문이다.

드디어 별이 한곳에 머물러 섰다(9절). 그들은 별이 머무는 것을 보고 매우 크게 기뻐하고 기뻐했다(10절). '매우 크게 기뻐하고 기뻐했다'(ἐχάρησαν χαρὰν μεγάλην σφόδρα)는 기쁨과 감격을 주체할 수 없었다는 뜻이다. '매우 크게'와 '기뻐하고 기뻐했다' 등 같은 의미를 지닌 단어들을 연속적으로 사용하는 것은 히브리 사람들의 표현법이다. 비록 마태가 헬라어를 사용하고 있지만, 표현 방법에서 히브리 사람임을 알 수 있는 대목이다.

수개월 전에 집을 떠나 이때까지 이어진 여정이 드디어 끝나는 순간이다! 그러므로 박사들은 기쁘다! 아기로 태어나신 유대 왕을 경배하기 위해 먼 길을 왔는데, 드디어 그 아기를 뵙게 되었으니 얼마나 기쁘겠는가!

박사들은 별이 머문 집으로 들어가 아기를 보았다(11절). 이 집이 예수님이 누우신 구유가 있는 집인지에 대한 논란이 있다(cf. 눅 2:7). 같은 집인지 아닌지는 중요하지 않다. 누가는 예수님이 태어나신 때에 있었던 일을 묘사하고 있으며, 본문은 예수님이 2살 정도 되었을 때를 회상하는 것으로 보인다(France, Osborne, Wilkins). 잠시 후 헤롯이 이 지역에서 태어난 아이 중 2살 이하를 모두 죽이기 때문이다(16절). 중요한 것은 예수님이 아직도 베들레헴에 계신다는 것이다. 원래 요셉과 마리아는 인구 조사 때문에 베들레헴을 찾았는데(눅 2:1-7), 아기를 키우기 위해 이곳에 정착한 것이다.

아기는 어머니 마리아의 품에 있었다. 그들은 엎드려 경배했다. 마태는 아기와 어머니 마리아가 같이 있었지만, 박사들이 '엎드려 그[아기]에게만 경배했다'(πεσόντες προσεκύνησαν αὐτῷ)고 한다. 마리아는 경배 대상이 아니다. 그녀의 품에 안겨 있는 아기 예수님만이 경배받으셔야 한다. 박사들은 가지고 온 보배들(황금, 유향, 몰약)을 예수님께 예물로 드렸다. 이 세 가지 예물이 상징하는 바가 영해(allegory)되는 경우가 종종 있지만, 부질없는 짓이다(Boring, Carson).

이 세 가지 선물은 왕에게 걸맞은 것들이다(cf. 사 60:3-6; 슥 3:10; 학 2:7-8; 시 72:10-11, 15). 옛적에 솔로몬왕도 스바의 여왕에게 이러한 예물을 받은 적이 있다(왕상 10:2, 10). 박사들이 예수님의 신성을 깨닫고

경배하는 것인지는 알 수 없다. 설령 그들이 깨닫지 못했더라도 그들
은 성육신하신 하나님을 경배하고 있다(Brown).

이 말씀은 인간은 절대 하나님의 계획을 방해할 수 없다는 것을 보여
준다. 헤롯은 아기 예수를 제거하려 했지만 성공하지 못했다. 하나님
이 그분의 계획과 뜻에 따라 역사가 진행되는 것을 방해하려는 사람들
의 음모가 성공하지 못하도록 막으시기 때문이다. 그러므로 우리가 꾸
준히 기도하며 구해야 할 것은 하나님이 이루어 가시는 역사의 한 부
분에 우리를 써 달라는 것이다.

또한 이 말씀은 하나님 나라 복음이 이방인들에게도 큰 기쁨이 될 것
을 암시한다. 동방 박사들은 아기 예수님을 경배하기 위해 아주 먼 길
을 왔다. 하나님은 기적을 베풀어 그들을 예수님에게로 인도하셨다.
그들은 진귀한 보배들을 예수님께 드리며 예배했다. 하나님은 유대인
뿐 아니라, 이방인의 예배도 기뻐한다는 사실을 보여 주심으로써 예수
님이 이방인들의 구세주가 되실 것을 미리 알려 주신다. 복음에는 인
종적, 종교적 차별이 없다. 모두 다 하나님의 백성이 될 수 있다.

> I. 서문: 어린 시절 이야기(1:1–2:23)
>   C. 경배하는 동방 박사들(2:1–12)

3. 동방 박사들이 고향으로 돌아감(2:12)

¹² 그들은 꿈에 헤롯에게로 돌아가지 말라 지시하심을 받아 다른 길로 고국
에 돌아가니라

박사들은 헤롯을 의심하지 않았기 때문에 예루살렘으로 돌아가 그에
게 모든 일을 보고하려고 했다. 그러나 하나님이 꿈을 통해 헤롯에게
돌아가지 말라고 지시하셨다. '지시하다'(χρηματίζω)는 계시 등 하나님
이 하시는 일을 뜻하는 데 자주 사용되는 단어다(TDNT). 하나님이 예

수님과 함께하시며 그를 해하려는 헤롯의 손에서 보호하신다는 것을 암시한다. 구약에서 꿈은 하나님이 사람들과 소통하시는 흔한 방법이다.

이 이야기는 유대를 다스리기 때문에 이스라엘의 왕이 된 것처럼 착각하는 헤롯과 진짜 이스라엘의 왕이신 아기 예수님과의 대결이다(Witherington). 이 대결에 하나님이 개입하셔서 아기 예수님이 완전한 승리를 거두게 하셨다. 앞으로도 하나님은 위기 때마다 구원하실 것이다. 예수님을 이스라엘의 왕으로 받아들이기를 거부하는 유대의 왕 헤롯은 앞으로 유대인들이 예수님을 거부할 것을 예고한다(Luz).

박사들이 다른 길로 갔다는 것은 예루살렘을 거쳐서 가지 않았다는 뜻이다. 당시 요단강 동쪽(오늘날 요르단)과 지중해 연안에 아프리카와 유럽을 잇는 대로가 있었다. 아마도 그들은 이 두 대로 중 하나를 거쳐 집으로 돌아갔을 것이다. 헤롯은 그들을 '조용히'(은밀하게) 불러 정보를 제공할 것을 요구했다(7절). 이제 그들은 그가 요구한 정보를 제공하지 않으려고 조용히 집으로 돌아간다.

이 본문은 하나님이 때로는 환상과 비전을 통해 말씀하시고 인도하신다고 한다. 헤롯은 예수님을 죽이려는 계획을 세우고 순진한 동방 박사들이 돌아와 예수님이 어디에 계신지 알려 주기를 기다리고 있다. 그러나 하나님은 동방 박사들의 꿈을 통해 헤롯의 계획이 수포로 돌아가게 하신다. 꿈이 계시의 도구로 사용된 것이다. 하나님은 사람이 주님의 뜻을 방해하는 것을 막기 위해 꿈을 통해 동방 박사들에게 말씀하셨다.

D. 죽이려 하는 헤롯(2:13-15)

¹³ 그들이 떠난 후에 주의 사자가 요셉에게 현몽하여 이르되 헤롯이 아기를

찾아 죽이려 하니 일어나 아기와 그의 어머니를 데리고 애굽으로 피하여 내가 네게 이르기까지 거기 있으라 하시니 [14] 요셉이 일어나서 밤에 아기와 그의 어머니를 데리고 애굽으로 떠나가 [15] 헤롯이 죽기까지 거기 있었으니 이는 주께서 선지자를 통하여 말씀하신바

애굽으로부터 내 아들을 불렀다

함을 이루려 하심이라

박사들을 헤롯의 눈에 띄지 않게 집으로 돌려보내신 하나님은 헤롯이 벌일 다음 만행에 대비하셨다. 요셉의 꿈에 천사를 보내 아내와 함께 아기 예수님을 데리고 이집트로 피하라고 하셨다(13절). 천사의 출현은 이번에도 '보라!'(ἰδού)라는 표현으로 시작한다. 이번에는 상황의 긴급함을 알리기 위해서다. '떠나라'(φεῦγε)라는 명령도 긴급함을 더한다.

하나님은 돌아와도 좋다고 할 때까지 이집트에 머물라고 하셨다(13절). 잠시 후에 있을 헤롯의 학살을 피하게 하시는 것은 옛적에 바로가 유대인 아이들을 몰살할 때 모세를 구원하신 것과 평행을 이룬다(출 1:15-2:20, cf. Allison). 꿈에서 깨어난 요셉은 그날 밤 하나님이 말씀하신 대로 곧바로 아기 예수님과 아내 마리아를 데리고 이집트로 떠났다(14절). 한순간도 주저하지 않고 곧바로 순종한 것이다. 베들레헴에서 이집트 국경까지는 130㎞로 상당히 먼 거리였다(Wilkins).

하나님은 얼마든지 예수님을 유대 땅 안에서 보호하실 수 있었다. 그러나 주님은 요셉에게 헤롯의 진노를 피해 예수님을 데리고 먼 길을 떠나라 하셨다. 하나님이 사역하시는 방법은 매우 다양하며 가능한 한 갈등을 피하는 방법을 사용해 뜻을 이루어 가신다. 순종과 믿음이 모든 문제를 '정면 돌파'하는 것은 아니기 때문이다.

여기서 우리는 일부 한국 교회 안에 성행하는 미신적인 풍토를 생각해 보아야 한다. 암에 걸리면 병원에 가서 치료를 받는 것이 당연한 일인데, 의학적인 도움을 거부하고 굳이 기도원에 가서 믿음으로 고쳐

보겠다고 고집을 피우다가 죽는 이들을 본다. 물론 기적을 베푸시는 하나님이 기도를 통해 병을 낫게 하시는 일은 지금도 일어난다. 그러나 흔한 일은 아니다.

하나님이 구체적이고 특별한 계시를 주시지 않는 한, 병원에 가야 한다. 말씀하지도 않으셨는데 치료를 거부하는 것은 믿음이 아니라 미련한 짓이다. 요셉에게 가족을 데리고 헤롯을 피해 이집트로 내려가라는 말씀을 생각해 보라. 의술도 하나님이 주신 은총이다. 그러므로 하나님이 다른 방법을 알려 주지 않으시면, 어리석은 믿음을 앞세우지 말고 하나님이 주신 지혜와 논리로 생각하고 실천으로 옮겨야 한다. "예배 잘 드리고 열심히 기도하면 병에 걸리지 않는다. 걸렸다 하더라도 낫는다"라는 말은 무당이나 할 말이지, 하나님 말씀을 대언하는 목사들이 할 말이 아니다.

예수님 가족은 이집트에서 헤롯이 죽을 때까지 머물렀다(15절). 이집트는 유대인이 많이 사는 곳으로, 도피하는 유대인들에게 가장 좋은 은신처였다. 당시 나일강 삼각지대 초입에 있는 알렉산드리아에는 백만 명 이상의 유대인이 살고 있었다(Wilkins). 이 일을 통해 예수님은 옛적 야곱이 자식들을 이끌고 이집트로 내려간 일을 재현하신다. 예수님은 한 개인이지만, 동시에 온 이스라엘을 대표하시기 때문이다.

헤롯은 참으로 고통스러운 병을 앓다가 주전 4년경에 죽었다. 그러므로 예수님이 이집트에 머무신 시간이 그다지 길 필요는 없다. 마태는 예수님이 이집트로 내려가신 것은 "애굽으로부터 내 아들을 불렀다"라는 말씀을 이루기 위해서였다고 한다(15절). 이 말씀은 호세아 11:1에서 인용한 것이며, 선지자가 예언으로 선포한 것이 아니라 역사적 사실을 회고하기 위해 남긴 말씀이다. 그런데 마태는 '이 예언자가 한 말'(τοῦ προφήτου λέγοντος), 곧 예언을 '이루기 위해서'(πληρωθῇ)라고 한다(cf. 1:23). 마태는 호세아 11:1을 예언으로 간주하는 것이다.

어떻게 호세아 11:1이 예언이 될 수 있는가? 모형론(typology)을 통해서다(France, Osborne). 구약에서 출애굽 모티프는 하나님의 전형적인 구원 모델이다. 이 모델이 신약에도 그대로 적용된다. 이스라엘이 이집트에서 억압당하는 노예로 살 때 하나님이 모세를 보내 그들을 구원하시고 약속의 땅에 들어가게 하신 것은, 우리가 사탄의 나라에서 죄인으로 살 때 예수님이 새 모세로 오셔서 우리를 구원하시고 하나님 나라로 인도하시는 일과 평행을 이룬다. 그러므로 종종 학자들이 예수님을 가리켜 새 모세라고 하는 것이다(Allison, Aus, Gundry, Keener).

앞으로 예수님이 이루실 구원은 '새 출애굽'(New Exodus) 모습을 취할 것이다(Blomberg, France, cf. Brown). 그러므로 마태는 호세아의 출애굽 회고가 예수님을 통해 성취되는 예언으로 본다. 물론 새 모세로 오신 예수님은 옛 모세와 질적으로 다르다. 모세는 하나님의 종이었지만, 예수님은 하나님의 아들이시다.

요셉이 가족들을 데리고 이집트로 내려가려면 많은 돈이 필요하다. 또한 그곳에 살려면 더 많은 돈이 필요하다. 그러나 그는 가난했다(cf. 눅 2장). 그는 어떻게 이 비용을 충당한 것일까? 우리의 앞길을 예비하시는 여호와의 은총(여호와 이레)이 그의 필요를 채웠을 것이다. 또한 박사들이 예수님께 드린 값진 예물들이 도움이 되었을 것이다(Osborne, Wilkins). 그들이 남기고 간 선물도 여호와 이레의 일부인 것이다.

이 말씀은 때로는 순교를 각오하고 핍박에 맞서는 것보다 피하는 것이 지혜라고 말한다. 헤롯이 예수님을 죽이려 하자 하나님은 요셉 가족을 이집트로 피하게 하셨다. 아직 예수님의 때가 이르지 않았기 때문이다. 만일 믿음으로 인해 환난과 핍박이 온다면 우리도 신앙 양심을 저버리지 않는 범위에서 피하는 것과 직면하는 것 중 어느 쪽이 지혜로운 선택인지 하나님의 인도하심을 받아야 한다. 직면해야 할 때 피하는 것도 문제지만, 피해야 할 때 정면으로 돌파하겠다고 하는 것도 문제다.

E. 아이들의 죽음(2:16-18)

[16] 이에 헤롯이 박사들에게 속은 줄 알고 심히 노하여 사람을 보내어 베들레헴과 그 모든 지경 안에 있는 사내아이를 박사들에게 자세히 알아본 그때를 기준하여 두 살부터 그 아래로 다 죽이니 [17] 이에 선지자 예레미야를 통하여 말씀하신바

> [18] 라마에서 슬퍼하며
> 크게 통곡하는 소리가 들리니
> 라헬이 그 자식을 위하여 애곡하는 것이라
> 그가 자식이 없으므로
> 위로받기를 거절하였도다

함이 이루어졌느니라

동방 박사들이 고향으로 돌아가고 요셉이 가족을 데리고 이집트로 내려간 지 얼마나 되었을까? 헤롯이 박사들에게 속은 줄 알고 심히 노했다(16절). '속다'(ἐμπαίζω)로 번역된 단어는 '허점을 찔리다'(outwitted), '꾀에 넘어가다'(be tricked)라는 의미를 지녔다(BAGD, cf. NAS, NIV, NRS). 동방 박사들은 그를 속이지 않았고, 그가 그들을 속였기 때문이다. 즉, 헤롯은 그의 음모에 놀아나지 않고 집으로 돌아간 박사들로 인해 자기 꾀에 넘어갔다고 할 수 있다.

화가 머리끝까지 난 헤롯은 만행을 저질렀다. 베들레헴과 그 모든 지경 안에 있는 아이 중 두 살 이하 사내아이들을 다 죽인 것이다(16절). 당시 베들레헴에는 1,000명 정도 살았던 것으로 생각되며, 이 일로 인해 10-30명의 아이가 살해당했을 것으로 보인다(Wilkins). 이 일에 관한 역사적 기록은 없다. 때문에 이 이야기는 실제로 있었던 일이 아니라, 마태가 만들어낸 이야기라고 주장하는 이들이 있다(Goulder, Kingsbury,

Smallwood). 그러나 실제로 있었던 일이다(Carson, France, Morris). 헤롯은 폭력적이고 악한 사람이었기 때문에 수많은 만행을 저질렀고, 이 일은 그의 '만행'에 속하지도 않을 만큼 작은 일이라 기록으로 남기지 않았을 뿐이다.

헤롯이 이렇게 살인 기준을 세운 것은 박사들에게 자세히 알아본 '그때'를 기준으로 한 것이다. 헤롯은 박사들에게 그들을 예루살렘으로 인도한 별이 나타난 때를 자세히 물어본 적이 있는데(7절), 이때를 대비한 일이다. 그가 두 살 이하 아이들을 모두 죽인 것으로 보아 이때 예수님은 두 살쯤 되셨을 것이다(Beale & Carson). 헤롯은 온 세상에 생명을 주기 위해 오신 예수님의 시작을 죽음으로 물들이고 있다.

최악의 권력은 최악의 고통을 낳는다. 영문도 모른 채 아이를 잃은 부모들의 심정을 생각해 보라. 그들이 얼마나 아팠을지 도저히 상상할 수 없다. 헤롯의 악행은 옛적에 이집트 왕 바로가 날로 번성하는 히브리 노예들에게 위협을 느껴 남자아이를 모두 죽인 일을 떠올리게 한다(출 1:15-16, 22). 이 일은 하나님이 예레미야 선지자를 통해서 하신 예언을 이루는 일이었다(17-18절).

마태가 이 악한 일이 예레미야의 예언을 이룬 것이라며 사용하는 헬라어 단어가 특이하다. 그는 이때까지 예언이 성취될 때마다 목적 접속사 ἵνα('…을 [이루기] 위해', in order that…)를 사용했다(1:22; 2:15). 또한 2:23에서도 ἵνα와 같은 의미를 지닌 접속사 ὅπως를 사용한다. 오직 이 본문에서만 '그때'(then, at that time)라는 의미를 지닌 부사(τότε)를 사용한다. 수많은 아이가 죽게 된 것이 하나님의 계획(예언)에 따라 진행된 일이 아니라, 헤롯의 만행으로 의도치 않게 성취됐다는 점을 암시한다(Knowles, Osborne).

야곱은 라헬을 통해 요셉과 베냐민 두 아들을 얻었다. 그가 하란에서 보낸 20년의 타향 생활을 청산하고 약속의 땅으로 돌아올 때, 라헬은 베냐민을 낳다가 죽었다. 그녀는 베들레헴으로 가는 길, 라마 근처에 장사되었다(창 35:19-20; 삼상 10:2). 라마는 예루살렘에서 북쪽으로 10㎞ 떨어진 곳에 있었다. 예루살렘에서 10㎞ 남쪽에 위치한 베들레헴과 정반대 방향이지만, 거리는 같다. 예루살렘이 멸망할 때, 바빌론 사람들은 라마에 캠프를 쳤다. 그들은 이곳에서 끌고 갈 사람들을 선별해 바빌론으로 보냈다(렘 40:1-2). 즉, 라마는 바빌론 포로 생활이 시작되는 곳이었다. 이곳에 묻힌 라헬은 아이를 낳다가 죽었기에 그녀는 자식을 잃은 어미의 상징이 되었다.

마태가 라헬의 슬픔을 언급하면서 인용하고 있는 예레미야 31:15은 예언이 아니다. 이는 주전 586년에 바빌론으로 끌려간 백성을 보고 슬퍼하는 이스라엘을 자식을 잃은 어미로 의인화해 슬픔을 표현한 것이다(Carson, cf. Brown, Hagner). 그러므로 마태는 15절에서 역사적 회고였던 호세아 11:1이 예수님의 이집트 여정으로 성취되었다고 했던 것처럼, 이번에는 자식을 잃고 괴로워하는 라헬의 슬픔이 헤롯의 만행을 통해 이루어졌다고 한다. 헤롯의 만행으로 자식들을 잃은 어미들의 아픔이 옛적에 라헬이 겪었던 아픔과 평행을 이룬다는 것이다. 모형적(typological) 성취다.

라헬의 묘가 있는 라마는 예레미야 31:15 외에 구약에서 두 번 더 언급되는데, 둘 다 재앙과 관련이 있다(사 20:29; 호 5:8). 라마는 가장 큰 슬픔과 아픔의 상징이 되었다(Davies & Allison, Keener). 그러므로 라헬과 라마가 함께하는 말씀은 최악의 슬픔을 뜻한다.

소망이 되는 것은 라헬의 슬픔이 머지않아 위로를 받을 것이라는 사실이다(cf. Gundry). 예레미야 31장은 라헬의 슬픔을 언급하는 15절을 제외하고는 모두 위로와 회복에 관한 말씀이다. 바빌론으로 끌려간 라헬의 자식들이 다시 돌아올 것이라고 한다. 머지않아 이집트로 내려간 예수님도 새 모세가 되어 돌아오실 것이다(Brown, France, Knowles). 결국 예수님은 이스라엘이 경험한 모든 일의 '요약'(summary)이며 성취다(Hagner).

더 나아가 예레미야 31장에서 하나님은 돌아온 백성과 세우실 새 언약에 대해 예언하신다(31:31-34; cf. 히 8:8-12). 예수님이 세우실 새 언약에 대한 예언이다. 그러므로 본문이 예레미야 31:14을 인용해 라헬의 슬픔이 이루어졌다고 하는 것은 이 슬픔의 뒤를 이을 새 언약도 멀지 않았다는 것을 암시한다. 오늘의 슬픔이 내일의 환희로 바뀔 것을 기대해도 좋다는 것이다.

이 말씀은 아무리 강한 세력과 권세자들이 방해해도 하나님의 역사는 계속된다고 한다. 악은 절대 하나님의 선하신 뜻을 이기지 못한다. 바로는 히브리 사내아이들을 죽여 하나님의 구원 역사를 방해하려 했지만 실패했다(출 2장). 하나님은 바빌론이 끌고 간 백성에게 새 출애굽을 경험하게 하셨다(렘 31장). 헤롯이 아무리 날뛰고 방해해도 하나님이 새 언약을 이루어 가시는 역사를 막을 수 없다.

우리는 하나님의 역사가 때로는 애먼 희생자들을 만들기도 한다는 안타까운 사실을 인정해야 한다. 헤롯은 동방 박사들에게 속은 줄 알고 심히 노해 예수님이 태어나셨을 만한 지역에서 예수님 또래 남자아이를 모두 죽였다. 하나님의 구속사가 진행되는 과정에서 이 아이들은 참으로 억울한 죽음을 맞이했다.

I. 서문: 어린 시절 이야기(1:1-2:23)

F. 나사렛으로 오신 온 인류의 구세주(2:19-23)

[19] 헤롯이 죽은 후에 주의 사자가 애굽에서 요셉에게 현몽하여 이르되 [20] 일어나 아기와 그의 어머니를 데리고 이스라엘 땅으로 가라 아기의 목숨을 찾던 자들이 죽었느니라 하시니 [21] 요셉이 일어나 아기와 그의 어머니를 데리고 이스라엘 땅으로 들어가니라 [22] 그러나 아켈라오가 그의 아버지 헤롯을 이어 유대의 임금 됨을 듣고 거기로 가기를 무서워하더니 꿈에 지시하심을

받아 갈릴리 지방으로 떠나가 [23] 나사렛이란 동네에 가서 사니 이는 선지자로 하신 말씀에 나사렛 사람이라 칭하리라 하심을 이루려 함이러라

헤롯이 죽었다(19절). 그가 주전 4년에 죽고, 예수님이 주전 6년경에 태어나셨으니 주님이 태어나신 지 2년 만에 죽었다. 그러므로 예수님 가족이 이집트에서 생활한 기간은 불과 1년 남짓이었다. 기록에 따르면 헤롯은 병으로 인해 매우 고통스럽게 죽었다. 영원히 왕으로 살 것처럼 날뛰던 그도 하나님이 정하신 때를 피할 수 없었다. 헤롯이 죽자 이집트에 피신해 있던 요셉의 꿈에 천사가 나타났다(20절).

천사는 아기 예수의 목숨을 노리던 자들이 죽었으니 아기와 어머니를 데리고 '이스라엘 땅'으로 돌아가라고 했다(20절). 하나님의 말씀에 따라 요셉과 가족은 '이스라엘 땅'으로 들어갔다(21절). '이스라엘 땅'(γῆν Ἰσραήλ)은 신약에서 두 차례 사용되는 표현이다. 두 번 모두 이 본문에서만 사용된다. 이스라엘은 예수님이 태어나신 유대뿐 아니라, 북쪽 갈릴리 지역까지 포함한다. 그러므로 이 말씀은 요셉 가족이 나사렛에 정착하는 것이 하나님의 말씀을 거역한 것이 아님을 암시한다.

특이한 것은 아기의 목숨을 '찾던 자들'(οἱ ζητοῦντες)이라며 복수형을 사용한다는 것이다. 예수님을 죽이려 한 자는 헤롯이며, 19절도 헤롯이 죽었다는 사실만 알려 주는데 말이다. 그래서 이 표현을 헤롯과 그의 군인들이 죽었다는 뜻으로 해석하는 이도 있고(Hagner, Osborne), 헤롯과 대제사장들과 서기관들이 죽었다는 말로 해석하는 이도 있다(Brown). 그러나 불과 2년 사이에 이들 모두가 죽었을 리는 없다. 이때까지의 이야기를 볼 때 예수님의 목숨을 노린 자는 헤롯 한 사람뿐이다. 그의 죽음을 통해 모든 위협 요소가 사라졌다. 그러므로 이제는 아무도 노리는 자가 없으니 안전하다는 의미에서 복수형을 사용하고 있다(cf. Carson).

또한 "이스라엘 땅으로 가라 아기의 목숨을 찾던 자들이 죽었느

니라"(20절)라는 말씀은 옛적에 모세에게 이집트로 돌아가라며 하신 말씀과 거의 같다. 칠십인역(LXX)은 "너의 목숨을 찾던 모든 자들이 죽었다"라는 히브리어 문장(כִּי־מֵתוּ כָּל־הָאֲנָשִׁים הַמְבַקְשִׁים אֶת־נַפְשֶׁךָ)을 헬라어로 "τεθνήκασιν γὰρ πάντες οἱ ζητοῦντές σου τὴν ψυχήν"으로 번역했는데, 본문을 거의 그대로 사용하고 있다(τεθνήκασιν γὰρ οἱ ζητοῦντες τὴν ψυχὴν τοῦ παιδίου). 다만 '너의'가 빠지고 '아이의'가 추가되었을 뿐이다. 그러므로 예수님을 새로운 모세로 묘사하는 마태는 옛적에 모세가 경험했던 일을 들어 예수님의 삶을 조명하면서 의도적으로 복수형을 사용하고 있다(Davies, Hill).

하나님의 말씀에 따라 요셉이 예수님과 마리아를 데리고 이스라엘 땅으로 돌아왔다. 이때까지 말씀을 통해 본 요셉의 모습은 선함과 순종이다. 그는 남을 배려하는 착한 사람이며(1:19), 때와 장소와 상황을 가리지 않고 언제든 하나님 말씀에 순종하는 사람이다(1:20-24; 2:14). 하나님은 이런 사람들을 사용하셔서 하나님 나라가 이 땅에 임하게 하신다.

요셉은 아마도 이집트로 도피하기 전에 살았던 베들레헴에서 살고자 했을 것이다. 그러나 문제가 생겼다. 그 지역을 다스리는 아켈라오왕은 그의 아버지 헤롯에 버금가는 잔악한 사람이었다. 그러므로 요셉은 헤롯을 두려워했던 것처럼 그의 아들 아켈라오를 두려워했다. 만일 아켈라오가 아버지에게 유대인의 왕으로 태어난 아이에 관해 들었다면, 그가 아이를 해치기 위해 무슨 짓을 할지 모른다는 두려움이었다.

기록에 따르면 헤롯이 죽은 후 그가 다스리던 나라는 셋으로 나뉘어 그의 아들들에게 분배되었다(ABD). 빌립(Philip II)은 셋으로 나뉜 나라의 가장 북쪽 지역, 곧 갈릴리 북쪽에 위치한 이두매(Iturea)와 다마스쿠스의 남동쪽이자 갈릴리 호수의 북동쪽에 위치한 드라고닛(Tracontis) 지역의 분봉 왕이 되었다. 그의 이복형제 안티파스(Antipas)는 17세에 갈릴리와 요단강 동편 베뢰아(Perea) 지역을 다스리는 분봉 왕(τετραάρχης, tetrarch)이 되었다. 헤롯의 아들 중 신약과 가장 많은 연관이 있는 자다. 가장 남쪽 지역을 차지한 아켈라오(Archelaus)는 19세에 왕위에 올랐으며 다른 형제보다 더 높은 지위인 에트나크(ἐθνάρχης, ethnarch, cf. 개역개정은 고후 11:32에서 이 단어를 '방백'이라고 번역함)가 되어 유대와 사마리아와 이두메를 다스렸다(ABD).

예수님이 태어나신 베들레헴은 유대에 속했으므로 아켈라오의 통치 아래 있었다. 유대인들은 아켈라오를 매우 싫어했다. 그의 잔인함 때문이었다. 그는 예루살렘 성전 근처에서 유월절 순례자 3,000명을 학살한 적도 있다(Pesch). 이 일로 유대인들은 로마에 대표들을 보내 항의하기도 했다. 유대인들의 동요를 염려한 로마 황제 아우구스투스(Augustus)는 주후 6년에 그의 지위를 박탈하고 가울(오늘날의 프랑스-북이탈리아)로 귀양을 보냈다. 이후 유대는 로마 총독의 지배를 받았고, 대표적인 사람이 빌라도다(cf. 눅 3:1; 23:1).

요셉이 아켈라오가 다스리는 유대에 정착하기를 두려워하자 하나님은 꿈을 통해 안티파스가 다스리는 갈릴리 지방으로 가라고 하셨다(22절). 이리하여 요셉은 가족을 데리고 갈릴리 지역에 있는 나사렛이라는 동네에 가서 살았다(23절). 나사렛(Ναζαρέτ)은 갈릴리 호수 남쪽 끝과 지중해 사이 중간 지점에 있다(ABD). 요셉과 마리아가 인구 조사 때문에 베들레헴으로 떠나기 전에 살던 곳이기도 하다(눅 1:26-27; 2:39). 당시 나사렛은 매우 작은 마을이었으며, 인구는 500명 정도였다(ABD). 그러므로 사람의 눈을 피해 살기는 최적의 장소였다.

마태는 예수님이 나사렛에서 살게 된 것이 선지자를 통해서 하신 말씀 "나사렛 사람이라 칭하리라"를 이루기 위해서라고 한다(23절). 문제는 구약뿐 아니라 외경과 위경 그 어디에도 메시아가 나사렛 사람일 것이라는 말이 없다는 것이다. 학자들은 여러 가지 추측을 내놓았다.

첫째, 나사렛은 이사야가 예언했던 메시아가 오셨음을 암시한다. '나사렛'(Ναζαρέτ)이 '가지'(branch)를 뜻하는 히브리어 단어(נֵצֶר)와 소리가 비슷하다는 것을 근거로 한 추측이다(Davies & Allison, Hagner, Pesch). 이 사야 11:1은 "이새의 줄기에서 한 싹이 나며 그 뿌리에서 한 가지가 나 서 결실할 것이요"라며 가지가 장차 다윗의 후손으로 오실 메시아라고 한다. 그러므로 마태는 이 단어를 사용해 이사야가 예언했던 메시아가 오셨음을 선포하고 있다는 것이다(Bauckham).

둘째, 나사렛은 예수님이 낮고 겸손한 구세주로 오셨다는 것을 강조 한다(Carson, France, Osborne). 나사렛은 아주 조그맣고 볼품없는 마을이 었다. 오죽하면 나다니엘이 "나사렛에서 무슨 선한 것이 날 수 있겠느 냐!"며 비정댔겠는가(요 1:46). '줄기'(נֵצֶר)는 아니지만 비슷한 말인 '연한 순'(יוֹנֵק)을 사용해 메시아에 대해 예언하는 이사야 53:2은 "그는 주 앞에 서 자라나기를 연한 순 같고 마른 땅에서 나온 뿌리 같아서 고운 모양 도 없고 풍채도 없은즉 우리가 보기에 흠모할 만한 아름다운 것이 없 도다"라고 한다. 메시아는 참으로 겸손한 모습으로 이 땅에 오실 것이 며, 사람들에게 거부당할 것이라는 뜻이다(cf. 사 49:7; 단 9:26; 시 22:6-8, 13; 69:8, 20-21). 마태는 예수님이 별 볼 일 없는 작은 마을 나사렛에서 사는 것을 예언이 성취된 것으로 보는 것이다.

셋째, 예수님이 나실인처럼 참으로 경건하고 거룩하게 사셨다는 의 미다(Menken, J. Sanders). 천사는 예수님의 탄생을 미리 알려 준 것처럼 삼손이 태어날 때도 미리 알려 주었다(삿 13장). 천사는 삼손의 어머니 에게 아이를 평생 나실인(נָזִיר)으로 키우라고 했다(삿 13:7). '나실인'(נָזִיר) 은 '나사렛'(Ναζαρέτ)과 소리가 비슷하다. 칠십인역(LXX)은 이 구절을 헬라어로 번역하면서 나실인을 '하나님께 거룩한 사람'(ἄγιον θεοῦ)으로 풀어 썼다. 따라서 예수님이 나사렛에 사신 것은 그가 나실인처럼 하 나님 앞에서 거룩하게 사셨다는 뜻이라는 논리다(Brown, Soarés-Prabhu). 이 해석이 안고 있는 문제점은 예수님의 삶을 살펴보면 금주를 하거나 머리를 자르지 않는 등 나실인이 지켜야 할 사항들이 강조되지 않는다 는 것이다. 또한 나실인들이 지향했던 금욕주의(asceticism)나 고행으로 볼 수 있는 것들이 별로 없다(Osborne, Wilkins).

위 세 가지 해석 중 처음 두 가지가 설득력이 있다. 나사렛 예수는 다윗왕의 후손이지만(cf. 사 11:1), 겸손하고 낮은 자의 모습으로 오셨다는 것이다(cf. 렘 23:5; 33:15; 슥 3:8; 6:12). 종교적으로 콧대가 높았던 유대인뿐 아니라, 이방인의 구원자로 오셨기 때문에 낮은 자의 모습을 취하실 필요가 있다. 그러므로 유대를 떠나 이집트로 갈 때는 이스라엘의 구원자 모형을 하신 이가 이스라엘 땅으로 돌아와 이방인이 많이 사는 갈릴리 지역에 정착한 것은 장차 이방인들의 구세주도 될 것을 암시한다.

마태는 선지자의 예언이 성취되었다고 할 때 항상 단수를 사용한다. 반면에 본문에서는 복수(προφητῶν)를 사용하고 있는데, 유일한 예외다. 마치 예수님이 나사렛에서 사신 것은 어느 특정한 선지자의 예언을 이루기 위해서가 아니라, 모든 선지자의 예언을 종합적으로 이루신 것이라고 말하는 듯하다(Wilkins). 요한복음 7:38과 로마서 11:8, 야고보서 4:5 등이 성취되었다고 하는 예언들도 구약의 한 텍스트가 아니라 여러 텍스트를 조합한 것들이다(Davies & Allison).

이 말씀은 예수님이 이방인들의 구세주가 되신다고 한다. 예수님은 분명 유대인들을 위해 오셨다. 그러나 예수님은 또한 이방인들을 구원하기 위해 오셨다. 마태복음이 전개될수록 이 사실이 점점 더 확실해진다. 예수님은 유대인과 이방인을 모두 구원하는 구세주시다(cf. 28:18-20).

모든 일에는 때가 있다. 이집트로 피신한 예수님 가족이 유대로 돌아올 때가 되었다. 마치 영원히 살 것처럼 악을 행하던 헤롯도 죽음의 때를 피할 수 없었다. 우리는 때를 분별하는 지혜를 달라고 기도해야 하며, 때가 이를 때까지 오직 하나님만 바라보며 기다리는 인내도 주시기를 간구해야 한다.

Ⅱ. 예수님의 사역 시작

(3:1-7:29)

누가는 예수님의 어린 시절에 있었던 사건 하나를 회고한 후(눅 2:41-52) 주님의 길을 예비한 세례 요한 이야기로 이어가지만(3:1-20), 마태는 예수님의 어린 시절에 대한 어떠한 회고도 없이 곧바로 세례 요한 이야기를 한다. 아마도 마태의 독자들은 예수님의 어린 시절에 대해 상당히 익숙한 상황에서 이 복음서를 접했기 때문일 것이다(Tasker). 혹은 마태가 거두절미하고 드라마틱하게 예수님의 이야기를 시작하고자 했기 때문일 수도 있다(Carson).

이 섹션은 앞으로 여러 차례 반복될 '내러티브-디스코스-끝맺음' 패턴을 따르고 있다. 내러티브(narrative) 파트에서는 예수님이 거의 말씀을 하지 않으시며, 내레이터(narrator)가 예수님과 연관된 상황과 사건들을 묘사한다. 디스코스(discourse) 섹션에서는 예수님이 1인칭을 사용해 말씀하신다. 디스코스 부분에서 예수님은 무리와 제자들을 2인칭 언어로 가르치신다. 끝맺음은 다음 패턴(내러티브-디스코스)이 반복되기 전에 앞 섹션을 아주 간략하게 마무리하는 역할을 한다.

각 사이클에서 가장 관심 있게 보아야 할 부분은 예수님의 스피치로 이루어져 있는 디스코스 파트다. 본 디스코스는 마태의 다섯 디스코스

중에서도 가장 중요한 역사적 의미를 지닌다. 과거에 하나님은 여러 구약 저자들과 선지자들을 통해 말씀하셨지만, 지난 400여 년 동안 침묵하셨다. 드디어 하나님이 예수님을 통해 다시 말씀하신다! 400여 년간 끊어졌던 계시의 맥이 다시 뛰기 시작한 것이다. 당시 유대인들은 이 오랜 침묵을 깨고 하나님의 말씀을 외칠 수 있는 이는 메시아뿐이라고 생각했다. 드디어 메시아가 오셨다!

예수님의 첫 번째 디스코스는 '산상 수훈'으로 잘 알려져 있다. 산상 수훈은 자체적으로도 매우 의미심장한 가르침이지만, 구약과 신약의 관계를 이해하는 데 매우 중요하다. 본 텍스트는 다음과 같이 세 파트로 구분된다.

  A. 내러티브(3:1-4:25)
  B. 디스코스 1(산상 수훈)(5:1-7:27)
  C. 끝맺음(7:28-29)

   II. 예수님의 사역 시작(3:1-7:29)

A. 내러티브(3:1-4:25)

이 섹션은 예수님이 어디서, 어떻게, 어떤 사역을 시작하셨는지 회고한다. 마태는 이사야의 예언에 따라 세례 요한이 예수님의 길을 예비하는 일을 시작했다고 한다. 예수님은 사역을 시작하기 전에 요한에게 세례를 받으시고, 사탄에게 시험도 받으셨다. 그런 후 드디어 갈릴리에서 사역을 시작하신다. 이 섹션은 다음과 같이 세분화된다.

  A. 세례 요한이 주의 길을 예비함(3:1-12)
  B. 예수님이 세례를 받으심(3:13-17)

C. 예수님이 시험을 받으심(4:1-11)

D. 예수님이 사역을 시작하심(4:12-25)

```
II. 예수님의 사역 시작(3:1-7:29)
  A. 내러티브(3:1-4:25)
```

1. 세례 요한이 주의 길을 예비함(3:1-12)

하나님은 세례 요한을 전령으로 보내 예수님이 머지않아 오실 것을 알리게 하셨다. 누가에 따르면 요한과 예수님의 이 같은 관계는 두 어머니의 임신 시절에 이미 시작되었다(눅 1장). 요한이 어떻게 예수님의 길을 예비했는가를 회고하는 본 텍스트는 다음과 같이 두 파트로 구분된다.

A. 요한의 사역(3:1-6)

B. 요한의 메시지(3:7-12)

```
II. 예수님의 사역 시작(3:1-7:29)
  A. 내러티브(3:1-4:25)
    1. 세례 요한이 주의 길을 예비함(3:1-12)
```

(1) 요한의 사역(3:1-6)

¹ 그때에 세례 요한이 이르러 유대 광야에서 전파하여 말하되 ² 회개하라 천국이 가까이 왔느니라 하였으니 ³ 그는 선지자 이사야를 통하여 말씀하신 자라 일렀으되

> 광야에 외치는 자의 소리가 있어 이르되
> 너희는 주의 길을 준비하라
> 그가 오실 길을 곧게 하라

하였느니라 ⁴ 이 요한은 낙타털 옷을 입고 허리에 가죽띠를 띠고 음식은 메뚜기와 석청이었더라 ⁵ 이때에 예루살렘과 온 유대와 요단강 사방에서 다 그에게 나아와 ⁶ 자기들의 죄를 자복하고 요단강에서 그에게 세례를 받더니

예수님은 두세 살 때 이집트에서 돌아와 나사렛에서 사셨다. 그러다가 30세쯤에 사역을 시작하셨다(눅 3:23). 이 이야기도 그때 즈음에 있었던 일이다. 예수님이 주전 6년에 탄생하시고, 30세에 사역을 시작하셨다면, 본문에 기록된 이야기는 주후 24년경에 있었던 일이다. 예수님이 33세에 사역을 시작한 것으로 보는 사람들은 이 이야기가 주후 28년쯤의 일이라고 한다(cf. Carson, Osborne).

마태는 요한의 이야기를 '그때에'(Ἐν δὲ ταῖς ἡμέραις, in those days)라는 말로 시작하는데(1절), 언제를 두고 하는 말일까? 1-2장은 예수님의 아기 시절 이야기이므로 이때를 의미하지는 않을 것이다. 이 문구를 '그 결정적인 시기에'(in those crucial days)로 해석하는 이도 있고(Hill), '예수님이 가족들과 함께 나사렛에서 사실 때에'라고 하는 이도 있다(Broadus). 구체적인 시기와 상관없이 이 이야기는 실제로 있었던 일이라는 것을 강조하는 표현으로 해석하기도 한다(Bonnard). 잠시 후 예수님이 사역을 시작하시기 때문에 이 말이 '예수님이 사역을 시작하실 무렵'을 의미하는 것으로 해석하는 것이 바람직하다.

예수님이 사역을 시작하실 무렵에 세례 요한이 이르렀다. '이르렀다'(παραγίνεται)는 '도착했다, 왔다'라는 의미를 지녔지만, 이곳에서는 공개 석상에(대중에게) 나타나기 시작했다는 의미다(BAGD). 요한은 비밀리 사역을 한 것이 아니라 모든 사람이 볼 수 있도록 공개적으로 했다.

요한은 유대 광야에서 메시지를 전파했다. '유대 광야'(τῇ ἐρήμῳ τῆς Ἰουδαίας)는 예루살렘의 남쪽과 사해와 요단강이 만나는 지역을 뜻한다(ABD). 쿰란(Qumran) 공동체가 이곳에 있었다. 에세네(Essene)파 사람들이 이곳에서 수도원 생활을 했다. 그래서 일부 학자들은 요한이 이 쿰

란 공동체에서 성장했다고 단정한다(Albright & Mann). 그러나 그렇게 단정하기에는 쿰란 공동체의 성향과 요한의 성향에 너무나 많은 차이점이 있다(Meier, Osborne, Wilkins). 요한은 광야에서 살면서 하나님의 말씀을 외치는 광야 선지자(wilderness prophet)였다.

구약에서 광야는 매우 중요한 주제다(cf. 『엑스포지멘터리 민수기』). 이스라엘은 시내 광야에서 율법을 받았다(출 19장). 선지자들은 하나님과 소통하기 위해 광야를 자주 찾았다(cf. 왕상 17:2-3; 19:3-18). 본문과 연관해 광야는 새로운 창조/탄생을 예고하는 곳이다. 하나님이 태초 때 모든 것을 창조하시고 안식일을 지정하신 이후(창 2:1-3) 처음으로 안식일이 언급되는 곳이 광야다(출 16:23). 이러한 현상은 하나님이 창조 사역을 광야에서 다시 시작하실 것을 암시한다. 세례 요한이 사역을 시작하기 전에 광야로 나아간 일, 4장에서 예수님이 40일 금식을 하신 후 광야에서 사탄의 시험을 받으신 일, 이스라엘의 거짓 메시아들이 자주 광야에서 활동을 시작한 일(cf. 행 21:38) 등도 하나님의 창조적이고 새로운 사역이 광야에서 시작된다는 이해에서 비롯되었다.

광야는 새로운 시작을 상징하지만, 사람의 생명을 위협하는 곳이기도 하다. 광야에는 먹을 것뿐 아니라 마실 것도 없어서 사람이 오래 생존할 수 없는 곳이다. 또한 자신이 누리던 모든 것을 포기하는 사람만이 광야로 나갈 수 있다(Keener). 그러므로 광야에서 시작되는 하나님의 구원 사역을 경험하고자 하는 사람은 사회적 지위와 편안함 등을 포기하고 온전히 하나님만 바라보아야 한다.

요한은 광야에서 '전파했다'(κηρύσσων)고 하는데 큰소리로 외쳤다는 뜻이다(BAGD). 이 단어도 요한이 공개적으로 사역했음을 강조한다. 예수님은 사역을 시작하신 후 한동안은 제자들에게 자신이 메시아라는 사실을 비밀로 하게 하셨다. 학자들은 이것을 '메시아 비밀론'(messianic secrecy)이라고 한다. 온 세상에 알릴 때가 올 때까지 한시적으로 이 사실을 비밀에 부치라는 의미였다. 좋은 소식은 되도록 자주, 널리 알려야 한다. 그래야 사람들이 듣고, 생각하고, 결단한다(cf. 5-7절).

요한이 전파한 메시지는 회개하라는 것이었다(2절). 당시 유대인들에게 "회개하라!"(μετανοεῖτε)라는 메시지는 상당히 충격적이었을 것이다. 헬라어로 '회개하다'(μετανοέω)는 마음을 바꾼다는 뜻이다. 구약 사상에 익숙한 유대인인 요한의 청중은 이 권면을 구약과 연관해 이해했을 것이다. 구약에 마음을 바꾼다는 의미의 회개는 없다. 선지자들은 회개하라는 권면을 히브리어로 '돌아오라!'(שׁוּב)라고 표현한다. 가던 길의 방향을 180도 돌리라는 뜻이다. 삶의 방식을 바꾸고 하나님에 대한 태도를 바꾸라고 할 때 사용된다(cf. NIDNTT). 사람이 하나님으로부터 계속 멀어지다가 돌이켜 하나님을 향해 오는 것이다.

유대인들은 특권 의식에 사로잡혀 있던 사람들이다. 여호와께서 아브라함의 후손들인 그들만 백성으로 삼으시고, 그들에게만 율법을 주셨다고 생각했다. 또한 때가 되면 하나님이 온 열방을 그들 앞에 무릎 꿇리실 것이라고 확신했다. 유대인들은 태어날 때부터 세상 끝 날까지 하나님이 그들의 편에 서서 일하신다고 생각한 것이다. 요한의 '회개하라'라는 외침은 그들의 이 같은 특권 의식을 전적으로 부인한다(cf. 9절). 그러므로 특권 의식에 사로잡힌 사람들에게 요한의 메시지는 참으로 충격적으로 들렸을 것이다.

요한은 그들이 회개해야 하는 이유를 천국이 가까이 왔기 때문이라고 한다. '천국'(ἡ βασιλεία τῶν οὐρανῶν)은 하나님이 다스리시는 나라며, 심판과 연관이 있다. 예수님과 제자들도 같은 메시지를 외칠 것이다(4:17; 10:5). 주님의 길을 예비하는 요한이 앞으로 예수님이 외치실 여러 가지 메시지 중 하나를 미리 사람들에게 알려 주고 있는 것이다.

구약은 언젠가 죄에 찌든 세상이 심판을 받아 끝이 나고 새로운 질서가 확립된 세상이 올 것이라고 한다. 이때가 바로 '여호와의 날'(יוֹם יְהוָה)이다(사 13:6, 9; 욜 1:15; 2:31; 슥 14:1-21 등). 여호와의 날이 임하면 하나님은 자기 백성을 위로하시고 원수들은 벌하신다. 그러므로 요한이 유대인들에게 회개하라고 하는 것은 하나님이 심판하시는 날 그들 자신은 하나님이 위로하고 축복하시는 대상이 될 것이라는 생각은 착각에 불과하다는 말이다.

유대인들의 착각은 이후에도 이어진다. 사람은 자기가 듣고 싶은 것만 듣는다고, 각자 자기 필요에 따라 모든 것을 해석하고 강조하는 성향이 있다. 불편하거나 불필요하다고 생각하는 것은 잊어버리기도 한다. 지난 600여 년 동안 여러 강대국의 지배를 받았던 유대인들이 여호와의 날에 오실 메시아에게 기대하는 것은 딱 두 가지였다. 그들을 억압하는 원수 로마 제국을 심판하시고, 하나님의 백성인 그들을 무조건 위로하고 축복하시는 것이다. 따라서 처음에는 예수님이 이런 일을 해 주시리라 기대했는데, 그 기대가 실현되지 않자 예수님이 메시아라는 사실을 부인한 것이다.

'가까이 왔다'(ἤγγικεν)는 이미 '왔다'(has come)는 뜻인가? 아니면 근처에 와 있다는 '곧 올 것'(near at hand)이라는 의미인가? 당시 유대교와 예수님은 천국은 한순간에도 오지만, 오랜 시간에 걸쳐 여러 가지 일을 통해 임한다고 했다(Davies & Allison). 그러므로 이 본문에서도 천국은 이미 임했지만, 앞으로도 임할 것으로 보아야 한다(Osborne). 우리는 천국과 연관해 '이미-아직'(already-not yet)으로만 설명될 수 있는 시대를 살고 있다.

요한이 외치는 회개는 어떤 것인가? 곧 어떻게 하는 것이 회개인가? 첫째, 자기의 죄를 자백하고 세례를 받는 것이다(6절). 둘째, 다가오는 징벌(하나님의 심판)을 피하려는 행위다(7절). 셋째, 두 번째와 세 번째에 합당한 열매를 맺는 것이다. 회개한 사람은 경건하고 건강한 삶을 살며 성령의 열매(사랑, 희락, 화평, 오래 참음, 자비, 양선, 충성, 온유, 절제)를 맺어야 한다(갈 5:22-23). 경건한 열매를 맺는 것은 그리스도인들이 결코 피할 수 없는 삶의 결과다.

요한이 광야에서 회개하라고 외친 것은 하나님이 이사야 선지자를 통해서 하신 말씀에 따라 된 일이다(3절). 마태는 세례 요한을 통해 또 하나의 예언이 성취되었다고 말한다. 그러나 마태는 이때까지 사용하던 '이루다/성취하다'(πληρόω)(1:22; 2:15, 17)라는 표현을 의도적으로 피하고 있다. 이 단어(πληρόω)를 예수님과 연관된 예언에만 적용하기 때문이다(Gundry).

요한이 인용한 말씀은 이사야 40:3이다. 이사야 선지자는 하나님이 바빌론으로 끌려간 사람들을 시온으로 데리고 오기 위해 광야에 그들이 걷기에 좋은 대로를 내실 것이라며 이렇게 예언했다.

선지자들은 바빌론 포로 생활에서 돌아오는 것을 새로운 혹은 제2의 출애굽 경험으로 간주했다. 이미 언급한 것처럼 예수님의 구원 사역도 새로운 출애굽이라 할 수 있다. 그러므로 바빌론에서 돌아오는 길에 관한 이 말씀이 예수님의 '출애굽 사역' 준비에 적용되는 것은 당연한 일이다. 이사야는 새 출애굽을 기대하며 참으로 긍정적이고 흥분된 분위기에서 이 말씀을 선포했다. 그러므로 예수님의 복음 선포를 준비하는 단계의 고조된 분위기를 적절하게 표현한다고 할 수 있다.

요한은 '광야에서 외치는 자'이며, 회개하라는 권면은 그의 '소리'이다. 요한은 예수님이 사역을 시작하시기 전에 그분이 사역할 수 있도록 만반의 준비를 하라며 하나님이 보내신 선지자다(21:26; 막 11:32; 눅 20:6). 그러므로 본문의 '주의 길'(τὴν ὁδὸν κυρίου)에서 주(κυρίου)는 이사야서에서처럼 여호와가 아니라, 여호와의 자기 현시(顯示, self-revelation)이신 예수님이다(Beale & Carson). 본문의 '길'(ὁδός)과 예수님이 자신을 '그 길'(ἡ ὁδός)이라고 부르신 것(요 14:6)을 근거로 초대교회 성도들은 자신들을 가리켜 '그 길'(ἡ ὁδός)을 준비하거나 가는 자들이라고 불렀다(행 9:2; 19:2, 23; 22:4; 24:14, 22).

요한은 사람들이 회개하도록 이끄는 사역으로 예수님의 길을 예비했다. 그는 최선을 다해 주의 길을 준비를 했지만, 예수님의 사역은 참으로 어려웠다. 오늘날의 사역자들도 목회가 참으로 어렵다는 사실을 인정해야 한다. 그러면서도 주님이 먼저 가신 고난의 길을 따라가길 주저하면 안 된다.

요한의 복장과 음식이 특이하다(4절). 그는 낙타털 옷을 입고, 허리에 가죽띠를 띠었다. 열왕기하 1:8에 의하면 엘리야가 이런 모습을 했다(cf. 말 4:5). 낙타털이나 염소털 옷은 가난한 사람들과 광야에서 거하는 사람들이 주로 입던 옷이다. 그러므로 요한은 모든 사치를 포기한 사람이다(Wilkins). 선지자들은 이런 모습으로 살기도 했다(cf. 슥 13:4). 그의 음식은 메뚜기와 석청이었다고 하는데, 이 또한 광야 선지자들과 가난한 사람들의 음식이었다. 그러므로 요한의 옷차림과 음식도 메시지를 선포했다(cf. Carson).

세례 요한은 광야에서 엘리야처럼 살면서 사역했다. 예수님도 그가 엘리야라는 사실을 인정하셨다(11:12-14). 물론 그가 아합왕 시대에 살다가 하늘로 들림을 받은 엘리야라는 뜻은 아니다. 이 엘리야는 훗날 모세와 함께 변화산에 나타난다(17:3). 요한은 선지자들을 대표하는 인물이었던 엘리야의 전승을 따라온 인물이다. 선지자들이 주의 길을 예비했던 것처럼, 요한도 예수님의 길을 예비하러 온 선지자였다.

세례 요한에 관한 소문을 듣고 곳곳에서 많은 사람이 몰려와 죄를 자복하고 세례를 받았다(5-6절). 율법도 사람이 자신의 죄를 고백하는 것을 요구한다(레 65:5; 26:40; 민 5:6-7). 세례는 자신의 죄를 스스로 고백한 사람만이 받을 수 있는 예식이다. 요한의 사역에서 가장 특이한 것이 세례다. 그래서 '세례 요한'(Ἰωάννης ὁ βαπτιστὴς)으로 불렸다(1절).

요한의 세례가 어디서 유래했는가에 대해 추측이 난무하다(cf. Beasley-Murray). 어떤 이들은 쿰란 공동체에서 비롯된 것이라 하고, 어떤 이들을 구약의 정결 예식에서 비롯된 것이라 한다. 유대교에서 이방인들이 개종할 때 그들에게 행한 것이라고 하기도 한다. 그러나 그 어떤 추측도 요한이 베푸는 세례를 설명하지 못한다. 쿰란 공동체와 정결 예식에서 몸을 씻는 것은 수없이 반복되는 일이지만, 요한은 모든 사람에게 각기 단 한 번만 세례를 주었다. 유대교가 이방인들이 개종할 때 행한 것에서 유래한 것이라는 주장도 요한의 세례를 받는 사람들이 거의 모두 유대인이었다는 사실을 설명하지 못한다. 그러므로 요한의 세례는 그가 여러 가지 전통과 예식을 고려해 시작한 그의 고유 사역으로 생각해야 한다(Boring, Wilkins). 그는 세례의 전제 조건으로 죄에 대한 회개를 요구했다(6절). 그러므로 그의 세례는 영적인 정결함을 상징한다(cf. 겔 36:25-27). 세례는 아브라함의 후손으로 태어난 것만으로는 하나님의 백성이 될 수 없다는 것을 암시한다(9절).

이 말씀은 하나님의 일에는 우리 각자가 맡은 역할이 있다고 한다. 하나님은 세례 요한이 구속사의 한 부분을 맡아 예수님이 오시는 길을 예비하게 하셨다. 우리도 하나님의 원대한 계획의 일부를 감당하고 있다. 자부심을 가지고 성실하게 하나님이 하시는 일에 동참해야 한다.

또한 하나님은 우리가 우리 역할을 잘 감당하도록 여건을 예비해 주신다. 세례 요한을 먼저 보내 예수님의 길을 예비하게 하신 하나님이 우리의 길도 예비하신다. 우리는 하나님의 인도하심을 받으며 주님이 예비해 두신 길을 가야 한다. 어떠한 경우에도 하나님을 앞서가서는 안 된다.

II. 예수님의 사역 시작(3:1-7:29)
  A. 내러티브(3:1-4:25)
    1. 세례 요한이 주의 길을 예비함(3:1-12)

---

(2) 요한의 메시지(3:7-12)

[7] 요한이 많은 바리새인들과 사두개인들이 세례 베푸는 데로 오는 것을 보고 이르되 독사의 자식들아 누가 너희를 가르쳐 임박한 진노를 피하라 하더냐 [8] 그러므로 회개에 합당한 열매를 맺고 [9] 속으로 아브라함이 우리 조상이라고 생각하지 말라 내가 너희에게 이르노니 하나님이 능히 이 돌들로도 아브

라함의 자손이 되게 하시리라 ¹⁰ 이미 도끼가 나무뿌리에 놓였으니 좋은 열
매를 맺지 아니하는 나무마다 찍혀 불에 던져지리라 ¹¹ 나는 너희로 회개하
게 하기 위하여 물로 세례를 베풀거니와 내 뒤에 오시는 이는 나보다 능력
이 많으시니 나는 그의 신을 들기도 감당하지 못하겠노라 그는 성령과 불로
너희에게 세례를 베푸실 것이요 ¹² 손에 키를 들고 자기의 타작마당을 정하
게 하사 알곡은 모아 곳간에 들이고 쭉정이는 꺼지지 않는 불에 태우시리라

많은 바리새인과 사두개인도 요한을 찾아왔다(7절). 그들은 요한에게
세례를 받으러 온 것일까? 혹은 지켜보려고 온 것일까? 세례를 받지
않고 지켜보러 왔다면 요한이 그들에게 던지는 "독사의 자식들아 누가
너희를 가르쳐 임박한 진노를 피하라 하더냐"라는 말은 빈정대는 말
(sarcasm)이다(Carson, Osborne). 만일 그들이 세례를 받으려고 찾아왔다면
(새번역, 공동, 아가페, 현대어, NAS, NRS, ESV) 이 질문은 전혀 다른 의미
를 지닌 수사학적인 질문이다. 요한이 임박한 진노를 피하기 위해 그
들이 왔다고 하는 것을 보면 그중 최소한 몇 명은 세례를 받으러 온 것
이 확실하다(Wilkins).

바리새인(Φαρισαῖος)은 마카비 혁명 시절(주전 160년대)에 날이 갈수록
헬라화되어 가는 유대교의 순수성을 보존하고 지키겠다는 의도로 시
작된 순수주의적 운동에 뿌리를 둔 유대교의 평민층(grassroot)이었다.
사두개인(Σαδδουκαῖος)은 제사장들을 중심으로 한 유대교의 엘리트들
(aristocrat)이었다. 이 두 그룹은 종교 지도자이자 가르치는 자라는 공통
점을 지녔다. 그러나 두 그룹은 신학적으로 첨예하게 대립했으므로 함
께 어울리지 않았다. 본문에서 이 두 그룹이 요한을 찾아왔다는 것은
신분의 높고 낮음에 상관없이 요한이 온 유대교에 엄청난 영향을 끼쳤
음을 뜻한다.

만일 그들이 세례를 받으러 왔다면 유대교에 몸담고 있으면서도 신
앙생활에 만족하지 못하는 사람이 많았다는 뜻이다. 산상 수훈에서 살

퍼보겠지만, 실제로 유대교는 본질을 잃고 형식만 남은 종교로 전락했다. 당시 유대교는 하나님이 백성에게 원하시는 것은 할례와 안식일과 음식 규례를 잘 지키는 일이라고 가르쳤다. 율법의 윤리와 도덕적인 요구는 강조하지 않았다. 학자들은 이것을 '언약적 율법주의'(covenant nomism)라고 한다(Sanders). 요한에게 몰려온 사람들은 이러한 가르침에 만족할 수 없었던 것이다.

유대교 지도자 중 일부는 요한에게 세례를 받으러 왔겠지만, 대부분은 그의 사역을 지켜보고 감시하기 위해 왔다(cf. Carson, Davies & Allison, Hagner, Wilkins). 그러므로 요한은 바리새인들과 사두개인들에게 친절한 말을 하지 않는다. 그들을 '독사의 자식들'(γεννήματα ἐχιδνῶν)이라며 맹렬하게 비난한다(7절). 그들은 유대교 지도자들로서 주의 백성에게 생명을 선사해야 하는데, 오히려 그들을 죽음으로 몰고 가는 독을 전파하고 있기 때문이다(Boring, Osborne). 게다가 그들은 영적으로 앞을 못 보는 맹인처럼 되어 요한의 메시지를 받아들이지 않는다.

아무리 좋은 종교라도 잘못되면 이렇게 된다. 하나님의 말씀을 왜곡하거나 지극히 제한된 부분만 가르치면 이렇게 된다(cf. 23장). 우리는 성경 66권을 모두 하나님의 말씀으로 균형 있게 가르쳐야 한다. 또한 꾸준히 우리의 신앙과 영성을 성찰해야 한다. 우리의 가르침은 의도치 않게 성도들에게 독이 될 수도 있기 때문이다.

"누가 너희를 가르쳐 임박한 진노를 피하라 하더냐?"는 하나님의 혹독한 심판이 이루어질 천국(cf. 2절)이 가까이 와 있다는 사실을 근거로 하는 수사학적인 질문이다. 우리는 지도자들로서 꾸준히 성령의 음성에 귀를 기울여야 한다. 그렇지 않으면 이 바리새인들과 서기관들처럼 될 것이다.

요한은 그나마 회개하고 세례를 받은 소수 지도자에게 세례를 베풀면서 회개에 합당한 열매를 맺으며 살 것을 권면한다(8절). '합당한'(ἄξιον)은 '일치하는'(corresponding), '어울리는'(in keeping with)이라는 의미다(BAGD). 회개한 사람은 자신이 고백한 것과 격이 맞는 삶을 살아야 한다. 세례는 자신의 죄를 자복하고 이제부터 새롭게 살겠다는 다짐을 공표하는 예식이다. 그러므로 세례를 받은 사람은 지은 죄에 대해 꾸준히 회개하며 같은 죄를 반복하지 않도록 항상 새로운 삶의 방식을 모색해야 한다. 갈라디아서 5:22-23은 우리가 평생 맺어야 할 성령의 열매를 사랑, 희락, 화평, 오래 참음, 자비, 양선, 충성, 온유, 절제 등 아홉 가지로 정의한다.

요한은 사람들에게 특권 의식을 버리라고 한다(9절). 이스라엘 사람들은 여호와께서 열방 민족 중 아브라함의 후손인 이스라엘만 사랑하신다고 생각했다. 하나님은 이 특별한 사랑의 표현으로 시내산에서 그들을 백성으로 삼으시고, 그 어느 민족에게도 주지 않은 율법을 그들에게만 주셨다. 모두 다 옳은 말이다. 그러나 과유불급(過猶不及)이라고, 이러한 정체성이 건강한 자아와 자존감에서 멈추지 않고 다른 민족들을 얕보거나 자신들의 죄를 합리화시키는 도구나 면죄부로 악용되어서는 안 된다. 그러므로 요한은 그들의 지나친 선민의식을 지적하며 겸손할 것을 주문한다. 옛적에 하나님은 생명력이 전혀 없는 돌 같은 아브라함을 택하시고 큰 나라로 축복하셨다(cf. 창 12:1-3). 하나님은 이런 일을 언제든지 다시 하실 수 있으며, 그들 주변에 놓여 있는 돌들로도 아브라함의 자손이 되게 하실 수 있다(9절; cf. 롬 9:14-23).

하나님의 은혜는 남용되거나 오용되어서는 안 된다. 신앙적인 방종을 합리화시키기 위한 수단이 되어서도 안 된다. 하나님은 죄인이 회개하고 하나님 나라의 백성이 되어 경건하고 거룩하게 살아가게 하기 위해 은혜를 베푸신다. 하나님의 은혜는 이를 많이 경험한 사람일수록 더 경건하고 거룩하게 살고자 노력하게 만든다.

요한은 가까이 와 있는 천국(cf. 2절)에 관해 한 번 더 언급한다(10절). 천국은 하나님이 세상을 심판하시는 날에 임한다. 그런데 이미 도끼가 나무뿌리에 놓여 있다! 만일 가지에 놓여 있다면 가지치기를 위한 것

이라 할 수 있지만, 뿌리에 놓여 있다는 것은 나무를 송두리째 쳐서 없
앨 것을 의미한다(cf. 사 10:33-34; 렘 11:19; 겔 17:1-4; 31:1-14). 하나님
이 더는 기회를 주지 않으시고 심판할 만반의 준비를 해 두셨다는 뜻
이다.

심판이 시작되면 하나님은 좋은 열매를 맺지 않는 나무는 모두 찍어
불에 던지실 것이다(cf. 사 5:1-7; 요 15:1-6). 하나님의 판단 기준은 열매
(선행)다(잠 24:12; 렘 17:10; 마 16:27; 롬 2:6; 14:12; 고전 3:12-15; 벧전 1:17;
계 2:23; 22:12). 나무가 얼마나 무성하고 아름다운지는 별로 중요하지
않다. 좋은 열매를 맺는 것이 중요하다. 예수님도 이파리가 무성한 무
화과 나무에 열매가 없는 것을 보고 나무를 저주하셨다(막 11:13-20).
이 심판에는 70년에 있을 예루살렘 파괴도 포함된다(Osborne). 불 심
판은 마태복음에서 지속적으로 반복되는 테마다(3:12; 5:22; 29-30; cf.
10:28; 13:42, 50; 18:9; 23:15, 33; 25:41).

요한은 자신의 세례가 더 큰 세례를 준비하는 것일 뿐이라고 말한다
(11절). 그는 물로 세례를 주지만, 장차 성령과 불로 세례를 베푸실 분
이 오실 것이다. '내 뒤에 오시는 이'(ὁ ὀπίσω μου ἐρχόμενος)는 메시아
의 호칭이다(Beale & Carson, Wilkins, cf. 시 118:26; 마 11:3; 21:9; 23:39). 장
차 오실 분은 요한보다 훨씬 더 큰 능력을 지닌 분이므로 그는 장차
오실 그분의 신을 들기도 감당하지 못하겠다고 한다. 그는 성령과 불
로 세례를 베푸실 것이다. '물세례'(βαπτίζω ἐν ὕδατι)는 죄에서 깨끗하
게 된 영적 정결함을 상징한다(cf. 겔 36:35-27). '성령과 불 세례'(βαπτίσει
ἐν πνεύματι ἁγίῳ καὶ πυρί)를 심판으로만 해석하는 이들도 있다(Davies &
Allison, Gundry, cf. 2, 7절). 그러나 다음 구절이 사람들을 두 부류로 나누
는 것으로 보아 회개하라는 하나님의 말씀에 순종하는 자들은 성령의
축복이 그들과 함께할 것을, 거부하는 자들은 혹독한 불 심판을 받을
것을 뜻한다(cf. Blomberg, Plummer, Osborne, Wilkins). 불은 불순종하는 자
들을 태우지만, 경건한 사람들을 정결하게 하기도 한다(cf. 사 4:4). 그

러므로 믿는 자들에게 성령과 불 세례는 모두 좋은 것이다.

장차 오실 메시아는 손에 키를 들고 자기의 타작마당을 정하게 하실 것이다(12절). 타작마당은 최종 심판을 상징하는 장소다(cf. 13:24-30, 36-43). 그날 하나님은 알곡(믿는 자들)을 모아 곳간에 들이시고, 쭉정이(불신자들)는 꺼지지 않는 불에 태우실 것이다. 영원히 꺼지지 않는 불 심판은 이사야 66:24에도 언급되어 있다. "그들이 나가서 내게 패역한 자들의 시체들을 볼 것이라 그 벌레가 죽지 아니하며 그 불이 꺼지지 아니하여 모든 혈육에게 가증함이 되리라"(사 66:24). 이 이미지는 구약 시대에 예루살렘 성벽 남서쪽에 위치한 힌놈의 아들 계곡에서 끊임없이 쓰레기를 태운 일을 배경으로 한다. 신약의 '지옥 불'(τὴν γέενναν τοῦ πυρός)도 그곳에서 일어난 일을 배경으로 한다(5:22, 29, 30; 10:28; 18:9; 23:15).

이 말씀은 하나님의 은혜를 경험한 사람은 자신이 경험한 은혜를 삶에서 열매로 드러내야 함을 알려 준다. 요한은 죄를 회개한 사람들에게 세례를 주면서 이제부터 회개에 합당한 열매를 맺으며 살 것을 명령한다. 예수님도 열매로 나무를 판단하라고 하셨다. 그러므로 어떤 말로 신앙을 고백하는 것보다 어떤 삶으로 신앙을 고백하는가가 더 중요하다.

또한 종교 리더라 해서 모두 하나님이 하시는 일을 기뻐하는 것은 아님을 보여 준다. 바리새인들과 사두개인들은 사람들에게 존경받는 종교 엘리트들이었다. 그러나 그들은 하나님이 요한을 들어 쓰시는 일을 구경거리 정도로 생각했다. 이 종교 지도자들의 영성은 이미 죽었다. 무엇이 하나님이 하시는 일이고, 무엇이 사람이 하는 일인지 구별하는 분별력도 없다. 우리는 이런 지도자들이 되지 않기 위해 영적 몸부림을 쳐야 한다.

171

II. 예수님의 사역 시작(3:1–7:29)
    A. 내러티브(3:1–4:25)

2. 예수님이 세례를 받으심(3:13–17)

[13] 이때에 예수께서 갈릴리로부터 요단강에 이르러 요한에게 세례를 받으려 하시니 [14] 요한이 말려 이르되 내가 당신에게서 세례를 받아야 할 터인데 당신이 내게로 오시나이까 [15] 예수께서 대답하여 이르시되 이제 허락하라 우리가 이와 같이 하여 모든 의를 이루는 것이 합당하니라 하시니 이에 요한이 허락하는지라 [16] 예수께서 세례를 받으시고 곧 물에서 올라오실새 하늘이 열리고 하나님의 성령이 비둘기같이 내려 자기 위에 임하심을 보시더니 [17] 하늘로부터 소리가 있어 말씀하시되

이는 내 사랑하는 아들이요
내 기뻐하는 자라

하시니라

이 이야기는 요한이 메시아의 길을 예비한 일(1–10절)과 그가 오실 것이라고 한 그리스도의 이야기가 본격적으로 시작되는 다음 이야기의 중간 단계(transition)이다. 이 중간 단계를 통해 요한 뒤에 오신 이('내 뒤에 오시는 이', 11절)가 그를 앞지른다(Osborne). 본 텍스트의 핵심은 두 가지다. 첫째, 요한과 예수님 둘 다 태초에 시작된 하나님의 구속사(history of salvation)를 완성시켜가고 있다. 둘째, 예수님의 사역은 새로운 창조의 시작이자 종말의 시작이기도 하다. 예수님의 세례 이야기가 얼마나 중요한지 네 복음서 모두 이 일을 회고하고 있다(막 1:9–11; 눅 3:21–22; 요 1:29–34).

요한이 유대 광야에서 사역을 시작한 지 얼마나 지났을까? 하루는 예수님이 세례를 받으러 갈릴리에서 찾아오셨다(13절)! 마태는 아기 예수님의 가족이 나사렛에 정착했다고 했다(2:23). 그 이후 지금까지 예수님이 어디서 살았는지에 관해 일절 언급하지 않는 것으로 보아 지난

20-30년 동안 나사렛에서 사셨던 것으로 생각된다. 그렇다면 예수님은 세례를 받기 위해 120km 이상의 먼 길을 오셨다. 물론 걸어서 오셨을 것이다.

250km에 달하는 요단강은 가나안 지역에서 긴 강이지만, 성경에서 이 강과 연관된 일은 거의 모두 요단강이 사해로 흘러 들어가는 곳 주변에서 일어난다. 마태는 요단강 어느 지역에서 예수님이 세례를 받으셨는지 밝히지 않지만, 요한복음은 '요단강 건너편 베다니'(Βηθανία πέραν τοῦ Ἰορδάνου)라고 한다(요 1:28). 오늘날에는 요르단 영토이며, 모세가 묻힌 곳으로 추정되는 느보산이 멀지 않은 곳이다(cf. 신 34장).

요한은 곧바로 예수님을 알아보았다. 마태는 그가 어떻게 예수님을 아는지 말하지 않지만(cf. 요 1:31), 누가복음은 그가 어머니 배 속에 있을 때부터 예수님을 알아보았다고 한다(눅 1:39-45). 또한 예수님과 요한은 친척이기도 하다(cf. 눅 1:36). 요한은 자기 몫이 장차 오실 메시아의 길을 예비하는 역할이라는 것을 의식하며 살았다(2-12절). 예수님을 보는 순간 성령의 도우심으로 바로 이분이 온 세상이 기다리던 메시아임을 직감했을 것이다(cf. 1:20).

요한은 예수님이 그에게 세례를 받겠다고 하시자 매우 당황했다(14절). 그는 예수님을 말렸다(διεκώλυεν). 한 번이 아니라 여러 차례 권유했다는 뜻이다(Osborne). 요한의 세례는 죄를 자복하는 자들을 위한 것이기에(cf. 2, 6절) 메시아이신 예수님은 세례를 받으실 필요가 없다고 생각했다.

요한은 자기가 오히려 예수님께 세례를 받아야 마땅하다며 있을 수 없는 일이라고 했다(14절). 그는 평소에 "내 뒤에 오시는 이는 나보다 능력이 많으시니 나는 그의 신을 들기도 감당하지 못하겠노라"(11절)라며 예수님과의 관계를 설명했다. 자신은 하나님 나라에서 참으로 낮은 자이며, 예수님은 참으로 높으신 분이라는 것을 입버릇처럼 고백했다. 그러므로 요한은 예수님께 세례를 줄 만한 자격이 자기에게 없다는 것

173

을 안다. 그가 당혹해하는 것이 충분히 이해된다.

예수님은 "우리가 이와 같이 하여 모든 의를 이루는 것이 합당하다"라며 요한에게 세례를 진행할 것을 요구하셨다(15절). '이제 허락하라'에서 '이제'(ἄρτι, for now)와 '합당하다'(πρέπον)는 지금은 예수님이 세례를 받는 것이 하나님의 뜻을 따르는 일이므로 적절한 일이라는 뜻이다(Hagner). 따라서 만일 요한이 예수님께 세례 주기를 거부하면, 하나님의 뜻에 순종하는 일이 아니다.

요한은 더 할 말이 없다. 자신은 장차 올 메시아의 신을 들 자격도 없다고 했는데(11절), 그분이 와서 이렇게 말씀하시니 더는 세례를 거부할 수 없다. 게다가 예수님은 자신이 요한의 세례를 받는 것이 모든 의를 이루는 것이라고 하신다(15절). 지금까지 마태복음에서 '이루다'(πληρόω)는 구약 말씀(예언)을 성취하는 의미로 사용되었다(1:22; 2:15, 17, 23). 그러나 본문에서는 '완성하다'(to bring to completion), '가득 채우다'(to fill to the full)라는 의미를 지닌다(BAGD).

예수님이 요한의 세례를 통해 이루고자 하시는 '모든 의'(πᾶσαν δικαιοσύνην)는 무엇인가? 마태복음에서 의(δικαιοσύνην)는 매우 중요한 개념이며(3:15; 5:6, 10, 20; 6:1, 33; 21:32), 일상적으로 '하나님이 인간에게 지침으로 삼아 살아가라고 주신 기준이나 법'(Przybylski) 혹은 '예수님을 따르는 제자들이 지녀야 할 행동과 생각과 관점'을 뜻한다(Overman). 이 같은 윤리적 면모 외에도 '의'는 하나님의 뜻이 이루어져 가는 것과 연관이 있다(Beale & Carson, Boring, Osborne, Wilkins).

하나님은 태초에 시작되어 종말에 완성될 인류 구원에 대한 원대한 계획을 세우셨다. 우리는 이것을 '구속사'(history of salvation)라고 한다. 예수님도 하나님이 완성해 가시는 구속사에 따라 성육신하셨다. 예수님은 요한이 주님께 세례를 주는 것이 이 원대한 하나님의 구속사적인 계획의 일부이며, 특별히 이 순간에 대한 하나님의 뜻을 가득 채우는(성취하는) 일이라고 하신다. 그러므로 하나님의 뜻에 따라 요한이 예수님께 세례를 주는 것이 바로 예수님이 이루고자 하는 '모든 의'($\pi\hat{\alpha}\sigma\alpha\nu$ $\delta\iota\kappa\alpha\iota o\sigma\acute{\nu}\nu\eta\nu$)이다(cf. Boring).

요한이 드디어 예수님께 세례를 주었다. 예수님은 다른 사람들처럼(cf. 2, 6절) 죄가 있어서 세례를 받으신 것이 아니다. 예수님은 하나님의 구원 역사를 이루어 가는 차원에서, 또한 장차 구원할 죄인들의 심정을 이해하고 그들과 함께하기 위해 세례를 받으셨다(Wilkins, Witherington). 세례는 예수님의 사역이 시작된 것을 공개적으로 알리면서 동시에 예수님이 구원하실 죄인들을 조금 더 이해하는 기회를 제공했다(cf. 히 4장).

예수님이 받으신 세례는 물에 완전히 잠겼다 나오는 침례였다(16절). 요단강에서 세례를 받으신 것이다(cf. 13절). 이스라엘이 하나님의 백성이 되기 위해 홍해를 건넌 일이 세례의 역사적 배경이다(Davies & Allison). 사역에 대한 열의를 보이시기 위함인지, 예수님은 물 안에 오래 머물지 않고 곧바로($\epsilon\dot{\upsilon}\theta\dot{\upsilon}\varsigma$) 올라오셨다.

예수님이 물에서 올라오실 때 특이한 현상 세 가지가 일어났다(16-17절). 첫째 하늘이 열렸다. '열렸다'($\dot{\eta}\nu\epsilon\dot{\omega}\chi\theta\eta\sigma\alpha\nu$)는 수동태이며 하늘에 계시는 하나님이 여셨다는 뜻이다. 지난 400여 년 동안 하늘 문을 닫으신 하나님이 드디어 하늘을 여신 것은 참으로 놀라운 은혜이다. 하나님이 400년의 침묵을 깨고 말씀하실 것을 기대하게 한다.

둘째, 하나님의 성령이 비둘기같이 내려와 예수님 위에 임하셨다(16절). 하나님이 천지를 창조하실 때 하나님의 영이 수면 위에 운행하신 모습을 연상케 한다(Carson, Wilkins, cf. 창 1:2). 또한 비둘기는 노아 홍수가 끝난 다음 땅에서 물이 빠진 것을 확인해 주는 전령 역할을 했다(창 8장). 땅에서 물이 빠지는 것은 새로운 창조가 시작될 것을 알리는 일이었다. 그러므로 비둘기 같은 성령이 예수님에게 임한 것도 하나님의 새로운 창조가 시작될 것을 암시한다(Davies & Allison, France, Hagner, Hill).

셋째, 하늘로부터 음성이 들렸다(17절). 400년 동안 닫혀 있던 하늘을 여신 하나님이(16절) 드디어 말씀하셨다! 수백 년의 침묵을 깬 하나님의 첫 말씀은 예수님과 하나님의 관계를 확인해 주는 것이었다. 마태가 인용하고 있는 마가복음은 '이는'(οὗτός) 대신 '너는'(σύ)이라 한다(막 1:11). '메시아 비밀론'(messianic secrecy)을 강조하는 마가복음에서는 예수님 홀로 하늘의 음성을 들은 것처럼 묘사하고 있는 데 반해, 마태의 기록은 예수님뿐 아니라 주변 사람들도 모두 하늘의 음성을 들었다는 것을 의미한다.

이때까지 마태는 1:18-25과 2:15에서 메시아 예수님이 하나님의 아들이라고 했다. 드디어 하늘에 계신 하나님이 이 사실을 확인해 주신다. "이는 내 사랑하는 아들이요 내 기뻐하는 자라"(17절). 이 말씀은 시편 2:7과 이사야 42:1에서 부분적으로 인용한 조합이다. 첫 부분인 '내 사랑하는 아들이요'는 메시아를 왕으로 묘사하는 시편의 일부다. '내 기뻐하는 자라'는 이사야가 메시아를 고난받는 종으로 노래한 내용의 일부다(cf. 12:18 주해). 그러므로 상반되는 두 구약 말씀을 조합한 본문은 예수님의 두 가지 역할(dual role)을 암시한다(Beale & Carson). 예수님은 분명 온 세상을 다스릴 메시아 왕으로 보좌에 앉으실 것이다. 그러나 오늘은 고난을 받아야 할 메시아 종으로 오셨다. 그러므로 본문은 예수님의 신성과 인성에 관한 말씀이다.

예수님이 세례를 받으실 때 일어난 현상에는 종말론적인 의미가 함축되어 있다. 하늘이 열린 일과 하나님의 음성이 들린 일 그리고 성령이 임하신 일 등은 정경 시대에 종종 있었던 일들이며 하나님의 선물이었다. 그러나 오늘날에는 없는 일들이다. 이런 일은 종말에 다시 있을 것이다. 그러므로 예수님의 사역은 종말에 있을 일의 시작이라 할 수 있다(Boring). 예수님은 종말은 끝이 아니라 새로운 창조의 시작이라고 하시는데(19:28), 그 종말이 예수님이 받으신 세례로 시작된 것이다.

이 말씀은 예수님이 오랜 침묵을 깨고 오신 하나님이라고 한다. 하나님은 400여 년 전에 구약 말씀을 마감하시고는 침묵하셨다. 그러다가 예수님이 세례를 받고 사역을 시작하시자 다시 하늘에서 말씀하셨다. 앞으로 예수님이 하시는 말씀 모두 하나님이 400년 만에 하시는 말씀이 될 것을 암시한다.

또한 하나님 나라의 일에는 질서와 절차가 있다고 한다. 하나님의 아들이신 예수님은 굳이 요한의 세례를 받을 필요가 없었다. 그러나 요한에게 세례를 받는 것이 합당한 일이라며 허락하라고 하신다. 우리가 하고자 하는 선한 일에도 과정과 절차가 있다. 순리를 무시하거나 역행하며 이루려 하는 것은 하나님이 원하시는 바가 아니다.

II. 예수님의 사역 시작(3:1-7:29)
  A. 내러티브(3:1-4:25)

---

3. 예수님이 시험을 받으심(4:1-11)

구약에서 어떤 인물이 특별한 포지션으로 임명받으면 그가 그 일을 할 만한 자격과 능력이 있는지 테스트하는 사건이 일어난다. 모세의 후계자가 된 여호수아가 처음으로 한 일은 모세처럼 가나안에 정탐꾼을 파견하고, 모세가 홍해를 건넌 것처럼 요단강을 건넌 일이다(수 1-3장). 사울은 공개 석상에서 사무엘에 의해 왕으로 기름 부음을 받은 다음 곧바로 암몬 왕 나하스의 침략을 물리친다(삼상 11장). 하나님은 이스라엘 백성을 다스리며 성전을 건축해야 하는 솔로몬을 기브온 산당에서 만나 이런 일을 할 수 있는 지혜를 약속하셨다. 이후 솔로몬은 아이를 둘러싸고 일어난 두 여인의 소송을 지혜롭게 판결함으로써 그가 이스라엘을 다스릴 능력이 있는 왕이며, 성전을 지을 만한 지혜를 지녔다는 것을 보여 줬다.

마태는 1-2장에서 예수님이 하나님의 아들이시며 온 인류를 구원할 메시아라는 사실을 여러 차례 강조했다. 3장은 예수님이 머지않아 세례 요한이 예비한 길을 오실 것(3:1-12)과 예수님이 사역을 시작하기 전에 하나님이 그가 자기 아들임을 직접 확인해 주신 사건을 보여 준다(3:13-17). 또한 세례를 통해 예수님의 사역이 곧 시작될 것과 그와 함께하시는 성령으로 사역을 하실 것을 암시한다.

본문은 사탄이 온 인류를 구원하실 예수님의 자격을 검증하는 형식을 띤다. 사탄의 검증시험은 두 가지로 진행된다. 첫째, '예수님이 정말 하나님의 아들인가'이다. 둘째, '예수님이 하나님의 뜻을 어떻게 이룰 것인가'이다. 첫 번째 질문과 연관해 사탄이 처음 던진 두 질문은 "네가 만일 하나님의 아들이라면"으로 시작한다. 그러나 세 번째 질문에서 이 말이 생략되는 것으로 보아 이때부터는 사탄도 예수님이 하나님의 아들이심을 온전히 인정한 것으로 보인다.

예수님은 사탄의 세 가지 질문을 모두 신명기 6-8장에 기록된 말씀으로 대답하신다. 사탄의 질문들이 일명 '셰마'(שמע)라고 불리는 신명기 6:5을 근거로 하고 있기 때문이다. 유대인들은 신명기 6:4-9을 '셰마'(말씀)라고 부르며 특별히 취급했다. 셰마는 이스라엘 종교의 밑바탕이 되는 하나님에 대한 진리 선언과 하나님 백성의 기본적인 의무를 정의하는 일종의 고백(creed)이라 할 수 있다(cf. 『엑스포지멘터리 신명기』).

구약 시대 성도들은 매일 셰마를 두 차례 읽으며 묵상했다. 오늘날도 보수적인 유대인들은 매일 두 차례 셰마를 낭독한다. 여호와 종교의 가장 기본적인 진리는 여호와 하나님은 한 분이라는 사실이다(4절). 그렇다면 주님의 백성은 모든 것을 다해 한 분이신 하나님을 사랑해야 한다. "너는 마음을 다하고 뜻을 다하고 힘을 다해 네 하나님 여호와를 사랑하라"(5절). 사탄의 세 가지 시험은 마음(육체)과 뜻(영성)과 힘(권세)에 관한 것들이다(Gerhardsson, cf. Bruner, Gundry).

예수님도 셰마가 강조하는 두 가지—여호와는 한 분이신 것과 우리는 한 분이신 여호와를 모든 것을 다해 사랑해야 한다는 것—를 율법과 선지자(온 구약)의 골자라고 하셨다(막 12:29-30; cf. 마 22:37; 눅 10:27). 사탄도 이러한 사실을 인정하기 때문에 셰마를 바탕으로 예수님을 시험한다. 사탄은 세 가지로 예수님을 시험하지만, 상징적으로는 모든 구약 말씀(율법과 선지자)을 동원해 예수님을 시험하는 것이라 할 수 있다. 사탄이 셰마를 바탕으로 시험을 하자, 예수님도 셰마의 문맥이 되는 신명기 6-8장 말씀을 인용해 사탄을 물리치신다. 사탄의 의도를 꿰뚫으신 것이다.

두 번째 질문과 연관해 예수님은 자신이 하나님이 주신 말씀(구약)에 따라 하나님의 뜻을 성실히 이행하실 것을 암시하신다. 예수님은 하나님의 말씀을 비틀어 적용하는 사탄에게 답할 때마다 올바른 적용으로 대응하신다. 예수님이 오신 것과 사역은 이미 구약 말씀에 기록되어 있으며, 이미 주신 말씀에 기록된 하나님의 뜻에 따라 사역하실 것을 암시하는 것이다. 사탄이 예수님을 시험하는 이야기는 다음과 같이 구분된다. 인상적인 것은 세 가지 시험 모두 사람이 살면서 겪을 만한 유혹이라는 것이다. 죄인인 우리와 함께하기 위해 세례를 받으신(3:13-17) 예수님이 우리가 살면서 겪을 만한 가장 중요한 유혹을 경험하신다. 세 가지 유혹 중 영성 시험이 중간에 위치하며, 일명 '속된 것들'(의식주와 명예)에 둘러싸여 교차대구법 구조를 이룬다.

A. 서론: 금식 후 시험(4:1-2)
   B. 첫 번째: 의식주에 대한 시험(4:3-4)
      C. 두 번째: 영성에 대한 시험(4:5-7)
   B′. 세 번째: 명예에 대한 시험(4:8-10)
A′. 결론: 마귀가 떠나고 천사들이 옴(4:11)

```
II. 예수님의 사역 시작(3:1-7:29)
   A. 내러티브(3:1-4:25)
      3. 예수님이 시험을 받으심(4:1-11)
```

(1) 서론: 금식 후 시험(4:1-2)

¹ 그때에 예수께서 성령에게 이끌리어 마귀에게 시험을 받으러 광야로 가사 ² 사십일을 밤낮으로 금식하신 후에 주리신지라

'그때에'(τότε)는 예수님이 광야에서 시험받은 것이 요한에게 세례를 받으신 직후에 있었던 일이라는 것을 뜻한다(Broadus). 하나님이 예수님을 '내 아들'이라 하셨으니(3:17), 사탄이 사실 여부를 확인하고자 한다. 세례를 받으실 때 예수님에게 비둘기처럼 임하셨던 성령이 이번에는 그의 발걸음을 이끄신다. 예수님은 사역을 시작하실 때부터 성령으로 충만하셨다. 이사야 선지자는 다윗의 후손으로 오시는 메시아는 일곱 가지 영(우리말 번역본은 여덟 가지로 표기함, cf.『엑스포지멘터리 이사야』)으로 가득할 것이라고 예언했다(사 11:1-2). 예수님을 통해 이 말씀이 성취된 것이다.

예수님이 성령의 인도하심에 따라간 곳은 광야다. 아마도 요한이 사역을 하던 유대 광야였을 것이다(cf. 3:1). 요한은 광야에서 외쳤지만, 예수님은 그곳에서 금식하신다(Wilkins). 이미 언급한 것처럼 광야(cf. 3:1)는 구약에서 매우 중요한 테마다. 본문에 기록된 사건과 연관해 광야는 악령들이 거하는 곳이며(사 13:21; 34:14; 마 12:43; 계 18:2), 출애굽한 이스라엘이 홍해를 건넌(물을 지난) 후 시험과 연단을 받은 곳이다(신 6-8장). 바로 앞 장에서 세례를 받으신(물을 지나신) 예수님이 광야에서 시험을 받으신 것은 이스라엘이 과거에 경험한 일과 평행을 이룬다.

광야는 먹을 것과 마실 것이 없어 사람이 살 만한 곳이 못된다. 이러한 사실을 역으로 생각하면 광야는 인간의 필요를 채우시는 하나님만 바라며 살기에 참 좋은 곳이다(cf. 왕상 19:4-8). 또한 새로운 시작을 알

리는 곳이다. 예수님은 광야에서 오직 하나님만 바라며 40일을 금식하시면서 새로운 창조 사역을 준비하신다(2절). 비록 배는 고프지만, 하나님과 깊은 교재를 하는 시간이었다. 그러므로 광야는 매우 위험한 곳이지만, 하나님과 교제하며 보호하심을 가장 확실하게 경험할 수 있는, 즉 '오직 하나님만 의지하는 것'이 무엇인지 경험할 수 있는 곳이기도 하다. 예수님은 앞으로도 중요한 일을 하기 전에 조용한 곳을 찾아 홀로 하나님과 교제하실 것이다(14:13, 23 등). 우리도 가장 위험하게 느껴지는 곳에서 가장 확실한 하나님의 보호를 경험하고는 한다. 따라서 예수님처럼 큰일을 앞둘 때마다 조용한 곳에서 하나님을 찾아야 한다. 하나님이 주시는 능력으로 하면 못할 일이 없을 것이다.

예수님은 마귀에게 시험을 받으셨다. 구약이 '사탄'(שָׂטָן)이라고 부르는 자를 칠십인역(LXX)은 '마귀'(διάβολος)로 번역했고(대상 21:1; 욥 1:6-12; 2:1-7; 슥 3:1-2), 마태도 칠십인역에 따라 마귀라고 부른다. 사탄은 '비난하는 자, 고발하는 자'(slanderer, accuser)라는 의미를 지녔다(HALOT). 잠시 후에 예수님도 이 마귀를 '사탄'(σατάν)이라고 부르신다(4:10; cf. 12:26; 16:23). 사탄이 하나님을 대적하는 악령들의 우두머리인지, 성도들의 신앙에 대해 하나님께 문제를 제기하는 역할을 담당하는 천사인지는 확실하지 않다(cf. 『엑스포지멘터리 욥기』). 한 가지 확실한 것은 예수님을 죽이고자 했던 헤롯왕을 통해 보듯이 사탄은 사람들을 도구로 사용할 수 있다는 사실이다.

마귀는 예수님이 하나님의 아들이라는 사실을 문제 삼아 그가 하나님의 아들이 아니라는 것을 입증하기 위해 시험을 진행하고자 한다. '시험하다'(πειράζω)는 '유혹해 하나님의 뜻에 어긋나게 하다'라는 의미도 있지만, 본문에서는 '테스트하다'라는 뜻이다(BAGD). 예수님이 하나님의 아들인지 아닌지 직접 조사해 보겠다는 것이다. 마태는 예수님이 '성령에 의해'(ὑπὸ τοῦ πνεύματος) 광야로 인도되셨고, 시험이 '마귀에 의해'(ὑπὸ τοῦ διαβόλου) 진행되었다고 한다. 그는 사람들이 흔히 범하는 두 가지 오류—시험을 하나님이 주신다는 생각과 악마가 하나님에 버금가는 능력을 갖고 있으며 하나님의 통제를 받지 않고 행동한다는 생각—를 동시에 잠재우려 한다(Blomberg). 하나님은 직접 사람을 시험하지 않으신다(욥 1-2장; 약 1:13). 마귀는 하나님의 통제 아래 있으므로 주님의 허락 없이는 아무 일도 하지 못한다(욥 1-2장; 계 13:5-8). 모든 것을 통제하시는 하나님은 우리가 감당할 수 없는 시험은 허락하지 않으신다(고전 10:13).

예수님은 광야에서 40일 동안 금식하셨다(2절). 왜 40일인가? 예수님은 새로운 모세다. 모세는 시내산 정상에서 40일을 금식하고(출 34:28; 신 9:9), 40년 동안 광야에서 이스라엘을 인도했다. 예수님은 새 모세이지만, 동시에 이스라엘을 대표하신다(cf. 2:15). 이러한 이유로 40일 동안 금식하신 것이다. 이스라엘의 광야 40년은 참으로 비참한 실패였지만, 예수님은 성공적으로 40일 금식을 마무리하셨다. 또한 예수님은 하나님의 종이었던 모세와 비교할 수 없는 하나님의 아들이시다.

40일 금식 후 예수님은 참으로 배가 고프셨다(2절). 옛적에 이스라엘도 광야에서 배가 고팠다(신 8:3). 출애굽 때 이스라엘이 경험했던 것을 예수님이 손수 경험하신 것이다. 새로운 출애굽을 이루기 위해서다. 예수님은 금식 후 배가 매우 고프셨지만, 하나님 아버지와 매우 깊이 교제하는 시간을 보내셨을 것이다.

이 대목에서 한 가지 잘 이해되지 않는 부분이 있다. 사탄은 왜 예수님이 영적으로 가장 충만해 있을 때를 택해 시험한 것일까? 예수님이 하나님의 아들이 아니라는 것을 증명할 자신감이 넘친 것일까? 사람은 가장 영적인 경험을 한 직후에 가장 약해진다. 엘리야를 생각해 보라. 갈멜산에서 바알 선지자 450명을 상대로 대승한 사람이 바로 다음 순간에 이세벨의 협박에 40일 주야를 걸어 하나님의 산으로 피신했다(왕상 18:40-19:8). 높이 올라갈수록 떨어지는 폭도 크다. 아마도 마귀는 이런 점을 노린 것으로 보인다.

예수님의 금식과 사탄의 시험이 실제로 있었던 일인지 아닌지 상당한 논란이 있다. 어떤 이들은 복음서 저자들이 만들어 낸 이야기라고 한다(Boring, Gerhardsson). 이렇게 주장하는 가장 큰 이유는 구약과 유대인 문헌에 메시아가 마귀에게 시험을 받을 것이라는 말이 없다는 것이다(Boring). 그러나 전에 없었던 일이기 때문에 앞으로도 없을 것이라는 논리는 별로 설득력이 없다. 어떤 이들은 이 모든 일이 환상 속에서 일어났을 가능성을 제시한다(Carson). 성전 꼭대기에서 진행된 두 번째 시험과 천하만국과 그 영광이 보이는 높은 산 정상에서 진행된 세 번째 시험은 환상으로 설명하기가 가장 쉽기 때문이다. 그러나 만일 환상 속에서 일어난 일이라면 아무도 보지 못하는 환상 속에서 예수님이 뛰어내리실 필요가 전혀 없다(Osborne). 이 일들은 실제로 있었던 것들로 간주하는 것이 바람직하다(Plummer, Morris, Hagner, Keener).

이 말씀은 하나님이 때로는 마귀가 우리를 시험하는 것을 허락하신다고 한다. 하나님이 그분의 아들이신 예수님도 마귀에게 시험을 받도록 허락하셨으니 우리가 시험을 받도록 허락하시는 것은 당연한 일이라 할 수 있다. 다행인 것은 우리가 마귀에게 시험을 받을 때 성령님이 함께하시며 우리를 도우실 것이라는 사실이다. 성령님이 예수님을 도우신 것처럼 말이다. 그러므로 우리의 신앙이 시험받을 때, 성령님의 도우심을 간절히 사모하자.

II. 예수님의 사역 시작(3:1-7:29)
  A. 내러티브(3:1-4:25)
    3. 예수님이 시험을 받으심(4:1-11)

---

(2) 첫 번째: 의식주에 대한 시험(4:3-4)

³ **시험하는 자가 예수께 나아와서 이르되 네가 만일 하나님의 아들이어든 명해 이 돌들로 떡덩이가 되게 하라** ⁴ **예수께서 대답해 이르시되 기록되었으되 사람이 떡으로만 살 것이 아니요**

183

하나님의 입으로부터 나오는
모든 말씀으로 살 것이라
하였느니라 하시니

첫 번째 질문은 셰마가 하나님을 이렇게 사랑하라며 지적하는 세 가지(마음, 뜻, 힘) 중 첫 번째인 '마음'에 관한 것이다(cf. 신 6:5). 히브리어로 '마음'(לֵבָב)은 육체의 한 중앙에 있는 장기다(cf. HALOT). 그러므로 마음은 사람의 몸을 상징한다(cf. Gerhardsson). 이 시험은 예수님의 육체적 필요에 관한 것이다. 또한 이스라엘의 모형인 예수님의 배고픔은 옛적에 그들이 광야에서 배고팠던 일(신 8:2)을 재현한다. 그때 이스라엘은 하나님의 입에서 나온 말씀(약속)을 믿고 의지하는 일에 실패했지만, 예수님은 성공하신다.

'시험하는 자'(ὁ πειράζων)는 마귀가 하는 일을 가장 잘 표현한다. 그의 직업은 세상을 돌아다니며 사람들을 시험하는 것이다. 그는 온갖 것으로 유혹하지만, 결정은 각 사람 몫이다. 그러므로 우리가 사탄의 유혹에 못 이겨 죄를 지어 놓고 "마귀가 죄를 짓게 했다"(The Devil made me do it)라고 하는 것은 옳지 않다. 죄는 우리 각자의 책임이다.

마귀는 "만일 하나님의 아들이어든"(εἰ υἱὸς εἶ τοῦ θεοῦ)이라는 말로 시험을 시작하는데 이 문구의 첫 단어인 '만일'(εἰ)+직설법(indicative)은 뒤따르는 예수님이 하나님의 아들 되심의 진실성을 인정하고 시작하는 가정(假定)이다(BAGD). 사탄은 예수님이 하나님의 아들이라는 것을 부정하며 시험하는 것이 아니라, 이 사실을 전제하고서 시험하는 것이다(Boring, France, Morris, Osborne, Tasker, Wilkins). 그러므로 이 시험은 하나님의 아들이신 예수님의 특별한 능력과 지위를 악용 또는 남용하게 하려는 것이다.

마귀는 40일 금식으로 인해 무척 시장하신 예수님에게 돌을 떡으로 만들어 하나님의 아들임을 드러내라고 한다. 예수님은 빵 다섯 조각과 물고기 두 마리로 5,000명 이상을 먹이신 분이다(14:19). 그러므로 돌을 떡으로 바꾸시는 것은 일도 아니다. 이 유혹은 하나님의 아들이신 예수님이 그분의 능력을 자기 자신을 위해 사용할 것인지, 그를 보내신 아버지의 뜻을 이루는 데 사용할 것인지에 관한 것이다. 40일 금식으로 무척 시장하신 예수님이 돌을 빵으로 바꿔도 그것을 죄라 할 사람은 없다. 우리 삶에서도 가장 흔한 마귀의 유혹은 죄를 짓게 하는 것이 아니라, 하나님의 뜻에 어긋나게 하는 것이다(Wilkins).

하나님은 하나뿐인 아들에게 모든 권리를 행사하라며 이 땅에 보내시지 않았다. 가서 사람들을 섬기라며 종으로 보내셨다(cf. 사 53장). 심지어 십자가 위에서 죄인들을 위해 죽으라고 보내셨다. 이러한 사실을 잘 아시는 예수님은 죽음 앞에서 너무나도 힘들고 어려웠지만 "아버지께는 모든 것이 가능하오니 이 잔을 내게서 옮기시옵소서 그러나 나의 원대로 마옵시고 아버지의 원대로 하옵소서"라고 기도하셨다(막 14:36; 눅 22:42). 그러므로 예수님이 자신을 위해 능력을 사용하시면 하나님의 뜻에 순종하지 않는 것이 된다.

예수님은 사탄의 시험에 성경 말씀을 인용해 단호하게 대답하셨다. 예수님이 인용하시는 말씀은 신명기 8:3에서 왔다. 하나님은 가나안 입성을 눈앞에 둔 이스라엘 백성에게 지난 40년 동안 그들이 광야에서 무엇을 먹고 살았는지 생각해 보라며 이렇게 말씀하셨다. 그들은 하나님이 내려 주신 하늘의 양식 만나를 먹고 살았다. 그들은 가나안에 입성한 후에도 이 사실을 기억해야 한다. 하나님은 그들의 필요를 아시고 좋은 것으로 채워 주시는 분이라는 것을 항상 마음에 품고 살라는 당부다. 이스라엘이 요단강을 건너 그 땅에서 나는 곡식을 먹기 시작하면 이제 만나는 내리지 않을 것이다(cf. 수 5:12). 그러나 그들이 먹는 그 땅의 곡식도 하나님이 '하늘에서 내려 주시는 만나'이다.

이러한 사실을 잘 아시는 예수님은 "사람이 떡으로만 살 것이 아니요"라고 말씀하셨다(4절). '사람'(ὁ ἄνθρωπος)은 특정한 사람이 아니라 모든(보통) 사람을 뜻한다. 예수님은 보통 사람도 떡으로만 살지는 않는데, 하물며 하나님의 아들인 내가 떡으로만 살려고 하겠느냐며 굳은 의지를 표현하신다. 어떤 의지인가? 바로 하나님의 입으로부터 나오는 모든 말씀으로 살 것이라는 다짐이다(4절).

예수님은 개인적인 필요를 채우는 일이 아니라, 하나님의 말씀을 살아내는 일에 자신의 능력을 사용하겠다고 선언하시는 것이다. 나중에 예수님은 우리가 먼저 하나님의 나라와 의를 구하면 하나님이 우리의 모든 필요를 채워 주신다고 하시는데(6:33), 이곳에서 그 원리를 몸소 실천하신 것이다. 또한 요한복음 4:34에서 예수님은 "나의 양식은 나를 보내신 이의 뜻을 행하며 그의 일을 온전히 이루는 이것이니라"라고 말씀하셨다.

본문과 디모데후서 3:16은 둘 다 '모든 말씀'에 관해 말하지만, 강조점이 다르다 보니 표현이 다르다. 본문은 하나님의 입에서 나온 말씀, 곧 스피치로 하신 말씀을 강조하기에 '판티 레마티'(παντὶ ῥήματι)를 사용한다. 반면에 디모데후서는 이미 기록된 말씀(정경)을 강조하면서 '파사 그라페'(πᾶσα γραφὴ)를 사용한다. 하지만 둘 다 같은 의미, 곧 성경 말씀을 뜻한다. 오늘날 우리가 하나님의 말씀을 접하는 유일한 방법은 성경을 통해서이기 때문이다.

이 말씀은 한국 교회의 허를 찌른다. 세계 어디를 가도 한국 성도들처럼 성경 말씀을 잘 아는 사람은 흔치 않다. 한국 교회처럼 예배를 많이 드리고, 설교를 많이 하는 교회도 없다. 매일 성경을 묵상하는 성도들이 백만 명이나 된다고 한다. 문제는 지나친 영적 편식이다. 목회자와 성도들을 불편하게 할 수 있는 말씀은 선포되지 않는다. 심지어 매일 말씀을 묵상하는 성도들도 그들을 불편하게 만드는 진리는 무시하고 지나가거나 혹은 없는 것처럼 여긴다. 그러니 코로나19 사태를 통해 교회가 사회의 지탄을 받는 애물단지가 된 것은 예견된 일이라 할 수 있다. 우리는 회개해야 한다. 하나님의 아들이신 예수님도 하나님의 '모든 말씀'에 따라 사셨다. 그렇다면 우리는 얼마나 더 하나님의 말씀을 균형 있게 삶에 적용해야 하겠는가!

또한 이 말씀은 하나님이 주신 은사는 자기 필요를 채우기 위해 사용하는 것이 아니라고 한다. 마귀는 하나님의 아들이신 예수님에게 그분의 능력을 사용해 허기를 달래라고 유혹한다. 그러나 예수님은 마귀의 유혹을 단호하게 뿌리치신다. 우리도 예수님을 본받아 하나님이 주신 은사를 우리 자신의 필요를 채우는 데 사용하지 말고 우리가 속한 하나님 백성 공동체의 필요를 채우는 데 사용해야 한다.

> II. 예수님의 사역 시작(3:1-7:29)
>   A. 내러티브(3:1-4:25)
>   3. 예수님이 시험을 받으심(4:1-11)

(3) 두 번째: 영성에 대한 시험(4:5-7)

⁵ 이에 마귀가 예수를 거룩한 성으로 데려다가 성전 꼭대기에 세우고 ⁶ 이르되 네가 만일 하나님의 아들이어든 뛰어내리라 기록되었으되

그가 너를 위하여 그의 사자들을 명하시리니

그들이 손으로 너를 받들어

발이 돌에 부딪치지 않게 하리로다

하였느니라 ⁷ 예수께서 이르시되 또 기록되었으되

주 너의 하나님을 시험하지 말라

하였느니라 하시니

첫 번째 시험에 실패한 사탄은 두 번째 시험을 위해 예수님을 거룩한 성, 곧 예루살렘에 있는 성전 꼭대기로 데려갔다. 당시 성전의 남서쪽 지붕은 수백 미터 아래에 있는 기드론 계곡이 내려다보이는 아찔한 곳이었다(Josephus). 아마도 사탄은 예수님을 이곳으로 데려갔을 것이다.

첫 번째 시험에서 예수님이 성경 말씀으로 유혹을 뿌리치신 것에 자극을 받은 것일까? 이번에는 사탄이 하나님의 말씀을 인용해 예수님을 시험했다. '당신이 하나님의 아들임을 인정할 테니 당신도 하나님의 아들이라는 사실을 성전 꼭대기에서 뛰어내리는 일로 드러내라'는 취지의 유혹이다. 성경에 따르면 뛰어내리는 메시아가 다치지 않도록 하나님이 천사들을 보내어 받들게 하실 것이라고 했다는 것이다.

사탄이 인용하는 말씀은 시편 91:11-12이다. 지존자의 은밀한 곳에 거하는 자는 전능하신 자의 그늘 아래 거할 것이라는 말씀으로 시작하는 시편 91편은 하나님이 성도들을 철두철미하게 보호하신다는 노래다. 사탄은 이 시편 말씀이 잘못되었다고 하지 않는다. 단지 이 말씀의 적용을 조금 비틀 뿐이다. 사탄은 성도들을 정면으로 공격하지 않고 주로 옆으로 미끄러지게 하는 방법으로 유혹한다(Wilkins).

사탄은 이 은혜롭고 아름다운 시편의 일부를 인용해 예수님을 유혹하고 있다. 사실 예수님은 마음만 먹으면 얼마든지 천사들을 부르실 수 있다. 예수님을 잡으러 온 사람들에게서 주님을 보호하겠다며 칼을 빼어 든 베드로를 나무라시며 "너는 내가 내 아버지께 구해 지금 열두 군단 더 되는 천사를 보내시게 할 수 없는 줄로 아느냐"라고 하셨다(26:53).

만일 예수님이 성전 꼭대기에서 기드론 계곡으로 뛰어내리셨으면 어떤 일이 벌어졌을까? 아마도 곧바로 팬클럽(fan club)이 결성되고, 수많은 사람이 예수님을 메시아로 추대하고 따랐을 것이다. 그러나 예수님은 그렇게 하지 않으셨다. 그것은 넓은 길이고, 하나님 뜻에 맞지 않는 사역 방식이기 때문이다. 예수님이 좁고 험난한 가시밭길, 곧 십자가로 향하는 길을 가시는 것이 하나님의 뜻이다. 또한 하나님은 예수님이 조용하고 은밀하게 묵묵히 하나님 나라의 복음을 선포하면서 때로는 그 복음으로 인해 고난당하는 것을 원하셨다. 하나님의 말씀과 약속은 하나님의 뜻에 따라 적용되기에 합당한 때와 장소가 있다. 그러나 사탄은 이 사실을 인정하지 않은 것이다.

사탄이 하나님의 말씀을 아는 것을 이상하게 생각할 수도 있지만, 사람들을 실족하게 하는 일이라면 무슨 일을 못 하겠는가! 게다가 사탄의 말씀 해석과 적용은 심각한 문제를 안고 있다. 그래서 한 주석가는 그의 해석을 '비뚤어진 석의'(perverse exegesis)라고 한다(Carson).

예수님은 첫 번째 유혹에서 그러셨던 것처럼 이번에도 말씀을 인용해 시험을 물리치셨다. "주 너의 하나님을 시험하지 말라"(7절). 이 말씀은 신명기 6:16을 인용한 것이다. 신명기 6장은 요단강 도하를 앞둔 이스라엘 백성에게 가나안에 입성하면 삶의 지침으로 삼아야 할 가장 기본적인 의무를 가르치며 시작한다(1-3절). 이스라엘은 여호와는 오직 한 분이심을 기억하며 모든 것을 다해 하나님을 사랑해야 한다(4-5절). 심지어 옷차림과 시간을 활용하는 일에서도 여호와를 향한 사랑이 나타나야 한다(6-9절). 가나안의 풍요를 즐기고 살면서 이를 축복으로 주신 여호와를 잊으면 안 된다(10-12절). 가나안 사람들의 신들을 숭배해서도 안 된다(13-15절). 이런 일들은 옛적에 그들의 조상이 맛사에서 하나님을 시험한 것과 다를 바 없는 일이다(16절).

맛사에서 있었던 일은 출애굽기 17:1-7에 기록되어 있다. 홍해를 건너 시내산으로 가던 이스라엘 사람들이 목이 말랐다. 그래서 그들은 하나님과 모세를 원망했고, 하나님은 모세에게 바위를 쳐서 물을 내어 마시게 하라고 하셨다. 이 일로 인해 그들이 하나님을 시험했기 때문에 이곳이 히브리어로 시험을 의미하는 이름 '맛사'(מַסָּה)로 불리게 되었다. 그들은 "여호와께서 우리 중에 계신가 안 계신가" 하며 시험했다(출 17:7).

참으로 어이없는 일이다. 이때까지 그들과 함께하시며 이집트에서 온갖 이적을 행하시고, 홍해를 건너게 하시고, 먹이신 하나님을 마실 물이 없다는 이유로 한순간에 의심하고 있다! 하나님은 그들을 떠나거나 버리신 적이 없는데도 말이다. 그들은 하나님의 속성(인격)에 문제를 제기한 것이다. 즉, 하나님을 시험하는 것은 하나님의 속성에 적절하지 않은 요구를 하거나 하나님 말씀의 의도를 왜곡해 적용하는 것을 두고 하는 말이다.

우리도 종종 주변에서 하나님은 하실 수 있다는 믿음의 허울 아래 엉뚱한 짓을 하는 사람들을 본다. 예를 들면 믿는 사람은 하나님이 보호하시기 때문에 독사에 물려도 죽지 않지 않는다며 독사가 가득한 박스에 손을 넣는 미련한 자들이 있다. 신앙생활을 잘하면 절대 병에 걸리지 않는다고 떠들어대는 어리석은 자들도 있다. 이런 것은 믿음의 표현이 아니라, 하나님을 시험하는 것이다.

예수님은 사탄이 하나님의 말씀을 자기 마음대로 적용하는 것을 나무라신다. 한국 교회를 괴롭히는 이단들이 이러하다. 그들도 성경을 읽고 나름대로 현실과 삶에 적용한다. 그러나 그들의 행위는 오용이고 남용이지 적절한 적용이 아니다. 모든 말씀은 선포된 정황과 의도한 바가 있다. 우리는 말씀의 의도를 잘 깨닫고 건전하게 적용해야 한다. 정통 기독교와 사이비 이단의 가장 큰 차이는 적용에 있다고 해도 과언이 아니다.

먹을 것(의식주)으로 예수님을 시험했다가 실패한 사탄이 이번에는 말씀으로 예수님을 시험하고 있다. 두 번째 시험은 하나님의 말씀을 어떻게 이해하고 적용하느냐, 곧 영성에 관한 시험이다. 이번에도 예수님은 사탄의 유혹을 물리치셨다.

이 말씀은 사탄이 때로는 하나님의 말씀을 이용해 유혹할 것이라고 경고한다. 마귀는 예수님이 처한 상황에 그럴싸하게 어울릴 만한 하나님의 말씀을 이용해 유혹했다. 우리 주변에 있는 이단들도 한결같이 말씀을 이용해 성도들을 현혹한다. 이런 유혹에서 성도들을 보호할 유일한 방법은 그들을 성경 말씀으로 무장시키는 것이다. 하나님의 말씀을 잘 알면 이단들이 하나님의 말씀이라며 하는 말이 모두 비(非)성경적이고 허무맹랑한 거짓말이라는 것을 곧바로 알게 된다.

(4) 세 번째: 명예에 대한 시험(4:8-10)

[8] 마귀가 또 그를 데리고 지극히 높은 산으로 가서 천하만국과 그 영광을 보여 [9] 이르되 만일 내게 엎드려 경배하면 이 모든 것을 네게 주리라 [10] 이에 예수께서 말씀하시되 사탄아 물러가라 기록되었으되

주 너의 하나님께 경배하고

다만 그를 섬기라

하였느니라

사탄은 세 번째 시험을 위해 예수님을 지극히 높은 산 정상으로 데리고 갔다. 이 시험은 환상(vision)을 통해서 왔을 수 있다(Carson, Wilkins). 사탄은 높은 산 정상에서 예수님에게 세상 모든 것을 보여 주었다. 모세가 죽기 전에 느보산 위에 올라가 요단강 건너편 약속의 땅을 바라본 장면을 연상케 한다(Boring, Hill, cf. 신 34:1-4). 예수님은 모세가 얻을 수 없었던 것을 약속받고 있다(Gerhardsson). 문제는 약속하는 자가 사탄이라는 것이다!

이 세 번째 시험은 예수님께 가장 큰 유혹일 수 있다. 예수님이 이 땅에 오신 이유와 연관이 있기 때문이다(cf. 25:31-34). 선지자 다니엘은 예수님에 대해 이렇게 예언했다.

> 내가 또 밤 환상 중에 보니 인자 같은 이가 하늘 구름을 타고 와서 옛적부터 항상 계신 이에게 나아가 그 앞으로 인도되매 그에게 권세와 영광과 나라를 주고 모든 백성과 나라들과 다른 언어를 말하는 모든 자들이 그를 섬기게 하였으니 그의 권세는 소멸되지 아니하는 영원한 권세요 그의 나라는 멸망하지 아니할 것이니라(단 7:13-14).

하나님의 뜻에 의하면 예수님은 이 예언을 이루기 위해 고난의 길을 가야 하며, 마지막에는 십자가에서 죽음을 맞아야 한다. 그러므로 예수님은 세상에 대한 권세를 십자가 사건 후에 받으실 것이다. 이와는 대조적으로 사탄은 예수님이 세상을 얻을 수 있는 쉬운 길을 제시한다. 예수님이 자기에게 엎드려 경배하면 세상 모든 권세를 당장, 이 자리에서 주겠다고 약속한다(9절). 그러므로 이 시험은 셰마 중 힘(권세)에 관한 것이다(Gerhardsson).

사탄이 정말 세상 권세를 가지고 있는가? 성경은 하나님이 세상을 다스리시는 왕이라고 한다. 그러므로 세상 권세는 여호와 하나님의 것이다. 위에 기록된 다니엘서 말씀에서도 하나님은 인자(메시아)에게 세상에 대한 모든 권세와 영광과 나라를 주신다. 그러나 성경은 한편으로 사탄을 이 세상의 임금이라 하고(요 12:31; 14:30; 16:11), 이 세상의 신이라 한다(고후 4:4). 사탄도 하나님이 허락하신 범위 안에서 세상에 대해 어느 정도의 권세를 가지고 있는 것이다(눅 4:5-6). 그러나 그가 주장하는 만큼은 아니다. 사탄은 자기기만(self-delusion)에 빠져 있다.

사탄은 예수님이 그를 경배하면 이 권세를 넘기겠다고 한다. 그는 하나님의 아들에게 아버지 하나님을 섬기지 말고, 자기를 섬기라며 우상 숭배를 종용하고 있다! 그는 제일 먼저 허기진 예수님을 상대로 먹을 것을 가지고 유혹했다가 실패했다. 그다음 하나님의 말씀을 이용해 시험했지만 실패했다. 그러므로 세 번째 시험에서는 악의적인 자기기만에서 비롯된 조건을 제시하며 협상하자고 한다. 사탄이 되지도 않을 일에 참으로 애를 쓴다!

예수님은 십계명 중 첫 번째 계명("나 외에는 다른 신들을 네게 두지 말지니라", 신 5:7)을 범하라는 사탄의 제안을 단칼에 거절하신다. 아예 사탄에게 곁에서 떠나라고 명령하시고(10절), 사탄은 예수님의 명령에 따라 떠난다(11절). 이 시험의 주도권이 사탄으로부터 예수님에게 넘어온 것이다(Osborne).

이번에도 예수님은 하나님이 "주 너의 하나님께 경배하고 다만 그를 섬기라"라고 하셨다며 말씀을 인용해 사탄을 나무라신다(10절). 신명기 6:13 말씀이다. 앞에서 언급한 것처럼 바로 앞에 오는 신명기 6:10-12은 이스라엘이 요단강을 건너가 가나안의 풍요를 즐기고 살면서 이것들을 축복으로 주신 여호와를 잊지 말 것을 경고했다. 이어 가나안 사람들의 신들을 숭배해서도 안 된다며 이 말씀을 주셨다(13-15절). 그러므로 이 말씀은 자기를 신으로 숭배하라는 사탄을 물리치는 데 적격이다. 진리를 꼬는 자들에게 정확한 성경 말씀처럼 효과적인 것은 없다.

이 말씀은 우리에게 가장 어려운 유혹은 물질과 권력에 관한 것이라고 한다. 마귀는 천하 만국과 그 영광을 아껴 두었다가 마지막 한 방으로 사용해 예수님을 유혹한다. 이는 이 유혹이 세 가지 시험 중 가장 물리치기 어려운 것임을 암시한다. 우리는 성도의 삶에서도 재물과 권력에 대한 유혹이 가장 뿌리치기 어렵다는 사실을 인정하고, 하나님을 경배하기 위해 맘몬을 멀리하도록 도전하고 또 도전해야 한다. 또한 목회자는 나이가 들수록 명예와 권력에 대한 유혹이 강해진다는 사실을 마음에 새겨야 한다.

```
II. 예수님의 사역 시작(3:1-7:29)
  A. 내러티브(3:1-4:25)
    3. 예수님이 시험을 받으심(4:1-11)
```

(5) 결론: 마귀가 떠나고 천사들이 옴(4:11)

[11] 이에 마귀는 예수를 떠나고 천사들이 나아와서 수종드니라

철저하게 실패한 사탄이 예수님의 명령에 따라 떠났다(11절). 예수님은 사역을 시작하시기 전부터 원수 마귀를 상대로 승리하셨다! 하나님의 아들이 마귀의 나라를 침략하기 시작하셨다(Wilkins). 우두머리를 물리쳤으니 졸개인 귀신들은 문제가 되지 않는다. 물론 사탄은 계속 예수님의 주변을 기웃거릴 것이다(눅 4:13). 그러나 결국에는 예수님이 십자가에서 사탄을 상대로 절대적이고 최종적인 승리를 거두신다. 놀라운 것은 예수님이 무력으로 사탄을 이긴 것이 아니라, 죽음과 희생으로 물리치셨다는 사실이다. 이 사실은 주님의 길을 따르고자 하는 그리스도인들에게 시사하는 바가 크다.

믿는 자들에게 사탄은 문제가 되지 않는다. 이미 예수님이 그를 물리치셨고, 우리는 예수님이 사랑하시는 사람들이기 때문이다. 그러므로 우리가 예수님 안에 있으면, 사탄이 우리를 속일 수는 있어도(계 12:9; 20:3) 해치지는 못한다. 따라서 당당하게 주님의 이름으로 사탄과 졸개들을 내쳐야 한다(cf. 약 4:7; 벧전 5:9).

사탄이 떠나자 천사들이 와서 예수님의 수종을 들었다. 천사들이 '수종을 들었다'(διηκόνουν αὐτῷ)는 것은 예수님의 모든 필요를 채웠다는 뜻이다. 그들은 제일 먼저 40일 금식으로 시장하셨던 예수님에게 식사를 준비해 드렸을 것이다. 예수님은 배가 무척 고픈 상황에서도 음식 유혹을 뿌리치고 먼저 하나님의 나라를 구하셨다. "그런즉 너희는 먼저 그의 나라와 그의 의를 구하라 그리하면 이 모든 것을 너희에게 더하시리라"(6:33)라는 말씀이 새롭게 들린다.

이 본문은 끝나지 않을 것 같은 연단과 시험도 반드시 끝날 때가 있다고 한다. 마귀는 예수님을 철저하게 시험한 다음 주님을 떠나야 했다. 우리도 시험과 연단을 버텨 내면 끝날 때가 반드시 온다. 예수님의 시험이 끝나자 천사들이 와서 수종을 든 것처럼, 시험이 끝나는 순간 하나님의 은혜가 우리를 위로하고 격려할 것이다. 그때를 소망하며 시험과 연단을 견뎌 내자.

4. 예수님이 사역을 시작하심(4:12-25)

요한에게 세례를 받으시고(3:13-17) 사탄의 시험을 잘 이겨내신(4:1-11) 예수님이 나사렛으로 가셨다. 얼마 후 갈릴리 호수 북쪽 끝자락에 있는 가버나움으로 가서 사셨다(13절). 그곳에서 예수님은 세례 요한이 외쳤던 것과 같은 메시지를 외치며 사역을 시작하신다(17절).

예수님이 얼마 동안 사역하셨는가에 대해 아직도 논란이 많다. 예수님이 3년 동안 사역하셨다는 것이 전통적인 견해다. 첫해는 많은 일을 하지 않고 상대적으로 조용히 보내셨고, 둘째 해에는 대중적으로 사역하셨으며, 셋째 해에는 저항을 많이 받는 사역을 하셨다(cf. Hoehner, Stein). 공관복음은 예수님의 첫해 사역에 관해 거의 언급하지 않는다. 반면에 요한복음 1-5장은 예수님이 이 시기에 유다와 갈릴리를 오가며 사역하시다가 가버나움으로 이동하셨다고 한다. 예수님의 사역이 시작됨을 알리는 이 섹션은 다음과 같이 구분된다.

A. 가버나움으로 가심(4:12-16)

B. 외치신 첫 메시지(4:17)

C. 네 제자를 부르심(4:18-22)

D. 갈릴리에서 사역하심(4:23-25)

(1) 가버나움으로 가심(4:12-16)

¹² 예수께서 요한이 잡혔음을 들으시고 갈릴리로 물러가셨다가 ¹³ 나사렛을

떠나 스불론과 납달리 지경 해변에 있는 가버나움에 가서 사시니 ¹⁴ 이는 선지자 이사야를 통하여 하신 말씀을 이루려 하심이라 일렀으되
¹⁵ 스불론 땅과 납달리 땅과
요단강 저편 해변 길과 이방의 갈릴리여
¹⁶ 흑암에 앉은 백성이 큰 빛을 보았고
사망의 땅과 그늘에 앉은 자들에게
빛이 비치었도다
하였느니라

광야에서 시험을 받으신 이후 시간이 얼마나 흘렀는지는 알 수 없지만, 그다지 많은 시간이 흐른 것으로 보이지는 않는다. 아마도 몇 달 정도 지난 것으로 생각되며, 이때 예수님은 유대와 갈릴리와 사마리아를 오가며 사역을 하셨던 것으로 보인다(Osborne, cf. 요 1-5장). 요한이 잡히기 전까지는 소극적으로 은밀하게 사역하셨을 것이다.

예수님에게 세례 요한이 잡혔다는 소식이 들려왔다(12절). 요한은 분봉 왕 헤롯(Herod Antipas)과 그의 동생 빌립의 아내 헤로디아(=헤롯의 제수[弟嫂])의 결혼을 반대했다가 옥에 갇혔다. 이후 앙심을 품은 헤로디아의 간교한 계략으로 처형되었다(14:1-12). 예수님의 길을 예비하기 위해 온 요한은 마치 예수님의 십자가 죽음을 예고나 하는 것처럼 그 역시 죄인들의 손에 죽어갔다.

소식을 들으신 예수님이 갈릴리로 물러가셨다(12절). '물러갔다'(ἀνεχώρησεν εἰς)를 위험한 상황에서 도피하는 것으로 해석하는 이들이 있다. 세례 요한이 잡혔다는 소식을 듣고 예수님이 자기에게도 화가 미칠까 봐 현장에서 도주했다는 것이다(Davies & Allison, Senior, Schnackenburg). 그러나 갈릴리는 요한을 잡아들인 헤롯이 다스리는 지역이다. 게다가 헤롯이 통치 수도로 삼은 디베랴(Tiberius)는 나사렛과 가버나움에서 멀지 않다(ABD). 만일 요한의 일로 위험을 느꼈다면 더

멀리 가셨을 것이다. 따라서 한 주석가는 예수님이 헤롯에게 도전하기 위해 일부러 갈릴리로 가신 것이라고 해석한다(Filson).

마태는 보통 장소를 떠난 현장(상황)을 강조할 때 동사와 부사 ἐκεῖθεν 을 사용해 'ἀνεχώρησεν ἐκεῖθεν'으로 표현한다(12:15; 14:13). 그런데 이 본문에서는 전치사 εἰς를 더해(ἀνεχώρησεν εἰς) 가는 곳(장소)을 강조한다. 예수님이 위험으로부터 피한 것이 아니라 갈릴리로 가신 일, 곧 목적지를 강조하는 것이다. 세례 요한이 잡혔다는 소식을 들으신 예수님은 이제 본격적으로 사역할 때가 된 것을 의식하시고, 아버지 하나님과 시간을 보내며 사역을 구상하기 위해 나사렛에 있는 집으로 잠시 돌아가신 것이다.

마태는 예수님의 나사렛 행적에 관해 어떤 말도 하지 않는다. 반면에 누가는 이때 있었던 일을 상당히 자세하게 기록한다. 사탄의 시험을 이겨내신 예수님은 성령으로 충만해 명성이 자자한 상황에서 나사렛 집으로 돌아오셨다(눅 4:14). 이후 안식일에 회당에 가셔서 이사야 61:1-2 말씀을 읽으시고, 자신을 통해 이 말씀이 성취되었다고 하셨다(눅 4:16-21). 잘 받아들이는 이들도 있었지만, 저항하는 사람도 많았다. 그들은 예수님을 죽이려 했고 예수님은 나사렛을 떠나 가버나움으로 가셨다(눅 4:22-31). 그러므로 예수님은 나사렛에 오래 머물지는 않으셨다.

마태도 예수님이 나사렛에 오래 머물지 않고 가버나움으로 가셨다고 한다(13절). 나사렛은 조그만 마을이었으므로 조용히 시간을 보내며 하나님과 교제하기에 적격이었을 것이다. 그러나 사역을 하기에는 인구도 많지 않고, 다른 지역과 교류도 많지 않았다. 따라서 본격적인 사역을 위해 가버나움으로 거처를 옮기신 것이다.

가버나움은 갈릴리 호수 북서쪽에 있으며, 이스라엘의 최북단이다. 가버나움은 동서가 교류하는 곳이었을 뿐 아니라 이방인이 많이 살았기 때문에 이 지역의 전도와 선교 요충지라 할 수 있다(cf. ABD). 주전

8세기부터 '요단강 저편 해변 길'(ὁδὸν θαλάσσης, πέραν τοῦ Ἰορδάνου)은 시리아의 다마스쿠스에서 시작해 요단강 줄기를 따라 남서쪽으로 나 있는 대로였다. 이 길은 가버나움을 거쳐 갈릴리 지방을 가로질러 지중해 연안에 있는 가이사랴(Caesarea on the Mediterranean)까지 이어졌다 (Beare, France, Hagner). 가버나움은 교통과 교류 면에서 전략적인 요충지였다.

가버나움은 옛적 스불론 지파와 납달리 지파와 관련이 있는 곳이기도 하다(13절). 여호수아 시대에 스불론 지파는 갈릴리 호수 서쪽 내륙에 상당히 협소한 지역에 정착했고, 납달리 지파는 스불론 지파 땅과 맞닿은 지역에서 시작해 갈릴리 호수 서쪽을 감싸는 훨씬 더 넓은 지역을 기업으로 받았다(수 19:10-16, 32-39). 이스라엘의 최북단에 정착한 두 지파는 주전 8세기에 아시리아가 북 왕국 이스라엘을 정복하고 사람들을 아시리아로 잡아갈 때 제일 먼저 끌려갔다(왕하 15:29). 또한 바빌론으로 끌려갔던 유다 사람들은 이 길을 따라 예루살렘으로 돌아왔다(Davies & Allison).

두 지파 사람들이 끌려간 주전 8세기 이후 많은 이방인이 이 지역에 정착했다. 그러므로 예수님이 이 지역에서 사역을 시작하시는 것은 주님이 유대인뿐 아니라 이방인도 구원하는 메시아이심을 암시한다. 마태는 예수님이 이사야 선지자의 예언을 이루기 위해 가버나움으로 가셨다고 한다(14-16절).

마태가 인용하는 이사야 9:1-2은 하나님이 어떻게 북 왕국 이스라엘을 심판하셨는지를 매우 어둡고 절망적으로 회고한다. 이스라엘은 주전 732년에 아시리아에 혼이 나고, 10년 후인 주전 722년에 그들에게 멸망했다. 그러나 하나님은 때가 되면 이 어두운 절망의 땅에 구원의 서광이 밝을 것이며, 다시 옛적 영화를 되찾을 것이라고 하신다(사 9:1).

그때가 되면 절망의 어둠 속에서 헤매던 사람들이 구원의 빛을 볼 것이다(사 9:2). 언제 있을 일인가? 이사야는 먼 미래에 '한 아이'가 태어날 때 있을 일이라고 한다(9:6-7). 그런데 이 아이는 평범한 아이가 아니다. 그에게 '기묘자, 모사, 전능하신 하나님, 영존하시는 아버지, 평강의 왕'이라는 타이틀이 주어지기 때문이다(6절). 메시아에게만 걸맞은 이름들이다. 또한 이 아이는 다윗의 아들로 오시며 그의 의로운 통치에는 끝이 없다(7절).

그러므로 마태가 예수님이 가버나움에 사시는 것을 통해 이사야 9:1-2 말씀이 성취되었다고 하는 것은 하나님의 구원 사역이 곧 시작될 것을 암시한다. 예수님이 바로 그들이 절망과 죽음의 구름이 드리워진 어두운 땅에서 기다리던 빛이기 때문이다. 마태는 이 예언이 성취된 것도 의미가 있지만, 이 말씀이 '이방의 갈릴리'(Γαλιλαία τῶν ἐθνῶν)에 관한 것이라는 사실에 더 관심을 둔다(Carson). 갈릴리 지역에 사는 이방인들의 구원과 연관이 있기 때문이다.

예수님은 유대인뿐 아니라 이방인을 함께 구원하실 것이다. 이사야 선지자가 선포한 이 말씀은 가까운 미래에 있을 바빌론 귀향민들에 대한 예언이었다. 그러나 최종적인 성취는 '한 아이'가 태어날 때 이루어질 일이다. 구약 시대에는 이 아이가 태어나지 않았으며, 예수님이 바로 그 아이로 오셨다(1장). 이 예언도 이중적으로 성취되는 말씀이다(Beale & Carson, Luz). 본문은 이방인 선교와 연관이 있는 예수님의 사역이 곧 시작될 것을 예고한다(Hagner. cf. Carson, Wilkins).

이 말씀은 하나님 나라의 일에는 각자에게 맡겨진 역할이 있다고 한다. 그동안 활동적으로 사역하며 주의 길을 예비한 요한의 역할은 끝이 났다. 이제는 예수님이 요한이 예비한 길을 가실 것이다. 우리도 요한처럼 하나님이 주신 사명을 신실하게 감당하며 우리의 몫을 해내되, 언제든 하나님이 말씀하시면 바통을 다음 사람에게 넘겨주어야 한다.

II. 예수님의 사역 시작(3:1-7:29)
 A. 내러티브(3:1-4:25)
  4. 예수님이 사역을 시작하심(4:12-25)

(2) 외치신 첫 메시지(4:17)

 ¹⁷ 이때부터 예수께서 비로소 전파해 이르시되 회개하라 천국이 가까이 왔느니라 하시더라

서론에서 언급한 것처럼 마태복음에는 '이때부터'(ἀπό τότε)라는 말이 세 차례 사용된다(4:17; 16:21; 26:16). 이러한 사실을 바탕으로 이 책을 1:1-4:16, 4:17-16:20, 16:21-28:20 등 세 파트로 나누어야 한다고 주장하는 이들이 있다(Blomberg, France, Kingsbury, Stonehouse). 그러나 이 본문은 다음 부분을 시작하는 것보다 앞부분과 연관이 있어 보인다(Carson, Osborne). 그러므로 앞 이야기에서 다음 이야기로 넘어가는 변환(transition)으로 간주하는 것이 바람직하다.

예수님의 삶에 터닝포인트가 왔다. 사역 준비는 모두 끝나고, 드디어 예수님이 이방인의 빛이 되실 날이 밝았다(Schweizer). 예수님이 사역을 시작하시며 외치신 "회개하라 천국이 가까이 왔느니라"라는 말은 세례 요한이 외친 메시지와 같다(cf. 3:1). 예수님도 요한처럼 하나님이 태초에 세우신 원대한 구속사(history of salvation)에 따라 사역하실 것이기 때문이다.

예수님이 외치시는 천국도 요한이 외친 것처럼 이미 임했고, 앞으로 임할 것이다(Carson, Osborne, Wilkins, cf. 3:2). 같은 메시지라도 예수님의 메시지는 요한의 것과 비교가 되지 않을 정도로 깊이가 있을 것이다. 구약 선지자들이 그토록 갈망하던 빛으로 오셨기 때문이다(16절). 예수님의 길을 예비하기 위해 보냄을 받았던 요한의 시대(사역)는 끝이 났다(12절). 이제 온 인류의 빛으로 오신 예수님이 앞서 요한이 예비한 길을 가셔야 한다.

이 말씀은 하나님 나라 복음은 누가 선포하든 동일해야 함을 말한
다. 메시아이신 예수님은 그분의 길을 예비하기 위해 온 요한의 메시
지를 하나도 바꾸지 않고 그대로 선포하신다. 선포하는 이가 바뀌었다
해서 메시지가 바뀌면 안 되기 때문이다. 우리도 누가 전하고, 어디서
선포하든 같은 메시지를 계속 외쳐야 한다.

II. 예수님의 사역 시작(3:1-7:29)
  A. 내러티브(3:1-4:25)
    4. 예수님이 사역을 시작하심(4:12-25)

(3) 네 제자를 부르심(4:18-22)

18 갈릴리 해변에 다니시다가 두 형제 곧 베드로라 하는 시몬과 그의 형제
안드레가 바다에 그물 던지는 것을 보시니 그들은 어부라 19 말씀하시되 나
를 따라오라 내가 너희를 사람을 낚는 어부가 되게 하리라 하시니 20 그들이
곧 그물을 버려두고 예수를 따르니라 21 거기서 더 가시다가 다른 두 형제 곧
세베대의 아들 야고보와 그의 형제 요한이 그의 아버지 세베대와 함께 배에
서 그물 깁는 것을 보시고 부르시니 22 그들이 곧 배와 아버지를 버려두고
예수를 따르니라

예수님은 사역을 시작하시며 제일 먼저 제자들을 세우셨다. 제자 중
에서도 가장 가까운 사람 넷을 먼저 세우신다(cf. 막 1:16-20). 나중에는
제자의 수가 열두 명이 될 것이다(10:1-4; 눅 5:1-11). 예수님은 사역에
도움이 될 것을 기대하며 제자들을 세우신 것이 아니다. 장차 이 땅에
세울 교회를 위해 이들을 훈련하고 준비시키기 위해 세우고 키우셨다.
따라서 마태복음과 마가복음에는 예수님이 제자들을 훈련하고 양육하
시는 모습이 자주 나타난다. 그들은 예수님이 승천하신 후 진가를 발
휘할 것이다.

예수님이 갈릴리 해변을 다니시다가 시몬(베드로)과 안드레 형제를 만나셨다(18절). 원래 그들은 가버나움의 북동쪽, 갈릴리 호숫가에 위치한 어부들의 마을 벳새다 출신이지만(요 1:44) 가버나움에 살고 있었다(막 1:29). 갈릴리 호수는 예루살렘에서 북쪽으로 100㎞ 떨어져 있으며, 사해에서는 110㎞ 북쪽에 있다. 갈릴리 호수의 물은 요단강을 거쳐 사해로 흘러든다. 호수의 길이는 남북으로 22㎞에 달하고 너비는 동서로 15㎞에 달하는 큰 호수다(ABD). 물고기가 많고 호수 주변에 모래사장도 많다. 큰 풍랑이 일 정도이기 때문에 갈릴리 바다로 불리기도 했다. 또한 갈릴리 호수는 여러 이름으로 불렸다. 구약 시대에는 긴네렛 바다로 불렸고(민 34:11; 신 3:17; 수 12:3; 13:27), 신약에서는 게네사렛 호수[바다](눅 5:1)와 디베랴 호수[바다](요 6:1; 21:1) 등으로 불렸다. 게네사렛과 디베랴는 호수 주변에 있는 도시들이었다. 디베랴는 분봉 왕 헤롯(Antipas)이 통치 수도로 삼은 곳이다.

시몬과 안드레 형제는 어부였다. 당시 갈릴리 지역에서는 농업에 종사하는 사람이 가장 많았으며, 그다음이 어업에 종사하는 사람들이었다(cf. Boring). 어부는 경제적으로 낮은 중류층(lower middle class) 혹은 높은 서민층(higher low class)이었다(Carson, Davies & Allison). 따라서 이들은 부유층은 아니지만, 어느 정도 여유 있는 삶을 누렸다.

예수님은 시몬과 안드레에게 물고기가 아니라 사람을 낚는 어부로 만들어 주겠다며 따라오라고 하셨다. 예수님은 당시 정서와 어울리지 않는 파격적인 제안을 하셨다. 당시 사람들은 자신이 스승으로 모시고 싶은 사람을 찾아가 배웠다. 제자가 스승을 택한 것이다. 그런데 이와는 대조적으로 스승인 예수님이 두 형제를 제자 삼으셨다.

예수님이 이처럼 파격적인 제안을 하신 것은 이번이 초면이 아니기 때문일 것이다. 한 주석가는 예수님이 이들을 처음 만난 것은 약 1년 전이라고 한다(Wilkins). 그들은 원래 세례 요한의 제자였다가 예수님이 세례를 받으신 지 얼마 되지 않아 주님을 따르게 된 것으로 보인다(요

1:35-42). 예수님은 그들에게 따르는 자로 남지 말고 제자가 되라고 하셨다.

예수님이 그들에게 제안하는 '어업'은 그동안 시몬과 안드레가 종사한 어업과 질적으로 다르다. 시몬과 안드레는 잡은 물고기를 사람들의 식탁에 오르게 했다. 예수님이 제안하시는 어업은 사람들을 죄와 하나님의 진노에서 구하는 어업이다. 시몬과 안드레의 고기잡이는 죽이는 것이고, 예수님이 제안하시는 고기잡이는 살리는 것이다.

시몬과 안드레 형제는 곧바로 그물을 버려 두고 예수님의 초청에 응했다(20절). 예수님이 그들을 부르신 것은 여러 면에서 선지자 엘리야가 엘리사를 부른 일을 연상케 한다(왕상 19:19-21). 그때 엘리사는 가족들과 작별 인사를 할 시간을 달라고 했지만, 두 형제는 곧바로 예수님을 따른다. 주님의 부르심에 절대적으로 순종하겠다는 각오를 보는 듯하다.

이 형제들은 예수님의 제자가 되기 위해 생업을 완전히 버린 것일까? 그렇지는 않은 것으로 보인다. 요한복음 21:1-3은 그들이 예수님이 부활하신 다음에도 배를 소유하고 있었다고 한다. 그러나 예수님을 따르는 일이 그들의 우선순위에서 절대적인 우위에 있었다. 그들은 많은 시간을 예수님과 보내며 많은 가르침을 받았다. 또한 예수님이 갈릴리 호수 주변을 돌면서 가르치실 때면 항상 주님과 함께 있었다. 며칠씩 지속되는 여정은 그들에게 큰 경제적 손실을 의미했다(Keener). 그들은 주님을 따르기 위해 상당한 손해를 감수했다.

예수님은 시몬과 안드레를 제자로 부르신 다음 야고보와 요한 형제를 제자로 부르셨다(21절). 그들은 아버지 세베대와 함께 배에서 그물을 깁고 있었다. 사용한 그물을 만지고 있었다는 뜻이다. 그들은 곧바로 배와 아버지를 뒤로하고 예수님을 따랐다(22절). 시몬과 안드레는 자신들의 생업을 뒤로하고 부르심에 응했다면, 야고보와 요한은 가족(아버지)을 뒤로하고 예수님을 따른 것이다. 누가는 이 네 사람이 두 척의 배를 운영하는 어업 파트너였다고 한다(눅 5:3-7).

이 말씀은 예수님을 따르려면 주저하지 말고, 미련도 남기지 말고 따를 것을 권면한다. 예수님이 열두 제자 중에서도 핵심인 네 제자를 부르신 이 이야기는 필요하다면 생업과 가족을 뒤로해야 한다고 한다. 예수님을 '대충' 믿고 따르려는 사람들은 많은 생각을 해야 한다.

예수님은 하나님 나라를 위해 일할 일꾼을 끊임없이 찾고 계신다. 예수님은 제자로 세울 만한 사람들을 계속 찾으셨고, 오늘날에도 예수님은 하나님 나라를 확장하는 일을 함께 할 일꾼들을 찾으신다. 우리는 하나님이 찾으시는 선한 종이 되어 주님을 섬겨야 한다.

> II. 예수님의 사역 시작(3:1-7:29)
>   A. 내러티브(3:1-4:25)
>   4. 예수님이 사역을 시작하심(4:12-25)

(4) 갈릴리에서 사역하심(4:23-25)

²³ 예수께서 온 갈릴리에 두루 다니사 그들의 회당에서 가르치시며 천국 복음을 전파하시며 백성 중의 모든 병과 모든 약한 것을 고치시니 ²⁴ 그의 소문이 온 수리아에 퍼진지라 사람들이 모든 앓는 자 곧 각종 병에 걸려서 고통당하는 자, 귀신 들린 자, 간질 하는 자, 중풍 병자들을 데려오니 그들을 고치시더라 ²⁵ 갈릴리와 데가볼리와 예루살렘과 유대와 요단강 건너편에서 수많은 무리가 따르니라

이 섹션은 앞 섹션과 다음 섹션의 전환(transition)이자, 앞으로 마태복음이 전개할 내용의 요약이라 할 수 있다. 앞 섹션(1-4장)은 예수님이 아기로 태어나 세례를 받고, 사탄의 시험을 이기고, 핵심 제자들을 세우신 일을 회고했다. 5장부터는 예수님의 가르침과 사역이 구체적으로, 또한 자세하게 묘사될 것이다. 그사이에 끼어 있는 이 본문은 앞

섹션과 연관해 이때까지 진행된 일이 바로 이곳에 기록된 일들을 이루기 위해서라고 한다. 다음 섹션과 연관해서는 예수님의 사역이 어떻게 전개될 것인가를 요약해 미리 알려 준다.

예수님은 네 제자와 함께 온 갈릴리를 두루 다니며 회당을 중심으로 사역하셨다(23절). 당시 갈릴리 지역에 사는 인구는 30만 명쯤 되었으며, 204개의 도시와 마을이 있었다(Josephus, Wilkins). 매일 마을 두세 곳을 방문한다 해도 최소 3개월이 걸린다(Carson). 나중에 사도들도 예수님처럼 두루 다니며 사역을 한다.

그때나 지금이나 유대인들은 회당을 중심으로 신앙생활을 한다. '회당'(συναγωγή)은 주전 5세기쯤에 시작되었으며, 성전에서 거리가 먼 곳에 살고 있거나 여러 가지 여건으로 인해 성전에 자주 갈 수 없는 사람들이 집 근처에 있는 회당에 모여 함께 예배드리며 말씀 강론을 들었다. 오늘날의 교회도 성전보다는 회당을 모델로 삼았다고 할 수 있다. 성전은 예루살렘에 딱 하나 있었으며, 그나마 파괴된 이후로는 없기 때문이다.

예수님이 회당을 중심으로 사역하신 데에는 큰 장점이 있었다. 회당은 하나님과 말씀에 대해 어느 정도 알고 하나님을 사랑하고자 하는 사람들이 모인 곳이기 때문에 어느 정도 '말이 통했다'. 예수님이 회당을 순회하시는 것은 이방인도 구원의 대상이지만, 처음 사역을 시작할 때는 유대인에게 집중하셨다는 것을 의미한다. 예수님이 승천하신 후 사도들도 처음에는 회당을 중심으로 사역한다(cf. 사도행전). 이후 기독교와 유대교가 갈라지면서 이방인들이 교회의 주류가 되었다.

예수님의 사역은 '가르침'(διδάσκων), '전파함'(κηρύσσων), '고침'(θεραπεύων)이라는 세 가지 분사(participle)로 요약할 수 있다(23절; cf. 9:35). 예수님은 회당에서 무엇을 가르치셨을까? 당연히 구약 말씀을 읽고 그 의미를 설명하셨을 것이다. 가르침은 청중이 이미 아는 내용의 의미를 설명하는 것이기 때문이다(Wilkins). 이는 오늘날의 설교나 성경 공부와 비슷하다. 당시는 가르침을 귀하게 여기는 시대였기 때문에 회당이 랍비나 선생을 초청해서 강론을 듣는 것은 흔한 일이었다(cf. 눅 4:16-17; 행 14:1; 17:2).

그 당시 개인이 성경을 소유하는 것은 흔치 않은 일이었다. 귀하기도 하고, 필사로 제작되었기 때문에 값도 비쌌다. 그래서 사람들은 성경을 읽고 싶으면 회당을 찾았다. 회당에는 성경 일부의 사본이 있었기 때문이다. 그러나 회당도 구약 전체를 소유하기에는 재정적인 부담을 느끼는 시대였다.

전파하는 것은 청중이 익숙하지 않은 내용을 강론하는 것이다(Wilkins). 오늘날로 말하자면 체계적인 신학 공부 정도가 될 것이다. 예수님은 회당에서 무엇을 전파하셨을까? 천국 복음을 전파하셨다(23절). '천국 복음'(τὸ εὐαγγέλιον τῆς βασιλείας)은 마태만 사용하는 표현이며, 예수님이 전하시는 메시지를 포괄적으로 요약한다. 마태는 이 표현을 앞으로 세 차례 더 사용한다(9:35; 24:14; 26:13). '복음'(εὐαγγέλιον)이라는 용어가 유일하게 사용되는 사례들이기도 하다. 나중에 제자들이 전하는 것도 바로 이 '복음'이다. 그들의 사역은 예수님의 복음 선포를 반복하는 일이었다. 예수님은 구약 말씀을 읽고 해석하는 일을 통해 그들이 들어보지 못한 천국 복음을 가르치셨다.

구약 말씀의 의미를 설명하는 '가르침'(διδάσκων)과 오늘날의 설교와 비슷한 '전파'(κηρύσσων)는 분명 겹치는 부분이 있다. 말씀을 중심으로 하는 것이기 때문이다. 예수님은 사역에 '고침'(θεραπεύων)을 더하셨다. 마태는 '모든 병과 모든 약한 것'을 고치셨다며 '모든'(πᾶσαν)을 두 차례 강조해 예수님이 고치지 못하신 병이 없었다고 강조한다. 예수님이 갈릴리 지역에 사는 모든 사람을 고치신 것은 아니다. 그러나 주님께 나온 사람은 한 사람도 빼놓지 않고 모두 고쳐 주셨다. '병'(νόσον)과 '약한 것'(μαλακίαν)은 증상의 차이이며, 오늘날에 비유하자면 'A to Z'라 할 수 있다. 예수님은 작은 증세부터 큰 병까지 치료가 필요한 사람들을 모두 치료하셨다.

이 과정에서 우리가 기억해야 할 것은 순서다. 예수님은 먼저 가르치시고 전파하셨다. 그리고 치료하셨다. 교회가 존재하는 가장 중요한 이유는 천국 복음을 선포하는 것이다. 그다음이 치료다. 그러므로 이 우선권이 바뀐 교회는 건강한 교회가 아니다. 치유 사역은 천국 복음의 능력을 보여 주는 것에 불과하며, 우리가 전파해야 할 복음이 아니다. 복음 전파를 돕는 수단에 불과하다. 그러므로 치유에 치중하는 사역은 옳지 않다. 복음 전도에 집중해야 한다.

예수님의 소문이 온 수리아에 퍼졌다(24절). 구약에서는 '수리아'(τὴν Συρίαν)를 아람이라고 하며, 다메섹(다마스쿠스)을 수도로 하는 오늘날의 시리아를 말한다. 예수님의 명성이 온 시리아에 자자했다는 것은 예수님이 갈릴리 호수와 요단강 동편에서 사역하신다는 것을 암시한다. 또한 수리아는 이방인 나라다. 예수님의 초창기 사역이 유대인에게 초점이 맞춰져 있기는 하지만, 이방인을 배제한 것은 아니다.

마태는 예수님의 치료 사역을 '모든 병, 모든 약한 것(23절), 모든 앓는 자, 각종 병, 고통, 귀신 들림, 간질, 중풍' 등 여러 가지 질병과 연관된 단어로 묘사한다(24절). 이 단어들은 병에 대한 보편적인(전반적인) 것에서 점차 구체적인 것으로 이어진다. 예수님이 치료하실 수 없는 병은 육체적인 병이든 정신적인 병이든 어떤 것도 없었다는 사실을 강조한다.

예수님의 사역은 사람을 살리는 사역이었다. 사람들의 육체적 질병뿐 아니라 정신적 질병도 치료하셨다. 오늘날 일부 교회와 이단들이 사람을 살리는 것이 아니라 죽이는 사역을 하는 것을 보면 참 안타깝다. 어떠한 경우에도 성도들을 억압하고 짓눌러서는 안 된다. 그들을 살리고 치유해 자유인의 몸으로 하나님께 돌아가게 해야 한다. 예수님은 우리가 진리를 알면 그 진리가 자유롭게 할 것이라고 하셨다(요 8:32). 복음으로 성도들을 죄와 질병에서 자유롭게 하는 것이 사역의 목표가 되어야 한다.

예수님에 관한 소문은 수리아뿐만 아니라 갈릴리 전역과 데가볼리와 예루살렘과 유대와 요단강 건너편까지 퍼졌다(25절). '요단강 건너편'(πέραν τοῦ Ἰορδάνου)은 뵈레아(Perea)라고도 하며 사해의 동북쪽 지역을 뜻한다. 주로 이방인이 사는 지역이다. 데가볼리(Δεκάπολις)는 문자적으로 '열 도시'라는 뜻이며, 갈릴리 호수 남동쪽에 있는 열 개의 헬라 도시(Greek cities)를 칭하는 말이었다(ABD). 예수님의 명성과 사역 범위가 갈릴리―수리아―데가볼리―유대―요단강 건너편으로 점점 넓어지고 있다. 앞으로 천국 복음(23절)이 어떻게 온 세상에 퍼질 것인가를 예고하는 듯하다.

이 본문은 말씀 선포와 치유 사역 중 말씀 선포가 우선이라고 한다. 예수님은 많은 병자를 치료하셨다. 그러나 그들을 치료하기 전에 회당에서 가르치며 천국 복음을 전파하셨다. 우리의 사역도 마찬가지다. 치유를 등한시하면 안 되지만, 언제나 말씀을 가르치시는 일이 치유하는 것보다 우선되어야 한다.

Ⅱ. 예수님의 사역 시작(3:1-7:29)

B. 디스코스 1(산상 수훈)(5:1-7:27)

마태복음이 기록하고 있는 예수님의 다섯 가지 디스코스 중 첫 번째인 산상 수훈은 가장 길고 강렬하다. 또한 가장 정교한 구조를 지녔다(Boring, Farrer, Wilkins). 산상 수훈은 믿는 사람들이 추구해야 할 매우 높은 도덕적 기준을 제시한다. 학자들이 예수님의 디스코스 중 '대표작'(magnum opus)으로 손꼽는 산상 수훈은 기독교인들이 정말 사랑하는 성경 말씀 중 하나다.

학자들 대부분은 산상 수훈이 예수님이 오랜 시간에 거쳐 여러 곳에서 가르치신 것을 간추려 요약한 것이라고 한다(Calvin, Davies, France, Hagner, Jeremias, Windisch). 이러한 주장은 예수님이 두루 다니시면서 한 곳에서 한 가지만 가르치셨고, 다른 곳에서는 같은 가르침을 반복하지 않았다는 것을 전제한다. 별로 바람직한 전제는 아니다.

스피커들이 곳곳에서(cf. 4:23-25) 비슷하거나 같은 메시지를 선포하는 것은 오늘날에도 흔히 있는 일이다. 게다가 마태는 산상 수훈을 시작하면서 "예수께서 무리를 보시고 산에 올라가 앉으시니 제자들이 나아온지라"(5:1)라고 하고, 마무리하면서 "예수께서 이 말씀을 마치시매 무리들이 그의 가르치심에 놀랐다"라고 한다(7:28). 이러한 묘사는 예수님이 한 곳에서 이 모든 말씀을 하셨다는 것을 암시한다. 그러므로 산상 수훈은 예수님이 이곳저곳 다니시면서 다양한 주제로 가르치신 것을(cf. 4:23-25) 정리해 한 곳에서 한꺼번에 선포하신 것으로 보아야 한다(cf. Blomberg, Carson, Morris, Morris). 예수님이 한 장소에서 여러 날 가르치신 것을 요약해 놓은 것이다(Carson). 카슨(Carson)은 산상 수훈을 예수님이 한 곳에서 여러 날 가르치신 내용에 훗날 마태가 '각주'(footnote)를 첨부한 것으로 이해한다.

마태의 산상 수훈과 누가복음의 '평지 수훈'(눅 6:20-49)의 관계도 계속 논란이 되고 있다. 초대교회 시대부터(Chrysostom, Origen) 지금까지 이 둘을 같은 수훈으로 보는 견해가 있고(Calvin, Carson, France, Hagner), 서로 다른 수훈이라는 주장도 있다(Augustine, Morris). 스피커가 같은 메시지를 여러 번 반복할 수 있다는 것을 전제하면 큰 이슈는 아니다. 그럼에도 불구하고 두 스피치를 비교해 보자.

두 수훈은 예수님의 가버나움 사역 직후 있었던 가르침이다. '산상'과 평지는 같은 장소를 뜻할 수 있다. '평지'(τόπου πεδινοῦ, 눅 6:17)는 산의 정상을 의미할 수 있기 때문이다(Osborne). 또한 두 텍스트 모두 스피치의 시작과 끝을 알리는 형식이 비슷하다. 게다가 누가복음에 기록된 평지 수훈(눅 6:20-49)의 내용이 마태복음의 산상 수훈(5-7장)에 모두 기록되어 있다. 그러므로 두 수훈이 같은 수훈이며, 마태와 누가가 서로의 필요에 따라 제시한 것으로 간주하는 것이 오늘날 학자들 대부분의 생각이다(cf. Carson).

산상 수훈은 참으로 많은 각도에서 연구되어 왔다. 지금까지 학자들은 산상 수훈에 대해 최소 20-30가지의 다양한 해석과 관점을 제시했다. 앞으로도 계속 새로운 해석이 나올 것이다. 이중 가장 중요한 10가지 해석 방식은 다음과 같다(cf. Blomberg, Carson, Davies & Allison, Guelich, Keener, Kissinger, Schweizer, Suggs, Witherlington).

1. 중세기 이후 산상 수훈은 두 수준(level)의 윤리적 기준을 제시하는 것으로 간주되었으며, 성직자들과 수도사들에게 더 높은 도덕적 수준을 요구하는 것으로 해석되었다.

2. 종교 개혁자 루터와 추종자들은 산상 수훈이 우리의 연약함과 한계를 드러내고 회개를 종용하는 면에서 바울이 말하는 율법과 같다고 한다. 그러므로 산상 수훈은 성도들이 도저히 지킬 수 없는 이상적인 윤리강령이다.

3. 재세례파(Anabaptists)는 산상 수훈을 문자적으로 받아들여 사회에서 평화주의 혹은 무저항주의를 지향할 것을 요구하는 내용으로 해석했다.

4. 자유주의자들은 산상 수훈을 사회적 복음(social gospel)의 패러다임으로 간주하고, 이 땅에 높은 수준의 윤리와 도덕을 지닌 하늘나라를 세우라는 명령으로 해석했다.

5. 정통 세대주의자들(classical dispensationalists)은 산상 수훈의 윤리를 천년왕국 시대에 관한 것으로 제한했다. 그러므로 지금은 성도들에게 적용되지 않는다.

6. 실존주의자들(existentialists)은 산상 수훈이 성도들이 지켜야 할 절대적인 지침이 아니며, 어떤 결정을 할 때 고려해야 할 인간의 한계를 지적하는 것으로 해석했다.

7. 산상 수훈은 하나님의 나라가 최종적으로 임하기 전에 일시적으로 적용되는 윤리다. 예수님은 하나님의 나라가 그분의 시대에서 얼마 지나지 않아 임할 것이라는 착각 아래 이런 말씀을 하셨다.

8. 복음주의 학자들은 산상 수훈이 구약의 도덕법(moral law)을 강화한 것이라고 한다.

9. 현대 신학자들이 가장 선호하는 관점 중 하나는 산상 수훈을 이미 임한 종말(inaugurated eschatology)의 시각에서 보는 것이다. 산상 수훈의 명령을 지키는 것은 모든 믿는 자의 목표가 되어야 하며, 예수님이 재림하신 후 온전히 지킬 수 있게 될 것이다.

10. 산상 수훈은 예수님이 지혜자(sage)가 되어 종말론적인 신념을 지혜 문헌 양식으로 표현한 것이다. 그러므로 산상 수훈은 지혜에 대한 가르침이다.

학자들이 이처럼 다양한 관점으로 산상 수훈을 해석하는 것은 이 수훈의 실용성(적용성) 때문이다. 만약 산상 수훈이 '이렇게 살아야 한다'는 지침이라면, 산상 수훈은 결코 복음(좋은 소식)이 아니며 저주다. 수훈이 제시하는 도덕적 기준이 얼마나 높은지, 오늘날 이런 기준으로 살 수 있는 사람은 아무도 없기 때문이다.

예수님은 산상 수훈을 누구에게 주셨는가? 세상 사람들에게 주신 것인가? 모든 믿는 자에게 주신 것인가? 혹은 믿는 자 중에도 소수에게 주신 것인가? 마태복음은 청중, 제자들, 종교 지도자들 등 세 그룹을 중심으로 이야기를 진행한다(cf. Cousland, Brown, Edwards, Wilkins). 청중은 예수님의 가르침과 사역에 놀라면서도 쉽게 결단하지 않는 중립적 그룹이다(cf. 7:28-29; 9:8). 제자들은 예수님을 메시아로 믿고 주님의 가르침을 전적으로 따르는 이들이다. 종교 지도자들은 예수님을 반대하는 세력이다. 이 같은 다이내믹한 관계 속에서 산상 수훈이 누구에게 주어진 것인지 생각해 보자.

　예수님이 무리를 보시고 산으로 올라가 앉으셨고, 제자들이 나아왔다(5:1). 그리고 예수님이 입을 열어 가르치기 시작하셨다(2절). 개역개정에는 반영되지 않았지만, 헬라어 사본에는 '그들'(αὐτοὺς)이 동사 '가르치다'의 목적어로 표기되어 있다. 예수님이 누구를 가르치신 것인가? 무리인가, 혹은 제자들인가? '그들'의 선행(antecedent)은 1절에서 예수님께 나아온 '그[예수님]의 제자들'(οἱ μαθηταὶ αὐτοῦ)이다. 그러므로 1-2절이 제시하는 정황은 예수님이 모여드는 무리를 떠나 산으로 가시니 제자들이 주님을 따라 올라간 것이다. 이어 예수님이 가르치려고 자리에 앉으시자 제자들이 말씀을 들으려고 주님께 가까이 다가갔다. 예수님이 가까이 다가온 제자들에게 주신 말씀이 바로 산상 수훈이다. 산상 수훈은 예수님을 따르는 무리를 위한 것이 아니라, 제자들을 위한 것이다.

　무리와 제자들은 누구인가? 마태는 4:23-25에서 예수님의 명성을 듣고 주님을 좇은 자들을 '수많은 무리'(ὄχλοι πολλοὶ)라고 말한다(4:25). 그러므로 다음 절인 5:1에서 예수님이 산으로 올라가기 위해 떠나신 무리(τοὺς ὄχλους)는 4장에 나오는 무리와 같은 사람들이다. 예수님은 이 무리 중 천국 복음을 깨닫고 제자의 삶을 사는 사람들이 나오기를 바라신다. 그러므로 그들을 애틋하게 대하신다(9:35-38; 14:13-14). 그러나 그들은 마음을 열지 않는다.

　반면에 '제자들'(οἱ μαθηταὶ)은 마태가 이 책에서 처음 사용하는 단어다. 제자는 유대교 내에서 다양한 유형의 스승을 따르는 사람들을 칭하는 용어였다. 그러나 본문이 언급하는 제자들은 예수님이 특별히 택하신 열두 명을 두고 하는 말이 아니다. 이 열두 명 중 아직은 네 명밖에 없기 때문이다. 더 나아가 누가는 "밝으매 그 제자들을 부르사 그중에서 열둘을 택하여 사도라 칭하셨으니"(눅 6:13)라며 제자(μαθητής)와 사도(ἀπόστολος)를 구분한다. 모든 사도는 제자이지만, 모든 제자가 사도인 것은 아니다. 사도는 제자보다 더 막강한 능력과 책임을 지닌 사람이다(cf. 10:1-2). 그러므로 이 본문에서 제자들은 예수님이 특별히 부르신 네 명의 어부(4:18-22)와 이때까지 예수님을 메시아로 섬기며 순종하겠다고 결단한 사람들이다(Cousland).

산상 수훈은 제자들에게 주신 말씀이다(5:1). 즉, 산상 수훈은 '제자 훈련'(training in discipleship)이라 할 수 있다. 중요한 것은 성경에서 그리스도인과 비슷한 말이 제자라는 사실이다(Wilkins). 성경은 모든 그리스도인을 제자라고 한다. 메시아이신 예수님을 따르겠다고 다짐한 성도들을 위한 첫 번째 교육이다.

이 첫 번째 교육은 예수님이 장차 이 땅에 세우실 교회(공동체) 구성원들이 서로를 어떻게 대하고, 어떤 관계를 설정하고 유지해야 하는가에 대한 지침이다(Overman). 제자들은 공의와 정의가 지배하는 공동체를 세워 나가야 하는데, 산상 수훈은 그들이 지향해야 할 의(righteousness)의 기준을 세워 준다(Osborne). 그러므로 한 학자는 산상 수훈을 '제자도에 대한 디스코스'(the discourse on discipleship)라고 부른다(France).

산상 수훈은 제자들에게 '하늘에 계신 아버지의 온전하심과 같이 이 땅에서 온전하게 사는 것'이 무엇인지 설명하는 가르침이다(5:48). 따라서 예수님이 산상 수훈을 통해 요구하시는 도덕적 기준을 충족시킬 수 있는 사람은 없다. 하나님처럼 온전한 사람은 없기 때문이다. 그렇다고 해서 온전하신 하나님을 닮아 가려는 노력을 포기할 수는 없다. 예수님은 제자들에게 계속, 꾸준히 하나님 아버지를 닮아가는 삶을 살 것을 요구하시기 때문이다.

예수님의 제자라면 산상 수훈을 완전히 실현하지 못해도, 계속 이 말씀대로 살고자 노력해야 한다. 그렇게 살 때, 세상이 끝나는 날 비로소 우리가 하나님의 온전하심을 어느 정도 닮아 있음을 깨닫게 될 것이다. 그날까지 포기하지 않고 산상 수훈을 통해 주신 예수님의 가르침에 따라 자비와 긍휼로(5:45) 최선을 다해 살아야 한다. 마태복음에

기록된 예수님의 첫 번째 디스코스인 산상 수훈은 다음과 같이 구분
된다.

A. 배경(5:1-2)
B. 천국 시민(5:3-16)
C. 천국과 새 언약(5:17-48)
D. 참된 경건과 거짓 경건(6:1-18)
E. 천국 시민의 삶에 대한 자세(6:19-34)
F. 균형 유지(7:1-12)
G. 결론: 선택과 결단(7:13-27)

Ⅱ. 예수님의 사역 시작(3:1-7:29)
    B. 디스코스 1(산상 수훈)(5:1-7:27)

1. 배경(5:1-2)

¹ 예수께서 무리를 보시고 산에 올라가 앉으시니 제자들이 나아온지라 ² 입
을 열어 가르쳐 이르시되

갈릴리 지역을 두루 다니시며 하늘나라의 복음을 선포하고 병자들
을 치료하시던 예수님이(cf. 4:23-25) 하루는 주님을 따르던 무리를 잠
시 떠나 산으로 올라가셨다(1절). 사람들에게 엄청난 인기를 누리시던
예수님이 갑자기 무리가 싫어지신 것일까? 무리가 싫거나 멀리하고
싶어서가 아니라 제자들을 따로 가르치시기 위해서였다(Carson, Davies
& Allison, Osborne). 구약에서 가장 유명한 산은 모세가 율법을 받았던
시내산과 하나님의 성전이 있었던 시온산이다. 이에 이 두 산은 말씀
과 예배를 상징한다. 예수님이 산에 오르시는 것은 우연이 아니다(cf.
Donaldson). 마태가 예수님을 새 모세로 묘사하는 것도 어느 정도는 사

실이지만(Allison, Boring), 예수님은 모세 이상이시다(France). 예수님은 모세가 뵙고자 시내산에 올랐던 하나님의 아들이시다(Garland). 모세는 하나님께 율법을 받았지만, 예수님은 하나님 나라의 새 율법을 선포하기 위해 산에 오르셨다. 예수님은 가르치기 위해 산을 오르신 것이다(Donaldson).

산에 오르신 예수님은 자리에 앉으셨고, 제자들이 주님께 나아왔다. 당시 유대교에서 선생(랍비)이 제자를 가르치기 위해 취하는 자세다. 선생이 무엇을 가르치고자 자리에 앉으면 제자들은 선생 주변으로 몰려들었다. 예수님은 이러한 자세를 자주 취하셨다(13:1-2; 눅 4:20; cf. 마 15:29; 23:2; 24:3-4; 26:55). '제자'(μαθητής)라는 단어는 마태복음에 처음 사용되고 있다. 예수님은 4:18-22에서 어부 4명에게 생업을 포기하고 따르라고 하셨다. 나머지 8명은 조만간 세워질 것이며, 이 책의 저자인 마태는 9:9에서 처음으로 모습을 보인다. 그리고 10:1-4에 가서야 12명이 완성된다. 이들도 분명 제자들이며, 그 외 예수님을 사랑하고 따르는 자들이다(cf. 8:8). 제자들이 가까이 나아오자 예수님이 그들을 가르치기 시작하셨다(2절). 종종 설교(κηρύσσω)와 가르침(διδάσκω)을 지나치게 구분하는 이들이 있는데(Davies), 이 둘은 서로 밀접하게 연관되어 있다(Carson, cf. 4:23; 9:35).

이 말씀은 성도의 삶에서 하나님의 말씀을 배우는 것보다 더 중요한 일은 없다고 한다. 그러므로 사역자들은 끊임없이 가르치고 선포해야 한다. 이런 일을 하라고 사역자로 부르셨다. 심방과 프로그램 운영 등이 가르치는 일보다 우선이 되어서는 안 된다.

예수님은 무리를 가르치고 치료하시는 일과 몇몇을 따로 구분해 가르치고 훈련하시는 사역을 병행하셨다. 리더들을 세우는 일도 매우 중요하기 때문이다. 성도 중에서 잘 섬길 수 있는 사람들을 구분해 조력자와 사역자로 세우는 일도 목회자가 해야 할 일이다.

II. 예수님의 사역 시작(3:1-7:29)
  B. 디스코스 1(산상 수훈)(5:1-7:27)

2. 천국 시민(5:3-16)

예수님은 제일 먼저 하나님 나라가 임하면 하나님의 복을 받을 사람들에 관해 말씀하신다. 먼저 하나님의 복을 받을 사람들이 살아가는 삶의 자세에 관해 말씀하시고, 이러한 자세로 살면 반드시 핍박이 따를 것이라고 경고하신다. 세상은 경건하고 거룩하게 사는 사람을 싫어하기 때문이다. 예수님은 그럼에도 불구하고 하나님 나라의 시민들은 세상에서 소금과 빛처럼 살아야 한다고 말씀하신다. 이것이 하나님을 닮아 가는 삶이기 때문이다. 본 텍스트는 다음과 같이 세 파트로 구분된다.

A. 복이 있는 사람: 팔복(5:3-10)
B. 복을 누리는 삶: 핍박(5:11-12)
C. 세상을 살맛 나게 하는 삶: 소금과 빛(5:13-16)

II. 예수님의 사역 시작(3:1-7:29)
  B. 디스코스 1(산상 수훈)(5:1-7:27)
    2. 천국 시민(5:3-16)

(1) 복이 있는 사람: 팔복(5:3-10)

여덟 가지 복('팔복')은 산상 수훈에서 주기도문(6:9-13) 다음으로 유명한 말씀이다. 예수님은 "…하는 사람은 복이 있다. …이기 때문이다"라며 여덟 가지 복을 각각 두 행(clause)으로 구성된 형식의 시(詩)로 말씀하신다(Green). 1행은 사람이 하나님을 닮아 가기 위해 노력해야 하는 것들이며, 2행은 그 노력에 상응하는 축복이다. 예수님이 복이 있다고 하시는 여덟 가지는 모두 사람의 마음에 관한 것이지만 또한 행실로 드러나는 것이다. 마음에 있는 것은 겉으로 나타나게 되어 있기 때문이다. 즉, 예수님은 먼저 마음에 변화를 받으라며 우리에게 이 말씀을 주셨다(cf. 롬 12:2). 마음이 변화를 받으면 선한 행실로 이어지는 것은 당연한 일이기 때문이다. 또한 이 말씀은 하나님이 선하게 사는 사람들을 반드시 축복하실 것이라는 약속이다.

여러 차례 사용되는 '복이 있는 사람들'(μακάριοι)은 구약의 지혜문헌에 속한 시편, 특히 시편 1편을 배경으로 한다. 칠십인역(LXX)은 이 시편의 '복이 있는 사람'(אַשְׁרֵי־הָאִישׁ)을 단수형(μακάριος ἀνήρ)으로 번역했는데, 예수님은 '복 있는 사람들'을 의미하는 복수형(μακάριοι) 헬라어 단어를 사용하신다. 사람이 복이 있다는 것은 무엇을 의미하는가? 히브리어와 헬라어에서 '복'의 가장 기본적인 의미는 '행복'(happiness)이다(HALOT, BAGD). 사람은 언제 행복한가? 복을 누릴 때다.

복은 하나님이 사람들에게 선물로 주신다(HALOT, BAGD). 히브리어로 '복이 있는 사람'(אַשְׁרֵי־הָאִישׁ)과 헬라어로 '복이 있는 사람들'(μακάριοι) 모두 하나님의 축복을 받아 행복하게 사는 사람들이다(Blomberg, France, Keener, Schweizer). 그러므로 '복이 있는 사람' 혹은 '행복한 사람' 둘 다 좋은 번역이다(cf. 새번역, 공동, 아가페, 현대어). 또한 본문의 배경이 되는 시편 1편은 행복한 사람을 가리켜 삶에서 나타나는 한순간의 희열보다 꾸준히 유지되어야 하는 가치관과 기준, 곧 삶의 방식을 추구하는 사람이라는 것을 강조한다(cf. 『엑스포지멘터리 시편 1권』).

예수님은 그를 사랑하고 따르는 제자들에게 이 가르침을 주신다. 복 있는 사람들은 언제 이런 복을 누린다고 하시는가? 당장 이 순간인가 혹은 종말인가? 둘 다라고 하신다. 3절과 10절은 "천국이 그들의 것이다"(ὅτι αὐτῶν ἐστιν ἡ βασιλεία τῶν οὐρανῶν)라는 말씀을 반복함으로써 일종의 괄호(inclusio)를 형성해 4-9절을 감싼다. 말씀 전체를 감싸는 이 두 원인 구(causal clause)의 시제(時制)는 현재형(present)이다. 반면에 이 두 절이 감싸고 있는 4-9절의 원인 구 시제는 모두 미래형이다. 마태는 하나님의 나라가 예수님을 통해 이 땅에 임했고 종말에 최종적으로 임할 것(already-not yet)이라고 하는데, 여기서도 그 논리가 적용되고 있다.

예수님의 제자들은 이미 임한 하나님 나라의 시민들이다. 또한 그들이 누리는 하나님 나라는 종말에 최종적으로 실현될 것이다. 그러므로 이 말씀은 장차 임할 하나님의 나라에서 우리가 추구할 가치관들이며, 동시에 그날이 오기를 학수고대하며 사는 우리가 오늘 이 순간 최선을 다해 실현해야 하는 지침들이다. 여덟 가지 복을 선포하는 본 텍스트는 다음과 같이 구분된다.

A. 심령이 가난한 자(5:3)
B. 애통하는 자(5:4)
C. 온유한 자(5:5)
D. 의에 주리고 목마른 자(5:6)
E. 긍휼이 여기는 자(5:7)
F. 마음이 청결한 자(5:8)
G. 화평하게 하는 자(5:9)
H. 의를 위해 박해를 받은 자(5:10)

II. 예수님의 사역 시작(3:1-7:29)
  B. 디스코스 1(산상 수훈)(5:1-7:27)
    2. 천국 시민(5:3-16)
      (1) 복이 있는 사람: 팔복(5:3-10)

a. 심령이 가난한 자(5:3)

> 3 심령이 가난한 자는 복이 있나니
> 천국이 그들의 것임이요

심령이 가난한 자들은 복이 있다(3a절). 팔복 중 처음 세 가지 복(3-5절)
은 이사야 61:1-3을 배경으로 한다(cf. 눅 4:18-19). 예수님은 그분 자
신이 이사야가 메시아에 대해 남긴 예언에 따라 이 땅에 오신 메시아
임을 암시하신다(Guelich). 그러므로 본문이 언급하는 '가난한 자들'(οἱ
πτωχοί)은 이사야 61:1의 '가난한 자들'(עֲנָוִים)이며 경제적으로 어려운 사
람들을 뜻한다(cf. Carson, Schweizer). 그러나 이 말씀이 사회의 모든 경제
적 약자들이 복을 받은 것을 의미하는 것은 아니다. 이사야 59장은 사
람들이 회개하는 모습을 그리고 있으며, 이어지는 60-62장은 그들이
회개하자 시온에 임하신 하나님이 내리시는 축복에 관한 말씀이다. 그
러므로 이사야의 문맥을 바탕으로 해석하면, 본문에서 복을 받은 가난
한 사람들은 자신들의 죄를 회개하고, 자신의 한계를 주님께 고백하면
서 오직 하나님만이 그들의 필요를 채우실 것을 확신하며 하나님만 의
지하는 사람들이다. 그러므로 '가난한 자들'(οἱ πτωχοί, עֲנָוִים)은 종교적인
뉘앙스도 지닌 개념이다(cf. Carson).

종종 '심령'(τῷ πνεύματι)을 지나치게 강조해 본문이 사람이 처한 경제
적인 여건과 상관없이 오직 영혼이 가난한 것을 의미하는 것으로 영성
화(spiritualize)하는 해석도 있다(cf. Boring, Carson). 그러나 잘못된 해석이
다(cf. 눅 6:20). 예수님은 사람이 겪는 경제적인 어려움에만 초점을 맞
추고 계신다. 그렇다면 본문에서 심령은 어떤 역할을 하는가? 경제적
으로 가난한 사람들은 심령도 가난하다. 성경은 사람은 영과 육으로
구성되어 있다고 하는데, 이 둘은 하나이며 서로 독립적으로 존재하지
않는다. 그러므로 육이 다치면 영이 상하고, 영이 다치면 육에 영향을
미친다.

세상은 가난한 사람들을 짓누르고 억압하기 일쑤다. 그들을 겸손케
하는 것이다. 세상에서 겸손해진(낮아진) 사람은 영혼도 가난해진다(낮
아진다). 자신이 처한 상황을 개선하기 위해 할 수 있는 일이 별로 없으
며, 스스로 한계를 느끼기 때문이다. 이런 사람들은 겸손한(가난한) 마

음으로 오직 하나님을 바라보며 의지한다. 하나님만이 그들을 도우실 수 있기 때문이다.

어떤 이들은 그리스도인들이 부자로 살아야 한다고 말하는데, 성경적인 생각은 아니다. 가난은 사람을 불편하게 하지만 죄는 아니다. 만일 가난이 죄라면 예수님과 바울과 사도들은 괴수들이다. '금수저—흙수저' 이야기가 만연한 세상이 알려 주듯 가난은 우리의 잘못으로 빚어진 일이 아니다. 또한 하나님은 가난을 사용해 일용할 양식을 주시는 주님을 더욱더 의지하게 하기도 하신다. 심령이 가난하지 않아(겸손하지 않아) 하나님을 모르는 부자와 심령이 가난해(겸손해) 하나님을 아는 가난한 자, 이 둘 중에 누가 복이 있는 사람인가? 예수님은 분명 후자라고 말씀하신다.

옛적 아모스 선지자 시대 때 부자들은 온갖 악행으로 재산을 모으고는 자신들의 부(副)는 곧 하나님이 그들의 의로움을 인정하신 결과라고 했다. 그들의 논리는 이러했다. 먼저 그들이 누리는 풍요로움은 하나님이 내려 주신 축복이다. 하나님은 왜 그들을 축복하셨는가? 그들이 의롭기 때문이다. 그들의 풍요로움은 곧 그들의 의로움을 입증한다는 것이다. 그러므로 그들은 '부유함=의로움'이라고 보았다. 이에 대해 아모스는 그들의 공식에 빗금(/)을 그어 '부유함≠의로움'이라며 그들의 잘못된 신학을 파괴했다(cf. 『엑스포지멘터리 소선지서 1권』). 오늘날에도 사람들은 종종 물질적인 풍요로움과 하나님의 인정하심을 연결시킨다. 그러나 이는 잘못된 생각이며 예수님이 말씀하시는 첫 번째 복과 완전히 상반되는 것이다.

심령이 가난한 사람들은 왜 복이 있는 사람들인가? 천국이 그들의 것이기 때문이다(3b절). 이때까지 마태는 '천국'(ἡ βασιλεία τῶν οὐρανῶν)은 이미 임했고, 앞으로 임할 것이라고 했다. 이 천국을 다스리는 왕은 메시아이신 예수님이다(Boring). 그러므로 예수님이 천국이 그들의 것이라고 말씀하시는 것은 곧 심령이 가난한 사람들을 그분이 다스리는 나라의 백성으로 삼을 것이라고 하시는 것이다. 중요한 것은 천국은 장차 그들이 들어갈 곳이 아니다. 이미 들어간 곳이다. 하나님의 나라는 앞으로 임할 것이지만, 이미 임했기 때문이다. 그러므로 우리는 하늘나라 시민으로서 이 땅에서 살다가 장차 임할 나라에 입성해야 한다.

이 말씀은 교만한 부자보다 가난한 사람이 더 낫다고 한다. 사람은 자신의 필요와 한계를 깨달을수록 더 절실한 마음으로 하나님을 의지하기 때문이다. 하나님은 심령이 가난해 겸손한 사람을 귀하게 여기신다.

b. 애통하는 자(5:4)

⁴ 애통하는 자는 복이 있나니
그들이 위로를 받을 것임이요

애통하는 자들은 복이 있다(4a절). '애통하는 자들'(οἱ πενθοῦντες)은 무엇을 슬퍼하는 것일까? 무엇이든 간에 사람은 귀한 것을 잃으면 슬퍼한다. 예수님 시대에는 이스라엘이 처한 형편을 보고 애통하는 경건한 사람이 많았다(Boring). 자신이 처한 경제적 어려움 때문에 애통하는 이들도 있었다(cf. 3절). 주님을 사랑하기 때문에 핍박과 박해를 받고 애통하는 사람들도 있었다(11-12절; cf. 사 60:15, 18). 자신의 죄를 슬퍼하는 사람들도 있었다(cf. 스 10:6; 시 51:4; 사 59:9-14; 단 9:19-20). 본문의 애통하는 자들은 이 모든 사람 외에도 어떠한 이유로든 슬퍼하는 사람들이다(Blomberg, Bruner, France, Morris, Schnackenburg, Strecker, Wilkins). 종교적인 이유로 인한 슬픔(cf. 시 119:136; 스 9:4)으로 제한할 필요가 없다.

본문의 배경이 되고 있는 이사야 61:2은 "모든 슬픈 자를 위로하되"라고 말하기 때문이다.

애통하는 자들은 왜 복이 있는 사람들인가? 그들이 위로를 받을 것이기 때문이다(4b절). '위로를 받을 것이다'(παρακληθήσονται)는 미래 수동태로, 하나님이 장차 그들을 위로하실 것을 의미한다. 3절은 현재형 동사를 사용했는데, 이제부터 9절까지는 모두 미래형 동사를 사용한다. 하나님의 나라가 최종적으로 임할 때 주의 자녀들은 위로를 받을 것이다(cf. 계 7:17). 또한 이 위로는 예수님의 사역을 통해 이미 시작되었다. 이사야 40:1은 "위로하라 내 백성을 위로하라"라며 구원이 멀지 않았다고 말한다. 우리 삶은 고통과 슬픔으로 가득하다. 그렇다고 해서 포기하고 절망해서는 안 된다. 하나님이 위로하실 날이 다가오고 있기 때문이다. 그날을 소망하며 오늘 이 순간을 견디어 내는 것이 선하신 하나님의 뜻이다.

이 말씀은 어떠한 이유로든 아픔과 고통을 겪는 성도들을 하나님이 위로하실 것이라고 한다. 슬퍼하는 사람들은 눈을 들어 위로하시는 하나님을 바라보아야 한다. 세상은 어떠한 위로도 줄 수가 없다. 오직 하나님을 바랄 때, 하나님은 이 세상 그 누구와 그 무엇도 줄 수 없는 위로를 주실 것이다. '괴로울 때 주님의 얼굴 보라'라는 찬송이 생각난다.

II. 예수님의 사역 시작(3:1-7:29)
  B. 디스코스 1(산상 수훈)(5:1-7:27)
   2. 천국 시민(5:3-16)
     (1) 복이 있는 사람: 팔복(5:3-10)

---

c. 온유한 자(5:5)

> ⁵ 온유한 자는 복이 있나니
> 그들이 땅을 기업으로 받을 것임이요

온유한 자들은 복이 있는 사람들이다(5a절). '온유한 사람들'(οἱ πραεῖς)은 겸손하고 순한 사람들이다(BAGD). 이 말씀은 시편 37:11을 배경으로 한다. "그러나 온유한 자들은 땅을 차지하며 풍성한 화평으로 즐거워하리로다"(시 37:11). 또한 '온유한 자들'(עֲנָוִים, πραεῖς)은 '가난한 사람들'을 의미하기도 한다(cf. 3절). 그러므로 온유한 사람이 겸손하게 하나님을 찾게 된 데는 그가 처한 경제적 어려움이 일조했다.

온유한 사람은 가식적이지 않으며(벧전 3:14-15), 참아야 할 고통을 잘 참는다(Broadus). 온유한 사람은 남을 부드럽게(gentle) 대하는데(Wilkins, cf. 11:29; 21:5), 남을 따뜻하게 대하는 일은 자신의 가난함을 깨닫고(3절), 슬퍼하는 것(4절)보다 더 어렵다(Carson). 그러므로 온유함은 자신의 부족함을 깨닫고 고백하며 이웃을 자신보다 더 낫다고 인정할 때 얻을 수 있는 인격이다.

온유한 사람들은 어떤 복을 누리는가? 그들은 땅을 기업으로 받을 것이다(5b절). 그러나 세상은 강하고 독한 사람들이 세상을 차지할 것이라고 한다. 이 말씀은 이러한 세상 정서에 완전히 상반된다. 시편 37:11에서 온유한 사람들이 차지할 땅은 약속의 땅 가나안으로 제한되었다(cf. 신 4:1; 16:20). 한편, 예수님은 그들이 온 세상을 차지할 것이라고 하신다. 이 말씀도 미래에 대한 약속이기 때문에 종말론적으로 해석하면 온유한 사람들은 장차 메시아가 세우실 새 하늘과 새 땅을 기업으로 받을 것이라는 뜻이다(cf. Boring). 또한 그들은 이미 '새 땅 소유권'을 맛보기 시작했다. 그들이 기업으로 받을 하나님의 나라가 이미 임했기 때문이다.

이 말씀은 우리가 겪는 어려움과 연약함은 우리의 영성과 이웃을 대하는 자세에 도움이 될 수 있다고 한다. 시련은 우리를 온유하게 할 수 있기 때문이다. 하나님은 겸손하고 순한 사람을 귀하게 여기시는데, 온유한 사람은 자신이 경험한 쓰라린 삶을 선(善)으로 승화시킨 사람이다.

d. 의에 주리고 목마른 자(5:6)

**6 의에 주리고 목마른 자는 복이 있나니
그들이 배부를 것임이요**

의에 주리고 목마른 자들은 복이 있다(6a절). '주리고 목마른 자들'(οἱ πεινῶντες καὶ διψῶντες)은 먹을 것이 부족하고 마실 것이 없는 기근을 생각나게 하는 말씀이다. 아모스 선지자는 장차 세상에 임할 기근에 대해 이렇게 예언했다(암 8:11).

주 여호와의 말씀이니라
보라 날이 이를지라
내가 기근을 땅에 보내리니
양식이 없어 주림이 아니며
물이 없어 갈함이 아니요
여호와의 말씀을 듣지 못한 기갈이라

예수님은 바로 이런 영적 기근을 염두에 두고 우리에게 의에 주리고 목마르라고 하신다. 목이 마르고 배고픈 사람은 자신이 발휘할 수 있는 가장 강력한 의지와 열정으로 먹을 것과 마실 것을 찾아 나선다. 생존과 연관된 일이기 때문이다. 예수님은 이런 자세로 의를 행하는 사람은 복이 있다고 하신다. 하나님은 반드시 우리의 의에 대한 배고픔과 목마름을 만족시키실 것이기 때문이다. 이 말씀의 구약적 배경이 되는 이사야 55:1-3은 다음과 같이 권면한다.

224

1 오호라 너희 모든 목마른 자들아 물로 나아오라

돈 없는 자도 오라 너희는 와서 사 먹되 돈 없이,

값없이 와서 포도주와 젖을 사라

2 너희가 어찌해 양식이 아닌 것을 위하여 은을 달아 주며

배부르게 하지 못할 것을 위하여 수고하느냐 내게 듣고 들을지어다

그리하면 너희가 좋은 것을 먹을 것이며

너희 자신들이 기름진 것으로 즐거움을 얻으리라

3 너희는 귀를 기울이고 내게로 나아와 들으라

그리하면 너희의 영혼이 살리라

내가 너희를 위하여 영원한 언약을 맺으리니

곧 다윗에게 허락한 확실한 은혜이니라

'의'(τὴν δικαιοσύνην)는 무엇을 뜻하는가? 마태복음에서 이 단어가 사용되는 것을 보면 여러 가지 의미를 내포하고 있다. 처음 세 가지 복(3-5절)의 성향이 이렇다 할 종교적 색채를 띄지 않은 점을 고려할 때 의는 모든 사람이 법적으로, 또한 경제적으로 공정하게 대우받는 공정성(justice)을 뜻한다(Carson, McMeile, Schweizer, Wilkins). 또한 가난해서 억압당하고(3절) 그 억압으로 인해 애통해하는 자들(4절)에게는 그들을 부당하게 짓누르는 억압에서 해방되는 것이다(cf. 사 61:1-3). 그러므로 의에 주리고 목마르다는 것은 법적-경제적으로 억압당하고 있는 사람들을 그 억압에서 해방시키기 위해 무던히 애를 쓴다는 뜻이다.

자신의 죄와 비윤리적인 삶을 깨닫고 영적 부도를 맞이한 사람(사 61:3), 그래서 자신의 죄에 대해 애통해하는 사람도(사 61:4) 의에 주리고 목마른 사람이다(Blomberg, Carson, France, Wilkins). 이런 사람들은 하나님이 그들을 의롭다고 하실 때까지 최선을 다해 주님을 의지하고 주님의 자비와 긍휼을 구할 것이기 때문이다.

예수님은 세례를 받으실 때 하나님의 구속사(history of salvation)에 따라

구원이 진행되는 것을 의라고 하셨다(3:15). 그러므로 하나님의 원대한 계획과 뜻을 분별하고 그 계획의 일부가 되려고 노력하는 것도 의에 주리고 목마른 일이다(Davies & Allison, Hagner). 의인은 하나님의 뜻에 순응하면서 사는 사람이다(cf. 시 42:2).

의(τὴν δικαιοσύνην)가 지닌 가장 기본적인 의미가 있다. 하나님 보시기에 옳고 좋은 일을 하는 것이다. 산상 수훈에서 의는 중요하게 부각되는 개념인데(5:6, 10, 20; 6:1, 33), 모두 이 기본적인 의미를 내포하고 있다. 그렇다면 우리는 어떻게, 어디서 하나님이 기뻐하시는 삶에 대해 배울 수 있는가? 당연히 성경이다. 하나님이 말씀을 통해 의를 가르쳐 주시기 때문이다. 우리는 마음만 먹으면 성경을 통해 얼마든지 영적 배고픔과 목마름을 해결할 수 있다.

문제는 오늘날 대부분의 목회자와 성도들이 성경을 배우려 하지 않는다는 것이다. 우리는 말씀의 홍수 시대를 살고 있다. 하루 24시간 방송과 인터넷을 통해 언제든 말씀을 접할 수 있다. 안타까운 것은 홍수 때 가장 귀한 것이 생수라고, 온갖 오물로 오염된 말씀이 홍수를 이룰 뿐 정작 생수 같은 말씀은 너무나도 귀한 시대를 살고 있다는 사실이다. 그러므로 우리는 아모스 선지자가 위 말씀에 이어 경고한 것을 귀담아들어야 한다(암 8:12-13).

12 사람이 이 바다에서 저 바다까지,
북쪽에서 동쪽까지 비틀거리며
여호와의 말씀을 구하려고 돌아다녀도 얻지 못하리니
13 그날에 아름다운 처녀와 젊은 남자가
다 갈하여 쓰러지리라

그나마 지금은 오염된 말씀이라도 홍수를 이루지만, 때가 되면 말씀의 기근이 올 것이다. 그때가 되면 아무리 말씀을 찾아 나서도 찾지 못할 것이다. 결국 결혼해서 미래를 생산해야 할 처녀와 총각이 죽어 간다. 그러므로 미래가 없는 세상이 도래할 것이다. 아직 기회가 있을 때 최선을 다해 성경 말씀을 배워야 한다. 성경은 하나님의 음성이기 때문이다. 하나님 보시기에 옳고 좋은 삶, 또한 이웃들을 공정하게 대하는 삶을 열정적으로 살아내려면 성경에 대한 지식은 필수다. 의에 주리고 목마른 삶이 곧 우리의 삶이 되어야 한다.

이렇게 사는 것이 예수님이 다스리시는 메시아의 나라에 살고 있다는 증거다. 또한 이 땅에서 의롭게 살고 불의에 분노하는 것은 장차 임할 천국에 대해 우리의 입맛(taste)을 훈련하는 일이다(Carson). 천국은 의가 충만한 곳이기 때문이다.

의에 목마르고 굶주린 사람들은 어떤 복을 누리는가? 그들은 배부르게 될 것이다(6b절). '배부를 것이다'(χορτασθήσονται)도 신적 수동태(divine passive) 동사다. 하나님이 넘치도록 그들의 의에 대한 갈증과 배고픔을 만족시키실 것이라는 뜻이다(cf. 시 42:1-2; 63:1). 많이 배고픈 사람들에게는 더 많은 음식을 주고, 갈증이 심한 사람들에게는 더 많은 물을 주실 것이다. 의는 우리가 실천하고자 하는 만큼, 혹은 실천할 수 있는 만큼 하나님이 가르치고 채워 주신다. 의를 몰라서 행하지 않는 일은 없을 것이다. 또한 하나님이 넘치게 채워 주시는 때가 이미 시작되었다. 메시아의 나라가 예수님을 통해 이미 임했기 때문이다.

이 말씀은 우리가 삶에서 추구해야 할 가장 기본적이고 중요한 것은 하나님의 의라고 한다. 우리는 살면서 무엇을 추구하고 있는지 되돌아보게 하는 말씀이다. 하나님의 의는 열심히 성실하게 성경을 배울 때 비로소 깨달아 실천할 수 있다. 그러므로 하나님이 기뻐하시는 의로운 삶은 성경 말씀을 꾸준히 배우지 않고는 살아낼 수 없다.

e. 긍휼히 여기는 자(5:7)

⁷ 긍휼히 여기는 자는 복이 있나니
그들이 긍휼히 여김을 받을 것임이요

긍휼히 여기는 자들은 복이 있다(7a절). '긍휼히 여기는 자들'(οἱ ἐλεήμονες)은 남들을 자비롭게 대하고 그들을 위해 기도하는 것을 멈추지 않으며, 그들에게 구체적인 도움을 주는 사람들이다(Boring). 출애굽기 34:6은 여호와가 '자비롭고 은혜롭고 노하기를 더디 하고 인자와 진실이 많은 하나님'이라며 하나님의 성품 중 다섯 가지를 나열한다. 그중 우리말로 '은혜롭고'라고 번역된 히브리어 단어(חנון)를 칠십인역(LXX)은 '긍휼'(ἐλεήμων)로 번역했다. 이 단어의 가장 기본적인 의미는 상대방이 한 일에 상응하는 대가를 주는 것이 아니라, 그가 한 일에 상관없이 더 많은 자비와 사랑을 베푸는 것이다(NIDOTTE, TDNT, cf. 시 25:6-7). 그러므로 이 단어는 하나님이 죄인을 용서하시고 사랑하시는 것을 설명하는 데 매우 중요한 단어다. 예수님은 이웃들을 대할 때 매정하게 법대로 하지 말고, 더 많은 사랑과 자비로 그들을 대하라고 하신다. 처음 네 가지 복이 하나님을 중심으로 사는 사람의 심성에 초점을 맞추었다면, 이 다섯 번째 복은 변화를 받은 마음이 의로운 행동으로 흘러나오는 것에 초점을 맞추고 있다(Osborne).

당시 종교 지도자들은 '이에는 이, 눈에는 눈' 방식의 율법 적용을 가르쳤다(cf. 출 21:24). 사람은 율법을 지키기 위해 태어났다고 생각했기 때문이다. 즉, 그들은 율법을 지나치게 지키려다가 이처럼 매몰차게 되었다고 할 수 있다. 반면에 예수님은 율법이 사람을 위해서 있는 것이지, 사람이 율법을 위해 존재하는 것이 아니라고 하신다(cf. 막 2:27-28). 하나님은 사람들을 억압하기 위해 율법을 주신 것이 아니다. 모두가 행복하고 자유롭게 살라고 주신 행복보장헌장이다. 그러므로 율법에는 항상 예외와 눈물이 있어야 한다.

이웃을 긍휼히 여기는 사람들이 누릴 축복은 무엇인가? 그들이 오히려 긍휼히 여김을 받을 것이다(7b절). '긍휼히 여김을 받다'(ἐλεηθήσονται)도 신적 수동태 동사다. 하나님은 남을 긍휼히 대하는 사람을 긍휼이 여기신다. 예수님은 잠시 후 이 말씀이 무슨 의미인지 설명하신다. "너희가 사람의 잘못을 용서하면 너희 하늘 아버지께서도 너희 잘못을 용서하시려니와 너희가 사람의 잘못을 용서하지 아니하면 너희 아버지께서도 너희 잘못을 용서하지 아니하시리라"(6:14-15; cf. 18:33).

그러므로 긍휼을 베푸는 일은 "무엇이든지 남에게 대접을 받고자 하는 대로 너희도 남을 대접하라"(7:12)라는 일명 '황금 법칙'(the golden rule)과는 다르다. 황금 법칙은 사람들이 서로에게 베푸는 호의에 관한 것이지만, 이웃에게 긍휼을 베푸는 것은 하나님의 '응징 원칙'(the principle of retribution)에 관한 것이다. 하나님이 심판하실 때 우리가 이웃에게 긍휼을 베푼 것에 따라 그 버금가는 자비를 베푸실 것이기 때문이다. 우리는 모두 하나님께 용서를 받아야 하는 죄인들이다. 그러므로 하나님이 심판하실 날을 생각해서라도 서로에게 긍휼을 베풀어야 한다(Stott). 또한 긍휼은 하나님의 긍휼을 경험한 사람만이 남들에게 베풀 수 있다.

이 말씀은 이웃이 잘못하더라도 보복하지 말고, 용서하라고 한다. "은혜는 받아 본 사람만이 남에게 베풀 수 있다"라는 말이 있다. 우리가 이웃을 긍휼히 여기는 것은 곧 우리가 하나님의 긍휼히 여기심을 경험했다는 증거다. 또한 우리가 하나님의 긍휼을 바란다면, 이웃들을 긍휼히 대해야 한다. 풍성하게 받은 긍휼, 조금이라도 흘려보내자.

II. 예수님의 사역 시작(3:1-7:29)
 B. 디스코스 1(산상 수훈)(5:1-7:27)
  2. 천국 시민(5:3-16)
   (1) 복이 있는 사람: 팔복(5:3-10)

f. 마음이 청결한 자(5:8)

**8 마음이 청결한 자는 복이 있나니
그들이 하나님을 볼 것임이요**

마음이 청결한 자들은 복이 있다(8a절). '마음'(τῇ καρδίᾳ, 심장)은 사람의 모든 생각과 행동을 결정하는 곳이다. '청결'(καθαρός)은 도덕적으로 청렴하고, 예식적으로(ritually) 정결하다는 뜻이다(BAGD, cf. 시 24:3-4). 마음이 청결한 사람들(οἱ καθαροὶ τῇ καρδίᾳ)이 도덕적이고 예식적으로 깨끗한 사람들을 뜻하는지(cf. 신 10:16; 30:6; 삼상 15:22; 시 24:3-4), 혹은 한마음(청결한 마음)으로 하나님을 의지하는 사람을 의미하는지(Boring, Tasker, Wilkins)에 관해서는 다소 논란이 있다. 본문에서는 두 가지 모두를 의미하는 것으로 해석하는 것이 바람직하다(Blomberg, Carson, France, Osborne).

성경은 사람의 마음이 악하다고 한다(잠 20:9; 렘 17:9). 그러나 하나님은 인간의 악한 마음을 청결한 마음으로 바꾸실 수 있다(시 51:10). 그러므로 사람이 청결한 마음을 가질 수 있는 유일한 방법은 하나님께 우리의 악한 마음을 선한 예수님의 마음으로 바꿔 달라고 구하는 것이다. 예수님은 청결한 마음을 갖고 싶으면 항상 하나님 곁에 머물 것을 권면하신다.

마음이 청결한 사람들이 누리는 복은 무엇인가? 그들은 하나님을 볼 것이다(8b절). 구약에서 하나님을 직접 뵙는 것은 불가능한 일이다(출 33:20). 심지어 하나님은 모세에게도 뒷모습만 보여 주셨다(출 33:23). 그러므로 구약에서 하나님을 뵙는 것은 곧 성전에 가서 주님께 예배드린다는 의미였다. 이 말씀은 이스라엘 사람들이 성전으로 순례를 갈 때 부르던 노래인 시편 24:3-4을 배경으로 한다(Beale & Carson, Wilkins). "여호와의 산에 오를 자가 누구며 그의 거룩한 곳에 설 자가 누구인가 곧 손이 깨끗하며 마음이 청결하며 뜻을 허탄한 데에 두지 아니하며 거짓 맹세하지 아니하는 자로다"(시 24:3-4).

성전에 가서 하나님께 예배드리는 것은 언젠가는 하나님을 직접 뵙게 될 것이라는 종말론적인 소망을 내포했다(cf. 고전 13:12; 계 22:4). 예수님은 이 말씀을 통해 이러한 소망을 재확인하신다. 또한 예수님은 하나님의 아들이시며 임마누엘(우리와 함께하시는 하나님, 1:23)이시다. 그러므로 예수님을 뵙는 것은 곧 하나님을 뵙는 일이었다(cf. 요 10:30; 17:11). 종말에 하나님을 뵙는 것이 이미 시작된 것이다.

이 말씀은 온갖 죄와 부정으로 찌들어 있는 옛사람을 버리고 깨끗하고 정결한 마음을 품은 새사람이 되라고 권면한다. 그러나 우리 스스로 이렇게 살기는 쉽지 않다. 매일 옛사람을 십자가에 못 박고 계속 새로운 마음, 곧 예수님의 마음을 품어야 가능하다. 어려운 일이지만 노력에 대한 보상은 우리가 사모하는 복 중에서 가장 크다. 하나님을 뵙게 되는 영광을 누릴 것이다.

II. 예수님의 사역 시작(3:1-7:29)
   B. 디스코스 1(산상 수훈)(5:1-7:27)
      2. 천국 시민(5:3-16)
         (1) 복이 있는 사람: 팔복(5:3-10)

---

g. 화평하게 하는 자(5:9)

⁹ 화평하게 하는 자는 복이 있나니
그들이 하나님의 아들이라 일컬음을 받을 것임이요

화평하게 하는 자들은 복이 있다(9a절). '화평'(εἰρήνη)은 칠십인역 (LXX)이 히브리어 '샬롬'(שָׁלוֹם)을 번역한 단어다(창 15:15; 26:29 등). 샬롬 은 진행되는 일과 상황이 모두 완벽하고(completeness) 완전해(wholeness) 최고의 조화를 이룬다는 뜻이다. 메시아 아이에게 주어지는 여러 호칭 중 '평강의 왕'(שַׂר־שָׁלוֹם, 칠십인역[LXX]은 ἄρχοντας εἰρήνην'로 번역함)이 가 장 중요하게 여겨지는 것도 이 때문이다(사 9:6).

평강의 왕으로 오신 예수님은 죽음을 통해 하나님과 사람들을 화평 하게 하셨다(골 1:20; cf. 엡 2:11-18). 화평하게 하는 것이 무엇인지 실제 로 보여 주신 것이다. 이사야 선지자도 "좋은 소식을 전하며 평화를 공 포하며 복된 좋은 소식을 가져오며 구원을 공포하며 시온을 향하여 이 르기를 네 하나님이 통치하신다 하는 자의 산을 넘는 발이 어찌 그리 아름다운가"(사 52:7)라며 우리에게 화평하게 하는 사람들이 되기를 권 면했다.

화평하게 하는 자들(οἱ εἰρηνοποιοί)은 자신들이 누리는 하나님과의 화 평으로 만족하지 않는다. 그들은 다른 사람들도 하나님과 화평하도록 "네 하나님이 통치하신다"라고 외치는 '평화 에이전트들'(peace-agents)이 다(Wilkins). 또한 이웃들과 화평하고자 노력하고, 이웃들이 서로 화평 하도록 돕는 사람들이다(Boring, Osborne). 그러므로 본문은 이들을 '화평 을 만드는 자들'(peacemakers)이라고 부른다(NAS, NIV, NRS, ESV).

화평하게 하는 자들이 누릴 복은 무엇인가? 그들은 하나님의 아들 이라 일컬음을 받을 것이다(9b절). 구약에서 '하나님의 아들'(υἱοὶ θεοῦ) 은 이스라엘 백성 중 신실한 사람들을 일컫는 말이다(신 14:1; 호 1:10). 예수님은 화평케 하는 사람들이 장차 세우실 하나님 나라의 백성이 될 것이라고 하신다(Wilkins). '일컬음을 받을 것이다'(κληθήσονται)도 신적 수동태 동사다. 하나님이 그들을 아들들로 부르실 것이다.

이 말씀은 예수님을 닮는다는 것은 먼저 하나님과 화평하고, 이후 우리 삶의 모든 영역에서 화평을 이루어가는 것임을 가르쳐 준다. 우

리는 우리 자신 그리고 이웃들과 화평해야 한다. 또한 이웃들이 서로
화평할 수 있도록 화평을 만드는 사신(브로커)으로서 살아야 한다.

h. 의를 위해 박해를 받은 자(5:10)

¹⁰ 의를 위해 박해를 받은 자는 복이 있나니
천국이 그들의 것임이라

의를 위해 박해를 받는 자들은 복이 있다(10a절). 이때까지 모든 복은
하나님의 자녀들이 세상과 서로를 어떻게 대할 것인가에 관한 것이었
다. 이 마지막 복은 세상이 하나님의 자녀들을 어떻게 대하는가에 관
한 것이다. 바로 앞에 있는 일곱 번째 복과 연결하면, 세상은 결코 화
평하게 하는 사람들을 좋아하지 않을 것이라는 의미다(Carson). 세상은
우리가 하나님과 사람이 화평하게 하는 것도, 사람들이 서로 화평하게
하는 것도 좋아하지 않는다.

예수님을 따르는 천국 백성은 세상을 위해 '의'(δικαιοσύνης), 곧 선하
고 좋은 일들을 하지만 세상은 박해로 갚는다. 안타까운 일이지만 세
상은 하나님을 미워하기 때문에 하나님을 사랑하는 이들도 미워한다
(cf. 요 3:19-20). 그러므로 이 말씀은 주의 자녀들은 이 세상에서 평안
을 누리며 행복하게 사는 것을 포기해야 한다는 뜻이다(cf. 행 14:22; 딤
후 3:12; 벧전 4:3-4). 여러 선지자가 하나님의 의를 선포하고 행하다가
핍박을 받고 죽임당하기까지 했다.

의를 위해 박해를 받은 사람들이 누릴 축복은 무엇인가? 천국이 그

들의 것이다(10b절). '천국이 그들의 것이다'(ὅτι αὐτῶν ἐστιν ἡ βασιλεία τῶν οὐρανῶν)라는 말씀은 팔복에서 심령이 가난한 사람들이 받는 복과 같다(cf. 3b절). 3절과 본문은 원인 구(causal clause)를 반복해 일종의 괄호 (inclusio)를 형성하며 4-9절을 감싸고 있다. 4-9절은 미래형 동사를 사용하고 있으며, 이를 감싸고 있는 3절과 10절은 현재형 동사를 사용한다. 이러한 시제 변화는 천국은 장차 그들이 들어갈 곳이며 동시에 이미 들어간 곳이기도 하다는 것을 암시한다. 하나님 나라는 앞으로 임할 것이지만, 이미 임했기 때문이다. 그러므로 우리는 이 땅에서 하늘나라 시민으로 살다가 장차 임할 나라에 입성해야 한다. 우리가 들어갈 천국을 다스리는 왕은 메시아 예수님이시다.

이 말씀은 우리가 하나님의 말씀에 따라 의로운 삶을 살고자 한다면 세상의 박해를 감수해야 한다고 한다. 하나님의 기준과 세상의 기준이 서로 다르기 때문이다. 그러나 하나님의 의를 이루며 사는 삶은 충분한 가치가 있다. 하나님이 세상의 핍박을 무릅쓰고 의롭게 사는 사람들에게 천국을 주실 것이기 때문이다.

```
II. 예수님의 사역 시작(3:1-7:29)
   B. 디스코스 1(산상 수훈)(5:1-7:27)
      2. 천국 시민(5:3-16)
```

(2) 복을 누리는 삶: 핍박(5:11-12)

¹¹ 나로 말미암아 너희를 욕하고 박해하고 거짓으로 너희를 거슬러 모든 악한 말을 할 때에는 너희에게 복이 있나니 ¹² 기뻐하고 즐거워하라 하늘에서 너희의 상이 큼이라 너희 전에 있던 선지자들도 이같이 박해하였느니라

이 말씀은 팔복 중 마지막 복에 관해 추가로 보완 설명한 것이다. 세상은 선을 행하고 화평하게 하는 사람들을 미워한다. 그러므로 우리

가 하나님의 뜻에 따라 산다면 박해를 피할 수 없다(10절). 예수님은 이 원리를 자신과 제자들에게 적용하신다. 그러므로 10절에서 '의를 위해'(ἕνεκεν δικαιοσύνης)라고 하신 것을 11절에서는 '나로 말미암아, 나를 위해'(ἕνεκεν ἐμοῦ)로 바꿔 말씀하신다.

또한 10절은 동사 '박해하다'(διώκω)만 사용했는데, 11절에서는 '욕하다'와 '온갖 거짓으로 악한 말을 하는 것'을 더해 앞으로 제자들이 예수님으로 인해 겪어야 할 고통을 더 구체적으로 가중시키신다. '욕하다'(ὀνειδίζω)는 모욕과 수모를 준다는 뜻이다(cf. 새번역, 공동, NAS, NIV, NRS). '온갖 거짓으로 악한 말을 하는 것'(εἴπωσιν πᾶν πονηρὸν καθ' ὑμῶν ψευδόμενοι)은 전혀 근거가 없고 사실이 아닌 말을 악의적으로 만들어 퍼트리는 것을 뜻한다. 요즘 사회를 좀먹는 '가짜 뉴스'도 이런 말에 해당한다.

예수님이 말씀하실 때 대상에 대해 사용하는 인칭도 10절에서는 3인칭 복수였는데, 11절에서는 2인칭 복수다. 이는 불특정 다수에게 주신 말씀이 아니라, 주님의 말씀을 듣고 있는 제자들을 위한 말씀이기 때문이다(cf. 1-2절). 그들이 예수님을 사랑하고 따르는 것은 참으로 험난하고 고통스러운 삶이 될 것이라는 경고다. 이러한 고통을 감수해야 하는데, 그래도 따르겠느냐는 주님의 측은한 마음이 서려 있다.

온갖 박해와 비방을 각오하고 주님을 따르는 사람들은 복이 있다. 그들은 어떤 복을 누리게 될 것인가? 그들은 하늘에서 큰 상을 받을 것이다(12절). 마태는 '상'(ὁ μισθὸς)이라는 단어를 열 차례 사용하는데, 그중 산상 수훈에서만 여섯 차례 사용한다. 그는 '상'을 마치 노동자의 임금처럼 예수님을 따르는 사람들이 얻는 대가(wage)와 같은 의미로 사용한다(Osborne). 제자들은 이 상을 당장 받지 않고 하늘에서 받는다. '하늘'(τοῖς οὐρανοῖς)은 주를 사랑하는 사람들이 받을 상이 영원하며 또 영생에서 이 상을 누리게 될 것을 의미한다.

예수님으로 인해 박해를 받고, 거짓으로 음해를 당하고, 악의적인

235

비방으로 괴롭힘을 당할 때 우리는 어떻게 해야 하는가? 예수님은 '기뻐하고 즐거워하라'($\chi\alpha\acute{\iota}\rho\epsilon\tau\epsilon$ $\kappa\alpha\grave{\iota}$ $\dot{\alpha}\gamma\alpha\lambda\lambda\iota\hat{\alpha}\sigma\theta\epsilon$)고 하신다. 둘 다 명령문이다. 핍박이 찾아오면 기뻐하라는 것은 대부분 성도들이 핍박을 당하지 않게 된 것에 감사하고 찬양하는 오늘날의 교회 모습과는 사뭇 다른 말씀이다. 우리가 신앙 때문에 핍박을 당하게 된다면 어떻게 고통 속에서도 기뻐하고 즐거워할 수 있을까? 성경이 가르쳐 주는 세 가지 진리를 마음에 품고 묵상하면 환란 중에도 기뻐하고 즐거워할 수 있다.

첫째, 이 땅에서 고통과 핍박을 당할수록 장차 하늘에서 받을 상이 더 커진다. 오늘날 설교자들이 죄인들이 하늘나라에 들어가는 은혜만을 유독 강조하다 보니 각 성도가 받을 상급에 대해 별로 가르치지 않는다. 그러나 성경은 분명 하늘에 상급이 있다고 한다. 이 땅에서 성실하고 신실하게 하나님의 말씀에 순종하며 산 사람들은 큰 상급을 받을 것이다. 반면에 '겨우 턱걸이해서' 하늘나라에 들어가는 사람들도 있을 것이다. 이런 사람들은 구원을 얻기는 했지만, 한없이 부끄러운 구원을 얻은 것이다. 우리는 최선을 다해 큰 상을 받으려고 노력해야 한다. 상이 중요해서가 아니라, 하나님께 인정받는 것이 중요하기 때문이다.

둘째, 하나님은 특별히 고통 중에 있는 성도들과 함께하시며 그들의 기도에 귀를 기울이신다. 그러므로 가장 고통스러운 상황에 처한 사람들이 하나님의 임재를 가장 확실하게 체험하기도 한다. 이러한 상황을 고려해 보면 때로는 고통이 하나님께 가까이 나아가는 지름길이 되기도 한다. 믿음 때문에 받는 고통이라면 더욱더 그렇다.

셋째, 예수님 때문에 받는 핍박은 하나님이 우리를 그리스도의 고통에 동참하게 할 정도로 특별히 사랑하신다는 뜻이다. 초대교회 성도들은 핍박에 대해 이렇게 이해했기 때문에 고통과 죽음을 두려워하지 않았다. 그러므로 그들은 로마 제국의 어느 지역에서 기독교인들을 잡아 죽인다는 소문이 돌면 순교를 각오하고 그곳으로 찾아갔다. 자신들의 죽음과 고통으로 그리스도의 고난에 동참하고 싶었기 때문이다. 재판을 통해 기독교인으로 판결이 나서 순교하는 순간, 그들은 감사 찬송을 부르며 감격의 눈물을 흘렸다. 하나님이 자신들을 그리스도의 고난에 동참시키실 정도로 존귀하게 생각해 주신 것에 대한 감격이었다.

우리가 보기에는 고난과 죽음을 자청하는 모습이 어리석어 보일 수 있다. 그러나 십자가 구원을 경험한 가난한 성도들로서는 충분히 그럴 수 있다. 복음의 은혜가 참으로 놀라운데, 그들에게는 주님께 드릴 만한 것이 아무것도 없었다. 그러니 하나님이 허락하신다면 그들 자신의 생명을 드리고자 했다. 그들의 고난과 순교는 하나님이 그들의 염원을 허락하셨다는 증표가 되었다. 그리스도의 고난에 동참하는 일은 책임이나 의무가 아니라, 소수만이 누릴 수 있는 특권이자 영광스러운 일이다.

예수님은 옛적부터 선지자들도 하나님 때문에 온갖 박해를 당했다고 하신다(12절). 그러므로 제자들이 예수님 때문에 당하는 고통은 결코 새로운 것이 아니며, 사고로 빚어진 것도 아니며, 불합리한 것도 아니다. 선지자들이 이미 오래전부터 믿음으로 인한 고통을 당했기 때문이다(cf. 대하 24:21; 느 9:26; 렘 20:2). 즉, 그리스도의 고난에 동참하는 사람들은 옛적 선지자들이 당한 거룩한 고통의 맥을 잇는다는 뜻이다.

교회에서 선포되는 복음이 참 많이 변질된 것 같다. 많은 설교자가 예수님을 믿으면 잘 먹고 잘 살며 세상에서도 승승장구한다고 말한다. 마치 그들은 성공병에 미쳐 있는 사람들 같다. 성공을 위해서 하나님을 이용하는 일도 서슴지 않는다. 매주 강단에서 외치는 메시지는 하나님과 믿음을 이용해 세상에서 성공하는 비법이 주류를 이룬다. 부흥회도 성령을 이용해 자기 욕심을 채우는 것에 초점이 맞춰져 있다.

예수님이 말씀하시는 믿음으로 인한 고난은 다 어디로 간 것일까? 기독교를 십자가 종교라고 하는데, 십자가는 결코 세상적인 성공을 상징하는 것이 아니다. 여호와 종교가 이방 종교들(바알 종교, 이세라 종교 등)과 다른 가장 기본적인 차이는 도덕적인 청렴함을 요구하는 것이다.

바알과 아세라 종교는 신도들이 어떻게 살든 제때 예물을 바치고 예배하면 신들이 그들을 풍요로움으로 축복한다고 했다. 반면에 시내산 율법의 상당 부분은 도덕과 윤리에 관한 것들이다.

세상이 동의하지 않는 높은 도덕성과 윤리적 기준에 따라 살려고 하면 당연히 세상은 그를 미워하고 핍박한다. 그러므로 구약 시대부터 신앙은 고난을 동반했다. 예수님도 주님을 따르는 일은 온갖 고통을 동반할 것이라고 하신다. 그런데 오늘날 우리 교회는 어떻게 된 것일까? 어찌 설교자들은 주님을 사랑하기 때문에 받아야 하는 고통에 대한 메시지는 기피하고 그저 잘될 것이라는 메시지만 선포하는 것일까? 본문을 묵상하면서 이러한 강단 행태가 많이 아쉽다는 생각이 든다.

이 말씀은 믿음으로 인한 핍박은 우리 삶의 일부가 되어야 한다고 한다. 예수님을 사랑하는 사람은 거짓된 세상의 박해를 피해갈 수 없다. 그러므로 믿음으로 인한 고난이 우리를 찾아올 때 이상하게 여기기보다 감사함으로 이겨내자. 사탄은 절대 감사하는 성도를 이길 수 없다. 세상은 하나님을 미워하기 때문에 예수님을 따르는 우리도 미워한다.

II. 예수님의 사역 시작(3:1-7:29)
   B. 디스코스 1(산상 수훈)(5:1-7:27)
      2. 천국 시민(5:3-16)

---

(3) 세상을 살맛 나게 하는 삶: 소금과 빛(5:13-16)

[13] 너희는 세상의 소금이니 소금이 만일 그 맛을 잃으면 무엇으로 짜게 하리요 후에는 아무 쓸데없어 다만 밖에 버려져 사람에게 밟힐 뿐이니라 [14] 너희는 세상의 빛이라 산 위에 있는 동네가 숨겨지지 못할 것이요 [15] 사람이 등불을 켜서 말 아래에 두지 아니하고 등경 위에 두나니 이러므로 집 안 모든 사람에게 비치느니라 [16] 이같이 너희 빛이 사람 앞에 비치게 하여 그들로 너희 착한 행실을 보고 하늘에 계신 너희 아버지께 영광을 돌리게 하라

바로 앞(11-12절)에서 예수님은 제자들에게 이 세상에서 주님을 사랑하고 따르는 것은 박해를 동반하지만, 하나님은 그들이 당하는 고통을 상급으로 바꿔 천국에 쌓아 두실 것이라고 하셨다. 그리고 이 말씀에서는 설령 박해와 핍박이 오더라도 당당하게 세상을 변화시키는 삶을 살라고 당부하신다. 그들은 세상의 소금과 빛이기 때문이다. 소금 비유가 썩지 않게 하는 부정적인 면모에 관한 것이라면, 빛 비유는 어두움을 비추는 긍정적인 면모를 지닌다(Carson). 또한 이 말씀은 주님을 사랑하는 사람들이 모인 교회와 성도들의 정체성을 매우 인상적이고 아름답게 정의하고 있다.

예수님은 제자들에게 그들이 세상의 소금이라고 하신다(13절). 소금의 어떤 면모를 염두에 두고 이 은유를 사용하시는 것일까? 옛적부터 오늘날까지 소금은 식재료를 썩지 않게 보존하고, 음식에 맛을 더하고, 비료로 사용되는 등 쓰임새가 매우 다양하다. 그러다 보니 학자들은 이 은유가 정확히 소금의 어떤 성향(면모)과 연관이 있는가에 대해 매우 다양한 추측을 내 놓았다. 한 주석은 그동안 학자들이 이 은유에 관해 내놓은 11가지의 가능한 해석을 요약하기도 한다(Davies & Allison, cf. Hagner). 그중 가장 설득력이 있는 세 가지는 식재료를 보존할 때 쓰이는 것(Blomberg, Carson, McNeile)과 음식에 풍미를 더하는 것(Harrington, Luz, Schnackenburg) 그리고 한때 비료로 사용된 것(Deatrick, Gundry) 정도다.

동서고금을 막론하고 가장 흔하고 의미 있는 소금의 용도는 식재료를 보존하는 것과 음식에 풍미를 더하는 것이다. 냉장고가 대중화되지 않은 곳에서는 지금도 소금이 중요한 방부제로 사용된다. 또한 소금으로 간을 맞추지 않은 음식은 먹기가 힘들다. 예수님은 소금의 이 두 가지 기능을 염두에 두고 제자들에게 세상의 소금이라고 하신 것이다. 세상의 기준과 가치관에 물든 삶을 살지 않고, 예수님이 새로 시작하신 하나님 나라의 의와 기준에 따라 살아감으로써 썩어 망해 가는 세상을 그나마 보존하는 방부제 역할을 하라는 권면이다. 방부제 역할을 하려면 많은 양의 소금이 필요하다. 그러므로 이 말씀은 주의 자녀들이 힘을 합해 이런 역할을 할 것을 당부하는 듯하다. 오늘날로 말하면 교회가 이런 역할을 해야 한다.

또한 소금 간은 모든 음식에 풍미를 더한다. 그리스도인들은 더 건강하고 아름답고 살맛 나는 세상을 만들어 가야 한다는 말씀이다. 음식을 맛있게 하는 데 필요한 소금의 양은 지극히 적다. 그러므로 이 역할은 주의 자녀들 각자가 개인적으로 해낼 수 있다. 누군가가 우리에게 "당신 때문에 세상이 아직 살만하다" 혹은 "당신 때문에 살 용기를 얻었다"라는 말을 한다면 이 역할을 잘 감당하고 있다고 할 수 있다.

예수님은 소금이 그 맛을 잃으면 아무 쓸모가 없는 폐기물이 되어 사람들에게 밟힐 뿐이라고 하신다(13절). 이 말씀은 학자들 사이에 참으로 많은 논쟁과 추측을 불러왔다(cf. Carson, Davies & Allison, Wilkins). 화학적으로 소금(NaCl)은 물(H_2O)처럼 안정적이어서 짠맛을 잃지 않기 때문이다.

이 말씀을 지나치게 과학적으로 접근하는 것은 문제가 있다. 예수님은 지금 은유로 말씀하시는 중이다. 소금이 짠맛을 내며 제 역할(보존과 풍미)을 하는 것이 얼마나 중요한가를 강조하기 위해 소금이 짠맛을 잃어 제 역할을 하지 못하는 상황을 가상 시나리오로 제시하시는 것이다. 이 가상 시나리오에서는 소금이 짠맛을 잃을 수 있는가 없는가 하는 문제는 중요하지 않다. 예수님은 단지 짠맛을 잃은 소금을 예로 들어 말씀하시는 것뿐이다. 만일 예수님이 하신 모든 말씀에 과학적이고 현실적인 잣대를 들이댄다면, 쉽게 설명되지 않는 비유가 참으로 많을 것이다. 게다가 예수님은 소금이 맛을 잃을 수 있는 상황을 기정사실로 간주하지 않으신다. 만일 그렇게 하셨더라면 본문에서 '만일'(ἐάν)을 사용하지 않고 '만일'(εἰ)을 사용하셨을 것이다. 마태는 사탄이 예수님을 시험할 때 예수님이 하나님의 아들이라는 것을 기정사실화하면서 '만일'(εἰ)을 사용했다. 이곳에서는 다른 조건 소사(conditional particle) 인 '만일'(ἐὰν)을 사용하고 있다.

예수님은 소금 은유를 통해 제자들에게 세상을 보존하고 살맛 나는 곳으로 바꾸어 가라고 당부하신다. 소금이 방부제 역할을 하는 것처럼 그리스도인들도 힘을 합해 날로 부패해 가는 세상을 덜 썩게 해야 한 다. 그래서 죄로 가득한 세상에 임할 하나님의 심판이 최대한 보류되 게 해야 한다. 이것이 교회의 역할이다. 또한 소금이 음식에 풍미를 더 하는 것처럼 주의 자녀들은 주변 사람들에게 살맛 나는 세상을 열어 주어야 한다. 이 일은 개인이 각자 할 수 있다.

예수님은 제자들에게 그들이 세상의 빛이라고 하신다(14절). 이 말씀 도 은유다. 그러므로 예수님이 말씀하시는 등불과 등경이 정확히 무엇 이고 어떻게 생겼는지는 그다지 중요한 이슈가 아니다. 이 말씀의 핵 심은 그리스도인들은 위축되어 숨어 살지 말고, 당당하게 어두운 세상 을 비추는 빛처럼 살아야 한다는 것이다.

예수님은 온 세상에 드러난 빛에 관해 두 가지 상황을 예로 들며 말 씀하신다. 첫째, 산 위에 있는 동네는 절대 숨겨질 수 없다(14절). 예루 살렘은 산 위에 있는 도시였다(cf. 사 2:2-5). 그러나 이 말씀은 비유이 기 때문에 굳이 예루살렘과 연결할 필요는 없다. 산 위에 있는 동네는 날이 밝을 때마다 온 세상에 그 모습이 드러난다. 그러므로 아무리 숨 기려고 해도 숨겨지지 않는다. 둘째, 어두움을 밝히기 위해 등불을 켠 사람은 그 등불을 말 아래 두지 않는다(15절). '말'(τὸν μόδιον)은 약 8-9ℓ 를 담을 수 있는 그릇을 뜻한다(BAGD, cf. NAS, NRS). 이 두 상황의 공 통점은 숨겨짐이다. 그러므로 빛의 숨겨짐과 소금이 짠맛을 잃은 것은 평행을 이룬다. 둘 다 무용지물이며 제 기능을 하지 못한다. 이런 것은 폐기물에 지나지 않는다. 하나님의 자녀들도 마찬가지다. 만일 하나님 이 그들을 이 땅에 보내신 역할을 제대로 해내지 못한다면 맛을 잃은 소금 같고 감춰진 빛과 같다.

켜진 등불은 어디에 있어야 하는가? 등경 위에서 온 집안을 밝혀야 한다(15절). 성도들은 하나님이 각자에게 주신 소명에 따라 지켜야 할 자리가 있고, 그곳에서 발해야 할 빛이 있다. 성경은 하나님을 온 세상을 밝히시는 빛으로 묘사한다(시 18:12; 104:2; 딤전 6:16; 요일 1:5). 예수님도 세상을 비추시는 빛이다(4:16; 요 1:7; 8:12; 9:5; 12:46). 이러한 맥락에서 주의 백성도 빛이다(cf. 사 42:6; 49:6; 엡 5:8; 빌 2:15; 살전 5:5).

우리가 빛을 발하며 사는 것은 무엇을 의미하는가? 16절은 빛을 발하는 것이 착한 행실이라며 그리스도인들이 이 땅에서 선하게 사는 것은 하나님의 필수적인 요구사항이라는 것을 암시한다. 어떻게 사는 것이 선한 삶인가? 예수님은 이미 팔복(3-10절)을 통해 어떻게 사는 것이 착하게 사는 것인지 말씀하셨다. 악한 세상에서 선하고 착하게 사는 것은 많은 핍박을 안겨 줄 수 있다(cf. 11-12절). 그러나 그렇다고 해서 숨어 살면 안 된다고 하신다. 세상 사람들이 보고 하나님께 영광을 돌릴 수 있도록 우리는 선한 행실을 드러내며 살아야 한다.

예수님이 세상의 어두움을 밝히는 빛으로 오신 것을 믿는 사람들은 선한 행실을 통해 예수님이 하나님의 구원의 빛이 되심을 증거하는 삶을 살아야 한다(16절). 하늘나라는 말에 있지 않고 능력에 있기 때문이다(cf. 고전 2:4; 4:20; 살전 1:5). 하나님은 우리가 착하고 선하게 살면서 세상을 밝히는 빛이 되도록 도우실 것이다. 이렇게 함으로써 우리의 의를 세상에 드러내는 것이 아니라, 우리의 착한 행실을 본 세상이 하늘에 계신 우리 아버지께 영광을 돌리게 해야 한다(16절). 여기에서 하나님과 성도들의 특별한 관계를 강조하는 '우리 아버지'(τὸν πατέρα ὑμῶν)가 처음 사용된다.

이 말씀은 우리의 일거수일투족이 온 세상에 드러나 있다고 한다. 그러므로 그리스도인들은 살맛 나는 세상과 예수님의 빛으로 가야 할 길을 밝히는 세상을 만들어가야 한다. 의지와 상관없이 우리는 하나님의 소금과 빛으로 살고 있다. 그러니 선한 언행을 실천함으로써 하나님의 이름에 누를 끼치지 않도록 해야 한다.

3. 천국과 새 언약(5:17-48)

예수님은 팔복(3-10절)을 통해 하나님 나라는 그동안 세상이 경험하지 못했던 참으로 다르고 새로운 토라(율법)를 바탕으로 세워질 것을 선언하셨다. 이 섹션에서는 새로 선포되는 하늘나라의 토라(율법)가 구약 율법과 어떤 관계를 지니는지 말씀하신다. 또한 몇몇 사례를 통해 새로운 율법이 옛 율법과 어떻게 다른지 보여 주신다. 본문은 다음과 같이 세 파트로 나뉜다.

A. 옛 언약과 새 언약(5:17-20)

B. 새 언약 적용 사례(5:21-47)

C. 결론: 새 언약 완성 선언(5:48)

(1) 옛 언약과 새 언약(5:17-20)

[17] 내가 율법이나 선지자를 폐하러 온 줄로 생각하지 말라 폐하러 온 것이 아니요 완전하게 하려 함이라 [18] 진실로 너희에게 이르노니 천지가 없어지기 전에는 율법의 일점일획도 결코 없어지지 아니하고 다 이루리라 [19] 그러므로 누구든지 이 계명 중의 지극히 작은 것 하나라도 버리고 또 그같이 사람을 가르치는 자는 천국에서 지극히 작다 일컬음을 받을 것이요 누구든지 이

를 행하며 가르치는 자는 천국에서 크다 일컬음을 받으리라 ²⁰ 내가 너희에게 이르노니 너희 의가 서기관과 바리새인보다 더 낫지 못하면 결코 천국에 들어가지 못하리라

이 말씀은 산상 수훈뿐 아니라 예수님이 시작하신 하나님 나라가 어떤 것인가를 이해하는 데 매우 중요하다(Beale & Carson, Wilkins). 예수님이 선포하시는 하나님의 나라(cf. 4:17)가 구약의 내용과 문제가 될 수 있는 상황에서 둘의 관계를 정리해 주기 때문이다. 예수님은 하나님 나라의 토라(율법)와 구약의 관계를 설명하시며 구약이 원래 의도한 의미에 대해 권위 있는 해석을 제시하신다. 또한 구약을 폐하거나 등한시하는 것은 이단이나 하는 일이라고 하신다(Keener).

예수님은 자신이 선포하는 새 토라(율법)가 구약 토라와의 관계를 단절하거나 대처하는 것이 아니라는 사실을 강조하신다(17a절). '율법과 선지자'(τὸν νόμον ἢ τοὺς προφήτας)는 구약을 통틀어 일컫는 말이다. 율법(Torah)은 모세 오경을 뜻한다. 그리고 선지자에는 우리가 역사서라고 부르는 전선지서(수-왕하)와 선지서라고 부르는 후선지서(사-말)가 포함된다. 나머지 책은 모두 '성문서'로 분류되었다. '율법과 선지자'는 7:12에 다시 사용되면서 5:17-7:12을 한 편의 설교로 묶는 괄호(inclusion) 역할을 한다(Boring).

'폐하다'(καταλύω)는 파괴하거나 무용지물로 만든다는 뜻이다(cf. 24:2; 26:61; 27:40). '생각하지 말라'(μή νομίσητε)는 가능성을 아예 배제하라는 뜻이다(영어로는 'never think that' 혹은 'don't even think about it'이라는 의미를 지녔다). 종합하면 예수님은 한 번도 자신이 구약을 효력이 없는 무용지물로 만들거나 폐지하러 왔다고 생각해 본 적이 없다고 하신다. 예수님은 이러한 사실을 미리 밝히심으로써 앞으로 하나님 나라의 새 토라(율법)를 적용할 사례들(21-48절)이 옛 율법을 파기하거나 뜯어고친다는 등의 오해가 없기를 바라신다.

그렇다면 예수님은 구약과 연관해 무엇을 하려고 오셨는가? 주
님은 구약을 완전하게 하려고 오셨다(17b절). 마태복음에서 '완전하
다'(πληρόω)는 '가득 채우다, 성취하다'라는 의미이며, 예수님이 구약 말
씀을 성취하기 위해 오셨다는 의미로 이미 몇 차례 사용되었다(1:22;
2:15, 17, 23; 3:15; 4:14).

예수님이 율법을 완전하게 하려고 오셨다는 것은 정확히 무엇을 의
미하는가? 학자들은 최소한 아홉 가지 해석을 내놓았다(Davies & Allison,
cf. Carson, Hagner). 예수님이 율법이 요구한 대로 혹은 율법이 제시하
는 기준에 따라 행하심으로써 율법을 성취하신 것이라는 이들이 있다
(Bruner, Keener). 그러나 이 해석은 율법 성취를 예수님의 개인적 삶과
지나치게 연결하는 문제를 안고 있다. 예수님은 구약 율법의 완성은
새로 시작된 하나님 나라에도 영향을 미친다고 하신다. 하나님 나라의
토라는 완성된 구약 율법을 토대로 하기 때문이다.

어떤 이들은 예수님이 구약의 '언약-성취' 면모를 완성하고 하나님
과 새 구원적-역사적(redemptive-historical) 관계를 시작하신 것을 의미한
다고 한다(Guelich, Moule, Turner, Whitherington). 구약이 장차 오실 메시아
에 대해 예언하고 기대한 것들이 예수님을 통해 모두 완성된 것은 맞다
(cf. Wilkins). 그러나 이 해석은 성취된 구약과 새로운 시작인 신약을 지
나치게 단절시킨다. 반면에 예수님은 두 언약의 연계성을 강조하신다.

어떤 이들은 예수님이 그분의 가르침과 행동에 율법이 요구하는 것
들을 반영해 율법의 효력을 인정하고 정당성을 세우신 것을 뜻한다고
한다(Hill). 만일 구약을 완전하게 하는 일이 단지 효력을 인정하고 정
당성을 세우는 것이라면 굳이 예수님이 오실 필요가 있었을까? 또한
예수님이 새로 도입하시는 하나님 나라의 토라는 예수님이 옛 율법을
인정하고 정당성을 세우시는 일을 초월한다.

어떤 이들은 예수님이 자신의 가르침과 율법 해석에서 율법이 의미
하는 바를 완성하심으로써(채우심으로써) 하늘나라 백성이 율법을 더

온전하게 실천하며 살게 하신 것을 의미한다고 한다(Davies & Allison, Hagner, Strecker, Nolland). 당시 많은 율법학자들과 랍비들이 율법의 의도(정신)를 파악해 가르치는 것보다 실천을 더 중요시했던 점을 고려할 때 가장 설득력이 있는 해석이다. 예수님은 율법의 정신을 가르침으로써 하나님과 말씀에 대한 어떠한 열정도 없으면서 언약적 율법주의(covenant nomism) 빠져 있던 유대인들을 큰 충격에 빠트리셨다. 그러므로 예수님은 가르침과 실천을 통해 사람들이 잊어버린 구약의 의미를 완성하셨고, 옛 율법을 새로운 경지에 올려놓으셨다(Carson, Morris).

하나님 나라의 새 토라 적용 사례들(21-48절)을 보면 예전에는 율법에서 찾아볼 수 없는 깊이가 더해졌다는 것을 알 수 있다(Banks, Osborne, Wilkins). 그러므로 모세가 선포한 율법의 원리와 정신이 미래에 있을 예수님의 가르침을 통해 가득 차게 될 것을 바라보고 있으며, 예수님의 가르침을 통해 모세 율법이 훨씬 더 깊이 있게 완성되었다고 할 수 있다(Banks).

율법을 완전하게 하기 위해 오신 예수님은 율법이 어떤 것인가에 관해 말씀하신다(18절). 세상이 없어지지 않는 한 율법은 일점일획도 없어지지 않고 모두 다 성취될 것이다(18절). '진실로'(ἀμὴν)는 같은 소리를 지닌 히브리어 단어(אָמֵן)에서 비롯된 것이며 어떤 가르침이나 진실을 확인할 때 사용한다. 예수님이 율법에 관해 하시는 말씀은 모두 진실이며 결코 변하지 않을 것이라는 의미다.

점(ἰῶτα)은 히브리어 알파벳 중 열 번째 글자인 요드(י)를 뜻하며, 알파벳 중 가장 작다. 획(κεραία)은 비슷한 모양을 지닌 글자들(예, ㄱ와 ㄷ, ㄱ와 ㄱ)을 구분하기 위해 긋는 짧은 줄이다. 그러므로 일점일획은 율법(구약)의 가장 작고 미미한 부분도 세상이 끝나는 날까지 유효할 것이라는 뜻이다. 언제 천지가 없어지는가? 하나님이 태초에 창조하신 세상을 파괴하시고 새 하늘과 새 땅을 창조하실 종말 때다(벧후 3:10; 계 20:11; 21:1). 하나님이 태초에 창조하신 이 세상이 존재하는 한 구약은 유효하다. 메시아에 대한 구약 말씀은 예수님을 통해 모두 이루어졌다(cf. 5:17).

율법은 이처럼 영원하고 중요한 것이므로 누구든 지극히 작은 율법 하나라도 범하면 안 된다. 혹은 남들에게 작은 율법은 범해도 된다고 가르치는 자들도 벌을 피하지 못할 것이다(19절). 그들은 천국에서 지극히 작은(낮은) 자로 취급받을 것이다. 반면에 누구든 작은 율법 하나도 놓치지 않고 행하고, 그렇게 하라고 남들을 가르치면 천국에서는 큰 자로 여김을 받을 것이다.

천국에 '작은 자'와 '큰 자' 같은 차별이 있는가에 대해 문제를 제기하는 학자가 많다(cf. Osborne, Wilkins). 하나님은 사람을 차별하지 않으시고 모두를 똑같이 사랑하신다고 생각하기 때문이다. 옳은 말이다. 하나님은 사람을 차별하지 않으신다. 그러나 사람이 이 땅에서 어떻게 살았는가에 따라 그가 받을 보상에 차별을 두신다(16:27; 롬 2:6; 14:12; 고전 3:12-15; 고후 5:10; 11:15). 예수님도 이미 11-12절에서 박해를 많이 받을수록 천국에서 받을 상이 크다고 하셨다.

율법(구약)을 어떻게 대하느냐가 천국에서 우리의 높낮이를 정할 것이라는 사실이 시사하는 바가 크다. 오늘날 많은 목회자들과 성도들이 마치 신약만이 하나님의 말씀인 것처럼 신약만 중점적으로 설교하고 묵상한다. 그러나 구약도 하나님의 말씀이다. 우리의 신앙생활은 구약과 신약의 균형을 유지해야 한다. 또한 본문에서 가르치는 사람이 반복적으로 언급되는 점은 교회의 선생인 우리에게 매우 엄중하게 다가온다. 우리가 균형 있게 구약과 신약을 선포하고 가르쳐야 성도들이 균형을 되찾을 것이다.

예수님은 제자들에게 그들의 의가 서기관과 바리새인들 것보다 더 나아야 한다는 권면으로 이 섹션을 마무리하신다(20절). 본문에서 '의'(δικαιοσύνη)는 하나님의 뜻에 순종하고 주님의 말씀에 따라 사는 것을 뜻한다. '낫다'(περισσεύω)는 풍족하게 넘친다는 뜻이다. 하나님의 뜻에 순종하며 살고자 하는 제자들의 의지와 노력이 종교 지도자들의 의지와 노력보다 훨씬 더 커야 한다는 뜻이다. 서기관은 율법을 가르치는 선생들이고, 바리새인은 율법을 문자적으로 지키는 평신도 지도자들이었다. 그들도 나름 율법을 실천하며 살고자 노력한 사람들이지만, 예수님은 많이 부족하다고 하신다.

율법의 취지(의도)는 망각한 채 외형적인 행동 지침으로 가르치고 실천하다 보면 율법은 참으로 잘 지키면서 마음은 하나님으로부터 멀어질 수 있다. 서기관들과 바리새인들이 이런 죄를 범했다. 그들은 유대교 성도들에게 율법을 잘 알고, 가르치고, 실천하는 지도자들로 존경받았다. 그러나 그들의 영혼은 부도(bankrupt)가 났다. 예수님은 제자들에게 이 종교 지도자들처럼 가식적이고 위선적으로 살아서는 안 된다며, 그들보다 낫지 않으면 천국에 들어가지 못할 것이라고 경고하신다(20절). 천국에 들어가는 것은 영생을 얻는 일을 상징한다(7:21; 18:3, 8-9; 19:17, 23-24).

이 말씀은 구약도 신약만큼이나 유효한 하나님의 말씀이라 한다. 예수님은 율법을 폐한 것이 아니라 온전하게 해 하나님 나라의 새로운 율법으로 삼으셨다. 그러므로 구약과 신약을 지나치게 구별하는 것은 바람직하지 않다.

또한 매너리즘에 빠진 신앙생활에 대해 강력하게 경고한다. 사람이 어떤 일이나 삶의 방식에 편안해지려면 익숙해지면 된다. 그러나 익숙해지면 그 무엇으로도 대처해서는 안 되는 본질적인 것을 놓치기 쉽다. 바리새인들과 서기관들이 이런 오류를 범했다. 교회에서 가장 하나님을 잘 안다는 목사와 장로들이 이런 오류에 빠지기 쉽다. 우리는 계속 기독교의 본질을 추구하는 삶을 살아야 한다.

II. 예수님의 사역 시작(3:1-7:29)
  B. 디스코스 1(산상 수훈)(5:1-7:27)
    3. 천국과 새 언약(5:17-48)

(2) 새 언약 적용 사례(5:21-47)

예수님은 제자들에게 그들의 의가 서기관과 바리새인보다 더 나아야
천국에 들어갈 수 있다고 하신다(20절). 그 말씀이 무슨 뜻인지 이 섹션
에서 어느 정도 알 수 있다. 바리새인들과 서기관들의 위선을 볼 수 있
기 때문이다. 본문이 언급하는 여섯 가지 사례가 모두 "너희가 들었으
나…나는 너희에게 이르노니"(ἠκούσατε…ἐγὼ δὲ λέγω ὑμῖν, 우리말은 어순
이 달라 '너희 들었으나 나는 너희에게 이르노니'로 곧바로 이어짐)라는 대조를
바탕으로 하고 있어, 학자들은 본문을 '여섯 가지 대조'(six antitheses)라
고 부르기도 한다.

　예수님은 구약 율법의 한계를 지적하시며 새로운 율법을 주시는 것
인가? 예수님이 문제로 삼으시는 것은 구약 말씀이 아니라, 당시 유행
했던 율법학자들과 바리새인들의 율법 해석과 적용이다(Daube, Wilkins,
cf. 22, 43절). 그래서 예수님은 사탄의 유혹을 물리칠 때 구약을 인용해
말씀하시던 "[성경에] 기록되었으되…"(γέγραπται)를 사용하지 않으시
고(4:4, 7, 10), "들었으나…"(ἠκούσατε)를 반복적으로 사용하신다(21, 27,
33, 38, 43절). 율법학자들과 바리새인들의 율법 해석은 상당 부분 구전
(oral tradition) 형태로 보존되었기 때문이다.

　바리새인들은 하나님이 인정하시는 의를 얻기 위해 누구든 따라야
할 과정을 자신들의 구약 해석과 적용을 통해 정의했다. 그들은 율법
을 실천하는 것을 사람이 외적으로 할 수 있는 일들로 제한했다. 예를
들면 십일조 생활, 정한 음식만 먹는 것, 안식일에 일하지 않는 것 등
이다. 사람이 마음에 어떤 생각을 품고 살고, 어떤 마음으로 이런 일들
을 하는가 하는 점은 중요하지 않았다.

　율법학자들과 바리새인들이 어떻게 구약을 해석하고 적용했는지 예

를 들어 생각해 보자. 구약은 안식일에 일하지 말라고 할 뿐 정확히 어느 정도의 노동이 일에 해당하는지는 정의하지 않는다. 그러나 그들은 2,000규빗(900m)을 한꺼번에 걷는 것을 일로 규정했다. 따라서 오늘날도 일부 보수적인 유대인들은 회당에서 900m 이상 떨어진 곳에 살지 않는다. 안식일에 일을 해서는 안 되기 때문이다.

유대인 타운의 아파트에서 2년 동안 산 적이 있다. 아직도 기억나는 것은 안식일(토요일)마다 엘리베이터 중 하나는 버튼을 누르지 않아도 모든 층에 서도록 프로그램이 되었던 일이다. 일부 유대인에게는 엘리베이터 버튼을 누르는 것조차 일이기 때문이다. 이런 규정들은 율법에서 나온 것이 아니라, 그들의 율법 해석과 적용에서 비롯된 것들이다.

문제는 그들에게 사람의 마음이나 내면적인 순종은 중요하지 않다는 것이다. 안식일을 범할 수 없어서 한 번에 900m 이상 걷지 않는 사람들이지만, 하나님과 말씀을 진심으로 사랑하는지 혹은 어떤 악한 생각을 하고 있는지는 중요하지 않으며 그들의 관심 밖에 있었다. 어찌 보면 요즘 기업이나 기관들이 지향하는 실적 위주의 경영 방침과 비슷하다. 고용인들의 마음이 어떻든 간에 겉으로 드러나는 실적만 중요하게 여기는 것은 바리새인들과 율법학자들의 생각과 통하는 데가 있다. 예수님은 그들을 향해 외식하는 자들(위선자들)이라고 비난하신다(cf. 6:1-18).

예수님은 율법의 외적인 순종 뒤에 서 있는 내면적 취지와 의도를 지적하는 일을 통해 율법학자들과 바리새인들의 편협하고 기상천외한 율법 해석과 적용의 한계를 무너뜨리신다(Banks). 그러므로 예수님이 하시는 일은 구약을 폐지하는 것이 아니라, 율법의 근본적인 의도와 동기를 부각시켜 더 강화하는 일이다. 예수님은 그 당시 잊힌, 그러나 율법이 원래 지향하는 방향을 제시하시는 것이다(Carson). 따라서 예수님의 말씀을 들은 사람들은 전에 들어보지 못한 것을 듣고 놀랄 수밖에 없었다(7:28-29).

구약과 신약의 연결성(continuity)보다 단절성(discontinuity)을 강조하는 이들은 예수님이 당시 구약 해석을 문제 삼기도 하셨지만 율법을 개정하신 면모도 있다고 주장한다(Banks, Luz). 실제로 맹세(33-37절)와 복수(38-42절)에 대한 가르침은 구약의 내용과 다르다(cf. Beale & Carson, McConnell, Meier). 그러나 이런 현상을 예수님이 구약 율법을 폐기하거나 개정하고 새 율법을 주신 사례로 볼 필요는 없다. 사람들이 잃어버린 맹세에 대한 율법의 의도와 취지를 더해 강화한 것이기 때문이다.

앞으로도 예수님은 구약 율법을 그 당시 사람들이 상상하지 못했던 방법으로 성취(완전하게)하실 것이다(cf. 17절). 예수님은 십자가 죽음을 통해 구약 율법 중 제물에 대한 모든 규례를 최종적으로(once and for all) 이루셨다. 또한 음식 규례도 모두 완전하게 하셨다. 그러므로 우리가 이런 규례들을 이제 실천하지 않는 것은 예수님이 이 율법들을 폐기하셨기 때문이 아니라 모두 이루셨기 때문이다.

반면에 율법 중 도덕과 윤리에 관한 것들은 아직도 유효하다. 예수님이 율법을 모두 성취하셨지만, 이 율법들이 담고 있는 윤리와 도덕 기준을 강화해 하나님 나라의 새로운 토라로 삼으셨기 때문이다(Carson, Davies & Allison, Osborne, cf. 10-20절). 그러므로 학자들은 예수님이 완전히 새로운 메시아적 율법(new messianic Torah)을 제정하신 것이 아니라, 구약 율법을 변화시켜(transform) 하나님 나라의 율법으로 제정하신 것이라고 한다(Carson, Davies & Allison).

결과적으로 윤리와 도덕에 관해서는 옛 율법과 예수님이 제정하신 새 토라의 내용이 비슷하다. 예수님이 구약 율법을 폐기하지 않으시고 하나님 나라의 새 율법으로 삼으신 것은 두 율법의 연결성과 통일성을 암시한다. 그러므로 신약 시대에 사는 우리가 '살인하지 말라'는 말씀에 순종하며 사는 것은 모세를 통해 주신 구약 율법을 준수하는 것이 아니라, 예수님이 지정하신 하나님 나라의 새 율법을 준수하는 일이다. 구약 율법 준수 여부를 판단할 때 중요한 원리는 확실하지 않은 것은 하나님 나라 관점에서 먼저 여과되어야 한다는 사실이다(Blomberg,

Hagner, Klein).

이 섹션과 연관해 우리가 해야 할 마지막 질문은 새로운 율법을 제정할 권한이 예수님께 있는가 하는 것이다. 예수님은 구약 율법을 최종적으로 성취하신 분이다(cf. 17절). 또한 시내 산에서 모세에게 율법을 주신 하나님의 아들이시다. 그러므로 예수님은 하나님의 권위를 문서화된 말씀에서 성육신한 자신으로 옮기고 있다고 할 수 있다(Boring). 예수님의 말씀은 정경과 동일한 권위를 갖고 있다(Wilkins).

따라서 예수님께는 하나님 나라의 새로운 질서를 바탕으로 한 토라를 제정하실 권한이 있다. 당시 종교 지도자들은 이러한 사실을 인정하지 않았기 때문에 예수님과 심각하게 다투고 심지어 주님을 죽이려 했다. 하나님 나라의 새 토라가 어떤 것인지 보여 주는 이 섹션은 주제에 따라 다음과 같이 여섯 파트로 구분된다. 여섯 가지 주제 모두 사람과 사람 관계에 대한 것이며, 사람과 하나님 관계에 대한 것은 없다.

A. 분노와 화해(5:21-26)
B. 음욕과 순결(5:27-30)
C. 이혼과 재혼(5:31-32)
D. 맹세와 진실됨(5:33-37)
E. 악인과 무저항(5:38-42)
F. 원수와 사랑(5:43-47)

a. 분노와 화해(5:21-26)

²¹ 옛사람에게 말한바 살인하지 말라 누구든지 살인하면 심판을 받게 되리라 하였다는 것을 너희가 들었으나 ²² 나는 너희에게 이르노니 형제에게 노하는 자마다 심판을 받게 되고 형제를 대하여 라가라 하는 자는 공회에 잡혀가게 되고 미련한 놈이라 하는 자는 지옥 불에 들어가게 되리라 ²³ 그러므로 예물을 제단에 드리려다가 거기서 네 형제에게 원망 들을 만한 일이 있는 것이 생각나거든 ²⁴ 예물을 제단 앞에 두고 먼저 가서 형제와 화목하고 그 후에 와서 예물을 드리라 ²⁵ 너를 고발하는 자와 함께 길에 있을 때에 급히 사화하라 그 고발하는 자가 너를 재판관에게 내어 주고 재판관이 옥리에게 내어 주어 옥에 가둘까 염려하라 ²⁶ 진실로 네게 이르노니 네가 한 푼이라도 남김이 없이 다 갚기 전에는 결코 거기서 나오지 못하리라

예수님은 사람이 저지를 수 있는 가장 심각한 범죄인 살인에 관한 가르침으로 하나님 나라의 새 토라에 대해 말씀을 시작하신다. 살인은 십계명의 여섯 번째 계명이 금하는 것으로(출 20:13; 신 5:17), 예수님의 말씀은 새 토라가 옛 토라를 강화한 것임을 암시한다. 여섯 절로 구성된 첫 사례는 각각 두 절로 구성되어 (1)대조적인 가르침(21-22절), (2)내적인 순종(23-24절), (3)외적인 순종(25-26절) 세 파트로 나뉜다.

'옛사람에게 말한바'(ἐρρέθη τοῖς ἀρχαίοις)(21절)는 '전통적으로 이해하기로는'이라는 의미를 지녔다. 그리고 '살인하다'(φονεύω)는 매우 구체적인 용어다. 히브리어에는 죽이는 것을 뜻하는 동사가 7개 있으며 짐승을 잡는 것(창 9:3), 침입자에게서 가족을 보호하기 위해 죽이는 것(출 22:2), 과실치사(신 19:5), 살인범을 처형하는 것(창 9:6), 전쟁에서 적을

253

죽이는 일 등은 살인에 포함되지 않는다. 살인은 의도적이고 계획적으로 다른 사람을 죽이거나, 살인에 동참하는 것 등을 뜻한다(삼하 12:9).

누구든지 살인을 하면 법적인 절차에 따라 심판을 받게 된다(21절). 살인은 하나님의 모양과 형상대로 만들어진 사람을 파괴하는 것이기 때문에(cf. 창 1:26-27) 시내산 율법이 제정되기 전부터 적절한 심판을 통해 벌을 받았다(cf. 창 9:6). 예수님 시대의 유대인 사회에는 지역마다 23명으로 구성된 법정이 있었으며, 중요하고 심각한 사안은 모두 여기서 다루었다(Osborne).

예수님은 여섯 번째 계명에 대한 전통적인 해석을 제시하신 다음, "그러나 나는 너희에게 이르노니…"(ἐγὼ δὲ λέγω ὑμῖν)라며 '나'(ἐγὼ)를 강조형으로 사용해 강력하고 대조적인 어투로 말씀하신다. 이는 전통적인 해석과 완전히 다른 해석을 제시하실 것을 암시한다.

예수님은 세 가지 사례를 통해 이 계명이 살인에만 적용되는 것이 아니라고 하신다. 이 율법의 적용 범위를 대폭 강화하신 것이다. 첫째, 형제에게 노하는 자마다 심판을 받을 것이다. 세상 법원은 사람 마음속에서 일어나는 일은 벌할 수 없다. 그러므로 이 말씀은 하나님이 심판하실 것을 전제한다(Stott). 사람이 누구를 살해할 때는 마음에 화가 가득 차 있기 때문이다(cf. 요일 3:15). 가인도 화를 이기지 못해(창 4:5-6) 동생 아벨을 죽이는 인류 최초의 형제 살인(fratricide)을 저질렀다(창 4:8). 그러므로 화는 살인의 동기이자 첫 단추라 할 수 있다. '형제'(τῷ ἀδελφῷ)는 예수님의 제자들을 뜻한다(cf. 12:46-50). 그러나 이 금지 규정은 우리가 속한 믿음 공동체뿐 아니라, 세상 모든 사회에 적용된다(Carson, Osborne).

둘째, 형제에게 '라가'라 하는 자는 공회에 잡혀가게 될 것이다. '라가'(ρακά)는 아람어에서 온 단어로 '바보, 멍청이'라는 뜻을 지녔다(BAGD). 누군가를 '바보'라고 부르는 것은 죄다. 그 사람을 경멸하기 때문에 이렇게 부른다. 경멸은 분노(화)의 표현이다. 하나님이 자기 모양과 형상대로 귀하게 빚으신 사람을 경멸해서는 안 된다. 그러므로 이런 사람은 공회에 잡혀가게 될 것이다. 남에게 화를 내고 그를 경멸하면 재판을 받아야 한다는 경고다.

'산헤드린'이라는 이름으로 더 익숙한 '공회'(τῷ συνεδρίῳ)는 예루살렘에 있는 유대인들의 가장 높은 판결 기관이었다(cf. 26:59). 산헤드린은 느헤미야 시대에 시작되었으며(cf. 느 2:16; 5:7), 예수님 시대에는 71명으로 구성되었다. 대제사장이 의장 자리를 차지했으며 주로 로마 사람들이 판결을 꺼리는 것들(유대인의 종교와 풍습에 관한 이슈들)을 다루었다. 제사장들과 귀족층이 주류를 이루었다.

셋째, 남을 미련한 놈이라 하는 자는 지옥 불에 들어가게 될 것이다. 누구를 미련하다고 하는 것도 상대방에 대한 화를 표현하는 것이다. 또한 '미련한 놈'(μωρέ)도 라가(ῥακά)와 비슷한 말이다(cf. BAGD). 예수님은 왜 같은 말을 반복하는 것일까? 세상과 하늘의 균형 때문이다. 살인하면 세상 법정에 회부된다(21절). 형제에게 노하면 하나님의 심판을 받는다(22a절). 라가라 하는 자는 세상 법정에 회부된다(22b절). 미련한 놈이라 하는 자는 하나님의 심판을 받는다. 그러므로 예수님은 세상 법정에 회부되는 것과 하나님의 심판을 받는 것을 각각 두 차례 언급하며 '세상-하늘-세상-하늘' 균형을 이루기 위해 라가와 미련한 놈을 반복하시는 것이다. 이러한 균형은 형제에게 화를 내는 자는 세상에서도 벌을 받고 하늘에서도 심판을 피할 수 없다는 것을 경고한다.

형제를 욕하는 자는 지옥 불에 들어갈 것이라고 하는데, '지옥'(γέεννα)은 히브리어로 '힌놈의 아들 골짜기'(גֵּי בֶן־הִנֹּם)(수 15:8)가 아람어 Gēhannā로 불린 것을 헬라어가 도입한 것이다. 힌놈의 아들 골짜기는 예루살렘 남서쪽에 있는 계곡이다. 유다 왕 아하스와 므낫세가 자기 자식들을 몰렉에게 불살라 바친 곳이다(왕하 16:3; 21:6; 렘 32:35). 요시야가 종교개혁을 단행할 때 이곳을 더럽혔으며(왕하 23:10), 훗날 예루살렘에서 발생하는 쓰레기를 모두 이곳에서 태웠다. '게헤나'(γέεννα)는 이곳에서 쓰레기를 태우는 불이 항상 꺼지지 않아서 심판하는 불의 상징이 되었다. 예수님은 '게헤나'를 장차 지옥에서 행해질 영원한 심판의 의미로 사용하신다(18:9). 하나님은 형제에게 화를 내는 자들을 혹독하게 심판하실 것이다.

하나님 나라의 토라는 옛 토라보다 훨씬 더 강화된 윤리와 도덕이다. 예전에는 마음이야 어떻든 간에 실제 살인만 하지 않으면 되었다. 그러나 예수님은 내버려 두면 살인으로 발전할 수도 있는 분노를 아예 원천적으로 차단하라고 하신다. 또한 옛 토라는 행실만을 문제 삼았는데, 예수님이 제정하시는 하나님 나라의 토라는 마음가짐부터 온전해질 것을 요구한다. 이처럼 마음에 초점을 두어 훨씬 더 강화된 윤리 기준을 요구하기 때문에 일부 학자들은 말하기를 산상 수훈은 복음(good news)이 아니라 저주(bad news)라고 한다. 그러나 하나님 나라에 입성한 모든 사람이 이렇게 한다면, 우리는 참으로 서로를 따뜻하게 배려하는 공동체를 만들 수 있다. 이것이 우리가 이 땅에서 실현하고자 하는 교회의 모습이 되어야 한다.

누군가에 대해 마음에 화를 품는 일의 심각성을 지적하며 경고하신 예수님이 이번에는 입장을 바꿔서 누군가가 우리에게 화를 품었을 때 어떻게 해야 하는지 두 가지 사례를 들어 말씀하신다. 첫째, 예물을 드릴 때 혹시라도 누구에게 원망을 들을 만한 일이 있는 것이 생각나면 예물 드리는 것을 잠시 멈추고 그 사람을 찾아가서 화목하고 돌아온 후에 예물을 드리라고 하신다(23-24절).

예물을 드리는 제단은 성전 뜰에 있었다. 예루살렘에서 멀리 떨어져 사는 사람들은 매년 세 차례 성전을 찾았다(cf. 신 16:16). 예수님이 지금 가르치시는 곳이 갈릴리라는 점을 고려할 때, 이 말씀을 듣고 있는 제자들도 가끔 예루살렘 성전을 찾았을 것이다. 하나님께 오랜만에 제물을 드리기 위해 성전 뜰에 줄 서 있는 동안 문득 자기를 원망하고 있을 만한 사람이 생각나면 제물 드리는 일을 멈추고 그를 찾아가 화목하고 그 후에 돌아와서 예물을 드리라고 하신다. 이 말씀을 듣고 있는 제자들은 경우에 따라 100㎞ 이상 걸어가 그 사람과 화해하고 다시 성전으로 돌아와야 한다. 그를 원망하는 사람은 분명 그의 삶의 터전인 갈릴리 지역에 있을 것이기 때문이다. 그러므로 이 말씀은 과장법(exaggeration)으로 해석될 수도 있다(France). 하나님께 예물을 드리는 것보다 이웃과 화해함으로써 원망을 듣지 않는 것이 더 귀한 일이다.

어떤 이들은 이 말씀의 의미를 제물을 드리려는 사람이 자기가 다른 사람을 원망하고 있다는 사실을 깨닫는 것이라고 말한다(Plummer). 그러나 본문은 제물을 드리는 자의 원망이 아니라, 그에 대한 원망에 초점을 맞추고 있다(Carson, Wilkins). 또한 그가 실제로 원망을 들을 만한 일을 했는지(Blomberg, Hill), 혹은 원망을 받을 일을 하지 않았는데도 억울하게 원망을 받는지는(Guelich) 그다지 중요하지 않다(cf. 고전 10장의 우상에 바쳐진 고기). 중요한 것은 어떠한 이유에서든 누군가가 그를 원망하고 있다면 찾아가 화해하는 일이다.

예수님은 십자가 죽음을 통해 하나님과 사람을 화해시키는 모범을 보이셨다. 우리가 하나님의 용서를 받을 수 있는 길은 먼저 우리에게 잘못한 사람을 용서하고 그와 화해하는 것이다(cf. 6:12, 14-15). 교회가 존재하는 이유 중 하나도 하나님과 사람 사이의 화해뿐 아니라, 사람과 사람 사이의 화해를 이루기 위해서다(cf. 빌 4:2-3).

첫 번째 사례는 '형제'에 관한 것이었는데, 두 번째 사례는 '고발하는 자'에 관한 것이다(25-26절). '고발하는 자'(τῷ ἀντιδίκῳ)는 '원수, 반대하는 자'라는 의미를 지녔다(BAGD). 예수님의 가르침을 듣고 있는 제자를 고소해 감옥에 넣을 수도 있다는 것으로 보아(25절) 본문은 제자가 그 사람에게 상당한 잘못을 저지른 것을 전제한다. 또한 감옥에서 나오기 위해서는 한 푼도 남김없이 다 갚아야 한다는 것으로 보아(26절) 제자가 저지른 잘못은 경제적인 일임을 알 수 있다. 유대인 법정은 금전 문제로 사람을 감옥에 가두지 않았다. 그러므로 이 말씀은 이방인

257

의 법정을 배경으로 한다.

그는 이유 없이 제자에게 화를 내는 것이 아니다. 재판을 받아 감옥에 갇히면 '마지막 한 푼'(τὸν ἔσχατον κοδράντην)까지 다 갚아야 풀려날 수 있다. '한 푼'(κοδράντην)은 라틴어에서 빌려 온 단어로 로마 제국에서 사용된 동전 중 가장 낮은 단위이며, 1/6데나리온에 해당한다(ABD). 우리 말로 '땡전 한 푼'이다.

'사화하다'(εὐνοέω)는 '친구 삼으라'는 뜻으로, 자기편으로 만들라는 의미다(TDNT). 예수님은 이 일을 '그와 함께 길에 있을 때에 급히'(ταχύ) 하라고 하신다. 아마도 상대방이 이미 소송을 제기해 법정으로 가는 길에 그와 마주친 상황을 말씀하시는 것으로 생각된다(Boring). 예수님이 이처럼 절박하게 상황을 묘사하시지만, 이 말씀을 듣는 제자들에게 채권자라는 존재는 가능한 한 기피하고 싶은 사람이다. 이럴 때 제자는 용기를 내야 한다. 예수님은 피하고 싶은 마음을 억누르고 신속하게 그와 화친하라고 하신다. 이것이 감옥에 갈 수밖에 없는 제자에게 하나님이 주시는 마지막 기회일 수 있기 때문이다.

예수님은 살인하지 말라는 여섯 번째 계명을 누구에게도 화를 내지 말며, 화를 냈다면 찾아가 화해하라는 말씀으로 심화시키셨다. 즉, 살인하지 말라는 옛 토라가 하나님 나라에서는 깨어진 관계를 회복하라는 새로운 토라로 승화되었다. 또한 새 토라는 관계를 회복하기로 결단하면 신속하게 실천하라고 한다. 그래야 '법정으로 가는 길'이 '생명으로 가는 길'로 바뀔 수 있기 때문이다(Bonnard).

이 말씀은 예수님이 선포하시는 하나님 나라의 윤리는 구약 율법보다 한층 더 강화되었다고 한다. 옛적에는 살인을 하면 심판을 받았는데, 이제는 나쁜 마음만 품어도 심판받을 것이기 때문이다. 하나님 나라는 우리에게 마음가짐부터 달라야 한다고 한다. 누구든 이런 기준으로 사는 것은 참으로 어려운 일이다. 그러나 이렇게 살아야 이 땅에 하나님이 기뻐하시는 공동체를 세워나갈 수 있다. 가치 있는 노력이다.

b. 음욕과 순결(5:27-30)

²⁷ 또 간음하지 말라 하였다는 것을 너희가 들었으나 ²⁸ 나는 너희에게 이르노니 음욕을 품고 여자를 보는 자마다 마음에 이미 간음하였느니라 ²⁹ 만일 네 오른 눈이 너로 실족하게 하거든 빼어 내버리라 네 백체 중 하나가 없어지고 온몸이 지옥에 던져지지 않는 것이 유익하며 ³⁰ 또한 만일 네 오른손이 너로 실족하게 하거든 찍어 내버리라 네 백체 중 하나가 없어지고 온몸이 지옥에 던져지지 않는 것이 유익하니라

하나님 나라의 토라가 어떤 것인지 설명하는 두 번째 대조(antithesis) 사례도 십계명을 배경으로 한다. 일곱 번째 계명은 간음하지 말라고 한다(출 20:14; 신 5:18). 구약에서 간음은 결혼한 여자와 결혼 여부와 상관없는 남자가 합의하에 갖는 성관계다(cf. Boring). 그러므로 간음은 이미 남편이 있는 여자를 '훔치는 것'이기 때문에 이웃의 아내를 탐하지 말라는 열 번째 계명(출 20:17; 신 5:21)과 연관이 있다. 또한 이 말씀은 결혼의 테두리 밖에서 이루어지는 모든 성관계에 적용된다. 결혼한 남자가 미혼 여성과도 간음을 할 수 있는 것이다.

율법은 간음한 남자와 여자를 모두 죽이라고 한다(레 20:10; cf. 신 22:22) 간음이 이처럼 심각한 범죄로 취급되는 이유는 결혼은 하나님이 인류에게 축복으로 주신 최초의 제도(institution)이며(cf. 창 2:21-25) 시내산 율법이 하나님과 이스라엘의 관계를 부부 관계로 묘사하기 때문이다. 그러므로 선지자들은 이스라엘이 우상을 숭배하는 것을 간음이라 한다(cf. 겔 6:9; 16:32; 호 4:13).

간음은 남자와 여자 사이에 일어나는 일이지만, 또한 하나님께 범죄

하는 일이다. 보디발의 아내가 노예로 팔려 온 요셉을 유혹할 때, 요셉은 그녀의 유혹을 뿌리치며 자신은 절대 주인인 보디발에게 죄를 지을 수 없으며 하나님께도 죄를 지을 수 없다고 단언한다(창 39:9). 우리아의 아내 밧세바와 간음한 다윗도 죄를 뉘우치면서 자신이 사람에게 지은 죄보다 하나님께 지은 죄가 훨씬 크다며 괴로워한다(시 51:4). 구약은 간음한 남녀 중 남자를 더 심각한 범죄자로 본다(호 4:14). 간음은 주로 남자의 주도로 이뤄지기 때문이다.

예수님은 음욕을 품고 여자를 보는 자마다 마음에 이미 간음했다고 하신다(28절). 살인이 마음에서 시작하는 것처럼(cf. 21-26절), 간음도 마음에서 시작되기 때문이다(cf. 15:19). '음욕을 품고 여자를 보는 자'(ὁ βλέπων γυναῖκα πρὸς τὸ ἐπιθυμῆσαι αὐτήν)는 어떤 사람을 뜻하는가? 간음할 목적으로 여자를 보는 사람(Boring, Bratcher) 혹은 여자가 그에 대해 욕망을 품도록 유혹하는 사람을 뜻한다(Carson). 이 사람은 알지 못하는 여자에 대해 막연한 상상을 하는 것이 아니라, 실제 간음으로 이어질 가능성이 있는 여자를 마음에 두고 계획을 세우는 사람이다. 이런 사람은 이미 마음으로 간음한 것이다(28절).

예수님은 신체 일부가 없어지는 것이 온몸이 지옥에 던져지는 것보다 낫다며 오른쪽 눈이라도 실족하게 하면 빼어 내버리라고 하신다(29절). 근동 지역 사람들은 왼쪽과 오른쪽 중 오른쪽을 더 중요하게 생각했다. 따라서 실족하게 하면 오른쪽 눈이라도 빼어 버리라는 것은 가장 중요한 신체 부위라도 죄를 짓는 수단이 되면 차라리 없는 것이 낫다는 말씀이다.

예수님은 29절과 같은 말씀을 반복하시면서 이번에는 오른손을 찍어 버리라 하신다(30절). 이렇게 하는 것이 온몸이 지옥에 던져지는 것보다 낫기 때문이다. 예수님이 오른손을 언급하시는 것은 이 손이 자위(masturbation)의 수단이기 때문이라는 사람도 있고, 오른손은 남자의 성기에 대한 완곡어구(euphemism)이기 때문이라고 하는 이들도 있다

(Carson, cf. 사 57:8). 통계적으로 볼 때 예나 지금이나 오른손잡이와 왼손잡이의 비율은 9 대 1이다. 그러므로 어느 사회든 오른손을 왼손보다 더 중요하게 여겼고 더 능력이 있는 것으로 생각했다. 오른손을 버리라는 것은 오른쪽 눈을 버리라는 것과 같은 의미다.

예수님이 눈과 손을 예로 삼으신 것은 이 두 가지가 간음하는 데 가장 결정적인 역할을 하기 때문이다. 눈은 탐욕(갖고 싶은 생각)을 상징하고, 손은 취하는 것(실천하는 것)을 상징한다. 초대교회에는 예수님의 말씀을 문자적으로 해석해 거세한 사람들도 있었다. 그중 한 사람이 유명한 오리겐(Origen)이다(Carson). 그러나 이 말씀은 강력한 경고를 하기 위한 비유이지 실제로 신체를 훼손하라는 말씀이 아니다(Beale & Carson). 오른쪽 눈이 보이지 않게 되더라도 사람의 음욕은 없어지지 않으며, 오른손이 없더라도 간음할 수 있기 때문이다. 또한 우리의 신체는 하나님의 걸작품이다.

'뽑으라'(ἔξελε)와 '자르라'(ἔκκοψον)는 매우 강력한 어조의 명령문이다. 실족하게 하는 것을 제거해 버리는 일을 지체하지 말고 당장 하라는 긴급함을 내포하고 있다. 예수님은 당장 그렇게 하지 않으면 온몸이 지옥에 던져질 것이라고 두 차례나 경고하신다(29, 30절). 하나님이 심판의 날에 그를 지옥에 던지실 것이다.

이 가르침에서도 핵심은 사람 사이의 관계다. 예수님은 실제 간음뿐 아니라, 마음과 생각에 존재하는 간음도 하지 말라고 하신다. 마음에 품은 것이 남에게 실제로 피해를 주는 죄의 시작이 될 수 있기 때문이다. 하나님 나라의 이상적이고 강력한 윤리 기준이 계속되고 있다.

'살인하지 말라'(제6계명)와 '간음하지 말라'(제7계명)는 세상 모든 문화권에서 발견되는 금지법이다. 그러나 무조건적이며 영원한 규정으로 금하는 것은 십계명이 유일하다(Cassuto). 예수님은 십계명의 무조건적이며 영원한 정신을 훨씬 더 넓은 범위에 적용해 하나님 나라의 이상적인 선언문을 만드신다.

미국의 한 대형 교회 목사가 성도의 결혼식 주례를 하면서 일곱 번째 계명인 '간음하지 말라'를 본문으로 설교했다. 그는 그 설교에서 "혹시 내가 간음을 하면, 나를 진정으로 사랑하고 불쌍히 여기는 사람이 그 자리에서 나를 죽이라"라고 말했다. 성적인 죄에서 자유하고 싶은 간절한 마음을 이렇게 표현한 것이다. 안타깝게도 이 목사는 2-3년 전 세계적으로 미투(me too) 운동이 한창일 때 오랫동안 지속된 부적절한 성적(性的) 행동들이 발각되어 강제로 조기 은퇴를 당했다. 사탄의 가장 큰 무기가 성(性)이라는 말이 있다. 사역자들은 조심하고 또 조심해야 한다.

이 말씀은 우리에게 아무리 소중한 것이라 할지라도 죄를 짓는 도구가 되면 과감하게 버리라고 권면한다. 이런 것을 버리지 못해 지니고 지옥에 가느니 없이 천국에 가는 것이 더 좋기 때문이다. 죄는 중독성이 매우 강하기 때문에 조금이라도 사탄에게 틈을 주어서는 안 된다. 우리는 주변에서 죄를 선택하게 할 수 있는 위험 요소들과 습관들을 지속적으로 제거해 나가야 한다.

```
II. 예수님의 사역 시작(3:1-7:29)
  B. 디스코스 1(산상 수훈)(5:1-7:27)
    3. 천국과 새 언약(5:17-48)
      (2) 새 언약 적용 사례(5:21-47)
```

c. 이혼과 재혼(5:31-32)

31 또 일렀으되 누구든지 아내를 버리려거든 이혼 증서를 줄 것이라 하였으나 32 나는 너희에게 이르노니 누구든지 음행한 이유 없이 아내를 버리면 이는 그로 간음하게 함이요 또 누구든지 버림받은 여자에게 장가드는 자도 간음함이니라

세 번째 대조(antithesis) 말씀인 본문은 여섯 개 중 가장 짧다. 19:1-12에서 본문의 주제인 결혼과 이혼에 관해 다시 말씀하실 것이기 때문이다. 하나님은 남자와 여자의 결혼이 영구적이기를 바라셨다(창 2:24). 그러므로 하나님은 이혼을 미워하신다(말 2:16). 그럼에도 불구하고 남자와 여자가 이혼할 수 있는 경우가 하나 있다. 신명기 24:1은 남편이 아내에게서 '수치가 되는 일'을 발견하면 이혼할 수 있다고 한다.

'수치가 되는 일'(עֶרְוַת דָּבָר)이 무엇인지 성경이 더 설명하지 않기 때문에 학자들 사이에 온갖 추측이 난무하다. '수치'(עֶרְוָה)의 문자적인 의미는 '발가벗음, 성기'이며, 레위기는 근친상간을 '발가벗음을 벗기는 것'(לְגַלּוֹת עֶרְוָה)으로 표현한다(레 18:6). 그래서 일부 학자는 여자가 간통을 포함한 부적절한 성행위를 했다는 것으로 풀이한다. 그러나 율법은 이런 경우 죽이라고 하지 이혼 증서를 써 주고 내보내는 것을 허락하지 않는다(cf. 신 22:22). 어느 정도 확실한 것은 이 표현이 상당히 포괄적인 개념이었을 것이라는 사실이다. 여러 가지 성적 부도덕함을 의미했으나, 정작 무엇이 이런 행위에 속하는지는 전적으로 남편의 개인적인 판단에 달렸다.

예수님 시대에는 구약을 해석하고 적용하는 두 학파가 쌍벽을 이루고 있었다. 보수적인 샴마이 학파(Shammai School)와 진보적인 힐렐 학파(Hillel School)였다. 이 두 학파는 남자가 어떤 경우에 아내에게 이혼 증서를 써줄 수 있는지에 대해 매우 다른 해석을 내놓았다. 샴마이 학파는 아내의 성적 부도덕함이 드러날 때와 천박함(immodesty)이 드러날 때로 제한했다. 머리를 단정하게 하지 않고 외출하는 것을 여자의 천박함의 한 예로 들기도 했다! 힐렐 학파는 남편은 어떠한 이유로든 아내에게 이혼 증서를 써 줄 수 있다고 했다. 음식을 태우는 것도 이혼 사유가 되었으며, 심지어 남편이 딴 여자에게 매력을 느끼면 아내와 이혼할 수 있다고 했다(Allison, Bockmuehl, Meier)!

율법이 이혼할 때 이혼 증서를 써 주라고(cf. 신 24:1-4) 한 데는 세 가지 이유가 있다. 첫째, 결혼제도가 심하게 오염된 상황에서 결혼의 신성함을 보존하기 위해서였다. 고대 근동에서 이혼은 매우 흔한 일이었다(Allison, Meier). 언제든 이혼과 재혼이 신속하게 진행되었다. 이런 상황에서 이혼 증서는 가정과 부부를 한 번 더 생각하게 했다. 둘째, 아무런 이유 없이 이혼을 남발하는 남편에게서 아내를 보호하기 위한 조치였다. 당시에는 이혼을 오늘날처럼 법정 소송을 통해 판결받는 것이 아니라, 각자 집에서 결정했다. 또한 남편만이 아내에게 이혼 증서를 써 줄 수 있었다. 문서로 이혼하는 것은 구두로 이혼하는 것보다 남편에게 상당한 심적 부담으로 작용했다. 셋째, 이혼한 여자를 보호하기 위한 조치였다. 이혼 증서는 남자가 여자에게 더는 어떠한 법적인 권리도 주장할 수 없다는 것을 의미했다. 예를 들어, 남편이 이혼 증서를 써 주지 않고 아내를 내보낸 상황에서 여자가 다른 남자와 재혼하면 간통죄가 적용될 수 있다. 그러므로 여자의 입장에서 이혼 증서를 보관하는 것은 매우 중요했다. 요셉이 마리아가 임신한 것을 알고 조용히 끊고자 할 때(1:19) 그녀에게 주어야 하는 것이 바로 이 이혼 증서였다.

예수님은 아내가 음행한 경우 외에는 이혼하지 말라고 하신다(32절). 만일 아내가 음행하지 않았는데도 이혼하면 남편은 아내로 하여금 간음하게 하는 죄를 범하는 것이라고 한다. 모든 재혼은 간음이기 때문이다. 예수님이 말씀하시는 '음행'(πορνεία)은 무엇을 의미하는가? 만일 간음이라면 분명 다른 단어(μοιχεία)를 사용하셨을 것이다(cf. 27-28절). 따라서 간음은 배제되어야 한다. 음행을 레위기 18:6-18이 금하는 비정상적인 친족 간의 다양한 형태의 결혼이라고 생각하는 이들이 있다(Meier, Guelich, Senior). 그러나 학자들 대부분은 다양한 형태의 성적 문란으로 본다(Boring, Carson, Davies & Allison, France, Hagner, Osborne).

고린도전서 7:10-16은 음행 외에도 신앙 때문에 믿지 않는 남편이나 아내가 이혼하자고 하는 상황을 이혼 사유에 추가한다. 율법은 이혼을 하게 되면 남자가 여자에게 이혼 증서를 써 주라고 한다. 그러나 예수님은 이혼은 하나님의 뜻이 아니라고 하신다. 그러므로 이혼 증서가 있든 없든 상관없이 하나님이 보시기에 재혼은 간음이라 하신다. 예수님이 재혼은 간음이라며 재혼을 금하시는 이유는 알 수 없다(cf. Beale & Carson). 이번에도 예수님은 이혼에 대한 율법을 강화해 하나님 나라의 율법으로 삼으신다.

이 말씀은 법을 준수하면서도 죄를 지을 수 있다고 한다. 아내에게 이혼 증서를 써 주면 율법의 요구를 충족시킨 것이지만, 간음죄에서 자유로울 수는 없다. 예를 들어 바울은 그리스도인들이 우상에게 바친 고기를 먹을 수 있다고 한다. 그러나 만일 우상에게 바친 고기를 먹는 것이 누군가를 실족하게 한다면, 차라리 채식주의자가 되라고 한다(cf. 고전 7장). 우리가 사는 세상에도 이 같은 법이 많다.

d. 맹세와 진실됨(5:33-37)

33 또 옛사람에게 말한바 헛맹세를 하지 말고 네 맹세한 것을 주께 지키라 하였다는 것을 너희가 들었으나 34 나는 너희에게 이르노니 도무지 맹세하지 말지니 하늘로도 하지 말라 이는 하나님의 보좌임이요 35 땅으로도 하지 말라 이는 하나님의 발등상임이요 예루살렘으로도 하지 말라 이는 큰 임금의 성임이요 36 네 머리로도 하지 말라 이는 네가 한 터럭도 희고 검게 할 수 없음이라 37 오직 너희 말은 옳다 옳다, 아니라 아니라 하라 이에서 지나는 것은 악으로부터 나느니라

여섯 개의 대조(antithesis) 말씀 중 처음 세 개(21-30절)는 구약 말씀의 의미를 강화하는 것들이었다. 그러나 본문을 포함한 나머지 세 개(33-48절)는 성향이 다르다. 이 세 개는 구약 말씀을 강화하기보다 대체하는 것으로 보인다(Carson). 또한 핵심 주제도 변하고 있다. 처음 세 개는 관계에 관한 것이었지만, 다음 세 개는 개인의 인격과 진실함에 관한 것이다. 예수님은 시내산에서 모세에게 옛 율법을 주신 하나님의 아들이시기 때문에 사람들에 의해 악용되거나 남용되는 율법을 개정하실 수 있다.

"헛 맹세를 하지 말고 네 맹세한 것을 주께 지키라"(33절)에서 '맹세'(τοὺς ὅρκους)는 말하는 사람이 자신이 말하는 바가 사실임을 하나님의 이름으로 보장하는 것이다. 어떤 이들은 예수님이 인용하시는 말씀이 시편 50:14을 간접적으로 인용한 것이라 하고(Guelich, Gundry), 어떤 이들은 이 말씀에 출애굽기 20:7과 스가랴 8:17을 더한 것이라고 한다(Davies & Allison). 그러나 이 말씀은 한 두 구절보다는 출애굽기 20:7, 레위기 19:12, 민수기 30:2, 신명기 23:21 등 맹세에 대한 모든 율법을 융합한 것이다(Boring, Carson, Hagner, Keener, Osborne, Wilkins).

구약에 따르면 하나님도 종종 맹세하셨다(창 9:9-11). 하나님이 종종 거짓말을 해서가 아니라, 하나님이 약속하신 것이 반드시 이루어질 것을 사람들이 믿고 확신하게 하기 위해서다(히 6:17). 율법도 사람들이 스스로 약속한 것을 반드시 성실하게 이행하겠다는 취지에서 하나님의 이름으로 맹세하는 것을 허락했다. 잘 모르는 사람과 대화하다가 맹세를 통해 자신의 말을 믿어 달라고 해야 할 때가 생기기 때문이었다. 그러므로 맹세는 적절하게 사용하면 약속의 신뢰성을 확보하는 좋은 수단이었다.

그러나 아무리 좋은 것이라도 시간이 지나면서 사람들은 악용하고 남용하기 시작한다. 예수님 시대에 이르러서 율법학자들과 랍비들은 맹세를 매우 복잡하고 혼란스러운 주제로 만들었다. 미쉬나 중

"Shevuot"('맹세')이라고 불리는 책은 온전히 맹세에 관한 것이다. 그들은 언제 맹세하며, 어떤 맹세는 지키고 어떤 맹세는 지키지 않아도 되는지 등 사람들이 다 기억할 수 없을 정도로 복잡하고 다양한 사례를 개발했다(Beale & Carson). 예를 들면 하나님의 이름으로 맹세한 것은 반드시 지켜야 하며, 하늘이나 땅이나 예루살렘으로 맹세한 것은 지키지 않아도 된다고 했다. 종류가 얼마나 다양하고 절차가 얼마나 복잡한지 대화 중에도 사람들은 상대방이 맹세를 지키겠다고 하는 것인지, 그렇지 않은지에 대해 항상 심혈을 기울여 판단해야 했다.

이러한 상황을 잘 아시는 예수님은 제자들에게 이런 식으로 맹세할 것이라면 아예 맹세를 하지 말라고 하신다(34a절). 이어서 당시 사람들이 맹세를 하며 자주 사용했던 세 가지인 하늘, 땅, 예루살렘(34b-35절)을 언급하신다. 이 세 가지는 당시에 별 효력이 없는 맹세에 언급되던 것들이다(Guelich, cf. 23:16-22). 또한 사람이 이것들로 맹세하면 하나님의 초월성 권리(transcendent right)를 침해하는 결과를 초래한다(Meier). 이것들을 창조하신 하나님에게 자기가 하는 말이 사실임을 확인해 달라고 요구하는 것이기 때문이다.

하늘로 맹세하는 것은 하나님의 보좌를 담보로 하는 행위이다. 그러나 하나님의 보좌는 하나님이 홀로 누리시는 특권이지 우리 것이 아니다. 땅은 하나님이 창조했으며 발등상(발을 올려놓는 상)으로 사용하신다(cf. 사 66:1). 이것도 하나님의 것이므로 사람이 자신의 말이 진실이라는 것을 보증하는 일에 담보로 사용하기에는 적절하지 않다. 예루살렘으로 맹세해도 안 된다. 예루살렘은 큰 왕(하나님)의 성이며(시 48:2), 주의 백성이 하나님을 경배하러 가는 곳이지 사람의 소유물이 아니기 때문이다.

그렇다면 사람이 자기 소유물을 담보로 삼으면 맹세해도 되는가? 예수님은 사람의 가장 확실한 소유라 할 수 있는 몸을 예로 들며 안 된다고 하신다(36절). 온몸을 상징하는 머리(τῇ κεφαλῇ)를 담보로 맹세해도

안 된다. 사람은 자기 머리에 난 털 하나도 희고 검게 할 수 없기 때문
이다. 구약에서 흰 머리는 노인의 지혜를 상징하며, 까만 머리는 젊은
이의 힘을 상징한다. 우리의 삶과 생사고락 모두 하나님이 주관하신다
는 뜻이다. 그러므로 자기 몸으로도 맹세하지 말라고 하신다.

맹세하지 않고 어떻게 살라는 것인가? 예수님은 항상 진실한 말을
하며 살라고 하신다(37절). 말을 할 때 항상 '예스는 예스'(ναὶ ναί), '노
는 노'(οὒ οὒ) 분명히 하라고 하신다. 어떤 이들은 이 말씀을 새로운 맹
세법이라고 하지만(Broadus), 만일 이것이 맹세에 관한 것이라면 예수님
이 지금까지 맹세하지 말라고 하신 말씀을 스스로 무너뜨리는 결과를
초래한다. 이 말씀은 제자들에게 항상 진실한 말을 함으로써 사람들이
맹세 없이도 그들을 믿을 수 있게 하라는 권면이다. 야고보서 5:12이
본문 내용을 그대로 인용하고 있다.

'이에서 지나는 것'(τὸ δὲ περισσὸν τούτων)은 항상 진실을 말해 사람들
이 맹세 없이도 믿을 수 있게 하는 것이 아니라 때로는 진실된 말을 하
지 않아 맹세를 해야만 사람들이 믿어 주는 상황, 혹은 속일 목적으로
맹세하는 것을 뜻한다(cf. Wilkins). 진실을 말하는 것 외에 모든 것은 '악
으로부터 나온다'(ἐκ τοῦ πονηροῦ ἐστιν)(37절). 마귀의 농간에 놀아나는
것이라는 뜻이다.

예수님의 맹세 금지를 어떻게 이해해야 하는가? 여호와의 증인들은
이 말씀을 문자적으로 해석해 법정에서도 진실을 말하겠다는 맹세(선
서)를 하지 않는다. 그러나 과하고 잘못된 해석이다. 구약에서는 사람
들이 믿게 하려고(히 6:13-17) 하나님도 맹세하셨다(창 9:9-11). 법정에
서신 예수님은 맹세하에 대제사장의 질문에 답하셨다(26:63-64). 바울
도 두 차례 맹세했다(갈 1:20; 고후 1:23; cf. 롬 1:9; 살전 2:5, 10). 또한 예
수님이 맹세에 대해 추가로 설명하시는 마태복음 23:16-22은 잘못된
맹세에 대한 사례들이다.

이러한 정황을 고려할 때, 예수님이 모든 맹세를 금하신 것은 아니

다. 맹세가 필요할 때가 있다. 중요하고 진실된 말을 할 때, 우리를 잘 모르는 사람은 선뜻 믿으려 하지 않을 것이다. 이럴 때는 상대방을 안심시키고 믿게 하기 위해 맹세할 수 있다. 그러나 관계가 깊어짐에 따라 맹세는 필요 없게 될 것이다.

이 말씀은 옛 율법을 강화하는 것이 아니라 대체할 만한 하나님 나라의 새로운 율법에 관한 것이다(Carson). 예수님은 그동안 율법을 강화하는 가르침(21-30절)을 통해 옛 율법과 새 율법의 연결성(continuity)을 강조하셨다. 이와는 대조적으로 이 말씀을 통해 옛 언약과 새 언약 사이에는 단절성(discontinuity)도 있다는 것을 보여 주신다. 이 단절성을 통해 새로 형성되는 메시아 공동체를 차별화하신다(Garlington).

예수님은 하나님이 주신 좋은 율법을 마음대로 해석하고 적용해 온갖 악과 불신을 정당화하는 것이 잘못되었다고 하신다. 이런 말씀 준수는 아예 하지 않는 것이 낫다. 예수님의 제자들은 누구든 믿고 신뢰할 만한 삶을 살아야 한다. 그래서 맹세 없이도 누구든 인정하고 믿어 주는 사람들이 되어야 한다.

```
Ⅱ. 예수님의 사역 시작(3:1-7:29)
  B. 디스코스 1(산상 수훈)(5:1-7:27)
    3. 천국과 새 언약(5:17-48)
      (2) 새 언약 적용 사례(5:21-47)
```

e. 악인과 무저항(5:38-42)

38 또 눈은 눈으로, 이는 이로 갚으라 하였다는 것을 너희가 들었으나 39 나는 너희에게 이르노니 악한 자를 대적하지 말라 누구든지 네 오른편 뺨을 치거든 왼편도 돌려 대며 40 또 너를 고발해 속옷을 가지고자 하는 자에게 겉옷까지도 가지게 하며 41 또 누구든지 너로 억지로 오 리를 가게 하거든 그 사람과 십 리를 동행하고 42 네게 구하는 자에게 주며 네게 꾸고자 하는 자에게 거

절하지 말라

여섯 개의 대조(antithesis) 가르침 중 마지막 두 개(38-48절)는 우리에게 해를 입히는 사람들을 어떻게 대해야 하는가에 관한 것이다. 예수님은 '당한 대로 똑같이 갚아 주라'는 취지의 율법에 관해 말씀하신다. '눈은 눈으로, 이는 이로 갚으라'는 형식의 법을 '복수법'(lex talionis)이라 한다. 이 유형의 법은 이스라엘뿐 아니라 고대 근동 전역에서 적용되었다. 함무라비 법전도 이런 법을 포함하고 있다.

율법이 '눈은 눈 이는 이'를 적용하는 상황은 세 가지다. 첫째, 개인이 남에게 상해를 입었을 때다(출 21:12-36). 상해에 대한 보상은 대부분 금전적으로 이뤄졌다. 이러한 상황에서 '눈은 눈으로 이는 이로' 갚으라는 법은 피해자가 가해자에게 지나친 보복을 하거나 과중한 돈을 요구하는 것을 금하기 위한 것이다. 그러므로 이 법은 가해자를 보호하는 차원에서 제정된 것이다. 당시 힘이 없고 가난한 범죄자는 가혹한 처벌을 받기 일쑤였다(Boring, Carson, Wilkins).

둘째, 불경스러운 말로 하나님을 모욕한 자를 돌로 칠 때다(레 24:10-20). 셋째, 위증할 때다(신 19:15-21). 이 두 상황에서는 '눈은 눈으로 이는 이로' 갚는 법이 온 공동체에 교육 효과를 낸다. "그리하면 그 남은 자들이 듣고 두려워해 다시는 그런 악을 너희 중에서 행하지 아니하리라 네 눈이 긍휼히 여기지 말라 생명에는 생명으로, 눈에는 눈으로, 이에는 이로, 손에는 손으로, 발에는 발로이니라"(신 19:20-21). 이 또한 피해자가 가해자에게 보복하는 것과는 거리가 멀다.

구약은 어떠한 이유에서든 개인이 사적으로 보복하는 일을 지양한다. "원수를 갚지 말며 동포를 원망하지 말며 네 이웃 사랑하기를 네 자신과 같이 사랑하라 나는 여호와이니라"(레 19:18; cf. 잠 20:22; 24:29). 그러므로 이 복수법(lex talionis)은 개인이 입은 피해에 사적으로 보복하는 정황에 적용되는 것이 아니라, 법적 소송을 통해 입은 손해를 변상

받는 일에 관한 것이다. 즉, 가해자에게 피고가 손해를 본 만큼만(이에는 이, 눈에는 눈) 변상하도록 함으로써 가해자를 보호할 책임이 있다는 취지의 율법이다. 예수님 시대에는 이 좋은 법도 많이 악용되었다(cf. Meier).

예수님은 아예 가해자에게 복수하거나 보상을 요구하지 말라고 하신다. 심지어 악한 자도 대적하지 말라고 하신다(39a절). 본문이 복수법을 배경으로 하고 있기 때문에 '악한 자'(τῷ πονηρῷ)는 주님의 자녀들에게 악하게 구는 사람이나 마귀가 아니라 그들을 고소한 사람을 의미한다(Carson). '대적하다'(ἀνθίστημι)는 '고발'을 언급하는 40절을 고려할 때 법정에서 다투는 것을 뜻하는 법적인 용어다(Davies & Allison, Guelich, cf. 사 50:8의 LXX). 누가 고소하면 다투지 말고 원하는 대로 변상해 주라는 뜻이다. 이어 예수님은 네 가지 사례를 들어 말씀하시는데, 상대적으로 쉬운 일에서 점차적으로 어려운 일로 진행된다.

첫째, 오른편 뺨을 치는 사람에게 왼편도 돌려대라고 하신다(39b절). 뺨을 맞는 것은 무척 수치스러운 일이다. 그런데 예수님은 왼편도 때리도록 대 주라고 하신다. 대부분 사람이 오른손잡이므로 오른손잡이가 상대방의 왼편 뺨을 때리려면 손등으로 때려야 한다. 당시 손등으로 뺨을 때리는 것은 더 심한 수치를 의미한다(France, Hagner).

보통 뺨을 맞았을 때 곧바로 복수를 하면 화난 마음이 조금은 풀릴 수 있다. 그러나 우리가 직접 보복하는 것은 하나님이 기뻐하지 않으시는 잘못된 일이다. 복수는 하나님의 것이기 때문이다(신 32:35). 그러므로 예수님은 보복하지 말고 수치를 택하라고 하신다. 하나님의 말씀을 거역하는 죄를 짓는 것보다 수치를 당하는 것이 더 낫기 때문이다.

둘째, 누가 고발해 속옷을 가지고자 하면 겉옷까지도 주라고 하신다(40절). '고발하다'(κρίνω)는 법적인 용어다(BAGD). 보증을 선 것이 문제가 되었는지, 채권자가 담보로 잡은 속옷을 빼앗기 위해 고소를 했다(cf. 출 22:26-27). 예수님은 그럴 때 겉옷까지 내어주라고 하신다. 당시

271

겉옷은 속옷보다 훨씬 귀하고 값진 것이었다. 밤이면 겉옷은 가난한 사람들에게 이불이 되었다. 그러므로 율법은 겉옷을 담보로 잡을 경우 저녁에 돌려주라고 한다(출 22:25-26; 신 24:12-13). 누구에게 변상할 일이 있으면 넉넉하게 변상해 주라는 말씀이다.

셋째, 누가 억지로 오 리를 가게 하면, 아예 십 리를 같이 가 주라고 하신다(41절). 이 말씀은 로마의 징집법(conscript law)을 배경으로 한다(Beale & Carson, Davies & Allison, Hagner, Keener). 로마 군인들은 무기와 짐을 나르게 하려고 아무 때나 민간인들을 징집했다. 구레네 사람 시몬도 이런 일을 당해 예수님의 십자가를 지게 된 것이다(27:32). '오리'(μίλιον)는 로마의 거리 단위로 1마일이며 1,478.5m였다(BAGD). 예수님은 로마 군인이 제자들에게 1마일을 가자고 하면, 2마일을 가 주라고 하신다. 악한 권세에 저항하는 대신 법이 요구하는 것보다 더 많은 선을 행하라는 뜻이다(Boring).

넷째, 구하는 자에게는 주고, 꾸고자 하는 자도 거절하지 말라고 하신다(42절). 이 말씀은 위 세 가지 사례를 요약하는 말씀이기도 하다. '구하다'(αἰτέω)는 가난한 사람이 적선을 청하는 행위다(Wilkins). 그러므로 구하는 자에게 주라는 것은 자선과 기부에 관한 것이다. 가난한 사람들에게 적선하는 것은 유대인들이 자신들의 신앙을 표현하는 가장 중요한 선행으로 여겼다.

'꾸다'(δανείζω)는 돈을 빌려 달라는 뜻이며, 누가복음 6:34에서는 갚을 능력이 없는 사람에게 돈을 꿔 주는 일을 묘사한다. 구약은 이자를 받지 말고 꿔 주라고 하는데(출 22:25; 레 25:37; 신 23:19), 예수님은 아예 돌려받을 생각을 하지 말고 꿔 주라고 하신다.

예수님은 제자들이 당장 이렇게 살 수 없다는 것을 아신다. 그럼에도 불구하고 종말에 가서는 그들이 이렇게 살 수 있으리라는 종말적인 기대 속에 구약의 복수법을 완전히 새로 쓰셨다(Carson). 옛 율법에서 모세는 보복을 제한했다. 새 율법에서 예수님은 보복을 사랑과 친절로

대체하라고 하신다(Witherington). 아마도 이 말씀은 제자들에게 맹세에
관한 가르침(33-37절) 만큼이나 충격적이었을 것이다(Osborne).

예수님은 유대교 법정에 대해 새로운 규정을 제시하시는 것이 아니
다. 하나님 나라 공동체와 각 구성원에게 서로를 이렇게 대하라는 취
지에서 말씀하셨다(Blomberg). 그러므로 여섯 가지 대조 가르침 중 처음
세 가지 가르침처럼 율법을 강화하는 면모도 있다(Beale & Carson).

이 말씀은 악을 악으로 보복하지 않음으로써 악이 반복되는 것을 멈
추게 하라고 한다. 하나님 나라 백성은 보복하는 대신 악인들이 원하
는 것보다 더 많이 주는 사람들이 되어야 한다. 이렇게 함으로써 악인
들이 하나님 나라의 진리로 개종하게 하는 기회로 삼아야 한다(Hays).

세상 법정은 결코 공의와 정의를 실현하지 못한다. 또한 개인적으로
보복하면 결국 우리도 가해자 수준으로 내려가 악을 악으로 갚게 된
다. 그러므로 믿음 공동체에서는 모든 것을 알고 공평하게 심판하시는
하나님의 판결을 추구하는 것이 더 낫다.

남이 우리에게 행하는 악을 악으로 되갚지 말고 차라리 억울함과 손
해를 감수하자. 사람이 이렇게 살 수 있을까? 우리에게는 끝까지 어떤
보복도 하지 않고 십자가에서 죽으신 예수님이 있다. 주님을 바라보며
주님이 주시는 힘으로 이렇게 살도록 노력해야 한다.

f. 원수와 사랑(5:43-47)

⁴³ 또 네 이웃을 사랑하고 네 원수를 미워하라 하였다는 것을 너희가 들었으
나 ⁴⁴ 나는 너희에게 이르노니 너희 원수를 사랑하며 너희를 박해하는 자를

위하여 기도하라 [45] 이같이 한즉 하늘에 계신 너희 아버지의 아들이 되리니 이는 하나님이 그 해를 악인과 선인에게 비추시며 비를 의로운 자와 불의한 자에게 내려 주심이라 [46] 너희가 너희를 사랑하는 자를 사랑하면 무슨 상이 있으리요 세리도 이같이 아니하느냐 [47] 또 너희가 너희 형제에게만 문안하면 남보다 더하는 것이 무엇이냐 이방인들도 이같이 아니하느냐

예수님이 인용하시는 말씀은 레위기 19:18의 "네 이웃 사랑하기를 네 자신과 같이 사랑하라"의 일부다. 아마도 다음 행(네 원수를 미워하라)과 균형을 이루기 위해 '네 자신과 같이 사랑하라'를 삭제하신 것으로 보인다(Osborne). 나중에 율법 전문가의 질문에 대답할 때에 하나님을 사랑하고(신 6:4-5) 이웃을 자기 몸같이 사랑하는 것이 율법과 선지자의 요약이라며 다시 이 말씀을 인용하신다(22:36-40).

다음 행인 "원수를 미워하라"라는 말은 구약 어디에도 없다. 율법은 오히려 곤경에 처한 원수를 도와주라고 한다(출 23:4-5). 그러므로 예수님이 어느 특정한 구약 말씀을 인용하는 것이 아니라, 구약의 전반적인 성향에서 추론하신 것일 수 있고(cf. 신 7:2; 23:3-6; 25:17-19; 시 139:21-22, 저주시들[imprecatory psalms]), 당시 율법학자들과 종교 지도자들의 해석을 반박하시는 것일 수도 있다(Davies, cf. '너희가 들었으나').

'사랑하라'(ἀγαπήσεις)와 '미워하라'(μισήσεις)는 둘 다 미래형 동사다. 앞으로 평생 이렇게 살아야 한다는 의미를 지녔다(Osborne). 어떤 이들은 본문이 사용하는 '아가페 사랑'(ἀγάπη, 43-44절)과 '형제 사랑'(φιλαδελφία)을 지나치게 구분한다(Hill). 그러나 이 두 단어는 비슷한 말로 자주 사용된다. 본문에서도 마찬가지다. 그러므로 본문을 반드시 신적인(divine) 사랑과 연관시킬 필요는 없다.

예수님 시대 유대인들은 '이웃'을 유대인들로, '원수들'(τοὺς ἐχθροὺς)을 자신들이 속한 공동체 밖에 있는 자들과 이방인들로 정의해 적으로 만들었을 뿐 아니라, 하나님의 원수들로 만들었다(Wilkins). 이에 일부

학자들은 '사랑과 미움'을 관계적으로 해석해 하나님과의 언약 안에 있
는 사람들과 언약 밖에 있는 사람들에 대한 하나님의 태도를 비교하는
것이라고 한다(Boring, cf. 말 1:2-3). 그러나 이 또한 지나치다. 이 말씀
은 두 그룹을 비교하는 것이 아니기 때문이다.

　일부 학자들은 본문의 원수들을 마태 공동체를 핍박하는 자들로 해
석하지만 바람직하지 않다. 설령 이들이 훗날 마태 공동체를 핍박하
는 자들이라 할지라도, 예수님이 이 말씀을 하실 무렵에는 마태 공동
체는 존재하지도 않았다. 그러므로 원수를 이처럼 제한해 해석할 필요
는 없으며, 예수님을 따르는 제자들과 따르지 않는 사람들을 이렇게
구분하는 것으로 간주하는 것이 바람직하다. 하나님 나라 백성은 공
동체 밖에 있는 사람을 이렇게 대해야 한다는 것이다. 여섯 가지 대조
(antithesis) 가르침 중 가장 충격적이고 극단적이다(Beale & Carson).

　예수님은 원수들을 사랑하라고 하신다(44a절). 구약은 이스라엘 사
람들에게 그들의 땅에 정착해 사는 이방인들을 사랑하고(레 19:33-34)
원수들에게 자비를 베풀라는 권면은 하지만(출 23:4-5; 욥 31:29-30; 잠
17:5; 24:17), 원수를 사랑하라는 말은 하지 않는다. 그러므로 예수님의
말씀은 참으로 파격적이라 할 수 있다. '사랑'(ἀγάπη)은 다른 사람을 자
비롭고 따뜻하게 대하며, 그를 위해 큰 희생을 마다하지 않는 것이다
(Carson).

　세상 모든 사람을 하나님의 사랑으로 사랑하라는 이 말씀의 가장 좋
은 예는 선한 사마리아인 이야기다(눅 10:33-37). 이러한 사랑이 예수님
이 제자들에게 요구하시는 '서기관과 바리새인보다 더 나은 의'다(20절;
cf. 롬 12:14; 고전 4:12). 우리가 사랑할 만한 사람을 사랑하고, 미워할 만
한 사람을 미워한다면 우리 의가 세상 사람들의 것보다 나은 것이 무
엇이겠는가? 하나님 나라의 능력은 사랑할 수 없는 자들을 사랑할 때
나타난다.

　원수를 사랑하라고 하시는 것은 개인적인 원수를 만들지 말라는 뜻

275

이다. 원수도 우리의 이웃이기 때문이다(Blomberg). 이 말씀은 나라와 나라가 전쟁을 하지 말라는 말씀이기도 하다(Boring). 그래서 그런지 신약에는 성전(聖戰, holy war)에 관한 말씀이 아예 없다.

예수님은 우리를 박해하는 자들을 위해서 기도하라고 하신다(44b절). 사랑과 기도는 서로를 강화하는 면모가 있다. 사랑하면 기도하게 되고 기도하면 사랑하게 되기 때문이다. 우리를 박해하는 자들을 위해 기도하는 것은 참으로 어려운 일이다. 처음에는 그들의 머리 위에 숯불을 쌓는 마음으로 기도를 시작할 수 있다(롬 12:20). 그러나 기도하다 보면 그들을 어느 정도 이해하게 되고 측은한 마음이 들기까지 한다. 그리고 계속 기도하다 보면 그들을 용서하게 되고, 심지어 사랑하게 된다. 이처럼 기도는 원수를 사랑하게 하는 힘이 있기에 예수님은 그들을 위해서 기도하라고 하신다. 원수를 위해 기도하면 그중 많은 사람이 그리스도 앞에 나올 것이다(벧전 2:12).

"선을 악으로 갚는 것은 악하고(evil), 선을 선으로 갚는 것은 인간적이고(human), 악을 선으로 갚는 것은 신적이다(divine)"(Plummer). 예수님은 하나님 나라 공동체를 복수를 거부하고 하나님의 사랑으로 원수들을 사랑하는 것에 세우신다. 그러므로 우리는 악을 선으로 이겨내야 한다(Stott).

예수님은 우리가 원수를 사랑하고 박해하는 자를 위해 기도할 때 비로소 하나님 아버지의 자녀가 될 것이라고 하신다(Bonnard). 당장은 아니지만 조금씩 하나님을 닮아 간다는 뜻이다(McNeile). 그러므로 원수들을 사랑하는 것은 하나님의 사랑이 우리 안에 있다는 것을 의미한다. 원수를 사랑하는 것은 하나님의 뜻이다. 그러므로 우리가 원수를 사랑하는 것은 예수님의 형제가 되는 길이기도 하다(12:48-50).

예수님이 우리에게 사랑할 수 없는 사람들을 사랑하라고 하시는 것은 곧 우리를 하나님의 축복의 통로로 삼으시기 위해서다(45b절). 햇빛은 악인과 선인을 차별하지 않는다. 비도 의로운 자와 불의한 자를 차별하지 않는다. 세상 모든 사람에게 똑같이 내려 주시는 하나님의 은혜가 있다. 우리는 이것을 '보편 은총'(common grace)이라 한다. 보편 은총은 하나님이 무분별하게 모두를 사랑해서 내리시는 것이 아니다. 혹은 하나님에게 윤리 기준이 없어서도 아니다. 하나님은 보편 은총을 받은 모든 사람을 분명 심판하신다. 심판이 임할 때까지 하나님은 창조주를 알고 회개하라며 보편 은총을 내리신다.

예수님은 햇빛과 비를 하나님의 모든 보편 은총의 예로 들어 말씀하신다. 선하건 악하건 모든 사람은 하나님의 모양과 형상대로 창조되었다는 사실 하나만으로 주님의 보편 은총을 누린다(창 1:26-28). 예수님은 믿는 자들이 악한 사람들에게 하나님의 보편 은총이 되어 주기를 원하신다. 우리는 가능한 한 많은 선행을 모든 사람에게 베풀어야 한다. 그들이 우리의 선한 대접을 받을 만한 자격이 있는지에 대해는 나중에 하나님이 판단하실 것이다.

예수님은 우리가 사랑할 만한 사람을 사랑하는 것은 아무런 상도 없다며 두 가지 예를 드신다(46-47절). '상'(μισθός)은 포상이 아니라 선한 일을 한 것에 대한 대가다(BAGD). 첫째, 세리들도 사랑할 만한 사람들을 사랑한다(46절). 당시 세리들은 사회에서 온갖 지탄과 경멸을 당했다. 유대를 지배하는 로마 사람들의 앞잡이가 되어 세금을 걷기에 매국노로 취급받았다. 또한 로마 사람들이 요구하는 액수보다 훨씬 더 많이 걷은 후 나머지 돈을 착복했기에 모든 사람의 미움을 샀다. 예수님은 이런 사람들도 그들이 사랑할 만한 사람들(동료와 가족)은 사랑한다고 하신다.

둘째, 이방인들도 형제들에게 문안한다(47절). 당시 사람들은 지위와 신분에 따라 격이 다르게 인사했다(cf. Meier). 그러므로 자신들이 뭔가 되는 것처럼 생각했던 서기관들은 매우 요란스러운 인사를 즐겼다(cf. 23:7). 예수님은 제자들에게 형제들만 반가워하고 따뜻하게 대하는 것은 이방인들도 흔히 하는 일이라고 하신다. 사실 형제끼리 사랑하는

277

것은 사람이 자기를 사랑하는 것과 다를 바 없다(Boradus). 예수님은 하나님 나라에 입성하는 사람들은 달라야 한다고 하신다. 사랑할 만한 사람들(형제들)만 사랑하지 말고 모르는 사람, 심지어 원수들까지 사랑하고 복을 빌어 주라고 하신다(Guelich).

이 말씀은 결코 사랑할 수 없는 사람을 사랑하라는, 참으로 따르기 어려운 말씀이다. 이런 사랑이 가능할까? 계속 예수님을 닮으려고 노력하다 보면 언젠가는 가능할 것이다. 손과 발이 못에 박히신 예수님은 십자가 군인들의 망치가 그 못을 내리칠 때마다 그들이 무슨 짓을 하고 있는지 스스로 알지 못하므로 용서해 달라고 기도하셨다(눅 23:34). 잔인하고 혹독한 고통도 예수님을 망치질하는 원수들을 위한 주님의 기도를 멈추지 못했다(Stott).

```
Ⅱ. 예수님의 사역 시작(3:1-7:29)
  B. 디스코스 1(산상 수훈)(5:1-7:27)
    3. 천국과 새 언약(5:17-48)
```

(3) 결론: 새 언약 완성 선언(5:48)

48 그러므로 하늘에 계신 너희 아버지의 온전하심과 같이 너희도 온전하라

이 말씀은 '하늘에 계신 너희 아버지'(45절)를 상기시키며 마지막 대조(43-47절)를 요약한다(Allen, Hendricken). 동시에 지금까지 이어진 여섯 가지 대조(antithesis) 가르침(21-47절)을 간단히 정리하기도 한다(Beale & Carson, Wilkins). 지금까지 주신 가르침을 바탕으로 하나님 나라 백성이 추구하는 윤리와 도덕적 온전함은 하늘에 계신 하나님 아버지의 온전하심을 닮아 가야 한다는 권면이다.

헬라어로 '온전함'(τέλειος)은 히브리어 단어 תָּמִים을 반영한 것이다(TDNT). 이 단어는 제물로 드리는 짐승의 흠 없음을 뜻하며(출 12:5),

사람이 서약을 통해 똑바로(upright) 살아가는 것을 의미하기도 한다(창 6:9; 신 18:13; 삼하 22:26). 그러므로 우리가 하나님을 닮아 온전한 삶을 사는 것은 예수님의 모든 가르침을 삶에서 실천하려고 노력할 때만 가능하다. 우리가 하나님 나라의 새 율법에 따라 도덕적이고 윤리적으로, 또한 원수를 사랑하면서 사는 것이 하나님을 닮아 가는 삶이다.

날이 갈수록 우리가 사는 세상은 편협한 민족주의로 치닫고 있다. 자기 민족은 선대하지만, 다른 민족들은 차별한다. 이러한 정서에서 우리도 자칫 잘못하면 세상의 분위기에 휩쓸릴 수 있다. 예수님은 세상 사람들이 가지고 있는 모든 편견과 경계를 초월해 그들을 섬기고 사랑하라고 하신다. 그래야 세상이 우리가 그들과 다르다는 것을 깨닫게 될 것이다.

이 말씀은 우리에게 모든 사람을 조건 없이 사랑하라고 한다. 그들도 우리처럼 하나님의 모양과 형상대로 창조되었기 때문이다. 이웃을 사랑하는 것은 곧 그들이 반영하고 있는 하나님을 사랑하는 것이다. 그렇다면 하나님은 우리와 불신자들을 동일하게 취급하시는 것일까? 만일 그렇다면 우리의 신앙은 무슨 의미가 있는가?

복음서들은 하나님을 예수님의 아버지, 혹은 믿는 자들의 아버지라 하지, 한 번도 세상 모든 사람의 아버지라 하지 않는다. 이 사실 하나만으로도 우리는 하나님처럼 사랑하며 살아야 할 이유가 있고, 세상 사람들을 조건 없이 사랑할 힘이 생긴다. 우리는 교회를 미워하거나 비난하는 사람들까지도 사랑해야 한다. 그렇게 하지 않으면 전도의 기회도 없다.

4. 참된 경건과 거짓 경건(6:1-18)

지금까지 진행된 여섯 가지 대조(antithesis) 가르침(5:20-48)은 사람의 내면과 마음가짐에 관한 것이었다. 지금부터 전개되는 가르침은 사람의 마음에서 밖으로 흘러나오는 행위에 관한 것이다. 예수님 시대에 유대교가 매우 중요시했던 종교 행위 세 가지(자선, 기도, 금식)에 대한 가르침이다. 앞으로 산상 수훈에서 예수님이 구약 성경을 직접 인용하시는 사례는 더 없다.

예수님 시대 유대교는 사람이 이 세 가지 행위를 통해 의롭게 될 수 있다고 가르쳤다(cf. Sanders). 예수님도 이를 귀하게 여기시지만, 당시 종교인들이 하나님께 영광을 돌리기 위해서가 아니라 사람들에게 칭찬받으려고 이런 일을 하는 위선을 문제 삼으셨다. 대조 가르침이 서기관들과 바리새인들의 의보다 더 나은 '좋은 의'(positive righteousness)에 초점을 맞췄다면(cf. 5:20), 이 섹션은 하나님을 기쁘게 할 목적이 아니라 사람들에게 칭찬받을 목적으로 행하는 '잘못된 의'(wrong righteousness)에 대한 가르침이다(France). 이슈는 이 땅에서 잠시 경험하는 사람들의 칭찬을 추구할 것인가, 혹은 하나님이 천국에서 내리실 영원한 상을 추구할 것인가 하는 점이다.

이 말씀은 종교적인 모임을 배경으로 삼는다(Wilkins). 오늘날로 말하면 교회에서 일어나는 일이다. 사람들은 이곳에 함께 모여 하나님을 경배하고 주님의 말씀을 듣고 서로를 격려한다. 그러므로 사람의 영성이 가장 잘 드러나는 곳이다. 또한 자선과 기도와 금식 등 종교적 행위가 가장 잘 눈에 띄는 곳이며, 진가를 발휘하는 곳이기도 하다.

예수님은 은밀하게 선을 행해도 하나님은 다 알고 갚으실 것이라며 남모르게 선을 행하라고 하신다. 의를 행할 때 중요한 것은 마음이지 사람의 칭찬이 아니며, 하나님은 우리의 마음을 아신다. 그렇다면 은밀하게 선을 행하라는 이 말씀과 우리의 빛은 온 세상에 드러나야 한다는 말씀(5:14-16)은 상반되지 않는가?

서로 상반되지 않는 두 가지 이유가 있다. 첫째, 우리를 가리켜 세상의 빛이라고 하셨지, 믿음 공동체 안의 빛이라고 하지 않으셨다. 빛을 발하는 장소가 다르다. 둘째, 우리의 선행이 빛이 되어 온 세상을 비출 때 사람들이 그 빛을 보고 하나님께 영광을 돌리면 문제가 없다. 예수님이 문제 삼으시는 것은 우리의 선행으로 인해 사람들이 하나님께 영광을 돌리는 것이 아니라 우리를 칭찬하는 것이다.

잘못된 선행 세 가지와 어떻게 하면 그 선행을 올바르게 행할 수 있는가에 대한 말씀은 정형화된 표현 사용과 동일한 순서에 따라 전개된다(Boring, Carson, Osborne). (1)사람의 칭찬을 받기 위해 선을 행하지 말라는 경고, (2)경고를 무시하는 자들은 그들이 원하는 사람들의 칭찬은 것을 얻을 것이지만, 하나님께 받을 상은 더 없다는 말씀, (3)어떻게 은밀하게 선을 행하는가에 대한 지시, (4)은밀히 보시는 하나님이 갚으실 것이라는 말씀이다. 참된 경건이 무엇인가에 대한 교훈인 본문은 다음과 같이 구분된다.

A. 원칙(6:1)

B. 첫 번째 권면: 자선(6:2-4)

C. 두 번째 권면: 기도(6:5-15)

D. 세 번째 권면: 금식(6:16-18)

II. 예수님의 사역 시작(3:1-7:29)
  B. 디스코스 1(산상 수훈)(5:1-7:27)
    4. 참된 경건과 거짓 경건(6:1-18)

---

(1) 원칙(6:1)

¹ 사람에게 보이려고 그들 앞에서 너희 의를 행하지 않도록 주의하라 그리하

지 아니하면 하늘에 계신 너희 아버지께 상을 받지 못하느니라

이 말씀은 자선(1-4절)뿐 아니라 기도와 금식(5-18절)까지 소개하며 핵심 원리를 제시한다. "사람들의 눈에 띄고자 의를 행하면 하나님께 받을 상은 없다." 또한 사람들이 합법적이라고 생각하는 이 땅의 의와 더 높은 차원의 의를 요구하는 하나님 나라의 기준을 대조하는 면에서 여섯 가지 대조 가르침과 비슷하다.

본문에서 '의'(τὴν δικαιοσύνην)는 하나님을 닮아 가기 위해(cf. 5:48) 주님의 뜻을 이 땅에서 실천하는 행위(3:15; 5:6, 10, 20; 6:33)를 뜻한다. 그러므로 번역본들은 모두 '의를 행하는 일'(practicing rightouseness) 혹은 '선행'(good work)로 번역한다(새번역, 공동, NAS, NIV, NRS, ESV, NIRV). 의로운 일을 하는 것은 좋은 일이다.

아무리 많고 큰 선행을 해도 목적이 바르지 않으면 하나님께 받을 상은 없다. '사람에게 보이려고'(ἔμπροσθεν τῶν ἀνθρώπων)는 사람들이 보도록 그들 앞에서 한다는 뜻이다. 이렇게 선을 행하는 가장 큰 이유는 대중적인 인기와 사람들의 칭찬이다. 하나님이 어떻게 생각하시는지는 별로 중요하지 않다.

'하늘에 계신'(τῷ ἐν τοῖς οὐρανοῖς)은 하나님이 어디 계시는가를 알려 주며 하나님이 하늘에서 우리의 행실을 굽어살피고 계신다는 뜻이다. 또한 우리가 하나님이 내리시는 상을 어디서 받을 것인가를 암시한다. 어떤 이들은 상을 천국에 가서 받는 것으로 제한하지만(Osborne), 그렇게 제한할 필요는 없다. 하늘에서 세상을 굽어보시는 하나님은 우리가 이 땅에 있을 때도 적절한 때가 되면 상을 내리시고 우리가 천국에 가면 그곳에서도 상을 내리실 것이다(Broadus).

'상'(μισθὸν)은 의로운 행실에 대한 보상(wage, reward)이며, 사람이 노력해 얻는 것이다(BAGD). 세상의 상(사람들의 칭찬)은 잠시 스쳐 가는 바람과 같다. 반면에 하나님이 내리시는 상은 영원하다. 그러므로 우리가 하늘의 영원한 상을 소망하며 선을 행하는 것은 당연한 일이다. 안타깝게도 많은 사람이 하늘에서 받을 상보다는 세상이 주는 상을 탐한다.

예수님은 제자들에게 '율법 선생들과 바리새인들의 의'보다 더 나은 의를 추구하라고 하셨다(5:20). 이러한 흐름에서 이 말씀은 종교적 집단(모임)에서 일어나는 일들에 관한 것이다. 그러므로 처음 두 권면에서 '회당과 큰 거리'를 거듭 언급하지만(2, 5절) 강조점은 회당에 있으며, 금식에 대한 권면에서는 아예 이 장소적 정황이 빠져 있다. 누가 금식을 하고 안 하고는 회당 사람들이나 알아볼 일이기 때문이다. 그러므로 예수님의 비난 대상이 되는 자들(세상의 상을 탐하는 자들)은 다름 아닌 율법 선생들과 바리새인들이다(Meier). 실제로 그들은 사람들 앞에서 자신들의 종교적 행위를 드러내는 일을 즐겨 했다.

이 말씀은 의는 사람들의 시선이 없는 곳에서 행하는 것이라고 말한다. 사람들의 시선을 의식해서 하는 선행은 하나님께 받을 상이 없다. 이미 사람들의 칭찬 등으로 상을 받았기 때문이다. 하나님은 남이 모르게 행하는 의를 가장 기뻐하신다. 연말이면 뉴스화되는 '얼굴 없는 천사'들처럼 우리도 은밀히 선을 행해야 한다.

> II. 예수님의 사역 시작(3:1-7:29)
> B. 디스코스 1(산상 수훈)(5:1-7:27)
>   4. 참된 경건과 거짓 경건(6:1-18)

(2) 첫 번째 권면: 자선(6:2-4)

[2] 그러므로 구제할 때에 외식하는 자가 사람에게서 영광을 받으려고 회당과 거리에서 하는 것 같이 너희 앞에 나팔을 불지 말라 진실로 너희에게 이르노니 그들은 자기 상을 이미 받았느니라 [3] 너는 구제할 때에 오른손이 하는 것을 왼손이 모르게 하여 [4] 네 구제함을 은밀하게 하라 은밀한 중에 보시는 너의 아버지께서 갚으시리라

'구제할 때'("Ὅταν οὖν ποιῇς ἐλεημοσύνην)(2a절)는 가난한 사람들에게 도움을 주는 자선 행위다. 구약은 가난한 사람들을 구제하라는 말을 직접 하지는 않는다. 그러나 매 3년째 드리는 십일조는 레위 사람들과 가난한 사람들을 돕는 데 사용되었다(신 14:28-29; cf. 15:11). 선지자들도 가난한 자들을 돕는 것은 하나님의 자녀들이 해야 할 당연한 일이라고 했다(사 3:15; 10:1-2; 암 2:6-8; 5:11). 이스라엘이 지향했던 농경사회에서 가난은 매우 널리 퍼져 있었으며, 구제는 유대교 신앙을 지탱하는 중요한 기둥 중 하나가 되었다(Wilkins). 예수님 시대에 이르러서 의는 곧 구제와 동일시되었으며 구제는 성전과 회당이 하는 주요 사역이 되었다(France). 초대교회도 구제를 매우 중요한 사역으로 여겼다(cf. 행 9:36; 10:2; 24:17).

예수님은 구제할 때 외식하는 자들처럼 하지 말라고 하시는데, 외식하는 자(ὑποκριτής)는 연극에서 가면을 쓰고 연기하는 연기자다(TDNT). 연기는 자신이 아닌 캐릭터를 자신인 것처럼 속이는 일이다. 이 말씀에서 외식하는 자는 하나님과 사람들을 위해 귀한 일을 하고 있다며 남만 속이는 것이 아니라 자신도 속인다(Carson). 그러나 하나님은 속일 수 없다.

외식하는 자들이 자신과 이웃을 속이는 것은 사람들에게 영광을 받기 위해서다. 그들은 하나님의 자녀로서 당연히 구제를 해야 한다는 생각보다 사람들에게 칭찬을 받으려고 구제한다. 그들이 구제하는 주된 목적은 사람들의 눈에 띄는 것이므로 주로 회당과 거리에서 사람들이 보는 앞에서 한다. 이는 당시 회당과 거리는 가난한 사람들에게 구호품이 전달되는 주요 장소였음을 암시한다.

외식하는 자들은 심지어 나팔을 불며 구제한다(2b절). 학자들 사이에 나팔을 부는 것이 회당에서 예배 시작을 알리는 것인지, 혹은 구호품을 나눌 시간을 알리는 것인지, 혹은 구호품을 모으는 장소가 나팔처럼 생겼다는 것인지, 혹은 기부를 많이 한 사람을 공개적으로 알리는 것을 의미하는지에 관해 논란이 많다(cf. Carson, Davies & Allison, Hagner, Osborne, Wilkins). 그러나 별 의미 없는 논쟁이다. 이 말씀은 남의 관심을 끌지 말라는 뜻이다(Harrington, Keener, Morris, Schnackenburg).

예수님은 사람들의 칭찬을 얻기 위해 구제하는 사람들은 이미 받을 상을 받았다고 말씀하신다(2b절). '받다'(ἀπέχω)는 상업적인 용어이며 물건에 대한 잔금을 치르고 영수증을 받은 것을 뜻한다(BAGD). 거래가 마무리되었다는 의미이며, 이 선행에 대해 하나님께 받을 상은 아무것도 없다는 것이다. 그러므로 사람들에게 칭찬을 받기 위해 구제하는 것은 남에게 베푸는 것이 아니라, 대가(돈)를 지불하고 남의 칭찬을 사는 일이다(Plummer).

구제는 나쁜 것이 아니다. 좋은 일이다. 그러나 하나님의 영광을 위해서 하지 않고, 사람들에게서 영광을 받기 위해서 하는 구제는 나쁘다. 바리새인들은 이 같은 취약점을 지녔다(요 5:44; 12:43). 그러므로 그들은 선을 행하고도 예수님의 비난을 피할 수 없었다.

예수님은 구제할 때 은밀하게 하라면서 오른손이 하는 것을 왼손이 모르게 하라고 하신다(3절). "오른손이 하는 것을 왼손이 모른다"라는 말은 당시 속담일 수도 있고(Hill, Plummer), 아무도 모르게 하라는 의미의 숙어일 수도 있다. 예수님이 강조하시는 것은 아무도 모르게 구제하는 일이다.

예수님은 구제할 때 은밀하게 하라는 말씀을 한 번 더 하신다(4a절). 구제는 공개적으로 해 사람들의 칭찬을 유도하는 것이 아니다. 은밀히 해야 은밀한 중에 하나님이 보시고 갚아 주신다. 우리가 아무리 은밀하게 선을 행해도, 하나님은 모든 것을 지켜보시고 계수하신다는 뜻이다. 하나님은 이런 사람들에게 반드시 갚아 주실 것이다. 사람들의 칭찬을 유도하기 위해 구제한 사람들과는 계산이 끝났지만(2절), 은밀하게 하는 사람들에게는 하나님이 내리실 상이 아직 있다는 뜻이다. 하나님은 우리의 선행에 대해 이 땅에서 적절한 때에, 또한 천국에서 영원한 상을 주실 것이다(Broadus). 신약에서 하나님이 내리실 상을 가장 강조하는 책은 마태복음과 요한계시록이며, 이는 산상 수훈에서도 매우 중요한 테마다(Osborne).

구제는 은밀하게 하라는 예수님의 권면은 오늘날 일부 교회와 목사들의 행태를 비난하는 말씀이다. 우리는 왜 이웃에게 선행을 베풀 때 반드시 현수막을 걸고, 구호품을 전달하면서 사진을 찍는 것일까? 게다가 현수막에는 '불우 이웃 돕기'라고 새긴다. 그 앞에서 구호품을 전달받으며 사진을 찍어야 하는 사람은 자신이 글귀의 '불우 이웃'이라는 슬픈 현실을 다시 한번 곱씹어야 한다!

목사들은 왜 자신이 그 교회에서 가장 영적인 사람이라는 자랑질을 멈추지 않는 것일까? 어느 성도보다 금식을 많이 하고, 기도도 많이 하며, 성경을 많이 읽는다는 것을 서슴지 않고 말하는 목사들이 있다. 목사가 이렇게 하는 것은 당연하지 자랑할 일이 아닌데 말이다. 게다가 목사들처럼 하루 24시간 교회와 집을 오가면서 생활하고 만나는 사람 대부분이 성도인 상황에서 이 정도의 신앙생활을 할 수 없다면, 그 사람은 목회를 그만두어야 한다. 온갖 세상 풍파를 견뎌 내며 하나님에 대한 믿음을 유지하려는 성도들에게 좌절감과 죄책감이나 안겨 주기 때문이다. 자신의 얄팍한 신앙을 자랑하는 목사들은 천국에 그들이 받을 상이 없다는 예수님의 경고를 귀담아들어야 한다. 사람들 보기에 의로울수록, 하늘에 계시는 아버지에게 인정받을 것이 없다.

이 말씀을 바탕으로 우리는 교회가 어려운 이웃들에게 베푸는 온정을 되돌아보아야 한다. 구제는 교회가 반드시 해야 하는 중요한 일이다. 그러나 악수하며 사진을 찍는 등 너무 요란스럽게 하는 것은 삼가야 한다. 하나님은 교회가 은밀하게 선을 행하는 것을 기뻐하신다. 마치 누룩이 아무도 눈치채지 못하게 온 반죽을 바꾸는 것처럼 말이다.

(3) 두 번째 권면: 기도(6:5-15)

'기도'는 이 섹션이 지적하는 세 가지 종교적 행위 중 가장 중요한 것이다. 사람의 영성이 어떠한지 기도를 통해 가장 쉽게 드러나기 때문이다. 또한 기도에 관한 본문이 산상 수훈에서도 가장 중앙에 있는 만큼 (cf. Osborne) 기도는 중요한 주제다.

메시아가 시작하신 하나님 나라의 백성은 어떻게 기도해야 하는가? 예수님은 먼저 건강하지 않은 기도 두 가지를 말씀하신다(5-8절). 이어 교회가 '주기도문'이라고 부르는 기도의 모델을 주시며 이렇게 기도하라고 하신다(9-13절). 그리고 하나님께 드리는 우리의 기도가 효과 있으려면 반드시 남이 우리에게 저지른 잘못을 용서해야 한다는 가르침으로 마무리하신다(14-15절). 본 텍스트는 다음과 같이 네 파트로 구분된다.

A. 위선적 기도(6:5-6)
B. 빈말을 반복하는 기도(6:7-8)
C. 모델: 주님의 기도(6:9-13)
D. 기도와 용서(6:14-15)

> II. 예수님의 사역 시작(3:1-7:29)
>   B. 디스코스 1(산상 수훈)(5:1-7:27)
>   4. 참된 경건과 거짓 경건(6:1-18)
>   (3) 두 번째 권면: 기도(6:5-15)

a. 위선적 기도(6:5-6)

⁵ 또 너희는 기도할 때에 외식하는 자와 같이 하지 말라 그들은 사람에게 보이려고 회당과 큰 거리 어귀에 서서 기도하기를 좋아하느니라 내가 진실로 너희에게 이르노니 그들은 자기 상을 이미 받았느니라 ⁶ 너는 기도할 때에 네 골방에 들어가 문을 닫고 은밀한 중에 계신 네 아버지께 기도하라 은밀한 중에 보시는 네 아버지께서 갚으시리라

예수님은 우리가 기도할 때 외식하는 자들(바리새인들과 율법학자들)처럼 기도하는 일이 없게 하라고 하신다. 유대인들은 서서 기도하고(삼상 1:26; cf. 막 11:25; 눅 18:11, 13), 앉아서 기도하고(삼하 7:18), 무릎 꿇고 기도하고(대하 6:13; 단 6:10; cf. 눅 22:41; 행 7:60; 9:40; 20:36; 21:5), 엎드려 기도하는(민 16:22; 수 5:14; 단 8:17; cf. 마 26:39; 계 11:16) 등 다양한 자세로 기도했다. 가장 흔한 기도 자세는 서서 하늘을 향해 손을 들고 드리는 기도였다. 심각하고 어려운 기도는 무릎을 꿇거나 엎드려서 기도했다. 바리새인들은 사람들의 눈에 잘 띄게 서서 하늘을 향해 손을 펴고 기도하는 자세를 즐겼다.

예수님은 기도 자세를 문제 삼으시는 것이 아니다. 기도를 드리는 마음 자세를 문제 삼으신다. 외식하는 사람들은 하나님이 그들의 기도를 들으시는가에 대해서는 별 관심이 없다. 그들의 가장 큰 관심은 기도하는 자신의 모습이 사람들에게 어떻게 보이는가 하는 것이다.

예수님은 그들이 사람들의 눈에 띄기 위해 회당과 큰 거리 어귀에서 기도한다고 하신다. 회당은 유대교 성도들이 신앙을 유지하는 데 매우 중요한 장소였다. 또한 회당은 기도의 집(house of prayer)으로 불리는 유

대인들의 기도 처소였다. 회당 지도자들이 성도들에게 기도 제목을 알려주고 그들의 기도를 부탁하는 일은 일상화되어 있었다.

유대인들은 성전에서 아침 예물을 드리는 셋째 시간과 저녁 예물로 하루를 마감하는 아홉째 시간에 기도했다(스 9:5; 단 9:21; 행 3:1). 다니엘 6:10을 근거로 정오에 세 번째 기도를 추가하기도 했다(cf. 시 55:17). 유대인들은 낮을 12시간으로, 밤도 12시간으로 나눴기 때문에 계절마다 각 시간의 길이가 일정하지 않았다. 여름에는 낮 시간이 길어지고, 겨울에는 밤 시간이 길어졌다. 그러나 어느 계절이든 낮 6시는 항상 정오였다.

거리는 눈에 쉽게 띄는 곳이다. 그러나 기도를 드리는 장소는 아니었으며 적합하지도 않았다. 그런데도 바리새인들은 거리에 서서 하늘을 향해 손을 펼치고 기도하는 것을 즐겼다(Boring). 사람들 앞에서 자기 영성을 과시하기 위해서였다. 예수님은 이렇게 기도하는 자들은 상을 이미 받았다고 하신다. 그들은 이미 원하는 것(사람들의 칭찬)을 받았으므로 하나님이 추가로 주실 것이 없다는 뜻이다.

예수님이 대중 앞에서 혹은 공공장소에서 기도하지 말라고 하시는가? 예수님도 사람들 앞에서 공개적으로 기도하신 것을 고려하면(14:19; 15:36) 공개석상에서 하는 기도를 금하시는 것은 아니다. 초대교회도 공개적으로 기도했다(행 1:24; 3:1; 4:24-30). 더 나아가 잠시 후에 시작될 주기도문에서 하나님을 '우리 아버지'라고 부르며 기도하라 하신다. 그러므로 공개석상에서 함께 기도하는 것 자체를 문제로 삼지는 않으신다. 하나님께 들어 달라고 기도하는 것이 아니라, 사람들 앞에서 자기를 드러내려고 기도하는 것을 문제 삼으신다. 공개적으로 하는 기도는 좋지만, 어떤 목적으로 하느냐가 문제가 된다.

그렇다면 어떻게 기도해야 하는가? 예수님은 제자들에게 골방에 들어가 문을 잠그고 은밀한 중에 계신 아버지께 기도하라고 하신다(6a절). 그 당시 유대인들의 가옥은 보통 3층으로 이루어져 있었다. 1층은 사람이 사는 곳이 아니라 가축들이 사는 헛간이었다. 2층은 가족이 사는 방이고, 보통 큰 방 하나였다. 3층은 곡식을 저장하거나 말리는 창고로 사용되었으며, 지붕이 평평했기 때문에 이곳에서 온 가족이 함께 시간을 보냈다. '골방'(τὸ ταμεῖόν)은 온 가족이 함께 쓰는 방(2층)의 한 코너에 있었으며 잡동사니를 넣어 두는 조그만 공간이었다.

어떻게 생각하면 골방은 온갖 것으로 채워져 있는 가장 경건하지 않은 공간이었다. 그러나 가장 사적인(private) 공간이기도 했다(Bruner). 사람들의 방해를 받지 않고 하나님과 가장 깊은 교제의 시간을 보낼 수 있는 곳이었다. 예수님은 집 안 가장 은밀한 곳에서 기도하면 은밀한 중에 계신 하나님이 들으시고 갚으실 것이라고 하신다(6b절). 우리 하나님은 은밀한 곳(보이지 않는 곳)에 계시는 은밀한(보이지 않는) 분이며, 성도들의 은밀한(아무도 없는 사적인 장소에서 드리는) 기도를 들으시고 갚으시는 분이다. 하나님은 이 땅에서 누릴 세상적인 축복과 하늘에서 받을 기쁨과 상으로 갚으실 것이다(Osborne).

성도가 은밀한 곳에서 드리는 기도는 사람들에게 호감을 얻으려는 의도가 전혀 없는 기도다. 이런 기도는 하나님과 소통하는 것을 가장 중요하게 생각한다. 조용한 곳에서 홀로 혹은 사람들 앞에서 큰 소리로 기도하기를 좋아하는 것은 우리의 영적 리트머스 테스트다. 사람들 앞에서 기도하기를 즐기는 것은 하나님과의 교제를 좋아하는 것이 아니라, 주님과 교제하는 것처럼 보이기를 좋아하는 것이다. 그러므로 이런 사람들에게는 영성이 중요한 것이 아니라, 사람들 사이에 영성이 깊은 사람으로 알려지는 것이 중요하다.

이 말씀은 우리가 누구에게 기도하는지 생각해 보라고 한다. 기도는 하나님께 하는 것이다. 주변 사람들에게 들으라고 하는 것이 아니다. 그럼에도 불구하고 우리 주변에는 명함과 이력서에 '40일 금식기도 몇 차례' 등을 경력으로 표기하고 다니는 사람들이 있다. 우리는 기도할 때 하나님이 들으신 것으로 만족해야 한다. 기도는 사람들에게 내세울 경력이 아니기 때문이다.

```
II. 예수님의 사역 시작(3:1-7:29)
  B. 디스코스 1(산상 수훈)(5:1-7:27)
    4. 참된 경건과 거짓 경건(6:1-18)
      (3) 두 번째 권면: 기도(6:5-15)
```

b. 빈말을 반복하는 기도(6:7-8)

⁷ 또 기도할 때에 이방인과 같이 중언부언하지 말라 그들은 말을 많이 하여야 들으실 줄 생각하느니라 ⁸ 그러므로 그들을 본받지 말라 구하기 전에 너희에게 있어야 할 것을 하나님 너희 아버지께서 아시느니라

앞에서 유대인들의 기도를 예로 든 예수님이 이번에는 이방인들의 기도를 예로 들며 기도할 때 이방인들처럼 중언부언하지 말라고 하신다(7a절). '중언부언하다'(βατταλογέω)가 어떤 정황에서 나온 단어인지 정확히 알 수는 없다. 이 단어는 구약을 헬라어로 번역한 칠십인역(LXX)이 한 번도 사용하지 않는 동사다. 신약에서도 이곳에 단 한 번만 사용한다. 그러므로 출처는 알 수 없지만, 전반적인 의미는 확실하다. 별 내용이나 의미 없이 계속 반복되는 기도나(Nolland), 생각 없이 같은 말을 수없이 반복하는 것이다(BAGD). 갈멜산 정상에서 엘리야와 싸우던 바알 선지자들이 아침부터 낮까지 "바알이여 우리에게 응답하소서"를 수없이 반복했던 것을 예로 들 수 있다(왕상 18:26). 바울이 에베소를 방문했을 때 그가 유대인인 줄 알고 에베소 사람들이 두 시간 동안이나 "크다 에베소 사람의 아데미여"를 반복적으로 외친 것도 이러한 행위에 속한다(행 19:34).

마술사들은 주문을 외울 때 도저히 알아들을 수 없는 괴상한 소리를 수없이 반복하며 마술을 부렸고(Blomberg), 이방 종교들은 같은 주문이

나 내용이 반복되는 기도를 하도록 가르쳤다(Carson). 또한 이방인들은
원하는 것을 기도할 때 같은 내용을 반복하면서 신들의 이름만 바꾸면
그 신 중 하나가 들어주리라 생각했다(Gundry). 예수님 시대 일부 유대
인들이 이러한 이방인들의 생각을 받아들였다. 그래서 하나님 역시 같
은 내용을 수없이 반복하면 기도를 들어주실 것으로 생각했다(7b절).

기도는 좋은 것이다. 그리고 예수님이 긴 기도를 반대하시는 것은
아니다. 예수님도 긴 시간 기도하셨다(눅 6:12). 악한 재판장과 과부 비
유(눅 18:1-8)를 통해 지속적으로 기도할 것을 가르치셨다. 단지 같은
내용을 계속 반복하거나 별 내용 없이 질질 끄는 기도를 반대하신다.
심지어 예수님도 겟세마네 동산에서 같은 기도를 반복하셨다(26:44).
즉, 기도의 길이(시간)가 길수록 더 효과적이라는 미신적인 생각을 문
제 삼으신다(Carson).

예수님은 중언부언하는 기도를 본받지 말라고 하신다(8a절). 하나님
과 이방 신들의 가장 기본적인 차이는 인격적인 보살핌의 유무다. 성
경은 하나님이 항상 우리를 돌보신다고 말한다(벧전 5:7). 하나님은 우
리를 사랑하시고 우리 기도를 들으시는 분이다(시 55:22; 사 30:19; 눅
11:9-13; 18:1-5; 롬 8:26-28; 계 6:9-11).

하나님은 우리가 구하기 전부터 이미 우리에게 있어야 할 것을 모두
아신다(8b절). 이 말씀은 이사야 65:24을 바탕으로 하며, 마태복음 6:32
에 다시 등장한다. 우리에게 있어야 할 것들을 이미 아시는 하나님께
매달린답시고 같은 내용을 수없이 반복하는 기도를 할 필요가 있을까?
그럴 시간이 있으면 남들을 위해 중보하는 기도를 드려야 한다.

또한 하나님이 귀먹어서 잘 듣지 못하시거나 우리가 하는 말에 집중
하지 못하시는 것이 아니라면 굳이 큰 소리로 같은 내용을 반복하며
기도할 필요도 없다. 주님이 우리에게 가르쳐 주신 주기도문(9-13절)
처럼 간단명료하면서도 심오한 기도가 좋은 기도다. 기도한다는 핑계
로 현실에서 도피하려 하지 말고, 기도하는 마음으로 일상을 살아내야

한다.

하나님을 예배하거나 성도들을 위해서가 아니라 자기 마음대로 하나님을 조정하려는 목적으로 기도하는 것은 옳지 않다. 그러므로 주변에 팽배한 '우리가 원하는 것을 얻어 내는 기도의 비법' 같은 유형의 기도회와 부흥회는 치졸하기 짝이 없으며 비성경적이다. 또한 같은 내용을 수없이 반복해 '질보다는 양으로' 승부하려는 기도 행태도 문제다.

사실 기도는 하나님의 계획이나 의지를 바꾸는 것이 목적이 아니다. 기도하면서 우리의 생각과 가치와 의지와 계획 등을 하나님의 말씀에 따라 바꿔 가는 것이 가장 큰 목적이 되어야 한다. 예수님도 겟세마네 동산에서 몇 번이나 하나님께 잔(죽음)을 옮겨 달라고 기도하셨지만, 결국 그분의 마음을 하나님의 뜻에 따라 정리하고 십자가로 나아가셨다. 기도는 이런 것이다.

이 말씀은 긴 기도가 반드시 좋은 것은 아니라고 가르쳐 준다. 오랜 시간 중언부언하고 횡설수설하는 기도보다 기도하고자 하는 것을 간결하게 요약해 기도하는 것이 바람직하다. 그러므로 기도하기 전에 미리 기도 제목을 정리하는 것도 좋다. 가장 좋은 기도는 하나님의 뜻에 따라 자신이 변화해 가는 기도다.

c. 모델: 주님의 기도(6:9-13)

⁹ 그러므로 너희는 이렇게 기도하라
하늘에 계신 우리 아버지여
이름이 거룩히 여김을 받으시오며

¹⁰ 나라가 임하시오며

뜻이 하늘에서 이루어진 것같이

땅에서도 이루어지이다

¹¹ 오늘 우리에게 일용할 양식을 주시옵고

¹² 우리가 우리에게 죄지은 자를

사하여 준 것같이

우리 죄를 사하여 주시옵고

¹³ 우리를 시험에 들게 하지 마시옵고

다만 악에서 구하시옵소서

(나라와 권세와 영광이

아버지께 영원히 있사옵나이다 아멘)

학자들 대부분은 요한복음 17장이야말로 '주기도문'(Lord's Prayer)이고 이곳에 기록된 기도는 '제자기도문'(The Disciple's Prayer)으로 불려야 한다고 주장한다(cf. Carson, Wilkins). 요한복음 17장은 예수님이 하나님 아버지께 하신 중보기도이고, 본문은 제자들에게 이렇게 기도하라며 가르쳐 주신 제자들을 위한 기도이기 때문이다. 그러나 '주기도문'을 '주님께서 가르쳐 주신 기도문'으로 이해하면 된다.

주기도문은 조금 더 짧은 버전으로 누가복음 11:2-4에도 등장한다. 그래서 어느 것이 오리지널인지 학자들 사이에 다소 논란이 있다. 대부분의 학자는 둘 다 다른 상황에서 가르치신 오리지널 기도문이라 한다(Carson, Morris, Tasker, Osborne, Wilkins). 주기도문의 여러 부분은 나머지 산상 수훈뿐 아니라 마태복음 전체에서 지속적으로 추가 설명이 되는 매우 중요한 기도 모델이다.

복음서에 기록된 예수님의 말씀 중 실제 예수님이 하신 말씀만 구분해 역사적 예수를 찾겠다고 한 예수 세미나(Jesus Seminar)의 황당함과 무용성을 가장 확실하게 보여 주는 것이 바로 주기도문이다. 그들은 이 장엄한 기도문에서 예수님이 실제로 한 말씀은 '아버지'(Father)뿐이라고 한다(Crossan, Funk et al.). 나머지는 모두 다른 사람들(마태, 마태 공동체 등)이 한 말이라고 주장한다. 그렇게 결론 지을 만한 증거가 있는가? 전혀 없다. 단지 그런 예감이 든다는 것뿐이다. 참으로 어이없고 소모적인 세미나다.

주기도문은 구약에서 유래를 찾아볼 수 없는 독특한 기도다. 다만 유대인들이 회당에서 설교가 끝날 때 드린 기도(Kaddish)와 어느 정도 유사한 점을 지니고 있다(cf. Baumgardt, Davies & Allison, Goulder, Jeremias). 초대교회는 주기도문을 매우 중요시 여겼으며 2세기 중반부터는 성도들이 매일 세 차례 드리는 기도가 되었다(Didache 8.3).

주기도문 해석에서 이슈가 되는 것은 이 기도문이 하나님 나라가 최종적으로 임할 때 실현될 종말론적인 기도인가(B. Brown, Jeremias), 혹은 우리의 일상(오늘 이 순간)에 관한 기도인가 하는 점이다. 만일 종말론적인 기도라면 이 기도문이 언급하는 내용은 모두 종말에 완성될 것들이다. 예를 들면 일용할 양식은 하늘의 양식 만나가 된다. 그러므로 우리는 미래를 꿈꾸며 희망 사항으로 이 기도를 드려야 한다.

반면에 우리의 일상을 위한 기도라면 기도문의 모든 내용이 우리 삶에서 실현되는 것들이다. 주기도문은 여섯 개의 간구(petition)로 이뤄져 있다. 처음 세 개는 하나님과 주님의 나라에 대한 것이며, 나머지 세 개는 우리 자신을 위한 간구다. 이를 두고 오즈번(Osborne)은 하나님과 하나님 나라에 대한 처음 세 간구는 종말에 최종적으로 완성될 기도이며, 우리 자신을 위한 기도는 현재에 이뤄질 것들이라고 한다. 윌킨스(Wilkins)는 하나님의 이름과 나라에 대한 위대한 테마를 구성하고 있는 처음 세 간구는 우리의 가까운 미래에 실현될 일이고, 일용할 양식과 죄 사함과 시험 등 사람이 일상에 필요한 것들은 우리의 삶에서 당장 실현될 것이라고 한다.

주님의 기도가 하나님에 대한 간구와 우리 자신을 위한 간구로 구분되는 것은 십계명을 연상케 한다. 십계명을 새긴 두 돌판 중 처음 것은 하나님과 사람에 대한 네 계명을 기록했고, 두 번째 돌판은 사람들의 관계에 대한 여섯 계명을 기록했다. 주님이 가르쳐 주신 기도도 이렇게 두 파트로 구분되어 있다.

앞에서 두 가지 잘못된 기도 사례를 지적하신 예수님은 좋은 대안을 제시하시며 이렇게 기도하라고 하신다(9절). 명령문을 사용하시지만, 이 말씀은 명령보다는 "이렇게 기도해 보지 않겠니?" 정도의 부드러운 권면 또는 초청이다(Wright).

하나님이 하늘에 계시는 것은 구약 곳곳에서 기록되어 있다(창 14:19; 24:3; 28:17; 신 4:39; 수 2:11 등). 하나님이 하늘에 계신다는 것은 하나님은 하늘의 모든 영광과 권능을 누리시는 분이라는 뜻이다. 땅에 사는 우리와 전혀 다른 하나님의 초월성(transcendence)과 주권을 강조한다.

예수님은 제자들에게 하늘에 계시는 하나님을 '우리 아버지'로 부르게 하신다(9b절). 예수님이 하나님을 아버지로 부르시는 것은 하나님의 아들로서 당연한 일이다(cf. 3:17). 그러나 제자들에게 하나님을 '우리 아버지'라고 부르게 하심으로써 하나님과 예수님의 아버지-아들 관계가 하나님과 제자들에게까지 연장되게 하신 것은 참으로 영광스러운 특권을 주신 것이다. '우리'라는 단어는 이 기도가 온 공동체를 위한 기도임을 암시한다.

구약은 백성에게 하나님이 정하신 곳에서만 예배하라고 했는데(신 12:3-5, 11), 예수님의 제자들은 어디서든 기도를 통해 하나님을 예배할 수 있게 되었다. 나중에 그들은 하나님과 예수님과 성령의 이름으로 세례를 행하게 된다(28:19). 예전에는 아예 부를 수 없었던 하나님의 이름을 부르고, 그 이름으로 세례를 행할 수 있는 특권이 그리스도인에게 주어진 것이다.

'아버지'(πατήρ)는 아람어 Abba를 헬라어로 표현한 것이며 친밀하고 따뜻한 관계를 묘사한다. 우리 말로 하면 '아빠' 정도이며, 성인 성도들의 종교적인 삶에서 이 단어가 의미하는 바는 매우 특별하다(Vermes). 그리스도를 통해 얻은 새 신분이 나이에 상관없이 아이가 아버지에게 '아빠'라고 부르며 달려가 안기는 것처럼 모두 하나님께 나아가 안기게 하기 때문이다.

예수님 이전에는 유대인들이 하나님을 이렇게 부른 적이 없었다 (NIDNTT). 유대인들은 하나님을 경외한다고 했지만, 사실 그들은 하나님을 참으로 어려워했다. 그러므로 하나님을 '아빠'라고 부르는 것은 아예 생각도 하지 못했다. 그들은 주로 하나님의 영광과 주권과 은혜 등을 요약하는 호칭(title, 엘샤다이 등)을 통해 하나님을 간접적으로 불렀다(Carson). 이러한 상황에서 하나님을 아버지라 부르는 것은 가히 파격적이라 할 수 있다. 하나님을 아버지로 부르는 일을 얼마나 특별하게 여겼으면 초대교회는 비기독교인이 주기도문을 낭송하거나 사용하는 것을 금지했다. 하나님을 아버지로 부르는 것은 기독교인에게만 주어진 특권이라고 생각했기 때문이다. 하나님이 하늘에 계신다는 것은 하늘의 모든 영광과 권능을 누리신다는 뜻이다. 그러므로 '하늘에 계시는 아버지'는 전지전능하신 하나님이다.

예수님이 가르쳐 주시는 여섯 가지 간구 중 첫 번째는 하나님의 이름이 거룩히 여김을 받으라는 간구다(9c절). 하나님의 거룩하심이 온 세상 모든 사람과 일어나는 일 가운데 드러나, 사람들이 하나님의 거룩을 매우 존귀하게 여기게 될 것을 뜻한다(Wilkins). 구약에서 이름은 그 이름을 지닌 사람의 성품과 능력을 표현하기도 하고, 심지어 일생을 요약하기도 한다. 이러한 맥락에서 하나님의 성호는 하나님에 대한 가장 중요한 계시다. 하나님의 이름은 주님이 어떤 분인지 알려 주는 계시의 집약이기 때문이다.

하나님의 이름은 예수님이 재림하실 때 최종적으로 존귀함을 받을 것이다. 이런 면에서 이 간구는 종말론적인 의미를 담고 있다. 그러나 주님이 다시 오시기 전까지 우리는 하나님의 이름이 우리가 하는 모든

일을 통해 드러나게 해야 한다. 어떻게 할 수 있을까? 이 첫 번째 간구
는 십계명 중 처음 세 가지 계명(출 20:3-7; 신 5:7-11)의 핵심이라 할 수
있는 만큼 이 세 가지 계명을 우리의 삶에 어떻게 적용할 것인지를 생
각하면 된다.

두 번째 간구인 '나라가 임하시오며'(10a절)는 종말에 이렇게 되기를
바란다는 의미다. 하나님의 나라에는 생명이 있다. 그러므로 하나님의
나라가 임하기를 기도하는 것은 주의 백성에게 구원을 이루시고 종말
론적인 축복을 그들 위에 내려 달라는 부르짖음이다(Carson). 이 세상이
속히 끝나고 영원한 하나님의 나라가 시작되기를 간절히 바라는 것은
모든 기독교인의 기도이고 우리의 진솔한 기도가 되어야 한다. 유대인
들도 하나님 나라를 갈망하지 않는 기도는 모두 잘못된 것이라고 했다
(Osborne).

제자들은 하나님 나라가 임하기를 기도할 때마다 그들 자신을 예수
님의 기도 습관에 맞추었으며, 하나님 나라가 속히 실현될 것을 기대
하는 예수님의 킹덤 무브먼트(Kingdom Movement)에 합류했다(Wright). 이
처럼 우리도 하나님 나라가 임하기를 기도할 때마다 예수님과 하나 되
어 하나님의 원대한 구속사(history of salvation)를 이루어 나가는 무브먼트
의 일부가 된다. 초대교회는 하나님 나라가 속히 임하기를 바라는 열
망을 담아 "우리 주여 오시옵소서"(Μαρὰν ἀθά)라고 외쳤다(고전 16:22;
cf. 계 22:20). '마라나타'는 아람어에서 온 말로, 의미를 번역하기보다는
소리 나는 대로 음역하는 것이 더 좋다(cf. 공동, NAS, KJV). 이는 기록에
남은 가장 오래된 기독교인들의 기도이며 주님이 속히 오실 것을 간절
히 바라는 염원이 담긴 한 소절이기 때문이다.

세 번째 간구는 하나님의 뜻이 하늘에서 이루어진 것 같이 땅에서도
이루어지기를 바라는 염원이다(10b-c절). '뜻'(τὸ θέλημά)은 하나님의 계
획(엡 1:11)과 갈망(눅 13:34)을 의미하기도 하지만, 이곳에서는 구약을
통해 표현된 하나님의 의지다(Wilkins). 예수님은 하나님의 뜻을 이루기

위해 이 땅에 오셨다. "나의 양식은 나를 보내신 이의 뜻을 행하며 그의 일을 온전히 이루는 이것이니라"(요 4:34). 그러므로 죽음 앞에서 참으로 괴로우셨지만, 끝까지 하나님의 뜻이 이루어지기를 기도하셨다. "내 아버지여 만일 할 만하시거든 이 잔을 내게서 지나가게 하옵소서 그러나 나의 원대로 마시옵고 아버지의 원대로 하옵소서"(26:39, 42).

이 간구는 종말과 현재를 아우르는 기도다. 이 세상이 새 하늘과 새 땅으로 변화하고 하나님의 나라가 임할 때 비로소 주님의 뜻이 완전하게 이루어질 것이다. 그때 모든 악한 권세들이 무너질 것이며(계 20:1-10), 세상은 완전히 새롭게 될 것이다(롬 8:18-25). 그러므로 이 말씀은 미래 지향적이다.

오늘 이 순간 우리가 최선을 다해 하나님의 말씀대로 살고자 할 때 주님의 선한 뜻이 조금씩 이루어진다. 그러므로 이 말씀은 하나님이 성도들의 삶에 임하셔서 뜻을 이루어 가시기를 염원하는 간구다. 우리는 하나님의 나라가 최종적으로 임할 때까지 막연히 기다릴 것이 아니라, 누구든 하나님의 뜻을 오늘 경험할 수 있다는 것을 보여 주는 살아 있는 증인들이 되어야 한다.

네 번째 간구부터 여섯 번째 간구는 이 순간 세상을 살아가는 우리 자신을 위한 간구다. 예수님은 네 번째 간구를 통해 하나님께 일용할 양식을 구하라고 하신다(11절). 지금부터는 기도의 주체가 제자들로 바뀌어 2인칭 단수로 기도했던 것(9-10절)이 1인칭 복수로 변한다.

'일용할'(ἐπιούσιον)은 주기도문에서만 한 차례 사용되는 단어라(누가의 주기도문에서는 11:3에 사용됨) 이 단어의 정확한 의미가 논쟁거리가 되었다(cf. Betz, Davies & Allison, Hagner, Morris, Strecker, Hagner). 학자들은 네 가지 가능성을 논한다. (1)생존을 위해 필요한 것, (2)오늘을 위해 필요한 것, (3)내일(다음날)을 위해 필요한 것, (4)앞으로 닥칠 날(종말)을 위해 필요한 것이다. 유대인들의 아침 기도는 그날 필요한 것을 구했고, 저녁 기도는 다음날(내일)의 필요를 채워 주실 것을 간구했다(Morris).

그러므로 2번과 3번의 의미가 가능성 있다(Osborne). 그러나 예수님이 "내일 일을 위하여 염려하지 말라 내일 일은 내일 염려할 것이요 한 날 괴로움은 그날에 족하니라"(6:34)라고 말씀하시는 것을 고려하면 2번이 다(Wilkins).

이 간구를 종말론적으로 해석하는 사람들은 '양식'(ἄρτον)을 하나님 이 내려 주실 만나로 해석하지만(Davies & Allison, Hagner, Jeremias), 이는 우리가 일상에서 필요한 양식뿐 아니라 모든 육체적-영적 필요를 상 징한다. 오늘 하루를 살면서 필요한 모든 것을 채워 달라는 간구다. 몇 주 분량의 식량을 쌓아 놓고, 은행에 어느 정도의 돈을 저축해 놓고 사 는 오늘날 사회에서는 별로 실감 나지 않는 기도다. 그러나 하루 벌어 서 하루 살았던 당시 사람들에게는 매우 중요한 요구다. 혹시라도 병 들어 눕게 되면 온 가족이 굶주리게 되기 때문이다. 예수님은 기도를 "이것도 주시고, 저것도 주시고 등등"으로 도배하는 사람들에게 한 번 더 생각하게 하신다. 과하게 구하지 말고, 딱 필요한 것만 구하라고 하 신다. 기도는 우리의 필요를 채우길 바라는 것이지 우리의 욕심을 채 우기 위한 것이 아니기 때문이다(Carson).

그날의 필요를 구하라는 이 간구가 미래를 위해 계획을 세우고 저축 하는 일과 상반되는가? 그렇지 않다. 예수님이 부모를 보살피지 않는 바리새인들의 모습을 비난하시는 것으로 보아 사랑하는 이를 위해 준 비하는 것은 좋은 일이다(막 7:5-13). 또한 재정적으로 미래를 준비하는 일이 현실적으로 불가능하다면 어쩔 수 없지만, 가능하다면 어느 정도 준비해 두는 것이 바람직하다. 성경은 미래를 위해 준비하지 않는 사 람은 개미에게 배워야 한다고 한다(cf. 잠 6:6-8; 30:25). 그러므로 예수 님은 미래에 대해 걱정하는 것을 문제 삼으시지 예비해 두는 것을 금 하지는 않으신다(Wilkins, cf. 살후 3:6-15; 딤전 5-6장).

다섯 번째 간구는 네 번째 물질적 필요에서 영적 필요로 바뀌고 있 다. 예수님은 하나님께 죄를 용서받기 원하는 만큼 남들이 우리에게 저지른 죄를 용서하라고 하신다(12절). '죄'(ὀφείλημα)는 상업적인 용어로 우리가 죄를 지을 때마다 하나님께 빚을 진다는 뜻이다(TDNT). 누가는 본문과 평행을 이루는 곳에서 죄를 뜻하는 일반적인 단어(ἁμαρτία)를 사용한다(눅 11:4).

마태복음은 지속적으로 용서의 중요성을 강조한다(9:5-6; 12:31-32; 18:21-35). 하나님께 용서받는 유일한 방법은 이웃이 우리에게 지은 죄를 용서해 주는 것이다. '사하다'(ἀφίημι)는 '놓아주다, 포기하다, 취소하다, 면제하다, 버리다, 용납하다' 등 다양한 의미를 지니고 있다(BAGD). 본문에서는 면제하거나 제거해 준다는 의미를 지닌다. 하나님께 죄를 용서받고 주님과 화해하고자 하는 사람은 공동체에 있는 사람들과 화해해야 한다.

우리가 하나님의 용서를 받으려면 성령의 도우심으로 마음에 변화가 일어나 먼저 이웃을 용서해야 한다. 우리가 하나님께 상처를 드린 것보다 이웃이 우리에게 상처를 준 것이 훨씬 적다. 그러므로 하나님께 저지른 죄가 얼마나 큰지 깨달으면 남들이 우리에게 저지른 죄가 지극히 작고 별것 아니라는 생각을 하게 된다. 반면에 남들이 우리에게 저지른 죄가 매우 크게 보인다면, 우리가 하나님께 저지른 죄를 최소화했다는 증거다(Stott).

여섯 번째 간구는 제자들이 당면하는 악의 세력과의 싸움에 대한 것이다. 예수님은 시험에 들지 않도록 보호하시고 악에서 구해 주시기를 기도하라고 하신다(13a-b절). 이 간구를 종말론적으로 간주하는 사람들은 종말에 있을 대재앙(Great Tribulation) 때 하나님의 변절(apostasy) 시험에 빠지지 않도록 해 달라는 말씀으로 해석한다(Davies & Allison, Jeremias). 종말이 임하기 직전에 있을 최종 시험에서 구해 주시기를 구하는 기도라는 것이다. 그러나 이 말씀은 우리 일상에 적용되는 말씀이며 우리 삶에 시험을 허락하지 마시라는 간구다(Cameron, Keener). 혹은 우리 삶에 시험이 있을 때 이겨낼 힘을 달라는 의미다(Blomberg,

Gundry).

'시험'(πειρασμός)은 테스트(text)와 유혹(temptation)을 뜻한다. 야고보서 1:13은 "하나님은 악에게 시험을 받지도 아니하시고 친히 아무도 시험하지 아니하시느니라"라고 말한다. 하나님은 우리를 유혹하지 않으신다는 의미다. 그러나 예수님이 광야에서 사탄에게 시험을 받았던 일(4:1-10)은 예수님이 성령을 통해 하나님께 테스트를 받고, 사탄에게 유혹을 받으신 일이라 한다. 예수님이 하나님의 테스트를 받으셨다면, 우리도 예외일 수 없다. 그러므로 시험에 들지 않게 해 달라는 기도는 하나님께 테스트를 받지 않게 해 달라는 호소이든지, 하나님이 주시는 테스트에서 유혹에 넘어가지 않게 보호해 달라는 간구다. 본문에서는 다음 행(b절)에 악에서 구해 달라는 구절이 나오는 점에서 하나님께 테스트를 받을 때 유혹에 넘어가지 않도록 보호해 달라는 것을 의미한다.

'악에서 구하소서'는 동전의 양면성처럼, '시험에 들게 하지 마시옵소서'의 다른 면이다(Wilkins). '악'(τοῦ πονηροῦ)은 형용사이기 때문에 '악한 자'로 번역하는 것이 더 좋다(Boring, Carson, Osborne, cf. NIV, NRS). '구하다'(ῥύομαι)는 '빼내다, 피하게 하다'라는 뜻을 지녔다(BAGD). 우리를 유혹하는 사탄의 권력에서 벗어날 수 있도록 도와 달라는 뜻이다. 스스로 사탄을 대적하기에는 우리 힘이 많이 약하기 때문이다.

개역개정이 괄호로 감싸고 있는 "나라와 권세와 영광이 아버지께 영원히 있사옵나이다"는 가장 오래되고 신뢰할 만한 사본들에는 없다. 누가복음의 주기도문 버전에도 없다(cf. 눅 11:2-4). 또한 초대교회 교부들의 주기도문 강론에도 없다. 그러므로 학자들은 이 말씀이 주기도문의 일부가 아니었다고 한다. 그렇다면 어떻게 해서 이 말씀이 여기에 들어오게 된 것인가? 초대교회는 다양한 축도(송영)를 제작해 사용했는데, 이 축도가 주기도문 전체를 가장 잘 요약하고 있기 때문에 이곳에 삽입되었다(Davies & Allison, Guelich, Hagner, Hill, Keener, Osborne). 역대상 29:11의 "여호와여 위대하심과 권능과 영광과 승리와 위엄이 다 주께

속하였사오니"라는 말씀을 근거로 이곳에 삽입한 것이라는 주장도 있다(Betz).

"나라와 권세와 영광이 아버지께 영원히 있사옵나이다"가 주기도문의 일부가 아니라면 우리가 주기도문을 낭송할 때 이 부분을 삭제해야 하는가? 개인적으로 그럴 필요는 없다고 생각한다. 주기도문 전체를 한 문장으로 잘 요약해 고백하고 있기 때문이다. 본문에 대해 설교하거나 성경 공부를 할 때 기회가 생기면 이 부분을 설명하면 된다. 사도신경도 성경에는 없지만, 교회에서 자주 사용하고 있지 않은가!

이 말씀은 우리가 어떻게, 무엇을 위해 기도해야 하는지 알려 주는 교본이다. 예수님이 직접 가르쳐 주신 것이다. 때로는 기도하고 싶은데 무엇을 기도해야 할지 별로 생각나는 것이 없을 때가 있다. 이럴 때는 주님이 가르쳐 주신 이 기도를 한 소절 한 소절 묵상하며 기도하는 것도 좋다.

II. 예수님의 사역 시작(3:1-7:29)
  B. 디스코스 1(산상 수훈)(5:1-7:27)
    4. 참된 경건과 거짓 경건(6:1-18)
      (3) 두 번째 권면: 기도(6:5-15)

d. 기도와 용서(6:14-15)

14 너희가 사람의 잘못을 용서하면 너희 하늘 아버지께서도 너희 잘못을 용서하시려니와 15 너희가 사람의 잘못을 용서하지 아니하면 너희 아버지께서도 너희 잘못을 용서하지 아니하시리라

이 말씀은 다섯 번째 간구(12절)를 재차 강조한다. 이번에는 문구의 순서를 바꿔 조건문장(conditional sentence)으로 변화시켜 용서의 필요성을 더욱더 강조한다. 용서는 공동체의 건강을 위해 가장 필요한 미덕이라 할 수 있다. 따라서 예수님은 하나님 나라를 지향하는 종말론적인 공동체가 주기도문으로 신앙을 고백할 권리는 그들이 얼마나 잘 화해하는가에 의해 결정된다고 하신다(Davies & Allison, cf. 시 66:18; 마 18:23-35; 막 11:25). 남을 용서하는 것은 하나님께 용서를 받았으므로 이 기도문을 낭송할 자격을 받았다는 증거이기 때문이다.

우리가 사람의 잘못을 용서하지 않으면 하나님도 우리를 용서하지 않으실 것이라는 경고(15절)는 무조건 당장 행하라는 절대적인 경고는 아니다(Osborne). 그렇게 할 수 있으면 좋겠지만, 받은 상처가 클수록 용서하는 데 더 많은 시간이 필요하다. 또한 용서는 억지로 할 수 있는 것이 아니다. 어느 정도 감정과 마음이 추슬러져야만 진정으로 용서할 수 있다. 그러므로 이 말씀은 아예 용서하려는 노력을 하지 않는 자들에 대한 경고다.

용서는 잘못을 저지른 사람에게 선을 베푸는 일이다. 또한 우리 자신을 분노와 원망의 굴레에서 해방시키는 일이기도 하다. 사람을 용서하지 않는 한 그에 대한 좋지 않은 감정에 붙잡혀 있기 때문이다. 그러므로 주님이 주신 자유를 마음껏 누리기 위해서라도 용서하는 것이 좋다.

이 말씀은 우리가 이웃을 용서하는 만큼 하나님이 우리를 용서하신다고 한다. 우리가 이웃을 용서하지 못하면, 하나님도 우리를 용서하지 않으실 것이다. 그러므로 우리가 하나님의 용서를 구하는 가장 좋은 방법은 이웃을 용서하는 것이다. 물론 쉽지 않고 오랜 시간이 걸릴 수도 있지만, 계속 용서할 수 있는 용기와 의지를 달라고 기도하다 보면 언젠가는 이웃을 용서하는 날이 올 것이다.

(4) 세 번째 권면: 금식(6:16-18)

¹⁶ 금식할 때에 너희는 외식하는 자들과 같이 슬픈 기색을 보이지 말라 그들은 금식하는 것을 사람에게 보이려고 얼굴을 흉하게 하느니라 내가 진실로 너희에게 이르노니 그들은 자기 상을 이미 받았느니라 ¹⁷ 너는 금식할 때에 머리에 기름을 바르고 얼굴을 씻으라 ¹⁸ 이는 금식하는 자로 사람에게 보이지 않고 오직 은밀한 중에 계신 네 아버지께 보이게 하려 함이라 은밀한 중에 보시는 네 아버지께서 갚으시리라

'금식할 때'(῞Οταν δὲ νηστεύητε)(16절)는 제자들도 금식할 것을 전제한다. 예수님은 제자들이 반드시 자선과 기도를 하길 기대하셨던 것처럼(3, 6절), 그들이 금식하는 것도 당연하게 여기신다. 세례 요한의 제자들이 몰려와 자신들과 바리새인들은 금식을 하는데, 왜 예수님의 제자들은 금식하지 않느냐고 묻자, 그들도 금식할 날이 올 것이라고 하셨다(9:14-15). 그러나 의무적으로 금식해야 한다는 말씀은 하신 적이 없다(Wilkins).

유대교에서 금식은 매우 중요한 종교 예식이었다. 율법이 요구하는 유일한 금식은 속죄일에 자신의 죄를 괴로워하며 하는 금식이었다(레 16:29-34; 23:27-32; 민 29:7). 세월이 흐르며 더 많은 날이 금식일로 추가되었으며(cf. 느 9:1; 슥 7:3-5; 8:19), 예수님 시대에 이르러서는 새해 첫날(Rosh HaShanah)과 바빌론 왕 느부갓네살이 주전 586년에 예루살렘을 함락시킨 일을 기념하는 아빕월 9일에도 금식했다. 바리새인들은 매주 월요일과 금요일에 금식했다(cf. 눅 18:12). 그들이 월요일과 금요일에 금식한 것은 모세가 이때 율법을 받기 위해 시내산에 올라갔다고 생각했기 때문이다. 그러므로 율법을 생명처럼 여기는 자신들도 경건

한 마음으로 모세가 하나님께 율법을 받을 때를 준비하는 마음으로 금식했다.

유대인들의 금식에는 여러 종류가 있었다. 첫째, 완전한 금식은 짧은 기간 물과 음식을 모두 끊는다. 짧은 시간 내에 하나님의 뜻과 인도하심을 분별하기 위해 하는 금식이다. 에스더가 아하수에로왕 앞에 나가기 전에 3일 동안 한 금식이다(에 4:16). 바울도 회심하면서 3일 동안 물과 음식을 먹지 않았다(행 9:9).

둘째, 일반 금식은 모든 음식을 멀리하고 오직 물만 마시며 하는 금식이다. 어떤 중요한 일을 준비할 때 이런 금식을 했다. 예수님은 사탄의 유혹을 이겨내고 사역을 시작하기 위해 사십 주야를 금식하셨다고 하는데(4:1-2), 아마도 이런 유형의 금식이었을 것이다. 사람이 물을 마시지 않으면 며칠 내로 죽기 때문이다.

셋째, 부분 금식은 모든 음식을 끊는 것이 아니라 일부 종류만 먹지 않는 금식이다. 다니엘은 3주 동안 좋은 떡과 고기와 포도주를 먹지 않고, 몸에 기름도 바르지 않는 금식을 했다(단 10:3). 일을 하면서 금식할 때 좋은 방법이다.

넷째, 공동체 금식은 온 공동체가 함께 모여 온종일 하는 금식이다. 속죄일에 한 금식이며(레 23:37), 이스라엘이 국가적 위기를 맞이했을 때 한 금식이다(대하 20:1-4). 때로는 하나님의 인도하심을 구하면서 공동체가 금식하기도 했다(스 8:21-23).

예수님은 외식하는 자들은 금식할 때 슬픈 기색을 한다며, 제자들에게 그렇게 하지 말라고 하신다(16절). '슬픈 기색'(σκυθρωπός)은 본문과 누가복음 24:17에 한 번 더 나오는 흔치 않은 단어다. 자신을 알리기 위해 남이 알아보지 못할 정도로 얼굴을 흉하게 한다는 의미의 모순어법(oxymoron)이거나(Davies & Allison, Gundry, Plummer), 자신이 행복하지 않다는 것을 보이기 위해 짓는 어두운 표정이다(BAGD). 아마도 얼굴을 씻지 않고, 면도도 하지 않는 등 지저분한 행색에 어두운 표정을 겸했을 것이다.

유대인들은 금식할 때 표정뿐 아니라 옷차림으로도 슬픔을 표시했다. 베옷을 입고, 재를 뒤집어쓰고, 옷을 찢기도 했다(cf. 시 35:13; 사 58:3). 이러한 행위는 죄에 대한 슬픔을 표현하거나(Banks, cf. 느 9:1-2; 시 35:13; 사 58:3; 단 9:2-20; 10:2-3; 행 9:9), 위기에 처한 사람이 하나님의 특별한 은총을 바라면서 자신을 낮출 때 취하는 모습이다(출 24:18; 삿 20:26; 삼하 1:12; 대하 20:3).

사람이 금식하는 이유는 하나님 앞에서 자신을 부인하거나, 낮추기 위해서다. 그러므로 금식에서 음식을 먹지 않는 것보다 더 중요한 것은 겸손히 자기를 낮추는 것이다. 하지만 위선자들은 금식하면서 자신을 낮추는 일에는 관심이 없다. 자신들이 금식하는 것을 알리려고 무던히 애를 쓸 뿐이다. 그들에게는 하나님의 관심을 끄는 것보다 사람들의 관심을 끄는 것이 중요하기 때문이다. 이런 사람들은 상을 이미 다 받았다(16절). 그들이 원하던 상은 사람들의 관심과 칭찬이기 때문이다. 구약도 위선적인 금식을 비난한다(사 58:3-7; 렘 14:12; 슥 7:5-6).

예수님은 제자들에게 올바른 금식에 대해 말씀하시면서 '너희'를 강조해 '너희의 금식은 달라야 한다'는 취지로 말씀하신다(17절). 머리에 기름을 바르고 얼굴을 씻어 사람들이 금식하는 것을 알지 못하게 해야 한다. 기름을 바르는 것과 얼굴을 씻는 것은 위생 관리를 위한 최소한의 몸단장이기도 하다.

예수님이 금식할 때 다른 사람이 모르게 하라고 하시는 것은 금식은 사람에게 보이기 위한 것이 아니라 오직 은밀한 중에 계신 하나님께 보이려고 하는 것이기 때문이다(18절). 우리의 금식을 지켜보는 이는 오직 한 분, 하나님이어야 한다. 이렇게 금식하면 하나님이 갚으실 것이다. 삶에서도 복을 누리지만, 천국에서도 받을 상이 있다는 뜻이다.

어떤 부흥사가 내민 명함에 '40일 금식 20회, 30일 금식 50회' 등 화려한 금식 이력이 적혀 있었다. 현시대는 자신을 '피 터지게 알리는 시대'라 해서 'PR시대'라고 하는 것은 알겠지만, 참으로 당혹스러웠다.
그 사람은 도대체 어떤 목적과 생각으로 그 많은 금식을 했을까? 남에
게 금식하는 티를 내지 말라는 예수님의 말씀은 그에게 아무런 교훈도
주지 못했을까? 금식이 실적(performance)이 될 때 금식이 추구하는 의
(righteousness)는 사라지고 만다는 사실을 기억해야 한다(Osborne).

이 말씀은 우리에게 금식하는 이유를 돌아보라고 한다. 만일 남이
알아주기를 바라며 금식하는 것이라면 차라리 하지 않는 것이 좋다고
한다. 가장 좋은 금식은 아무도 눈치채지 못하게 은밀하게 하는 것이
다. 그러므로 금식을 하더라도 주어진 일상을 성실하게 살아내면서 해
야 한다.

> II. 예수님의 사역 시작(3:1–7:29)
>   B. 디스코스 1(산상 수훈)(5:1–7:27)

5. 천국 시민의 삶에 대한 자세(6:19–34)

유대인들의 종교 행위 세 가지(자선, 기도, 금식)가 지닌 문제점들을 교
정하신 예수님이 이제 인간의 삶에서 가장 중요한 이슈에 관해 말씀하
신다. 바로 재물에 대한 가르침이다. 재물을 이 땅에 쌓으려 하지 말
고 하늘에 쌓으라고 하신다. 또한 재물을 하늘에 쌓아 두고 이 땅의 삶
에 대해 걱정하지 말라고 하신다. 하나님이 모든 필요를 채우실 것이
기 때문이다. 그러므로 우리는 마음을 다해 오직 하나님의 나라와 의
를 구하며 살아야 한다고 하신다. 본 텍스트는 다음과 같이 두 파트로
구분된다.

 A. 비유를 통한 권면(6:19–24)
 B. 근심과 걱정(6:25–34)

II. 예수님의 사역 시작(3:1-7:29)
  B. 디스코스 1(산상 수훈)(5:1-7:27)
    5. 천국 시민의 삶에 대한 자세(6:19-34)

(1) 비유를 통한 권면(6:19-24)

본문은 가치관에 관한 말씀이다. 주의 자녀들은 재물을 이 땅에 쌓는 것이 아니라 하늘에 쌓아야 한다(19-21절). 사람은 하나님과 돈을 둘 다 섬길 수 없기 때문이다(24절). 본문 중간에 등장하는 눈은 몸의 등불이라는 가르침(22-23절)이 흐름과 잘 어울리지 않는다고 생각할 수 있다. 하지만 눈은 분별력을 상징하기 때문에 재물을 어디에 쌓을 것인가 잘 판단하라는 의미에서 이곳에 등장하는 듯하다. 이 섹션은 다음과 같이 세분화된다.

A. 보배(6:19-21)

B. 빛(6:22-23)

C. 선택(6:24)

II. 예수님의 사역 시작(3:1-7:29)
  B. 디스코스 1(산상 수훈)(5:1-7:27)
    5. 천국 시민의 삶에 대한 자세(6:19-34)
      (1) 비유를 통한 권면(6:19-24)

a. 보배(6:19-21)

[19] 너희를 위하여 보물을 땅에 쌓아 두지 말라 거기는 좀과 동록이 해하며 도둑이 구멍을 뚫고 도둑질하느니라 [20] 오직 너희를 위하여 보물을 하늘에 쌓아 두라 거기는 좀이나 동록이 해하지 못하며 도둑이 구멍을 뚫지도 못하고 도둑질도 못 하느니라 [21] 네 보물 있는 그곳에는 네 마음도 있느니라

309

'보물'(θησαυρός)은 '쌓다'(θησαυρίζω)와 어원이 같다(cf. BAGD). 무엇이든 계속 쌓다 보면 그 사람의 보물이 되기 쉽다. 관심이 있어서 쌓는 것이고, 계속 쌓다 보면 어느 순간 관심이 집착이 되기 때문이다. 예수님은 보물을 땅에 '쌓아 두지 말라'(Μὴ θησαυρίζετε)고 하시는데 하던 일을 멈추라는 뜻이다(Carson, cf. 25절). 주님은 제자들에게 이때까지 살던 방식을 바꿔 세상 사람들과 다르게 살라고 권면하신다.

땅에 쌓아 두는 보물은 좀, 동록, 도둑 등 세 가지 이유로 오래가지 못한다(19b절). '좀'(σής)은 옷을 삭게 한다. 사람이 쌓아 두는 보물 중 옷 종류가 있다. '동록'(βρῶσις)의 원 의미는 '먹어 해치움'이라는 뜻이며, 곡식과 광물질과 이빨 등의 파괴와 훼손에 대한 가장 보편적인 단어다(BAGD). 도둑이 구멍을 뚫는 것은 그 당시 대부분 흙벽돌을 쌓아 지은 집에 벽돌을 몇 개 뜯어내고 집 안으로 침투하는 이미지다. 좀과 동록이 파괴하지 못한 것은 도둑들의 몫이 된다.

야고보서는 하나님의 나라를 기업으로 받을 사람들이 세상에 부를 쌓는 것은 근시안적인 행위라고 비판한다. "너희 재물은 썩었고 너희 옷은 좀먹었으며 너희 금과 은은 녹이 슬었으니 이 녹이 너희에게 증거가 되며 불같이 너희 살을 먹으리라 너희가 말세에 재물을 쌓았도다"(약 5:2-3). 이러한 경고에도 불구하고 그리스도인들이 부를 쌓으려고 하는 것은 부가 거짓 평안(security)을 주기 때문이다. 돈이 많으면 영원히 행복할 것 같고, 평생을 안전하고 편안하게 살 수 있을 것 같다. 예수님은 이런 생각이 잘못되었다는 것을 보여 줄 만한 변수가 너무나 많다며 이 세 가지를 예로 드셨다. 또한 우리는 "돈을 사랑함이 일만 악의 뿌리가 되나니 이것을 탐내는 자들은 미혹을 받아 믿음에서 떠나 많은 근심으로써 자기를 찔렀도다"(딤전 6:10)라는 말씀을 깊이 묵상해 보아야 한다.

예수님은 부가 전적으로 나쁘다고 말씀하시는 것이 아니다. 성경은 가족과 친척들을 부양하려면 돈이 필요하다는 것을 인정한다(cf. 딤전

5:8). 또한 사람이 어느 정도 미래를 위해 부를 쌓아 두는 것도 지혜다 (잠 6:6-8). 우리가 누리는 부유함 역시 하나님이 주신 선한 것이기 때문에 즐겨도 된다(딤전 4:3-4; 6:17). 예수님은 부를 쌓아 예비하는 것을 금하시는 것이 아니라 물질주의자가 되어 항상 욕심을 부리는 것을 금하신다(Stott).

땅에 보물을 쌓지 말라고 하신 예수님은 우리의 보물을 하늘에 쌓아 두라고 하신다(20절). 하늘에 쌓아 두면 세상에 쌓은 부를 파괴하는 좀과 동록과 도둑이 어떠한 해도 끼칠 수 없다. 우리는 어떻게 하늘에 부를 쌓을 수 있는가? 앞에서 구제와 기도와 금식 등 세 가지를 은밀하게 행하면 하늘나라에 우리가 받을 상이 쌓인다고 하셨다. 더 나아가 하나님 나라를 이 땅에 더 굳건하게 세우기 위해 선교와 전도에 시간과 돈을 아끼지 않는 것도 하나님 나라에 부를 쌓는 일이다. 바울은 하나님 나라를 위해 사용하는 모든 금과 은은 마지막 날 반드시 보상을 받을 것이라고 한다(고전 3:12-15). 그리스도의 고난에 동참하는 것도 하늘에 부를 쌓는 일이다. 그러므로 하늘에 부를 쌓는 이 모든 행위는 우리가 이 땅에서 서로를 대할 때 기준이 되어야 하는 황금 법칙(7:12)을 향해 가고 있다(Boring).

예수님이 하늘에 보물을 쌓으라고 하시는 이유는 우리의 보물이 있는 곳에 마음도 있기 때문이다(21절). '마음'(καρδία)은 사람의 인격과 판단과 의지의 중심이 되는 장기다(BAGD). 그러므로 마음은 사람이 가장 중요하다고 생각하는 가치가 무엇인지 엿보게 한다. 사람은 자신이 보물로 여기는 것을 얻고 강화하기 위해 산다. 그러므로 우리가 부를 하늘에 쌓으면 우리 삶은 항상 하늘을 향해 있을 것이다(Plummer).

이 말씀은 재물도 중요하지만, 더 중요한 것은 마음이라고 한다(cf. 5:28; 15:18-19). 우리가 가장 중요하다고 생각하는 것이 우리 마음을 가득 채운다. 재물은 모으는 것이 아니라 쓰는 것이 더 중요하다. 우리가 하나님의 나라를 위해 거룩하고 지혜롭게 재물을 사용하면, 우리의

311

삶과 마음은 하늘나라와 하나님의 임재로 가득하게 된다. 따라서 재물을 하늘에 쌓을 때 우리가 이 땅뿐 아니라 하늘에서 누릴 가장 큰 상은 바로 하나님이다.

또한 이 말씀은 우리 주변에 도사리고 있는 위선적인 물질관을 정리하라고 한다. 그리스도인들의 가장 큰 문제는 세상에 부를 쌓으면서도 아닌 척하거나, 하늘에 쌓는 것처럼 착각하는 것이다(cf. France). 교회와 목사도 예외는 아니다. 자식에게 물려줄 생각 말고, 오늘 이 순간 하나님 나라를 위해 아낌없이 투자하자. 하늘에서 우리를 기다리는 상이 크다.

```
II. 예수님의 사역 시작(3:1-7:29)
  B. 디스코스 1(산상 수훈)(5:1-7:27)
    5. 천국 시민의 삶에 대한 자세(6:19-34)
      (1) 비유를 통한 권면(6:19-24)
```

b. 빛(6:22-23)

22 눈은 몸의 등불이니 그러므로 네 눈이 성하면 온몸이 밝을 것이요 23 눈이 나쁘면 온몸이 어두울 것이니 그러므로 네게 있는 빛이 어두우면 그 어둠이 얼마나 더하겠느냐

재물(19-21절)과 재물(24절)에 대한 가르침 사이에 눈에 대한 가르침이 등장하는 것이 문맥에 잘 어울리지는 않는다. 그러나 하늘나라에 재물을 쌓고, 하나님과 돈 중 하나를 선택하려면 마음이 가장 중요하다. 마음은 보는 것을 통해 영향을 받기 때문에 사람의 눈에 대한 은유가 이곳에 나오는 것이 문제가 되지는 않는다. 예수님은 지혜롭게 사리 판단을 해 하늘에 재물을 쌓으라고 권면하신다.

학자들은 눈을 등으로 표현하는 이 은유를 매우 혼란스러워한다. 그래서 어떤 사람들은 이 은유가 복음서에서 가장 해석하기 어려운 말씀이라고 한다(Betz). 그러나 '눈은 몸의 등불'('Ὁ λύχνος τοῦ σώματός ἐστιν ὁ ὀφθαλμός)이라는 말을 '눈은 마음을 밝히는 등불'로 해석해 눈이 사람의 지정의(知情意)를 결정하는 마음에 가장 큰 영향을 끼치는 장기라는 의미로 해석하면 별문제 없다. 심지어 눈과 마음은 같은 의미를 지녔다고 하는 이들도 있다(Carson). 그러므로 이 말씀은 신체적인 의미를 지닌 것이 아니라 윤리적인 의미를 지닌 비유다. 눈은 마음을 통해 온몸을 밝히는 것으로(cf. Allison), 곧 사람의 생각과 행동에 큰 영향을 끼친다.

본문에 나오는 '성한 눈'에서 '성한'(ἁπλοῦς)은 신체적인 의미가 아니라 도덕적인 의미를 지닌 개념이다. '한 가지 목표를 지닌, 하나님께 온전히 헌신된'이라는 의미를 지녔으며(Hagner, Wilkins, cf. Betz), 사람들을 자비롭게 대하는 것을 말한다(Carson). 예수님은 앞에서 말씀하신 것처럼 어려운 사람들을 도와 재물을 하늘에 쌓으라고 하신다. 그렇게 하면 온몸이 밝을 것이다. 성경에서 빛은 생명과 주님 안에 거하는 것을 상징한다. 선을 베풀면 도움을 받은 사람들이 살고, 우리는 하나님 안에 거하는 이중적인 복이 임한다.

반대로 눈이 나쁘면 온몸이 어두울 것이다(23절). 본문의 '나쁜 눈'에서 '나쁜'(πονηρὸς)은 악의적인 의도를 가진 것을 뜻하며, 자기 잇속이나 채우려는 욕심을 말한다(Davies & Allison, cf. 20:15). 이웃들에게 선을 행하며 살지 않으면 삶이 불행해지고 비참해진다는 경고다(cf. 요 3:19-20).

사람들은 모두 남보다 행복해지려고 자기중심적으로 살며 자신에게 투자하지만, 정작 결과는 그렇지 않다. 안목이 세상의 보배에 쏠려 있으면 마음은 어두움으로 가득하게 된다(Hagner). 세상에 쌓는 보배는 모두 썩어 없어지기 때문이다. 오히려 불행한 이웃을 돕고 하나님 나라를 위해 투자하는 안목을 가진 이들(눈이 성한 사람들)이 훨씬 더 밝고 행복한 삶을 산다. 하늘에 쌓는 보배는 절대 사라지지 않으며, 하나님이 하늘에 보배를 쌓는 사람들을 축복하시기 때문이다.

313

이 말씀은 도덕적이고 이웃을 배려하는 삶을 살 것을 권면한다. 우리가 도덕적이고 배려하는 삶을 살 때 이웃들의 삶이 밝아질 뿐 아니라 우리의 삶도 밝아진다. 우리는 빛이신 하나님의 자녀답게 어두운 세상을 밝히는 빛으로 살아야 한다.

```
II. 예수님의 사역 시작(3:1-7:29)
  B. 디스코스 1(산상 수훈)(5:1-7:27)
    5. 천국 시민의 삶에 대한 자세(6:19-34)
      (1) 비유를 통한 권면(6:19-24)
```

c. 선택(6:24)

24 한 사람이 두 주인을 섬기지 못할 것이니 혹 이를 미워하고 저를 사랑하거나 혹 이를 중히 여기고 저를 경히 여김이라 너희가 하나님과 재물을 겸하여 섬기지 못하느니라

하늘에 쌓은 보배와 세상에 쌓은 보배(19-21절) 그리고 성한 눈과 나쁜 눈(22-23)에 대한 가르침이 두 주인(하나님과 재물) 중 하나를 선택하라는 이 말씀을 통해 절정에 치닫고 있다. '주인'(κύριος)은 매우 포괄적인 용어로 스승-제자 관계도 포함한다. '섬기다'(δουλεύω)는 고용인-고용주 관계가 아니라 노예-주인 관계를 뜻한다. 고용인은 두 고용주를 위해 일할 수 있지만, 노예는 오직 한 주인만 섬길 수 있다. 그러므로 종은 오직 주인만 섬겨야 하며, 만일 그렇지 않으면 섬김이 아니다(Tasker).

예수님은 제자들에게 하나님과 재물을 겸해 섬길 수 없다고 말씀하신다. 종이 한 주인을 중히 여기면 다른 주인은 경히 여기는 것이 인지상정이다. 그러므로 결국 한 주인을 사랑하고, 다른 주인을 미워한다. 여기서 사랑과 미움은 감정이 아니라, 선택이다(Boring, Luz).

'재물'(μαμωνᾷ)은 부를 뜻하는 아람어 단어(māmônā)를 소리 나는 대로 표기한 것이다. 재물은 하나님과 경쟁하는 주인이라는 뜻이다. 예수님이 재물을 의인화하는 것은 재물이 가진 인간을 지배하는 힘이 매우 강하다는 뜻이다. 하나님과 맘몬(재물)의 가장 기본적인 차이는 맘몬은 우리의 섬김을 요구하고, 하나님은 우리에게 남을 섬기라고 하신다는 것이다. 믿는 사람들이 기억해야 할 것은 재물을 하나님보다, 혹은 하나님과 동등하게 소중히 여기는 것은 우상 숭배라는 사실이다.

이 말씀은 우리 삶에서 하나님과 가장 치열하게 경쟁하는 것은 우상이 아니라 돈(재물)이라고 한다. 경건한 재물관이 세워지지 않으면 하나님을 온전히 섬길 수 없다. 하나님을 섬기는 데 재물을 사용함으로써 재물이 하나님께 복종하게끔 해야 한다.

Ⅱ. 예수님의 사역 시작(3:1-7:29)
 B. 디스코스 1(산상 수훈)(5:1-7:27)
  5. 천국 시민의 삶에 대한 자세(6:19-34)

---

(2) 근심과 걱정(6:25-34)

예수님은 재물을 이 땅에 쌓지 말고 하늘에 쌓으라고 하셨다(19-21절). 또한 재물의 노예가 되지 말고 하나님을 주인으로 섬기라고 하셨다(24절). 당장 내일 먹을 양식이 어디서 올지 모르는 사람들이 따르기에는 참으로 어려운 말씀이다. 예수님은 이 섹션에서 우리의 필요를 채우시는 하나님에 대한 믿음을 가지라 하신다. 이 섹션은 다음과 같이 세 파트로 구분된다.

A. 원칙(6:25)
B. 의식주(6:26-32)
C. 핵심적 권면(6:33-34)

II. 예수님의 사역 시작(3:1-7:29)
    B. 디스코스 1(산상 수훈)(5:1-7:27)
        5. 천국 시민의 삶에 대한 자세(6:19-34)
            (2) 근심과 걱정(6:25-34)

a. 원칙(6:25)

²⁵ 그러므로 내가 너희에게 이르노니 목숨을 위하여 무엇을 먹을까 무엇을
마실까 몸을 위하여 무엇을 입을까 염려하지 말라 목숨이 음식보다 중하지
아니하며 몸이 의복보다 중하지 아니하냐

'그러므로'(διά τοῦτο)는 예수님이 지금까지 보물과 선택에 관해 말씀
하신 19-24절을 근거로 하는 이치를 재차 확인하심을 암시한다. '목
숨'(ψυχή)은 생명을 뜻하며, 생명을 유지하기 위해서는 먹을 것과 마실
것이 필요하다. '몸'(σῶμα)은 사람의 신체를 뜻하며, 몸을 위해 필요한
것은 입을 것(의복)이다. '염려하다'(μεριμνάω)는 25-34절에서 여섯 차례
나 사용되는 이 섹션의 중심 용어로, 정신적으로 불안해한다는 뜻이다
(TDNT). 이 불안감은 사람이 자신의 필요를 채우기 위해 열심히 노력
하게 한다(Guelich). 사람은 자신도 모르게 어느덧 불안의 노예가 된다.
    세상은 하나님을 의지하지 않는 사람에게 수많은 걱정거리를 안겨
준다. 그래서 어떤 때는 하나님을 믿지 않는 사람들이 참으로 용감하
다는 생각이 든다. 주님을 온전히 믿는 사람이라고 해서 걱정이 전혀
없는 것은 아니다. 그러나 믿지 않는 사람들의 걱정거리에 비하면 별
것 아니라는 생각이 든다.
    "목숨이 음식보다 중하지 아니하며 몸이 의복보다 중하지 아니하냐"
는 수사학적인 질문이다. 수사학적인 질문은 뻔한 답을 요구하기보다
어떤 진리를 강조할 때 사용된다. 그러므로 예수님의 질문은 "목숨이
음식보다 중하고, 몸이 의복보다 중하다"라는 진리를 강조한다. 구약
에서는 선지자들이 수사학적인 질문의 대가들이다.

하나님이 우리에게 참으로 소중한 생명과 몸을 주셨으므로 목숨과 몸을 유지하는 데 필요한 작은 것들(음식, 물, 의복)도 당연히 주실 것이라는 논리다. 만일 우리가 하나님을 주인으로 섬기고 하늘에 보배 쌓는 일만 한다면 우리의 개인적 필요는 어떻게 될 것인가? 예수님은 우리가 하나님을 섬기는 한, 하나님이 우리를 섬겨 우리의 필요를 채우실 것이라고 하신다! 하나님이 우리를 섬기신다! 생각만 해도 참으로 황송하다.

이 말씀은 가난한 사람이라도 먹고 마시고 입는 것에 노예가 되지 않고 살 수 있다는 소망을 준다. 우리에게 목숨과 몸을 주신 하나님이 우리의 필요를 모두 채워 주시니 누구든 이런 것들을 염려하지 않고 하나님 나라와 그의 의를 구하는 심적 여유를 가질 수 있다. 현실은 언제나 어렵다. 현실의 어려움에 위축되지 말고 더 크고 고귀한 하나님 나라를 마음에 품고 살자.

b. 의식주(6:26-32)

[26] 공중의 새를 보라 심지도 않고 거두지도 않고 창고에 모아들이지도 아니하되 너희 하늘 아버지께서 기르시나니 너희는 이것들보다 귀하지 아니하냐 [27] 너희 중에 누가 염려함으로 그 키를 한 자라도 더할 수 있겠느냐 [28] 또 너희가 어찌 의복을 위하여 염려하느냐 들의 백합화가 어떻게 자라는가 생각하여 보라 수고도 아니하고 길쌈도 아니 하느니라 [29] 그러나 내가 너희에게 말하노니 솔로몬의 모든 영광으로도 입은 것이 이 꽃 하나만 같지 못하였느니라 [30] 오늘 있다가 내일 아궁이에 던져지는 들풀도 하나님이 이렇게 입히

시거든 하물며 너희일까 보냐 믿음이 작은 자들아 ³¹ 그러므로 염려하여 이르기를 무엇을 먹을까 무엇을 마실까 무엇을 입을까 하지 말라 ³² 이는 다 이방인들이 구하는 것이라 너희 하늘 아버지께서 이 모든 것이 너희에게 있어야 할 줄을 아시느니라

하나님이 채워 주실 것이므로 삶에 필요한 것들에 대해 걱정하지 말라고 하신(cf. 25절) 예수님이 말씀을 이어가신다. 이번에는 세 가지 예와 수사학적인 질문을 사용해 하늘에 계신 하나님이 우리의 모든 필요를 채우신다는 사실을 재차 확인하신다.

하나님이 우리의 모든 필요를 채우실 것이라는 믿음을 주는 첫 번째 예는 새들이다(26절). 누가복음은 본문에 나오는 정체를 알 수 없는 '새들'(τὰ πετεινὰ) 대신 부정한 새로 알려진 '까마귀들'(τοὺς κόρακας)로 표기했다(눅 12:24). 누가복음이 예수님이 강조하시는 포인트를 더 잘 살리는 면이 있지만, '하늘을 나는 이름 모를 새들'을 뜻하는 본문도 잠시 후에 언급될 '들에 핀 이름 모를 꽃들'과 쌍을 이루며 예수님이 제자들에게 주시고자 하는 교훈을 잘 전달한다. 하나님은 우리가 이름조차 기억하지 못하는 새들과 들꽃들을 하나하나 헤아리시고, 그것들을 보살피고 먹이신다.

'보라'(ἐμβλέψατε)는 생각하라는 뜻이다. 새들은 심지도 않고, 거두지도 않고, 창고에 모아들이지도 않지만 '생육하고 번성'한다. 새들은 인간이 생존하기 위해 하는 모든 일(심기, 거두기, 모으기)을 하지 않고도 부족함 없이 산다. 하나님이 기르시기 때문이다. 새들도 본능적으로 창조주 하나님을 신뢰하는데, 하나님의 보호와 인도하심을 훨씬 더 많이 받는 사람은 어떨지 생각하게 하는 것이 이 말씀의 핵심이다. "너희는 이것들보다 귀하지 아니하냐?"(26절). 하나님이 새들도 먹이시는데, 창조의 절정인 우리는 얼마나 더 애지중지 보호하시겠는가! 시편 8:3은 "사람이 무엇이기에 주께서 그를 생각하시며 인자가 무엇이기에 주께서 그를 돌보시나이까"라고 시작해 8절까지 온 세상을 보호하고 모든 피조물을 사람의 발아래 두신 하나님의 놀라운 은총을 노래한다. 걱정이 앞설 때 반드시 묵상해야 할 말씀이다.

하나님의 보호를 받는 새들도 생존을 위해 열심히 일한다(cf. 잠 6:6-8). 예수님은 우리에게 일하지 말라고 하지 않으신다. 삶에 성실하게 임하고 최선을 다하면 하나님도 책임을 다해 우리를 보호하실 것이라고 하신다. 새들은 하나님의 보살핌을 받으며 별문제 없이 삶을 즐긴다. 그러나 하나님의 모양과 형상대로 창조된 인간은 불만과 걱정으로 충만하다! 그러므로 걱정하는 것은 자연의 이치에서 배우지 못한다는 뜻이다(Carson, cf. 롬 1:20).

예수님은 두 번째 예를 들기 전에 걱정의 무익함에 관해 말씀하신다(27절). 사람이 아무리 걱정해도 자기 키를 늘릴 수는 없다고 하신다. '자'(πῆχυς)는 구약의 '규빗'이며, 성인의 팔꿈치에서 손가락 끝까지의 길이다. 보통 45cm로 계산한다. 일부 번역본이 '키'(cf. 눅 2:52; 19:3)로 번역한 단어(ἡλικία)는 '나이, 시간'을 뜻하기도 한다(BAGD, cf. 요 9:21, 23; 히 11:11). 훨씬 더 많은 사람이 키를 더하는 것보다 수명 연장하기를 바란다는 것을 고려할 때(cf. Betz, Davies & Allison), 본문에서는 수명에 시간을 더하는 것으로 해석해야 한다(NIV, NRS, ESV, NIRV). 재미있는 모순은 걱정을 많이 할수록 오래 사는 것이 아니라, 일찍 죽는다는 사실이다!

먹을 것을 걱정하지 말라고 하신 예수님이 두 번째로 드시는 예는 입을 것이다(28절, cf. 25절). '백합화'(κρίνον)는 이름 모를 들꽃을 뜻한다(NIV, NIRV). 이른 봄에 갈릴리 호수 주변 언덕에 만발하는 붉고 노란 아네모네와 파란 붓꽃을 연상케 한다(cf. ABD, BAGD). 당시 이런 색은 염료가 비싸서 부자들만 누릴 수 있었다. 들꽃은 수고도 않고 길쌈도 하지 않으면서 이처럼 화려한 옷을 입는다. '길쌈하다'(νήθω)는 옷을 만들기 위해 물레를 돌리는 일이다. 들에 핀 꽃과 길쌈은 서로 상호보완적 이미지를 형성하고 있다. 남자들은 들에 나가서 거두고, 여자들은 남자들이 거두어들인 것을 집에서 길쌈한다(Guelich, Strecker).

예수님은 세상에서 가장 부유하게 살았던 솔로몬마저 이름 모를 들꽃이 입은 옷에 버금가는 옷을 입지 못했다고 하신다(29절). 솔로몬의 부유함은 상상을 초월했다(왕상 4:20-34; 7:1-51; 10:14-29; 대하 9:13-28). 오늘날로 말하면 재벌 중에 재벌이었으며, 그가 입은 옷의 화려함은 유대인들에게 전설이 되었다(Josephus). 그러나 솔로몬의 화려한 옷도 들에 핀 한 송이 꽃의 화려함에 비하면 초라하고 흐릿했다. 온 들판을 수놓은 수많은 꽃의 화려함을 생각하면 더욱더 그러했다.

예수님은 하나님이 창조하시는 아름다움은 가장 큰 부자도 흉내 낼 수 없다고 하신다. 그러므로 우리는 하나님이 주시는 옷을 입어야 한다. 이 말씀도 사람에게 일하지 말라고 하는 것이 아니라, 열심히 일하되 자신을 의지하지 말고 하나님을 의지하며 주님이 주시는 힘으로 살아가라는 뜻이다(cf. 약 4:13-17).

예수님은 하나님을 '오늘 있다가 내일 아궁이에 던져지는 들풀'도 입히시는 분이라고 하신다(30절). '들풀'(τὸν χόρτον τοῦ ἀγροῦ)이 들꽃(백합화)을 대신한다. 구약에서 풀은 덧없음(transience)과 순식간에 바뀌는 운명을 상징한다(시 37:2; 102:4, 11; 129:6; 사 40:6-8). 즉, 예수님은 하나님이 아주 짧은 생을 마감하고 연료가 되어 아궁이에 던져지는 들풀도 입히는데, 하물며 사람은 더욱더 잘 입히지 않으시겠느냐는 논리로 말씀하신다.

예수님은 제자들에게 '믿음이 작은 자들'(ὀλιγόπιστοι)이라며 안타까워하신다(30절). 믿음이 전혀 없는 사람을 두고 하시는 말씀이 아니라, 믿음이 없지는 않은데 충분하지도 않다는 뜻이다. 이는 마태복음에서만 사용되는 표현이며, 제자들에게만 이렇게 말씀하신다(8:26; 14:31; 16:8; 17:20). 앞으로 제자들은 충분한 믿음을 쌓아가도록 노력해야 한다. 우리 믿음도 죽는 순간까지 계속 자라야 한다.

예수님은 다시 한번 하나님이 우리의 필요를 아시고 채우시니 무엇을 먹고 마시고 입을 것인지 걱정하지 말라고 하신다(31절). 이 말씀은 25절의 내용을 재차 강조하며 26-30절 내용을 요약한다. 걱정하는 것은 사람의 본능이기 때문에 전혀 걱정하지 않을 수는 없겠지만, 걱정과 근심이 삶을 지배하는 일은 없게 하라는 뜻이다. 마음이 걱정으로 가득 차 있으면 하나님이 들어오실 틈이 없다.

공중을 나는 새들과 들풀을 예로 드신 예수님이 세 번째로 이방인들을 예로 드신다(32절). 먹고 마시고 입을 것에 대해 걱정하는 것은 이방인들이나 하는 일이라는 뜻이다. '이방인들'(ἔθνη)은 일상적으로 유대인이 아닌 사람들을 뜻하지만, 본문에서는 하나님을 의지하지 않는 자들이다. '구하다'(ἐπιζητέω)는 열심히 추구한다는 뜻이다(BAGD). 그들은 세상 만물을 먹이고 보호하시는 창조주 하나님을 믿지 않기 때문에 먹고, 마시고, 입는 것에 완전히 몰입한 삶을 산다.

헬라어 성경에서는 32절이 '이'(πάντα, 모든 것)로 시작해 '이 모든 것'(τούτων ἁπάντων)으로 마무리된다. 사람이 구하는 '모든 것'이 하나님의 통제 아래 있다는 것을 강조하기 위해서다. 우리는 삶의 모든 영역에서 하나님을 신뢰해야 한다. 부적절한 걱정은 하나님에 대한 부적절한 신뢰에서 온다(Blomberg). 그러므로 제자들은 세상 사람들과 질적으로 다른 가치관에 따라 삶을 살아야 한다.

이 말씀은 믿음으로 사는 것의 반대는 염려하는 것이라고 한다. 하나님을 믿는 사람들은 걱정에서 해방된 삶을 살아야 한다. 걱정은 예수님을 믿지 않는 사람들이 하는 것이다. 걱정하지 않고 하나님을 믿으며 살았더니 주님이 우리의 모든 필요를 채워 주시더라는 간증은 계속되어야 한다.

c. 핵심적 권면(6:33-34)

³³ 그런즉 너희는 먼저 그의 나라와 그의 의를 구하라 그리하면 이 모든 것을 너희에게 더하시리라 ³⁴ 그러므로 내일 일을 위하여 염려하지 말라 내일 일은 내일이 염려할 것이요 한 날의 괴로움은 그날로 족하니라

예수님은 5:20에서 제자들에게 그들의 의가 서기관과 바리새인보다 더 낫지 않으면 하늘나라에 들어가지 못할 것이라고 경고하셨다. 본문은 제자들이 추구해야 할 의를 정의하면서 동시에 걱정하지 말라는 권면을 절정적으로 표현한다. 바로 앞 구절에서 의식주에 대한 걱정은 이방인들이나 하는 것이라며 제자들에게 걱정하는 것을 금하셨던 예수님이 이 말씀에서는 그들이 정작 '걱정해야 하는 것'에 관해 말씀하신다.

예수님은 먼저 하나님의 나라와 그의 의를 구하라고 하신다(33a절). 구하기는 구하되 세상 사람들이 구하는 것을 구하지 말고, 우리가 필요한 것도 구하지 말고, 더 고상한 것으로 대체해서 구하라는 권면이다. 또한 주기도문이 구하는 여섯 가지 간구 중 처음 세 간구(9b-10절)를 삶에서 실현하라는 권면이다(Carson). '먼저 구하라'(ζητεῖτε δὲ πρῶτον)는 '최우선으로 삼으라'는 뜻이다(France).

하나님이 우리를 참으로 사랑하시고 우리의 모든 필요를 채우시는데, 우리는 우리 자신만을 위해 구하며 산다. 참으로 안타까운 일이다(Osborne). 그러므로 우리 삶에서 가장 중요한 우선권과 가치는 하나님 나라와 그의 의를 구하는 것이 되어야 한다. 일부 학자들은 '의'(δικαιοσύνη)를 '칭의'를 뜻하는 것으로 이해하지만(Filson, McNeile) 이

곳에서는 하나님의 뜻에 따라 의로운 삶을 살아가는 것을 의미한다 (Boring, Carson, Nolland, Przybylski, cf. 5:6, 10, 20; 6:1). 삶에서 의로운 행위를 꾸준히 함으로써(6:1) 하나님의 완전하심(5:48)을 추구하는 것이다.

예수님은 우리가 하나님의 나라와 그의 의를 구하면 주께서 우리의 모든 필요를 채우실 것이라고 하신다(33b절). 하나님이 우리의 모든 필요를 채우신다는 말씀은 세상 끝 날 이렇게 하실 것이라는 뜻이 아니다. 오늘 이 순간에 이렇게 하실 것이다. 어떻게 하시는가? 메시아의 나라에 이미 들어온 사람들이 하나님의 손과 발이 되어 서로 돌보는 일을 통해 하신다(Blomberg, Boring, 막 10:30; 눅 12:33).

예수님은 내일 일을 위해 염려하지 말라는 말씀으로 이 섹션을 마무리하신다(34a절). 주기도문에서 '일용할 양식'을 위해 기도하라고 하신 말씀의 연장이다. 우리는 오늘을 성실히 살고 내일은 하나님께 맡겨야 한다(약 4:13-15). 이것이 주의 백성이 취해야 할 삶의 자세다.

내일 일은 내일 염려할 것이며, 한 날의 괴로움은 그날로 족하다고 하신다(34b-c절). 내일 먹을 음식과 마실 물을 걱정하지 않아도 오늘 우리를 괴롭히는 괴로움은 충분하다. '괴로움'(κακία)은 '문제, 불행' 등을 뜻한다(BAGD). 오늘 당면한 고민거리가 충분하니, 내일 걱정을 미리 앞당겨 할 필요는 없다. 내일 일을 앞당겨 걱정한다고 해서 내일 일이 바뀌는 것도 아니다. 그러므로 걱정할 시간에 우리의 모든 걱정거리를 해결하실 수 있는 하나님께 기도하는 것이 예수님이 우리에게 요구하시는 지혜다.

이 말씀은 만족하는 삶의 비결은 하나님 나라와 주님의 의를 구하는 것이라 한다. 삶은 우리 스스로 채울 수 없는 것들을 꾸준히 요구한다. 그러므로 이에 대해 걱정하기 시작하면 끝이 없다. 이것들은 하나님이 채우실 때 비로소 해결된다. 그러므로 우리가 할 수 있는 가장 지혜로운 일은 하나님을 전적으로 의지하고 하나님의 뜻과 의를 구하는 것이다.

II. 예수님의 사역 시작(3:1-7:29)
　B. 디스코스 1(산상 수훈)(5:1-7:27)

6. 균형 유지(7:1-12)

어떻게 사는 것이 하나님의 나라와 의를 구하는 것일까? 산상 수훈을 마무리하는 7장은 균형과 선택에 대한 여러 가지 비유를 통해 하나님의 나라 백성이 추구해야 할 삶의 방식을 제시한다. 이렇게 사는 것이 바리새인들과 서기관들의 의보다 더 나은 의를 추구하는 삶이다(cf. 5:20). 삶의 균형에 대한 가르침으로 구성된 본문은 이웃과의 관계(1-5절)와 하나님과의 관계(7-11절)가 중심을 이루며 다음과 같이 구분된다.

  A. 대인 관계(7:1-5)
  B. 분별력(7:6)
  C. 능력의 출처(7:7-11)
  D. 균형 유지 권면(7:12)

II. 예수님의 사역 시작(3:1-7:29)
　B. 디스코스 1(산상 수훈)(5:1-7:27)
　　6. 균형 유지(7:1-12)

(1) 대인 관계(7:1-5)

[1] 비판을 받지 아니하려거든 비판하지 말라 [2] 너희가 비판하는 그 비판으로 너희가 비판을 받을 것이요 너희가 헤아리는 그 헤아림으로 너희가 헤아림을 받을 것이니라 [3] 어찌하여 형제의 눈 속에 있는 티는 보고 네 눈 속에 있는 들보는 깨닫지 못하느냐 [4] 보라 네 눈 속에 들보가 있는데 어찌하여 형제에게 말하기를 나로 네 눈 속에 있는 티를 빼게 하라 하겠느냐 [5] 외식하는 자여 먼저 네 눈 속에서 들보를 빼어라 그 후에야 밝히 보고 형제의 눈 속에서 티를 빼리라

'비판하지 말라'(μή κρίνετε)는 현재형 시제로 언제든, 항상 하지 말라는 뜻이다(Hill, Guelich, Schweizer, Strecker). '비판하다'(κρίνω)는 법정에서 이뤄지는 재판부터 사람의 개인적인 판단에 이르기까지 매우 다양하고 광범위한 의미를 지녔다(TDNT). 본문은 법정 재판과 상관이 없으며, 옳고 그름에 대한 개인적인 분별력을 금하는 것도 아니다(cf. 6절, 15-20절). 성경은 오히려 분별력을 권한다(요 7:24; cf. 고전 5:5; 갈 1:8-9; 6:1; 빌 3:2; 히 3:13; 요일 4:1). 책망과 비난은 겸손을 겸비해야 한다는 의미다. 오늘은 내가 책망과 비난을 통해 당신을 도울 테니 내일은 당신이 책망으로 나를 도우라는 태도가 필요하다(Osborne).

사랑하는 마음 없이 남을 책망하고 비난하는 것은 옳지 않다. 또한 사랑이 없는 것은 하나님의 용서와 자비를 제대로 경험하지 못했다는 것을 의미한다. 비판하지 말라는 이 말씀은 남을 긍휼히 여기는 자는 복이 있다는 팔복 중 다섯 번째 복(5:7)과 주기도문 중 우리의 죄를 사해 달라는 다섯 번째 간구의 다른 측면이다(Bruner, Wilkins). 또한 5장이 이웃에 대한 화와 복수와 미움을 금한 것을 재차 상기시킨다.

하나님은 비판하는 사람들을 그들이 남을 비판하며 사용한 기준에 따라 비판하실 것이다(2절). 이 경고는 '복수법'(lex talionis)에 근거한 것이다(5:38; cf. 5:7; 6:14-15; 약 2:13). 성경은 오직 하나님만 사람을 심판하실 수 있다고 한다(약 4:12). 그러므로 사람들에게 심판하지 말라고 하는 것은 이웃들의 잘못에 눈을 감으라고 하는 것이 아니라 이웃들에게 하나님처럼 굴려고 하는 야심을 버리라는 의미다(Stott).

우리가 남을 헤아리는 헤아림으로 헤아림을 받을 것이라는 말씀(2b절)은 곡식 거래에서 유래한 유대인들의 잠언이다(Carson, Nolland, cf. 막 4:24). '헤아림'(μέτρον)은 곡식 양을 무게나 부피로 계산하는 유닛이며, 길이를 계산하는 단위이기도 하다(Wilkins). 본문에서는 '잣대, 기준'을 뜻한다(cf. 23:32). 우리가 남에게 들이대는 기준(잣대)에 따라 우리도 판단을 받을 것이라는 뜻이다. 그러므로 우리는 이웃에게 더욱더 자비로워야 한다. 우리가 이웃을 자비롭고 사랑으로 대할수록 하나님도 우리를 그렇게 대하실 것이기 때문이다.

형제들을 비판하는 것은 그들의 눈 속에 있는 티는 보고 우리 눈 속에 있는 들보는 깨닫지 못하는 행위와 같다(3-4절). 예수님이 '형제들'(ἀδελφόι)이라는 단어를 사용하시는 것은 이 말씀이 하나님 나라 백성에게 하시는 말씀임을 암시한다. '티'(κάρφος)는 나무의 작은 입자를, '들보'(δοκός)는 건축물의 기둥으로 사용하는 큰 목재를 의미한다(BAGD). 목수이셨던 예수님에게 익숙한 비유다.

예수님은 자기 자신의 큰 과오는 생각하지 않고 남의 작은 잘못을 비난하는 사람을 외식하는 자라 하신다(5절). 그러므로 외식(위선)은 큰 문제를 안고 있으면서도 마치 아무런 문제가 없는 것처럼 행세하는 것이다. 외식하는 자는 이웃들의 잘 보이지도 않는 아주 작은 과오를 비난하기 전에 매우 크고 심각한 자신의 잘못과 죄를 먼저 제거해야 한다.

그리스도인들은 절대 남을 비판하면 안 되는가? 그렇게 해석하는 학자가 많다(Hill, Guelich, Schweizer, Strecker). 그러나 성경에 보면 예수님이 직접 비판하시거나 판단하신 사례가 여럿 있다. 예수님은 성전에서 장사하는 사람들을 쫓아내시며 그들의 상을 엎으셨다(21:12-13). 헤롯이 죽이려고 한다는 소식을 듣고는 그를 여우라고 부르셨다(눅 13:31). 또한 제자들에게도 분별력을 사용하라 하신다(6절). 5절에서도 먼저 자기 눈에 있는 들보를 빼고 나서 형제의 눈 속에서 티를 빼라고 하신다. 자기 자신의 결함을 먼저 해결한 후 이웃을 판단하라는 말씀이다(Carson, Osborne, Wilkins). 따라서 이웃을 비판하면 안 된다고 하지는 않으신다.

이 말씀은 남을 비판하기 전에 먼저 자기 자신을 돌아보라고 한다. 비판하려고 했던 사람이 안고 있는 문제보다 자신의 연약함과 결함이 더 심각하다는 사실을 깨닫게 될 것이기 때문이다. 자신의 연약함을 아는 겸손한 사람은 남을 비판하지 않는다.

(2) 분별력(7:6)

⁶ 거룩한 것을 개에게 주지 말며 너희 진주를 돼지 앞에 던지지 말라 그들이 그것을 발로 밟고 돌이켜 너희를 찢어 상하게 할까 염려하라

개는 오늘날처럼 집에서 사람과 함께 사는 애완견이 아니라 들개처럼 떼를 지어 거리를 배회하는 위협적인 짐승이었다(시 59:14-15). 돼지도 멧돼지처럼 이곳저곳을 다니며 닥치는 대로 먹어 대는 위험한 짐승이었다. 개와 돼지는 공포를 자아내는 짐승이었으며, 배가 고프면 사람을 공격해 잡아먹기도 했다(cf. 시 22:16-17). 종종 어린아이들을 해치는 주범들이었다(ABD). 그러므로 개와 돼지는 부정할 뿐 아니라, 위험한 짐승이었으며, 성경은 종종 이 둘을 쌍으로 언급한다(사 66:3; 벤후 2:22).

고대 근동 사람들은 대부분 돼지고기를 좋아했지만, 유대인들은 돼지를 먹지 않았다. 사람을 개와 돼지라 하는 것은 사회에서 가장 낮은 계층이라며 모욕하는 행위다(삼하 16:9; cf. 삼상 17:43; 시 22:16; 잠 26:11). 유대인들은 이방인을 가리켜 개라고 했지만, 바울은 그리스도인들을 유대교로 현혹하는 자들을 이렇게 부른다(빌 3:2). 개와 돼지는 믿다가 배교한 자들을 뜻할 수도 있지만(Carson, Guelich, Meier), 본문에서는 노골적이고 적극적으로 복음을 대적하는 사람들이다(Boring, Osborne, Wilkins).

'거룩한 것'(τὸ ἅγιον)과 '진주들'(τοὺς μαργαρίτας)은 예수님이 선포하시는 하나님 나라의 복음을 뜻하며, 전도와 선교를 할 때 대상을 분별하라는 권면이다(Blomberg, Carson, Hill). 예수님이 복음에 호의적이지 않은 집이나 성에서는 발에 묻은 먼지를 떨어 버리라고 하신 것과 맥을 같이한다(10:14; 막 6:11; 눅 9:5; 10:11; 행 13:51; 18:6). 이런 상황에서는 사

람들이 복음에 반응을 하지 않고 오히려 전도하는 성도들을 곤경에 빠뜨릴 수 있기 때문이다(cf. 10:17-31). 그러므로 이 권면은 "거만한 자를 책망하지 말라 그가 너를 미워할까 두려우니라 지혜 있는 자를 책망하라 그가 너를 사랑하리라"(잠 9:8)라는 말씀과 비슷하다(Carson).

이 말씀은 전도하고 선교할 때 과한 열정으로 아무에게나 하지 말고 분별해서 피할 사람은 피하라고 한다. 하나님과 교회에 적대적인 사람들은 어느 정도 마음이 유해질 때까지 기다리는 것이 좋다. 전도와 선교도 지혜와 통찰력을 가지고 해야 한다(cf. 7:16-20; 10:11-15; 16:6, 12; 18:17-18). 상대방의 마음을 다치게 하거나 적개심만 불러일으킨다면 하지 않음만 못하다.

> II. 예수님의 사역 시작(3:1-7:29)
>   B. 디스코스 1(산상 수훈)(5:1-7:27)
>   6. 균형 유지(7:1-12)

(3) 능력의 출처(7:7-11)

⁷ 구하라 그리하면 너희에게 주실 것이요 찾으라 그리하면 찾아낼 것이요 문을 두드리라 그리하면 너희에게 열릴 것이니 ⁸ 구하는 이마다 받을 것이요 찾는 이는 찾아낼 것이요 두드리는 이에게는 열릴 것이니라 ⁹ 너희 중에 누가 아들이 떡을 달라 하는데 돌을 주며 ¹⁰ 생선을 달라 하는데 뱀을 줄 사람이 있겠느냐 ¹¹ 너희가 악한 자라도 좋은 것으로 자식에게 줄 줄 알거든 하물며 하늘에 계신 너희 아버지께서 구하는 자에게 좋은 것으로 주시지 않겠느냐

남을 비판하려면 먼저 자기 문제부터 해결하고 비판하라는 가르침(1-5절)과 전도와 선교를 할 때는 대상을 분별해서 하라는 권면(6절)을 들으면, 하나님 나라 백성으로 살기 위해서는 참으로 큰 지혜와 능력

이 필요하다는 생각이 든다. 그러나 예수님은 우리가 이미 심령이 가난한 자로서 도덕적인 부도(moral bankrupsy)를 당했다고 하셨다(5:3). 그렇다면 우리 안에 없는 지혜와 능력을 어디서 구해야 하는가? 예수님은 그 능력과 지혜를 하나님께 기도해 얻으라 하신다. 언제든 주님이 주시는 지혜와 능력으로 세상을 살라는 권면이다. 열심히 일하는 사람은 물질적으로 가난할 수 있지만, 가난하지만 열심히 기도하는 사람은 영적으로 가난할 수 없다(Broadus).

"구하라(αἰτεῖτε)···찾으라(ζητεῖτε)···두드리라(κρούετε)" 등 7절을 구성하고 있는 세 개의 명령문은 모두 현재형이다. 구하고 찾고 두드리는 일은 우리가 장차 완성될 하늘나라에서 지침으로 삼을 것이 아니라, 당장 이 땅에서 지침으로 삼아야 할 권면이다(Morris, Wilkins). 유대인들은 흔히 그들의 기도를 이 세 가지 행동으로 설명했다. 어떤 이들은 '구하라···찾으라···두드리라'가 모두 같은 의미를 반복한다고 말하지만(Boring, Broadus), 이 세 가지 액션은 점차 더 강화하는 면모를 지닌다 (France).

구하는 것은 하나님께 겸손하게 우리의 필요를 고백하고 채워 주실 것을 부탁하는 것이다. 찾는 것은 기도한 것을 실천으로 옮기는 것이다. 예를 들어 취업을 놓고 기도했다면, 하나님의 뜻과 인도하심을 받기 위해 직원을 구하는 여러 회사에 지원하는 것이다(Wilkins). 두드리는 것은 기도하는 바가 이루어질 때까지 계속 기도하고 노력하는 것이다. 예를 들면 믿지 않는 가족을 위해 기도하는 것은 평생동안 포기하지 않고 실현될 때까지 해야 한다(Hendricksen).

누가도 지속적인 기도의 중요성을 강조한다(눅 18:1-8; cf. 신 4:29; 잠 1:28; 8:17; 요 14:12-14; 약 4:2-3). 우리가 하나님께 드리는 기도는 장엄하고 반복적인 화려한 기도가 아니다(cf. 6:25-34). 아주 간단명료하게 우리가 희망하는 것을 아뢰면 된다. 구하고, 찾고, 두드리는 것이다 (Osborne). 본문이 강조하는 것은 기도하는 사람이 아니라, 들으시는 하나님이기 때문이다. 그래서 세 명령문이 이루는 결과 중 첫 번째 것과 세 번째 것은 신적 수동태(divine passive)이다. "주실 것이요…열릴 것이다." 우리의 기도가 이루는 것이 아니고, 하나님이 주시고 열어 주신다.

하나님이 우리 기도에 응답하시는 이유에 대해 학자들은 네 가지 가능성을 말한다(cf. Carson, Davies & Allison, Hagner, Osborne). 첫째, 거지가 계속 구걸을 하다 보면 언젠가는 원하는 것을 얻게 되는 원리다(Jeremias). 그러나 우리는 하나님의 귀한 자녀이지 거지가 아니다. 둘째, 구하는 사람은 반드시 얻게 된다는 보편적인 원리에 의한 것이다. 그러나 우리의 염원과 기도가 이뤄지는 것은 자연적인 현상이 아니라 하나님의 은혜다. 셋째, 기도하는 자의 권위에 근거한 응답이다(Marshall). 그러나 우리는 하나님 앞에 죄인이므로 하나님께 무엇을 요구할 자격이 없다. 넷째, 아버지를 전적으로 의존하는 아이가 필요한 것을 아빠에게 구하는 것이다(Keener, Osborne). 네 가지 중 가장 설득력 있는 해석이다. 예수님이 우리에게 하나님을 '아빠'라고 부르게 하셨기 때문이다(6:9 주해).

예수님은 구하는 자마다 받고, 찾는 자마다 찾고, 두드리는 이에게 열릴 것이라고 하신다(8절). 하나님은 우리의 기도를 묵살하지 않으시고 반드시 응답하실 것이다. 또한 예수님은 현재형 동사를 사용해 우리가 사는 동안 반드시 우리의 구하는 바가 이뤄질 것을 보장하신다. 그러므로 우리는 선하신 하나님이 반드시 은혜를 베푸실 것을 기대하며 기도하면 된다. 이 원리는 모든 사람을 위한 것이 아니라 하나님 나라에 이미 입성한 사람만이 누릴 수 있는 특권이다.

이어서 예수님은 아포르티오리(a fortiori, 전에 인정한 것이 진실이라면 현재 주장되는 것은 한층 더 강력한 이유에 의해 진실이라는 논법) 논리(Carson, Keener, Wilkins)와 수사학적인 질문으로 9-11절을 이어가신다. 예수님은 9-10절에서 유대인들과 갈릴리 지역 사람들의 주식이었던 떡과 물고기를 예로 들어 말씀하신 후, 11절에서 그 원리를 재차 정리하신다

(Boring).

첫째, 아들이 떡을 달라고 하는데 돌을 줄 아버지는 없다(9절). 마귀는 예수님에게 돌을 빵으로 바꿔 보라고 했는데(4:3), 이번에는 부모가 빵을 돌로 바꿔치기하는 상황이다. 아무리 짓궂은 장난꾸러기 아버지라 해도 이런 아버지는 세상에 없다.

둘째, 생선을 달라는 아이에게 뱀을 줄 아버지는 없다(10절). 떡을 달라는 아이에게 돌을 주는 것은 유치한 장난이다. 그런데 이번 장난은 더 심하고 위험하기까지 하다. 뱀은 아이를 물 수 있기 때문이다. 만일 죽은 뱀을 준다면(Nolland) 위험하지는 않겠지만 아이를 역겹게 한다. 본문과 평행을 이루고 있는 누가복음 11:12은 달걀을 달라면 전갈을 주겠냐고 한다.

악한 자들도 좋은 것을 구하는 아이에게 나쁜 것을 주지 않는데, 하물며 하나님 아버지는 얼마나 더 좋은 것으로 자녀들에게 주시겠는가(11절)! 예수님이 말씀하시는 "너희가 악한 자라도…"는 예레미야 선지자가 사람의 마음에 대해 "만물보다 거짓되고 심히 부패한 것은 마음이라"(렘 17:9)라고 말한 것을 생각나게 한다. 예수님은 '너희'라는 말로 그분 자신과 제자들을 구별하신다. 예수님 말씀의 핵심은 하나님이 주신다는 것이 아니라, 좋은 것을 주신다는 것이다.

이 말씀은 무엇을 위해 기도할 때 적극적으로 하라고 한다. 또한 기도할 때 중간에 포기하지 말고 기도하는 바가 이뤄질 때까지 계속 기도하라고 한다. 어떤 것은 당장 이뤄져서는 안 되는 기도이기에 하나님이 응답을 지연하신다. 그러므로 우리는 하나님의 선하심을 바라며 이뤄질 때까지 계속 기도해야 한다. 만일 우리 기도가 하나님이 뜻하신 바와 다르다면, 하나님은 우리의 기도를 바꿔 주실 것이다.

(4) 균형 유지 권면(7:12)

¹² 그러므로 무엇이든지 남에게 대접을 받고자 하는 대로 너희도 남을 대접
하라 이것이 율법이요 선지자니라

율법을 언급하는 이 말씀은 예수님이 율법을 폐하러 오신 것이 아니
라 완전케 하려고 오셨다는 5:17-20과 괄호를 형성하면서 중간에 있
는 내용(5:21-7:12)을 감싼다. 그러므로 학자들은 이 말씀이 5:17-7:11
에 대한 결론이라 하기도 하고(Osborne) 산상 수훈을 요약하는 골자라
고 하기도 한다(Wilkins). 대접받고자 하는 대로 남을 대접하라는 말씀
은 보복법(lex talionis)을 긍정적으로 표현한 것이라 할 수 있다.

예수님보다 10여 년 앞서 유대교의 위대한 선생 힐렐(Hillel)이 "율법
을 한마디로 요약하면 무엇인가?"라는 질문에 비슷한 말로 대답했다.
"너 자신에게 해로운 일을 남에게도 하지 말라"(Carson). 222-235년
에 로마 제국을 통치했던 황제 세베루스(Alexander Severus)는 벽에 이 말
씀을 황금으로 새겼다고 한다(France). 18세기부터 이 말씀은 '황금 법
칙'(Golden Rule)으로 불리기 시작했다(Boring).

예수님은 현재형 동사를 사용해 남에게 대접받고자 하는 대로 남을
대접하는 일을 계속해야 한다고 말씀하신다. '율법과 선지자'는 구약
전체를 상징하는 표현이다. 그러므로 우리가 대접받고자 하는 대로 남
을 대접하는 것이 구약의 골자라고 말씀하시는 것이다.

이 말씀은 이웃 대하기를 우리 자신을 대하듯 하라고 한다. 그렇게
하면 이웃도 우리를 자기 자신처럼 대할 것이다. 사랑과 섬김은 이처
럼 서로 주고받을 때 가장 빛이 난다. 하나님은 우리가 이웃에게 베푸
는 사랑과 존중이 다시 우리에게 돌아오게 하신다.

II . 예수님의 사역 시작(3:1-7:29)
  B. 디스코스 1(산상 수훈)(5:1-7:27)

7. 결론: 선택과 결단(7:13-27)

드디어 산상 수훈의 위대한 가르침이 막을 내리고 있다. 예수님은 참으로 중요하고 귀한 가르침과 도전을 주셨다. 그러나 예수님의 가르침과 도전을 받아들이고 들이지 않고는 각자의 몫이다. 그러므로 이 말씀은 예수님의 메시지를 듣고 있는 세 그룹에 주시는 권면과 경고이기도 하다(Wilkins). 제자들에게는 자신이 하나님 나라의 백성인지 아닌지를 살피라고 하신다. 청중에게는 메시아의 가르침을 따를 것인지 또는 지도자들의 가르침을 따를 것인지 선택하라고 하신다. 종교 지도자들에게는 사람들을 잘못 인도하지 말라고 경고하신다.

예수님은 네 가지 비유를 통해 그들의 선택과 결단을 요구하신다. 두 가지 길 중 하나를 택하는 것은 구약에서 자주 사용되는 권면 방법이다(신 30:15-19; 시 1편; 잠 28:6, 18; 렘 21:8). 본문은 다음과 같이 구분된다.

A. 두 길(7:13-14)

B. 두 나무(7:15-20)

C. 두 무리(7:21-23)

D. 두 집(7:24-27)

II . 예수님의 사역 시작(3:1-7:29)
  B. 디스코스 1(산상 수훈)(5:1-7:27)
    7. 결론: 선택과 결단(7:13-27)

(1) 두 길(7:13-14)

[13] 좁은 문으로 들어가라 멸망으로 인도하는 문은 크고 그 길이 넓어 그리로

들어가는 자가 많고 ¹⁴ 생명으로 인도하는 문은 좁고 길이 협착하여 찾는 자가 적음이라

우리말 번역본에는 차이가 없지만 마태복음은 '대문'(gate, πύλη)을 사용하며, 이 말씀과 평행을 이루고 있는 누가복음 13:24은 '문'(door, θύρα)을 사용한다. 대문보다는 문이 훨씬 더 좁다. 즉, 누가는 사람이 천국에 입성하는 것이 매우 어렵다는 것을 마태보다 더 강조한다(Carson, Guelich, Plummer). 이 말씀은 종말론적인 의미에서 천국 입성에 관한 것이지만, 그리스도인들은 이미 하나님 나라에 입성했다는 사실을 고려할 때 현재의 삶에 관한 것이기도 하다. 구약에서도 사람이 하나님께 나아가는 것을 문을 통과하는 것으로 표현한다. 성전으로 올라가면서 불렀던 순례자들의 노래인 시편 118편은 이렇게 기도하며 노래한다. "내게 의의 문들을 열지어다 내가 그리로 들어가서 여호와께 감사하리로다 이는 여호와의 문이라 의인들이 그리로 들어가리로다"(시 118:19-20).

넓은 대문과 넓은 길은 세상이 지향하는 삶의 방식이다. 어떠한 가치관과 윤리도 허용하기 때문에 매우 관대하고 아량이 넓어 보인다. 이 길을 가는 사람은 보따리와 짐도 얼마든지 가져갈 수 있다. 그러므로 많은 사람이 이 길을 택하지만 최종 목적지는 멸망, 곧 영원한 고통이다(cf. 벧후 3:7; 계 17:8).

반면에 예수님이 우리에게 권하시는 문은 좁고 길도 협착해 호감을 주는 길이 아니다. '협착하다'(θλίβω)는 능동형으로 쓰일 때 '고난을 당하다'라는 뜻을 지닌다(고후 1:6; 4:8; 7:5; 살전 3:4; 딤전 5:10; 히 11:37). 좁은 길을 가려면 많은 고통과 아픔을 감수해야 한다는 것을 암시한다(Carson, Hagner, Wilkins, cf. Davies & Allison). 예수님이 산상 수훈을 통해 가르쳐 주신 삶의 방식(5:17-7:12)대로 사는 것은 결코 쉽지 않다. 그러나 이 길이 바로 영생을 상징하는 '생명'(τὴν ζωὴν)으로 나아가는 길이

다(cf. 시 16:11).

예수님은 좁은 문과 길을 행위를 통해 들어가라고 말씀하시는 것이 아니다. 믿음은 삶에서 좋은 열매를 맺으므로 그 열매를 통해 자신이 어디로 가고 있는지 확인하라고 하신다(cf. 엡 2:10; 약 2:14-26). 사람이 아무리 자기의 고귀한 믿음에 대해 말해도 열매가 없으면 애초에 믿음도 없었던 것이므로 착각에 불과하다.

구원을 상징하는 문을 통과하는 것이 먼저인가, 혹은 먼저 경건한 삶을 상징하는 길을 걷다가 나중에 구원의 문을 통과하는 것이 먼저인가? 길이 먼저라는 이들도 있지만(Jeremias, Tasker), 학자들 대부분은 문이 먼저라고 한다(Betz, Carson, Davies & Allison, Hendricksen, Wilkins). 먼저 하나님 나라 시민이 되기 위해 구원의 문이신 예수님을 영접하고, 그 후에 천국에 이르기까지 각자에게 주어진 길을 가는 것이다. 본문에서도 이 둘의 순서가 이렇게 정리되어 있다. 우리가 마음에 새겨야 할 것은 구원을 받은 이후에 가야 할 길이 고난의 길이라는 사실이다. 하나님은 이 땅에 사는 우리에게 탄탄대로를 약속하지 않으셨다. 온갖 고통으로 가득한 좁은 길을 주셨다. 주님이 함께하시는 길이지만, 천국에 이르기까지 계속 우리의 신앙과 인격을 테스트하는 고난이 있는 길이다.

이 말씀은 우리에게 세상이 지향하는 가치관과 전혀 다른 하나님 나라의 원칙에 따라 살아갈 것을 요구한다. 하나님 나라로 가는 길은 세상 것보다 훨씬 더 좁고 협착하다. 신앙적-도덕적 기준이 훨씬 더 높다는 뜻이다. 쉽지는 않겠지만 할 수 있기 때문에 우리를 이 길로 부르셨다. 우리는 이처럼 높고 고상한 기준과 윤리에 따라 살도록 부르심을 받았다.

(2) 두 나무(7:15-20)

¹⁵ 거짓 선지자들을 삼가라 양의 옷을 입고 너희에게 나아오나 속에는 노략질하는 이리라 ¹⁶ 그들의 열매로 그들을 알지니 가시나무에서 포도를, 또는 엉겅퀴에서 무화과를 따겠느냐 ¹⁷ 이와 같이 좋은 나무마다 아름다운 열매를 맺고 못된 나무가 나쁜 열매를 맺나니 ¹⁸ 좋은 나무가 나쁜 열매를 맺을 수 없고 못된 나무가 아름다운 열매를 맺을 수 없느니라 ¹⁹ 아름다운 열매를 맺지 아니하는 나무마다 찍혀 불에 던져지느니라 ²⁰ 이러므로 그들의 열매로 그들을 알리라

성도들은 구원의 문이신 예수님을 지나 좁은 길을 가면서 조심해야 한다. 좁은 길에서 밀어내는 자들이 있기 때문이다. 바로 거짓 선지자들이다. 사탄과 세상이 외부에서 유혹한다면, 거짓 선지자들은 내부에서 우리를 죽음으로 내몰려고 한다. 거짓 선지자 문제는 구약 시대(신 13:1-5; 18:20-22; cf. 왕상 22:19-23; 렘 6:13-14; 8:8-12; 23:10-22; 겔 13:1-23; 22:27-29; 습 3:1-4)뿐 아니라 예수님 시대 유대교(Josephus)와 초대교회(Boring, cf. 24:11-12, 24; 행 20:29) 그리고 오늘날의 교회에도 있다. 이들은 교회와 성도들을 병들게 하는 자들이다. 또한 세상 끝날이 임박할수록 극성을 부릴 것이다(24:4-12, 23-28; 살후 2:3-8; 딤전 4:1). 주님이 다시 오실 때까지 거짓 선지자 문제는 항상 있을 것이다.

교회가 외부에서 오는 공격에 대응하기는 쉽다. 공격해 오는 적이 보이기 때문이다. 반면에 내부에 있는 적이 은밀하게 공격하는 것은 방어하기 쉽지 않다. 적이 잘 보이지 않기 때문이다. 예수님은 거짓 선지자들을 가리켜 양의 옷을 입고 노략질하는 이리라고 하신다(15절). 그들은 우리처럼 정통적인 기독교 언어를 사용하고, 성경적인 신앙을

지닌 것처럼 보인다. 자신의 정체를 속인다는 면에서 거짓 선지자들은 외식하는 자들과 같다(cf. 6:2, 5, 16).

문제는 그들의 파괴력이다. 그들은 지도층(오늘날 교회에 빗대자면 목사와 장로)이다보니 사람들을 쉽게 현혹한다. 이 책을 쓰고 있는 코로나 시대에도 거짓말로 성도들을 현혹하고 교회를 망가뜨리는 거짓 선지자들이 교계에서 판을 치고 있다. 모두 '목사'로 불린다.

만일 사용하는 언어와 겉으로 드러나는 신앙인의 모습으로 거짓 선지자들을 분별할 수 없다면, 어떻게 그들을 분별할 수 있는가? 예수님은 그들의 삶에 맺히는 열매를 보고 판단하라고 하신다(16절). 비판하지 말라는 말씀(7:1-5)의 의미가 분명해지고 있다. 하나님은 종말에 그들을 최종적으로 심판하실 것이지만, 성도들은 오늘 이 순간 지도자들이 삶에서 맺는 열매를 보고 그들이 하나님의 사람들인지 판단하면 된다.

가시나무에서 포도를 얻을 수 없다(16절). 먼발치에서는 '가시나무'(ἄκανθα)와 '포도'(σταφυλή)가 비슷하게 보일 수 있지만, 가까이 가서 보면 전혀 다르다. '엉겅퀴'(τρίβολος)에서 '무화과'(σῦκον)를 딸 수도 없다. 좋은 나무는 아름다운 열매를 맺고 못된 나무는 나쁜 열매를 맺는다(17절). '못된 나무'(σαπρὸν δένδρον)는 썩은 나무를 뜻한다(BAGD). 썩은 나무는 열매를 거의 맺지 못하며, 맺어도 나쁜 열매를 맺는다.

또한 좋은 나무가 나쁜 열매를 맺을 수 없고, 못된(썩은) 나무가 아름다운 열매를 맺을 수 없다(18절). 그리스도 안에서 성장하는 교회는 의와 선한 열매를 맺는다(빌 1:11; 골 1:10). 반면에 거짓 선지자들은 삶에서 선한 열매를 맺지 못한다. 요한은 그들의 영이 하나님에게서 왔는지 시험해 보라고 한다(요일 4:1). 회개에 합당한 열매를 맺으라는 세례 요한의 경고를 생각나게 하는 말씀이다(cf. 3:8).

교회와 교인들은 거짓 지도자들에 대해 절대 긴장감을 놓아서는 안 된다. 역사를 보면 너무나도 많은 거짓 지도자가 교회를 괴롭혔기 때문이다. 윤리적이고 도덕적인 삶이 없는 설교자의 설교는 모두 거짓이다(Bruner, Osborne). 지도자는 말이 아니라 열매로 평가받아야 한다(히 13:17; 약 3:9-12; cf. 갈 5:16-24). 따라서 한 주석가는 모든 성도가 '열매 감독관'(fruit inspector)이 되어야 한다고 말한다(Wilkins).

예수님은 하나님의 이름으로 기적을 행하는 것(22절)과 하나님의 뜻대로 사는 것(21절)은 전혀 다른 것이라고 하신다. 성경은 은사와 열매를 분명히 구분한다. 우리가 맺어야 할 열매는 '사랑과 희락과 화평과 오래 참음과 자비와 양선과 충성과 온유와 절제'(갈 5:22-23)이며, 이를 인격이라 하지 은사라 하지 않는다. 한 학자는 기독교계의 '슈퍼 스타들'이 온갖 짓을 하고도 별문제 없이 빠져나가는 세태를 한탄한다(Osborne).

좋은 열매를 맺지 않는 나무는 모두 찍혀 불에 던져질 것이다(19절). 거짓 선지자들은 최후에 잘려 불에 던져지는 나무처럼 될 것이다. 그들이 던져지는 불은 지옥 불이다(5:22, 29, 30; 10:28; 18:9; 23:15, 33). 세례 요한이 도끼가 이미 나무의 뿌리에 놓여 있다고 하는 것으로 보아 언제든지 일어날 일이다. 매우 무서운 경고다.

이 말씀은 사람의 영성을 분별할 수 있는 가장 기본적이고 중요한 기준은 삶의 열매라고 한다. 나무는 잎사귀가 아니라 열매로 판단해야 한다. 아무리 아름다운 말로 설교를 하고 '사역의 열매'를 많이 맺는 사람이라 할지라도, 삶이 부도덕하면 그 사람은 양의 탈을 쓴 이리다. 우리가 기피해야 할 자다.

II. 예수님의 사역 시작(3:1-7:29)
  B. 디스코스 1(산상 수훈)(5:1-7:27)
    7. 결론: 선택과 결단(7:13-27)

---

(3) 두 무리(7:21-23)

²¹ 나더러 주여 주여 하는 자마다 다 천국에 들어갈 것이 아니요 다만 하늘에

계신 내 아버지의 뜻대로 행하는 자라야 들어가리라 [22] 그날에 많은 사람이 나더러 이르되 주여 주여 우리가 주의 이름으로 선지자 노릇 하며 주의 이름으로 귀신을 쫓아내며 주의 이름으로 많은 권능을 행하지 아니하였나이까 하리니 [23] 그때에 내가 그들에게 밝히 말하되 내가 너희를 도무지 알지 못하니 불법을 행하는 자들아 내게서 떠나가라 하리라

이 말씀은 거짓 선지자들과 그들을 추종하는 자들에 대한 경고다. 예수님에게 '주여 주여' 한다고 해서 천국에 들어가지 못한다(21a절). 예수님은 미래형 동사를 사용해 장차 종말에 있을 일을 말씀하신다. 예수님 시대에 누구를 '주여, 주여'(κύριε κύριε)라고 부르는 것은 경외와 존경심을 겸한 대단한 호칭이었다(Osborne, Strecker). 훗날 그리스도인들은 이 호칭을 그리스도에 대한 고백으로 승화시켰다(행 10:36; 롬 10:9; 고전 12:3; 빌 2:11; 골 2:6).

예수님을 주님이라 불러도 천국에 들어갈 수 없다면, 어떻게 해야 갈 수 있는가? 하늘에 계신 아버지의 뜻대로 행하면 들어갈 수 있다 (21b절). 그리스도인의 삶에서 윤리와 도덕은 선택이 아니라 필수이며, 경건한 삶이 없이는 천국에 들어갈 수 없다. 그러므로 우리는 우리의 일상이 가장 효과적인 설교가 되는 삶을 살아야 한다. 소금과 빛이 되는 삶이 바로 이런 것이다(cf. 5:13-16). 예수님이 제자들에게 서기관들과 바리새인들의 의보다 더 나은 의를 추구하라고 하신 것도 이런 의미를 지녔다(cf. 5:20).

그날에 많은 사람이 예수님에게 나아와 주님의 이름으로 선지자 노릇을 하며 귀신을 쫓고 많은 권능을 행했다고 증언할 것이다(22절). '그날'(ἐκείνῃ τῇ ἡμέρᾳ)은 구약이 말하는 '여호와의 날'(יהוה יום, 사 10:20; 욜 1:15; 3:18; 암 8:9; 9:11; 습 1:14; 슥 14:4; 말 3:17-18), 곧 하나님이 심판하시는 세상 마지막 날이다. 예수님은 거짓 선지자들이 행한 이적 세 가지—예언, 귀신 쫓음, 기적(권능으로 행함)—는 그들이 하나님의 자녀라는

339

증거가 되지 못한다고 하신다. 마귀와 졸개들도 이런 일을 할 수 있기 때문이다. 그러므로 우리는 이 '은사들'을 바탕으로 천국에 갈 수 없다. 오직 성령의 열매—사랑, 희락, 화평, 오래 참음, 자비, 양선, 충성, 온유, 절제(갈 5:22-23)—로 갈 수 있다(cf. 고전 12-13장).

이 섹션의 마지막 말씀인 23절은 예수님의 권위와 권세가 어느 정도 인지를 암시한다. 재판장이신 예수님은 주님의 이름으로 온갖 이적을 행했다고 하는 자들에게 그들을 도무지 알지 못한다며 당장 떠나라고 하신다. 예수님의 판결 선언은 절대 번복되지 않을 것이며, 최종적이고 확정적이며 지체되지도 않는다(Davies & Allison). 그러므로 학자들은 거짓 선지자들을 지옥으로 내 치실 수 있는 예수님의 절대적인 권세를 기독론의 최고봉(Christology in the highest order)이라고 한다(Carson).

이 일은 종말에 있을 일이다. 그러므로 우리는 오늘 기회가 있을 때 잘 살아야 한다. 거짓 선지자들은 주님의 이름으로 온갖 선한 일을 했다고 하지만, 그들이 주님의 제자였던 적은 없다. 스스로 착각하거나 남들을 속였다. 혹은 자신들은 그저 한 발은 세상에, 다른 한 발은 하나님 나라에 들여놓았다고 생각했을지 모른다. 그러나 예수님이 보시기에 그들의 두 발은 모두 세상에 있었다. 우리가 스스로 어떻게 생각하는지보다 하나님이 우리를 어떻게 보시느냐가 중요하다.

이 말씀은 교회에 출석하는 모든 사람이 하나님의 자녀인 것은 아니라고 한다. 그리스도인이 대부분이지만, 그리스도인이 아니면서 그리스도인이라고 속이는 자들도 있고, 스스로 착각하는 자들도 있다. 그렇다고 해서 교회가 당장 어떤 조치를 취할 필요는 없다. 세상이 끝나는 날 하나님이 옥석을 구분하실 것이기 때문이다. 그러나 교회가 이 땅에 존재하는 한 다양한 사람이 교회 안에 있다는 사실을 인지하며 사역해야 한다.

(4) 두 집(7:24-27)

²⁴ 그러므로 누구든지 나의 이 말을 듣고 행하는 자는 그 집을 반석 위에 지은 지혜로운 사람 같으리니 ²⁵ 비가 내리고 창수가 나고 바람이 불어 그 집에 부딪치되 무너지지 아니하나니 이는 주추를 반석 위에 놓은 까닭이요 ²⁶ 나의 이 말을 듣고 행하지 아니하는 자는 그 집을 모래 위에 지은 어리석은 사람 같으리니 ²⁷ 비가 내리고 창수가 나고 바람이 불어 그 집에 부딪치매 무너져 그 무너짐이 심하니라

이 말씀은 다시 한번 5:17-7:23의 메시지를 요약한다. 특히 바로 앞 섹션에 쐐기를 박는 역할을 한다. 행동하지 않고 말만 하는 것으로는 부족하다(7:21-23). 듣기만 하고 실천하지 않는 것도 부족하다(7:24-27). 구약은 듣는 자들에게 들은 것을 삶에서 실천할 것을 요구한다(신 28:15; 31:12; 수 1:7-8; 겔 33:31-32). 또한 히브리어뿐 아니라 헬라어도 순종할(ποιέω) 때까지는 말씀을 들었다(ἀκούω)고 인정하지 않는다(Osborne). 들은 말씀에 순종할 때 비로소 들었다고 할 수 있다. 예수님은 17-26절에서 '행하다, 순종하다'(ποιέω)를 아홉 차례나 반복하며 실천의 중요성을 강조하신다.

예수님은 목수였기 때문에 갈릴리 지역의 건축 방식에 익숙하셨을 것이다. 갈릴리 호수 주변에는 모래가 많아 건축가들은 3m까지 모래를 파고 단단한 바탕이 나오면 그 위에 기둥을 세우고 집을 지었다(Wilkins). 가나안 지역은 거의 1년 내내 지속되는 건기에는 땅과 시내(wadi)가 완전히 말라 있다가, 10월쯤 되면 우기가 시작되어 순식간에 홍수가 나고 시내가 범람한다. 그러므로 가을비는 집의 지반을 테스트하는 시간이다(Guelich).

예수님의 가르침에 따라 사는 사람은 지혜로운 건축가다. 반면 어리석은 건축가는 듣지만 행함이 없는 사람이다(cf. 15-23절). 이 둘의 대조는 열 처녀 비유와 비슷하다(25:1-13). 지혜로운 건축가가 반석 위에 지은 집은 비와 홍수와 바람에도 끄떡없다(25절). 반면에 어리석은 건축가가 모래 위에 지은 집은 비와 홍수와 바람을 견뎌 내지 못하고 무너진다(27절). 무너짐이 심하다는 것은 완전히 파괴되었다는 뜻이며, 최종 심판을 상징한다.

학자들은 대부분 두 사람이 지은 집에 들이닥치는 비와 홍수와 바람을 종말에 있을 최종 테스트라고 한다(cf. 사 28:2, 17-19; 겔 13:10-15). 그러나 우리가 하나님의 자녀로서 이 땅에 살면서 수시로 맞이하는 위기이기도 하다. 좁은 문과 넓은 문(13절), 좋은 나무와 나쁜 나무(19절), 반석 위에 지은 집과 모래 위에 지은 집(27절) 모두 같은 메시지를 통해 바른 선택을 할 것을 요구한다.

이 말씀은 우리가 얼마나 하나님의 말씀에 순종하는 삶을 살고 있는지 돌아보게 한다. 온전히 순종하지 않는 삶은 모래 위에 집을 짓는 것과 같으며, 하나님의 심판을 견딜 수 없다. 오직 온전히 순종하는 삶을 살 때 비로소 우리는 하나님의 최종 심판을 견디는 반석 위의 집을 지을 수 있다. 아직 기회가 있을 때 반석이신 예수님 위에 집을 지어야 한다.

II. 예수님의 사역 시작(3:1-7:29)

C. 끝맺음(7:28-29)

28 예수께서 이 말씀을 마치시매 무리들이 그의 가르치심에 놀라니 29 이는 그 가르치시는 것이 권위 있는 자와 같고 그들의 서기관들과 같지 아니함일러라

마태복음에 기록된 예수님의 디스코스 다섯 개는 모두 "예수께서 이 말씀을 마치시매…"(καὶ ἐγένετο ὅτε ἐτέλεσεν ὁ Ἰησοῦς τοὺς λόγους τούτους)로 끝이 난다(7:28; 11:1; 13:53; 19:1; 26:1). 그러나 청중의 반응과 연결된 것은 이 본문이 유일하다(cf. 4:23-5:2). 산상 수훈은 제자들을 위한 것이지만(5:1-2), 무리도 듣고 있었다.

그들은 예수님의 가르침에 놀라움을 금치 못했다(cf. 13:54; 19:25; 22:33). 어떤 이들은 갈릴리 지역 사람들이 랍비의 강연을 들을 기회가 없다가 예수님의 강연을 듣고 보인 자연스러운 반응이라고 한다 (Daube). 그렇지 않다. 그들은 메시아이신 예수님의 권위 있는 가르침에 놀라고(29절), 그분의 윤리적인 가르침에 또 놀랐다. 안타까운 것은 가르침에 놀라는 것과 가르치는 예수님을 따르는 것은 별개라는 사실이다. 놀랐다고 따르는 것은 아니다. 앞으로도 무리는 계속 머뭇거리며 예수님의 놀라운 메시지를 들을 것이다.

예수님은 그들이 전에 경험해 보지 못한 권위로 가르치셨다. 율법을 완전하게 하시고 새로운 경지에 올리셨다(5:17-20). 마태는 한쪽에는 무리, 다른 쪽에는 예수님과 제자들을 두고 두 그룹을 구분한다. 그러고는 무리에 대해 '그들의 서기관'이라고 표현한다. 듣는 이는 많아도 순종하며 따르는 이는 많지 않다.

이 말씀은 우리가 전하는 하나님 나라 복음을 듣고 놀라는 사람은 많아도, 정작 예수님을 구주로 영접하는 사람은 많지 않을 것이라고 한다. 복음에 호의를 보이는 것과 결신하는 것은 별개 일이다. 그러므로 열심히 성실하게 복음을 선포하되 열매가 많지 않다고 낙심하지 말자.

Ⅲ. 예수님의 권위가 드러남
(8:1-11:1)

마태복음에는 '내러티브-디스코스-끝맺음' 사이클이 다섯 번 반복되는데, 이 섹션이 두 번째다. 바로 앞에 나온 산상 수훈(5-7장)이 예수님의 권위 있는 가르침에 관한 것이었다면, 이 섹션은 예수님의 권위 있는 사역에 관한 것이다. 하나님의 아들이신 예수님은 말씀뿐 아니라 사역도 메시아만이 하실 수 있는 권능으로 하셨다(Boring). 마태는 '권위/권세'(ἐξουσία)를 열 차례 사용하는데, 이 섹션에서만 네 차례 사용되는 것은 본문이 예수님의 권위와 권세에 관한 것임을 보여 준다(8:9; 9:6, 8; 10:1; cf. 7:29; 21:23[×2], 24, 27; 28:18).

일부 학자들은 이 섹션에 열 가지 기적이 나오며, 이는 모세가 이집트에 내린 열 재앙을 연상케 한다고 한다. 따라서 이 부분에서도 마태가 예수님을 새로운 모세로 나타내고 있으며, 예수님의 사역은 새로운 출애굽을 완성시키는 것이라고 한다(Boring, Davies, Grundmann, Klostermann). 그러나 혈루병을 앓는 여인을 치료하신 것과 지도자의 딸을 일으키신 일은 한 이야기로 묶여 있다(9:18-26). 즉, 이 섹션에는 열 개가 아니라 아홉 개의 기적이 있다. 게다가 마태는 각 기적을 개별적으로 취급하지 한 세트로 묘사하지 않는다(Carson).

한편, 일부 학자들은 이 기적 섹션(8:1-9:34)이 네 가지 목적을 달성하고 있다고 주장한다(Burger, Kingsbury). (1)8:1-17은 기독론 정리, (2)8:18-34은 제자도 정의, (3)9:1-17은 예수님과 제자들이 이스라엘에서 분리됨 설명, (4)9:18-34은 믿음을 정의한다는 것이다. 어느 정도 타당성이 있는 설명이지만 너무 보편적이어서 학자들의 많은 지지를 얻지는 못했다.

가장 자연스러운 것은 이 섹션에 세 그룹(8:1-17; 8:23-9:8; 9:18-34)의 기적이 있고, 각 그룹은 세 개의 기적으로 이루어진 것으로 간주하는 것이다. 제자들에 관한 이야기(8:18-22)와 제자도와 연관된 가르침(9:9-17)이 세 그룹 사이에 끼여 기적들을 각각 세 개로 이루어진 조로 나누고 있기 때문이다(Davies & Allison, France, Hagner). 첫 번째 기적 그룹(8:1-17)은 나병 환자와 노예 등 사회적 약자들을 치료하신 일이다. 두 번째 기적 그룹(8:23-9:8)은 자연, 악령, 질병 등 사탄이 사람들을 억압하는 도구들을 제압하시는 일이며, 세 번째 기적 그룹(9:18-34)은 맹인, 청각 장애인 등 장애를 치료하시는 일이다(cf. Blomberg, Keener, Osborne). 이 기적들은 예수님을 통해 하나님의 나라가 임했다는 사실을 선포하는 역할을 한다(Wilkins).

여기에 기록된 기적들은 주제별로 정리된 것들이며 시대적인 순에 따라 기록된 것이 아니다(Blomberg, Carson, Wilkins). 마태복음보다 먼저 쓰인 마가복음 1:40-2:22을 바탕으로 추정해 보면 제자도에 대한 가르침(8:18-22)은 산상 수훈뿐 아니라, 천국에 관한 비유들(13장; cf. 눅 8:22-56)을 선포하신 다음에 있었던 일이다(Blomberg). 또한 8:2-4, 8:14-17, 9:2-13은 산상 수훈 전에 있었던 일이다(Carson, cf. 막 1:29-34, 40-45; 눅 4:38-41). 본 텍스트는 다음과 같이 구분된다.

A. 내러티브(8:1-10:4)
B. 디스코스 2(선교적)(10:5-10:42)

C. 끝맺음(11:1)

III. 예수님의 권위가 드러남(8:1-11:1)

A. 내러티브(8:1-10:4)

예수님의 메시아 사역을 회고하는 이 섹션은 세 세트의 기적을 중심으로 구성되어 있다. 첫 번째 기적들(8:1-17)은 나병 환자와 노예 등 사회적 약자들을 치료한 것이다. 두 번째 기적들(8:23-9:8)은 자연, 악령, 질병 등 사탄이 사람들을 억압하는 도구들을 제압한 것이다. 세 번째 기적들(9:18-34)은 맹인과 청각 장애인 등 장애를 치료하는 것들이다. 중간 중간에 제자도와 제자들에게 주는 가르침이 있으며, 본 텍스트는 다음과 같이 구분된다.

A. 질병을 치유하는 기적들(8:1-17)
B. 예수님을 따르려면(8:18-22)
C. 사탄을 제압하는 기적들(8:23-9:8)
D. 마태를 부르심(9:9)
E. 죄인들과 먹으심(9:10-13)
F. 금식 논쟁(9:14-17)
G. 장애를 치료하는 기적들(9:18-34)
H. 하늘나라 복음이 퍼져 나감(9:35-10:4)

1. 질병을 치유하는 기적들(8:1–17)

산에서 내려오신 예수님은 문둥병자(1–4절), 이방인(5–13절), 여자(14–15절) 등 가장 약한 자들(outcasts)이라 할 수 있는 사회적으로 소외된 사람들을 치유하신다. 예수님은 이 사역을 통해 '정결–부정' 장벽과 '유대인–이방인' 장벽 그리고 '남자–여자'의 성차별 장벽을 모두 무너뜨리신다(Wilkins). 가장 높으신 하나님이 세상의 가장 낮은 자들에게 임하신 것이다.

예수님의 사역은 이사야 57:15–18을 성취하신 것이라 할 수 있다. 이사야에 따르면 지극히 높은 곳에 계시는 하나님이 사람들이 죄를 회개하고 주님께 나오기를 기다렸지만 불가능한 일이었다. 인간에게는 죄를 스스로 해결할 만한 능력이 없기 때문이다. 이에 하나님은 더는 무능한 인간을 탓하거나 기다리지 않으시고, 직접 내려와 그들을 조건 없이 용서하고 치료하고 하나님과의 관계를 회복해 온 세상에 평화(샬롬)가 임하게 할 것이라고 하신다. "지극히 존귀하며 영원히 거하시며 거룩하다 이름하는 이가 이같이 말씀하시되 내가 높고 거룩한 곳에 있으며 또한 통회하고 마음이 겸손한 자와 함께 있나니 이는 겸손한 자의 영을 소생시키며 통회하는 자의 마음을 소생시키려 함이라"(사 57:15). 드디어 이 말씀이 예수님을 통해 성취되고 있다. 이 섹션은 다음과 같은 치유 사역에 관한 것이다.

A. 나병 환자(8:1–4)
B. 백부장의 종(8:5–13)
C. 베드로의 장모(8:14–15)
D. 밤에 찾아온 무리(8:16–17)

(1) 나병 환자(8:1–4)

^{1} 예수께서 산에서 내려오시니 수많은 무리가 따르니라 ^{2} 한 나병 환자가 나아와 절하며 이르되 주여 원하시면 저를 깨끗하게 하실 수 있나이다 하거늘 ^{3} 예수께서 손을 내밀어 그에게 대시며 이르시되 내가 원하노니 깨끗함을 받으라 하시니 즉시 그의 나병이 깨끗하여진지라 ^{4} 예수께서 이르시되 삼가 아무에게도 이르지 말고 다만 가서 제사장에게 네 몸을 보이고 모세가 명한 예물을 드려 그들에게 입증하라 하시니라

예수님은 이미 갈릴리 지역을 두루 돌아다니시며 치유 사역을 하셨지만(4:23–25), 구체적인 질병을 언급하는 치유 사역은 이번이 처음이다. 나병 환자를 치료하는 일을 첫 기적으로 언급하는 복음서는 마태복음이 유일하다. 구약 율법에 따르면 문둥병은 성전에 나갈 수 없는 가장 크고 무서운 질병이다(cf. 레 13–14장). 그러므로 마태가 문둥병을 맨 먼저 언급하는 것은 예수님을 통하면 어떠한 질병도 사람이 하나님께 나아가는 것을 막을 수 없는 시대가 열렸음을 암시한다. 사람이 하나님께 나아가는 것을 막았던 부정한 병의 장벽이 무너진 것이다.

어떤 이들은 예수님이 산을 내려오시는 것(1절)을 모세가 산을 내려온 일과 연관해 새로운 모세 모티브가 계속되고 있다고 주장한다 (Davies & Allison, Hagner). 구약에서 모세가 시내산을 내려오고, 또한 누이 미리암의 문둥병을 치료한 적이 있으니(cf. 민 12장) 가능한 해석이다. 그러나 산상 수훈을 통해 예수님은 새로운 모세가 아니라 모세가 섬기던 하나님이심이 확실히 드러났다. 또한 나병 환자를 치료하시면서 하나님의 이름이 아니라 "내가 원하노니 깨끗함을 받으라"(3절)라고 하시는 것은 예수님이 모세보다 훨씬 더 위대한 분임을 암시한다. 예

수님의 새 모세 모티브는 더는 의미가 없는 것이다.

한 나병 환자가 예수님께 나아왔다(2절). 나병/문둥병(λεπρὸς)은 한 센병(Hansen's disease)을 포함한 다양한 피부질환을 뜻한다(TDNT, cf. NIDOTTE). 나병에서 회복되는 일은 거의 불가능했으며, 구약에서는 모세가 미리암을 치료한 사건과 선지자 엘리사가 나아만 장군을 치료한 사건이 유일하다(cf. 민 12:10-15; 왕하 5:9-14). 그러므로 유대인들은 문둥병을 치료하는 것을 죽은 사람을 살리는 일만큼이나 어려운 일로 생각했다(Boring, cf. 왕하 5:7, 14). 그들은 이 병을 하나님의 저주로 간주했다(cf. 민 12:10, 12; 욥 18:13). 문둥병을 치료하는 것은 메시아만 할 수 있는 일이었다(11:5)

레위기 13:46에 따르면 나병 환자는 다른 사람들과 거리를 두고 격리된 삶을 살아야 한다. 그러나 이 환자는 얼마나 절박했는지, 율법을 무시하고 예수님 앞에 나아왔다(2절). 그는 절하며 예수님을 주라고 불렀다. '절하다'(προσκυνέω)는 경배의 표시이며(cf. 2:2, 8; 4:10), '주'(κύριος)는 하나님을 칭하는 용어이기도 하다. 나병 환자는 하나님을 경배하는 마음으로 예수님을 경배하고 있다(cf. Carson).

그는 낫기를 간절히 원하지만 '만일 원하시면…'(ἐὰν θέλῃς)이라며 예수님의 치료 능력과 권세에 대한 전적인 신뢰를 표현한다. 예수님은 거뜬히 치료하실 수 있다는 믿음이 있으나 자신이 병에서 낫는 것은 치료자이신 예수님의 의지에 달려 있다는 사실을 고백하는 것이다. 이 사람은 신학이 매우 건전하고 잘 정리된 사람이다.

놀라운 점은 예수님도 환자의 절박함과 간절함에 버금가는 열정으로 그를 치료하기를 원하셨다는 것이다. 예수님은 "내가 원하노니…"(θέλω)라고 말씀하시며 손을 내밀어 그를 만지셨다(3절). 예수님이 하나님의 이름이나 능력이 아니라 자기 의지로 나병 환자를 치료하신 것은 하나님 버금가는 분임을 암시한다.

율법은 나병 환자만 부정한 것이 아니라, 그를 만진 사람도 부정하다고 여기며 접촉을 금한다. 나병 환자의 부정함이 그를 만진 사람마저 오염시킨다며 접촉을 금한 것은 나병이 전염되는 것을 우려해서였다. 그러므로 예수님이 그를 만지신 일은 율법을 어긴 것이라는 해석이 가능하다. 그러나 예수님은 하나님이시고, 거룩함의 원천이시다. 그러므로 이 이야기에서는 예수님이 나병 환자의 부정함에 오염된 것이 아니라, 예수님의 정결하심이 나병 환자의 부정함을 모두 씻어내고 그를 정결하게 했다. 부정함이 아니라 정결함이 더 큰 능력을 발휘하고 있다(Beale & Carson).

예수님은 '깨끗함을 받으라'고 말씀만 하셔도 그를 낫게 하실 수 있었다. 그런데 왜 군이 손을 내밀어 그를 만지셨을까? 손은 구약에서 내미는 자의 권위를 상징한다(Kingsbury, cf. 출 7:5; 14:21; 15:6; 왕상 8:42). 그러나 이곳에서는 자신의 처지를 알기에 쉽게 다가오지 못하는 환자를 치료자가 찾아가는 것을 의미한다. 예수님은 병을 앓고 있는 환자를 위로하고 그와 교감하시고자 먼저 다가가 만지신 것이다.

예수님은 나병에서 치유된 사람에게 "가라…보이라…드리라"라는 세 개의 명령문을 사용해 한순간도 지체하지 말고 곧바로 성전으로 가서 제사장에게 깨끗해진 몸을 보이고 율법에 따라 제물을 드리라고 하셨다(4절; cf. 레 14:1-32). 병이 나았을 때 가장 우선적이고 중요한 일은 낫게 해 주신 하나님께 감사하는 것이라는 사실을 암시한다. 또한 성전에 가서 하나님께 예물을 드리는 일은 나병 환자들의 염원이기도 하다. 율법은 감염되지 않는 것이 확실하지 않은 한 나병을 앓는 사람들이 성전을 찾지 못하도록 금했기 때문이다(cf. 레 13-14장).

예수님은 병이 나은 사람에게 성전에 가서 제사장들에게 몸을 보이고 예물을 드려 '그들에게 입증하라'(εἰς μαρτύριον αὐτοῖς)고 하시는데(4절), 제사장들에게 무엇을 입증하라는 것일까? 이에 대해 학자들 사이에 다소 논쟁이 있다(cf. Carson, Davies & Allison, Hagner, Osborne). 해석적인 옵션은 크게 두 가지다. 첫째는 제사장들이 잘못되었다는 것(예수님이 메시아라는 사실을 부인하는 것)을 입증하는 것이고, 둘째는 예수님이 나병을 낫게 하시는 메시아라는 것을 입증하는 것이다. 사실 어느 쪽을 택하든 결론은 같다. "예수님은 메시아이시다." 그러므로 솔직히 왜 이런 것이 논쟁거리가 되는지 의아하기도 하다.

예수님은 병이 나은 사람에게 아무에게도 알리지 말고 조용히 성전을 찾으라고 하신다. 그러므로 1절이 언급하는 수많은 무리가 없는 상황에서 환자를 치료하신 것이 확실하다. 예수님의 메시아 사역이 은밀하게 이뤄지는 것은 마가복음에서 매우 중요한 주제인 '메시아적 비밀'(messianic secrecy)로 부각된다. 예수님은 유대인들이 기다리던 요란한 정복자(conquering king)가 아니라 사람들의 죄 사함을 위해 오신(cf. 9:1-8; 20:28; 26:28) 고난받는 종(suffering servant)의 삶을 살기를 원하신다(Gundry, Longenecker).

이 말씀은 병자를 치료하고 돌보는 것도 교회가 이 땅에서 해야 하는 사역의 일부라고 한다. 예수님은 병자들이 회복되는 것을 기뻐하시기 때문이다. 또한 나음을 입은 사람은 간증한다며 떠들고 다닐 것이 아니라, 조용히 하나님을 예배하며 하나님의 말씀과 주님과의 관계에 대해 묵상하는 것이 바람직하다.

```
III. 예수님의 권위가 드러남(8:1-11:1)
  A. 내러티브(8:1-10:4)
    1. 질병을 치유하는 기적들(8:1-17)
```

(2) 백부장의 종(8:5-13)

⁵ 예수께서 가버나움에 들어가시니 한 백부장이 나아와 간구하여 ⁶ 이르되 주여 내 하인이 중풍병으로 집에 누워 몹시 괴로워하나이다 ⁷ 이르시되 내가 가서 고쳐 주리라 ⁸ 백부장이 대답하여 이르되 주여 내 집에 들어오심을 나는 감당하지 못하겠사오니 다만 말씀으로만 하옵소서 그러면 내 하인이 낫

겠사옵나이다 ⁹ 나도 남의 수하에 있는 사람이요 내 아래에도 군사가 있으니 이더러 가라 하면 가고 저더러 오라 하면 오고 내 종더러 이것을 하라 하면 하나이다 ¹⁰ 예수께서 들으시고 놀랍게 여겨 따르는 자들에게 이르시되 내가 진실로 너희에게 이르노니 이스라엘 중 아무에게서도 이만한 믿음을 보지 못하였노라 ¹¹ 또 너희에게 이르노니 동서로부터 많은 사람이 이르러 아브라함과 이삭과 야곱과 함께 천국에 앉으려니와 ¹² 그 나라의 본 자손들은 바깥 어두운 데 쫓겨나 거기서 울며 이를 갈게 되리라 ¹³ 예수께서 백부장에게 이르시되 가라 네 믿은 대로 될지어다 하시니 그 즉시 하인이 나으니라

유대인 나병 환자를 치료하신 예수님이 이번에는 이방인을 치료하신다. 하나님의 구원에 유대인뿐 아니라 이방인도 포함되는 것을 암시한다. 또한 이 사건은 이스라엘에 대한 경고이기도 하다. 만일 그들이 회개하고 예수님이 선포하시는 하나님 나라를 받아들이지 않는다면, 하나님의 구속사가 이방인 중심으로 진행될 수도 있다. 구약도 이미 이러한 상황을 경고했다(사 2:1-3; 미 4:1-2). 지금부터는 아브라함의 후손이라는 족보가 아니라, 유대인과 이방인에 상관없이 누구든 믿음으로 하늘나라에 들어갈 수 있다. 그러므로 이 이야기의 핵심은 치료가 아니라 믿음이다. 이 이야기와 같은 사건인 누가복음 7:1-10이 더 자세하게 기록했다.

가버나움(5절; cf. 4:13)은 갈릴리 호수 주변에 있는 어촌이자 지역의 상업적 중심지였다. 그곳에 사는 한 백부장이 예수님께 나아왔다. 이 사람은 로마 사람이거나 다른 나라 이방인이었을 것이다. 그러나 유대인들 보기에 부정하기는 마찬가지다. '백부장'(ἑκατοντάρχης)은 로마제국 군대에서 기본적이고 중요한 장교로, 각각 8명으로 구성된 10개 소대를 지휘했다(Ferguson). 이런 지위에 있는 사람이 예수님께 간구한다. 평소 명령을 내리는 일에만 익숙해 있던 사람인데, 지금은 예수님의 자비를 구하고 있다.

백부장이 예수님께 구한 것은 중풍병으로 몹시 괴로워하고 있는 하인을 치료해 달라는 것이다(6절). '하인'(παῖς)을 아들로 해석하는 이들도 있지만(Boring, Bultmann), 신약에서 24차례 사용된 이 단어가 유일하게 아들을 의미하는 곳은 요한복음 4:51이다(France). 그 외에는 모두 종을 뜻한다. 당시 이방인과 유대인이 서로 싫어했다는 점을 고려할 때 로마 군대의 대장이 앓아누운 종을 위해 유대인인 예수님 앞에 나와 고개를 숙이는 모습이 이상하게 보일 수 있다. 누가복음 7:3-5에 따르면 이 사람은 회당을 세우는 데 큰 도움을 준 하나님을 두려워하는 사람(God-fearer)이다. 그는 유대인들의 신앙에 대해 많이 알고 있었고, 이미 하나님을 경외하는 사람이었다. 또한 예수님이 온갖 병을 치료하신다는 소문을 들었을 것이다(cf. 4:23-25).

그는 겸손히 자신을 낮추며 예수님을 '주'(κύριος)라고 부른다(6절). 바로 앞 섹션에서 나병 환자가 예수님을 주라고 부른 일을 연상케 한다(2절). 예수님의 창조주 권위를 인정하는 고백이다(Osborne). 그가 하인에 대해 과하다 싶을 정도의 관심과 사랑을 표현하는 것으로 보일 수도 있지만, 이는 낮은 자의 안녕까지 챙기는 그의 인품이 참으로 따뜻하고 자상하다는 것을 암시한다. 로마 제국의 직업 군인은 대체로 20년 동안 복무했는데, 이 기간에 파견을 나가면 가족을 파견지에 둘 수 없었다. 그러므로 이 하인은 그의 유일한 가족이라 할 수 있다(Keener). 그는 예수님이 중풍병을 고치셨다는 소문을 들었을 것이다(cf. 4:24).

예수님은 백부장에게 "내가 가서 고쳐 주리라"라고 하셨다(7절). 이 말씀을 "내가 가서 고쳐 줄까?"라는 질문으로 해석하는 이들도 있다(Held, McNeile, Morris, Turner, cf. NIV). 그러나 이 부분은 고쳐 주겠다는 예수님의 확고한 의지를 표현하는 선언(statement)으로 간주하는 것이 바람직하다(Blomberg, Hagner, cf. 새번역, 공동, NAS, NRS, ESV). 이방인까지 돌보겠다는 것이 메시아의 의지다.

백부장은 다시 한번 예수님을 '주'(κύριος)라고 부르며 예수님의 높으심에 비해 자신의 비천함을 고백한다(8절, cf. France). 그는 예수님이 그의 집으로 들어오시는 것을 감당하지 못하겠다고 한다(8a절). 어떤 이들은 백부장의 고백을 유대인이 이방인의 집에 들어가는 것을 금기시하던 분위기를 반영한 것으로 해석한다(Hagner, Harrington, Hill). 실제로 유대인들은 이방인의 집에 들어가면 부정해진다고 생각했다(cf. 행 10:28). 하나님을 경외하는 사람으로서 백부장은 이러한 유대인 정서에 민감해하면서도, 이 순간 예수님께 구하는 은혜(종의 회복)를 받을 만한 자격이 자신에게 없다는 사실을 고백하고 있다(France). 예수님에게 세례 베풀기를 주저하던 세례 요한도 이런 마음이었다.

백부장은 자신이 감당하기에는 예수님이 너무나 위대하신 분이니 직접 집으로 찾아오시지 말고 그 자리에서 "나으라"라는 말씀만 하실 것을 부탁한다(8b절). 아직까지 예수님은 먼발치에서 누구를 치료하신 적이 없다. 그러므로 이러한 부탁은 참으로 믿음의 도약(leap of faith)이라고 할 수 있다(Keener).

백부장은 그의 경험을 통해 예수님의 '나으라'라는 한마디가 얼마나 큰 능력이 있는지 고백한다(9절). 그도 남의 수하에 있기 때문에 윗사람이 명령하면 아랫사람이 그대로 해야 한다는 것을 잘 알고 있다. 특히 그는 군인이기에 이 같은 문화에 매우 익숙하다. 상관이 그에게 내리는 명령과 그가 부하들에게 내리는 명령 모두 로마 황제의 권위로 내려지는 것들이다. 이와 같이 예수님의 말씀도 곧 그를 보내신 창조주 하나님의 말씀이다. 그러므로 예수님이 직접 찾아오실 필요 없이 그의 종을 괴롭히는 질병에게 떠나라고 말씀하시면 그렇게 될 것이라고 말한다.

마태복음에서 믿음은 매우 중요한 주제다(9:2, 22, 28-29; 15:28; 17:20; 18:6; 21:21-22; 23:23). 마태는 믿음을 지적(知的)인 측면에서 하늘나라에 대한 진리를 인정하는 것(24:23, 26), 예수님의 메시지를 받아들이고 충성하는 것(18:6; 21:25; 27:42), 예수님은 어떠한 기적도 행하실 수 있다는 것을 확신하는 것(기적 이야기들) 등 세 가지로 정의한다(Davies & Allison). 백부장은 이미 이러한 믿음을 가지고 있다.

백부장의 말을 들은 예수님이 놀라신다(10a절). 마태복음에서 예수님이 놀라시는 장면은 이곳이 유일하다. 마가복음 6:6은 예수님이 유대인들의 불신에 놀라셨다며 같은 단어(θαυμάζω)를 사용한다. 이곳에서는 이방인의 믿음에 놀라고, 마가복음에서는 유대인들의 불신에 놀라신다. 이방인과 유대인의 신앙이 강력한 대조를 이룬다. 하나님이 놀라시는 것은 적절하지 않지만, 예수님은 인간의 몸과 감정을 지니셨기 때문에 놀라시는 것이 당연하다(Calvin).

예수님은 따르는 자들, 곧 이 광경을 지켜보고 있는 사람들에게 '진실로'(ἀμὴν) 말씀하신다. 매우 중요한 진리를 말씀하실 때 이 단어를 자주 사용하신다(cf. 5:18, 26). 예수님은 '이스라엘 중 아무에게서도 이만한 믿음'(παρ' οὐδενὶ τοσαύτην πίστιν ἐν τῷ Ἰσραὴλ εὗρον)을 보지 못하셨다며(10b절) 11장에서부터 본격적으로 전개될 이스라엘 사람들의 불신에 대해 독자들을 대비하게 하신다.

'이만한 믿음'(τοσαύτην πίστιν)은 이보다 더 좋을 수 없다는 뜻이다(cf. BAGD). 예수님이 놀라신 이유는 예수님이 멀리서도 종을 낫게 하실 것이라고 확신하는 백부장의 믿음 때문이 아니다. 예수님의 권위가 그분을 보내신 하나님에게서 왔다는 사실을 백부장이 정확히 알고 있는 것에 놀라셨다(Carson). 백부장은 로마 황제가 그에게 모든 권위를 위임해 보낸 것처럼, 하나님이 모든 권위를 예수님에게 위임해 이 땅에 보내셨다는 사실을 아는 사람이다.

백부장의 믿음에 탄복하신 예수님은 동서로부터 많은 사람이 와서 아브라함과 이삭과 야곱과 함께 천국에 앉을 것이라고 하신다(11-12절). 누가는 여기에 북과 남을 더한다(13:29). 세상 곳곳에서 모여드는 사람들을 유대인으로 해석하는 이들도 있지만(Davies & Allison), 이방인도 포함해서 해석해야 한다. 장차 예수님이 세우실 교회는 새 이스라엘이며 많은 이방인을 포함할 것이기 때문이다(Carson, France, Morris, Smmilie, cf. 사 2:2-3; 25:6-9; 45:6; 56:3-8; 59:19; 60:3-4; 미 4:1-2; 슥 8:20-23; 말 1:11).

이 말씀은 종말에 있을 천국 잔치가 배경이 된다(Boring, Carson, cf. 사 25:6-9; 65:13-14; 시 23:5). 아브라함이 온 세상에 축복의 통로가 될 것이라는 말씀(창 12:1-3; 22:18)이 예수님을 통해 실현되고 있다는 것을 공개적으로 드러내는 말씀이기도 하다. 유대인뿐 아니라 모든 사람의 구원이 마태복음에서 중요한 주제로 전개된다(1:5-6; 2:1-12; 3:9; 4:14-16, 25; 8:5-13, 28-34; 10:18; 12:21, 42; 13:38; 15:21-28, 29-31; 24:14, 31; 25:31-46; 28:19).

하나님 나라에 입성하는 이방인들과는 대조적으로 유대인들은 쫓겨난다(12절). 그들은 이 나라의 본 자손들이다. 하나님 나라를 상속해야 할 자들이라는 뜻이다. 아브라함의 자손인 그들은 자신들만이 하나님의 백성이라고 자부했다(3:8-9). 그러나 유대인들은 메시아 예수를 거부함으로써 스스로 하나님 나라를 포기했다. 그러므로 어떤 이들은 이 말씀이 이방인들에게 집중된 대명령(28:19)을 기대하게 한다고 하지만(France, Hagner, Luz), 이 말씀에 등장하는 선조들(아브라함, 이삭, 야곱) 모두 유대인이다. 또한 예수님도 유대인이시다. 그러므로 하나님 나라에는 유대인들과 이방인들이 함께할 것으로 보아야 한다(Carson, Turner, Witherington).

'바깥 어두운 데'(τὸ σκότος τὸ ἐξώτερον)는 하나님의 빛이 비추는 영역을 완전히 벗어난 곳으로 최종 심판이 이뤄지는 곳이다(Osborne). 울며 이를 가는 것은 하나님으로부터 괴리된 슬픔과 괴로움을 묘사하며, 우는 것은 장례식의 슬픔, 이를 가는 것은 처절한 절망을 상징한다(McNeile, cf. 욥 16:9; 시 35:16; 37:12; 112:10; 애 2:16). 마태는 이를 가는 장소가 지옥이라고 한다(Davies & Allison, cf. 13:42, 50; 22:13, 24:51, 25:30).

종말에 있을 유대인들과 이방인들의 엇갈리는 운명이 충격적이다. 그러나 이사야 2:1-3(미 4:12) 등은 이런 일이 있을 것이라고 이미 경고했다. 또한 예수님의 비유 중 처음 된 자가 나중 된다는 것도(20:1-16) 비슷한 경고다. 유대인이든 이방인이든 상관없이 누구든 예수님을 믿는 자에는 천국 문이 열려 있다. 반면에 아브라함의 자손이라 할지라도 예수님을 믿지 않으면 천국에 들어갈 수 없다.

예수님은 백부장에게 "네 믿음대로 될지어다"라며 집으로 보내셨다 (13절). 백부장의 믿음이 기적을 일으킨 것이 아니다. 그는 믿음으로 예수님이 행하시는 기적에 동참했다. 그러므로 '믿음대로 될지어다'는 예수님이 그가 바라는 대로 종을 치료하시겠다는 뜻이다. 마태복음에서 예수님이 이방인의 청을 들어주시는 것은 이 본문과 15:21-28 단 두 차례다. 둘 다 예수님에 대한 확고한 믿음을 보시고 그들의 청을 들어주셨다.

환자를 직접 접하지 않고 멀리서 치료하시는 것은 매우 특이한 일이다. 그러므로 이는 예수님의 능력이 어느 정도인지를 잘 보여 주는 사건이다. 예수님이 말씀하시자 '즉시'(ἐν τῇ ὥρᾳ ἐκείνῃ) 하인이 나았다. 이 또한 예수님의 능력을 강조한다.

이 말씀은 믿음이 불가능한 일도 해낸다는 것을 보여 준다. 백부장의 믿음은 예수님이 환자를 대면하지 않고 치료하시는, 인간적인 관점에서 불가능한 일을 해냈다. 그러므로 예수님은 겨자씨만큼 작은 믿음으로도 산을 움직일 수 있다고 하신다. 또한 누구든 이 백부장처럼 예수님을 놀라게 할 만한 큰 믿음을 가질 수 있다.

(3) 베드로의 장모(8:14-15)

¹⁴ 예수께서 베드로의 집에 들어가사 그의 장모가 열병으로 앓아누운 것을 보시고 ¹⁵ 그의 손을 만지시니 열병이 떠나가고 여인이 일어나서 예수께 수종 들더라

예수님이 베드로의 장모를 낫게 하신 일은 마가복음 1:29-31과 누가복음 4:38-39에도 기록되어 있는데, 두 복음서 모두 예수님이 안식일에 회당에서 귀신 들린 자를 치료하신 다음에 있었던 일로 기록한다. 반면에 마태는 이 사건을 회당 일과 연관 짓지 않으며 더 간략하게 회고한다. 책의 흐름 때문이다. 예수님은 맨 처음 유대인 중 소외된 사람인 나병 환자를 치료하셨고(1-4절), 이어서 이방인을 치료하셨다(5-13절). 이번에는 여인을 치료하신다. 즉, 예수님이 8장에서 무너뜨리시는 장벽이 '사회적 차별→인종 차별→성차별'로 이어진다.

베드로와 안드레는 원래 벳새다 출신 어부였으며(요 1:44) 어업을 위해 가버나움으로 옮겨 왔다. 장모와 함께 살 정도로 큰 집을 소유하고 있는 것으로 보아 베드로는 어느 정도 성공한 어부였다(Osborne). 고고학자들이 전통적으로 베드로의 집터로 알려진 곳을 발굴했고, 이 터에 주전 63년부터 예수님 시대까지 집이 있었던 사실을 확인했다. 이후 대부분 고고학자가 이 집이 본문에 나오는 베드로의 집이라고 결론지었다(Wilkins, cf. Boring). 또한 이 집에서 몇 발자국 떨어지지 않은 거리에서 회당도 발굴했으며, 예수님이 이 회당에서 가르치셨을 것이라 한다.

베드로의 장모가 열병으로 앓아누워 있다. 아마도 말라리아였을 것이다(Wilkins). 바리새인들은 여자를 만지는 것과 열병을 앓는 환자를 만지는 것을 금기시했다(Carson). 그들을 만진 사람이 부정하게 된다고 했다. 그러나 예수님은 나병 환자를 치료하셨을 때처럼 이번에도 베드로의 장모를 손으로 만지시며 치료하셨다. 예수님은 한 번 더 유대인들이 터부시한 것을 깨뜨리신다. 환자를 치료하는 일로 인해 예수님이 오염이 되는 것이 아니라, 오히려 오염된 환자를 정결하게 하신 것이다.

열병은 곧바로 떠나가고 여인은 건강을 되찾았다. 그녀는 곧바로 예수님께 수종을 들었다. 낫게 해 주신 예수님께 감사한 마음을 표시한 것이다. 예수님은 그녀의 섬김이 제자들에게 교훈이 되기를 바라셨다.

이 말씀은 하나님의 은혜를 입은 사람이 주님과 이웃을 섬기는 것이 당연한 일이라고 한다. 병을 치료받은 베드로의 장모는 곧바로 예수님과 제자들을 섬겼다. 은혜를 입은 데 대한 감사의 표시이며 누구든 병을 치료받은 사람이라면 해야 할 당연한 도리라고 생각했을 것이다.

```
III. 예수님의 권위가 드러남(8:1-11:1)
  A. 내러티브(8:1-10:4)
    1. 질병을 치유하는 기적들(8:1-17)
```

(4) 밤에 찾아온 무리(8:16-17)

¹⁶ 저물매 사람들이 귀신 들린 자를 많이 데리고 예수께 오거늘 예수께서 말씀으로 귀신들을 쫓아내시고 병든 자들을 다 고치시니 ¹⁷ 이는 선지자 이사야를 통하여 하신 말씀에

> 우리의 연약한 것을 친히 담당하시고
> 병을 짊어지셨도다

함을 이루려 하심이더라

마가복음 1:21-31과 누가복음 4:31-39에 따르면 예수님이 베드로의 장모를 고치신 날은 회당에서 가르치시고 귀신 들린 자를 고치신 날이며 또한 안식일이었다. 그러므로 '저물매'(ὀψία)는 그날 저녁을 뜻한다. 유대인들의 하루는 해 질 녘에 시작해 다음 날 해 질 녘에 끝이 났다. 그러므로 이 이야기에서 사람들은 해 질 녘에 안식일이 끝나자 예수님을 찾아왔다. 예수님에 관한 소문을 듣고 준비하고 있다가 안식일이 끝나는 순간 몰려온 것이다.

16절은 그날 저녁에 있었던 일들에 대한 요약이자 예수님의 치유 사역에 대한 전반적인 요약이기도 하다. 마태는 예수님이 귀신 들린 자들을 치료하신 일을 세 차례는 요약적으로(4:24; 7:22; 8:17), 다섯 차례는 자세하게 기록한다(8:28-34; 9:32-34; 12:22-24; 15:22-28; 17:14-20). 예수님이 귀신 들린 사람들을 고치시는 것은 사탄의 권세를 꺾고 그의 짓누름에서 사람들을 해방시키시는 의미를 담고 있다. 귀신을 쫓으실 때마다 영적인 전투에서 승리하시는 것이다. 그러므로 마태도 본문에서 병든 자들을 고치신 일은 한 차례 언급하지만 귀신 들린 자를 고치신 일은 두 차례 언급함으로써, 예수님이 우리의 육신적 연약함을 치료하시는 것보다 영적인 질병을 고시치는 일을 더욱더 부각시킨다. 장차 십자가에서 사람이 안고 있는 가장 큰 영적인 문제인 죄를 치료하실 것이기 때문이다.

예수님은 귀신 들린 자들과 몸이 병든 자들을 '말씀'(λόγος)으로 치료하셨다. 백부장의 하인을 찾아가지 않고 멀리서 한마디 말씀으로 치료하신 것처럼 이번에도 치료하시는 능력이 주님의 말씀에 있다. 당시 퇴마사들은 환자가 지칠 때까지 온갖 주술과 저주를 반복해도 귀신들을 쫓아내지 못했는데, 하나님의 아들이신 예수님은 단 한마디로 쫓아내신다!

예수님은 병든 자들도 다 고치셨다. 일부 은사주의(charismatic) 사람들은 이 말씀을 우리가 기도하면 예외 없이 모든 육체적인 질병과 고통이 치료된다는 뜻으로 해석한다(Beale & Carson). 만일 그렇다면 바울이 세 번이나 간곡히 기도했지만 해결받지 못했던 '육체의 가시'(고후 12:7-9)와 예수님의 '고난의 잔'(막 14:36)은 어떻게 설명해야 하는가?

메시아에게도 기도로 해결하지 못한 고통이 있었다면, 인간인 우리가 아무리 기도해도 해결받지 못하는 질병과 고통이 있는 것은 당연한 일이다. 기도는 우리가 하나님의 뜻에 순응하도록 우리를 변화시키는 역할을 한다는 것도 기억해야 한다.

예수님의 치유 사역은 선지자의 예언을 이루는 일이다(17절). 마태에게 예수님의 삶과 사역이 구약을 성취한다는 것은 매우 중요하다(cf. 1:23, 25; 2:15, 23; 4:14). 또한 마태는 이사야가 메시아에 대해 예언한 네 개의 '종의 노래'(사 42:1-4; 49:1-6; 50:4-9; 52:13-53:12)가 예수님을 통해 성취되었다는 사실을 매우 중요하게 여긴다(2:23; 12:17-21; 20:28; 26:28; 27:12, 38). 특히 이사야의 종의 노래 중 마지막 노래인 52:13-53:12은 더욱더 중요하다. 이 마지막 노래가 인간의 죗값을 대신 치르는 메시아에 관한 노래이며, 이는 십자가에서 최종적으로 성취될 것이기 때문이다(cf. 20:18-19, 28; 26:27-28).

이번에도 마태는 예수님의 치유 사역이 마지막 종의 노래 일부인 이사야 53:4을 이루시는 일이었다고 한다(17절). 칠십인역(LXX)은 이 말씀을 "그는 우리의 죄를 짊어지고 우리 때문에 고난을 당했다. 그러나 우리는 그가 [자신의] 고통과 괴로움과 고난으로 [괴로워하는 줄 알았다]"(οὗτος τὰς ἁμαρτίας ἡμῶν φέρει καὶ περὶ ἡμῶν ὀδυνᾶται καὶ ἡμεῖς ἐλογισάμεθα αὐτὸν εἶναι ἐν πόνῳ καὶ ἐν πληγῇ καὶ ἐν κακώσει)라며 마소라 사본의 육체적 '질고/질병'(חֳלִי)을 영적 '죄'(ἁμαρτία)로 영성화(spiritualize)했다. 그러므로 예수님이 육체적인 연약함(τὰς ἀσθενείας)과 병(τὰς νόσους)을 짊어지셨다고 하는 본문은 마태가 칠십인역(LXX)을 인용한 것이 아니라, 직접 마소라 사본을 번역한 것이다.

마태가 지속적으로 예수님의 사역을 구약의 성취라고 하는 것은 예수님의 사역이 기적을 행하는 어떤 특별한 사람(miracle worker)이 선풍적으로 일으킨 일이 아니라, 하나님이 오래전부터 계획하신 일들이 때가 참에 따라 세상에 드러나는 것이라는 사실을 강조하기 위해서다(cf.

Hagner). 장차 온 인류를 심판하실 메시아는 인간의 연약함을 이해하시고 그들의 질병과 슬픔에 익숙하신 따뜻한 구원자시다(Davies & Allison).

이 말씀은 귀신 들린 사람들에게서 귀신들을 쫓아내는 것도 교회의 사역 중 하나라고 한다. 악령에게 억압받는 사람을 해방시켜 하나님의 자녀가 되게 하는 것은 좋은 일이다. 그러므로 이런 은사를 가진 사람들을 격려해 더 많은 사람이 마귀에게서 해방되도록 해야 한다.

Ⅲ. 예수님의 권위가 드러남(8:1-11:1)
　A. 내러티브(8:1-10:4)

2. 예수님을 따르려면(8:18-22)

[18] 예수께서 무리가 자기를 에워싸는 것을 보시고 건너편으로 가기를 명하시니라 [19] 한 서기관이 나아와 예수께 아뢰되 선생님이여 어디로 가시든지 저는 따르리이다 [20] 예수께서 이르시되 여우도 굴이 있고 공중의 새도 거처가 있으되 인자는 머리 둘 곳이 없다 하시더라 [21] 제자 중에 또 한 사람이 이르되 주여 내가 먼저 가서 내 아버지를 장사하게 허락하옵소서 [22] 예수께서 이르시되 죽은 자들이 그들의 죽은 자들을 장사하게 하고 너는 나를 따르라 하시니라

마태는 예수님의 치유 사역 이야기를 잠시 멈추고 제자도에 대한 가르침으로 이어간다. 믿음은 항상 순종과 함께해야 한다는 것을 강조하기 위해서다(Bruner). 제자도는 마음에 내킬 때만 예수님의 말씀에 따라 행동하는 팬클럽의 지침이 아니다. 항상 예수님의 가르침을 최우선으로 삼고 실천하는 삶이다. 그러나 온갖 이해관계가 서려 있는 세상에서 이렇게 사는 것은 쉽지 않다. 결국 제자도는 이 땅에서 이방인처럼, 혹은 나그네처럼 살겠다고 결단하고 주님을 따르는 사람들만이 추구할 수 있는 삶이다(cf. 히 11:13; 벧전 1:7, 17; 2:11).

많은 사람을 고치신 예수님이 5:1에서처럼 무리를 떠나길 원하셨다. 그래서 제자들에게 갈릴리 호수 건너편으로 가기를 명하셨다(18절). 유대인들이 사는 서쪽에서 이방인들이 사는 동쪽으로 옮겨 가신 것이다 (cf. 8:28; 9:1). 무리는 예수님의 전도와 사역 대상이다. 반면에 제자들은 예수님의 말씀에 순종하고 그를 따르기로 결단한 사람들이다. 예수님은 이들을 특별히 여기시고 따로 가르침을 주신다. 제자들만 데리고 호수를 건너시는 것은 이 순간 예수님의 관심이 제자들을 훈련하는 데 있으며, 무리를 전도하는 데 있지 않기 때문이다.

배가 서쪽 해안을 떠나려고 할 때 한 서기관이 예수님의 제자가 되겠다고 나섰다(19절). 당시 사회는 문맹률이 매우 높았다. 그러므로 글을 쓰고 읽는 서기관은 많은 특권을 누렸다. 지방에서는 회당에서 율법을 해석하고 가르치는 일을 했고(cf. 7:28-29), 예루살렘에서는 대제사장들, 산헤드린과 어깨를 나란히 하는 위치에 있었다(cf. 2:4). 그러므로 서기관이 제자가 되겠다고 나서는 것은 상당히 놀라운 일이라 할 수 있다.

그러나 이 사람은 제자의 삶에 반쯤 헌신한 사람이다. 그가 예수님을 제자들이나 도움을 청하는 사람들이 사용하는 '주'(κύριος)를 사용하지 않고 '선생'(διδάσκαλος)이라고 부르는 데서 알 수 있다. 아람어 '랍비'를 헬라어로 번역한 것이 '선생'인데, 예수님의 제자들이나 주님을 따르는 자들은 예수님을 주라고 하지 선생이라고 하지 않기 때문이다 (Boring). 아마도 그는 자신이 서기관으로 활동하고 있다는 것을 바탕으로 제자 중에서도 특별하고 뛰어난 자가 되기를 원했을 것이다(Hengel).

당시 유대교에서는 제자가 선생을 택했다. 그러므로 이 서기관은 "예수님, 당신은 오늘 참으로 행운이 있는 줄 아세요. 나 같은 사람이 당신을 택했으니까요"라는 자세로 예수님의 제자가 되겠다고 한 것이다(Bruner). 서기관들은 원래 예수님에게 우호적이지 않다(cf. 5:20; 7:29; 9:3). 그러므로 이 서기관이 예수님을 따르겠다고 나선 것은 참으로 귀한 일이라 할 수도 있다. 그러나 예수님의 반응은 상당히 냉정하다. 그가 온전히 제자가 되고자 하는 것이 아니라는 사실을 잘 아시기 때문이다. 또한 예수님이 제자를 두실 때는 자신의 조건에 맞는 자들을 제자 삼으시지 조건을 제시하는 자들을 제자로 두지 않으신다(Wilkins).

예수님은 그에게 여우도 굴이 있고 새들도 거처가 있지만 인자는 머리 둘 곳이 없다고 하신다(20절). 예수님도 가족이 있고 친지들이 사는 집이 나사렛에 있었다(cf. 4:12-13). 또한 베드로의 집에 머물기도 하셨다(8:14). 그러므로 이 말씀은 순례자의 삶을 살며 이곳저곳을 순회하는 선생(itinerant teacher)의 삶을 묘사한다(2:13-14; 12:15; 15:21). 바울도 사도의 삶을 이렇게 묘사했다(고전 4:11; cf. 히 11:13-16). 당시 랍비들은 높은 지위를 누렸지만, 예수님은 소속된 회당도, 지위도 없으시다. 그러므로 예수님은 매우 적나라하게 서기관에게 그가 제자가 되어도 누릴 부귀영화는 없다는 사실을 말씀하신다.

예수님은 자신을 '인자'(υἱὸς τοῦ ἀνθρώπου)라고 칭하시는데, 신약에서 이 용어가 처음 사용된다. 구약에서는 에스겔 선지자가 전능하시고 영원하신 하나님과 대조적으로 매우 연약하고 잠시 살다 죽는 인간을 지칭하는 의미로서 계속 '인자'(בֶּן־אָדָם)라고 불린다(겔 2:1, 3, 6, 8 등). 반면에 다니엘 7:13-14에서 '인자'(בַּר אֱנָשׁ, 아람어)는 하늘 구름을 타고 와서 옛적부터 항상 계신 이(하나님)에게 나아가 세상 모든 나라와 민족에 대한 권세와 영광을 받는다. 여기서 인자는 메시아다.

복음서에서 예수님이 스스로 '인자'라고 칭하시는 것이 정확히 무엇을 의미하는가에 대해 학자들의 논쟁이 뜨겁다(cf. Blomberg, Boring, Carson, Davies & Allison, France, Hagner, Morris, Osborne, Stein, Wilkins). 간단히 생각하면 예수님이 메시아 되심을 의미하는 여러 타이틀(메시아, 하나님의 아들, 다윗의 아들, 인자) 중 '인자'를 가장 선호하시는 데는 그만한 이유가 있다. 다른 타이틀은 모두 정복하러 오는 메시아(triumphant messiah)와 연관이 있다. 반면에 인자는 인류를 구원하고 섬기기 위해 종으로 오신 예수님과 가장 잘 어울리는 타이틀이다.

또한 마태복음은 '인자'를 고정된 의미를 지닌 단어로 사용하지 않는다. 최소한 세 가지 의미를 두고 사용한다(Stein, Wilkins). 첫째, 인자는 세상에서 사역하시는 동안 죄인들의 죄를 용서하기 위해 오신 겸손한 종이다(8:20; 9:6; 11:19; 12:8, 32, 40). 둘째, 인자는 대속적인 죽음과 부활을 통해 자기 백성을 구원하실 고난받는 종이다(16:13, 27-28; 17:9, 12, 22; 20:18, 28; 26:2, 24, 25). 셋째, 인자는 세상에 하늘나라를 세우기 위해 다시 오실 영광스러운 왕이며 심판자다(10:23; 13:37, 41; 19:28; 24:27, 30, 37, 39, 44; 25:31; 26:64). 예수님은 이 타이틀로 인해 제자들과 종교 지도자들에게 많은 오해를 받으시다가 대제사장 가야바와 산헤드린 앞에서 이스라엘의 메시아라는 의미로 이 타이틀을 사용하신다(26:63-68).

서기관이라며 제자 중 으뜸이 되겠다고 나섰던 사람이 스스로 포기하자 다른 사람이 나타났다(21절). 이 사람은 반드시 예수님을 따르겠다고 말하며, 다만 먼저 가서 자기 아버지를 장사하게 해 달라고 했다. 그의 아버지가 죽었는지, 죽어가는지 정확하지 않다. 당시 유대인들은 사람이 죽으면 시신은 그날 매장하고, 장례식은 1주일 동안 진행했다. 그러므로 이 사람은 예수님을 따르기 전에 몇 시간에서 며칠을 달라고 요구하는 것일 수 있다.

율법은 부모를 공경하는 것을 십계명에 포함할 정도로 중요시 여겼다(출 20:12; 신 5:16). 그러므로 자식이 부모를 극진히 장사하는 것은 당연한 미풍양속이었다(cf. 창 25:9; 35:29; 50:5-6, 13). 대제사장과 나실인 서원을 한 사람만 부모의 장례식에 참여할 수 없었으며(레 21:10-11; 민 6:6-7), 일반 제사장은 가까운 친척들의 장례식에 참여했다(레 21:2). 이러한 정황에서 예수님이 그에게 "죽은 자들이 그들의 죽은 자들을 장사하게 하고 너는 나를 따르라"라고 말씀하시는 것이 매우 잔인하게 느껴질 수 있다. 그러므로 이 말씀에 대한 학자들의 해석도 매우 다양하다(cf. Boring, Davies & Allison, Hagner, Osborne). (1)이때까지의 너의 삶
은 완전히 포기해야 한다(McNeile), (2)신앙이 흔들리는 자들에게 죽은
자들을 묻으라 하라(Black), (3)부모가 죽을 때까지 그들을 보살피고 그
런 다음에 나를 따르라(Bailey), (4)영적으로 죽은 자들이 육체적으로 죽
은 자들을 묻게 하라(Davies & Allison, France, Hagner, Morris), (5)아무리 큰
의무와 책임이라 할지라도 예수님을 따르는 것을 막아서는 안 된다
(Kingsbury).

예수님은 제자도의 긴급함과 원리를 말씀하시고자 한다. 지금 예수
님은 배를 타고 큰 호수를 건너시려고 한다. 따라서 이 자원자가 해야
할 일을 마무리하고 배로 돌아오기를 기다리며 항해를 지체할 수 없는
상황이다. 예수님을 따르기로 결단하면 당장 실천으로 옮겨야 한다.
그러므로 네 번째 해석이 제일 설득력이 있다. 첫 번째 제자 자원자였
던 서기관이 계속 예수님을 따르지 않고 떠난 것으로 보아 아마 이 사
람도 아버지의 장례를 치르러 가서 돌아오지 않았을 것이다. 예수님의
제자가 되는 것은 모든 평안과 안정을 포기하는 것이며, 심지어 가장
가까운 가족과도 결별하는 일이다(Hengel).

이 말씀은 모든 것을 포기한 사람만이 제자의 삶을 살 수 있다고 한
다. 무엇을 얻으려고 하거나, 혹은 포기해야 할 것에 미련이 많으면 예
수님을 따르기 쉽지 않다. 예수님은 모든 것을 포기한 사람들만 제자
가 되어 따라올 수 있도록 허락하시기 때문이다. 우리 손에 쥔 것이 있
으면 주님이 내미시는 손을 잡을 수 없다.

> III. 예수님의 권위가 드러남(8:1-11:1)
>   A. 내러티브(8:1-10:4)

3. 사탄을 제압하는 기적들(8:23-9:8)

첫 번째 기적 시리즈에서 사회적 약자들을 치료하신 예수님이 이 시

리즈에서는 사탄의 영역을 무력화시키는 기적들을 행하신다. 예수님은 폭풍을 꾸짖어 잠잠케 하심으로써 사탄이 자연을 악용해 사람들에게 피해를 주는 것을 막으신다(Wilkins). 또한 마귀는 영적인 질병과 육체적인 질병으로 사람들을 괴롭히는데, 예수님은 이 두 가지 억압에서 병자들을 해방시키심으로써 이 두 영역에서도 마귀의 영향력을 무너뜨리신다. 이 섹션은 다음과 같이 세 파트로 구분된다.

   A. 풍랑을 잔잔하게 하심(8:23-27)
   B. 귀신 들린 두 사람(8:28-34)
   C. 중풍 환자(9:1-8)

III. 예수님의 권위가 드러남(8:1-11:1)
  A. 내러티브(8:1-10:4)
    3. 사탄을 제압하는 기적들(8:23-9:8)

---

(1) 풍랑을 잔잔하게 하심(8:23-27)

²³ 배에 오르시매 제자들이 따랐더니 ²⁴ 바다에 큰 놀이 일어나 배가 물결에 덮이게 되었으되 예수께서는 주무시는지라 ²⁵ 그 제자들이 나아와 깨우며 이르되 주여 구원하소서 우리가 죽겠나이다 ²⁶ 예수께서 이르시되 어찌하여 무서워하느냐 믿음이 작은 자들아 하시고 곧 일어나사 바람과 바다를 꾸짖으시니 아주 잔잔하게 되거늘 ²⁷ 그 사람들이 놀랍게 여겨 이르되 이이가 어떠한 사람이기에 바람과 바다도 순종하는가 하더라

초대교회 때부터 이 이야기는 알레고리적으로 해석되기 일쑤였다(cf. Boring). 배는 교회이고, 풍랑은 세상의 핍박과 고난이며, 배를 타고 있는 제자들은 성도들로, 오직 예수님만이 이 모든 문제를 해결하실 수 있다는 은혜로운 해석이다. 그러나 이러한 해석은 이 이야기를 실제

있었던 일이 아니라 비유로 봄으로써 역사성을 희석시키는 문제를 안고 있다.

어떤 이들은 이 이야기가 요나서 1-2장의 흐름과 구조를 바탕으로 구성되었다고 한다(Cope). 그러나 불과 다섯 절밖에 되지 않는 내용을 두 장 분량에 비교하다 보니 상당히 억지스러운 부분이 있으며, 지나치게 두리뭉실하다는 생각을 떨칠 수 없다(Carson). 또한 요나는 하나님께 반역해 풍랑을 겪었지만, 제자들은 예수님을 따르다가 이런 일을 겪었다. 비슷한 점보다는 차이점이 훨씬 더 많다.

이야기의 핵심 주제도 논쟁이 되고 있다. 어떤 이들은 제자도가 이 이야기의 핵심이라고 하는가 하면(Bornkamm), 기독론이 핵심이라고 하는 이들도 있다(Feiler, Heil). 바로 앞 이야기에서 두 명의 제자 자원자가 떨어져 나갔고, 이 이야기에서도 제자들과 제자도에 관한 단어('따르다')가 사용되는 것으로 보아 분명 제자도와 연관이 있는 사건이다. 또한 구약에서 파도치는 바다를 잠잠케 하는 것은 하나님만이 하실 수 있는 일이다(삼하 22:16; 시 18:15; 104:7; 106:9; 사 50:2). 그러므로 이 사건은 풍랑을 잠잠케 하시는 예수님이 다름 아닌 여호와라는 기독론을 정립하기도 한다.

예수님이 제자가 되겠다던 사람 둘을 돌려보내시고 갈릴리 호수를 건너 이방인들이 모여 사는 동편으로 가시고자 배에 오르셨다(23절). 제자들도 예수님을 따라 배에 올랐다. 현재까지 우리는 열두 사도 중 베드로, 안드레, 야고보, 요한 네 명의 이름만 알고 있다(4:18-22). 반면, 이야기의 분위기를 보면 네 명보다 더 많은 사람이 배를 타고 있다. 그러므로 '제자들'(μαθηταί)을 사도뿐 아니라 예수님을 전심으로 따르는 사람들을 뜻하는 것으로 보아야 한다.

'따르다'(ἀκολουθέω)는 앞 섹션의 제자도에 대한 가르침에서(18-22절; cf. 4:20, 22; 9:9) 중요한 개념이었다. 서기관은 스스로 예수님을 따르겠다고 나섰지만 실패했고(19절), 두 번째 사람은 예수님이 따라오라고 하셨지만 따라오지 못했다(22절). 이 이야기에서는 제자들만 남아서 예수님을 따른다. 제자는 아무나 되는 것이 아니며, 예수님이 받아 주셔야 제자가 될 수 있다. 이 사건이 보여 주듯 제자들의 믿음은 아직 주님의 사역에 동참할 만한 수준이 아니다. 그들의 신앙은 앞으로 계속 성장할 것이다. 우리의 소망도 여기에 있다. 우리의 믿음이 자람에 따라 하나님이 우리의 사역 지경을 넓혀 주실 것이다.

배가 가버나움을 떠나자 예수님이 주무셨다(24절). 아마도 무리를 상대로 사역하시느라 매우 피곤하셨을 것이다. 배가 항구를 벗어난 지 얼마나 되었을까? 호수(바다)에 큰 놀이 일어나 배에 물이 들어오고 뒤집힐 지경이 되었다(24a절). '놀'(σεισμὸς)을 지진으로 해석하는 이들도 있다(Hagner). 이 단어가 지진과 풍랑을 뜻하는 것이 맞지만(BAGD), 이 이야기에서는 큰 파도를 동반한 폭풍이다. 풍랑은 갈릴리 호수에 자주 있었던 일이다. 갈릴리 호수는 세상에서 가장 낮은 민물 호수(해저 210m)이며 바닷물 호수인 사해(해저 430m) 다음으로 낮은 호수다. 호수의 서쪽과 동쪽은 호수 수면에서 800m에 달하는 높은 산들이 산맥을 형성하고 있다. 봄가을에 동쪽 산에서 불어내려 오는 바람은 순식간에 배를 뒤집을 수 있는 2-3m 높이의 파도를 만들어냈다(ABD, cf. 14:19, 24; 막 4:37; 눅 8:23; 요 6:1-4, 18).

당시 갈릴리 호수에서 운항하는 고기잡이배는 보통 5명(네 명은 노를 젓고, 한 명은 키를 조정)이 탔다. 또한 16명까지 타고 다니는 배도 흔했다. 예수님이 배에서 주무시는 것으로 보아 아마도 예수님과 제자들이 타고 있는 배도 이 정도 규모였을 것이다. 풍랑이 일면 물이 배로 들어오는 것은 흔한 일이었다. 파도가 요동치는 어려운 상황에서 깊은 잠을 자는 것은 하나님을 전적으로 의지하는 것을 상징한다(욥 11:18-19; 시 3:5-6; 잠 3:24-26). 그러므로 예수님의 평안함과 제자들의 극에 달한 불안감이 극명한 대조를 이룬다.

제자들은 예수님을 깨우며 지금 죽게 되었으니 그들을 구원해 달라고 간구했다(25절). '주여 구원하소서'(κύριε, σῶσον)는 그들도 어찌할 바 모르는 절체절명의 위기에서 예수님이 분명 그들을 살리실 것이라는 믿음의 표현이다. 아마도 예수님이 수많은 환자를 치료하시는 것을 옆에서 지켜보았기 때문에 이러한 믿음이 생겼을 것이다. 제자들은 갈릴리 호수에서 어부 일을 하던 사람들이라 파도와 풍랑에 익숙했음에도 불구하고 이렇게 애원하는 것을 보면 이 풍랑이 참으로 위협적이었음을 알 수 있다.

잠에서 깨어난 예수님이 두려워 떠는 그들을 보며 믿음이 작은 자들이라고 하신다(26a절). '믿음이 작은 자'(ὀλιγόπιστος)는 신약에서 다섯 차례 사용되며, 없지는 않지만 그렇다고 충분하지도 않은 제자들의 믿음을 의미한다(6:30; 14:31; 16:8; 눅 12:28). 예수님이 믿음이 작은 그들에게 뭘 그리 무서워하느냐고 말씀하시는 것으로 보아 믿음과 두려움은 공존할 수 없는 관계다(cf. 6:25-34; 요 14:1-2; 빌 4:6). 삶에서 믿음이 두려움을 내몰든지, 두려움이 믿음을 내몰 것이다. 믿음은 처한 상황이 아무리 좋지 않다고 할지라도 하나님이 보호하실 것을 확신하고 두려워하지 않게 하기 때문이다.

예수님이 바람과 바다를 꾸짖으시니 아주 잔잔하게 되었다(26b절). '꾸짖다'(ἐπιτιμάω)는 귀신을 쫓아낼 때 사용되는 단어이기도 하다(17:18). 구약에서는 하나님이 세상을 위협하는 바다를 꾸짖으시는 것으로 묘사된다(삼하 22:16; 시 18:15; 104:7; 106:9; 107:23-32; 사 50:2). 예수님은 하나님과 같은 능력을 지니셨다. 하나님의 아들이시며 하나님이 세상을 창조하실 때 도우셨기 때문이다(요 1:3; 고전 8:6; 골 1:16; 히 1:2). 그러므로 예수님이 자연을 다스리시는 것은 당연하다.

대부분 학자들은 예수님이 바람과 바다를 꾸짖어 잔잔하게 하신 일을 폭풍을 일으킨 악령들과 영적인 전쟁을 치러 승리하신 것으로 해석한다(Blomberg, Davies & Allison, Hill, Filson, cf. 욥 38:8-11; 시 74:13-14; 77:16-18; 89:9-10; 104:7; 사 27:1). 이 기적의 가장 큰 의미는 예수님의

371

신성(神性)을 드러내는 일에 있다. 천재지변을 조장하는 악령들이 예수님께 속절없이 무너진 것이다.

예수님이 풍랑을 잠잠하게 하시자 사람들이 놀란다(27절). 이들은 분명 제자들이지만, 마태는 그들을 '사람들'(ἄνθρωποι)이라 칭하며 그들의 인간적인 연약함과 예수님의 전능하신 신성을 대조하고자 한다. 그들은 "이이가 어떤 사람이기에 바람과 바다도 순종하는가?"라고 묻는다. 예수님을 따르겠다고 나선 제자들이지만, 아직 예수님에 대해 모르는 것이 많다. 앞으로 그들은 예수님이 세상을 창조하시고 다스리시는 하나님이심을 점차 알아갈 것이다.

이 말씀을 읽으면서 우리는 실존적인 질문을 해 보아야 한다. 우리가 힘들고 어려운 일을 겪을 때 우리는 과연 누구에게 도움을 청할 것인가? 혹은 청하고 있는가? 우리를 가장 확실하게 도우실 수 있는 분은 온 세상을 창조하시고 다스리시는 예수님이다. 예수님은 우리가 처한 상황을 다스리시고 그 상황을 조장하는 악령들도 몰아내실 것이다.

Ⅲ. 예수님의 권위가 드러남(8:1-11:1)
  A. 내러티브(8:1-10:4)
    3. 사탄을 제압하는 기적들(8:23-9:8)

(2) 귀신 들린 두 사람(8:28-34)

²⁸ 또 예수께서 건너편 가다라 지방에 가시매 귀신 들린 자 둘이 무덤 사이에서 나와 예수를 만나니 그들은 몹시 사나워 아무도 그 길로 지나갈 수 없을 지경이더라 ²⁹ 이에 그들이 소리 질러 이르되 하나님의 아들이여 우리가 당신과 무슨 상관이 있나이까 때가 이르기 전에 우리를 괴롭게 하려고 여기 오셨나이까 하더니 ³⁰ 마침 멀리서 많은 돼지 떼가 먹고 있는지라 ³¹ 귀신들이 예수께 간구하여 이르되 만일 우리를 쫓아내시려면 돼지 떼에 들여보내 주소서 하니 ³² 그들에게 가라 하시니 귀신들이 나와서 돼지에게로 들어가는

372

지라 온 떼가 비탈로 내리달아 바다에 들어가서 물에서 몰사하거늘 ³³ 치던 자들이 달아나 시내에 들어가 이 모든 일과 귀신 들린 자의 일을 고하니 ³⁴ 온 시내가 예수를 만나려고 나가서 보고 그 지방에서 떠나시기를 간구하더라

앞 이야기(23-27절)에서 예수님은 모여드는 무리를 피하기 위해 배를 타고 호수 건너편으로 오셨다. 그러나 이곳에서도 휴식을 취할 수 없으시다. 악령들과 그들의 지배를 받고 있는 사람들의 고통이 예수님을 가만히 내버려 두지 않기 때문이다. 갈릴리 호수를 건너며 바람과 바다를 꾸짖으신(26절) 예수님이 이번에는 악의 세력을 꾸짖어 권세를 드러내신다.

마태는 예수님이 귀신을 쫓아내셨다는 것을 요약적으로 언급한 적이 있다(4:24; 8:16). 이 사건은 예수님이 귀신을 쫓아내신 일을 상당히 자세하게 기록하는 첫 번째 이야기다. 그러나 마가가 이 사건을 회고하는 것(막 5:1-20)에 비하면 상당히 간략하다. 이 이야기의 핵심이 귀신을 내치신 것이 아니라, 앞 섹션에서 제자들이 그들이 따르고 있는 스승에 대해 던진 질문 "이이가 어떤 사람이기에 바람과 바다도 순종하는가?"(27절)에 답하는 것이기 때문이다. 예수님은 귀신들도 알아보는 하나님의 아들이시다.

예수님이 갈릴리 호수 동편에 있는 '가다라'(Γαδαρηνός) 지방으로 가셨다(28a절). 마가와 누가는 '거라사'(Γερασηνός)로 가셨다고 한다(막 5:1; 눅 8:26). 두 도시 모두 갈릴리 호수 동편에 있는 데카폴리스(그리스화된 10개 도시의 연합체)에 속했다. 거라사는 갈릴리 호수에서 50㎞ 남동쪽에 위치했으며, 가다라는 호수에서 8㎞ 남동쪽으로 떨어진 곳으로 호수에 케르사(Khersa 혹은 Kursi라고도 불림)라고 불리는 조그만 항구를 지녔던 곳이다(ABD). 이 사건이 예수님이 배에서 내리자마자 일어난 일로 묘사되는 것으로 보아 가다라는 이 항구를 의미하는 것으로 생각된다(Blomberg, Wilkins).

373

마태는 예수님이 귀신 들린 두 사람을 만나셨다고 하는데(28a절), 누가와 마가는 이 사건을 회고하면서 귀신 들린 자가 한 명이었다고 한다(막 5:1-20; 눅 8:26-39). 다른 공관 복음이 하나를 언급할 때 마태는 자주 둘을 언급한다. 마태의 두 맹인(9:27-31; 20:29-34)을 마가와 누가는 한 명으로(막 10:46-52; 눅 10:35-43), 마태의 두 나귀(21:1-7)를 마가와 누가는 한 마리로(막 11:1-11; 눅 19:28-38), 마태의 들에서 일하는 두 사람과 맷돌질하는 두 여인(24:40-41)을 마가와 누가는 각각 한 명(막 13:32-37; 눅 17:26-30)으로, 마태의 두 종(24:45-51)을 누가는 한 종으로(눅 12:41-48) 묘사한다. 이러한 상황을 도저히 설명할 수 없는 미스터리라고 하는 이들도 있지만(France, McNeile), 대부분 비평학자는 마태가 한 명을 두 명으로 왜곡하고 있다고 생각한다(Hagner, Loader, Tweltree). 그가 사실을 왜곡하는 이유는 신명기 19:15이 요구하는 최소한 두 명 이상의 증인에서 비롯된 것이라 한다.

그러나 이 이야기는 증언에 관한 것이 아니다. 귀신들이 예수님이 하나님의 아들이심을 증언하는 것과 상관없이 우리는 이미 그가 하나님의 아들이심을 익히 알고 있다. 게다가 귀신들의 숫자는 둘이 아니라 군대다(cf. 막 5:9, 13). 이야기의 핵심은 예수님이 자연을 다스리실 뿐 아니라(23-27절), 귀신들도 꼼짝 못 하게 하시는 메시아라는 데 있다. 그러므로 마태가 귀신들을 증인으로 세우기 위해 사실을 왜곡하고 있다는 것보다는 그가 자신의 고유 출처를 사용해 두 번째 사람에 대해 알게 되었던 것을 이곳에 회고하는 것으로 생각하는 것이 바람직하다(Carson, Wilkins). 혹은 마태가 예수님이 본문과 비슷한 상황에서 치료하신 귀신 들린 자의 이야기를 이 사건에 더해 하나로 묘사하는 것으로 해석할 수도 있다(Gundry, Keener, cf. 막 1:23-28; 8:22-26).

귀신 들린 자들이 무덤 사이에서 나왔다. 당시 무덤은 언덕에 파 놓은 굴이었으며, 부자들은 가족묘로 사용하기 위해 상당히 정교하고 길게 팠다. 그러므로 무덤 입구는 귀신 들린 자들이나 나병 환자들처럼 집에서 쫓겨난 사람들에게 좋은 안식처를 제공했다. 시체가 있는 곳이 기 때문에 부정하고(막 19:11, 14, 16), 사람들이 기피하는 곳이었기에 해 치려 하는 사람들이 찾아오지도 않았다. 또한 죽음은 악과 무거운 분 위기를 자아내기 때문에 이 이야기의 배경으로도 안성맞춤이다.

귀신 들린 두 사람은 매우 폭력적이고 사나워서 아무도 그들이 지키 고 있는 길을 지나갈 수 없을 정도였다(28b절). '사납다'(ἰσχύω)는 이 사 람들이 얼마나 힘이 센지 누구도 힘으로 그들과 맞설 수 없는 상황이 었음을 강조한다. 그 지역 사람들의 블랙리스트에 올라 있는 매우 폭 력적이고 무자비한 사람들이었다는 뜻이다.

귀신 들린 자들은 예수님을 보자마자 '하나님의 아들'이라고 소리를 지른다(29절). 그들의 우두머리 사탄도 예수님을 곧바로 알아보았던 것 (cf. 4:3, 6)을 고려하면 별로 새로운 일은 아니다. 예수님을 잘 아는 귀 신들은 정작 예수님이 누구인지를 아직 잘 모르는 제자들과 대조를 이 룬다. 제자들도 예수님이 하나님의 아들이라는 것을 점차 알아갈 것이 다(14:33; 16:16; cf. 27:54).

고대 근동 사회에서는 모든 사람이 자신의 정체성을 드러내는 숨겨 진 이름을 지녔다고 생각했다. 또한 영적 전쟁에서 이 이름을 알아내 면 우위를 선점하는 것이라 생각했다. 이에 귀신들이 예수님의 숨은 이름을 알고 있음을 드러낸 것을 이 영적 싸움에서 어느 정도 우위를 선점하려는 시도로 해석하는 이들도 있다(Tweftree). 그러나 본문이 의 미하는 바는 다르다. 예수님을 하나님의 아들로 부름으로써 귀신들은 낮은 자신들의 운명이 높으신 예수님에 의해 결정된다는 것을 고백하 고 있다. 복음서에서 가장 확실한 기독론은 악령들의 고백에서 나온다 (Osborne).

귀신들은 예수님을 보자 "우리가 당신과 무슨 상관이 있나이까?"라 며 절망한다. 이 표현은 예수님과 어떠한 연관성도 없으니 자신들을 내버려 두라는 숙어다(삿 11:12; 삼하 16:10; 막 1:24; 요 2:4). 그들은 자신들의 자유가 끝났다는 것을 직감하고 있다.

귀신들은 억울하다. 하나님의 아들이 '때가 이르기 전에' 오셨기 때문이다(29b절). 그들이 말하는 '때'(καιρός)는 사탄과 졸개들이 모두 심판을 받아 유황불 붙는 못에 던져지는 최종 심판이 이뤄지는 때를 의미한다(계 19:20; 20:10, 14; cf. 유 6). 악령들이 심판의 때가 다가오고 있다는 것을 알면서도 회개하지 않고 계속 악한 짓을 하는 것은 사람들과 별반 다르지 않다. 심지어 심판하실 메시아를 보고도 회개하지 않는 것도 같다. 악령들은 분명 심판의 때가 오고 있는 것을 알고 있지만, 지금은 그때가 아닌데 예수님이 너무 일찍 오셨다며 억울하다고 소리를 지르고 있다.

귀신들은 예수님에게 자신들을 괴롭게 하기 위해 여기까지 오셨냐고 탄식하는데, '여기'(ὧδε)가 의미심장한 말이다. 그들은 다른 곳에서 예수님을 만난 적이 있다. 두려운 예수님을 피하려고 '여기'로 왔는데, 예수님이 그들이 머무는 '여기'로 오셨다! 그러므로 '여기'는 세상을 뜻하며, 그들이 예전에 예수님을 본 곳은 하늘이다. 이 말씀은 예수님이 인간으로 성육신하시기 전에 '거기'(하늘)에 이미 계셨음을 전제한다(Gathercole).

한없이 억울하다고 생각하는 귀신들은 예수님이 그들을 두 사람에게서 내치실 것을 기정사실화하면서 간구한다(31절). '간구하다'(παρακαλέω)는 구걸하다시피 간청한다는 뜻이다(BAGD). 그들은 사람에게서 나와 돼지에게 들어가게 해 달라고 간구했다. 성경은 악령들이 쫓겨가는 곳은 물 없는 곳(광야)(12:43)과 무저갱(눅 8:31)과 지옥(벧후 2:4) 등이라고 말한다. 따라서 귀신들은 생명이 없고 고통만 있는 곳으로 보내지 말고 살아 있는 돼지에게 보내 달라고 호소한다.

돼지는 부정한 짐승이다(레 11:7; 신 14:8). 유대인들이 돼지를 키울 리 없다. 그러므로 이곳에 돼지 농장이 있는 것은 이방인들의 땅이기 때문에 가능한 일이다. 예수님과 제자들은 유대인들을 전도하지만(10:5-6;

15:24), 동방 박사(2:1-12)와 백부장(8:5-13) 이야기는 이방인 전도에 대한 조짐이 있음을 뜻하며, 이 이야기에서는 이방인들을 전도하기 위해 이곳에 오셨음을 암시한다. 나중에 대명령을 통해서 이방인 전도가 본격화될 것이다(28:19)

마태는 밝히지 않지만 이 귀신들의 이름은 '군대'다(막 5:9, 13). 로마 제국에서 '군대'(λεγιών)는 6,000명에 달하는 큰 부대였다(ABD). 마가는 돼지 떼가 약 2,000마리 정도 되었다고 한다(5:13). 둘이 잘 어울리는 규모다. 또한 부정한 돼지와 악한 귀신들은 잘 어울리는 쌍이다.

예수님은 귀신들에게 '가라'(ὑπάγετε)고 명령하신다(32절). 속히 사라지라는 의미이며(BAGD) 이 이야기에서 예수님이 하시는 유일한 말씀이다. 예수님이 하시는 단 한마디는 말씀의 권위를 강조한다. 예수님은 많은 말씀을 하실 필요가 없다. 한마디만 하시면 악령들이 도망간다. 예수님이 악령들을 없애지 않으신 것이 아쉽다고 생각할 수도 있다. 그러나 예수님은 마지막 심판 날까지 악령이 거쳐야 할 과정을 거치도록(evil run its course) 허락하셨을 뿐이다(Wilkins). 모든 일에는 절차가 있고 순서가 있어서 아무리 좋은 일(악령을 없애는 일)이라 할지라도 때를 기다려야 한다.

마태는 귀신들에게서 해방된 사람들이 어떻게 되었는지 말하지 않는다. 그러나 마가복음 5:18-19과 누가복음 8:38-39은 해방된 사람이 예수님의 제자가 되기를 원했다고 한다. 주님은 그를 제자로 받지 않으시고 집으로 돌아가 자신에게 있었던 일을 말하며 하나님이 하신 일을 증거하게 하셨다. 귀신에서 해방된 사람이 최초의 '이방인 전도자'가 되도록 소명을 받은 것이다.

귀신들이 돼지 떼에 들어가니 돼지들이 호수로 들어가 몰살했다(32b절). 마을 사람들의 생계 수단이었던 돼지 목장이 한순간에 파괴된 것이다. 악령들이 잘하는 짓이 파괴하는 것이다(cf. 17:14-20). 2,000마리의 돼지가 한꺼번에 죽어 물에 떠 있는 광경을 상상해 보라! 참으로 끔찍하다. 하나님을 거역하는 자들은 이런 광경을 목격하는 것이 아니라, 이런 광경의 일부가 될 것이다! 돼지들이 죽은 것은 안타까운 일이지만, 예수님은 두 귀신 들린 자를 살리는 일을 더 중요하게 여기셨다(France).

돼지를 치던 자들이 마을로 돌아가 모든 일을 알렸다(33절). 소식을 들은 마을 사람들이 모두 몰려와 예수님에게 자기 지방을 떠나시기를 간구했다(34절). 참으로 두려웠기 때문이다(눅 8:37). 바로 앞 풍랑 이야기(24-27절)에서 믿음은 두려움을 몰아내고, 두려움은 믿음을 밀어낸다고 했다. 이 사람들이 두려워하는 것은 믿음이 없다는 증거다. 그들에게 예수님은 삶의 터전인 돼지 떼를 앗아간 고약한 마술사일 뿐이다.

이 사람들이 구세주보다 돼지 떼를 선호하는 모습이 참으로 안타깝다(Carson, Morris, Plummer). 그러나 이는 인류 역사에서 꾸준히 반복되던 일이다. 마을 사람들이 예수님에게 떠나라고 하는 것은 유대인들만 예수님을 거부하는 것이 아니라, 이방인들도 거부할 것을 예고한다(Tasker).

이 말씀은 예수님의 치료하심을 목격하는 사람들이 모두 예수님을 기뻐하는 것은 아니라고 한다. 자신들의 경건하지 못한 삶이 드러나거나 새로운 삶을 시작하는 것이 싫어서 주님을 멀리하려고 할 수도 있다. 그래서 예수님이 매우 특별한 능력을 지니신 분이라는 것은 인정하면서 구세주로 영접하지는 않는다.

III. 예수님의 권위가 드러남(8:1-11:1)
  A. 내러티브(8:1-10:4)
    3. 사탄을 제압하는 기적들(8:23-9:8)

---

(3) 중풍 환자(9:1-8)

¹ 예수께서 배에 오르사 건너가 본동네에 이르시니 ² 침상에 누운 중풍병자

를 사람들이 데리고 오거늘 예수께서 그들의 믿음을 보시고 중풍병자에게 이르시되 작은 자야 안심하라 네 죄 사함을 받았느니라 ³ 어떤 서기관들이 속으로 이르되 이 사람이 신성을 모독하도다 ⁴ 예수께서 그 생각을 아시고 이르시되 너희가 어찌하여 마음에 악한 생각을 하느냐 ⁵ 네 죄 사함을 받았 느니라 하는 말과 일어나 걸어가라 하는 말 중에 어느 것이 쉽겠느냐 ⁶ 그러 나 인자가 세상에서 죄를 사하는 권능이 있는 줄을 너희로 알게 하려 하노 라 하시고 중풍병자에게 말씀하시되 일어나 네 침상을 가지고 집으로 가라 하시니 ⁷ 그가 일어나 집으로 돌아가거늘 ⁸ 무리가 보고 두려워하며 이런 권 능을 사람에게 주신 하나님께 영광을 돌리니라

사탄의 권세를 제압하는 기적 시리즈 중 세 번째 사건이다. 첫 번째 기적에서 예수님은 풍랑을 잠잠케 하셔서 자신이 창조주 하나님과 동 등한 분임을 보여 주셨다(8:23-27). 두 번째 기적에서는 귀신 들린 사 람 둘을 치료하시고 해방시키셔서 사탄이 사람들을 억압하는 데 사용 하는 영적-육체적 질병을 무력화시키셨다(8:28-34). 세 번째인 중풍병 자를 낫게 하시는 이 기적도 귀신 들린 사람들 이야기처럼 육체적 질병 을 치유하시는 것으로 보일 수 있다. 그러나 이 사건의 포인트는 예수 님은 죄를 사하는 권세도 가지신 분이라는 것이다. 예수님이 곧 하나님 이라는 기독론이 이 이야기의 핵심이다. 그래서 마가복음 2:1-12은 이 사건을 상당히 자세히 기록하면서 유대교 지도자들의 부정적인 반응 에 초점을 맞춘 반면, 마태는 예수님의 죄를 사하시는 권세에 초점을 맞춘다.

예수님이 배를 타고 갈릴리 호수를 건너 다시 본 동네로 돌아오셨다 (1절). '본 동네'(τὴν ἰδίαν πόλιν)는 '자기 마을, 도시'라는 뜻을 지녔으며 이방인들이 주로 거주하던 호수 동편 지역(cf. 8:23) 사역을 마치시고 호 수 서편에 있는 가버나움으로 돌아오셨다는 뜻이다. 가버나움은 4:13에 서 예수님이 갈릴리 사역의 베이스캠프로 삼으신 곳이며(cf. 4:17; 8:5;

379

11:23), 가버나움에 오실 때마다 아마도 베드로의 집에 머무셨을 것이다(cf. 8:14-15).

'그들이 데려왔다'(προσέφερον)(2절)가 과거형으로 표현된 것을 보고 병자의 친구들이 예수님이 마을에 오셨다는 소식을 듣고 그를 데려오다가 길에서 예수님을 만난 것으로 해석하는 이들이 있다(Hill). 그러나 이 사건을 기록하는 마가복음 2:1-12과 누가복음 5:17-26에 따르면 이 사람들은 친구를 위해 예수님이 머무신 집(베드로의 집) 지붕을 뚫고 그를 예수님 앞으로 들어 내렸다. 아마도 그들은 예수님이 중풍병자도 치료하신다는 소문을 듣고(cf. 4:24) 주님이 마을로 돌아오시기를 학수고대했을 것이다.

예수님은 '그들의 믿음'(τὴν πίστιν αὐτῶν)을 보셨다(2절). 중풍을 앓고 있는 사람뿐 아니라, 그가 낫기를 바라는 친구들의 간절한 믿음도 보신 것이다. 그러므로 이 치유는 병자의 믿음뿐 아니라 친구들의 믿음이 함께 이뤄낸 기적이다. 이 환자는 평소에 어떻게 살았기에 이런 친구들을 둔 것일까? 신체적 장애는 좋은 친구들을 두는 데 걸림돌이 될 수 없다.

예수님은 그들의 믿음을 보시고 "작은 자야 안심하라 네 죄 사함을 받았느니라"(2절)라며 병자의 죄를 사해 주셨다. '너의 죄들이 사함을 받았다'(ἀφίενταί σου αἱ ἁμαρτίαι)는 신적 수동태이며 현재형이다. 하나님이 그의 모든 죄를 용서하셨으며, 앞으로 계속 이 사실이 유지될 것이라는 뜻이다. '작은 자'(τέκνον)는 '아이'라는 뜻이며, 병자를 부르는 애칭이다(cf. 새번역). 영어 번역본들은 '[내] 아들아'로 번역한다(NAS, NIV, NRS, ESV, cf. 아가페). 인간의 죄를 사하는 것은 오직 하나님만 하실 수 있는 일이다(cf. 사 43:25; 44:22). 그러므로 예수님은 이 병자의 죄를 사해 주시는 일을 통해 자신이 하나님과 동일한 권한을 가지고 있다는 사실을 드러내신다.

예수님이 중풍을 낫고자 찾아온 병자에게 죄 사함을 선포하시는 것은 죄와 질병이 서로 연관되어 있음을 암시한다(cf. 레 26:16; 신 28:22, 35; 대하 21:15-19; 사 53:4; 요 5:14; 롬 5:12; 고전 11:29-30). 그러나 일부 학자들이 주장하는 것처럼 사람이 질병을 치료받기 위해서는 먼저 죄 사함이 선행되어야 한다고 하는 것은(Davies & Allison) 지나친 해석이다. 이 이야기는 단지 예수님이 인간의 질병뿐 아니라 죄도 다스리시는 분 임을 강조한다. 또한 육체적인 치유보다 영적인 치유(죄 사함)가 더 중 요하고 우선이라는 것을 암시한다.

죄와 질병이 함께 취급되는 것은 죄가 세상에 들어올 때 죽음과 질병 이 함께 왔기 때문이다(cf. 창 3장; 롬 5:14). 하나님이 자기 모양과 형상 대로 인간을 창조하실 때 죄는 인간이 지닌 본성의 일부가 아니었다. 죄는 인간이 맨 처음 하나님의 말씀을 거역했을 때부터 앓게 된 일종 의 질병이다. 그러므로 구약은 하나님이 죄를 질병 고치듯이 '치료하신 다'(רפא)는 표현을 자주 사용한다(cf. 대하 7:14; 시 41:4). 개역개정은 이 단어를 주로 '고치다'로 번역한다.

그렇다고 해서 죄가 항상 질병을 동반하는 것은 아니다. 때로는 자 연적인 현상으로 병에 걸릴 수 있다. 심지어 하나님의 영광을 드러내 기 위해 병을 앓는 경우도 있다(cf. 요 9:1-3). 그러므로 병을 앓는 사람 에게 무턱대고 죄를 회개해야 나을 수 있다며 상처를 주는 일은 없어 야 한다. 우리는 그가 병을 앓게 된 정황을 모르기 때문이다.

육신의 병을 낫고자 예수님을 찾아온 병자에게 그의 영적 질병인 죄 가 해결되었다는 것은 복음이다. 그러나 옆에서 듣고 있던 서기관들은 예수님이 신성 모독을 한다고 생각했다(3절). 그들이 아직 공개적으로 예수님을 반대하지는 않았지만, 마음으로는 예수님을 거부하기 시작 한 것이다.

'서기관들'(γραμματέων)은 정경을 보존하는 일에 크게 기여했으며, 일 반인에게 율법을 해석하고 적용하는 것을 가르치는 전문가들이었다. 그들이 보기에 예수님은 율법과 상반되는 가르침을 베풀 뿐 아니라,

하나님의 고유 권한인 죄 사함을 갈취하는 망언자였다. "하나님 한 분 외에 누가 능히 죄를 사하겠느냐?"(막 2:7; 눅 5:21). 율법은 이런 사람은 돌로 쳐 죽이라고 한다(레 24:10-23; cf. 왕상 21:9-14).

이 율법 전문가들이 예수님을 대적하는 공식적인 이유는 신성 모독이지만, 사실은 예수님이 그들이 누리는 특권과 이권을 위협하시기 때문이다. 예수님은 산상 수훈을 통해 그들의 율법 해석과 적용에 문제를 제기하셨다(cf. 5:17-48). 또한 본문에서처럼 죄 사함을 선포하시고, 안식일에 병자들을 치료하시는 일(12:1-14) 등을 통해 그들이 생각하는 하나님의 사역 방식에 동의하지 않으신다. 예수님의 선풍적인 인기도 그들의 대중적 선호도를 위협하고 있다(cf. 21:15). 예수님은 제자들에게 그들의 의가 서기관들의 의보다 나아야 한다며 그들의 위선적인 삶에 일침을 가하셨다(5:20). 서기관들은 예수님이 그들의 입지를 위협하고 있다고 생각해 반대하는 것이다.

서기관들의 생각을 아시는 예수님은 그들이 악한 생각을 품은 것을 책망하셨다(4절). 그들이 예수님을 망언자로 단정한 것은 악한 생각이다. 그들은 예수님이 정말 죄를 사할 수 있는 분인지 알아보는 데 관심이 없다. 그들의 유일한 관심사는 예수님이 그들의 이권을 침해했다는 사실이다. 그러므로 진리의 수호자들이라고 자부하는 서기관들이 이권에 눈이 멀어 예수님의 말씀이 사실인지 아닌지 알아보지 않고 주님을 망언자로 단정하는 것은 나쁜 일이다.

예수님은 서기관들에게 죄인에게 죄 사함을 받았다고 하는 선언과 병 때문에 몸을 움직일 수 없는 사람에게 일어나 걸어가라는 명령 중 어떤 말이 더 쉽겠냐고 물으신다(5절). 이 질문은 수사학적인 질문이다 (Wilkins). 인간적인(세상적인) 관점에서는 죄 사함을 받았다고 선포하는 것이 더 쉽다. 사실 여부를 확인하기가 거의 불가능하기 때문이다. 반면에 병자를 낫게 하는 것은 어려운 일이다. 나으면 당장 걸을 수 있지만, 낫지 않으면 병자로 남아 있을 것이기 때문이다.

하나님의 관점에서는 죄를 사하는 일이 더 어렵다. 치료하시는 하나님에게 사람의 신체적 결함은 문제가 되지 않는다. 반면에 죄는 하나님과 사람 사이를 갈라놓은 가장 심각한 문제다. 그러므로 죄 문제를 해결하는 것이 더 크고 중한 일이다. 서기관들은 성경적으로는 죄 사함이 더 어려운 일이지만, 현실적으로는 병을 낫게 하는 것이 더 어려운 일이라는 것을 잘 안다. 그러므로 마음으로 예수님을 비난했던 서기관들은 아무런 대답을 하지 못하고 침묵한다.

예수님은 서기관들에게 보란 듯이 중풍병자를 치료하시며 자신에게 죄를 사하는 권능도 있다는 사실을 재차 확인하신다(6절). 예수님은 8:20에 이어 두 번째로 자신을 '인자'(ὁ υἱὸς τοῦ ἀνθρώπου)라고 칭하신다. 첫 번째는 인류를 섬기기 위해 오신 겸손한 종의 의미로 이 용어를 사용하셨고, 이번에는 사람의 죄를 용서하는 권능을 가지신 메시아의 의미로 사용하신다.

예수님으로부터 침상을 가지고 집으로 가라는 명령을 받은 병자가 말씀대로 일어나 집으로 갔다(7절). 그는 예수님의 말씀에 순종하는 믿음을 소유했다(cf. 2절). 그러므로 예수님이 그의 믿음을 보시고 그를 치유하셨다. 병자는 육체적인 병에서 해방되기 위해 침상에 실려 주님을 찾았는데, 떠날 때는 죄까지 용서받은 완전히 새로운 사람이 되어 기뻐 뛰며 돌아갔다. 그가 병에서 회복된 것은 곧 하나님이 그의 죄를 용서하셨다는 증거가 되었다.

무리가 이 모든 일을 보고 두려워했다(8a절). 무리의 반응은 서기관들의 반응(3절)과 매우 대조적이다. 서기관들처럼 많이 배웠다고 해서, 혹은 성경에 대해 많이 안다고 해서 반드시 하나님의 역사를 깨닫는 것은 아니다. 오히려 배운 것은 없지만, 마음이 순수한 사람들이 하나님이 하시는 일을 더 쉽게 빨리 알아본다. 병자와 친구들과 무리는 두려워했다고 하는데, '두려워하다'(φοβέω)는 '경외하다, 경의를 표하다'라는 뜻이다(TDNT). 그들에게 하나님에 대한 존경과 경건한 두려움으로 가득했다는 뜻이다. 산상 수훈에서는 무리가 놀랐는데(7:28-29), 이번에는 두려워한다.

무리는 이런 권능을 사람들에게 주신 하나님께 영광을 돌렸다(8b절). 무리가 단수인 '사람'이 아니라 복수인 '사람들'(ἀνθρώποις)을 사용하는 것으로 보아 그들은 아직 예수님이 메시아이기 때문에 이런 일을 하신 것이 아니라, 하나님이 모든 사람에게 이런 권능을 주신 것으로 생각한다. 그들은 예수님을 메시아로 인식하지 못하고 있다.

어떤 이들은 이 말씀을 하나님이 교회 모든 권위자에게 권능을 주신 것으로 해석한다(Benoit, Boring, France, Hill, cf. 16:19; 18:18). 그러나 본문은 교회론이 아니라 기독론에 관한 말씀이다(Carson). 오직 예수님만 이 권능을 가지셨다.

이 말씀은 병을 치료받는 것보다 죄를 용서받는 것이 하나님의 더 큰 은혜라고 한다. 병이 낫는 것은 이 땅에서의 삶에만 영향을 미치지만, 죄를 용서받는 것은 이 땅에서의 삶과 장차 다가올 영원한 삶에도 영향을 미치기 때문이다. 그러나 죄 사함은 예수님을 구주로 영접해야만 가능한 일이다.

III. 예수님의 권위가 드러남(8:1-11:1)
  A. 내러티브(8:1-10:4)

4. 마태를 부르심(9:9)

⁹ 예수께서 그곳을 떠나 지나가시다가 마태라 하는 사람이 세관에 앉아 있는 것을 보시고 이르시되 나를 따르라 하시니 일어나 따르니라

예수님이 사역을 시작하신 후 사회적 소외자들을 치료하신 일과 그분이 지향하시는 제자도는 당시 사람들이 메시아에게 전혀 기대하지 못했던 가히 충격적인 것이었다. 예수님은 사회적 계층 사이의 벽을

허무셨고, 신앙적으로 잘 사는 것에 대한 이해를 뒤집으셨으며, 종교적 문화와 전통에 대한 집착을 파괴하셨다(Wilkins). 이번에는 누구도 전혀 예측하지 못한 세리를 제자로 부르셨다.

마태는 히브리어 이름 맛다냐(מַתַּנְיָה)(대상 9:15)에서 비롯된 것으로 보인다. 칠십인역(LXX)이 이 이름을 Ματθας로 표기했는데 마태의 헬라어 이름 Ματθαῖος가 거의 똑같기 때문이다. 이 이름은 '하나님의 선물'이라는 의미를 지녔다(Carson). 마가복음 2:14은 그를 마태라 하지 않고 알패오의 아들 레위라고 한다(cf. 눅 5:27). 마태와 레위가 다른 사람이라고 하는 이들도 있지만, 같은 사람이 확실하다(France). 당시 한 사람이 여러 이름으로 불리는 것은 흔한 일이었다. 베드로는 시몬이라고 불렸고, 바울은 사울로 불렸다. 레위는 그의 회심 전 이름이며, 회심 후에는 마태로 불렸을 수 있다(Hagner), 혹은 태어날 때부터 '마태 레위'로 불렸을 수 있다(Carson).

그가 레위라는 이름을 지닌 것은 레위 지파에 속했던 사람임을 암시한다(Albright & Mann). 유대인 중에서는 레위 지파 사람들이 히브리어와 율법을 가장 잘 알고 있었다. 또한 그가 세리로 일한 것을 고려하면 그는 헬라어, 히브리어, 아람어, 라틴어를 읽고 쓸 수 있었을 것이다. 율법에 대한 익숙함과 언어적 능숙함이 훗날 이 복음서를 기록하게 했다.

당시 유대인들은 여러 가지 직접세와 간접세를 내야 했다(cf. Osborne). 예를 들면 집을 소유한 사람들은 재산세를 내고, 갈릴리 호수에서 물고기를 잡는 어부들은 수익의 일정한 비율을 세금으로 냈다. 로마 제국은 다스리는 모든 나라에서 세금을 징수했는데, 직접 징수하지 않고 지역을 나누어 매년 세금을 가장 많이 거둬 주겠다는 사람들에게 징수 권한을 주었다. 로마 제국으로부터 징수 권한을 받은 사람들은 상납해야 할 금액보다 훨씬 더 많이 거두어 남은 것을 착복했다. 그러다 보니 온갖 부정과 부패가 난무했으며, 세리들은 로마 사람들을 위해 일하면서 자기 백성을 착취하는 매국노로 취급받기 일쑤였다

(Keener). 사람들은 세관들을 멀리할 뿐 아니라, 미워했고(cf. 눅 19:8), 자기중심적으로 사는 이기주의의 상징으로 대했다(5:46). 이러한 정황에서 예수님이 마태를 제자로 부르신 것은 가히 충격적이라 할 수 있다. 사람들이 꺼리고 사회적으로 지탄받는 이를 측근으로 삼겠다고 하셨기 때문이다.

마태는 아마도 당시 북쪽에서 시작해 가버나움을 거쳐 남쪽으로 이어지는 주요 상업 도로였던 '마리스 도로'(Via Maris)에서 관세와 통행세를 징수하는 일을 했을 것이다(Wilkins). 예수님은 그에게 "나를 따르라"라고 하셨다. '따르라'(ἀκολούθει)는 현재형 명령(present imperative)이며 평생을 따르라는 의미를 지녔다(Osborne).

예수님의 명령을 받은 마태는 곧바로 예수님을 따라나섰다. 어떤 이들은 그가 처음 만난 예수님을 즉흥적으로 따라나선 것이라 하지만(Long, Osborne), 이미 오랜 시간 동안 맺어진 예수님과의 관계를 바탕으로 이렇게 결단한 것이라고 해석하기도 한다(McKnight, Wilkins).

누가복음 5:28은 그가 '모든 것을 버리고' 예수님을 따랐다고 한다. 생각해 보면 마태는 예수님을 따르기 위해 다른 제자들보다 훨씬 더 많은 것을 포기했다. 그는 세리로서 부유한 삶을 살았다. 어부였던 제자들은 언제든 본업으로 돌아갈 수 있지만, 세리였던 마태는 한 번 떠나면 옛 직업으로 돌아갈 수가 없다. 그러므로 그의 결단은 예수님의 부르심만큼이나 파격적이라 할 수 있다.

이 말씀은 우리에게 큰 소망을 준다. 세리는 당시 유대인들이 부정하게 여기던 사람이다. 그는 사회의 지탄을 받을 뿐 아니라, 매국노로 불리는 직종에 종사하는 사람이었다. 이런 사람을 제자로 삼으신 예수님이 하물며 우리를 거부하시겠는가! 모든 것을 뒤로하고 오직 순종하겠다는 각오로 예수님을 따를 것을 결단하면 주님은 우리를 제자로 받아 귀하게 사용하신다.

5. 죄인들과 먹으심(9:10~13)

¹⁰ 예수께서 마태의 집에서 앉아 음식을 잡수실 때에 많은 세리와 죄인들이 와서 예수와 그의 제자들과 함께 앉았더니 ¹¹ 바리새인들이 보고 그의 제자들에게 이르되 어찌하여 너희 선생은 세리와 죄인들과 함께 잡수시느냐 ¹² 예수께서 들으시고 이르시되 건강한 자에게는 의사가 쓸데없고 병든 자에게라야 쓸데 있느니라 ¹³ 너희는 가서

내가 긍휼을 원하고 제사를 원하지 아니하노라

하신 뜻이 무엇인지 배우라 나는 의인을 부르러 온 것이 아니요 죄인을 부르러 왔노라 하시니라

이 사건을 회고하는 누가복음 5:29~30은 마태가 예수님을 위해 자기 집에서 큰 잔치를 베풀었다고 한다. 그가 상당한 부를 누리는 부자였음을 암시한다. 예수님은 손님들과 함께 앉아 음식을 드셨다고 하는데, '앉다'(ἀνάκειμαι)는 비스듬히 누운 자세를 묘사하며 로마 사람들의 풍습에서 비롯되었다. 그들은 음식이 차려진 식탁을 중앙에 두고 둘러 비스듬히 누워 교제하며 음식을 나눴다.

당시 음식을 함께 먹는 것은 동료와 사회적 지위를 정의하는 행위였다. 그러므로 음식을 함께 먹는 그룹에 속하기 위해서 때로는 여러 가지 예식 등을 치르기도 했다(ABD). 마태도 자신이 소속된 그룹이라 할 수 있는 동료 세리들을 초대해 잔치를 열었다. 아마도 그들에게 새로운 스승으로 모시게 된 예수님을 소개하며 자신이 세리직을 떠나는 것도 알리기 위해서였을 것이다.

바리새인들이 태클을 걸어왔다(11절). 예수님이 어찌하여 세리들과 죄인들과 함께 음식을 잡수시느냐는 것이었다. 그들은 예수님이 세리들과 죄인들과 함께 잡수시는 것을 곧 그들의 악한 행실을 용납하신다

는 의미로 해석하고 있다(cf. Beale & Carson).

바리새인들은 세리들이 이방인들과 자주 접하고 안식일에도 일을 한다며 혐오했다. 그러므로 그들은 마태의 잔치에 참석하지는 않았다. 아마도 마태의 집 밖에서 광경을 지켜보다가 문제를 제기한 것으로 보인다. '죄인들'(ἁμαρτωλοὶ)은 보통 사람들처럼 하나님 앞에 떳떳하지 못한 사람들을 뜻하는 것이 아니다. 사람들의 눈에 띄는 심각한 죄를 지은 사람들을 뜻한다. 그들이 생각하기에 지금 예수님은 경건한 사람이라면 도저히 상상도 할 수 없는 일을 하고 계시다. 반면에 예수님은 세리들과 죄인들의 친구이시다(11:19).

여기서 죄인에 대한 관점의 차이를 볼 수 있다(Wilkins). 바리새인들은 자신들의 율법 해석과 적용을 어긴 사람을 죄인이라 한다. 그들은 자신들이 만들어낸 기준으로 의인과 죄인을 판단한다. 한편, 예수님은 누구든 하나님의 뜻에 반대하는 사람이 죄인이라 하신다. 가장 경건하다고 자부하는 바리새인들도 죄인이 될 수 있는 것이다.

예수님이 그들의 문제 제기에 대해 "건강한 자에게는 의사가 쓸데없고 병든 자에게라야 쓸데가 있다"라고 대답하셨다(12절). 아마도 이 말씀은 당시 사용되었던 격언이었을 것이다(Boring, Davies & Allison). 예수님은 이 말씀을 통해 병자가 의사를 필요로 하는 것처럼 죄인들에게는 하나님의 긍휼이 필요하다는 사실을 강조하고자 하신다. 예수님이 세리들과 죄인들과 함께하시는 것은 하나님의 긍휼이 필요한 그들에게 자비를 베풀기 위해서라는 의미다. 반면에 바리새인들은 자신들이야말로 영적으로 가장 건강하다고 자부하는 자들이다. 그러므로 예수님은 그들과 함께 식사하실 필요가 없다.

예수님은 바리새인들에게 가서 "내가 긍휼을 원하고 제사를 원하지 아니하노라"라는 말씀이 무슨 뜻인지 배우라고 하신다(13절). 유대교에서 '배우다'(μανθάνω)는 율법을 공부하는 것을 의미하며(Osborne), 바리새인들은 자신들만큼 구약을 잘 아는 사람은 없다고 자부하는 자들이었다. 그런 그들에게 '더 배우라'는 예수님의 권면은 그들의 위선적인 언행을 비꼬는 냉소적인 말씀이다(Carson). 예수님이 인용하시는 말씀은 호세아 6:6이다. 예수님은 이 말씀을 12:7에서도 인용하신다.

호세아는 이 말씀을 통해 모든 제사가 잘못되었다고 하지는 않았다. 선지자는 여호와를 배신한 나라가 율법의 정신은 망각한 채 율법에 순종한답시고 마음이 없는 제물을 드리는 것을 비판하며 이렇게 말했다. 예수님은 모든 율법을 가장 철저하게 지킨다고 자부하는 바리새인들도 같은 실수를 범하고 있다는 사실을 지적하신다. '긍휼'(ἔλεος)은 히브리어 '헤세드'(חֶסֶד)를 번역한 것이다(LXX). 구약에서 가장 중요한 것이 바로 인간에 대한 하나님의 헤세드다.

예수님은 자신이 의인을 부르러 온 것이 아니라 죄인을 부르러 왔다고 하신다(13b절). 이 말씀은 건강한 자에게는 의사가 쓸데없고, 병든 자에게 쓸데가 있다는 12절 말씀과 맥을 같이한다. 자신들은 누구보다도 영적으로 건강하다고 자부하며 스스로 의인들이라 생각하는 바리새인들은 의사이신 예수님의 필요를 느끼지 못한다. 반면에 하나님께 한없이 죄송하고 부끄럽고, 자신을 가리켜 죄라는 질병을 앓고 있는 병자라고 고백하는 죄인들은 그들을 고치실 예수님을 절실히 필요로 한다. 그러므로 예수님은 당연히 죄인들을 구원하고 치료하기 위해 그들을 찾아가실 것이다. 심령이 가난한 사람만이 천국을 맛볼 수 있다(5:3).

이 말씀은 우리가 부족하고 연약할수록 하나님이 더 많은 관심과 은혜로 우리를 살피신다고 한다. 예수님은 의인을 찾으러 온 것이 아니라 죄인을 부르러 오셨기 때문이다. 그러므로 치료자이신 예수님께 부족함과 연약함을 고백하고 도움을 청하는 사람이 지혜롭다.

6. 금식 논쟁(9:14-17)

¹⁴ 그때에 요한의 제자들이 예수께 나아와 이르되 우리와 바리새인들은 금식 하는데 어찌하여 당신의 제자들은 금식하지 아니하나이까 ¹⁵ 예수께서 그들 에게 이르시되 혼인집 손님들이 신랑과 함께 있을 동안에 슬퍼할 수 있느냐 그러나 신랑을 빼앗길 날이 이르리니 그때에는 금식할 것이니라 ¹⁶ 생베 조 각을 낡은 옷에 붙이는 자가 없나니 이는 기운 것이 그 옷을 당기어 해어짐 이 더하게 됨이요 ¹⁷ 새 포도주를 낡은 가죽 부대에 넣지 아니하나니 그렇게 하면 부대가 터져 포도주도 쏟아지고 부대도 버리게 됨이라 새 포도주는 새 부대에 넣어야 둘이 다 보전되느니라

예수님은 5:17-20에서 자신은 구약의 율법을 폐하러 온 것이 아니 라 완성하러 오셨다고 말씀하셨다. 예수님이 새로 시작하신 하나님 나 라는 구약과 깊은 연관이 있다며 지속성을 강조하신 것이다. 그렇다면 옛 언약(구약)과 새 언약(신약)은 어떠한 차이도 없는 것일까? 예수님은 분명한 차이가 있다고 하신다. 그러므로 예수님의 새로운 가르침을 유 대교의 가르침과 섞으려고 하는 것은 마치 생베 조각을 낡은 옷에 붙 이는 것과 같고, 새 포도주를 낡은 가죽 부대에 넣으려는 것과 같다고 하신다. 두 언약은 분명 지속성을 지니고 있지만, 동시에 대조적인 것 도 지녔다는 것이다. 학자들은 이것을 구약과 신약의 연속성(continuity) 과 단절성(discontinuity)이라고 한다.

세례 요한의 제자들이 예수님께 나와 질문했다(14a절). 이 사건을 회 고하는 마가복음 2:18과 누가복음 5:33은 무리가 질문했다고 한다. 요 한의 제자들도 무리의 일부였으니 무리가 물었다는 표현이 문제가 되 지는 않지만 마태는 왜 요한의 제자들이 물었다고 했을까?

두 가지 이유 때문일 것이다. 첫째, 그들이 말할 때 '우리와 바리새인들'이라고 하는 것에서 볼 수 있듯이 그들은 바리새인들처럼 금욕주의 (asceticism)를 지향하는 삶을 살았는데(11:18), 예수님과 제자들은 마태가 주선한 잔치에서 죄인들과 세리들과 함께 마음껏 즐겼다. 요한의 제자들은 하나님을 경외하는 '경건한 삶'에 대한 그들의 이해와 예수님과 제자들의 삶의 방식이 잘 어울리지 않아 심기가 많이 불편한 것이다(cf. Wilkins).

둘째, 그들은 예수님과 제자들을 질투하고 있다. 요한은 예수님에게 세례를 줄 때 참으로 겸손한 자세를 보였으며, 시기나 질투는 찾아볼 수 없었다(3:14). 그러나 요한의 제자들은 달랐다. 스승인 요한이 감옥에 갇힌 이후(4:12) 그룹의 생존 자체가 위기를 맞고 있다. 반면에 예수님의 대중적인 인기와 인지도는 높아만 가고 있으며, 따르는 무리는 날이 갈수록 커져만 가고 있다. 상대적인 박탈감과 시기와 질투가 그들을 사로잡고 있다. 금욕주의를 지향하는 사람들마저 시기와 질투에 발목이 잡힌 것이다.

마태는 이러한 정황들을 강조하기 위해 요한의 제자들이 문제를 제기했다고 한다. 그들은 자신들과 바리새인들은 금식하는데, 왜 예수님의 제자들은 금식을 하지 않느냐고 물었다(14b절). 율법은 속죄일에 금식할 것을 요구한다(레 16:29-34; 23:27-32). 그 외에는 모두 자원해서 하는 금식이며, 구약 시대 유대인들은 매년 특별한 날에 금식했다. 한편 바리새인들은 매주 월요일과 목요일에도 금식했다. 요한의 제자들이 '우리와 바리새인들의 금식'을 언급하는 것으로 보아 그들도 매주 월요일과 목요일에 금식했을 것으로 생각된다.

예수님과 제자들도 속죄일에는 금식했던 것이 확실하다(France). 율법이 요구하기 때문이다. 그러므로 요한의 제자들이 문제로 삼는 것은 매주 이틀씩 하는 금식이다. 왜 예수님의 제자들은 매주 월요일과 목요일에 금식하지 않느냐는 것이다. 이들의 질문에 예수님은 머지않아 자기 제자들도 금식할 날이 닥치겠지만, 지금은 금식할 때가 아니라고 하신다(15절). 앞서 예수님이 6:16-18에서 금식할 때는 은밀하게 하라고 하신 것은 앞으로 주님의 제자들도 금식할 때가 있을 것을 암시한다. 그러나 지금은 아니라는 것이다. 금식은 때와 장소를 구별해서 하는 것이지 무턱대고 하는 것이 아니다.

예수님은 주의 백성이 학수고대하던 하나님 나라를 드디어 세우셨고, 이러한 사실에 따라 지금은 혼인식에 버금가는 기쁜 잔치를 할 때다. 옛 유대인들은 혼인 잔치를 일주일 동안 진행했다. 일주일 동안 많은 음식과 술이 제공되었으며(cf. 요 2:1-11), 온 공동체가 매우 행복한 시간을 보냈다.

예수님이 바로 이 결혼 잔치의 신랑이시다(cf. 22:2; 25:1-13; 엡 5:23-32; 계 19:7-9; 21:2). 구약은 자주 하나님을 이스라엘의 신랑으로 묘사한다(사 54:5-6; 62:4-5; 렘 3:14; 호 2:19-20). 하나님이 시내산 언약을 통해 이스라엘과 결혼하셨기 때문이다. 또한 장차 오실 메시아가 바로 그들의 신랑이 되실 것이다. 그러므로 예수님이 자신을 신랑으로 묘사하시는 것은 메시아 시대가 시작되었음을 뜻한다(Carson). 예수님을 메시아로 맞이하는 사람들에게 새로이 시작된 하나님의 나라는 결혼식에 버금가는 기쁨과 축하의 잔치가 있을 일이다.

그러나 이 잔치가 오래 지속되지는 않을 것이다. 신랑을 빼앗길 날이 다가오고 있기 때문이다(15b절). '빼앗기다'(ἀπαίρω)는 원하지 않는 상황에서 폭력적인 방법으로 제거될 것을 뜻한다(France, Wilkins). 이 말씀은 고난받는 종(사 53:8, cf. LXX)에 대한 예언을 반영하고 있으며(cf. 8:17), 십자가 사건에 대한 첫 암시다. 그때가 되면 예수님은 도수장으로 끌려가는 어린양과 털 깎는 자 앞에 잠잠한 양같이 조용히 죽음을 맞이하실 것이며(사 53:7-8), 제자들은 슬퍼하며 금식할 것이다.

예수님은 요한의 제자들과 바리새인들이 추구하는 율법 그리고 자신과 제자들이 추구하는 하나님 나라의 새 율법을 두 가지 비유를 통해 대조하신다(16-17절). 첫째, 옛 율법은 낡은 옷과 같고 하나님 나라의 새 율법은 생베 조각과 같다(16절). 만일 방금 만든 생베 조각을 낡은 옷에 붙여 기우면 어떻게 될까? 기웠을 때는 표가 잘 나지 않을 수 있다. 그러나 빨아서 말리면 낡은 옷은 이미 줄 대로 줄어 있기 때문에 변화가 없지만, 그 위에 덧댄 생베 조각은 줄어들면서 낡은 옷을 찢게 된다. 이와 같이 모세가 시내산에서 받은 구약 율법과 예수님이 선포하신 하나님 나라의 새 율법은 결코 융합될 수 없다. 예수님은 옛 종교적 전통을 때우려고 오신 것이 아니라, 완전히 새로운 옷을 주기 위해 오셨다(cf. Osborne, Wilkins).

둘째, 옛 율법은 낡은 가죽 부대와 같고 하나님 나라의 새 율법은 새 포도주와 같다(17절). 당시 액체를 담는 가죽 부대는 주로 무두질한 (tanned) 염소 가죽으로 만들었다. 오래 사용할수록 빳빳해지고 단단해 졌다. 새 포도주는 이제 막 발효가 시작된 것을 뜻하며, 시간이 지날수록 발효 작용으로 인해 부피가 팽창한다. 그러므로 새 포도주는 빳빳하고 단단한 낡은 가죽 부대에 넣지 않는 것이 바람직하다. 내용물의 부피가 팽창하면서 부대를 찢어 버리기 때문이다.

예수님이 시작하신 하나님의 나라는 새 포도주와 같다. 오래된 가죽 부대 같은 옛 시스템과 전통에 담을 수 없다. 예수님은 옛 율법을 새 생명으로 채우려고 오신 것이 아니다. 하나님 나라의 율법은 새 시스템에 담아야 한다. 제자도가 융통성 없이 기계적으로 율법을 지키는 것을 지향하는 유대교 시스템을 대신한다(Wilkins).

예수님 안에서 율법과 복음이 하나가 된다(Carson, Hagner). 그러나 예수님이 율법과 복음을 하나로 융합시키셨다는 의미는 아니다. 또한 예수님은 구약 율법을 무효화시킨 것이 아니라 완성하심으로써 하나님 나라의 새로운 윤리와 기준을 제시하셨다. 초대교회는 이러한 사실을 잘 깨닫지 못해 기독교를 유대교의 한 종파로 생각했다. 그러다가 이방인들이 많아지면서 예수님 안에서 율법과 복음이 하나가 된다는 것이 무엇인지를 점차 깨달아 갔다(Carson, Osborne, cf. 갈라디아서).

393

이 말씀은 당면한 상황에 따라 지혜롭게 대처하라고 한다. 모든 일에는 때가 있다. 금식할 때가 있으면 잔치해야 할 때도 있다. 우리는 삶에서 끊임없이 선택해야 한다. 많은 기도를 통해 하나님의 인도하심을 받아 올바른 선택을 해야 한다.

Ⅲ. 예수님의 권위가 드러남(8:1-11:1)
   A. 내러티브(8:1-10:4)

7. 장애를 치료하는 기적들(9:18-34)

세 가지 기적으로 구성된 이 섹션의 마지막 기적 시리즈다. 첫 번째 시리즈는 사회적으로 소외된 사람들을 구원하기 위한 것이었고(8:1-17), 두 번째 시리즈는 메시아 나라의 권세는 정치적이나 군사적인 능력에 있지 않고 사탄을 무력화시키는 영적인 능력에 있다는 것을 선포했다(8:23-9:8). 이곳에 묘사된 세 가지 기적은 예수님이 전혀 예상하지 않은 상황에서도 기적을 베푸시는 참으로 자비로우신 분임을 강조한다. 이 중 첫 번째 기적은 죽은 소녀를 살리신 일과 혈루병을 앓는 여인을 치료하신 것으로 이 이야기들은 분리할 수 없도록 하나로 묶여 있다. 그러므로 하나의 기적으로 취급된다. 두 번째 것과 세 번째 것은 맹인과 청각 장애인 등 장애를 치료하시는 기적이다(cf. Blomberg, Keener, Osborne). 본 텍스트는 다음과 같이 세 파트로 구분된다.

A. 죽은 소녀와 혈루증 여인(9:18-26)
B. 맹인 두 사람(9:27-31)
C. 청각 장애인(9:32-34)

(1) 죽은 소녀와 혈루증 여인(9:18-26)

¹⁸ 예수께서 이 말씀을 하실 때에 한 관리가 와서 절하며 이르되 내 딸이 방금 죽었사오나 오셔서 그 몸에 손을 얹어 주소서 그러면 살아나겠나이다 하니 ¹⁹ 예수께서 일어나 따라가시매 제자들도 가더니 ²⁰ 열두 해 동안이나 혈루증으로 앓는 여자가 예수의 뒤로 와서 그 겉옷 가를 만지니 ²¹ 이는 제 마음에 그 겉옷만 만져도 구원을 받겠다 함이라 ²² 예수께서 돌이켜 그를 보시며 이르시되 딸아 안심하라 네 믿음이 너를 구원하였다 하시니 여자가 그 즉시 구원을 받으니라 ²³ 예수께서 그 관리의 집에 가사 피리 부는 자들과 떠드는 무리를 보시고 ²⁴ 이르시되 물러가라 이 소녀가 죽은 것이 아니라 잔다 하시니 그들이 비웃더라 ²⁵ 무리를 내보낸 후에 예수께서 들어가사 소녀의 손을 잡으시매 일어나는지라 ²⁶ 그 소문이 그 온 땅에 퍼지더라

이 사건은 예수님이 마태가 베푼 잔치에서 하나님 나라가 시작된 것은 결혼식처럼 기쁜 일이므로 금식할 때가 아니라고 말씀하실 때 있었던 일이다(cf. 14-17절). 한 관리가 찾아와 절하며 방금 죽은 딸을 살려 달라고 했다(18절). 그는 딸이 죽은 것을 확인하고 찾아온 것이다. 한편, 마가와 누가는 그의 딸이 죽어가고 있다고 하지 이미 죽었다고 하지는 않는다(막 5:23; 눅 8:42).

'관리'(ἄρχων)는 유대인의 지역사회를 관리하는 일곱 지도자 중 하나였다(Osborne). 마가와 누가는 그가 야이로라는 이름을 가진 '회당장'(ἀρχισυνάγωγος)이었다고 한다(막 5:22; 눅 8:41). 회당장은 예배 때 성경을 봉독하거나 강론하며 재정 관리까지 하는 회당을 운영하는 세 지도자 중 하나였다(TDNT). 유대인들이 그다지 많지 않은 곳에서는 한 사람이 두 직분을 겸하기도 했다(Wilkins).

'절하다'(προσκυνέω)는 일상적으로 사람이 하나님께(cf. 창 22:5; 출 4:31; 신 26:10; 시 5:7) 혹은 왕이나 상관에게(삼상 24:9; 왕상 1:16, 23) 예를 표하는 행위다. 상당한 영향력을 행사하는 지위에 있는 사람이 예수님에게 절을 하는 것은 그가 참으로 예수님을 믿었다는 뜻이다. 이 사람 야이로는 문둥병자(8:2-4)와 백부장(8:5-13) 그리고 중풍 환자와 친구들(9:2-7)의 믿음에 견줄 만한 믿음을 지녔다. 그는 예수님이 결정만 하시면 죽은 자도 살리신다는 큰 믿음을 지닌 사람이었다. 그러나 직접 오시지 않고 말씀만 하시면 종이 나을 것이라는 이방인 백부장의 믿음보다는 조금 못하다(Carson). 그는 예수님이 직접 죽은 딸에게 손을 얹어 살려 주시기를 바라기 때문이다.

예수님은 아직까지 죽은 자를 살리지는 않으셨지만, 이 사람은 예수님이 아무리 못해도 죽은 아이들을 살린 엘리야와 엘리사보다 더 능력이 뛰어날 것이라고 확신한다(cf. 왕상 17:17-24; 왕하 4:32-37). 그가 들은 소문에 따르면 예수님은 엘리야와 엘리사가 하지 못했던 이적들까지 행하셨기 때문이다. 그러므로 그는 예수님이 죽은 딸에게 손만 올리셔도 딸이 살아날 것을 확신한다. 그는 자신의 확신을 '살겠나이다'(ζήσεται)라며 미래 직설형(future indicative) 동사를 사용해 표현한다. 반드시 그렇게 될 것이라는 믿음이다.

방금 딸을 잃은 아버지의 슬픔을 헤아리신 예수님이 곧바로 자리에서 일어나셨다(19절). 10절은 예수님이 잔치에서 음식을 나누며 옆으로 비스듬히 누워 계셨음을 암시한다. 오랜만에 참석하신 성대한 잔치이기에 주저하실 수도 있었는데, 곧바로 자리를 박차고 일어나신 것은 예수님이 언제든지 아픈 사람들에게 자비를 베푸실 준비가 되어 있으시다는 것을 암시한다. 기뻐하는 자들과 함께 기뻐하시는 것도 좋지만, 고통스러워하는 자들과 함께하시는 것이 더 중요하기 때문이다. 스승이 야이로를 따라나서니 제자들도 일어나 함께 갔다.

야이로를 따라가는 도중 한 여인이 몰래 예수님의 뒤로 와서 주님의 겉옷 가를 만졌다(20절). '겉옷 가'(τοῦ κρασπέδου τοῦ ἱματίου)는 유대인들의 겉옷에 달린 술(tassel)을 뜻한다(BAGD). 유대인들은 하나님의 말씀에 순종해 거룩하게 살 것을 다짐하는 의미에서 겉옷 네 코너에 술을 달았다(민 15:37–42; 신 22:12; cf. 마 23:5). 이 술을 볼 때마다 몸과 마음가짐을 새롭게 하라는 일종의 권면 도구였다.

예수님의 술을 만진 사람은 열두 해 동안이나 혈루증을 앓는 여인이었다. '혈루증'(αἱμορροοῦσα)은 월경 과다(menorrhagia)나 질 출혈(vaginal bleeding)처럼 자궁에서 피가 멈추지 않고 조금씩 흘러나오는 증세다(ABD). 이런 경우 몸에서 피가 빠져나가는 것도 문제지만, 피가 멈추지 않는 한 부정한 자로 구분된다(레 15:25–30). 또한 누구든 그녀를 만지면 부정해진다. 그러므로 이런 질병을 앓는 사람은 사회적으로 고립되어 살아야 한다.

12년 동안 이런 증상이 계속되었으니 얼마나 고통스러웠을까! 여인은 어떻게든 병을 고치려고 여러 의사에게 보이면서 고생도 많이 하고 재산도 다 잃었다. 하지만 아무 효력이 없었고 오히려 더 악화되었다(막 5:26). 그러다가 예수님에 대한 소문을 듣고는 예수님의 능력을 믿고 찾아온 것이다. 그녀의 믿음은 야이로의 믿음보다 더 크다. 야이로는 예수님이 손을 얹으면 딸이 살아날 것을 확신했지만, 여인은 주님의 겉옷만 만져도 나을 것을 확신했기 때문이다(21절).

마가와 누가는 여인이 예수님의 옷깃을 만지는 순간 능력이 빠져나가는 것을 직감한 예수님이 누가 옷깃을 만졌는지 확인하셨다고 한다(막 5:29–30; 눅 8:44–45). 반면에 마태는 간략하게 예수님이 취하신 행동만 요약적으로 묘사한다. 예수님은 전에 중풍병자를 '아들'이라는 애칭으로 부르신 것처럼(9:2) 그녀를 "딸아"(θύγατερ)라고 친근하게 부르시며 그녀의 믿음이 그녀를 구원했다고 하셨다(22절). '네 믿음이 너를 구하였다'(ἡ πίστις σου σέσωκέν σε)는 그녀의 믿음의 출처를 지적하는 말씀이다. 그녀의 간절한 바람이 기적을 이룬 것이 아니다. 사람이 아무

397

리 간절하게 바란다 할지라도 기적은 일어나지 않는다. 기적은 하나님 (예수님)이 행하실 때 일어난다. 그러므로 믿음에서 가장 중요한 것은 출처지, 사람이 희망하는 바가 아니다.

여인이 조용하고 은밀하게 예수님의 옷깃을 만졌기 때문에 예수님도 은밀하게 그녀를 치료해 주시고 가던 길을 가실 수도 있었다. 그러나 본문은 예수님이 공개적으로 그녀가 치유되었음을 선포하셨다고 한다. 그녀에 대한 사회적 오명(stigma)을 제거하시기 위해서였다(Wilkins). 자신과 주변 사람들을 부정하게 하는 혈루증이 깨끗하게 나았으니 더는 기피 대상이 아니다. 또한 이제부터 이 여인은 떳떳하게 사회생활을 할 수 있고, 성전에 나아가 예배도 드릴 수 있다.

인상적인 것은 예수님이 혈루증을 낫고자 찾아온 여인에게 "구원을 받았다"라고 말씀하시는 것이다. '구원하다'(σῴζω)는 일상적으로 죄 사함을 받아 영적으로 완전해졌다는 의미를 지니기 때문이다(1:21; 10:22; 19:25). 마태는 이 여인이 영생을 받을 만한 믿음을 지녔기 때문에 예수님이 그녀의 육체적 질병뿐 아니라 죄도 용서하시고 하나님 나라에 들어가게 하신 것을 이 단어를 사용해 표현하고 있다(Wilkins).

예수님이 야이로의 집에 이르렀을 때는 이미 온 집 안이 조문객들과 장례식을 진행하는 자들로 가득했다(23절). 피리 부는 자들은 곡하는 여인들처럼(cf. 렘 9:17-20) 사례를 받고 장례식을 인도하는 전문가들이다. 유대인들은 시체를 방부처리 하지 않았기 때문에 24시간 이내에 묻었다. 또한 조문객들은 매우 큰 소리로 슬픔을 표현했다. 그러므로 본문도 피리 부는 자들과 떠드는 무리를 언급한다.

예수님은 조문객들에게 소녀는 죽은 것이 아니라 자고 있으니 조문을 멈추고 돌아가라고 하셨다(24절). 마가는 소녀의 나이가 12살이었다고 한다(막 5:42). 당시 여성들의 결혼 적령기였다. 시집갈 딸이 죽었으니 부모의 억장이 무너지는 것은 당연한 일이며, 이 아픔을 아셨기에 예수님은 급히 잔치를 떠나 소녀가 누워 있는 집을 찾으셨다.

소녀가 죽은 것이 아니라 자고 있다는 말을 들은 사람들은 예수님을 비웃었다. 그들도 분명 예수님의 능력에 대해 자자한 소문을 들었을 것이다. 그런데도 비웃는 것은 예수님의 능력이 살아 있는 사람에게는 유효하겠지만, 이미 죽은 사람에게는 별 효과가 없을 것이라며 너무 늦게 오신 것을 아쉬워하는 비웃음이다.

예수님은 소녀를 살리기 전에 먼저 비관론자들을 모두 내보내셨다 (25a절). '내보내다'(ἐκβάλλω)는 강압적으로 내친다는 의미를 지닌 단어로 귀신을 쫓아낼 때도 사용된다(cf. 9:34; 눅 11:20). 예수님이 베푸시는 기적은 믿는 자들을 위한 것이지, 믿지 않는 자들을 위한 것이 아니기 때문이다. 때로는 기적이 믿지 않는 자들의 호기심을 자극하기는 하지만, 그들이 기적을 보고 회심하는 경우는 흔치 않다. 기적을 경험하고 나서도 다른 유형의 불신으로 이어진다. 사람의 마음을 변화시켜 회심하게 하는 것은 오직 하나님의 말씀뿐이다. 하나님의 말씀을 액면 그대로 믿는 믿음만이 회심으로 이어진다.

예수님이 소녀를 누인 곳으로 들어가 베드로의 장모 손을 잡아 치료하셨던 것처럼(8:15) 소녀의 손을 잡으시니 그녀가 살아났다(25b절). 예수님이 죽은 사람을 살리신 세 사건 중 처음 일어난 일이다. 누가복음 7:11-17에서는 과부의 아들을 살리시고, 요한복음 11장에서는 나사로를 살리신다. 그런데 성경은 예수님이 죽은 자 중 부활하신 첫 열매라고 한다(고전 15:20, 23). 그렇다면 예수님이 살리신 자들을 어떻게 이해해야 하는가? 사람의 죽음은 부활 때까지 육체가 잠들어 있는 것이며 (고전 11:30; 15:20-23, 51-55; 살전 4:13-18), 예수님은 잠시 이들을 잠에서 깨어나게 하셨다. 그러므로 그들은 부활한 것이 아니다. 예수님이 살리신 다음에 몇 년을 더 살다가 다시 잠든 그들도 우리처럼 부활을 기다리고 있다.

예수님은 시체가 된 소녀에게 생명을 불어넣어 살게 하시고, 절망과 죽음의 어두움으로 가득한 상가집을 생명의 빛과 기쁨으로 채우셨다.

우리의 사역도 이러면 좋겠다. 성 프란치스코(Saint Francis of Assisi, 1182-1226)의 기도문이 생각난다. "주여, 나를 당신의 도구로 써 주소서. 미움이 있는 곳에 사랑을, 다툼이 있는 곳에 용서를, 분열이 있는 곳에 일치를, 그릇됨이 있는 곳에 참됨을, 의심이 있는 곳에 믿음을, 절망이 있는 곳에 희망을, 어둠에 빛으로, 슬픔이 있는 곳에 기쁨을 가져오는 자 되게 하소서. 위로받기보다는 위로하며, 이해받기보다는 이해하며, 사랑받기보다는 사랑하게 하여 주소서. 우리는 줌으로써 받고, 나를 잊음으로써 나를 찾으며, 용서함으로써 용서받고, 죽음으로써 영생을 얻기 때문입니다."

이 일로 인해 예수님에 대한 소문이 온 땅에 퍼졌다(26절). 시간이 지날수록 예수님에 대한 소문이 커져만 간다(cf. 4:13-25; 9:8, 26, 31, 33). 그러나 예수님은 이 같은 대중적 인기를 즐기지 않으셨으며(8:18; 13:36; 막 4:36; 7:17, 33; 눅 4:42), 자주 한적한 곳으로 가 하나님 아버지를 홀로 찾으셨다(막 1:35; 눅 5:16; 6:12). 우리 사역자들도 인기를 탐하지 않고 오직 예수님만 탐하며 이렇게 살면 좋겠다.

이 말씀은 예수님이 자식을 잃은 부모의 아픔을 헤아리시고, 낫고자 하는 병자의 간절함을 귀하게 여기시는 것을 보여 준다. 예수님은 죽은 소녀를 살리시고 혈루증 환자를 치료하셨다. 이런 일을 가능하게 했던 것은 예수님을 찾아가고 옷자락을 만진 믿음이었다.

III. 예수님의 권위가 드러남(8:1-11:1)
  A. 내러티브(8:1-10:4)
    7. 장애를 치료하는 기적들(9:18-34)

---

(2) 맹인 두 사람(9:27-31)

²⁷ 예수께서 거기에서 떠나가실새 두 맹인이 따라오며 소리 질러 이르되 다윗의 자손이여 우리를 불쌍히 여기소서 하더니 ²⁸ 예수께서 집에 들어가시매

맹인들이 그에게 나아오거늘 예수께서 이르시되 내가 능히 이 일 할 줄을 믿느냐 대답하되 주여 그러하오이다 하니 ²⁹ 이에 예수께서 그들의 눈을 만지시며 이르시되 너희 믿음대로 되라 하시니 ³⁰ 그 눈들이 밝아진지라 예수께서 엄히 경고하시되 삼가 아무에게도 알리지 말라 하셨으나 ³¹ 그들이 나가서 예수의 소문을 그 온 땅에 퍼뜨리니라

이 이야기는 예수님이 여리고성을 떠날 때 두 맹인을 고쳐 주신 일과 비슷하다(20:29-24). 그러므로 마태가 같은 사건을 두 번 언급하는 것이라고 하는 이들도 있지만, 그렇게 보기에는 차이점도 많다. 창세기에 아브라함이 아내 사라를 여동생으로 속이는 이야기가 두 차례, 그의 아들 이삭이 아내 리브가를 여동생이라고 속이는 이야기가 한 차례 등 비슷한 이야기가 세 차례 등장한다. 그러나 이는 같은 사건을 조금씩 변화를 주어 세 차례 사용한 것이 아니다. 비슷한 유형의 이야기는 비슷한 양식에 따라 묘사하는 것이 히브리 문학의 특징이다. 학자들은 이런 현상을 모형 장면(type-scene)이라고 한다. 이 두 사건은 서로 다른 사건이며 두 맹인을 고치셨다는 공통점이 있기 때문에 비슷하게 묘사되는 것뿐이다(cf. Bloomberg, Carson, Hagner, Held, Morris).

예수님이 야이로의 딸을 살리시고 그곳을 떠나실 때 있었던 일이다(27절). 두 맹인이 예수님을 따라오며 고쳐 달라고 소리쳤다. 당시 먼지와 뜨거운 태양으로 인해 팔레스타인에는 눈병이 많았고(Morris), 맹인도 많았다(Wilkins). 앞을 보지 못하는 것은 신들이 내린 재앙이자(cf. 창 19:11; 왕하 6:18; 요 9:1-3), 사람에게 죽음 다음으로 심각한 문제로 여겨졌다(Twelftree). 율법은 맹인은 제사장이 될 수 없다고 한다(cf. 레 21:20).

맹인들은 예수님을 '다윗의 아들'(υἱὸς Δαυίδ)이라고 하는데, 예수님이 이 타이틀로 불리기는 이번이 처음이다. '다윗의 아들'은 다윗 언약(삼하 7:12-16) 이후 장차 오실 메시아의 호칭 중 하나가 되었다. 두 맹인은 예수님이 메시아이심을 인식하고 있는 것이다. 1:1-17은 예수님이

다윗의 계보를 따라 오신 메시아라고 했지만, 이때까지 예수님을 메시아라고 한 자들은 마귀와 귀신들뿐이다(4:3-6; 8:29). 그러므로 비록 그들이 앞은 보지 못하지만, 다른 사람들보다 예수님을 더 잘 보고 있다.

또한 '다윗의 아들'은 예수님의 치유 사역과 연관된 타이틀이다. 마태복음에서 예수님의 치유가 필요한 사람들은 예수님을 이렇게 부른다(9:27; 12:23; 15:22; 20:30-31). 구약은 장차 오실 메시아가 맹인들을 보게 할 것이라고 한다(사 29:18; 35:5-6; 42:7; cf. 마 11:2-6). 이 맹인들은 예수님이 바로 그 메시아이기 때문에 자신들을 치료하실 수 있다고 믿는다. 실제로 맹인의 눈을 뜨게 하는 것은 예수님이 행하시는 흔한 기적 중 하나다(12:22-23; 15:30-31; 20:30-34; 21:14-15). 그들의 낫고 싶은 간절한 마음이 메시아이신 예수님을 알아보게 했다.

예수님은 그들의 외침에 응답하지 않으시고 집으로 들어가셨다(28a절). '집'(τὴν οἰκίαν)이라는 단어에 정관사가 있는 것으로 보아 예전에 예수님이 머무신 적이 있는 곳이다. 예수님의 집(4:13), 혹은 베드로의 집(8:14), 혹은 마태의 집(9:10) 중 하나였을 것이다. 맹인들도 예수님을 따라 집으로 들어왔다. 그들은 낫고자 하는 마음이 참으로 간절했기 때문에 포기할 수 없었다.

예수님은 왜 맹인들의 부르짖음에 곧바로 응답하지 않으셨는가? 예수님은 기적을 행하는 자(miracle worker)로 알려지기를 원하지 않으신다. 메시아적 비밀(messianic secret)은 마가복음에서 자주 등장하는 중요한 개념이지만, 마태복음에서도 종종 언급되는 주제다(8:4; 12:16; 16:20; 17:9). 유대인들은 왕으로 오실 메시아를 기다리고 있었지만, 예수님은 고난받는 종으로 오셨다. 그러므로 예수님은 조용히 사역하기를 원하셨다(cf. 30절). 또한 예수님은 맹인들을 치료하시기 전에 먼저 그들의 믿음을 테스트하고자 하신다. 그러므로 그들에게 "내가 능히 이 일을 할 줄을 믿느냐?"라고 물으셨다(28b절). 맹인들은 주저하지 않고 "주여, 그러하오이다"라며 그들의 믿음을 시인했다(28c절). '주'(κύριος)는 예수님이 유대인들이 간절히 기다리던 바로 그 메시아라는 고백이다. 앞을 보지 못하는 사람들이 보통 사람들보다 예수님을 더 잘 보고 있다.

예수님은 그들의 눈을 만져 치료하시면서 믿음대로 되라고 하셨다 (29절). 예수님이 손으로 만져 치료하시는 것은 흔한 일이다(8:3, 15; 9:25; 14:36; 20:34). '네 믿음 대로'(τὴν πίστιν ὑμῶν)는 그들의 생각이나 마음이 아니라, 메시아이신 예수님의 치료 능력과 권위를 믿는 그들의 믿음이 치유의 근거가 된다는 뜻이다. 믿음에서 가장 중요한 것은 우리가 믿는 분의 능력이다.

맹인들이 보게 되었다(30절). 예수님은 그들에게 엄히 경고하며 아무에게도 알리지 말라고 하셨다(30절). '엄히 경고하다'(ἐμβριμάομαι)는 야단치듯 말씀하셨다는 뜻이다(BAGD). 이날도 이미 대중 앞에서 여러 기적을 행하신 것이 예수님에게는 심적 부담이 되셨다. 또한 사람들에게 그들의 영혼을 구원하는 메시아보다는 기적을 행하는 사람으로 알려지는 것이 싫으셨다.

맹인들은 엄한 경고에 아랑곳하지 않고 예수님에 대한 소문을 온 땅에 퍼뜨렸다(31절). 학자들은 이들의 행동을 불순종으로 해석하기도 하고(Carson, Davies & Allison, Morris, Wilkins), 주님의 은혜를 입은 자는 침묵할 수 없다며 그들의 행동을 정당화하기도 한다(Hagner). 아마도 그들은 예수님의 마음을 이해하지 못했기 때문에 주님의 반대를 무릅쓰고 이렇게 행동했을 것이다. 예수님의 명성이 자자해질수록 반대하는 자도 더 많아질 것이다.

이 말씀은 믿음은 곧 포기하지 않는 간절함이라고 말한다. 예수님은 맹인들의 믿음을 확인하려고 처음에는 그들의 외침을 묵살하셨다가, 그들의 꺾이지 않는 간절함을 보고 치료해 주셨다. 우리가 하나님께 드리는 기도는 간절하고 절박할수록 좋다.

III. 예수님의 권위가 드러남(8:1-11:1)
  A. 내러티브(8:1-10:4)
    7. 장애를 치료하는 기적들(9:18-34)

(3) 청각 장애인(9:32-34)

³² 그들이 나갈 때에 귀신 들려 말 못 하는 사람을 예수께 데려오니 ³³ 귀신이 쫓겨나고 말 못 하는 사람이 말하거늘 무리가 놀랍게 여겨 이르되 이스라엘 가운데서 이런 일을 본 적이 없다 하되 ³⁴ 바리새인들은 이르되 그가 귀신의 왕을 의지하여 귀신을 쫓아낸다 하더라

이 사건은 앞서 8:28-34에서 귀신 들린 자를 치료하신 것과 같은 유형이다. 또한 비슷한 일이 12:22에도 기록되어 있다. 그래서 어떤 이들은 본문과 12:22이 같은 사건을 두 번 묘사하는 것이라고 하기도 한다(Boring, Hill). 그러나 그렇게 해석할 만한 근거가 별로 없다(Carson, Osborne, cf. 4:24).

바로 앞(27-31절)에서는 맹인을 보게 하셨는데, 이번에는 말 못 하는 사람을 치료하신다. 이 두 사건 모두 신체적 감각(senses, 보는 것과 듣는 것)을 치유한다는 점에서 한 섹션으로 취급하는 이들도 있다. 우리는 이 사건을 이사야 선지자가 예언한 대로 메시아이신 예수님이 사람의 모든 신체적 결함을 치료하시는 권능을 지니셨다는 사실을 드러내는 세 번째 기적 시리즈의 마지막 기적으로 간주한다. "그때에 맹인의 눈이 밝을 것이며 못 듣는 사람의 귀가 열릴 것이며 그때에 저는 자는 사슴같이 뛸 것이며 말 못 하는 자의 혀는 노래하리니 이는 광야에서 물이 솟겠고 사막에서 시내가 흐를 것임이라"(사 35:5-6). 귀신을 쫓고 말 못 하는 자를 치료하시는 것은 하나님 나라가 이 땅에 임했다는 가장 강력한 증거다(Wilkins).

예수님이 머무시던 집(cf. 28절)을 떠나실 때 있었던 일이다(32절). 사람들이 귀신 들려 말을 하지 못하는 사람을 데려왔다. 이 사람이 치료

된 후에 말을 하는 것으로 보아(33절), 귀는 들을 수 있지만, 귀신에게 짓눌려 말을 할 수 없는 실어증을 앓던 것으로 판단된다. 마귀는 온갖 신체적 질병으로 사람들을 괴롭힌다.

예수님이 그에게서 귀신을 쫓아내시니 그가 다시 말을 하게 되었다. 그가 말을 하지 못했던 것은 어떤 육체적인 원인이 아니라, 영적인 이유(귀신에게 짓눌림)에서 비롯된 것이었다. 이 광경을 지켜보던 사람들은 "이스라엘 가운데서 이런 일을 본 적이 없다"라며 감탄하고 놀랐다. 9장에 들어와서도 예수님을 지켜보는 무리가 지속적으로 놀라는데(26, 31절), 이 사건으로 인해 그들의 놀람이 최고조에 달한다. 옛적에 선지자 엘리야와 엘리사는 죽은 아이들을 살렸지만, 예수님은 맹인을 보게 하시고, 말 못 하는 사람을 말하게 하셨으니 당연한 일이다. 하나님 나라에서만 있을 수 있는 치유가 그들 가운데 임한 것이다! 하나님의 백성인 이스라엘 중에 이런 일이 없었으니, 다른 민족 중에는 비슷한 일도 없었다(Carson). 앞으로도 그들은 믿기 어려운 일들을 계속 목격할 것이다.

하지만 예수님의 치유 사역에 모두가 감동해 감탄하는 것은 아니었다. 바리새인들은 예수님이 귀신의 왕을 의지해 귀신을 쫓아낸다며 주님의 능력을 비방했다(34절). 바리새인들도 분명 무리 중에 서서 예수님이 하신 일을 직접 보았다. 같은 장소에서 같은 일을 보고도 무리와 바리새인들이 내리는 결론이 이처럼 첨예하게 다르다. 죄의 굴레를 벗어나지 못하는 사람은 똑바로 볼 수 없다. 바리새인들의 시야는 맹인들의 시야보다 못하다. 사람은 자기가 보고자 하는 것만 보기 때문에 바리새인들처럼 마음이 꼬인 사람들은 사실과 현실을 왜곡해서 본다.

바리새인들은 왜 이러는 것일까? 그들은 심기가 많이 불편하다. 종교인으로서 그들이 누려야 할 인기를 예수님이 누리고 있다고 생각하기 때문이다. 또한 예수님은 그들의 율법 해석이 잘못되었고, 삶이 위선적이라고 비판하셨다. 바리새인들이 위협을 느낀 것이다. 그래서 그들은 예수님이 마귀를 의지해 이런 일을 행하는 마귀의 부하일 뿐이라고 한다. 말을 못 하는 사람에게서 귀신을 쫓아내신 예수님이 귀신 들렸다는 것이다!

바리새인들의 이처럼 억지스러운 사실 왜곡에는 더 심각한 면모가 있다. 그들은 하나님이 하신 일을 마귀가 했다고 한다! 그들도 죽으면 하나님의 심판대 앞에 서야 하는데, 그때 얼마나 혹독한 대가를 치르려고 이런 말을 하는 것일까? 대부분 사람들은 종말에 닥칠 일을 별로 생각하지 않고 오늘 이 순간을 마음 내키는 대로 산다.

이 말씀은 같은 일을 목격한 사람들의 반응이 첨예하게 다를 수 있음을 보여 준다. 예수님이 병자를 치료하신 일을 보고 이전에 경험해 보지 못한 놀라운 일이라며 기뻐하는 사람들이 있는가 하면, 마귀의 소행이라고 악평을 하는 자들도 있다. 사람의 마음은 한 번 비뚤어지면 잘 회복되지 않는다.

Ⅲ. 예수님의 권위가 드러남(8:1-11:1)
　A. 내러티브(8:1-10:4)

8. 하늘나라 복음이 퍼져 나감(9:35-10:4)

예수님은 바리새인들의 비방에 개의치 않으시고 메시아로서 하실 일을 꾸준히 해 나가셨다. 문제는 이 세상에 하나님의 치유가 필요한 병자가 너무나 많다는 것이다. 그러므로 예수님은 제자 열두 명을 세우시고 그들에게 하늘나라의 권세와 모든 병을 치료할 수 있는 권능을 주셨다. 제자들도 예수님의 사역을 돕기 시작한 것이다. 이 섹션은 다음과 같이 두 파트로 구분된다.

A. 일꾼들을 위한 기도(9:35-38)
B. 제자들을 보내심(10:1-4)

(1) 일꾼들을 위한 기도(9:35-38)

35 예수께서 모든 도시와 마을에 두루 다니사 그들의 회당에서 가르치시며 천국 복음을 전파하시며 모든 병과 모든 약한 것을 고치시니라 36 무리를 보시고 불쌍히 여기시니 이는 그들이 목자 없는 양과 같이 고생하며 기진함이라 37 이에 제자들에게 이르시되 추수할 것은 많되 일꾼이 적으니 38 그러므로 추수하는 주인에게 청하여 추수할 일꾼들을 보내 주소서 하라 하시니라

35절과 4:23의 내용은 거의 같으며, 두 구절이 한 쌍을 이루어 5-9장을 감싸고 있다. 이 두 구절에 감싸인 5-9장은 크게 두 파트로 구성되어 있는데, 첫 번째 파트인 5-7장은 메시아이신 예수님의 권위 있는 말씀인 산상 수훈이다. 두 번째 파트인 8-9장은 메시아이신 예수님의 권위 있는 사역이 여러 기적을 통해 묘사되었다.

4:23은 예수님이 '갈릴리 지역을 두루 다니시며' 사역을 하셨다고 하는데, 이번에는 '갈릴리'가 빠져 있다. 그러나 학자들 대부분은 본문이 예수님의 두 번째 갈릴리 사역을 요약하고 있다고 한다(Osborne). 그러나 마태는 가르침과 기적을 시대적인 순서가 아니라, 주제별로 묶어 제시하기 때문에, 두 번째 갈릴리 사역이 아닐 수도 있다(Carson).

35절은 예수님이 '모든'(πᾶς) 도시와 마을을 다니셨고, '모든' 병과 '모든' 약한 것을 고치셨다면서 '모든'을 세 차례 반복한다. 참으로 포괄적이고 완벽한 사역을 하셨다는 뜻이다. 주님은 누구를 만나든 천국 복음을 전파하셨고, 기회가 될 때마다 회당에서 가르치셨다. 또한 누구든 병든 자들을 치료하셨고, 약한 것들을 고치셨다.

예수님은 참으로 총체적인 사역을 하셨고, 제자들은 아직 예수님의 사역에 참여하지 않은 채 따라다녔다. 그러나 잠시 후 상황이 바뀔 것

407

이다. 세상에는 주님이 하실 일이 너무나도 많기에 제자들은 더는 참관자로 머물 수 없다. 그들도 하나님의 손과 발이 되어 사역해야 한다.

천국 복음을 전하시며 병든 자를 치료하시는 예수님이 무리를 보고 불쌍히 여기셨다(36절). 사람들의 고된 삶을 참으로 마음 아파하셨다. 그들은 마치 목자 없는 양과 같아서 고생하고 기진했기 때문이다. '고생하다'(σκύλλω)와 '기진하다'(ρίπτω)는 각 사람이 경험하는 개인적인 삶의 애환뿐 아니라 로마 사람들의 억압으로 인해 겪는 고통도 포함한다. '불쌍히 여기다'(σπλαγχνίζομαι)는 매우 깊은 감정의 표현이다(BAGD). 주님의 마음은 측은함으로 가득하며, 사람들을 바라보시는 주님의 눈은 인애로 차 있다.

어찌하여 보통 사람들의 삶이 이렇게 힘든가? 목자 없는 양 같기 때문이다(36b절). 일반인이 고통을 당할 때는 상당 부분 악하고 무능한 지도자 때문이거나 리더십의 부재 때문이다. 이스라엘이 목자 없는 양같이 될 것을 에스겔 34:5-6이 이미 경고했다(cf. 민 27:17; 왕상 22:17; 대하 18:16; 슥 10:2). 또한 에스겔은 언젠가 다윗의 후손으로 오시는 메시아가 이스라엘의 영원한 목자가 되실 것이라고 한다(겔 37:24). 예수님이 바로 그 목자로 오셨다.

예수님은 목자 없는 양 같은 사람들을 불쌍히 여기시며 안타까워하셨다. 예수님이 사람을 불쌍히 여기시는 것은 그분의 사역 동기다(cf. 14:14; 15:32; 20:34). 우리 역시 다른 사람을 불쌍히 여기는 긍휼이 사역하는 동기가 되어야 한다. 그럴 때 한없이 섬기면서도 기뻐할 것이다.

예수님은 추수할 것은 많지만 일꾼이 적으니 하나님께 더 많은 일꾼을 보내 달라고 기도하라고 하신다(36-37절). 일상적으로 추수는 최종 심판에 대한 이미지다(사 24:13; 27:12; 호 6:11; 욜 3:13; cf. 마 13:30, 39; 계 14:14-20). 그러나 여기서는 사람들의 영혼을 구원하는(추수하는) 긍정적인 의미를 지닌다(France, Hengel, Schnackenburg). 추수할 것(θερισμός)은 곡식을 뜻하기 때문이다(Carson, cf. BAGD).

예수님은 하나님을 추수하는 주인이라고 하신다(38절). 하나님이 바로 추수의 총책임자(chief harvester)이신 것이다(Albright & Mann). 그러므로 일꾼이 필요하다고 하나님께 기도하면 반드시 들어주실 것이다. 하나님이 우리보다 추수에 더 심혈을 기울이시기 때문이다. 또한 제자들이 일꾼들을 보내 달라고 기도하다 보면 그들 자신이 바로 그 일꾼이라는 사실을 깨닫게 될 것이다. 기도는 기도하는 사람을 변화시키는 힘이 있다. 우리가 기도하면 환경은 바뀌지 않지만, 우리가 바뀐다. 우리가 바뀌면 세상이 바뀐다.

이 말씀은 우리에게 긍휼한 마음으로 사람들을 섬기라고 권면한다. 예수님은 가르치고 치료할 때마다 사람들을 불쌍히 여기셨다. 그들이 불쌍하다며 우리를 일꾼으로 세우셨다. 일꾼인 우리도 주인이신 예수님을 닮아 항상 긍휼한 마음을 품고 섬겨야 한다.

Ⅲ. 예수님의 권위가 드러남(8:1~11:1)
  A. 내러티브(8:1~10:4)
    8. 하늘나라 복음이 퍼져 나감(9:35~10:4)

---

(2) 제자들을 보내심(10:1~4)

¹ 예수께서 그의 열두 제자를 부르사 더러운 귀신을 쫓아내며 모든 병과 모든 약한 것을 고치는 권능을 주시니라 ² 열두 사도의 이름은 이러하니 베드로라 하는 시몬을 비롯하여 그의 형제 안드레와 세베대의 아들 야고보와 그의 형제 요한, ³ 빌립과 바돌로매, 도마와 세리 마태, 알패오의 아들 야고보와 다대오, ⁴ 가나나인 시몬 및 가룟 유다 곧 예수를 판 자라

추수할 것이 많으니 일꾼들을 보내 달라고 주인에게 기도하라 하셨던 예수님이 열두 제자를 파송하신다. 추수하는 주인이 일꾼들을 보내는 것처럼 예수님이 제자들을 보내시는 것이다. 그러므로 예수님이 '추

수하는 주인'(9:38)이 되어 제자들을 추수하는 일꾼으로 보내시는 일은 주님의 신적인(divine) 정체를 드러내는 기독론의 가장 핵심적인 부분이다(Green, Filson, Schweitzer, Wilkins).

제자들은 산상 수훈(5-7장)을 통해 하나님 나라 백성은 어떻게 살아야 하는지 배웠다. 이제 그들은 예수님이 사역하실 때(8-9장)의 권능과 같은 권능을 위임받아(empowering) 주님을 대신해 사역하러 떠난다. 그동안 옆에서 예수님의 사역을 지켜만 보던 사람들이 사역에 투입되는 순간이다. 당시 제자들이 하는 일은 스승의 가르침을 외우는 것이 유일했다. 그러므로 열두 제자들이 예수님이 하시는 일을 하기 위해 보내심을 받는 것은 참으로 대단한 일이다.

'열두 제자'(τοὺς δώδεκα μαθητὰς)(1절)와 '열두 사도'(τῶν δώδεκα ἀποστόλων)(2절)는 마태복음에서 처음 사용되는 개념이다. 마태가 이들을 사도들로 부르는 곳은 이곳이 유일하며, '사도'(ἀπόστολος)는 보내심을 입은 자라는 뜻이다. 사도는 하나님과 예수님이 자신들을 대신해 보내신 대리인들(agents)이다.

사도들은 이스라엘 열두 지파의 의로운 남은 자들을 상징한다(cf. 19:28). 그러므로 예수님은 이 열두 명을 통해 하나님의 언약 공동체를 재구성하신다(Beale & Carson). 사도들은 하나님의 구속사적인(salvation history) 계획에 따라 먼저 이스라엘 사람들에게 복음을 들고 가며(5-15절), 이어서 이방인들에게 간다(16-25절). 먼저 이스라엘 백성에게 새로이 시작된 하나님의 언약 공동체에 속할 기회를 주기 위해서다. 그러나 사도들은 새 언약 공동체를 형성하는 이스라엘의 열두 지파를 상징하는 데서 머물지 않는다. 종말이 되면 그들은 주님과 함께 이스라엘의 열두 지파를 심판하는 자리에 앉을 것이기 때문이다(19:28).

예수님은 그들을 보내기 전에 더러운 귀신을 쫓아내고 모든 병과 모든 악한 것을 고치는 권능을 주셨다(1절). '권능'(ἐξουσία)은 8-9장에 기록된 예수님의 치유 사역의 핵심이며(cf. 8:9; 9:6, 8), 마귀를 꼼짝 못하게 하는 능력이다. 예수님은 같은 권능을 제자들에게 주시며 그들의 파송 준비를 마무리하셨다. 그들은 받은 권능으로 귀신을 쫓고 '모든'(πᾶς) 병과 '모든'(πᾶς) 약한 것을 치료하게 될 것이다. 4:23과 9:35은 예수님의 사역을 같은 말로 묘사했다.

이때까지 마태는 독자들에게 제자 다섯 명의 이름(시몬, 안드레, 야고보, 요한, 마태)만 알려 주었지만, 드디어 열두 명 모두의 이름이 제시된다. 열두 명의 이름으로 구성된 사도 목록은 마가복음 3:16-19과 누가복음 6:13-16 그리고 사도행전 1:13에도 있지만, 책마다 순서가 다르고 나열되는 이름에도 다소 차이가 있다. 또한 마가와 누가는 예수님이 그들을 제자로 부르신 일과 연관해 목록을 제시하는데, 마태는 예수님이 그들을 파송하시는 일과 연관해 목록을 제시한다. 다음을 참조하라(cf. Boring, Carson, Wilkins).

	마태복음 10:2-4	마가복음 3:16-19	누가복음 6:13-16	사도행전 1:13
첫 번째 그룹	시몬 베드로	시몬 베드로	시몬 베드로	베드로
	그의 형제 안드레	세베대의 아들 야고보	안드레	요한
	세배대의 아들 야고보	요한	야고보	야고보
	그의 형제 요한	안드레	요한	안드레
두 번째 그룹	빌립	빌립	빌립	빌립
	바돌로매	바돌로매	바돌로매	도마
	도마	마태	마태	바돌로매
	세리 마태	도마	도마	마태
세 번째 그룹	알패오의 아들 야고보	알패오의 아들 야고보	알패오의 아들 야고보	알패오의 아들 야고보
	다대오	다대오	셀롯이라는 시몬	셀롯이라는 시몬
	가나나인 시몬	가나나인 시몬	야고보의 아들 유다	야고보의 아들 유다
	가룟 유다	가룟 유다	가룟 유다	

열두 사도는 각각 네 명으로 구성된 세 그룹을 형성하고 있다. 리스트가 나올 때마다 베드로와 빌립과 알패오의 아들 야고보가 각 그룹의 첫 번째 인물로 언급된다. 아마도 이들이 네 명으로 구성된 각 팀의 리더였기 때문일 것이다(Carson, Wilkins). 또한 번역본에서는 드러나지 않지만 헬라어 텍스트는 이들의 이름을 각각 두 명씩 접속사 '와, 그리고'(καί)로 묶어 여섯 개 조로 제시한다. 아마도 율법이 중요한 일에 있어서 최소 두 명의 증인을 요구하는 것과 연관이 있어 보인다. 또한 유대교에서는 공식적으로 사람을 보낼 때 두 사람을 보냈다(cf. 막 6:7).

열두 제자의 이름은 예수님이 4:18-22에서 먼저 제자로 세우신 네 명의 이름, 즉 시몬-안드레-야고보-요한 순서로 시작한다. 마태는 시몬 베드로를 '첫째'(πρῶτος)라고 하며(2절), 그가 열두 명 중에서도 가장 중요한 위치에 있는 수제자임을 암시한다. 안드레는 요한복음 1:35-51에서 중요한 사도로 부각되지만, 예수님이 가장 가까이하셨던 제자 그룹(베드로, 야고보, 요한)에는 들지 못했다. 예수님은 야이로의 딸을 살리실 때와 변화산과 겟세마네 동산에서 세 제자와 함께하시지만, 안드레는 데리고 가지 않으셨다.

야고보와 요한은 세베대의 아들이라 하는데(2절), 세베대(Ζεβεδαῖος)는 천둥이라는 의미를 지녔다(막 3:17). 아마도 이들의 성격이 불같았다는 것을 암시하는 듯하다.

빌립(3절)은 공관복음에서는 언급되지 않지만, 요한복음 1:43-51, 6:5, 12:21-22, 14:8-14 등에 활동하는 모습이 기록되어 있다. 바돌로매(3절)는 다시 언급되지 않는다. 아마도 그가 빌립과 연관된 것으로 보아 그의 다른 이름은 나다니엘이었을 것이다(cf. 요 1:44-50).

도마는 디두모라는 이름으로도 불렸다(요 11:16; 21:2). 디두모(Δίδυμος)는 쌍둥이라는 의미를 지녔다(BAGD). '도마'(Θωμᾶς)도 아람어로 쌍둥이라는 뜻이다(TDNT). 그는 예수님이 부활하셨다는 사실을 믿지 못해 '의심하는 도마'(Doubting Thomas)로 알려지게 되었으며(cf. 요

20:24-29), 전승에 따르면 인도에서 선교했다고 한다(cf. Ferguson).

마태는 자신의 전직을 세리라고 밝힌다(cf. 9:9-13). 야고보는 알패오의 아들이라고 하는데, 마가복음 2:14은 마태의 다른 이름을 '알패오의 아들 레위'라고 한다. 그러므로 마태와 야고보는 형제거나 혹은 그들의 아버지가 동명이인일 수 있다.

다대오(3절)는 야고보의 아들 유다다(cf. 눅 6:16; 행 1:13). 아마도 가룟 유다와 구분하기 위해 다대오라는 이름을 사용하는 것으로 보인다. '다대오'(Θαδδαῖος)는 사랑받는 자라는 뜻을 지녔다(BAGD).

누가복음 6:15과 사도행전 1:13은 가나나인 시몬을 셀롯이라고 하는데, 셀롯(ζηλωτής)은 당시 로마 제국에 저항하기 위해 형성된 혁명당원(cf. 공동, 새번역)을 의미한다. 일종의 레지스탕스 같은 것이었다. 본문의 '가나나인'(Καναναῖος)은 아람어에서 온 단어이며, 이 또한 혁명당원을 뜻한다(BAGD). 어떤 이들은 예수님이 로마 제국에 폭력적으로 저항하는 혁명당원을 제자로 받아들이셨을 리 없다며 시몬은 철저하게 율법대로 사는 '율법을 지키는 일에 있어서 열성당원'이었다고 해석한다(Davies & Allison, Keener). 그러나 당시 매국노로 취급되었던 세리를 제자로 받으신 예수님이 혁명당원이라고 거부하실 리 없다. 또한 이 둘은 큰 상징성을 지닌 제자들이다. 길거리에서 만나면 칼을 겨누는 사이였지만, 예수님의 제자들이 되어 평안히 산다! 예수님이 사람들에게 주시는 평화가 얼마나 크고 효과적인지를 보여 준다.

가룟 유다는 제자 목록에서 항상 마지막으로 언급된다. 그가 예수님을 팔았기 때문이다. 마태복음은 열두 제자 중 베드로 다음으로 가룟 유다를 많이 언급한다. 또한 베드로와 가룟 유다는 미래가 언급되는 유일한 제자들이다. 본문에서도 가룟 유다가 예수님을 팔 것이 언급된다. 베드로는 주님이 그의 믿음 위에 교회를 세우실 것을 말씀하신다.

마태복음에 처음 등장하는 이름 목록(계보, 1:2-17)은 예수님이 어떻게 태어나셨는가에 대한 역사적 배경(pre-history)을 묘사했다. 두 번째 이름 목록(예수님의 열두 제자들)은 예수님이 오신 이후 펼쳐질 역사(post-history)가 어떻게 될 것인가를 암시한다(Davies & Allison). 이 제자들이 교회를 세울 것이다.

이 말씀은 하나님은 다양한 사람을 들어 쓰신다고 한다. 예수님의 열두 제자는 다양한 배경에서 부르심을 받았다. 인격과 취향도 매우 다양하다. 심지어는 한곳에 도저히 같이 있을 수 없어 보이는 사람들이 함께하기도 한다. 주님은 이들의 과거를 문제 삼지 않으시고 훈련하셨다. 누구든 노력하면 변할 수 있기 때문이다. 주님이 제자 삼지 못하실 사람은 없다. 누구든 주님의 제자가 되길 원한다며 겸손히 자신을 드리면 된다.

III. 예수님의 권위가 드러남(8:1-11:1)

B. 디스코스 2(선교적)(10:5-10:42)

제자들을 하나님 나라의 일꾼으로 삼으신 예수님은 그들을 보내기 전에 가르침을 주신다. 그들이 어떻게 선교(전도)해야 하는지 가르치시며 선교가 결코 쉽지 않을 것이라는 것도 미리 경고하신다. 하나님 나라를 위해 핍박받을 것을 두려워하지 말고 오직 하나님을 두려워하라는 권면도 더하신다. 선교는 힘들고 어렵지만 의미 있는 일이며 하나님의 위로와 보상이 따르는 일이라 하신다. 마치 제자들을 선교사로 파송하는 예배에서 그들을 권면하시는 듯한 느낌을 준다. 첫 번째 디스코스인 산상 수훈(5-7장)에 이어 두 번째 디스코스를 형성하는 이 섹션은 다음과 같이 구분된다.

A. 일꾼들 파송(10:5-15)
B. 장차 있을 고난에 대한 경고(10:16-25)

C. 두려워하지 말라(10:26-31)

D. 제자의 길(10:32-39)

E. 환영하는 사람들은 상을 받음(10:40-42)

> Ⅲ. 예수님의 권위가 드러남(8:1-11:1)
>   B. 디스코스 2(선교적)(10:5-10:42)

1. 일꾼들 파송(10:5-15)

[5] 예수께서 이 열둘을 내보내시며 명하여 이르시되 이방인의 길로도 가지 말고 사마리아인의 고을에도 들어가지 말고 [6] 오히려 이스라엘 집의 잃어버린 양에게로 가라 [7] 가면서 전파하여 말하되 천국이 가까이 왔다 하고 [8] 병든 자를 고치며 죽은 자를 살리며 나병 환자를 깨끗하게 하며 귀신을 쫓아내되 너희가 거저 받았으니 거저 주라 [9] 너희 전대에 금이나 은이나 동을 가지지 말고 [10] 여행을 위하여 배낭이나 두 벌 옷이나 신이나 지팡이를 가지지 말라 이는 일꾼이 자기의 먹을 것 받는 것이 마땅함이라 [11] 어떤 성이나 마을에 들어가든지 그중에 합당한 자를 찾아내어 너희가 떠나기까지 거기서 머물라 [12] 또 그 집에 들어가면서 평안하기를 빌라 [13] 그 집이 이에 합당하면 너희 빈 평안이 거기 임할 것이요 만일 합당하지 아니하면 그 평안이 너희에게 돌아올 것이니라 [14] 누구든지 너희를 영접하지도 아니하고 너희 말을 듣지도 아니하거든 그 집이나 성에서 나가 너희 발의 먼지를 떨어 버리라 [15] 내가 진실로 너희에게 이르노니 심판 날에 소돔과 고모라 땅이 그 성보다 견디기 쉬우리라

그동안 예수님의 사역을 옆에서 지켜보기만 했던 제자들이 사역자로 파송받는 순간이다. 드디어 '1차 훈련'이 마무리되어 '실습'하러 떠나는 순간이다. 그들은 사역하기 전에 먼저 기도하며 자신을 준비해 왔다. 추수할 일꾼들을 보내 달라고 기도하면서(9:38) 바로 자신이 하나님이

보내신 일꾼이라는 사실을 깨달았을 것이다. 기도는 기도하는 사람을 제일 먼저 변화시키는 힘이 있기 때문이다.

그들은 예수님이 하신 사역을 반복할 것이며(cf. 8:1-9:35), 예수님처럼 사람들에게 환영을 받기도 하지만 거부당하기도 할 것이다(cf. 7:28-29; 8:16, 34; 9:8, 34). 또한 한곳에 정착해 살 수도 없다. 예수님처럼 이곳 저곳을 떠돌며 사역해야 하고, 가난을 자처하며 매일 일용할 양식을 위해 전적으로 하나님을 의지해야 한다. 사역자의 길은 장밋빛 대로가 아니다.

앞에서 사도(ἀπόστολος, '보냄을 받은 자')로 불렸던 열두 명이 이 호칭이 의미하는 바를 삶에서 실천할 때가 왔다. 예수님이 선교사(전도자)로 파송하시기 때문이다(5절). 예수님은 그들을 파송하시면서 이방인들의 길로도 가지 말고, 사마리아인의 고을에도 들어가지 말라고 하신다. 이방인들의 도시인 두로와 시돈이 있는 북쪽으로 가지 말고, 데카폴리스가 있는 동쪽으로도 가지 말라는 말씀이다. 또한 남쪽에 있는 사마리아로도 가지 말고, 오직 갈릴리 지역에 사는 유대인들을 찾아가 그들만을 전도의 대상으로 삼으라고 하신다.

이방인들의 땅으로 가지 말라고 하시는 것은 복음이 먼저 유대인들에게 선포되어야 한다는 관점에서 쉽게 이해가 되지만, 반(半)유대인이라 할 수 있는 혼혈인들이 사는 사마리아로 가는 일도 금하시는 것은 설명이 필요하다. 갈릴리 지역과 예루살렘을 중심으로 한 남쪽의 유대 지역 사이에 있는 사마리아는 독특한 역사와 거주민이 있는 땅이다. 주전 722년에 아시리아 사람들은 북 왕국 이스라엘의 수도 사마리아를 함락시키고 이스라엘 사람 중 상류층과 제국에 도움이 될 만한 사람들을 잡아갔다. 포로로 잡혀간 사람들은 아시리아 영토 곳곳에 정착했으며, 아시리아 제국의 정책에 따라 다른 인종과의 결혼을 강요당했다.

또한 아시리아 사람들은 제국 곳곳에서 사람들을 사마리아 지역으로 끌고 와 사마리아에 남아 있던 이스라엘 사람들(대부분 가난하고 기술도 없는 사람들)과 결혼하도록 강요했다. 이렇게 해서 사마리아는 이스라엘 사람들과 이방인들이 모여 사는 곳이 되었고, 이방인들과 유대인의 피가 섞인 혼혈 인종이 주류를 이뤘다. 바빌론 포로 생활을 마치고 돌아온 유대인들은 이들을 이스라엘 사람으로 여기지 않았으며, 항상 적대적으로 대했다.

사마리아 사람들은 자체적인 종교를 가졌고(cf. 요 4:20), 주전 128년에 유다의 하스모니안(Hasmonean) 왕조의 통치자 히르카누스(John Hyrcanus)가 세겜에 위치한 그리심산에 있던 사마리아 사람들의 신전을 파괴하면서 더욱 심각한 대립 관계로 이어졌다. 예수님이 제자들에게 이곳에도 가지 말고 오직 갈릴리 지역에만 머물라고 하시는 것은 제자들의 안전을 위해서라고 생각할 수도 있지만, 무엇보다 복음이 먼저 이스라엘 사람들에게 전파되어야 한다는 생각에서 금하셨을 것이다. 당시 유대인들은 이 혼혈인들을 이스라엘 사람으로 간주하지 않았기 때문이다.

제자들은 오직 갈릴리 지역에 사는 유대인들에게 가야 한다. '이스라엘 집의 잃어버린 양'은 유대인 중 특정 소수가 아니라 모든 이스라엘 사람을 뜻한다(Hill, cf. 사 53:6; 렘 50:6; 겔 34장; cf. 마 9:36). 갈릴리 지역에 사는 이스라엘 사람이라면 누구든 차별하지 말고 복음을 접할 기회를 주라는 뜻이다. 예수님은 제자들에게 '가라'(πορεύεσθε)라는 현재 명령형(present imperative)을 사용해 계속 이렇게 하라고 지시하신다(Morris). 이번 선교 여정이 끝날 때까지 유대인만 찾아가라고 하시는 것이다.

오직 유대인들만 전도하라는 말씀은 표면적으로 "너희는 가서 모든 족속으로 제자를 삼아 아버지와 아들과 성령의 이름으로 세례를 주라"(28:19)라는 말씀과 대립되는 듯하다. 예수님이 부활하신 이후에도 사도들이 한동안 이방인 전도에 적극적이지 않았던 사실(cf. 행 1-15장)에 근거해 본문 말씀이 원래 예수님이 계획하셨던 사역이고 28:19은 교회가 훗날 만들어낸 말이라고 하는 이들도 있다(Boring). 억지스러운

417

해석이다.

제자들은 단순히 예수님의 사역 패턴을 답습하고 있다. 하나님의 구속사(history of salvation)적인 계획에 따라 제자들은 먼저 이스라엘을 찾아가 그들이 하나님 나라 복음을 접할 기회를 제공해야 한다. 예수님도 먼저 이스라엘(cf. 15:21-28)에 가고 이어서 온 세상으로 가라고 명령하신다(28:19-20; cf. 창 12:2-3; 22:18; 롬 1:16; 2:9-10).

또한 예수님은 유대인뿐 아니라 이방인의 구원을 위해 오셨고(cf. 1:1; 2:1; 3:9-10; 4:15-16; 5:13-16), 이방인을 위해서도 사역하셨다(8:1-13; 15:21-39). 주님은 사역하기 위해 이방인들이 주로 사는 지역으로 가셨고(8:28-34) 사마리아 마을도 찾아가셨다(눅 9:51-56; 17:11-19; 요 4:1-42). 예수님은 이렇게 하심으로써 이방인도 하나님의 구속사에 포함되어 있다는 사실을 분명히 하셨다(8:11-12; 21:43; 25:32; 28:16-20).

예수님과 제자들은 먼저 유대인들에게 복음을 접할 충분한 기회를 주기 위해서 이 같은 순서로 사역했다. 예수님은 하나님의 구원 계획에 따라 이 땅에 오신 메시아이기 때문에 하나님의 구원 계획 순서를 따르셔야 한다(Meier). 이스라엘에 하나님 나라의 첫 수확이 될 기회가 주어졌다. 이들이 이방인보다 먼저 복음을 접할 기회를 얻는 것은 그들 자신의 선택에 대해 스스로 책임져야 한다는 경고이기도 하다(Broadus, Kingsbury).

예수님은 제자들에게 이스라엘 집의 잃어버린 양에게 가라고 하시는데, 이스라엘 집의 잃어버린 양은 이스라엘의 모든 사람을 뜻한다(9:36; cf. 사 53:6; 렘 50:6; 겔 34장). 복음에 대한 기회가 모든 유대인에게 공평하게 주어져야 한다. 예수님이 제자들을 갈릴리 지역 유대인들에게 보내시는 일은 장기(영구적) 선교를 위한 단기 선교 모델이라 할 수 있다(Schnabel, cf. Beale & Carson).

제자들은 갈릴리 지역에 사는 유대인들을 찾아가 어떤 사역을 해야 하는가? 제일 먼저 하나님 나라 복음을 선포해야 한다(7절). "천국이 가까이 왔다"라는 메시지는 세례 요한과 예수님이 동일하게 선포하셨던 메시지다(3:2; 4:17). 제자들은 새로운 메시지를 전하는 것이 아니라 이미 주님이 선포하신 메시지를 반복하면 된다. 다만 요한과 예수님이 외치신 메시지와 비교해 '회개하라'는 권면이 빠져 있지만, 앞의 두 텍스트에 근거하면 회개를 포함하는 것이 전제되어 있다(Carson, Keener). 예수님이 의도적으로 '회개하라'를 포함하지 않으신 것은 구속사의 연결성을 강조하기 위해서다. 하나님 나라의 복음은 제일 먼저 요한이, 이어서 예수님이, 이제는 주님의 제자들이 세상 끝 날까지 선포할 동일한 메시지다.

제자들은 복음을 선포하며 네 가지 치유 사역(병든 자를 고침, 죽은 자를 살림, 나병 환자를 깨끗하게 함, 귀신을 쫓아냄)을 병행하게 된다(8절). 예수님은 그들에게 자신의 권능을 주시면서 이 네 가지 중 두 가지(병든 자를 고침, 귀신을 쫓아냄)를 이미 주셨다(10:1). 본문에서는 두 가지 능력을 더 하심으로써 포괄성의 숫자 4를 완성하실 뿐 아니라, 예수님이 8-9장에서 하신 모든 사역을 제자들이 할 수 있게 하셨다.

예수님이 제자들에게 요구하신 한 가지 조건은 그들이 이 모든 능력을 하나님께 거저 받은 것처럼 사람들에게 거저 주어야 한다는 것이다(8b절). 금품을 요구하지 않고 공짜로 복음을 전하며, 공짜로 치료하라는 뜻이다. 하나님께 공짜로 능력을 받은 사람은 공짜로 주고 베푸는 사람이 되어야 한다는 원리를 강조하신다. 예수님은 이미 이러한 원리를 실천하는 모범을 보이셨다.

당시 이방인 철학자들과 선생들은 숙식뿐 아니라 가르침에 대해 돈을 요구했다(France). 예수님은 하나님이 주시는 능력은 아무런 대가를 바라지 않으며, 사람들을 치료하고 돕기 위해 주시는 것이라 말씀하신다. 그러므로 주님이 주신 능력을 받은 사람들은 공짜로 치료해 주고 위로해 주어야 한다.

더 나아가 예수님은 선교 여행을 떠날 때 전대에 금이나 은이나 동을 가지지 말고, 배낭이나 두 벌 옷이나 신이나 지팡이도 가지지 말라고 하신다(9-10절). 떠날 때 금과 은과 동을 갖고 떠나지 말라고 하시는 것을 "여행을 위하여 지팡이 외에는 양식이나 배낭이나 전대의 돈이나 아무것도 가지지 말며"(막 6:8)라는 말씀과 연결해 해석하면 여행 경비를 챙겨서 떠나지 말라는 뜻이다. 혹은 바로 앞 절(공짜로 치료해 주라)과 연결해 해석하면 사역의 대가로 돈을 받아 전대를 채우는 일이 없게 하라는 의미다(cf. Carson, Osborne).

여행을 위해 어느 정도 경비는 챙겨가는 것이 상식이라는 점을 고려할 때, 후자가 더 설득력이 있다. 금전적인 대가를 바라고 사역하는 일은 없도록 하라는 말씀이다. 오늘날 많은 사역자가 이 말씀에서 자유롭지 못한 것이 현실이다. 우리가 사역하는 교회나 기관들이 우리의 기본적인 필요를 채워 주는 것은 당연한 일이지만, 지나친 보상을 요구하는 것은 성경이 금하는 일이다. 사역자는 검소하게 살아야 하며, 자식들에게 물려줄 유산이 없어야 한다. 혹시라도 세상을 떠날 때 남은 것이 있으면 하나님 나라를 확장하는 일에 환원해야 한다. 사역을 통해 사리를 추구하려는 욕심은 모든 사역자 주변을 맴도는 위험이다(Carson, cf. 미 3:11).

배낭과 옷과 신과 지팡이(10절)는 여행을 떠나는 사람이 반드시 챙겨야 할 네 가지다. 배낭은 음식 등 필요한 것을 담기 위해, 옷은 여별로 또한 밤에 베개로 사용하기 위해, 신은 신고 있는 신발이 낡으면 갈아 신기 위해, 지팡이는 필요하면 호신용 무기로 사용하기 위해 챙겨야 하는 필수 도구들이다. 마태와 누가(눅 9:3; 10:4)는 이 네 가지 모두를 지니지 말라고 하는데, 마가복음 6:8-9은 신발과 지팡이는 가지고 가라고 한다.

의미의 차이는 사용되는 동사의 차이에서 찾을 수 있다. 마가는 '가져가다'(αἴρω), 마태는 '구하다/가지다'(κτάομαι)를 사용한다. 마가는 제자들이 가지고 갈 수 있는 것을 종류별로 한 개씩으로 제한하고 있으며, 누가와 마태는 이것 외에 추가로 여유분을 가져가는 것을 금한다 (Carson). 이 선교 여정이 얼마나 급한 일인지 당장 떠나야 하기에 여유 분을 챙길 상황이 아니라는 것을 강조하기 위해서다(Wilkins). 만일 그들이 이방인들의 땅으로 오랫동안 선교 여행을 갔다면 예수님의 지시 사항이 달라졌을 것이다.

또한 이 여정은 제자들이 얼마나 하나님을 의지하는지에 대한 테스트라 할 수 있다. 별다른 준비를 하지 않은 채 길을 떠나는 제자들은 하나님이 그들을 먹이고 입히시는 일을 경험하게 될 것이다. "일꾼이 자기 먹을 것 받는 것이 마땅하다"(10b절)라는 말씀은 제자들이 그들이 전도한 사람들에게서 먹을 것을 받게 될 것이라는 의미가 아니다. 그들은 추수의 주인이신 하나님의 보내심을 받은 일꾼들이다(cf. 9:38). 그러므로 하나님이 자기 일꾼인 제자들을 먹이시는 것은 당연한 일이라는 뜻이다. 하나님의 일을 하기 위해 떠나는 사람들은 하나님이 먹이실 것이므로 많은 준비를 하고 떠날 필요가 없다는 것이 예수님의 가르침이다.

물론 하나님은 복음을 받아들인 사람들을 통해 제자들을 먹이기도 하실 것이다. 또한 제자들의 먹을 것을 챙겨 주는 일은 복음을 받아들인 사람들의 책임이기도 하다(Plummer). 훗날 바울은 이 원리를 바탕으로 전임 사역자들을 도우라고 한다(고전 9:14; 딤전 5:18). 그러므로 어떠한 것도 받지 말라는 의미는 아니다. 전도한 사람들의 도움을 받아 그들에게 사랑의 빚을 지는 것도 좋은 일이다. 그러나 전도(선교)를 떠나는 사람은 얻으러 가는 것이 아니라, 주기 위해 가는 것이라는 사실을 항상 기억해야 한다(cf. Witherington).

예수님은 제자들에게 어디를 가든 먼저 합당한 사람을 찾으라고 하신다(11절). 13절 말씀을 바탕으로 해석하면 '합당한 사람'(ἄξιος)은 제자들이 선포하는 복음에 긍정적으로 반응해 하나님 나라 백성이 되는 사람이다(Albright & Mann). 이런 사람은 제자들에게 숙식도 제공해 하나님의 복을 받을 사람이다(cf. 10:40-42; 25:31-46). 그러므로 성도에게 사랑의 빚을 지는 것은 곧 그들이 하나님의 축복을 받게 하는 일이기도 하다. 하나님은 이런 사람을 통해 자기 일꾼들을 먹이실 것이다. 제자들이 합당한 자를 찾아내어 그의 집에 머물게 되면 그 마을을 떠날 때까지 그곳에 머물라 하신다(11b절). 나중에 더 좋은 숙소가 나오더라도 옮기지 말고 처음 머문 곳에 머물라는 권면이다. 호의를 베푸는 사람이 상처받지 않도록 하기 위해서다.

제자들은 마을의 어느 집에 들어가든 먼저 평안하기를 빌어야 한다(12절). 고대 근동에서 인사는 그 집안의 평화와 건강을 빌어 주는 기도 역할을 했다(Keener). 예수님은 이 같은 정서를 한 차원 더 끌어올려 하나님 나라의 평안을 빌어 주며 그 집안이 하나님 나라 복음을 접할 기회를 제공하라 하신다(Osborne). 누가는 제자들이 집에 들어서며 빌어 줄 복을 구체적으로 말한다. "이 집이 평안할지어다"(눅 10:5). 만일 그 집이 이에 합당하면, 즉 복음에 긍정적으로 반응하면 제자들이 빌어 준 평안이 그 집에 임할 것이다(13a절). 그러나 만일 복음을 거부하면 제자들이 빌어 준 복이 그들에게 돌아올 것이다(13b절). 복음을 거부하는 사람이 누릴 평안은 없다. 하나님 나라의 평안은 오직 복음을 받아들이는 사람들에게만 임하기 때문이다.

하나님이 보내신 일꾼을 받아들이는 것은 곧 하나님을 받아들이는 일이다(cf. 40절). 하나님의 일꾼들은 주님의 에이전트(특사)이기 때문이다. 구약에는 주의 백성을 환대해 복을 누린 사람들의 이야기가 여럿 있다. 주의 백성은 어디를 가든 복을 끼치는 사람들이기 때문이다(cf. 창 12:2-3). 보디발은 노예로 사들인 요셉을 통해 큰 복을 받았다(창 39:3-5). 보디발이 노예로 팔린 하나님의 자녀를 환대해 복을 누렸다면, 하물며 메시아이신 예수님이 보내신 제자들을 환대하는 사람들은 얼마나 더 큰 복을 누릴 것인지 상상해 보라! 아브라함도 객을 환대하다가 하나님을 만나는 축복을 누렸다(창 18:1-8).

그러나 전도는 결코 쉬운 일이 아니다. 모든 사람이 복음에 긍정적으로 반응하지는 않는다. 오히려 적대적으로 반응하는 사람도 많다. 예수님은 이럴 때는 발의 먼지를 털어 버리라고 하신다(14절). 발을 터는 것은 거부하는 것을 상징한다. 당시 유대인들은 이방인이 사는 지역을 떠날 때면 그들을 거부한다는 상징으로 발을 털었다(Gundry, Keener, Morris, Wilkins, cf. 행 13:51; 18:6). 그러므로 복음에 적대적이거나 부정적으로 반응하는 집과 동네에 발을 털라고 하시는 것은 비록 거부하는 자들이 유대인이라 해도 하나님이 그들을 부정한 이방인으로 취급해 하나님 나라 복음에 어울리지 않는 자로 거부하신 것을 상징적인 행동으로 보여 주라는 권면이다. 이런 곳에서 계속 전도하는 것은 돼지에게 진주를 주는 격이다(Osborne, cf. 7:6).

이러한 사실에서 배워야 하는 교훈이 있다. 만일 사람들이 예수님과 제자들이 전한 복음을 거부한다면, 하물며 우리가 전하는 복음은 얼마나 더 거부하려고 하겠는가! 그러므로 전도가 잘 안 된다고, 선교가 어렵다고 좌절하지 말자. 주님도 거부당하셨다면, 우리가 거부당하는 것은 당연한 일이 아니겠는가! 결과에 연연하지 않고 계속 전하면 된다. 하나님은 종종 우리에게 '합당한 자'를 만나는 복을 주실 것이다.

하나님 나라 복음을 거부한 사람들이 심판 날(계 20:11-15; cf. 마 5:22; 29-30; 8:12; 11:22, 24; 12:36; 13:42, 50; 18:9; 22:13; 23:15, 33; 24:51; 25:30)에 받을 고통은 소돔과 고모라가 당한 것보다 더 클 것이다(15절). 소돔과 고모라는 구약에서 가장 타락한 도시의 상징이다(창 18:20-19:28; cf. 사 1:9; 13:19; 렘 23:14; 50:40; 암 4:11; 벧후 2:6). 그들이 받은 심판은 참으로 혹독했다. 그런데 예수님은 그들이 받은 심판보다 더 혹독한 심판이 제자들의 메시지를 거부한 사람들을 기다리고 있다고 하신다. 소돔은 도덕적인 죄를 지었지만, 하나님 나라 복음을 받아들이지 않은 사람들은 메시아를 거부한 죄를 지었기 때문이다(cf. 히 2:3; 10:29; 12:25). 복음은 긍정적으로 반응하는 이들에게는 약속이지만, 부정적으로 반응하는 이들에게는 위협이다.

이 말씀은 전도와 선교는 대가를 요구하지 않는 것이라 한다. 하나님이 기뻐하시는 일을 하는 것이므로 하나님이 먹이고 입히실 것이다. 또한 모든 사람이 전도와 선교를 환영하지는 않는다. 이런 사람들은 뒤로 하고 하나님의 잃어버린 양들에게 가야 한다.

Ⅲ. 예수님의 권위가 드러남(8:1-11:1)
　B. 디스코스 2(선교적)(10:5-10:42)

2. 장차 있을 고난에 대한 경고(10:16-25)

하나님 나라 복음을 거부하는 사람 중에는 제자들을 핍박하는 자들도 있을 것이다. 복음은 죄인들을 불편하게 만들기 때문이다. 예수님은 이 섹션에서 하나님의 에이전트가 되어 복음을 전하는 사람들이 때로는 혹독한 고난과 폭력을 경험하게 될 것을 경고하신다. 그럼에도 불구하고 선교(전도)는 분명히 할 만한 가치가 있다. 본 텍스트는 다음과 같이 구분된다.

A. 순결한 지혜(10:16)
B. 성령의 도우심(10:17-20)
C. 견뎌야 함(10:21-23)
D. 영감(10:24-25)

(1) 순결한 지혜(10:16)

¹⁶ 보라 내가 너희를 보냄이 양을 이리 가운데로 보냄과 같도다 그러므로 너희는 뱀같이 지혜롭고 비둘기같이 순결하라

이 구절은 변환절(transition)라 앞 섹션(5-15절)의 결론으로 취급되기도 하고(Blomberg, Carson, France, Hill, Schnabel), 다음 섹션의(17-23절)의 시작으로 간주되기도 한다(Davies & Allison, Hagner, Keener, Luz, Wilkins). 앞 섹션은 복음을 거부하는 사람들에 관해 간단하게 말하지만, 다음 섹션은 복음을 전하는 사람들을 핍박하는 자들에 관해 자세하게 말하기 때문에 다음 섹션의 시작으로 보는 것이 더 좋다.

예수님은 앞에서 제자들에게 이스라엘 집의 잃어버린 양에게 가라고 하셨다(6절; cf. 9:36). 이번에는 같은 양 이미지를 사용해 제자들을 그들에게 보내는 것이 마치 양을 이리 가운데로 보내는 것과 같다고 염려하신다. 많은 사람이 잃어버린 양이 목자를 만날 때 기뻐하는 것처럼 제자들을 환영하겠지만, 일부 '못된 양들'은 이리들이 양을 공격하듯 제자들을 공격할 것이라는 뜻이다. 예수님은 누구를 두고 못된 양들이라 하시는가? 예수님은 7:15에서 거짓 예언자들을 굶주린 이리라고 하셨다. 그러므로 그들을 포함한 이스라엘의 종교 지도자들을 두고 하는 말씀이다(cf. 9:34). 종교 지도자들이 이리처럼 제자들에게 달려드는 것은 제자들이 선포하는 복음이 그들의 이권을 침해한다고 생각하기 때문이다.

생각해 보면 제자들과 유대교 신도들은 모두 종교 지도자들로부터 큰 피해를 입고 있다. 그들은 진리를 선포하는 제자들을 완강하게 반대하고, 거짓과 왜곡으로 신도들을 잘못 인도하고 있기 때문이다. 예

425

수님이 유대인들을 이스라엘의 잃어버린 양이라 하시면서 안타까워하시는 것이 충분히 이해가 된다(cf. 9:34; 10:6).

예수님은 제자들에게 그들을 반대하는 사람들은 이리와 같으니 뱀같이 지혜롭고 비둘기같이 순결하게 사역하라고 하신다. 이 말씀은 아마도 당시 사용되던 격언이었을 것이다(cf. 롬 16:19). '지혜'(φρόνιμος)는 상황 판단을 잘하는 것을 뜻한다(BAGD). 고대 근동에서 뱀은 독을 지녔다고 해서 죽음을 상징했으며, 또한 날카로운 눈을 지녔다 해서 지혜를 상징하기도 했다. 창세기 3장에서 아담과 하와가 죄를 짓도록 유혹한 뱀 역시 이 두 가지 면모를 모두 지니고 등장한다(cf. 시 58:5).

제자들은 뱀처럼 슬기롭게 상황 판단을 하면서 동시에 비둘기처럼 순결해야 한다. '순결'(ἀκέραιος)은 악의가 없다는 뜻이다. 지혜롭지만 순결이 없으면 교활함이 되고, 순결하지만 지혜가 없으면 어리석음이 된다(Wilkins, cf. 호 7:11). 그러므로 예수님은 제자들에게 이 두 가지를 항상 함께 지닐 것을 요구하신다. 그들의 삶은 항상 진실하고 가식이 없어야 한다(Schweizer). 전도(선교)는 순수한 동기에서 지혜롭게 하는 것이지, 무엇을 얻기 위한 수단으로 전락해서는 안 된다.

이 말씀은 지혜와 순결 둘 다 절대 포기할 수 없는 가치들이라 한다. 지혜는 지혜의 하나님께 기도해서 받는 것이고, 순결은 하나님이 주신 말씀을 지침으로 삼아 사는 것이다. 하나님은 지혜와 순결을 겸비한 사람을 가장 귀하게 여기시고 들어 쓰신다.

III. 예수님의 권위가 드러남(8:1–11:1)
　B. 디스코스 2(선교적)(10:5–10:42)
　　2. 장차 있을 고난에 대한 경고(10:16–25)

---

(2) 성령의 도우심(10:17–20)

[17] 사람들을 삼가라 그들이 너희를 공회에 넘겨주겠고 그들의 회당에서 채찍

질하리라 [18] 또 너희가 나로 말미암아 총독들과 임금들 앞에 끌려가리니 이는 그들과 이방인들에게 증거가 되게 하려 하심이라 [19] 너희를 넘겨줄 때에 어떻게 또는 무엇을 말할까 염려하지 말라 그때에 너희에게 할 말을 주시리니 [20] 말하는 이는 너희가 아니라 너희 속에서 말씀하시는 이 곧 너희 아버지의 성령이시니라

제자들이 전도해 구원해야 할 사람들은 목자 없는 양과 같이 불쌍한 이들이다(9:36; 10:6). 그러나 일부는 매우 폭력적인 자들이다. 그러므로 예수님은 전도할 때 사람들을 조심하라고 하신다(17절). 그들은 하나님 나라의 복음을 전하는 이들에게 감사하는 것이 아니라, 오히려 해를 끼치려고 재판에 회부하고 채찍질을 할 것이기 때문이다(17절).

'공회'(συνέδριον)는 당시 유대인들이 종교적인 이슈를 판결하기 위해 각 지역에 세운 종교 법원이었다. 보통 재판관 세 명으로 구성되며, 회당에서 재판이 진행되었다. 처음 범죄에 대해서는 경고 조치하고, 이후에는 같은 죄가 반복될 때마다 채찍질을 벌로 내렸다(cf. 신 25:1-3; 행 4:18-21; 5:40). 바울은 채찍으로 세 차례 맞은 일을 회고한다(고후 11:25; cf. 행 16:22).

공회가 판결을 내려 피고에게 채찍질해야 할 경우 회당에서 집행했다(17b절). '회당'(συναγωγή)은 원래 예배 처소였지만, 때로는 법을 집행하는 곳이 되기도 했던 것이다(cf. 요 9:35). 예수님은 제자들을 벌할 회당을 '그들의 회당들'(ταῖς συναγωγαῖς αὐτῶν)이라고 하신다. 회당은 원래 하나님을 예배하는 곳인데 하나님이 보내신 일꾼들을 벌하는 곳으로 변질되었으니, 더는 하나님이 기뻐하시는 곳이 아니다. 제자들을 벌하는 회당은 그들을 핍박하는 자들만의 모임 장소로, 이와 거리를 두기 위해 '그들의 회당들'이라 하신다. 예수님은 23:33-34에서 하나님이 선지자들과 지혜 있는 자들을 보내시더라도 종교 지도자들이 그들을 못 박고 죽일 것이라고 하신다.

제자들은 유대교 지도자들의 핍박을 받아도 낙심할 것이 아니라 더욱더 담대해야 한다. 그들은 예수님으로 말미암아 총독들과 임금들 앞에 끌려갈 것이기 때문이다(18a절). 이방인들도 재판에 회부하는 등 그들을 핍박할 것이라는 뜻이다. 온 세상이 하나님을 대적하는 자들로 가득한 듯한 느낌을 준다. 훗날 예수님은 이방인 총독 빌라도 앞에 서셨다(27장). 바울은 서기오 바울(Sergius Paulus, 행 13:7)과 벨릭스(Felix, 행 24:3)와 베스도(Festus, 행 25:1) 등 로마 관료들 앞에 섰고, 그러다가 네로 황제에 의해 순교했다. 이처럼 초대교회 지도자들은 먼저 유대교 지도자들에게 재판을 받았고(행 4:1-22), 이어 이스라엘을 다스리는 사람들 앞에서(행 12:1-4; 21:27-23:11) 재판을 받았으며, 마지막으로 로마 제국을 다스리는 사람들에게 재판을 받았다(행 14:5; 16:19-34; 17:1-9; 18:12-17; 23:24-26:32; 28:17-31).

그러나 제자들이 당하는 재판과 핍박이 결코 낭비가 되지는 않을 것이다. 예수님이 제자들의 고통을 이방인들에게 증거가 되게 하실 것이기 때문이다(18b절). 이방인들에게 하나님 나라 복음을 선포하는 기회로 삼으실 것이라는 뜻이다(cf. 행 24:12-16; 26:19-23, 28-29). 그러므로 우리가 복음을 선포하다가 어려운 일을 당해도 절망할 필요가 없다. 하나님이 우리의 고통을 하나님 나라를 확장하는 기회로 삼으실 것이기 때문이다.

누구든 재판정에 서는 것은 심리적으로 매우 부담스러운 일이다. 더욱이 복음을 선포하다가 잡혀 재판에 회부되는 일은 참으로 두려우며 큰 위압감을 줄 수 있다. 복음을 선포하다가 잡히는 사람 대부분은 평생 다른 일로 법정에 서 본 적이 없기 때문이다. 그러므로 이런 상황에 처하면 전도자 대부분이 할 말을 제대로 하지 못하는 것이 당연할 수도 있다.

예수님은 걱정하지 말라고 하신다(19a절). 하나님이 성령을 통해 할 말을 주실 것이기 때문이다(19b절). 이러한 사실을 재차 확인하기 위해 예수님은 이런 상황에서 말하는 이는 그들(제자들)이 아니라 하나님의 성령이라고 하신다(20절). 그러므로 본문에서 '말하다'(λαλέω)는 성령의 영감을 받은 말을 하는 것을 의미한다(Davies & Allison). 훗날 사도들은 재판을 받을 때 성령이 그들을 통해 말씀하시는 것을 여러 번 경험했다(cf. 행 4:8-12, 19-20; 5:29-32; 7:1-53; 16:22-34; 21:37-22:21; 23:1-7, 10-26; 26:1-29; 28:17-28).

하나님이 성령을 통해 주시는 말씀은 그들의 무죄를 효과적으로 변호하는 말씀뿐 아니라, 재판을 기회로 삼아 복음을 선포하는 증거가 되게 하시는 말씀도 포함할 것이다(cf. 18절). 예수님은 성령이 말씀하시는 일을 현재형 동사로 표현해 성령이 지속적으로 제자들을 변호하실 것을 암시하신다(Osborne).

요한은 자신은 물로 세례를 주지만 장차 오실 메시아는 성령으로 세례를 주실 것이라고 했는데(3:11), 본문은 성령으로 세례를 받는 것이 무엇을 의미하는지 묘사하는 첫 번째 실용적인 사례다(France). 또한 예수님이 승천하시면 보혜사(παράκλητος)가 오셔서 우리와 영원히 함께하실 것이라고 했는데(cf. 요 14:16; 14:26; 15:26; 16:7), 본문은 이 보혜사가 하시는 일 중 하나가 무엇인지를 미리 알려 주고 있다.

물론 복음을 전파하다가 재판을 받게 된 사람은 최선을 다해 자신을 변호할 준비를 해야 한다. 그러나 재판정에서 그리고 당면한 상황에서 해야 할 가장 적절하고 지혜로운 말은 성령이 그의 입술을 통해서 하실 것이다. 우리는 어디에서 어떤 상황에 처하든 매 순간 성령의 인도하심을 받으면 된다.

이 말씀은 전도와 선교에는 핍박이 따를 것이라고 한다. 우리가 선포하는 복음을 듣고 무시하는 사람들이 있는가 하면, 악의적으로 반응하는 사람들도 있다. 그러므로 우리는 고난을 감수하며 하나님 나라 복음을 선포해야 한다. 이 고난은 그리스도의 고난이며, 하나님이 우리를 그리스도의 고난에 동참시킬 정도로 귀하게 여기신다는 뜻이다.

(3) 견뎌야 함(10:21-23)

²¹ 장차 형제가 형제를, 아버지가 자식을 죽는 데에 내주며 자식들이 부모를 대적하여 죽게 하리라 ²² 또 너희가 내 이름으로 말미암아 모든 사람에게 미움을 받을 것이나 끝까지 견디는 자는 구원을 얻으리라 ²³ 이 동네에서 너희를 박해하거든 저 동네로 피하라 내가 진실로 너희에게 이르노니 이스라엘의 모든 동네를 다 다니지 못하여서 인자가 오리라

21절 말씀은 제자들이 감당해야 할 핍박을 두 가지 측면, 즉 (1)잘 알지 못하는 사람들의 적개심에서 가장 가까운 가족들의 핍박으로, (2)일반적인 핍박에서 최악의 폭력(죽음)으로 심화시킨다(Weaver). 제자들은 그들이 선포하는 메시지에 반대하는 회당 사람들과 종교 지도자들의 핍박을 감당하기도 힘든데, 가족들의 폭력적인 반대도 각오해야 한다. 예수님을 따르기 위해 치러야 하는 대가가 때로는 이처럼 잔혹할 수 있다.

하나님 나라의 복음은 세상에 참 평안을 줄 수 있지만, 세상은 이 복음을 어리석음과 위협으로 생각한다. 하나님이 창조하신 아름다운 세상은 죄로 인해 탐욕과 잔인함으로 가득한데, 복음이 이러한 것들과 정면으로 대립하기 때문이다(Schweizer). 그러므로 복음은 믿는 이들과 믿지 않는 그들의 가족 사이에 심각한 갈등을 초래할 수 있다. 형제가 형제를, 아버지가 자식을, 자식들이 부모를 죽음으로 내몰 수 있다. 이 말씀은 복음이 때로는 가족 사이에 심각한 갈등을 초래할 수 있다며 35-36절에서 인용하실 미가 7:6을 연상케 한다.

오늘날과 달리 당시에는 가족 간에 참으로 끈끈한 정이 흐르고 큰 결속력이 있었던 것을 고려하면 예수님의 말씀은 가히 충격적이다. 그러

나 신명기 13:6-11은 가족들이나 가장 친한 친구라도 우상을 숭배하자고 하면 결코 묵인하지 말고 그를 재판에 회부하여 엄벌에 처하라고 한다. 그러므로 가족들이 예수님을 따르는 이들을 다른 종교나 이단에 빠졌다고 생각한다면 충분히 가능한 일이다.

내가 몸담고 있는 신학대학원에서는 지금도 신앙으로 인해 가족들에게 버림받은 학생들을 종종 접하게 된다. 세상의 다른 종교는 다 괜찮은데 유독 기독교만은 안 된다고 하는 이들도 있다. 그들은 '오직 예수'라는 기독교가 매우 독선적이라고 생각하기 때문이다. 신앙으로 인해 가족들과 갈등을 빚게 될 때, 이 말씀은 모든 결정과 결단에서 예수님을 최우선으로 삼아야 한다고 한다(France).

또한 예수님을 따르는 사람들은 주님의 이름 때문에 모든 사람에게 미움받을 것을 각오해야 한다(22a절). 다니엘 9:20-27은 이미 메시아뿐 아니라 그를 따르는 이들도 핍박받을 것을 경고했다(cf. 단 12:1; 마 24:22-23; 골 1:24; 벧전 4:12-19; 계 6:11). 그들은 자신들 때문이 아니라 그들이 믿는 '예수님의 이름'(ὄνομά μου) 때문에 고난당할 것이다. 구약에서 하나님의 이름은 하나님의 존재(being)와 성품을 요약하고 상징하는 매우 중요한 개념이다(cf. 출 3:15; 6:3; 9:16; 20:7). 그러므로 제자들이 고난을 당하는 이유가 예수님의 이름 때문이라고 하는 것은 기독론에서 매우 중요하다. 예수님은 자신이 하나님과 동일하다고 하신다(Carson).

예수님은 주님을 사랑하고 따르는 이들은 모든 사람에게 미움을 받을 것이라 하신다. '모든 사람'(πάντων)은 인종과 나이와 사회적 지위 등에 상관없이 하나님을 대적하는 모든 사람이다. 마치 온 세상이 믿는 이들을 대적하는 듯하다. 그러나 주님을 따르는 이들은 이 같은 강력한 반대에도 불구하고 끝까지 견뎌야 한다. 그래야 구원을 얻을 것이기 때문이다(22b절). '견디다'(ὑπομένω)는 능동적인 행동이 아니라 수동적인 행동을 묘사하는 단어다(TDNT). 환난이 올 때 믿는 자로서 품위를 지키며 당당히 이겨낼 수 있다면 좋겠지만, 겨우 버텨내도 괜찮다.

예수님은 '끝까지'(εἰς τέλος) 견디라고 하시는데, 이 '끝'은 언제인가? 어떤 이들은 '핍박이 끝날 때까지'로 이해한다(France, Hill, Morris). '죽을 때까지'로 해석하는 이들도 있다(Bloomberg, Carson). 혹은 '세상이 끝나는 날까지'로 해석하기도 한다(Davies & Allison, Harrington, Luz). 그러나 두 번째와 세 번째의 차이는 별 의미가 없다. 우리가 죽으면 그것이 바로 우리의 종말이기 때문이다. 예수님이 구원을 언급하시는 것으로 보아 두 번째와 세 번째가 본문과 잘 어울린다. 신앙은 100m 달리기가 아니라 42.195㎞ 마라톤이다. 끝까지 버티는 사람이 구원을 얻을 것이다.

복음을 전하다가 혹독한 핍박을 경험하게 되면 어떻게 해야 하는가? 순교할 각오로 그 자리를 지켜야 하는가? 아니다. 예수님은 다른 곳으로 피하라고 하신다(23a절). 그들은 복음을 감당하지 못하기 때문이다(cf. 히 11:38). 앞에서 예수님은 영접하지 않는 집이나 마을을 떠날 때는 발의 먼지를 털어 버리라고 하셨다(14절). 복음에 적대적이어서 핍박까지 하는 자들과 끝까지 같이 있을 필요는 없다. 하나님이 예비하신 다른 사람들을 찾아가면 된다. 그리스도인들은 선교할 때 용감하되 어리석어서는 안 된다(Bloomberg, Plummer). 지혜롭게 상황을 판단해 떠나야 할 때는 떠나고, 피해야 할 때는 피해야 한다. 또한 이 말씀의 핵심은 피하는 것이 아니라, 선교를 계속하는 것이다(Gundry, Weaver). 그러므로 한 곳에서 막히면, 다른 곳으로 떠나는 것도 지혜다.

"이스라엘의 모든 동네를 다 다니지 못하여 인자가 오리라"(23b절)라는 구절은 신약에서 해석하기 어려운 말씀 중 하나다(Carson). 그동안 학자들이 제시한 다양한 해석을 정리해 보면 다음과 같다(cf. Carson, Davies & Allison, Hagner, Luz). 진보적인 학자들은 예수님이 잘못 생각하신 결과라고 한다. 제자들이 선교를 끝내기 전에 종말이 올 것으로 생각하셨기 때문이라고 하는 이도 있고(Schweitzer), 가까운 시일(한두 세대)

내에 종말이 올 것으로 확신하셨기 때문에 이렇게 말씀하신 것이라고 하는 이들도 있다(Boring, Hill). 그러나 만일 예수님이 실언하신 것이라면 마태가 이곳에 기록할 가능성은 별로 없다.

이 말씀은 제자들이 이번 선교 여행을 마치기 전에 예수님을 만나게 될 것을 뜻하는 것일 수 있고(Chrysostom), 그들이 선교를 마치기 전에 부활하신 예수님을 만나게 될 것을 의미할 수도 있다(Barth). 또한 오순절에 성령이 오심으로써 이 말씀이 성취되었을 수도 있고(Calvin), 승천하신 예수님이 주후 66-70년에 잠시 오셔서 예루살렘을 심판해 파괴하실 것을 제자들이 목격하게 될 것을 의미할 수도 있다(Carson, France, Hagner, Schnabel). 그러나 가장 설득력이 있는 해석은 종말까지는 매우 오랜 세월이 지날 것이며, 이스라엘 선교는 그때까지 계속되어야 한다는 말씀이다(Bloomberg, Davies & Allison, Turner, Wilkins).

이 말씀은 세상이 끝날 때까지 전도하고 선교하라고 권면한다. 복음은 때때로 가족을 갈라놓기도 한다. 그러나 교회는 전도와 선교를 반드시 해야 한다. 또한 이 말씀은 선교할 때는 지혜롭게 하라고 한다. 이곳에서 핍박하면 저곳으로 가고, 이 사람이 거부하면 다른 사람을 찾아가라고 한다.

III. 예수님의 권위가 드러남(8:1-11:1)
  B. 디스코스 2(선교적)(10:5-10:42)
    2. 장차 있을 고난에 대한 경고(10:16-25)

---

(4) 영감(10:24-25)

²⁴ **제자가 그 선생보다, 또는 종이 그 상전보다 높지 못하나니** ²⁵ **제자가 그 선생 같고 종이 그 상전 같으면 족하도다 집주인을 바알세불이라 하였거든 하물며 그 집 사람들이랴**

유대교에서 제자는 스승의 종이나 마찬가지였다. 바울은 자신을 예수님의 종(δοῦλος)라고 한다(cf. 롬 1:1; 고전 7:22; 갈 1:10; 빌 1:1). 하나님이 성도들에게 인을 치시는 것도 그들이 하나님의 종이라는 것을 의미한다(Osborne, cf. 계 7:3-4). 제자가 선생보다 못하고, 종이 상전(주인)보다 못한 것은 당연한 이치다(24절). 만일 세상이 스승인 예수님을 거부하고 모욕했다면, 주님의 제자들이 같은 일을 겪는 것은 당연한 일이라는 논리다(25b절).

예수님은 이미 하나님 나라를 선포하고 병자들을 치료하시며 비난과 모욕을 받으셨다(cf. 9:3, 11). 심지어 바리새인들은 예수님이 마귀의 능력으로 병을 치료한다고 비방했다(9:34). 그들은 예수님을 바알세불이라고 한 것이다(25b절). '바알세불'(Βεελζεβοὺλ)은 마귀의 여러 이름 중하나다(cf. 9:34, 12:24). 구세주로 오신 분을 이렇게 대하는 것은 참으로 마음 아픈 일이다. 예수님이 이런 취급을 받으셨다면, 주님의 제자들이 비방과 핍박을 받는 것은 결코 놀랄 일이 아니다. 예수님을 사랑하는 사람들은 세상이 주는 고난을 받을 각오를 하고 주님을 따라야 한다.

이 말씀은 하나님 나라 복음을 선포하면 반드시 비방과 핍박이 따른다고 한다. 하늘나라로 가는 길을 제시하신 예수님을 바알세불이라고 비난하는 자들이 있었으니, 주님의 제자들인 우리가 비슷한 경험을 하게 되는 것은 당연한 일이다. 그러므로 비난과 핍박이 오면 이상하게 생각하지 말자.

III. 예수님의 권위가 드러남(8:1-11:1)
  B. 디스코스 2(선교적)(10:5-10:42)

3. 두려워하지 말라(10:26-31)

이 섹션은 '두려워 말라'(μὴ οὖν φοβεῖσθε)로 시작하고 마무리되면서 통일성을 더한다(26, 31절, cf. 28절). 예수님은 제자들이 세상의 핍박을 두려워할 필요가 없는 이유 세 가지를 말씀하신다. 이 세 가지에 따라 본 텍스트는 다음과 같이 구분된다.

A. 숨길 수 없는 진실(10:26-27)
B. 영원하지 않은 죽음(10:28)
C. 지속되는 보호(10:29-31)

III. 예수님의 권위가 드러남(8:1-11:1)
  B. 디스코스 2(선교적)(10:5-10:42)
    3. 두려워하지 말라는 권면(10:26-31)

---

(1) 숨길 수 없는 진실(10:26-27)

²⁶ 그런즉 그들을 두려워하지 말라 감추인 것이 드러나지 않을 것이 없고 숨은 것이 알려지지 않을 것이 없느니라 ²⁷ 내가 너희에게 어두운 데서 이르는 것을 광명한 데서 말하며 너희가 귓속말로 듣는 것을 집 위에서 전파하라

전도하면서 제자들은 그들을 두려워하지 않아도 된다(26a절). '그들'(αὐτούς)은 종교 지도자들을 포함해 제자들을 핍박하는 자들이다. 그들이 제자들을 핍박하는 것은 두려움 때문이다. 그들은 자신들이 믿고 고백하는 것이 거짓이라는 사실이 밝혀지는 것을 두려워한다. 그러므로 어떻게 해서든 하나님 나라의 진리가 세상에 선포되는 것을 막으려 한다.

그러나 그들이 아무리 애를 써도 감춘 것은 드러날 것이며, 숨긴 것은 알려질 것이다(26b-c절). '드러날 것이다'(ἀποκαλυφθήσεται)와 '알려질 것이다'(γνωσθήσεται)는 미래형 수동태다. 어떤 이들은 하나님이 종말에 드러내실 것이라고 하는데(Davies & Allison, Luz), 그 전에 적절한 때가 되면 하나님이 드러내실 것이라는 뜻이다(Osborne). 지금이 바로 그때다.

보기에는 복음을 반대하는 자들이 숨기는 것 같고 감추는 것 같지만, 사실은 하나님이 모든 것을 드러내실 때까지 허락하셨기 때문이다. 진리와 진실은 언젠가는 드러나게 되어 있다. 하나님이 그렇게 계획하셨기 때문이다. 그러므로 예수님은 제자들에게 그들의 핍박을 두려워하지 말고 오히려 더 담대하게, 자주, 더 큰 소리로 하나님 나라의 진리를 선포하라고 하신다(27절). 주님이 어두운 데서 가르쳐 주신 것을 밝은 데서 말하고, 귓속말로 주신 말씀을 집 위에서 전파하라 하신다. 많은 사람이 어두운 데와 광명한 데를 부활절 전과 후로 해석하는데(cf. Davies & Allison, Hagner), 이는 단순히 예수님이 제자들에게 사적인 자리에서 개인적으로 가르쳐 주신 것도 온 세상에 알리라는 말씀이다.

이 말씀은 하나님 나라의 복음은 사람들이 결코 숨길 수도, 가릴 수도 없는 진리라고 한다. 이 진리는 사람들이 인정하든, 인정하지 않든 항상 온 세상에 항상 드러나 있다. 우리는 이 진리를 선포하도록 부르심을 받았다. 그러므로 세상 끝 날까지 담대한 증인들이 되어야 한다.

III. 예수님의 권위가 드러남(8:1–11:1)
 B. 디스코스 2(선교적)(10:5–10:42)
  3. 두려워하지 말라는 권면(10:26–31)

(2) 영원하지 않은 죽음(10:28)

28 몸은 죽여도 영혼은 능히 죽이지 못하는 자들을 두려워하지 말고 오직 몸과 영혼을 능히 지옥에 멸하실 수 있는 이를 두려워하라

예수님은 제자들에게 몸은 죽여도 영혼은 죽이지 못하는 자들, 곧 사람을 두려워하지 말라고 하신다. 우리 몸은 죽는다고 할지라도 영혼은 계속 살며 때가 되면 새로운 몸을 받게 될 것이기 때문이다(cf. 고전 15:44). 대신 그들이 두려워해야 할 분은 몸과 영혼을 능히 지옥에 멸하실 수 있는 하나님이다. 이 말씀은 여호와를 경외하는 것이 지식의 근본이라는 잠언 9:10 등과 세상 사람들이 두려워하는 것을 두려워하지 말고 "만군의 여호와 그를 너희가 거룩하다 하고 그를 너희가 두려워하며 무서워할 자로 삼으라"라는 이사야 8:12–13 말씀을 생각나게 한다.

이 말씀은 하나님의 백성은 세상 사람들의 기준과 가치관대로 살지 말고, 예수님이 새로 시작하신 하나님 나라의 가치관과 기준에 따라 살아야 한다는 권면이다. 우리가 죽어서 가는 곳이 어디인지 확실하게 알고 믿는다면 이렇게 살아야 한다. 또한 예수님의 말씀대로 살면 우리의 담대함으로 인해 하나님 나라를 대적하는 자들이 오히려 위축될 것이다. 담대함은 믿음과 신념의 표현이기 때문이다.

> Ⅲ. 예수님의 권위가 드러남(8:1–11:1)
>   B. 디스코스 2(선교적)(10:5–10:42)
>   3. 두려워하지 말라는 권면(10:26–31)

(3) 지속되는 보호(10:29–31)

29 참새 두 마리가 한 앗사리온에 팔리지 않느냐 그러나 너희 아버지께서 허락하지 아니하시면 그 하나도 땅에 떨어지지 아니하리라 30 너희에게는 머리털까지 다 세신 바 되었나니 31 두려워하지 말라 너희는 많은 참새보다 귀하니라

가난한 사람들의 음식으로 팔린 참새는 새 중에서 가장 저렴했다. 본문은 참새 두 마리가 한 앗사리온에 팔린다고 한다(누가복음 12:6은 참새 다섯 마리가 두 앗사리온에 팔린다고 함). 앗사리온(ἀσσάριον)은 구리로 만들었으며, 로마 동전 중 가치가 가장 낮은 동전 중 하나였다(ABD). 당시 노동자들의 하루 임금이었던 한 데나리온(δηνάριον)은 16앗사리온이었다. 그러므로 한 앗사리온의 가치는 시급(時給)보다 낮았다.

참새 두 마리가 시급도 안 되는 돈에 팔리지만, 하나님이 허락하지 않으시면 한 마리도 땅에 떨어지지 않는다(29절). 하나님이 허락하지 않으시면 참새 한 마리도 그냥 죽어서 사람의 먹이가 되지 않는다는 뜻이다. 또한 예수님은 하나님과 제자들의 특별한 관계를 부각시켜 하나님이 철저하게 그들을 보살피신다는 사실을 강조하고자 하나님을 '너희 아버지'(τοῦ πατρὸς ὑμῶν)라고 하신다(cf. 6:9).

두 마리가 한 앗사리온에 팔리는 참새도 창조주 하나님의 철저한 보호를 받는다면, 하물며 만물의 영장인 사람은 얼마나 더 확고하게 보호하시겠는가! 예수님은 하나님이 제자들을 얼마나 철저하게 보호하시는지 그들의 머리털을 예로 들어 말씀하신다(30절). 머리털은 인간의 신체 부위 중 숫자를 셀 수 없을 정도로 많은 가장 흔하고도 가장 작은(가는) 것이다. 한마디로 말해 몇십 개 잃어도 별 탈이 없다. 그런데 하나님은 이 별 볼 일 없는 머리털까지 모두 세신다. 하나님은 우리 머리털 개수까지 헤아리시며, 하나님이 허락하지 않으시면 하나도 떨어지지 않는다(cf. 삼상 14:45; 삼하 14:11; 왕상 1:52; 눅 21:18; 행 27:34). 하나님은 보내신 이들의 형편을 철저하게 헤아리시며 보살피신다(Davies & Allison).

그러므로 예수님은 세상이 아무리 힘들게 하더라도 두려워하지 말라고 하신다(31절). 1/2앗사리온에 팔리는 참새도 보살피시는 하나님이 자기 자녀들을 보살피지 않으시겠는가! 예수님은 6:25-26에서처럼 한층 더 강력한(a fortiori) 논리로 하나님의 보호를 강조하신다.

또한 이렇게 생각할 수도 있다. 하나님은 죄에서 인간을 구원하기 위해 하나뿐인 아들을 보내셨다. 그런데 보내신 아들의 사역을 돕겠다고 나선 이들이 있다. 하나님이 그들을 얼마나 귀하게 여기시겠는가! 그러므로 더욱더 그들을 보호하실 것이다.

이 말씀은 우리에게 한 가지 중요한 진리를 가르쳐 준다. 많은 사람이 말하기를 하나님이 큰일에는 관심이 있으시지만, 작은 일에는 관심이 없으시다고 한다. 예수님은 그렇지 않다고 하신다. 하나님은 아주 작은 일, 심지어 우리의 머리털 개수까지 관심을 가지신다. 하나님은 좋은 일이라면 큰일과 작은 일을 차별하지 않으시는 전능하신 분이다. 우리도 하나님을 닮아 선한 일이라면 큰일뿐 아니라 작은 일도 성실하게 해야 한다.

Ⅲ. 예수님의 권위가 드러남(8:1–11:1)
 B. 디스코스 2(선교적)(10:5–10:42)

4. 제자의 길(10:32–39)

하나님이 보호하시기 때문에 제자들은 세상의 핍박을 두려워할 필요가 없다. 하나님이 허락하시지 않는 한 그들에게 어떠한 해도 임하지 않을 것이기 때문이다. 그렇다면 우리는 어떻게 살아야 하는가? 예수님은 제자의 삶은 이러해야 한다며 세 가지를 각오를 요구하신다. 예수님의 세 가지 가르침을 중심으로 하는 본문은 다음과 같이 구분된다.

A. 시인과 부인(10:32–33)
B. 갈등을 주러 오심(10:34–36)
C. 최우선이 되심(10:37–39)

Ⅲ. 예수님의 권위가 드러남(8:1–11:1)
 B. 디스코스 2(선교적)(10:5–10:42)
  4. 제자의 길(10:32–39)

(1) 시인과 부인(10:32–33)

³² 누구든지 사람 앞에서 나를 시인하면 나도 하늘에 계신 내 아버지 앞에서 그를 시인할 것이요 ³³ 누구든지 사람 앞에서 나를 부인하면 나도 하늘에 계

신 내 아버지 앞에서 그를 부인하리라

예수님은 우리가 이 땅에서 주님과의 관계를 어떻게 증언하는가에 따라 하늘에서 우리를 대하실 것이다. 우리가 사람들 앞에서 공개적으로 예수님을 시인하면, 예수님은 하나님 앞에 세워진 하늘 법정에서 우리를 시인하실 것이다(32절). '시인하다'(ὁμολογέω)는 예수님을 메시아로(요 9:22) 혹은 주(롬 10:9)로 고백하는 일에 사용되는 단어다(BAGD, cf. 눅 12:8).

하늘에 세워진 법정의 이미지는 다니엘서 7장의 '옛적부터 항상 계신 이' 앞에 펼쳐진 심판정이다(단 7:9-14). 그곳에서 '옛적부터 항상 계신 이'는 '인자'에게 권세와 영광과 나라를 주시고 모든 백성과 나라들과 다른 언어를 말하는 모든 자들이 그를 섬기게 하셨다(단 7:14). 그러므로 사람 앞에서 예수님을 부인하는 것은 하나님의 뜻을 거역하는 행위다.

'부인하다'(ἀρνέομαι)는 배교와 연관된 언어다(cf. BAGD). 위협과 고문을 견디지 못해 예수님을 비난하는 일도 여기에 속한다. 예수님은 하나님 앞에서 이 땅에서 우리가 주님께 어떻게 했는가에 따라 우리를 판단하신다. 우리가 언행으로 주님을 구주로 시인하고 고백하는 삶을 살면, 예수님도 우리를 시인하실 것이다. 만일 우리가 그렇게 하지 않으면, 예수님도 우리를 부인하실 것이다. 예수님은 7:23에서 아무리 주님의 이름으로 온갖 기적을 행해도 버림받을 자들이 있을 것이라고 경고하셨다.

이 말씀은 우리의 믿음에 대해 당당하라고 한다. 하나님의 백성이 되어 예수님을 사랑하는 것은 부끄러운 일이 아니다. 오히려 주님을 섬기는 것은 영광스러운 일이다. 그러므로 우리의 믿음을 숨기지 않고 나타냄으로써 온 세상 사람들이 보고 자극을 받게 해야 한다.

(2) 갈등을 주러 오심(10:34–36)

³⁴ 내가 세상에 화평을 주러 온 줄로 생각하지 말라 화평이 아니요 검을 주러 왔노라 ³⁵ 내가 온 것은

사람이 그 아버지와,

딸이 어머니와,

며느리가 시어머니와 불화하게 하려 함이니

³⁶ 사람의 원수가 자기 집안 식구리라

예수님은 이 섹션을 '생각하지 말라'(Μὴ νομίσητε)는 권면으로 시작하심으로써 제자들에게 그들의 생각을 바꿀 것을 요구하신다(34절). 어떤 생각을 바꾸라는 것인가? 사람들은 메시아가 오시면 무조건 온 세상에 평화를 주실 것이라고 생각했다(cf. 사 9:6; 26:3; 53:5). 실제로 예수님은 평화를 주기 위해 오셨다(cf. 10:12–13; 요 14:27). 예수님이 주시는 평화는 죄인이 회개해 구원에 이를 때 비로소 하나님이 주시는 평화다. 그러나 이 평화를 얻기 전에 엄청난 혼란과 고난을 겪어야 할 경우도 있다는 것을 경고하신다. 그러므로 이미 21절에서 "장차 형제가 형제를, 아버지가 자식을 죽는 데에 내주며 자식들이 부모를 대적하여 죽게 하리라"라고 하셨다.

예수님은 처음 두 절에서 '왔다'(ἦλθον)를 세 차례 사용해 이 땅에 오신 목적을 강조하신다. 예수님은 세상에 화평이 아니라 검을 주러 오셨다(34절). '검'(μάχαιρα)은 폭력과 살생을 상징한다(cf. 욥 5:20; 렘 2:30). 예수님을 따르는 사람들은 세상에서 강력한 저항과 핍박을 받을 수 있으며, 필요하다면 순교까지 각오해야 한다. 세상은 하나님과 그가 보내신 이들을 미워하기 때문이다.

441

결국 예수님을 전심으로 따르는 사람들의 집안은 온갖 혼란과 갈등을 겪는다(35절). 35-36절은 미가 7:6을 인용한 말씀이다. 미가는 아하스왕 시대에 이 불신자이자 우상 숭배자로 인해 온 나라가 영적 혼란과 가치관의 붕괴를 겪은 모습을 이렇게 묘사했다. 예수님은 이 말씀을 인용해 하나님과 율법을 멀리해 죄와 가치관의 혼돈에 빠진 사회가 복음으로 정화되려면 다시 이런 산통을 겪어야 한다고 하신다.

자식이 아버지와, 딸이 어머니와, 며느리가 시어머니와 갈등한다. 당시 가족들과 친척들의 관계가 얼마나 끈끈하고 가까웠는지를 고려하면 예수님의 청중은 참으로 큰 불편함을 느꼈을 것이다. 그러나 이런 일은 오늘날에도 수없이 반복된다. 특히 믿지 않는 집안에서 처음으로 믿는 사람이 나오면 이런 일이 일어난다. 그러므로 예수님은 화평이 아니라 칼을 주러 오셨다. 복음으로 인해 가정이 깨지고, 친척들이 갈등하기 때문에 원수는 다름 아닌 집안 식구다(36절).

이 말씀은 가족이 우리의 신앙생활에 가장 큰 걸림돌이 될 수 있다고 한다. 믿음의 가정에 태어난 사람들은 서로 믿음을 격려하는 축복을 누린다. 그러나 집안에서 처음 믿는 사람들, 혹은 형식적으로 믿는 가정에서 참되게 믿으려는 사람들은 가족들의 비난과 방해에 직면할 것이다. 그러므로 하나님을 반대하고 거부하는 사람을 멀리서 찾을 필요가 없다. 우리 주변, 특히 가장 가까운 사람 중에 있다. 안타까운 것은 관계가 가까울수록 전도하기가 더 어렵다는 사실이다. 그러므로 우리는 적절한 때에 믿지 않는 친인척들을 전도하기 위해서라도 행실을 바로 해야 한다.

(3) 최우선이 되심(10:37-39)

37 아버지나 어머니를 나보다 더 사랑하는 자는 내게 합당하지 아니하고 아들이나 딸을 나보다 더 사랑하는 자도 내게 합당하지 아니하며 38 또 자기 십자가를 지고 나를 따르지 않는 자도 내게 합당하지 아니하니라 39 자기 목숨을 얻는 자는 잃을 것이요 나를 위하여 자기 목숨을 잃는 자는 얻으리라

어떤 상황에서든 주님을 시인하고(32-33절), 복음으로 인한 반대와 저항을 감수하라고 하신(34-36절) 예수님이 이번에는 제자들이 어떤 자세로 삶에 임해야 하는지 말씀하신다. 그러므로 이 섹션은 지금까지 감수하라고 하신 희생에 대한 가르침의 결론이라 할 수 있다. 혹은 이 본문은 제자도의 핵심이다(Osborne). 제자도는 삶에서 이미 추구하고 있는 것들에 새로운 것을 추가하는 것이 아니라, 완전히 새로운 방식으로 사는 것이다(Boring).

예수님은 37-38절에 '합당하다'(ἄξιος)는 말을 세 차례 반복하시며 제자라고 할 만한 사람은 이런 사람이라고 설명하신다. 본문은 제자는 이러해야 한다며 세 가지로 정의한다. 첫째, 예수님의 제자가 되고자 하는 사람은 가족보다 예수님을 더 사랑해야 한다(37절). 아버지와 어머니 등 가족을 미워하라는 말이 아니다. 그들도 사랑하되, 만일 그들과 예수님 사이에 선택해야 한다면 반드시 예수님을 선택해야 한다는 요구다. 우리의 삶에서 예수님은 언제나 최우선이 되어야 한다. 그러므로 아무나 주님의 제자가 될 수 있는 것이 아니다. 가족들보다 예수님을 더 사랑하는 이들만 예수님의 제자가 될 수 있다. 이 말씀은 여러 면에서 모세가 레위 지파에 관해 한 말을 생각나게 한다.

그는 그의 부모에게 대하여 이르기를
내가 그들을 보지 못하였다 하며
그의 형제들을 인정하지 아니하며
그의 자녀를 알지 아니한 것은
주의 말씀을 준행하고
주의 언약을 지킴으로 말미암음이로다(신 33:9).

둘째, 자기 십자가를 지고 예수님을 따르는 사람만이 제자가 될 수 있다(38절). 십자가는 고난과 수치를 상징한다. 희생과 헌신을 각오하지 않고는 주님을 따를 수 없다는 뜻이다. 존귀와 영광을 얻기 위해 예수님을 따르려 하는 사람은 다시 생각해야 한다. 예수님은 이 땅에서 오직 가시밭길을 가셨기 때문이다. 주님은 고난을 받으신 후 영광을 받으셨기 때문에 영광과 존귀를 얻기 위해 예수님을 따르려는 사람들도 먼저 고난을 감수해야 한다.

셋째, 예수님을 위해 순교를 각오하는 사람만이 제자가 될 수 있다(39절). 이 말씀은 십자가를 지고 따라야 한다는 바로 앞 절 말씀과 비슷하지만, 희생이 한층 더 강화된 말씀이다. 죽음을 언급하기 때문이다. 자기 목숨을 얻는 자, 곧 자기 자신을 위해 물질적인 풍요로움을 추구하는 자는 모두 잃을 것이다(Plummer). 그러나 주님을 위해 물질적인 풍요로움을 포기하는 사람은 살 것이다. 그리스도인의 삶은 자기 자신에 대해 죽는 것(death to self)과 예수님을 위해 죽는 것(willingness to die for Jesus)을 동시에 요구한다(Osborne, cf. 막 8:34; 눅 9:23; 14:27; 요 12:26).

이 말씀은 예수님이 우리의 삶에서 최우선이 되어야 한다고 한다. 부모를 사랑하지 말라는 것이 아니다. 부모를 사랑하되 그들보다 예수님을 더 사랑해야 한다는 뜻이다. 또한 헌신과 희생을 각오하며 예수님을 따르라고 한다. 이처럼 자기 권리를 포기하는 사람이 하나님의 권세를 얻을 것이다.

5. 환영하는 사람들은 상을 받음(10:40-42)

⁴⁰ 너희를 영접하는 자는 나를 영접하는 것이요 나를 영접하는 자는 나를 보내신 이를 영접하는 것이니라 ⁴¹ 선지자의 이름으로 선지자를 영접하는 자는 선지자의 상을 받을 것이요 의인의 이름으로 의인을 영접하는 자는 의인의 상을 받을 것이요 ⁴² 또 누구든지 제자의 이름으로 이 작은 자 중 하나에게 냉수 한 그릇이라도 주는 자는 내가 진실로 너희에게 이르노니 그 사람이 결단코 상을 잃지 아니하리라 하시니라

예수님은 앞 섹션에서 제자의 삶에 대해 권면하신 후 다시 선교(전도)에 대해 말씀하신다. 예수님은 선교는 평생 하는 것이라는 점을 강조하기 위해 모두 현재형으로 말씀하신다. 원리는 간단하다. 하나님 나라 복음을 선포하는 이들을 영접하는 사람은 곧 그들을 보내신 예수님을 영접하는 것이며, 더 나아가 예수님을 보내신 하나님을 영접하는 것과 다를 바 없다(40절). 학자들은 이런 원리를 가리켜 특사를 영접하는 것은 곧 특사를 보낸 이를 영접하는 것과 같은 특사법(emissary law)이라 하기도 하고(Luz), 예수님이 제자들과 연대해 고난(solidarity of suffering)을 받으실 것을 선언하시는 것으로 해석하기도 한다(Weaver). 본문이 강조하는 것은 선교(전도)하는 사람은 그들을 보내신 이들(예수님과 하나님)의 권위를 가지고 하는 것이라는 사실이다(cf. 눅 10:16; 요 12:44-45; 13:20; 행 9:4). 이 원리는 교회의 고위 직분자들에게만 유효한 것이 아니라, 모든 그리스도인에게 동일하게 적용된다. 누구든 하나님 나라의 복음을 전하는 사람에게는 하나님과 예수님의 권위가 부여된다.

예수님은 이 원리가 어떻게 적용되는지 41-42절에서 세 가지 사례(선지자, 의인, 작은 자)를 예로 들어 설명하신다. 첫째, 선지자의 이름으로 선지자를 영접하는 자는 선지자의 상을 받을 것이다(41a절). 선지자

(προφήτης)는 하나님 나라를 선포하고 가르치는 사람이다. 그러므로 전도하고 선교하는 사람이 곧 선지자다. 선지자를 영접하는 사람이 받을 선지자의 상은 어떤 것인가? 정확히 알 수는 없지만, 엘리야는 그를 영접한 사르밧성 과부와 아들이 기근이 끝날 때까지 양식 걱정을 하지 않게 해 주었고 나중에는 죽은 아이까지 살려 주었다(왕상 17:8-24). 선지자 엘리사도 머물던 집에 아이가 태어나는 복을 끼쳤고, 나중에는 이 아이가 죽자 살려 주었다(왕하 4:8-37). 이처럼 삶에서 큰 위로와 복을 받을 것을 의미하는 듯하다(cf. France).

둘째, 의인의 이름으로 의인을 영접하는 자는 의인의 상을 받을 것이다(41b절). 어떤 이들은 초대교회에서 '선지자'와 '의인'은 오늘날의 집사, 권사처럼 직분이었다고 하지만(Hill), 설득력 있는 주장은 아니다. 예수님이 '선지자'와 '의인'을 언급하시는 것은 제자들에게 은사를 활용하는 사역을 하되('선지자처럼 사역하는 것') 예수님이 해석해 주신 율법과 가르쳐 주신 말씀의 통제 아래('의인처럼 사는 것') 사역하라고 권면하시는 것이라고 하는 이도 있다(Schweitzer).

만일 예수님이 '선지자-의인-작은 자'를 언급하시면서 지위가 높은 사람부터 낮은 사람까지 순서를 염두에 두셨다면 다른 해석이 가능하다. 선지자는 교회 지도자들이고, 의인은 평범한 성도들, 작은 자들은 아직 신앙이 성숙하지 않았거나 신체적으로 어린 자들을 뜻할 수도 있다(cf. Käsemann, Wilkins).

셋째, 누구든 제자의 이름으로 작은 자 중 하나에게 냉수 한 그릇이라도 주는 자는 상을 잃지 않을 것이다(42절). 성경에서 '작은 자'는 세상 끝 날에 심판을 받을 사람들을 뜻하는 종말론적인 표현이지만(Davies & Allison, cf. 슥 13:7), 이곳에서는 제자들과 교회의 모든 지위에 있는 사람 중 스스로 겸손한 자세를 취하는 사람들이다(cf. Carson). 당시 날씨가 덥고 건조한 팔레스타인 지역에서 객에게 냉수를 대접하는 것은 가장 기본적인 미풍양속이었다. 누구나 당연히 베푸는 친절이었다. 그러나 예수님은 누구든 이처럼 당연한 친절을 하나님 나라의 작은 자에게 베풀면 결단코 상을 잃지 않을 것이라고 하신다. 하나님의 자녀들을 축복하는 이들을 축복하시겠다는 예수님의 말씀은 옛적에 하나님이 아브라함에게 주신 말씀을 연상케 한다. "너를 축복하는 자에게는 내가 복을 내리고 너를 저주하는 자에게는 내가 저주하리니 땅의 모든 족속이 너로 말미암아 복을 얻을 것이라"(창 12:3).

이 말씀은 하나님은 우리가 이웃에게 베푸는 모든 선행에 상을 내리실 것이라고 한다. 하나님의 상은 이 땅에 사는 동안에 임할 수도 있고, 다음 세상에서 내려질 수도 있다. 하나님은 기억하셨다가 적절한 때에 반드시 상을 내리실 것이다. 그러므로 하나님의 복을 받는 가장 좋은 방법은 이웃들을 선행으로 축복하는 것이다.

III. 예수님의 권위가 드러남(8:1-11:1)

C. 끝맺음(11:1)

¹ **예수께서 열두 제자에게 명하기를 마치시고 이에 그들의 여러 동네에서 가르치시며 전도하시려고 거기를 떠나가시니라**

이 본문은 예수님의 두 번째 디스코스이자 선교(전도)에 대한 가르침을 마무리하는 말씀이며, 잠시 후 시작될 사역 내러티브로 전환하는 역할을 한다. 제자들이 성공적으로 사역했다는 마가복음 6:12-13과 달리 마태는 그들의 성공 여부에 대해 언급하지 않는다. 이스라엘 선교는 주님이 다시 오실 때까지 계속되어야 한다는 것을 암시하기 위해서다(Davies & Allison, Hagner, cf. Harrington).

이 구절이 묘사하는 것처럼 예수님이 여러 동네에서 가르치시며 전도하시는 모습은 4:23, 9:35과 같다. 그러나 예수님이 여러 질병을 고처 주셨다는 내용은 빠져 있다. 가르침과 전도가 가장 중요하며, 질병을 고치는 것은 부수적인 일임을 암시하는 듯하다(Carson). 또한 예수님이 가르치시며 전도하셨다는 말씀(9:35; 11:1)은 제자들을 파송하며 선교에 대해 가르치신 내용(10:1-42)을 감싸고 있다. 이 같은 구조는 교회의 선교 사역은 영원히 계속되어야 하며, 예수님의 지휘와 통제 아래 진행되어야 한다는 것을 암시한다(Osborne).

이 말씀은 우리가 배우는 목적은 나누기 위해서라고 한다. 예수님은 제자들을 가르치는 일을 마치시고 전도하기 위해 떠나셨다. 하나님 나라 복음을 더 많은 사람과 나누시기 위해서였다. 우리도 끊임없이, 성실하게 말씀을 배워 성도들과 나누고 세상과 나누어야 한다.

Ⅳ. 예수님의 사역이 분란을 초래함

(11:2-13:53)

예수님의 가르침과 사역이 계속될수록 반대하는 자들도 늘어나고, 저항하는 목소리도 커져만 간다. 사람들은 점차 예수님의 가르침에 냉담해지고 있다. 그러나 예수님은 갈수록 어려워져만 가는 상황에도 좌절하지 않으시고 묵묵히 하나님 나라를 선포하고 가르치시며 병자들을 치료하신다. 세 번째 사이클을 구성하고 있는 본 텍스트는 다음과 같이 구분된다.

A. 내러티브(11:2-12:50)
B. 디스코스 3(비유들)(13:1-52)
C. 끝맺음(13:53)

Ⅳ. 예수님의 사역이 분란을 초래함(11:2-13:53)

A. 내러티브(11:2-12:50)

본 텍스트는 상당 부분 마가복음 2:23-3:12과 3:20-4:34을 바탕으로 구성되었다. 또한 이 섹션은 대부분 예수님의 정체성에 대해 일부 종교 지도자들이 문제를 제기하거나 질문하고, 예수님이 반박하거나 대답하는 내용으로 구성되어 있다. 시간이 지날수록 예수님의 가르침과 사역에 대한 저항이 강해지고 있음을 암시한다. 저항이 강해지는 가장 큰 이유는 아마도 예수님이 그들이 기대했던 메시아로 오시지 않았기 때문일 것이다. 그들은 군사적인 정복자로 메시아가 오실 것을 기대했지만, 예수님은 고난받는 종으로 오셨다. 심지어 예수님에게 세례를 주었던 요한마저도 혼란스러워한다. 그들이 예수님에 대해 깨닫지 못하는 것은 하나님이 숨기셨기 때문이다(11:28-30). 본문에 묘사된 갈등을 통해 더 확고한 기독론이 제시된다. 이 섹션은 다음과 같이 구분된다.

A. 세례 요한(11:2-19)
B. 정죄와 초청(11:20-30)
C. 안식일 갈등(12:1-14)
D. 예언의 성취로 오신 메시아(12:15-21)
E. 바리새인들과의 갈등(12:22-45)
F. 아버지의 뜻대로 하는 사람들(12:46-50)

IV. 예수님의 사역이 분란을 초래함(11:2-13:53)
  A. 내러티브(11:2-12:50)

1. 세례 요한(11:2-19)

마태가 본문에 기록하고 있는 세례 요한의 질문과 예수님의 답에 관한 이야기는 누가복음 7:18-35에도 거의 그대로 반복된다. 4:12 이후 요한은 계속 감옥에 갇혀 있다. 감옥에 갇혀 있는 요한이 불안하다. 자신은 분명 메시아의 길을 예비하러 왔고, 예수님에게 세례를 줄 때 그분이 바로 자신이 길을 예비하던 메시아라는 것을 깨달았다. 그러나 시간이 지나면서 다소 혼란스러워졌다. 요한 역시 예수님이 정복자 메시아로 사역하실 것을 기대했는데, 그가 기대한 방식대로 사역을 시작하지 않으시기 때문이다. 이 섹션은 다음과 같이 두 파트로 구분된다.

A. 요한의 질문과 예수님의 대답(11:2-6)
B. 예수님의 요한에 대한 증언(11:7-19)

> IV. 예수님의 사역이 분란을 초래함(11:2-13:53)
>   A. 내러티브(11:2-12:50)
>   1. 세례 요한(11:2-19)

(1) 요한의 질문과 예수님의 대답(11:2-6)

² 요한이 옥에서 그리스도께서 하신 일을 듣고 제자들을 보내어 ³ 예수께 여짜오되 오실 그이가 당신이오니이까 우리가 다른 이를 기다리오리이까 ⁴ 예수께서 대답하여 이르시되 너희가 가서 듣고 보는 것을 요한에게 알리되 ⁵ 맹인이 보며 못 걷는 사람이 걸으며 나병 환자가 깨끗함을 받으며 못 듣는 자가 들으며 죽은 자가 살아나며 가난한 자에게 복음이 전파된다 하라 ⁶ 누구든지 나로 말미암아 실족하지 아니하는 자는 복이 있도다 하시니라

세례 요한은 예수님이 갈릴리 지역에서 사역을 시작하시기 바로 전에 감옥에 갇혔다(4:12). 헤롯 안티파스(Herod Antipas)는 요한을 사해 동쪽에 위치한 마케루스(Machaerus) 산성에 가두었다(Josephus, Ant. 18.119). 요한은 이곳에서 1년 정도 감옥 생활을 하다가 처형되었다(cf. 14:1-14). 그는 감옥에서 예수님이 하신 일에 관해 들었다. '그리스도께서 하신 일'(ἔργα τοῦ Χριστοῦ)(2절)은 예수님의 가르침(cf. 5-7, 10장)과 기적들(cf. 8-9장) 그리고 전도와 선교(10장)를 포함하는 폭넓은 용어다(Carson).

마태는 1-2장 이후 처음으로 '그리스도'(Χριστός)라는 단어를 사용한

다. 요한은 예수님이 정말 자신이 예비한 길을 오신 메시아인지 알고 싶었다. 그러나 직접 물어볼 수 있는 상황이 아니기 때문에 제자들을 대신 보냈다(2절). 요한의 제자들은 예수님께 왜 그분의 제자들은 금식하지 않는지 물은 적이 있다(9:14-17). 만일 그들이 요한이 수감된 마케루스 산성에서 바로 오는 길이라면 거의 160km를 걸어서 왔다(Wilkins).

요한이 제자들을 보내 알고자 했던 것은 간단하다. 그가 길을 예비하고 오시기를 기다리던 메시아가 예수님인지, 혹은 아직도 다른 사람을 기다려야 하는지를 알고자 했다(3절). '오실 그이'(ὁ ἐρχόμενος)는 메시아를 의미한다(cf. 3:11). 요한은 예수님에게 세례를 줄 때 그분이 메시아이심을 알았다(cf. 3:14). 그런데 왜 이제 와서 이런 질문을 하는 것일까?

학자들은 다양한 추측을 제시했다. 예수님이 공식적으로, 또한 공개적으로 자신이 메시아임을 선포할 기회를 제공하기 위해서라 하고, 요한이 자기 제자들에게 예수님이 바로 메시아이심을 깨닫게 하기 위해서라는 이들도 있다. 혹은 감옥에 투옥된 요한이 낙심하고 초조해 이런 질문을 하는 것이라고 하는 이들도 있다(cf. Davies & Allison, Morris).

요한이 예수님께 질문한 이유는 그가 선포한 메시지에서 어느 정도 추론해 볼 수 있다. 요한은 매우 철저한 회개를 요구했고(3:2, 7), 삶에서 회개에 부응하는 열매를 맺을 것을 명령했다(3:8). 또한 도끼가 나무의 뿌리에 이미 놓였다며 회개하지 않으면 머지않아 하나님의 심판이 불로 임할 것이라고 경고했다(3:10, 12). 그러므로 요한은 '곧 임할 불 심판'을 외친 선지자로서 예수님의 사역이 의외라고 생각했을 것이다. 예수님은 곧 임할 불 심판은 말씀하지 않으시고 치료하고 위로하며 가르치는 일에 전념하셨기 때문이다. 그러므로 혼란스러운 요한이 생각을 정리하고자 제자들을 보낸 것이다. 만일 예수님이 '오실 그이'가 아니라면, 그는 더 기다려야 한다. '기다리다'(προσδοκάω)는 적극적으로 찾아보는 것을 뜻한다(Osborne).

예수님은 요한의 제자들에게 그들이 듣고 보는 것을 스승에게 알리라고 하신다(4절). 5절은 그들이 보고 듣는 일들을 나열하고 있는데, 예수님이 8-9장에서 온갖 병을 고치신 일들과 복음 선포하신 일을 요약한다. 나병 환자(8:1-4), 보지 못하는 사람(9:27-31), 걷지 못하는 사람(9:1-8), 듣지 못하는 사람(9:32-34), 죽은 사람(9:18-19, 23-26), 가난한 사람에게 복음 전파(9:35-36). 예수님은 이러한 일들이 계속되고 있다는 사실을 강조하기 위해 현재형 동사를 사용하신다.

이사야는 이러한 기적들이 메시아가 오시면 일어날 일들이라고 예언했다. 보지 못하는 사람이 보게 됨(사 29:18; 35:5; 42:18), 걷지 못하는 사람이 걸음(사 35:6), 듣지 못하는 사람이 들음(사 29:18; 35:5; 42:18), 죽은 자가 살아남(사 26:19), 문둥병이 나음(사 53:4), 가난한 사람에게 복음이 선포됨(사 61:1).

이 기적 중 앞을 못 보는 사람을 보게 하고 듣지 못하는 사람을 듣게 하는 일은 특별하다. 선지자 엘리야와 엘리사가 죽은 사람을 살리는 기적을 행하기는 했지만, 그 어느 선지자도 앞 못 보는 사람을 보게 하거나 듣지 못하는 사람을 듣게 하지는 못했다. 그러므로 구약 시대 사람들은 이런 일은 너무나도 어려워서 오직 메시아만이 하실 수 있는 일이라고 생각했다. 바로 예수님이 이런 일을 행하셨다. 예수님이 바로 '오실 그이'이신 것이다(3절).

또한 선지자는 메시아가 이 같은 일을 하실 때 심판도 반드시 임할 것이라 했다(Carson, Turner, Wilkins, cf. 사 35:4; 61:2). 그러나 아직 예수님은 죄인들과 세상에 심판을 내리지 않으셨다. 결국 세례 요한이 제자들을 보내 질문을 하게 된 것도 심판이 지연되고 있기 때문이었다.

누구든지 예수님으로 말미암아 실족하지 않는 자는 복이 있다(6절). 예수님이 선포하시는 하나님 나라 복음을 영접함으로써 하나님 나라에 입성해 영생을 누릴 사람들은 복이 있다는 뜻이다. 또한 이 말씀은 세례 요한에게 "만일 내가 네가 기대하던 메시아와 다르다며 실족하지 않는다면, 요한아 너는 복이 있다"라는 개인적인 메시지가 된다

(Bruner). 복음은 듣는 사람에게 예수님을 따를 것인지, 혹은 반대할 것인지 결정할 것을 요구한다(Luz).

이 말씀은 우리가 이웃들에게 복음을 전하는 가장 효과적인 방법은 하나님이 우리의 삶을 변화시키신 것에 대해 증언하는 것이라 한다. 하나님의 나라는 말에 있지 않고 변화시키는 능력에 있기 때문이다. 예수님도 가부를 묻는 질문에 변화를 보라고 답하셨다.

> IV. 예수님의 사역이 분란을 초래함(11:2–13:53)
>   A. 내러티브(11:2–12:50)
>   1. 세례 요한(11:2–19)

(2) 예수님의 요한에 대한 증언(11:7–19)

예수님은 요한의 제자들에게 "내가 바로 메시아다"라는 답을 주어 돌려보내신 후 요한이 어떤 사람인가에 대해 무리에게 말씀하신다. 그는 참으로 주의 길을 예비하러 온 선지자였다. 요한에 대한 예수님의 증언은 다음과 같이 구분된다.

  A. 구속사의 흐름과 요한(11:7–15)
  B. 만족을 모르는 세대와 요한(11:16–19)

> IV. 예수님의 사역이 분란을 초래함(11:2–13:53)
>   A. 내러티브(11:2–12:50)
>   1. 세례 요한(11:2–19)
>   (2) 예수님의 요한에 대한 증언(11:7–19)

a. 구속사의 흐름과 요한(11:7–15)

7 그들이 떠나매 예수께서 무리에게 요한에 대하여 말씀하시되 너희가 무엇

을 보려고 광야에 나갔더냐 바람에 흔들리는 갈대냐 [8] 그러면 너희가 무엇을
보려고 나갔더냐 부드러운 옷 입은 사람이냐 부드러운 옷을 입은 사람들은
왕궁에 있느니라 [9] 그러면 너희가 어찌하여 나갔더냐 선지자를 보기 위함이
었더냐 옳다 내가 너희에게 이르노니 선지자보다 더 나은 자니라 [10] 기록된바
보라 내가 내 사자를 네 앞에 보내노니
그가 네 길을 네 앞에 준비하리라
하신 것이 이 사람에 대한 말씀이니라 [11] 내가 진실로 너희에게 말하노니 여
자가 낳은 자 중에 세례 요한보다 큰 이가 일어남이 없도다 그러나 천국에
서는 극히 작은 자라도 그보다 크니라 [12] 세례 요한의 때부터 지금까지 천국
은 침노를 당하나니 침노하는 자는 빼앗느니라 [13] 모든 선지자와 율법이 예
언한 것은 요한까지니 [14] 만일 너희가 즐겨 받을진대 오리라 한 엘리야가 곧
이 사람이니라 [15] 귀 있는 자는 들을지어다

요한의 제자들이 예수님의 답을 가지고 스승에게 돌아갔다(7절). 예
수님은 무리에게 요한이 어떤 사람인가에 대해 말씀하신다. 예수님의
말씀은 감옥에 갇힌 요한이 심경에 변화가 와서 제자들을 보낸 것이
아니라, 하나님의 구속사가 어디까지 진행되었는지 알아보기 위해 그
들을 보냈음을 암시한다.

예수님은 무리에게 요한이 사역하던 광야에 누구를 만나러 갔는지
를 물으시며 가능한 세 가지 답을 제시하신다(7-9절). 첫째, 그들은 바
람에 흔들리는 갈대를 보러 광야에 나갔는가(7절)? 갈대는 요단강 주변
에서 자라는 식물로 연약함과 흔들림의 상징이다(Wilkins). 그러므로 이
질문은 요한이 갈대처럼 연약하고 사람들의 말에 쉽게 마음이 흔들리
는 사람이었냐는 것을 묻는다(Carson, Osborne, Wilkins). 요한은 심지가
굳고 듬직하며 단호한 선지자였으며, 여론에 좌지우지되는 정치인이
아니었다. 그는 이러한 성품 때문에 감옥에 갇혔다.

둘째, 그들은 부드러운 옷을 입은 사람을 보러 광야에 나갔는가

(8절)? '부드러운'(μαλακός)은 고와서 여성스럽기까지 하다는 뜻이다 (BAGD). 거친 낙타털 옷과 가죽띠를 두른(cf. 3:4) 요한은 부드러운 옷과는 거리가 멀다. 예수님은 부드러운 옷을 입은 사람들은 왕궁에 있다고 하시는데, 왕궁에서 부드러운 옷을 입은 헤롯 안티파스가 거친 옷을 입은 요한을 가둔 일을 우회적으로 비판하시는 듯하다(Carson, Theissen).

셋째, 그들은 선지자를 보기 위해 광야에 나갔는가(9절)? 요한은 이스라엘 역사에서 400여 년의 침묵을 깨고 온 선지자로 유명했다 (Carson, Wilkins). 그러므로 헤롯이 요한을 감옥에 감금한 일은 참으로 충격적이었다(Osborne). 요한이 사역하는 동안 사람들은 선지자를 보기 위해 광야를 찾았다. 예수님도 이러한 사실을 아신다. 그러나 예수님은 요한이 선지자보다 더 나은 자라고 하신다.

구약의 선지자 전통에 따라 선지자로 온 요한이 어떻게 해서 구약의 선지자들보다 더 위대한 사람이란 말인가? 그가 메시아의 길을 준비하기 위해 왔기 때문이다. 다른 선지자들은 메시아에 대해 예언했을 뿐 그의 길을 예비하는 사역을 위해 이 땅에 오지는 않았다. 반면에 요한은 구체적으로 메시아가 걸으실 길을 예비하기 위해 왔다. 심지어 구약은 요한의 사역을 예언하기까지 했다(10절; cf. 출 23:20; 말 3:1). "보라 내가 내 사자를 네 앞에 보내노니"는 출애굽기 23:20을 인용한 말씀이다. 하나님이 천사를 보내 백성의 길을 예비하실 때 하신 말씀이다. "그가 네 길을 네 앞에 준비하리라"는 말라기 3:1을 인용하신 것이다. 하나님이 가나안에 입성하는 백성을 위해 천사들을 먼저 보내신 것처럼 요한을 먼저 보내어 예수님의 길을 준비하게 하신 것이다(Davies & Allison).

그러므로 예수님은 여자가 낳은 자 중에 세례 요한보다 큰 이가 없다고 하신다(11a절). 요한은 선지자보다 더 나은 사람이다(9절). 또한 그는 옛 시대를 마감하며 동시에 새 시대의 시작을 알리는 역할을 한 사람이다. 그러므로 예수님은 그보다 더 위대한 사람은 없다고 하신다.

예수님은 요한이 참으로 대단한 사람이지만, 천국에서는 지극히 작은 자라도 요한보다 크다고 하신다(11b절). 이 말씀의 의미에 대해 상당한 해석적인 차이가 있다. 첫째, 어떤 이들은 '작은 자'(μικρός)를 '어린 자'로 해석해 요한보다 어리신 예수님이 그보다 더 위대하다는 뜻으로 해석한다(Chrysostom, Augustine, cf. TDNT). 둘째, 이 말씀을 종말론적으로 해석하는 사람들은 현재 가장 위대한 사람인 요한도 장차 임할 하나님 나라에서는 지극히 작은 자에 불과하다는 의미로 간주한다(Davies & Allison, McNeile, Verseput). 셋째, 학자들 대부분은 예수님이 새로이 시작하신 하나님 나라의 백성 중 가장 작은 사람이라도 옛 시대에 가장 위대했던 요한보다 더 크다는 의미로 해석한다(France, Hill, Plummer, Schnackenburg, Schweizer, Wilkins). 가장 설득력이 있는 해석이다.

요한은 새 언약의 시작을 알렸지만, 새로 시작된 하나님 나라의 일부는 아니었다. 그는 옛 언약을 완성시킨 사람이었다. 그러므로 예수님은 옛 시대와 새 시대를 대조하시면서 요한이 옛 시대의 최고 인물이지만, 새 시대에서는 가장 작은 자보다도 더 작다고 하신다. 우리가 바로 예수님이 말씀하시는 새 시대를 살고 있다.

"세례 요한의 때부터 지금까지 천국은 침노를 당하나니 침노하는 자는 빼앗으리라"(12절)는 참으로 해석하기 어려운 말씀이다. 한 학자는 이 말씀을 해석하기 위해 310쪽에 달하는 책을 집필했다(Cameron). 이슈는 '침노를 당하다'(βιάζεται)와 '침노하는 자'(βιασταὶ)를 모두 긍정적으로 볼 것인가, 혹은 모두 부정적으로 볼 것인가, 혹은 일부는 긍정적으로 나머지는 부정적으로 볼 것인가 하는 점이다. 이 이슈에 대해 한 주석은 최소한 일곱 가지의 해석을 제시한다(Davies & Allison). 그중 학자들이 가장 선호하는 네 가지는 다음과 같다(cf. Cameron, Carson, Hagner, Osborne).

첫째, 하나님 나라는 효과적으로 세워지고 있으며, 제자들처럼 능

457

력 있는 사람들이 차지할 것이다(Hendriksen, Keener, Ridderbos, Verseput, cf. NIV). 둘째, 하나님 나라는 침노를 당하지만, 제자들처럼 능력 있는 사람들이 방어하고 유지한다(Schlatter). 셋째, 하나님 나라는 효과적으로 세워지고 있지만, 폭력적인 자들이 짓밟는다(Carson, Nolland, cf. NLT). 넷째, 하나님 나라는 폭력(핍박)에 시달리고 있으며, 폭력적인 자들이 짓밟는다(Blomberg, Bruner, Davies & Allison, France, Gundry, Hagner, Hill, Mounce, Osborne, Wilkins, Witherington, cf. NRS). 마지막 해석이 가장 설득력이 있다. 예수님은 이미 10장에서 선교에 관해 말씀하시면서 제자들이 감수해야 할 여러 가지 폭력적인 위협과 저항에 관해 언급하셨다. 사실 세례 요한도 이런 일을 당했기 때문에 감옥에 갇혔다고 할 수 있다. 게다가 예수님은 '세례 요한의 때부터 지금까지' 하나님의 나라가 이러했다고 하신다. 그러므로 네 번째 해석이 본문의 취지를 가장 잘 살리고 있다.

세례 요한에 대한 예수님의 찬사가 13절에서 절정에 달한다. 모든 선지자와 율법이 예언한 것은 요한까지다. '선지자와 율법'은 구약 전체를 뜻한다(5:17). 일상적으로 '율법과 선지자'이지만, 요한이 선지자로 왔기 때문에 순서를 '선지자와 율법'으로 바꿨다. 율법은 이미 완성되었다(5:17-20). 요한은 옛 시대를 마감하고 새 시대의 시작을 예고하는 사람이다. 바로 예수님이 시작하신 새로운 시대다. 옛 시대를 마감하는 사람으로서 옛 시대에서 요한보다 더 위대한 사람은 없다.

예수님은 10절에서 요한이 하나님이 주의 길을 예비하기 위해 보내신 엘리야라는 것을 암시하셨는데, 14절에서는 그가 엘리야라고 구체적으로 밝히신다(Beale & Carson). 만일 그들이 10절에 기록된 예언을 사실로 받아들인다면('만일 너희가 즐겨 받을진대'), 요한이 바로 엘리야 선지자다. 엘리야가 성육신하거나 부활했다는 것이 아니라, 요한이 '엘리야의 심령과 능력으로'(눅 1:17) 와서 주의 길을 예비했다는 뜻이다.

예수님은 "귀 있는 자는 들을지어다"라는 말씀으로 이 섹션을 마

무리하신다(15절). 중요한 진리를 말할 때 자주 사용하시는 문장이다
(13:9, 43; 막 4:9, 23; 눅 14:35; 계 2:7, 11). 매우 중요하니 신중하게 생각
하고 받아들이라는 의미다.

　이 말씀은 여론에 휩쓸리지 않고 이슈를 정확히 볼 수 있는 분별력을
키우라고 한다. 사람들은 요한에 대해 다양한 말을 했지만, 그가 엘리야
라는 것은 알지 못했다. 엘리야인 줄 알았다면 예수님이 바로 요한이 길
을 예비한 메시아라는 것도 알았을 것이다. 우리는 사람들이 형성하는
여론에 묻히는 진리를 분별하고 발굴할 수 있는 영성을 회복해야 한다.

Ⅳ. 예수님의 사역이 분란을 초래함(11:2-13:53)
　A. 내러티브(11:2-12:50)
　1. 세례 요한(11:2-19)
　　(2) 예수님의 요한에 대한 증언(11:7-19)

　b. 만족을 모르는 세대와 요한(11:16-19)

¹⁶ 이 세대를 무엇으로 비유할까 비유하건대 아이들이 장터에 앉아 제 동무
를 불러 ¹⁷ 이르되

> 우리가 너희를 향하여 피리를 불어도
> 너희가 춤추지 않고
> 우리가 슬피 울어도
> 너희가 가슴을 치지 아니하였다

함과 같도다 ¹⁸ 요한이 와서 먹지도 않고 마시지도 아니하매 그들이 말하기
를 귀신이 들렸다 하더니 ¹⁹ 인자는 와서 먹고 마시매 말하기를 보라 먹기를
탐하고 포도주를 즐기는 사람이요 세리와 죄인의 친구로다 하니 지혜는 그
행한 일로 인하여 옳다 함을 얻느니라

마태복음에서 '이 세대'(τὴν γενεὰν ταύτην)(16절)는 항상 당시 종교 지

459

도자들과 무리의 악함과 불신(요한과 예수님 거부) 등 사람들에 대해 부
정적으로 말할 때 사용된다(Carson, Osborne, Wilkins, cf. 12:39, 41–42, 45;
16:4; 17:17; 23:36; 24:34). 그러나 예수님은 당시 사람들이 모두 나쁘다
고 하지는 않으신다. 제자들과 몇몇 사람이 하나님 나라의 복음에 긍
정적으로 반응해 주님의 나라에 입성하고 있기 때문이다. 다만 안타까
운 것은 소수에 불과하다는 점이다(cf. 7:13–14).

　예수님은 장터에서 노는 아이들에 빗대어 말씀하시는데(16–17절), 당
시에도 부모들이 장을 보거나 볼일을 보는 동안 아이들이 모여 노는
것은 매우 흔한 풍경이었다. 예수님은 장터에 모여 노는 아이들이 어
떠한 놀이를 해도 만족하지 않고 불평하는 것처럼 이 세대 사람들도
어떠한 메시지를 들어도 트집만 잡는다고 탄식하신다. 그러나 불평하
는 아이들과 트집잡는 어른들 사이에는 분명 중요한 차이가 있다. 아
이들은 순진해서(childlike, cf. 18:1–5) 놀이에 만족하지 않지만, 어른들은
유치해서(childish) 선포된 메시지에 트집만 잡는다(Wilkins).

　피리를 불며 춤을 추는 것은 결혼식과 연관되어 있다. 그러므로 아
이들은 결혼식을 배경으로 한 놀이를 하고 있었을 것이다. 또한 슬피
울며 가슴을 치는 것은 장례식과 연관된 모습이다. 그러므로 이 놀이
는 장례식을 배경으로 하는 놀이였을 것이다. 어떤 이들은 전통적으
로 결혼식에서 춤추는 이들은 남자들이고 장례식에서 곡을 하는 사람
들은 여자들이었다며, 피리를 불고 춤을 추는 놀이는 사내아이들의 것
이고 슬피 울며 가슴을 치는 놀이는 여자아이들의 놀이라 한다(Davies &
Allison, Gundry, Jeremias). 그러나 본문은 아이들의 성별을 구분하지 않는
다. 따라서 단순히 남녀 아이들이 함께 하는 놀이로 간주하는 것이 좋
다(cf. France).

　많은 학자가 슬피 울고 가슴을 치는 놀이가 금욕주의를 지향했던 세
례 요한의 사역(cf. 9:14)을, 피리를 불고 춤을 추는 놀이가 잔치를 즐
기셨던 예수님의 사역(cf. 9:15)을 상징하는 것으로 해석한다(Blomberg,

Bruner, France, McNeile, Schweizer, Verseput). 천국의 메시지가 어떤 식으로 선포되든 간에 사람들은 무조건 거부한다. 이스라엘은 하나님 나라의 어떠한 '놀이'에도 참여하지 않으려 한다(Davies & Allison, Hagner, Keener, Wilkins). 결국 '이 세대'는 예수님과 요한을 다 거부했다.

요한이 금욕주의적 삶을 살며 메시지를 전파하자 그들은 그가 귀신이 들렸다고 했다(18절). 요한은 광야에 살면서 낙타털 옷을 입고 가죽 띠를 차며, 메뚜기와 석청을 먹으면서(3:4) 장례식에서 애곡하며 근신하는 사람의 모습과 잘 어울리는 삶을 살았다. 아마도 그의 라이프 스타일은 신명기 29:6 등을 배경으로 했을 것이다. 성경에는 사람들이 이렇게 사는 요한이 귀신 들렸다고 하는 말이 기록되어 있지는 않다. 그러나 예수님에게 귀신 들렸다고 하는 것으로 보아(9:34; 12:24), 요한에 대해서도 이렇게 말했을 것이다. 사람들은 요한의 옷차림과 음식을 핑곗거리로 삼은 것으로 보인다. 그가 사는 곳과 모습이 귀신 들린 자들과 비슷했기 때문이다(cf. 8:28; 12:43). 정상적인 사람들은 이렇게 살지 않는다는 것이다.

예수님은 요한과 달리 먹고 마시며 즐기셨다(19절). 그러므로 예수님의 삶과 사역은 결혼잔치 같았다(17절; cf. 9:15). 사실 세례 요한도 자신을 신랑이 아니라 들러리를 서는 친구에 비유하며 예수님을 신랑이라 했다(요 3:28-29). 당시 유대인들에게 누구와 음식을 함께 먹는 것은 그와 삶을 나누는 것을 상징했다. 음식은 동료로 받아들인다는 의미를 지닌 것이다. 그러므로 누구와 음식을 함께 먹는가 하는 것이 그 사람의 사회적 지위와 소속 계층을 정의했다. 바리새인들은 여기에 종교적인 의미를 더해 집에서도 정결한 사람들하고만 음식을 먹었다(DJG).

이러한 정서에서 예수님이 세리와 죄인들과 음식을 나누신 것은 그들과 친구가 되고자 함이며, 장차 그들을 하나님 나라로 인도하기 위해서였다. 그러나 사람들이 보기에 예수님은 사회적 안정을 위협하는 혁명적인 사람이었다. 그러므로 위협을 느낀 그들은 예수님을 음식과 술이나 탐하는 사람 정도로 평가절하한 것이다(19절).

예수님은 이러한 상황에 대해 지혜는 그 행한 일로 인하여 옳다 함을 얻는다고 하신다(19c절). '지혜'($\sigma o \phi i \alpha$)는 사람들이 일상에 적용해 좋은 결과를 얻게 하는 슬기로움이다. 잠언 8장 이후로 '지혜'($\sigma o \phi i \alpha$)는 의인화되기도 한다. 본문이 예수님을 성육신한 지혜(Wisdom Incarnate)라고 하는 것이라 주장하는 이들도 있지만(Suggs), 예수님이 자신뿐 아니라 요한 역시 이 말씀의 범위에 포함하고 있으므로 다소 지나친 해석으로 생각된다. 제자들이 바른 행실을 통해 그들을 보내신 예수님이 의로우신 분이라는 것을 드러낸다는 의미로 해석하는 이들이 있다(Morris). 예수님을 보내신 하나님이 예수님의 삶과 사역을 통해 의롭다 함을 받으시는 것을 의미하는 것이라는 해석도 있다(Carson, Keener, Wilkins, Witherington). 그러나 이 말씀은 예수님뿐 아니라 요한에게도 적용되어야 한다. 예수님은 자신과 세례 요한의 삶이 그들을 비난하는 자들의 주장이 잘못되었음을 입증한다고 하신다(France, Verseput, cf. 5절). 반대로 말해 만일 사람들이 지혜로워서 하나님이 세례 요한을 메시아가 시작하실 하나님 나라의 전령(forerunner)으로 보내신 것과 예수님이 바로 그 메시아라는 사실을 믿는다면, 예수님과 요한의 삶과 사역은 그들이 이러한 결정을 내린 것이 옳았다는 것을 입증한다는 의미다(Carson, France, Wilkins).

이 말씀은 아무리 좋은 일을 하고, 좋은 메시지를 전해도 오직 불만만 표하는 자들이 있다고 한다. 시대와 장소를 막론하고 비관주의자들과 불만주의자들은 항상 있다. 또한 명령만 하고 불만만 늘어놓는 자들도 있고, 비판을 위한 비판을 일삼는 자들도 있다. 사역자들은 이러한 사람들에게 발목을 잡혀서는 안 된다. 세상에는 할 일이 참으로 많으므로 이런 사람들의 근거 없는 불만과 비판에 시간을 소모할 필요가 없다. 심지어는 예수님도 이런 사람들을 만족시키지 못하셨다.

Ⅳ. 예수님의 사역이 분란을 초래함(11:2–13:53)
  A. 내러티브(11:2–12:50)

2. 정죄와 초청(11:20–30)

예수님의 가르침과 사역에 대한 저항과 반대가 더욱더 심화되고 있다. 가장 많은 병자를 치료해 주신 고을들이 회개하지 않는다. 이적은 사람들의 관심을 일시적으로 끌 수는 있지만, 사람을 변화시키지 못한다는 구약의 가르침이 현실로 드러난 것이다. 본 텍스트는 다음과 같이 두 파트로 구분된다.

A. 회개하지 않아 정죄받은 도시들(11:20–24)
B. 초청에 응한 사람들(11:25–30)

Ⅳ. 예수님의 사역이 분란을 초래함(11:2–13:53)
  A. 내러티브(11:2–12:50)
    2. 정죄와 초청(11:20–30)

(1) 회개하지 않아 정죄받은 도시들(11:20–24)

²⁰ 예수께서 권능을 가장 많이 행하신 고을들이 회개하지 아니하므로 그때에 책망하시되 ²¹ 화 있을진저 고라신아 화 있을진저 벳새다야 너희에게 행한 모든 권능을 두로와 시돈에서 행하였더라면 그들이 벌써 베옷을 입고 재에 앉아 회개하였으리라 ²² 내가 너희에게 이르노니 심판 날에 두로와 시돈이 너희보다 견디기 쉬우리라 ²³ 가버나움아 네가 하늘에까지 높아지겠느냐 음부에까지 낮아지리라 네게 행한 모든 권능을 소돔에서 행하였더라면 그 성이 오늘까지 있었으리라 ²⁴ 내가 너희에게 이르노니 심판 날에 소돔 땅이 너보다 견디기 쉬우리라 하시니라

앞 섹션(16–19절)에서 하나님 나라를 거부하는 세대에 관해 말씀하신

예수님이 이 섹션에서는 거부하는 자들에게 임할 심판에 대해 경고하신다. 예수님이 권능을 가장 많이 행하신 고을들이 회개하지 않는다(20절). 성경은 하나님이 많은 것을 주신 자들에게는 많은 것을 요구하신다고 한다(눅 12:48). 그러므로 예수님의 기적을 가장 많이 경험한 마을들이 가장 혹독한 심판을 받는 것은 당연한 일이다.

예수님의 권능(기적)을 가장 많이 경험한 마을들이 왜 회개하지 않았을까? 기적은 사람을 변화시키지 못한다는 것이 성경적 진리다. 만일 기적이 사람을 변화시킬 수 있다면, 출애굽 때 그렇게 많은 기적을 경험한 사람들이 가데스 바네아에서 하나님을 불신해 40년 동안 광야 생활을 하는 심판을 받지 않았을 것이다. 만일 기적이 사람을 변화시킬 수 있다면, 엘리야-엘리사 시대 때 그처럼 많은 기적을 경험한 사람들이 바알을 좇지 않았을 것이다. 만일 기적이 사람을 변화시킬 수 있다면, 빵 다섯 조각과 물고기 두 마리로 2만 여 명을 먹이신 기적을 경험한 사람들이 예수님을 배신하지 않았을 것이다. 그러므로 예수님이 병자들을 불쌍히 여겨 베푸신 온갖 기적을 똑똑히 지켜본 고을들이 회개하지 않는 것이 전혀 이상하지 않다.

온갖 기적을 목격하고도 회개하지 않는 것이 이상한 일은 아니지만, 책임을 피할 수는 없다. 예수님이 행하신 기적은 그들로 하여금 회개하게 하려는 것이었기 때문이다. 그러므로 예수님이 회개하지 않는 그들을 책망하신다(20b절). '책망하시다'(ἤρξατο ὀνειδίζειν)는 한 번 책망하신 것이 아니라, 계속 책망하신다는 뜻이다(Osborne). 이는 예수님이 하신 선교 사역(9:35-10:42)의 부정적인 결과라고 할 수 있다. 복음을 받아들이지 않은 사람들은 예수님의 책망을 피할 수 없기 때문이다.

이어 예수님은 세 도시를 (1)고라신과 벳새다(21-22절), (2)가버나움(23-24절) 두 사례로 나누어 말씀하신다. 이 세 도시는 예수님의 '전도 삼각형'(Evangelical Triangle)이라 불리기도 한다(Wilkins). 이 세 도시가 그리는 삼각형 안에서 가장 많은 기적을 행하셨기 때문이다.

예수님은 고라신과 벳새다에 화가 임할 것이라고 하신다(21절). '화'(οὐαί)는 히브리어 단어 '호이'(הוֹי)를 번역한 것으로 심판 신탁에 주로 사용된다(Verseput, cf. 사 5:8, 11, 18-22; 겔 16:23; 24:6; 암 5:18; 6:1; 미 2:1). 고라신(cf. 눅 10:13)은 중간 크기의 마을이었으며 밀 농사로 유명했다. 가버나움에서 약 3㎞ 북서쪽에 위치했다(ABD). 벳새다는 갈릴리 호수 북서쪽 끝에 위치했다(ABD). 예수님의 제자 중 시몬과 안드레와 빌립이 이곳 출신이었다(요 1:44; 12:21).

예수님은 갈릴리 지역에서 두 차례 전도 여행을 하셨다(4:23; 9:35). 그러므로 이 지역 사람들은 예수님이 행하신 온갖 기적을 직접 목격했다. 그러나 그들은 수많은 기적을 경험하고도 회개하지 않았다(cf. 16-19절). 만일 두로와 시돈이 예수님이 행하신 권능을 경험했더라면 그들은 벌써 베옷을 입고 재에 앉아 회개했을 것이다(21절). 구약에서 두로와 시돈은 이스라엘의 원수들을 상징하는 대표적인 이방 나라이자 바알을 숭배하는 도시들이었다(사 23:1-17; 겔 26:2-9; 암 1:9-10; 욜 3:4-8; 슥 9:2-4). 아합의 아내 이세벨이 시돈의 공주였다.

두로와 시돈은 지중해 연안에 위치했으며 큰 상선들을 이용해 아프리카에서 유럽까지 교역하는 매우 부유한 도시였다. 지리적 특성상 도시의 반(半)은 뭍에 있고 반은 약 800m 떨어진 섬에 있어, 알렉산더 대왕 때까지 두로를 온전히 정복한 왕이 없었다. 그러므로 두로와 시돈은 사치와 교만의 상징이기도 했다(cf. 렘 25:22; 27:3-7; 욜 3:4-8; 슥 9:2-4). 그러나 도저히 함락될 것 같지 않던 두로도 주전 332년에 알렉산더 대왕의 손에 최후를 맞았다. 알렉산더 대왕이 뭍에 있는 두로를 파괴해 폐허물로 섬까지 둑길(causeway)을 놓았기 때문이다(ABD).

베옷은 주로 낙타털로 만든 옷이었으며, 털이 거칠어서 입은 사람을 불편하게 했다. 당시 사람들은 큰 슬픔을 당했을 때, 이 옷을 입었다(삼하 3:31; 왕상 21:27; 왕하 6:30; 욜 1:8). 재를 머리에 뿌리거나 잿더미에 앉는 것도 큰 슬픔을 당했을 때 하는 일이었다. 그러므로 베옷과 재는 회개와 근신의 상징이었다(에 4:1-3; 욥 42:6; 사 58:5; 단 9:3; 욘 3:6-9). 두로와 시돈이 예수님이 행하신 온갖 기적을 경험했더라면 그들은 반드시 회개했을 것이라며, 갈릴리 지역을 상징하는 고라신과 벳새다는 두로와 시돈보다 못하다고 하신다. 그러므로 장차 온 세상에 임할 심판 날에 고라신과 벳새다에 임할 심판이 두로와 시돈에게 있을 심판보다 더 혹독할 것이라고 하신다.

예수님은 가버나움의 교만도 책망하신다(23절). 가버나움은 예수님의 집이 있던 곳이며 갈릴리 사역의 베이스캠프였다(4:13; 8:5; 9:1). 예수님은 이곳에서도 많은 기적을 행하셨다(8:5-17, 18-33; 9:2-13, 18-34; 막 1:22-28; 요 4:46-54). 그러나 가버나움은 하늘을 찌를 정도로 교만할 뿐 회개하지 않았다. 이러한 가버나움 사람들의 태도는 이사야 14:12-15에 묘사된 바빌론 왕의 교만에 버금간다. 그러므로 예수님도 가버나움에 하나님이 바빌론 왕에게 내리신 심판과 비슷한 심판을 선언하신다. "음부까지 낮아지리라"(사 14:15).

예수님은 가버나움에서 행하신 온갖 기적을 소돔에서 행하셨다면, 그 성이 오늘까지 있었을 것이라고 하신다(23b절). 소돔은 고모라와 함께 구약에서 가장 추악한 죄악의 도시였다(창 18:16-19:29; 겔 16:48). 이들 도시는 하나님의 심판을 받아 세상에서 완전히 사라졌다. 예수님은 가버나움이 경험한 기적들을 소돔이 경험했더라면, 그 도시는 분명 회개했을 것이라 확신하신다. 만일 소돔이 회개했더라면 하나님의 심판을 받아 사라질 일도 없었을 것이므로 오늘까지 있었을 것이다. 메시아가 베푸신 온갖 기적을 경험하고도 회개하지 않는 가버나움은 예수님의 기적을 경험하지 못하고 멸망한 소돔보다 못하다. 그러므로 심판 날에 소돔 땅이 가버나움보다 더 견디기 쉬울 것이라고 하신다(24절).

이 말씀은 많은 것을 주신 자들에게는 많은 것을 요구하신다는 말씀(눅 12:48)을 마음에 새기라고 한다. 은혜는 경험할수록 우리를 더 경건하고 거룩하게 한다. 하나님이 베푸시는 기적은 사람들이 회개하도록 이끄는 것이다. 그러므로 하나님이 베푸시는 기적을 경험하면 더 회개하고, 더 열정적으로 하나님께 영광을 돌려야 한다. 하나님의 은혜를 목격하거나 경험하고도 시큰둥한 반응을 보이면 심판을 면할 수 없다.

Ⅳ. 예수님의 사역이 분란을 초래함(11:2-13:53)
　A. 내러티브(11:2-12:50)
　　2. 정죄와 초청(11:20-30)

(2) 초청에 응한 사람들(11:25-30)

²⁵ 그때에 예수께서 대답하여 이르시되 천지의 주재이신 아버지여 이것을 지혜롭고 슬기 있는 자들에게는 숨기시고 어린아이들에게는 나타내심을 감사하나이다 ²⁶ 옳소이다 이렇게 된 것이 아버지의 뜻이니이다 ²⁷ 내 아버지께서 모든 것을 내게 주셨으니 아버지 외에는 아들을 아는 자가 없고 아들과 또 아들의 소원대로 계시를 받는 자 외에는 아버지를 아는 자가 없느니라 ²⁸ 수고하고 무거운 짐 진 자들아 다 내게로 오라 내가 너희를 쉬게 하리라 ²⁹ 나는 마음이 온유하고 겸손하니 나의 멍에를 메고 내게 배우라 그리하면 너희 마음이 쉼을 얻으리니 ³⁰ 이는 내 멍에는 쉽고 내 짐은 가벼움이라 하시니라

세상은 예수님이 메시아라는 사실을 받아들이기를 거부하지만, 천지의 주재이신 하나님이 직접 택하신 이들은 예수님을 안다. 또한 상황이 아무리 어렵더라도 좌절할 필요가 없는 이유는 이 세상은 하나님이 뜻하시고 계획하신 바에 따라 진행되기 때문이다. 이 섹션을 감사 기도(25절)로 시작하시는 예수님은 그분이 하나님과 '아버지-아들' 관계를 누리는 메시아임을 확인해 주신다(26-27절). 이어서 메시아로서 세상의 멍에를 지고 힘들게 살아가는 사람들에게 쉼을 주겠다며 그들을 초청하신다(28-30절).

'그때'(ἐν ἐκείνῳ τῷ καιρῷ)(25절)는 '그 일이 있을 무렵'이라는 의미를

지녔다(Carson). 누가복음 10:21에 따르면 예수님이 선교하라고 파송하신 제자 72명이 상당한 성공을 거두고 여행에서 돌아온 시점이다. 그러므로 성공적인 선교 여행에 대한 흥분이 가라앉기 전에 주신 가르침이다. 마태도 누가가 말하는 것 만큼은 아니지만, 제자들의 선교 여행이 어느 정도 성공을 거둔 것을 전제한다. '어린아이들'이 복음에 긍정적으로 반응했기 때문이다.

제자들이 선교 여행을 마치고 돌아온 즈음에 대답하셨다는데(25절), 무엇에 대한 대답인가? '대답하다'(ἀποκρίνομαι)를 '말씀하시다'라는 의미의 표현으로 해석하는 것이 무난하다(새번역, NAS, NIV, NRS, NIRV, ESV, cf. Davies & Allison, Plummer). 그러나 갈릴리 사람들이 예수님이 선포하신 복음을 거부한 일에 대한 대답(대응)이라고 생각할 수도 있다(Hagner).

'천지의 주재'(κύριε τοῦ οὐρανοῦ καὶ τῆς γῆς)는 온 세상을 창조하시고 지속하시는 분이라는 뜻이며, 유대인들에게 큰 위로와 평안을 주는 성호였다. 그들이 세상에서 어떠한 일을 당해도 온 세상의 주인이신 하나님의 보호 아래 있다는 확신을 주는 타이틀이었다. 그러므로 다니엘도 바빌론 왕 느부갓네살이 선포한 죽음에서 그와 친구들을 구원하신 하나님을 천지의 주재로 묘사하며 찬양했다(단 2:19-23).

천지의 주재이신 하나님은 지혜롭고 슬기 있는 자들에게는 '이것'을 숨기시고, 대신 어린아이들에게는 나타내셨다(25b절). '이것'(ταῦτα)은 예수님의 가르침과 사역의 중요성이다(cf. 20-24절). 예수님이 하시는 일을 보고도 믿지 못하는 사람이 많았는데, 어린아이들은 믿었다. 하나님이 깨닫게 하셨기 때문이다. 하나님이 스스로 지혜롭다 하는 자들에게 지혜를 숨기시는 일은 구약에서도 종종 있는 일이다(사 29:14).

'어린아이들'(νήπιος)은 젖먹이와 같은 어린 아기를 뜻한다(BAGD). 본문에서 이 아이들이 지혜롭고 슬기 있는 자들과 비교되는 것으로 보아 예수님의 어부 제자들처럼 많이 배우지 못하고 사회적으로도 높은 지위를 누리지 못하는 사람들을 뜻한다. 예수님은 하나님이 어린아이들 (배운 것은 많지 않지만, 순수한 사람들)에게 깨달음을 주셔서 하나님 나라의 백성이 되게 하신 일에 대해 감사하신다.

'감사하나이다'(ἐξομολογοῦμαί)는 '찬양하다'(NAS, NIV, NIRV) 혹은 '기도하다'라는 의미도 지녔다(공동, NLT). 현재형 동사이며 한 번이 아니라 지속적으로 계속 감사한다는 의미다. 앞 섹션에서 어떠한 메시지에도 반응하지 않는 이 세대에 대해 말씀하시고(16-19절) 이어서 그들에게 심판을 선언하신 것(20-24절)을 고려할 때, 예수님의 사역이 세상적인 표현을 사용하자면 '잘 풀리지 않고' 있다. 그럼에도 불구하고 하나님께 감사 기도를 드리시는 모습은 우리에게 교훈이 된다. 설령 우리의 사역이 좋은 열매를 맺지 못하더라도 하나님의 구속 역사는 차질없이 진행되고 있다는 사실이 격려와 감사의 이유가 되어야 한다.

또한 기도는 기도하는 사람의 가장 깊고 진실한 생각을 드러낸다. 이러한 차원에서 예수님의 감사 기도는 복음서에 기록된 예수님의 영적 자서전(spiritual autobiography)의 가장 중요한 조각이다(Tasker). 우리도 예수님이 하나님께 꾸준히 기도하시는 모습을 닮아야 한다.

'숨기시고…나타내심'(25절)은 하나님의 택하심(election)에 대한 표현이다. 하나님의 뜻이기 때문이다(26절). '뜻'(εὐδοκία)은 좋은 의도를 가지고 계획한 일을 의미한다. 따라서 번역본들은 '은혜로운 뜻'으로 번역한다(새번역, 아가페, NAS, NIV, NRS, ESV). 하나님은 모든 사람에게 하나님 나라를 보여 주시는 것이 아니라, 선택하신 소수에게만 보이시는 일을 기뻐하신다. 또한 예수님이 하나님의 아들 메시아라는 사실도 모든 사람에게 나타내시는 것을 원치 않으신다. 하나님 나라에 입성하기 합당한 사람들에게만 나타내신다. 그러므로 예수님을 믿는 사람들은 하나님이 그들을 선택하신 데 대해 더욱더 감사해야 한다.

26-27절은 요한복음의 '아버지-아들' 언어와 매우 비슷하다(cf. 요 3:35; 5:19-30; 6:46; 7:16, 28-29; 8:27-29, 54-55). 그래서 학자들은

이 말씀을 '요한스러운 천둥'(Johannine thunderbolt)이라고 하기도 한다 (Osborne). 공관복음의 기독론을 연구하는 데 매우 중요한 말씀이다 (Ladd). 이 말씀은 마태복음의 일부가 아니었으며 훗날 초대교회가 요 한복음을 근거로 삽입한 것이라고 주장하는 이들도 있지만(Boring), 근 거 없는 주장이다.

예수님이 하나님의 아들이라는 사실은 마태복음의 기독론에서 가장 중요하다고 할 수 있다(Stein). 마태복음은 예수님이 세례를 받으실 때 (3:17), 사탄에게 시험을 받으실 때(4:2-10), 배 위에서 하나님의 아들로 경배를 받으실 때(14:33), 베드로에게 살아 계신 하나님의 아들이라는 고백을 받으실 때(16:16), 변화산에서 하나님의 아들이심이 확인될 때 (17:5), 비유에서 자신을 아들로 묘사하실 때(21:23-46; 22:1-14), 예수님 스스로 하나님의 아들이라 하실 때(24:36), 십자가에서 죽으실 때(26:39, 63; 27:43, 54), 대계명을 선포하실 때(28:18-20) 등에서 예수님이 하나님 의 아들이심을 강조한다. 하나님과 예수님의 '아버지-아들' 관계가 '하 나님-메시아' 관계를 앞서는 더 중요한 관계인 것이다.

하나님의 아들이신 예수님은 아버지께서 모든 것을 자기에게 주셨다 고 하신다(27절). 하늘과 땅에 있는 모든 것을 주셨으므로 세상에 예수 님의 다스림 아래 없는 것은 없다는 뜻이다. 더 나아가 아버지 외에는 아들을 아는 자가 없고, 아들과 아들이 보여 준 사람(cf. 요 1:18) 외에는 아버지를 아는 사람이 없다(27절). 예수님을 통하지 않고는 누구도 하 나님께 나아갈 수 없다(cf. 요 14:6). 하나님은 자신의 고유 권한을 아들 하고만 나누셨기 때문이다(Gundry, Keener). 그러므로 하나님과 예수님 의 아버지-아들 관계는 모든 인간 관계(아버지-아들 관계 포함)와 지식이 알 수 없는 것들을 알게 했다(Ladd).

예수님은 하나님과 매우 특별한 아버지-아들 관계를 누리는 메시아 로서 수고하고 무거운 짐 진 자들을 초청하신다(28절). 어렵게 살아가 는 사람들을 초청하시는 것은 '의인을 부르러 온 것이 아니라 죄인들을 부르러 오셨다'(9:13)는 말씀과 맥을 같이한다. 주님은 스스로 지혜롭다는 사람들이 아니라 자신은 세상을 살기에 어린아이처럼 연약하다고 생각하는 사람들, 곧 제자들과 '작은 자들'처럼 내세울 것 없는, 그러므로 복음에 마음이 열려 있는 사람들을 부르신다(cf. 10:42; 11:11; 18:1-6, 10, 14; 19:14; 21:16; 25:40, 45).

'수고'(κοπιῶντες)는 별 소득 없이 혹독하게 일하거나 여행으로 인해 지친 것을 의미하며, '짐'(πεφορτισμένοι)은 사람이 지기에 버거운 삶의 무게를 뜻한다(cf. BAGD). 바리새인들은 삶의 고단함으로 이미 지쳐 있는 사람들에게 율법을 지키라며 종교적인 짐도 지워 주었다. 이스라엘은 목자 없이 헤매는 양과 같아서 이렇게 살고 있다(cf. 9:36). 이제 목자가 오셔서 그들을 부르신다. "내게로 오라." 앞에서 제자들에게 '나를 따르라'고 하신 말씀(4:19)과 비슷하다. 부르심에 응하는 사람들은 쉼을 얻을 것이다. 유대인들이 갈망하던 종말론적인 쉼, 곧 '샬롬'을 뜻한다(Hagner).

예수님은 초청에 응해 나오는 사람들을 어떻게 쉬게 하실 것인가? 사람이 살면서 져야 하는 멍에 대신 자기 멍에를 지게 함으로써 쉼을 얻게 하실 것이다(29절). 예수님의 멍에는 쉽고 주님의 짐은 가볍기 때문이다(30절). '멍에'(ζυγός)는 원래 소 두 마리가 함께 일하도록 묶는 기구였는데, 세월이 지나면서 노예나 포로들이 정복자들에게 당하는 억압을 상징했다(레 26:13; 사 14:25; 렘 2:20; 5:5; 27:8-11; 30:8; 애 5:5; 겔 34:27). 유대교에서는 율법을 일컫는 비유로 사용되었다(Suggs, cf. 5:20; 6:1-18). 그러므로 멍에는 부정적인 의미를 지니며, 사람들이 살면서 감당해야 할 고초를 뜻한다.

반면에 예수님은 긍정적인 의미로 멍에 비유를 사용하신다. 주님께 나아와 그들을 짓누르는 삶의 무거운 멍에를 벗어 버리고, 대신 주님의 가벼운 멍에를 지라는 것이다. 그렇다면 예수님의 멍에는 무엇을 뜻하는가? 하나님께 순종하는 삶(Filson) 혹은 예수님께 순종하는 삶

471

(Bonnard)으로, 이를 제자도(Wilkins)로 정의하는 이들도 있다. 그러나 예수님이 이때까지 선포하셨던 하나님 나라의 새 율법에 충성하고 순종하는 삶이라는 해석이 지배적이다(Davies & Allison, Hagner, Keener).

여기서 한 가지 학자들이 간과하는 것이 있다. 멍에는 원래 짐승 두 마리가 함께 지는 것이라는 사실이다. 그러므로 예수님이 사람들에게 와서 자기 멍에를 지라고 하시는 것은 그들에게 멍에를 지어 주는 것으로 끝나는 것이 아니라, 그들과 함께 멍에를 지겠다는 예수님의 의지를 내포한다. 예수님은 "나의 멍에를 메고 내게 배우라"라고 하신다(29절). 우리와 함께 멍에를 지고 가시면서 우리를 가르치시겠다는 뜻이다. 그러므로 이 말씀은 초청에 응하는 사람들에게 예수님의 동행을 약속한다. 주님과 함께 길을 가는 것은 즐겁고 기쁜 일이다. 그러므로 주님과 함께 지는 멍에는 쉽고, 지는 짐은 가볍다(30절).

이 땅에서 잠시나마 샬롬을 맛보게 하는 쉼은 예수님과 함께 멍에를 지고 가면서 주님께 배울 때 누릴 수 있다. "내게 배우라 그리하면 너희 마음이 쉼을 얻으리라"(29절). 쉼은 배움에서 온다. 우리는 계속 하나님 말씀을 배워야 한다. 그래야 하나님이 우리에게 주시고자 하는 쉼과 평안을 말씀을 통해 누릴 수 있다.

그러므로 이 말씀은 바리새인들의 율법적인 짐에서 벗어나 예수님의 제자가 되라는 초청이기도 하다(Wilkins). 그러나 제자도의 멍에도 관계적으로 접근하지 않는다면 바리새인들이 지운 율법의 짐처럼 무거울 수 있다. 삶의 여정에서 예수님과 함께할 뿐 아니라, 순간순간 예수님의 가르침과 인도하심에 순종할 때 비로소 우리가 지는 짐과 멍에가 가벼워질 것이다.

이 말씀은 예수님을 영접하는 믿음은 하나님의 선물이라고 한다. 인간 스스로 노력해서 예수님 안에 있는 영생을 얻을 수는 없다. 하나님이 예수님에게 보내신 사람들만이 예수님을 알 수 있다. 그러므로 우리는 우리의 구원에 더욱더 감사해야 한다.

472

3. 안식일 갈등(12:1-14)

예수님과 바리새인들의 갈등이 갈수록 심화된다. 금욕주의를 지향하는 바리새인들은 그들보다 훨씬 자유롭게 행동하시는 예수님이 참으로 못마땅하다. 예수님이 사람들에게 인기가 많은 것도 못마땅하다. 그러므로 트집을 잡을 만한 일이 생기기를 벼르고 있다. 드디어 그들이 바라던 '트집 건수'가 생겼다. 예수님과 제자들이 안식일에 해서는 안 되는 일을 한 것이다. 이 섹션은 예수님과 바리새인들이 안식일 준수와 연관해 대립하는 두 가지 사건으로 구성되어 있다.

  A. 제자들이 밀 이삭을 자름(12:1-8)
  C. 손 마른 사람을 고치심(12:9-14)

Ⅳ. 예수님의 사역이 분란을 초래함(11:2-13:53)
  A. 내러티브(11:2-12:50)
   3. 안식일 갈등(12:1-14)

(1) 제자들이 밀 이삭을 자름(12:1-8)

[1] 그때에 예수께서 안식일에 밀밭 사이로 가실새 제자들이 시장하여 이삭을 잘라 먹으니 [2] 바리새인들이 보고 예수께 말하되 보시오 당신의 제자들이 안식일에 하지 못할 일을 하나이다 [3] 예수께서 이르시되 다윗이 자기와 그 함께한 자들이 시장할 때에 한 일을 읽지 못하였느냐 [4] 그가 하나님의 전에 들어가서 제사장 외에는 자기나 그 함께한 자들이 먹어서는 안 되는 진설병을 먹지 아니하였느냐 [5] 또 안식일에 제사장들이 성전 안에서 안식을 범하여도 죄가 없음을 너희가 율법에서 읽지 못하였느냐 [6] 내가 너희에게 이르노니 성전보다 더 큰 이가 여기 있느니라

473

⁷ 나는 자비를 원하고
제사를 원하지 아니하노라
하신 뜻을 너희가 알았더라면 무죄한 자를 정죄하지 아니하였으리라 ⁸ 인자
는 안식일의 주인이니라 하시니라

예수님이 수고하고 무거운 짐을 진 사람들을 초청하셨을 즈음의 일
이다(cf. 새번역). 가나안 지역에서는 보통 3–4월에 보리를, 4–5월에 밀
을 수확했다. 따라서 아마도 이때쯤 있었던 일로 보인다. 안식일에 예
수님이 제자들과 함께 길을 가시는데, 제자들이 배가 고파 길옆 밀밭
에서 이삭을 잘라 먹었다(1절). 오늘날에는 길이 밭을 돌아가지만, 당
시에는 마을에서 마을을 잇는 도로가 밭을 가로질렀다.

이 광경을 지켜보던 바리새인들이 예수님의 제자들이 안식일에 해
서는 안 되는 일을 했다며 발끈했다(2절). 율법은 길을 가다가 허기를
채우기 위해 허락 없이 남의 밭에 들어가 곡식을 먹는 일을 허용한다
(레 19:9–10; 신 23:24–25). 다만 여유분을 챙겨 나오면 안 된다. 따라서
농사를 짓는 이들은 배고픈 여행자들과 가난한 사람들을 위해 밭의 테
두리에 자라는 곡식은 아예 수확하지 않았다. 또한 포도나 올리브 농사
를 하는 과수원에서도 주인은 한 해에 한 번만 수확했다(cf. 신 24:19–22;
룻 2:2–3). 남은 과일과 열매들은 배고프고 가난한 사람들의 몫이었다.
그러므로 바리새인들이 문제 삼는 것은 제자들이 남의 농산물을 허락
없이 먹은 일이 아니다. 그들이 곡식을 털어먹는 과정에서 일을 했다
는 것이다. 이삭을 손으로 비비는 것이 일이 될 수도 있고, 비빈 곡식
을 입으로 불어 껍질을 날려 보내는 것이 일이 될 수도 있다(Morris). 안
식일에는 일을 해서는 안 되는데 말이다. 오늘날도 보수적인 유대인들
은 안식일에 먹을 음식을 전날 준비해 둔다. 요리하는 것은 일이기 때
문이다.

율법뿐 아니라 십계명도 안식일은 거룩한 날이므로 사람들과 짐승

들이 일하지 않게 하라고 한다(출 20:8-11). 이에 따라 유대교는 할례와 음식법과 안식일 준수는 사람이 지켜야 할 가장 중요한 율법이라고 가르쳤다. 안식일 율법의 중요성은 십계명에서도 잘 나타난다. 십계명 중 처음 네 계명은 우리가 어떻게 하나님을 섬길 것인가에 대한 것들인데, 이 중 네 번째인 안식일 율법이 가장 자세하게 기록되어 있다. 중요하다는 뜻이다. 또한 처음 세 계명이 가치관과 마음 자세에 초점을 맞추고 있다면, 안식일 계명은 순종 여부가 겉으로(삶으로) 드러난다. 이러한 이유로 유대인들은 안식일 율법을 목숨을 걸고 지키려 했다.

율법 역시 안식일 율법을 위반하는 일은 처형될 정도로 심각하다고 말한다(cf. 출 31:14-15; 35:2). 그래서 마카비 혁명(Maccabean Revolt, 주전 167-160) 당시 초기에는 안식일에 적들과 싸우느니 차라리 죽겠다며 공격해 오는 적들에게 어떠한 저항도 하지 않고 전사하는 사람들이 나오기도 했다. 이후 유대인들은 방어 목적으로 하는 전쟁은 안식일에도 할 수 있다고 구전 율법(oral law)을 수정했다.

문제는 안식일에 사람이 할 수 있는 일과 할 수 없는 일을 어떻게 정의하느냐 하는 점이다(cf. 사 58:13-14; 렘 17:21-22). 당시 랍비들은 안식일에 해서는 안 되는 일을 39가지로 정의했다. 예를 들면 안식일에는 한꺼번에 2,000규빗(전통적으로 900m, 그러나 한 랍비 문헌은 1,100m로 규정하기도 함) 이상 걸으면 안 된다. 사도행전 1:12은 이것을 '안식일에도 걸을 수 있는 거리'라고 한다. 오늘날에도 보수적인 유대인들은 회당에서 가까운 곳에 산다. 이 율법을 위반하지 않기 위해서다. 바리새인들이 예수님과 제자들이 이 구전 율법을 위반했다고 하지 않는 것으로 보아 이 부분에는 별문제가 없었다. 유일하게 이러한 율법 해석(구전 율법)이 적용되지 않는 상황은 성전에서 드리는 예배와 연관된 일을 하거나 생명이 위협을 받을 때였다.

당시에도 모든 종파가 바리새인들의 율법 해석에 동의하는 것은 아니었다. 그러므로 그들의 문제 제기는 의도적으로 시비를 걸어오는 일이었다(Keener). 바리새인들은 이제 더는 예수님께 질문하지 않고, 공격하기 시작했다(Boring). 그들의 전유물이라고 생각했던 구약을 예수님이 새로 해석하고 가르치시는 것에 위협을 느껴 본격적으로 저항하기 시작한 것이다. 이 과정에서 바리새인들은 본의 아니게 그들의 무거운 율법 멍에와 예수님의 가벼운 멍에를 대조하고 있다(Verseput, cf. 11:28-30).

예수님은 바리새인들의 비난에 대해 구약에서 세 가지 예를 들며 반박하신다. 첫째, 다윗이 예루살렘 남쪽 근교에 위치한 놉에 있는 성막에서 사역하는 제사장들로부터 진설병을 얻어먹은 이야기다(3-4절; cf. 삼상 21:1-6). 진설병(출 25:30; 레 24:5-9)은 하나님과 이스라엘 사이에 맺은 언약을 상징하며, 안식일마다 제사장들이 이스라엘의 지파 수에 따라 빵 12개를 만들어 성전 안에 있는 진설병을 전시하는 상 위에 두었다. 이 빵들은 하나님이 이스라엘을 먹이시는 것을 상징했다. 안식일에 전시된 빵은 다음 안식일에 새로운 빵으로 대체되었으며, 일주일 동안 전시되었던 빵은 거룩하기 때문에 제사장들만 먹을 수 있었다. 아직 제사장들이 빵을 먹지 않고 있었다는 것은 다윗이 놉에 있는 성막을 방문했을 때가 안식일이었음을 암시한다.

다윗과 소년들이 진설병을 먹은 것은 율법을 위반하는 일이었다. 게다가 다윗은 이 진설병을 얻기 위해 거짓말까지 했다. 또한 아히멜렉 제사장이 진설병을 그들에게 준 것도 율법이 금하는 행위였다. 그런데도 구약은 그 어디에서도 이 율법 위반 사례들에 대해 문제를 제기하지 않는다. 그러므로 예수님은 다윗과 소년들이 진설병을 먹은 일이 문제가 되지 않는다면, 제자들이 안식일에 배가 고파 밀이삭을 비벼서 먹은 것은 더욱더 문제가 되지 않는다고 하신다. 예수님이 사용하시는 논리는 작은 것에 근거해 더 큰 것을 논하는 논법(a fortiori)이다.

그런데 예수님은 제자들의 행동을 옹호하면서 왜 이 사건을 언급하시는 것일까? 이에 대해 학자들은 최소한 8가지의 해석을 내놓았다(cf. Davies & Allison). 이 중 어느 정도 본문 해석에 기여하는 것은 (1)사람의 가장 기본적인 필요가 법률상의 사소한 절차(legal technicality)보다 우선이다, (2)예수님은 구약 율법이 아니라 바리새인들의 구전 율법(oral law)의 잘못됨을 지적하신다, (3)선한 일을 위해서는 율법을 어길 수 있다, (4)하나님의 기름 부음을 받은 다윗의 권위가 예수님의 메시아적 권위를 상징한다 등이다. 이러한 이유가 본문에 복합적으로 작용하고 있다.

예수님이 두 번째로 언급하시는 것은 제사장들이 안식일에 성전 안에서 안식을 범해도 죄가 없다는 사실이다(5절). 민수기 28:9-10에 따르면 제사장들은 안식일에도 하나님께 제물을 드려야 한다. 제물을 준비하고 드리는 것은 분명 일이다. 그러므로 제사장들은 안식일 율법을 범하고 있다. 그러나 그들이 벌을 받지 않은 것은 하나님의 일을 하기 위해 안식일을 범하면 무죄이기 때문이다. 예수님은 율법을 지키는 것보다 더 중요하고 좋은 일이라면 안식일에도 해야 한다는 취지에서 이렇게 말씀하신다.

게다가 성전보다 더 큰 이가 여기 있다고 하신다(6절). 바리새인들은 예수님의 이 충격적인 선언에 할 말을 잃었을 것이다. '더 큰 이'(μεῖζόν)가 남성이 아니라 중성(neuter)으로 사용되었다 하여 정확히 무엇이 성전보다 더 크다고 하시는가에 대해 다양한 해석이 제시되었다. 학자들은 예수님이 하나님께 드린 예배를 뜻하는 것이라 하고(Hill), 바리새인들이 망각하고 있는 사랑 계명이라 하고(Sigal), 예수님이 선포하신 하나님 나라라 하고(Lohemeyer), 예수님 자신이라 하기도 한다(Bornkamm, Carson). 중성이 남성을 뜻할 수 있고 또 하나님 나라와 예수님은 떼어놓을 수 없는 관계에 있다는 점에서 '하나님 나라'와 '예수님' 둘 다 '더 큰 이'에 포함되는 것으로 해석하는 것이 좋다.

예수님은 율법을 어기고도 괜찮은 제사장들보다 더 크실 뿐 아니라, 제사장들이 사역하는 성전보다도 더 크신 분이다. 또한 성전보다 더 크신 예수님은 당연히 안식일보다도 크시다(France). 그러므로 예수님은 안식일 율법에 대해 이의를 제기하시는 것이 아니라, 그 율법의 가장 합리적인 해석을 제시하신다. 안식일의 주인이기 때문에 이러한 권한을 가지셨다. 그러므로 예수님은 그분이 지닌 안식일에 대한 권위를 선언하실 뿐, 율법의 세세한 디테일과 바리새인들의 구전 율법의 잘못됨을 지적하며 그들을 설득할 필요를 느끼지 못하신다.

예수님이 세 번째 예로 드시는 것은 "나는 자비를 원하고 제사를 원하지 않는다"라는 구약 말씀이다. 이 말씀은 호세아 6:6에서 인용되었다. 이 말씀에서 '제사'는 율법을 문자적으로 실천하는 것을, '자비'는 율법의 정신과 취지를 상징한다. 자비는 하나님의 말씀과 계획에서 가장 중요한 요소다(Luz). 그러나 안타깝게도 율법의 세세한 사항까지 아는 바리새인들이 정작 율법의 정신인 자비는 모른다(Gundry).

예수님이 바리새인들을 비난하시면서 호세아 6:6을 인용하시는 이유에 대해서도 학자들의 추측이 분분하다(cf. Verseput). 첫째, 율법을 철두철미하게 지킨답시고 사랑 계명을 무시하는 바리새인들을 비판하기 위해서라는 이들이 있다(Beare, Grundmann, Hare, Zahn). 둘째, 하나님의 자비로운 은총을 강조하기 위해 인용하는 것이라는 이들도 있다(Barth, Wilkins). 셋째, 제자들의 행동을 정당화시키면서 도덕법(moral law)이 예식법(cultic law)보다 더 우위라는 것을 강조하기 위해서라는 이들도 있다(Allen, Strecker). 넷째, 하나님의 뜻에 따라 제자들에게 자비롭게 행하신 예수님 자신에 대한 예언으로 인용하고 있다는 이들도 있다(Hagner, Verseput).

첫 번째와 네 번째 해석이 본문의 취지를 설명하는 데 도움이 된다. 원래 안식일과 안식일에 관한 율법은 사람들에게 평안과 안식을 주기 위해 제정되었다(Keener). 그러므로 안식일 율법을 지키는 일은 하나님이 사람들에게 지어 주신 짐이 아니라 하나님과 특별한 관계를 지닌 사람들만이 누릴 수 있는 특권이다. 따라서 신명기는 율법이 주의 백성의 평안과 행복을 보장하는 '행복보장헌장'이라 한다(cf. 『엑스포지멘터리 신명기』).

예수님은 안식일의 주인이시다(8절). 안식일에 대한 권위(authority)를 가지셨고, 안식일과 안식일 율법을 제정하신 하나님과 동등한 분이라는 뜻이다. 어떻게 이런 일이 가능한가? 예수님은 자신을 '인자'로 칭하시며 '옛적부터 계신 이'(하나님)에게 모든 권세와 영광과 나라와 백성을 받으신 '인자'임을 암시하신다(단 7:13-14). 그러므로 예수님은 모든 율법을 최종적으로 해석할 수 있는 권위를 가지셨다. 또한 율법을 완성시키셨다(5:17-20). 그러므로 안식일의 주인이신 예수님이 안식일에 제자들에게 자비를 베푸신 것이 무슨 문제가 되겠는가!

이 말씀은 하나님의 말씀에 순종하며 살 때, 말씀의 취지(의도)를 존중해 실천하는 것이 중요하다고 한다. 말씀이 표면적으로 요구하는 것을 준수하는 것보다 하나님이 말씀을 주신 이유와 목적을 이해하고 실천하는 것이 더 중요하다는 뜻이다. 말씀의 취지를 제대로 살리지 못하면 우리도 율법주의자가 될 수 있다.

IV. 예수님의 사역이 분란을 초래함(11:2-13:53)
  A. 내러티브(11:2-12:50)
    3. 안식일 갈등(12:1-14)

(2) 손 마른 사람을 고치심(12:9-14)

⁹ 거기에서 떠나 그들의 회당에 들어가시니 ¹⁰ 한쪽 손 마른 사람이 있는지라 사람들이 예수를 고발하려 하여 물어 이르되 안식일에 병 고치는 것이 옳으니이까 ¹¹ 예수께서 이르시되 너희 중에 어떤 사람이 양 한 마리가 있어 안식일에 구덩이에 빠졌으면 끌어내지 않겠느냐 ¹² 사람이 양보다 얼마나 더 귀하냐 그러므로 안식일에 선을 행하는 것이 옳으니라 하시고 ¹³ 이에 그 사람에게 이르시되 손을 내밀라 하시니 그가 내밀매 다른 손과 같이 회복되어 성하더라 ¹⁴ 바리새인들이 나가서 어떻게 하여 예수를 죽일까 의논하거늘

바리새인들은 안식일의 주인이라고 하시는 예수님의 말씀(8절)에 전혀 동의할 생각이 없다. 그러므로 그들은 예수님을 본격적으로 쫓아다니면서 주님이 실수나 실언하기를 간절히 바란다. 예수님에게 '태클'을 걸기 위해서다.

예수님이 제자들 일로 바리새인들과 대립한 곳을 떠나 회당으로 들어가셨다(9절). 누가는 제자들이 보리 이삭을 비벼 먹은 안식일과 이 사건이 있었던 안식일이 다른 날이라고 한다(눅 6:6). 예수님이 회당에 들어가신 것은 아마도 안식일에 예배를 드리러 온 사람들을 가르치시기 위해서였을 것이다. 마태는 이번에도 '그들의 회당'(τὴν συναγωγὴν αὐτῶν)이라며 거리감을 유지한다. 예수님과 유대교 지도자들이 갈등을 빚고 있기 때문이다(Boring, France. cf. 2절).

회당에는 한쪽 손이 마른 사람이 있었다(10절). 아마도 이 사람은 예수님이 병을 고치신다는 소문을 듣고 낫고자 수소문해서 찾아왔을 것이다. 사람들은 예수님을 고발하려고 안달이 나 있다. '사람들'은 헬라어 사본에 없는 단어이며, 사용되는 동사들이 3인칭 복수형인 '그들'을 주어로 암시하고 있을 뿐이다(cf. NAS, NIV, NRS, ESV). 문맥을 고려할 때 '그들'은 앞에서 예수님에게 문제를 제기했던 바리새인들이다(2절, cf. 14절).

손이 '말랐다'(ξηρός)는 팔을 접었다 폈다 할 수 없는 상황을 묘사한다. 옛적에 북 왕국 이스라엘을 시작했던 여로보암도 우상 숭배로 인해 이런 일을 경험했다가 선지자의 도움으로 치료된 적이 있다(cf. 왕상 13:1-10). 당시 이런 장애가 있는 사람들에게 불편함은 큰 이슈가 아니었다. 그보다는 몸을 움직여서 하는 일이 대부분이었던 시대에 팔을 쓸 수 없으니 일을 할 수 없어 생계가 막막하다는 것이 더 큰 문제였다. 그러므로 이 사람에게는 하루하루 사는 것이 참으로 힘들었을 것이다.

바리새인들은 예수님이 이 사람을 그냥 지나치지 않으실 것을 직감했다. 그렇게 하시기에 예수님은 너무나 자비로운 분이기 때문이다. 또한 예전에도 예수님이 안식일에 가르치시고 치료하셨다는 소문을 들었던 터다. 그러므로 그들은 예수님을 곤경에 빠트리려고 안식일에 병 고치는 것이 옳은지 물었다(10절). 어떻게든 문제가 될 만한 꼬투리 하나만 잡으면 고발하려고 달려드는 것이다.

유대교 지도자들은 이미 예수님을 거짓 선지자로 몰아 재판에 회부하려고 작정한 상황이다(Verseput). 그들은 예수님이 메시아인지, 혹은 참된 선지자인지에 대해서는 관심이 없다. 그들에게 예수님은 그들의 이권과 전통을 위협하는 위험한 사람일 뿐이다. 그러므로 그들은 부하들을 보내 태클을 걸 만한 증거를 수집 중이다. 병든 사람을 치료하는 것은 참으로 좋은 일이고 하나님의 영광이 드러나는 일인데, 이 사람들은 아픈 사람의 어려운 형편에는 관심이 없다.

당시 유대인 종교 지도자들은 안식일에 해서는 안 되는 일 39가지를 정해 놓고 성전에서 하는 일과 생명을 위협하는 경우에만 예외로 삼았다. 그러므로 그들이 던진 질문의 핵심은 손 마른 사람이 당면한 상황이 생명을 위협하는가 하는 점이다. 만일 생명을 위협하는 일이 아니라면 다음 날 고쳐 주어야 한다는 논리다. 사실 예수님이 병자에게 이날은 안식일이니 안 되고, 다음 날 치료해 주겠다고 하셨다면 어떠한 문제도 발생하지 않았을 것이다.

예수님은 하루라도 빨리 낫고 싶어하는 병자의 마음을 헤아리신다. 게다가 안식일에 대한 유대교 지도자들의 이해는 잘못되어도 한참 잘못되었다. 이에 예수님은 이 상황을 안식일 율법의 취지를 가르치는 기회로 삼으셨다. 물론 바리새인들은 듣지 않을 것이다(cf. 14절). 이미 그들은 예수님에게 마음을 닫은 상태이기 때문이다. 예수님이 어떤 일을 하시고, 어떤 가르침을 주시든 간에 아무것도 보이지 않고, 들리지 않는다.

예수님은 그들에게 반문하는 것으로 대답을 시작하신다(11절). 만일 양이 안식일에 구덩이에 빠지면 어떻게 하겠느냐는 질문이다. 이번에

481

도 작은 것에서 큰 것으로 가는 논리(a fortiori)를 사용하신다. 예수님이 예로 드는 사람은 가축이라고는 양 한 마리(ἕν)밖에 없는 가난한 사람이다(Luz). 부자라면 다르게 생각할 수도 있지만, 한 마리밖에 없는 양이 구덩이에 빠진 사람이라면 안식일이라 해도 반드시 그 짐승을 구할 것을 전제하신다. 그러므로 수사학적인 질문을 사용하신다. 사람이 만들어 놓은 율법 해석(바리새인들의 구전 율법)에 갇혀 살지 말고, 상식적으로 생각해 보자는 논리다.

당시 쿰란 공동체는 어떠한 경우에도 안식일에 짐승이나 사람을 구하면 안 된다고 했지만(Wilkins), 유대인들의 구전 율법은 다양한 방식으로 이런 상황에 처한 짐승을 다음 날까지 보존하거나 안식일에도 구할 수 있게 했다. 다만 사람이 직접 들어가서 구하는 것은 금했다.

만일 양 한 마리라도 안식일이라는 이유로 죽게 내버려 둘 수 없다면, 하물며 사람은 더욱더 그러하지 않겠는가! 사람이 양보다 훨씬 더 귀하다(12a절). 그러므로 안식일이라 해도 어려움에 처한 사람을 돕는 일은 당연하다. 안식일이 사람을 위해 있는 것이지 사람이 안식일을 위해 있는 것이 아니기 때문이다(막 2:27). 더 나아가 안식일에 사람을 돕는 것은 하나님이 기뻐하시는 선하고 옳은 일이다(12b절). 예수님은 안식일에 대해 이렇게 말씀하신다. "안식일이 사람을 위하여 있는 것이요 사람이 안식일을 위하여 있는 것이 아니니"(cf. 막 2:27).

안식일은 어떤 일을 하지 않는 날이 아니라, 선한 일을 하는 날이다. 이러한 해석이 당시 유대인들에게는 낯선 가르침일 수 있지만, 예수님은 율법을 최종적으로 해석할 권한을 가지신(cf. 5:17-20; 10:40-41; 11:10) 안식일의 주인이시다(8절). 그러므로 예수님은 그분의 가르침이 옳다는 것을 확인하기 위해 손이 마른 사람을 치료하신다(13절).

예수님은 예전에 병자들을 만지신 것과 달리(8:3, 15; 9:25, 29), 이번에는 말씀만으로 치료하신다. 그러므로 바리새인들의 기준에서도 이 날 예수님은 일하지 않으셨다. 병자도 예수님이 안식일에 자기 손을 치료하실 수 있다는 믿음이 있었기에 말씀에 따라 손을 내밀어 치유를 받았다(Filson, France, cf. 8:10; 9:2, 18, 22, 28-29).

이 광경을 지켜보던 바리새인들은 회심하거나 반성하기는커녕 오히려 더 악랄해진다. 예수님을 죽일 방법을 본격적으로 의논하기 시작한 것이다(14절). 마태복음에서 그동안 전개되어 왔던 거부 테마(theme of rejection)가 시간이 지날수록 강력해지더니 드디어 본문에서 절정에 달한다(cf. 8:10-12; 9:3-4; 10:17-19; 11:11-12; 12:2, 10). 이번에도 우리는 기적의 한계를 목격한다. 기적은 모든 사람을 설득시킬 수 없다. 특히 마음이 강퍅한 사람들은 기적으로 인해 더 강퍅해진다.

바리새인들이 예수님을 죽일 방법을 의논하지만, 당시 유대인들에게는 사람을 처형할 권한이 없었다. 그들을 지배하고 있는 로마 사람들이 이러한 권한을 허락하지 않았기 때문이다. 따라서 그들은 로마 사람들을 로비해 이런 악한 일을 하려고 음모를 꾸민다(cf. 요 18:31).

바리새인들을 보면 참으로 불쌍한 사람들이라는 생각이 든다. 그들이 예수님을 죽이려고 하는 것은 예수님이 안식일 율법을 지키지 않아서가 아니다. 심지어 그들의 구전 율법이 제시하는 처벌 기준에 따른다 해도 이런 일로 사람을 죽일 수는 없다. 그들이 예수님을 죽이려고 하는 것은 주님이 자신을 가리켜 메시아라 하시며 죄를 용서하셨기 때문이다(cf. 9:1-7). 그들은 예수님이 신성 모독을 하는 망언자이지, 절대 하나님이 보낸 메시아가 아니라고 확신한다(Carson, Wilkins).

이권과 전통에 눈이 먼 바리새인들은 진리를 눈앞에 두고도 보기를 거부하는 사람들이다. 진리를 추구하는 사람들이 진리와 진실에는 관심이 없다. 안식일은 하나님을 예배하기 위해 주의 백성이 회당에 모이는 날이다. 예배 중 손 마른 사람이 수많은 사람이 보는 앞에서 치유받아 하나님의 영광이 온 회중에 임하는 것이 얼마나 좋은 일인가! 예수님이 바로 이 좋은 일을 하셔서 하나님의 영광을 드러내셨다. 그러나 마음이 강퍅한 바리새인들이 고작 한다는 짓은 한쪽으로 몰려가 하나님의 영광을 드러내신 예수님을 죽일 음모를 꾸미는 것이다!

이 말씀은 하나님을 가장 사랑한다고 하는 자들이 실제로는 하나님의 사역을 가장 반대하는 자들이 될 수 있다고 경고한다. 바리새인들은 자신들이 하나님을 가장 잘 섬긴다고 자부하면서도 주님을 예배하는 목적과 기쁨을 오래전에 상실한 자들이다. 또한 지성이 마비되어 상식도 없는 자들이다. 이런 바리새인들의 모습은 우리 주변에서도 얼마든지 볼 수 있다. 오늘날 여러 기독교 연합 단체와 교단 총회 그리고 노회를 좌지우지하는 자들이 이런 모습을 보인다. 교회의 주인이신 주님을 모르는 교회, 이것이 우리의 자화상이 아닌가 두렵다.

> IV. 예수님의 사역이 분란을 초래함(11:2-13:53)
>   A. 내러티브(11:2-12:50)

4. 예언의 성취로 오신 메시아(12:15-21)

¹⁵ 예수께서 아시고 거기를 떠나가시니 많은 사람이 따르는지라 예수께서 그들의 병을 다 고치시고 ¹⁶ 자기를 나타내지 말라 경고하셨으니 ¹⁷ 이는 선지자 이사야를 통하여 말씀하신바

¹⁸ 보라 내가 택한 종
곧 내 마음에 기뻐하는 바
내가 사랑하는 자로다
내가 내 영을 그에게 줄 터이니
그가 심판을 이방에 알게 하리라
¹⁹ 그는 다투지도 아니하며
들레지도 아니하리니
아무도 길에서 그 소리를 듣지 못하리라
²⁰ 상한 갈대를 꺾지 아니하며
꺼져 가는 심지를 끄지 아니하기를

심판하여 이길 때까지 하리니
²¹ 또한 이방들이 그의 이름을 바라리라
함을 이루려 하심이니라

예수님은 반대하는 사람들에게 저항하지 않으시고 자리를 피하신
다(Beale & Carson, Verseput, cf. 2:14, 22; 4:12; 14:13). 반대하는 자들을 줄
곧 피하시다가 이후에 죽음을 맞이하실 때는 그들에게 저항도, 피하지
도 않으시고 오직 하나님의 뜻에 자신을 맡기신다(cf. 16:21; 17:22-23;
20:17-19; 26:45). 예수님은 이번에도 바리새인들이 자신을 해칠 음모
를 꾸미고 있다는 사실을 아시고(cf. 14절) 그 자리를 떠나신다(15절). 가
르치고 치료하는 사역을 계속하시기 위해서다. 죄인들을 긍휼히 여기
시는 예수님은 바리새인들과 다투는 것보다 그들은 하나님의 심판에
맡기고 아픈 사람들을 치료하는 것이 훨씬 더 좋고 생산적인 일이라고
생각하신 것이다.

바리새인들은 예수님을 죽이려 하지만, 무리는 예수님을 위협하지
않고 계속 따른다. 마태복음에서 무리는 제자들이 아니라 한 걸음 뒤
로 물러서서 예수님의 가르침과 사역을 지켜보는 관망자들이다. 이 관
망자들이 스스로 하나님을 가장 사랑하는 사람들이라 자부했던 바리
새인들보다 훨씬 낫다.

예수님은 그분을 따르는 사람들의 병을 다 고치셨다(15b절). 이 말씀
은 4:23-25과 9:35-36처럼 예수님의 사역을 전반적으로 요약한다.
찾아온 병자들은 한 사람도 빠짐없이 모두 병에서 회복되어 집으로 돌
아갔다. 참으로 바쁘고 지치는 일상을 보내신다.

예수님은 병을 치료받고 집으로 돌아가는 사람들에게 자기를 나타
내지 말라고 경고하셨다(16절). 메시아적 비밀(messianic secrecy) 모티브가
계속되고 있다(8:4; cf. 16:20; 17:9). 이스라엘이 바라는 메시아는 그들
을 로마의 억압에서 구원하실 정복자다. 반면에 예수님은 죄인들을 위

해 고난받는 종으로 오셨다. 그러므로 예수님은 자신의 정체와 사역이 비밀에 부쳐지기를 원하신다. 논쟁에 휘말리고 싶지 않으시며, 더욱이 바리새인 같은 사람들과 부딪치고 싶지 않으시다(cf. Bruner).

마태는 예수님이 그분의 정체와 사역을 비밀에 부치기를 원하시는 것은 하나님이 선지자 이사야를 통해서 하신 말씀을 이루기 위해서라고 한다(17절). 마태복음은 예수님이 구약 말씀을 성취하셨다는 말을 총 열 차례 한다(1:22-23; 2:15, 17-18, 23; 4:14-16; 8:17; 12:17-21; 13:35; 21:4-5; 27:9-10). 이 중 본문이 인용하고 있는 이사야 42:1-4은 마태복음에서 가장 긴 구약 말씀이다. 예수님이 구약의 메시아에 대한 예언과 기대를 온전히 이루셨고, 하나님의 구속사적 계획의 절정이심을 암시한다.

마태는 이사야의 예언 중에서도 네 개의 '종의 노래'(42:1-4; 49:1-6; 50:4-9; 52:13-53:12)가 예수님을 통해 성취되었다는 사실을 매우 중요하게 여긴다(cf. 2:23; 12:17-21; 20:28; 26:28; 27:12, 38). 이에 앞서 8:17에서 종의 노래의 일부인 이사야 53:4을 인용했다. 마태는 이사야 42:1-4을 인용하면서 마소라 사본에 있는 내용을 그대로 인용하는 것이 아니라 어느 정도 선별하고 간추려 인용하고 있다. 또한 칠십인역(LXX)을 인용한 것이 아니라, 마소라 사본을 직접 번역해 사용한 것으로 보인다(cf. Bloomberg, Hill, Hagner).

이사야서의 종의 노래는 모두 하나님과 고난받는 종의 관계를 강조한다. 그 중 첫 번째 노래인 본문도 하나님과 종의 관계를 강조하며 시작한다(cf. 『엑스포지멘터리 이사야』). 18절을 구성하는 이사야 42:1은 하나님이 종에 대해 '내가 붙드는 자'(אֶתְמָךְ־בּוֹ), '나의 종'(עַבְדִּי), '내 마음에 기뻐하는 자'(רָצְתָה נַפְשִׁי), '나의 택한 자'(בְּחִירִי)라며 네 차례 언급한다. 이 중 마태는 '내가 붙드는 자'는 생략하고 세 가지를 언급한다(18a-c절). 하나님과 예수님의 특별한 관계는 이미 세례식에서 확인되었다. "하늘로서 소리가 있어 말씀하시되 이는 내 사랑하는 아들이요 내 기뻐하는 자라 하시니라"(3:17).

하나님이 메시아에 대해 말씀하시면서 제일 먼저 관계를 강조하시는 것은 "이 종은 바로 나의 종이다. 그러므로 세상의 그 어느 권세도 내 종을 이길 수 없다"라는 경고를 내포하고 있다. 하나님의 종이라고 하는 우리 역시 가장 중요시 여기고 열심히 노력해야 할 것은 바로 주인이신 하나님과의 관계다. 주변에서 '하나님의 일'을 하느라 너무 바빠서 하나님과의 관계를 등한시하거나 무시하는 사람들을 종종 목격한다. 불행한 일이다. 우리는 어떻게 하나님을 기쁘시게 해 드릴 수 있는가? 세상에 있는 모든 것을 소유하시고, 세상만사를 그분의 계획대로 운행해 나가시는 분에게 과연 무엇을 예물로 드려 기쁘시게 할 수 있다는 말인가?

하나님은 그 어떤 예물보다도 우리를 원하시고, 우리와의 관계를 기뻐하신다. 그러므로 종종 우리는 누구 또는 무엇의 종으로 살아가고 있는지 스스로 돌아봐야 한다. 말로는 하나님의 종이라고 하지만 실상은 개인적인 욕심, 야망, 혹은 하나님이 별로 기뻐하지 않으실 목적을 위한 분주함의 종은 아닌지 고민해 보아야 한다.

종과의 관계를 확인하신 하나님은 그에게 영을 부어 주신다. "내가 내 영을 그에게 줄 것이다"(18d절). 이사야서는 '나의 신'(רוחי), 본문은 '나의 영'(τὸ πνεῦμά μου)이라 한다. 같은 의미이며 히브리어와 헬라어의 차이다. 구약에서 하나님이 영을 주시는 것은 능력 주시는 것을 뜻한다. 중요한 것은 하나님이 종에게 주시는 것은 평범한 능력이 아니라 하나님 자신의 능력이라는 점이다(cf. 사 11:2-4; 61:1-3). 그러므로 하나님의 영으로 가득한 종은 반드시 성공할 것이다.

우리는 하나님이 각자에게 맡겨 주신 사역을 주님이 주시는 영(능력)으로 해야 한다. 따라서 주님을 위해 무언가를 하는 것보다 더 중요한 것은 하나님의 영을 받는 것이다. 또한 하나님의 능력으로 사역하고 난 후 모든 영광을 능력을 주신 하나님께 돌리는 것은 당연한 일이다.

일종의 신앙적 역설(paradox)이라 할 수 있다. 우리가 최선을 다해 열심히 노력하지만, 이 모든 노력과 열정은 하나님으로부터 온 것이기 때문이다. 그러므로 우리가 이룬 모든 것도 하나님이 하신 일로 고백해야 한다.

하나님의 영(능력)을 받은 종은 심판을 이방에 알릴 것이다(18e절). '심판'(κρίσις)은 '공의'(justice)를 뜻하기도 하며(BAGD), 이사야서의 원의미는 종이 '이방에 공의를 베풀 것이다'이다(사 42:1). 종이 열방에 공의를 베풀기 위해 하나님의 임명을 받았다는 사실은 종의 노래를 이해하는데 매우 중요하다. 또한 첫 번째 종의 노래는 그의 사역과 연관해 공의를 세 차례 언급하면서 이 노래가 공의에 대한 메시지를 중심으로 하고 있음을 암시한다(사 42:1, 3, 4).

종이 하나님의 영으로 충만해 열방에 베풀어야 할 '공의'(מִשְׁפָּט, κρίσις)는 무엇인가? 대체로 구약에서 공의는 법적인 판결과 연관이 있다(민 27:21; 신 16:18; 왕상 3:28; 20:40). 종이 '공의'를 '열방'에 베푼다. 이사야 41장과 42장 후반부에서 우상에 관해 언급하는 도중 이곳에서 공의에 대한 말씀이 나오는 것으로 보아 이방 사람들이 신으로 숭배하고 있는 것들은 결코 신이 아니라고 밝히는 것을 바로 '공의'를 이행하는 것으로 보아야 한다(Westermann).

그러므로 종이 하나님의 말씀을 온 열방에 선포해 오직 여호와만이 유일한 하나님이라는 것을 모든 사람이 알게 하는 것이 바로 '공의를 베푸는 것'이다. 하나님에 대해 알지 못해 우상을 신으로 숭배하는 사람들에게 참된 하나님이신 여호와를 전함으로써 그들이 더는 우상이나 거짓 신들의 농간에 놀아나지 않도록 하는 것이 공의다. 또한 열방이 이스라엘의 하나님 여호와를 그들의 신으로 섬기도록 기회를 주는 것이 바로 공의를 행하는 일이다. 그러므로 이 말씀은 메시아가 이스라엘뿐 아니라 열방의 구세주로도 오실 것을 예언한 말씀이다. 이 말씀은 예수님을 통해 성취되었다.

우리는 사역자로서 세상에 공의를 세우는 일에 얼마나 성실하게 임하고 있는지 반성하게 하는 예언이다. 메시아가 선교하기 위해 이 땅에 오셨다면, 그의 제자들인 우리는 더욱더 열심히 선교하고 전도해야한다. 성도들이 교회 일을 하느라 전도할 시간이 부족한 것도 결코 건강한 믿음 생활이 아니다.

메시아는 열방에 공의를 베푸는 소명을 받았다. 이 땅에 오시기 전부터 이방인들을 구원하실 계획이 있었던 것이다(cf. 1:5, 6; 2:1-12; 4:15-16, 24; 8:5-13, 28-34; 10:18). 그렇다면 유대인들은 어떻게 되는가? 유대인들은 고집스럽게 메시아이신 예수님을 거부했으므로 심판을 받을 것이다(cf. 11:20-24; 12:39-42). 또한 그들은 더는 하나님의 특별한 대우를 받지 않는 '열방'에 포함될 것이다(Carson, Osborne, Wilkins). 그들도 우리의 전도와 선교 대상이다.

그렇다면 예수님은 어떻게 이 일을 완수하셔야 하는가? 마태가 19절에서 인용하고 있는 이사야 42:2은 종의 사역 방식을 '부정사+동사'로 구성된 세 개의 문장을 통해 설명한다. 바로 '외치지 아니한다'(יִצְעַק לֹא), '높이지 아니한다'(יִשָּׂא לֹא), '들리지 않게 한다'(יַשְׁמִיעַ-לֹא)이다. 이 예언은 예수님이 메시아적 비밀(messianic secrecy)을 선호하는 것이 이사야가 오래전에 선언한 말씀을 성취하시는 것임을 시사한다. 또한 마태가 '다투지도 아니한다'(οὐκ ἐρίσει), '들레지도 아니한다'(οὐδὲ κραυγάσει), '소리를 듣지 못하리라'(οὐδὲ ἀκούσει)로 번역한 이사야 말씀은 예수님이 왜 음해하는 바리새인들과 정면으로 부딪치지 않고 피하시는지 설명한다(cf. 벧전 2:23). 예수님은 이 예언에 따라 누구와도 대립하거나 갈등을 빚지 않으시고 조용히 하나님 나라 복음을 전파하는 일에만 집중하시는 것이다. 예수님이 요란스럽지 않으시니 많은 사람이 주님을 들을 수 없다고 생각할 수도 있겠지만 하나님이 아들에게 보내시는 이들은 모두 주님을 알아본다(cf. 11:25-27).

마태가 20절에서 인용하고 있는 말씀은 이사야 42:3이다. 이 말씀은 앞 절(42:2)처럼 '꺾지 아니한다'(יִשְׁבּוֹר לֹא), '끄지 아니한다'(יְכַבֶּנָּה לֹא)라
는 두 개의 '부정사+동사' 문장을 통해 메시아의 회복시키시는 사역을
강조한다. 마태는 마소라 사본을 거의 그대로 번역했다. 갈대는 처음
부터 연약한 식물이다. 그나마 부서지거나 꺾어진 갈대는 그 어디에도
쓸모가 없다(cf. 사 36:6). 메시아는 이런 쓸모없는 갈대처럼 되어 버린
사람까지도 소중하게 취급하시고 조심스럽게 대하신다(cf. Carson, Davies
& Allison, Hill).

'꺼져 가는 등불'(כֵהָה וּפִשְׁתָּה)은 사실상 거의 꺼져 버린 불꽃을 말한다.
이사야 7장의 '연기 나는 부지깽이'(הָעֲשֵׁנִים הָאוּדִים וּזְנָבוֹת)와 비슷한 표현이
다. 등불은 빛을 발해서 주변을 밝히기 위해 만들어졌다. 그러나 거의
꺼져 버린 불은 이 기능을 수행할 수 없다. 예수님은 이처럼 제구실 못
하는 등불 같은 사람을 버리지 않고 다시 활활 타오르게 하셔서 원래
의 사명을 감당하게 하실 것이다.

본문의 상한 갈대와 꺼져 가는 등불 비유는 부활하신 예수님이 이미
실패한 제자들을 책망하지 않으시고 부드럽게 회복시켜 사도로 삼으
신 일을 생각나게 한다. 스승의 부활과 부드러운 용서에 감동한 제자
들은 예수님이 하시던 일을 계속하기로 결단한다. 예수님의 부드러운
사역은 제자들을 통해 세상 끝 날까지 이어질 것이다(Verseput).

예수님은 이 세상에 공동체를 형성하셨다. 한 공동체는 가장 연약한
구성원만큼 강하다. 영어에 이런 말이 있다. "고리로 연결된 쇠사슬은
가장 약한 고리만큼 강하다"(A chain is as strong as the weakest link). 그러므
로 공동체에서 연약한 사람을 무시하거나 방치하는 것은 공동체 전체
의 취약점을 방치하는 것과 같다. 약한 지체들을 강건하게 하는 것이
공동체를 향한 우리 모두의 사명이다. 우리는 어떤 사역을 하고 있는
지 생각해 보자. 연약한 지체를 회복시키고 세워 나가는 사역을 해야
한다. 예수님은 이런 사역을 하기 위해 이 땅에 오셨다.

메시아의 사역은 세상에 '공의'(심판)를 베푸는 일이다(18절). 그분은

조용하고 은밀하게 사역하며 상하고 지친 영혼들을 한 사람 한 사람 회복시키고 치유하며 이 일을 하실 것이다(19-20b절). 언제까지 이렇게 하실 것인가? '심판하여 이길 때까지'(ἕως ἂν ἐκβάλῃ εἰς νῖκος τὴν κρίσιν) 하실 것이다(20c절). 예수님이 성공적인 사역을 하실 것이라는 확신이다. 마태가 인용하고 있는 이사야 40:3은 "진실로 정의를 시행할 것이다"라고 한다. 메시아가 세상에 '공의'(מִשְׁפָּט, κρίσις)를 베푸는 사역을 '진리'(אֱמֶת)로 성공하실 것이라는 의미다.

하나님은 결과보다 과정을 더 중요하게 여기시는 분이다. 우리나라와 한국 교회는 매우 심각한 윤리 문제를 지니고 있다. 과정보다 결과와 실적을 중요시하는 가치관을 갖고 있기 때문이다. 메시아는 진리로 사역하셨다. 우리의 사역 과정도 예수님의 사역처럼 의롭고 진실한지 생각해 보아야 한다.

'또한 이방들이 그의 이름을 바라리라'(21절)는 이사야 42:4의 마지막 부분을 인용한 것이다. 이사야는 이 마지막 문장 전에 "그는 쇠하지 아니하며 낙담하지 아니하고 세상에 공의를 세우기에 이를 것이다"라는 말씀을 더한다. 메시아는 분명 성공적인 사역을 하실 것이지만, 과정은 결코 쉽지 않을 것이라는 뜻이다. 마태는 이 부분을 삭제하고 곧바로 이방인들이 메시아의 이름을 간절히 바랄 것이라고 한다. 메시아이신 예수님이 유대인뿐 아니라 이방인의 소망이심을 강조하기 위해서다(Gundry). 예수님은 자신과 제자들의 사역을 때로는 유대인들에게 제한하시는 듯하지만(10:5-6; 15:24), 궁극적으로는 온 세상 만민을 상대로 사역하신다(1:5-6; 2:1-12; 4:14-16, 25; 8:5-13; 10:18).

이사야는 섬들(이방들)이 '그의 교훈'(לְתוֹרָתוֹ)을 앙망할 것이라고 하는데, 마태는 그들이 '그의 이름'(τῷ ὀνόματι αὐτοῦ)을 바랄 것이라고 한다. '이름'이 '율법'(교훈)을 대체하는 것은 율법이 예수님을 가리키기 때문이다(Carson). 율법이 예수님을 통해 온전하게 된 것이다(5:17-20). 이름은 인격을 상징한다(Morris). 열방이 예수님과의 인격적인 관계를 간절

491

히 바란다는 뜻이다.

이 말씀은 하나님이 우리에게 맡기신 일을 묵묵히 해 나가는 영성을 추구하라고 한다. 남의 눈을 의식하지 않고, 요란스럽게 하지도 않으면서 해야 할 일을 성실하게 해 나가는 것이 하나님이 우리 모두에게 원하시는 슬기로운 삶이다.

> Ⅳ. 예수님의 사역이 분란을 초래함(11:2-13:53)
>   A. 내러티브(11:2-12:50)

5. 바리새인들과의 갈등(12:22-45)

바리새인들이 예수님을 죽이기로 모의한 이후(14절) 예수님과 그들의 갈등이 심화되고 있다. 이제는 사사건건 시비를 걸어 온다. 예수님은 그들에게 다양한 예를 들며 설명하고 가르치시지만, 그들은 들을 생각을 하지 않는다. 이미 마음을 닫은 상태이기 때문이다. 예수님과 바리새인들의 갈등을 회고하고 있는 본 텍스트는 다음과 같이 구분된다.

A. 바리새인들의 트집 잡기(12:22-24)

B. 예수님의 경고와 책망(12:25-37)

C. 표적 요구(12:38-42)

D. 돌아온 귀신(12:43-45)

> Ⅳ. 예수님의 사역이 분란을 초래함(11:2-13:53)
>   A. 내러티브(11:2-12:50)
>   5. 바리새인들과의 갈등(12:22-45)

(1) 바리새인들의 트집 잡기(12:22-24)

²² 그때에 귀신 들려 눈멀고 말 못하는 사람을 데리고 왔거늘 예수께서 고쳐

주시매 그 말 못 하는 사람이 말하며 보게 된지라 ²³ 무리가 다 놀라 이르되 이는 다윗의 자손이 아니냐 하니 ²⁴ 바리새인들은 듣고 이르되 이가 귀신의 왕 바알세불을 힘입지 않고는 귀신을 쫓아내지 못하느니라 하거늘

예수님이 귀신 들려 눈이 멀고 말을 못 하는 사람을 고쳐 주셨다(22절). 어떤 이들은 눈이 멀고 말을 못 하는 사람이 이스라엘의 영적 상태를 상징한다고 하지만(Verseput), 이는 역사적 사건을 알레고리로 해석하는 어처구니없는 일이다. 맹인을 보게 하는 것은 예수님이 행하신 기적 가운데 가장 흔한 것이며(9:27-31; 15:30-31; 20:30-34; 21:14-15), 예수님이 바로 구약이 예언한 메시아이심을 암시한다. 그러나 눈이 멀고 말도 못 하는 사람을 치료하시는 것은 이곳이 유일하며, 예수님의 기적 이야기 중 가장 간략하게 서술되어 있다. 마태가 이 기적을 회고하는 이유는 이 일로 인해 빚어진 예수님과 바리새인들의 갈등 때문이다. 이제부터 예수님은 더는 바리새인들을 피하지 않으신다(cf. 15절).

귀신이 쫓겨나 다시 말하고 볼 수 있게 된 사람을 보자 무리가 다 놀랐다(23절). 흔히 보는 일이 아니기 때문에 당연하다. 그들은 "이는 다윗의 자손이 아니냐?" 하고 물었다. '아니다'를 답으로 요구하는 질문 소사(interrogative particle) '메티'(μήτι)를 어떻게 해석하는가에 따라 무리가 하는 질문의 의미가 달라질 수 있다. 만일 부정적으로 해석하면 "설마 이 사람이 다윗의 아들은 아니지?"라며 실망감을 나타내는 질문이 된다(Blomberg, NAS). 어느 정도 가능한 해석이다. 유대인들은 정복자 메시아를 간절히 원하고 있는데, 그들 눈에 예수님은 귀신이나 쫓는 퇴마사로 보였기 때문이다(cf. Wilkins).

그러나 마태가 이 이야기를 하는 이유는 바리새인들과 예수님의 갈등을 묘사하고, 또한 순수하게 예수님이 하나님의 아들이심을 인정하는 무리(관망자들)와 그렇게 하지 못하는 바리새인들을 대조하기 위해서다. 그러므로 무리는 그들의 눈이 메시아를 보게 되었다며 다윗의

아들 메시아가 오신 것이 너무나 좋아 믿을 수 없다는 취지에서 이 질문을 하고 있다. 자신들이 메시아 시대를 살고 있음을 인식한 것이다.

신이 나서 예수님을 메시아로 환영하는 무리와는 대조적으로 바리새인들은 예수님을 비방하기에 급급하다(24절). 같은 사건을 회고하는 마가복음은 예루살렘에서 예수님을 조사하러 내려온 서기관들이 이 말을 했다고 한다(막 3:22). 서기관들과 바리새인들이 연합해 예수님을 대적한다. 그들도 예수님이 귀신 들린 자를 치료하셔서 그의 눈이 뜨이고 입이 트였다는 사실을 부인할 수는 없다. 그렇게 말하면 함께 지켜본 무리가 가만히 있지 않을 것이기 때문이다. 그래서 그들은 예수님이 행한 기적은 하나님의 능력이 아니라 바알세불의 능력으로 한 것이라고 말한다.

바리새인들은 자신들이 세상 그 누구보다도 하나님을 잘 안다고 하면서도 하나님과 바알세불(cf. 10:25)을 구분하지 못하는, 즉 영적 분별력을 상실한 자들이다. 그들 눈에는 하나님이 악령의 우두머리인 바알세불로 보인다! 우리도 바리새인들처럼 되지 않으려면 항상 깨어 있어야 한다. 하나님이 하신 선한 일을 선하다고 하고, 마귀가 한 악한 짓을 악하다고 해야 한다.

그들은 무리의 인기를 얻기 위해 예수님과 경쟁하다가 이렇게 되었다(Boring). 예수님이 하나님의 능력으로 하셨다고 인정할 수 없다면, 유일한 대안은 악령의 힘을 빌리는 블랙 매직(black magic)이다. 이러한 비방은 매우 심각하다. 구약에서 블랙 매직을 하는 자는 돌로 쳐서 죽이라고 하기 때문이다. 결국 바리새인들은 예수님과 화해할 수 있는 마지막 기회를 이렇게 날렸다.

이 말씀은 잘못된 신학은 생명이 아니라 죽음으로 인도한다고 경고한다. 당시 최고 신학자들이라는 바리새인들은 구세주이신 예수님을 영접해 영생에 이르려 하지 않고 오히려 얄팍한 신학을 바탕으로 예수님을 비방하며 스스로 죽음으로 가는 길을 택했다. 신학을 가지는 것이 중요한 것이 아니라, 어떤 신학을 가지는지가 더 중요하다.

IV. 예수님의 사역이 분란을 초래함(11:2-13:53)
  A. 내러티브(11:2-12:50)
    5. 바리새인들과의 갈등(12:22-45)

(2) 예수님의 경고와 책망(12:25-37)

예수님은 바리새인들의 악한 생각을 아시고 그들을 책망하신다. 물론 그들은 예수님의 책망에 귀를 기울이지 않는다. 죄로 마음이 가득 찬 사람은 진리를 듣지 못한다. 아니 들으려고 하지 않는다. 자신이 원하는 왜곡되고 비뚤어진 것만 듣고, 그것이 진리인 것처럼 붙잡는다. 이 섹션은 다음과 같이 구분된다.

A. 분열된 나라(12:25-28)
B. 강한 자의 집(12:29)
C. 성령을 거역하는 죄(12:30-32)
D. 열매로 나무를 앎(12:33-37)

IV. 예수님의 사역이 분란을 초래함(11:2-13:53)
  A. 내러티브(11:2-12:50)
    5. 바리새인들과의 갈등(12:22-45)
      (2) 예수님의 경고와 책망(12:25-37)

a. 분열된 나라(12:25-28)

²⁵ 예수께서 그들의 생각을 아시고 이르시되 스스로 분쟁하는 나라마다 황폐하여질 것이요 스스로 분쟁하는 동네나 집마다 서지 못하리라 ²⁶ 만일 사탄이 사탄을 쫓아내면 스스로 분쟁하는 것이니 그리하고야 어떻게 그의 나라

가 서겠느냐 ²⁷ 또 내가 바알세불을 힘입어 귀신을 쫓아내면 너희의 아들들은 누구를 힘입어 쫓아내느냐 그러므로 그들이 너희의 재판관이 되리라 ²⁸ 그러나 내가 하나님의 성령을 힘입어 귀신을 쫓아내는 것이면 하나님의 나라가 이미 너희에게 임하였느니라

예수님은 사람의 생각을 읽을 수 있는 능력을 지니셨다(25절; cf. 9:4; 22:18). 바리새인들이 나쁜 생각을 하는 것을 아시고 스스로 분쟁하는 집단은 반드시 망할 것이라며 큰 것에서 작은 것으로 세 단계 예를 드신다('나라…동네…집'). 내부적인 분쟁은 어떠한 규모의 집단도 모두 무너뜨릴 수 있다는 것이다. 교회에 분란이 있거나 무너질 때도 내부적인 요인이 외부에서 오는 공격이나 핍박보다 더 크게 작용한다.

바리새인들은 예수님이 사람에게서 귀신을 쫓아내실 때 하나님의 능력이 아니라 마귀의 능력을 빌어 하는 것이라고 하는데, 만일 사탄이 세상을 지배하고자 한다면 있을 수 없는 일이다(Broadus). 그나마 귀신을 통해 지배하던 자에게서 왜 스스로 나오겠는가? 그러므로 바리새인들의 말이 사실이라면 사탄이 사탄을 쫓아낸 것이 되는데, 이럴 경우 사탄의 나라는 결코 서지 못한다(26절). 어떤 권세도 스스로 분쟁하면 망하는 것이 진리다.

예수님은 바리새인들에게 반문하신다. "내가 바알세불을 힘입어 귀신을 쫓아내면 너희의 아들들은 누구를 힘입어 쫓아내느냐?"(27a절). 예수님 시대 유대인 중에 귀신 들린 사람에게서 귀신을 쫓는 일이 성행했다(Josephus Ant. 8:2.5, cf. Boring). 귀신 쫓는 일에 종사하는 사람 중 상당수가 바리새인들의 가르침을 따르며 그들과 좋은 관계를 유지했다. 예수님은 바리새인들을 추종하는 귀신 쫓는 자들을 '너희(바리새인들)의 아들들'(οἱ υἱοὶ ὑμῶν)이라고 부르신다.

그들은 분명 자신들이 하나님의 능력으로 귀신을 쫓는다고 하지만, 만일 바리새인들이 예수님에게 적용한 기준을 그들에게 적용하면, 그

들도 마귀의 힘을 빌려 귀신을 쫓았다고 할 수밖에 없다. 그러므로 귀신 쫓는 자들은 바리새인들의 재판관이 되어 그들이 하나님의 능력을 마귀의 능력이라고 한 것에 대해 정죄할 것이다(27b절).

28절을 시작하는 '만일'(εἰ)은 조건 문구의 내용이 기정사실임을 전제한다(BAGD, cf. 4:3). 예수님은 귀신을 쫓아내는 그분의 능력이 어디서 왔는지 밝히신다. 바로 하나님의 성령이다. 누가는 '하나님의 성령'(πνεύματι θεοῦ) 대신 '하나님의 손가락'(δακτύλῳ θεοῦ)이라고 하는데(눅 11:20), 둘 다 같은 의미다(cf. 출 8:19; 신 9:10; 시 8:3). 마태는 예수님의 말씀과 하나님의 영을 언급하는 18절(사 42:1)의 더 뚜렷한 연관성을 강조하고 하나님과 바알세불을 더 확실하게 대조하기 위해 하나님의 손가락 대신 하나님의 성령으로 표현한다(Gundry).

하나님의 성령이 예수님과 함께하신다는 것은 이미 하나님 나라가 임했다는 증거다(28b절; cf. 3:16; 4:1; 12:18). 마태복음에서 하나님 나라가 이미 도래했다는 것을 가장 확실하게 선언하는 말씀이다(Wilkins). 마태는 '하늘나라'(ἡ βασιλεία τῶν οὐρανῶν)를 자주 언급하지만, '하나님 나라'(ἡ βασιλεία τοῦ θεοῦ)는 네 차례만 언급한다(cf. 19:24; 21:31, 43). 자주 사용하지 않는 표현을 이곳에서 사용한 것은 하나님의 나라와 사탄의 나라(cf. 25-26절)를 대조하기 위해서다.

예수님은 4:17에서 하나님 나라가 가까이 왔다고 하셨는데, 이번에는 임했다고 하신다. 어떤 이들은 예수님의 말씀을 '임할 것이다', 즉 미래에 있을 일로 해석한다. 그러나 이 말씀은 '이미-아직'(already, not yet) 관점에서 이해해야 한다(Nolland). 예수님이 성령의 능력으로 사탄의 악령을 몰아내시는 것은 하나님 나라가 이미 임한 것을 입증하는 실제적 증거(tangible confirmation)가 된다(Meier). 그러나 우리는 아직도 하나님의 나라가 최종적으로 임할 것을 기다리고 있다.

바리새인들은 하나님의 나라가 이미 임했기 때문에 예수님이 하나님의 능력으로 귀신을 쫓으시는 것을 직접 보고도 마음을 바꾸지 않는다. 이미 예수님을 해하기로 마음을 굳혔기 때문이다. 기적은 믿음과 함께할 때 비로소 하나님이 하신 일이 된다. 안타깝게도 바리새인들은 예수님이 보게 하신 사람보다(cf. 22절) 더 보지 못하며 믿음도 없다.

이 말씀은 신학적인 편견과 선입견이 얼마나 위험한 것인지 경고한다. 예수님이 어떤 일을 하시든 바리새인들은 주님에 대한 잘못된 편견을 절대 버리지 않는다. 그러나 그들이 아무리 부정해도 예수님은 하나님의 아들이시고, 하나님의 나라는 이미 임했다. 우리도 꾸준히 자신을 점검해야 한다. 혹시라도 경건하지 못한 선입견이 있으면 하나님의 말씀으로 교정해야 한다.

Ⅳ. 예수님의 사역이 분란을 초래함(11:2-13:53)
  A. 내러티브(11:2-12:50)
    5. 바리새인들과의 갈등(12:22-45)
      (2) 예수님의 경고와 책망(12:25-37)

---

b. 강한 자의 집(12:29)

²⁹ 사람이 먼저 강한 자를 결박하지 않고서야 어떻게 그 강한 자의 집에 들어가 그 세간을 강탈하겠느냐 결박한 후에야 그 집을 강탈하리라

예수님은 귀신 들린 사람들에게서 귀신을 쫓아내실 때마다 비유를 통해 말씀하신다. 이 말씀은 하나님이 바빌론과 전쟁하셔서 그들의 손에서 이스라엘 포로들과 그들이 착취한 것들을 빼앗으실 것이라는 이사야 49:24-25을 근거로 한 비유다(France, Luz). 예수님이 귀신을 쫓을 때마다 그 사람을 지배하던 사탄을 꼼짝 못하게 결박하시고 그 사람의 영혼을 해방시키신다는 것이다.

사탄은 도저히 예수님을 대적할 수 없다. 예수님이 그의 영역을 강탈하시는 것을 꼼짝 못 하게 묶인 채 지켜보기만 할 뿐이다. '강탈하

다'(διαρπάζω)는 승자가 패자를 약탈하는 것을 뜻한다. 누가는 약탈한 것을 나눠 가진다는 말을 더한다(눅 11:22). 예수님은 앞으로도 계속 사탄을 결박하시고 그가 억압하고 있는 사람들을 강탈하셔서 자유롭게 살게 하실 것이다.

이 말씀은 사람이 영적으로 마비되면 하나님과 사탄을 구분하지 못할 수도 있다고 경고한다. 영적으로 마비된 사람이 하나님이 하신 일과 사탄의 소행을 구분하지 못하는 것은 당연한 일이다. 따라서 우리는 건강하고 예민한 영성과 분별력을 구하는 기도를 평생 끊임없이 해야 한다.

c. 성령을 거역하는 죄(12:30-32)

30 나와 함께 아니하는 자는 나를 반대하는 자요 나와 함께 모으지 아니하는 자는 헤치는 자니라 31 그러므로 내가 너희에게 이르노니 사람에 대한 모든 죄와 모독은 사하심을 얻되 성령을 모독하는 것은 사하심을 얻지 못하겠고 32 또 누구든지 말로 인자를 거역하면 사하심을 얻되 누구든지 말로 성령을 거역하면 이 세상과 오는 세상에서도 사하심을 얻지 못하리라

예수님은 사람들에게 그분과 함께하는 자가 되든지, 혹은 반대하는 자가 되든지 더는 주저하지 말고 입장을 정리하라고 하신다. 어떤 이들은 이 말씀을 바리새인들을 추종하며 귀신을 쫓는 자들에게 하시는 말씀이라고 하지만(Hagner), 이는 어떠한 입장 정리도 하지 않은 채 예수님을 관망하고 있는 무리에게 하시는 말씀이다(Luz). 이제는 따라다니지만 말고 어떻게 할지 표현하라는 것이다. 예수님은 계속 주저하는 것도 그분을 반대하는 것으로 간주하겠다고 하신다(Meier).

그들은 무엇에 대해 입장을 표명해야 하는가? 예수님이 메시아이신지 아니신지에 대해 결정해야 한다. 만일 예수님이 메시아라고 인정한다면, 예수님과 함께해야 한다. 주님을 따라야 한다는 뜻이다. 나머지 사람들은 모두 '헤치는 자'(흩는 자)로 간주하실 것이다. 참된 목자이신 예수님은 목자가 없이 지쳐 헤매고 있는 양들을 모으러 오셨다 (cf. 9:36-38; 11:28-30). 안타깝게도 무리 중 대부분은 군중 심리에 이끌려 종교 지도자들과 함께 예수님을 십자가에 못 박으라고 할 것이다 (27:20-25).

마가와 누가는 예수님의 말씀을 조금 다르게 기록한다. "우리를 반대하지 않는 자는 우리를 위하는 자니라"(막 9:40; 눅 9:50). 이처럼 차이가 나타나는 것은 마태는 결정을 주저하는 무리에게 하시는 말씀을, 마가와 누가는 주저하는 무리에 대해 제자들에게 하시는 말씀을 기록하고 있기 때문이다(McNeile). 그러므로 실상 차이는 없다.

헬라어 사본을 직역하는 개역개정의 31절이 다소 애매하다. 개역개정은 사람에 대한 모든 죄와 모독은 사하심을 얻는다고 하는데, '모독'(βλασφημία)은 일상적으로 신성 모독을 의미하기 때문이다(Davies & Allison, cf. TDNT, 새번역, 아가페). 또한 31절은 하나님과 성령을 상대로 저지르는 죄를 대조하는 듯하다. 32절이 메시아와 성령을 상대로 저지르는 죄를 대조하기 때문이다. 삼위일체 중 아버지와 아들에 대한 죄는 용서받을 수 있으나, 성령에 대한 죄는 용서받을 수 없다는 말씀을 하고 있다. 그러므로 대부분 번역본처럼 '사람에 대한 죄와 모독'보다는 '사람들이 무슨 죄를 짓든지, 무슨 신성 모독적인 말을 하든지'(새번역, cf. 공동, 아가페, NIV, NRS, ESV)로 번역하는 것이 더 좋다. 하나님은 사람이 사람에게, 혹은 하나님께 저지른 죄를 모두 용서하신다는 뜻이다.

그러나 성령을 모독하는 것은 용서받지 못한다(31b절). 심지어 메시아를 거역하면 용서받지만, 성령을 거역하는 자는 이 세상과 오는 세상에서도 용서받지 못한다(32절). 구약은 결코 용서받지 못할 죄를 '손을 높이 들고 하는 일'(תַעֲשֶׂה בְּיָד רָמָה)이라 하며, 개역개정은 '고의로 무엇을 범하면'이라고 번역했다(민 15:30-31, cf. 『엑스포지멘터리 민수기』). 신약도 용서받지 못할 죄에 관해 종종 언급한다(히 6:4-6; 10:26-31).

무엇이 영원히 용서받지 못할 죄인가? 결코 만족스러운 해석은 없다고 좌절하는 학자들도 있다(Davies & Allison, Luz, cf. Verseput). 그러나 어느 정도는 설명할 수 있다. 바리새인들이 하나님이 성령을 통해서 하시는 일을 가리켜 예수님이 마귀의 힘을 빌려서 하는 것이라고 말하며 하나님과 사탄의 대결에서 지지하는 쪽을 잘못 선택한 것과 연관이 있기 때문이다(cf. France). 그들은 절대 바뀌지 않을 완강하고 완악한 마음으로 계속해서 하나님의 구원을 받아들이지 않는다(Wilkins). 하나님과 예수님을 모욕하는 것은 한동안 있을 수 있는 일이다. 그러나 하나님이 성령의 능력으로 예수님을 통해 세상에서 이루시는 구원 사역을 보면서도 계속 거부하는 일은 결코 용서받을 수 없다. 하나님이 세상에서 사역하신다는 사실 자체를 부인하는 것이기 때문이다(Verseput).

그러므로 이 죄는 믿는 사람이 결코 지을 수 없는 죄다. 혹시 자신이 성령을 거역하는 죄를 범하고 있지 않은지 질문하는 것 자체가 이미 이런 죄를 지을 수 없다는 것을 시사한다. 이와는 대조적으로 바리새인들은 하나님이 성령의 능력으로 예수님을 통해서 하시는 일을 마귀가 하는 짓이라며 삼위일체를 모독하고 있다.

이 말씀은 사람이 짓는 죄 중에는 하나님께 용서받지 못할 죄도 있다고 한다. 하나님을 의식하고 사는 한 이런 죄를 짓지 않겠지만, 같은 죄를 밥 먹듯이 지으면 가능하다. 하나님의 용서는 같은 죄를 반복적으로 지어도 된다는 면죄부가 아니기 때문이다.

501

d. 열매로 나무를 앎(12:33–37)

³³ 나무도 좋고 열매도 좋다 하든지 나무도 좋지 않고 열매도 좋지 않다 하든
지 하라 그 열매로 나무를 아느니라 ³⁴ 독사의 자식들아 너희는 악하니 어떻
게 선한 말을 할 수 있느냐 이는 마음에 가득한 것을 입으로 말함이라 ³⁵ 선
한 사람은 그 쌓은 선에서 선한 것을 내고 악한 사람은 그 쌓은 악에서 악한
것을 내느니라 ³⁶ 내가 너희에게 이르노니 사람이 무슨 무익한 말을 하든지
심판 날에 이에 대하여 심문을 받으리니 ³⁷ 네 말로 의롭다 함을 받고 네 말
로 정죄함을 받으리라

이 말씀은 무리에게 악으로 가득한 바리새인들과 선으로 가득한 예
수님 중 어느 쪽을 택할 것인지 결단하라는 권면이다. 이 과정에서 예
수님은 우리에게 말조심에 대해 매우 확고한 교훈을 주신다. 사람이
하는 말은 그의 인격을 드러내므로 신중하게 말하고 선하게 말하라는
권면이다.

예수님은 나무는 열매로 판단하는 것이라고 하신다(7:20). 이번에는
나무와 열매가 좋다고 하든지 좋지 않다고 하든지 결정하라고 하신다
(33절). 예수님은 성령을 힘입어 하나님 나라를 선포하고 병자들을 고
치신다. 예수님은 선한 열매를 참으로 많이 맺으시는 좋은 나무다. 그
러나 바리새인들은 예수님이 온갖 악한 열매를 맺는 나쁜 나무라고 한
다. 그러므로 무리는 예수님이 좋은 열매를 맺는 좋은 나무인지, 혹은
나쁜 열매를 맺는 나쁜 나무인지 결정해야 한다. 즉, 바리새인들의 판
단이 정당한지 잘못된 것인지 판단해야 한다. 그들은 더는 우유부단한
태도를 취할 수 없다.

예수님은 바리새인들을 두고 독사의 자식들이라고 하신다(34절). 요한도 바리새인과 사두개인 등 종교 지도자들을 향해 독사의 자식들이라고 비난했다(3:7). 예수님은 앞으로도 서기관들과 바리새인 등 유대교 리더들을 독사의 자식들이라고 부르실 것이다(23:33). 그들은 악하기 때문에 선한 말을 하지 못한다.

사람은 마음에 쌓은 것을 입으로 말하는데(35절), 바리새인들은 예수님이 바알세불의 힘을 빌려 귀신을 쫓는다는 등 온갖 악한 말만 쏟아낸다. 그들의 마음에는 악과 독이 쌓여 있을 뿐 선한 것이 전혀 없다. 그러므로 그들은 그럴싸한 말로 순진한 사람들을 현혹시키고 해치는 독을 뿜어내는 자들이며, 나쁜 말로 나쁜 열매를 생산하는 나쁜 나무들이다.

'내가 너희에게 이르노니'(λέγω δὲ ὑμῖν)(36절)는 중요한 말씀을 하실 때 사용하시는 표현이다(cf. 3:9; 5:20; 6:25; 8:11; 11:22; 12:6). 이번에 말씀하시는 중요한 가르침은 사람은 자신이 한 모든 말로 인해 심문을 받는다는 사실이다. '심문을 받다'(ἀποδίδωμι)는 빚을 갚는 일(5:26; 18:25-30)과 하나님이 보응하시는 일(6:4, 6, 18)에 사용되는 단어다. 최종 심판 때 하나님은 선한 말을 한 사람에게는 선한 것으로 상을 주시고, 나쁜 말을 한 사람은 심판하신다는 뜻이다(cf. 히 13:17; 계 18:6; 22:12).

'무익한 말'(ῥῆμα ἀργὸν)은 '빈말, 경솔한 말'을 뜻한다. 선한 것이라고는 아무것도 이루지 못하는 말, 혹은 아무 효력이 없는 말이다(Verseput). 우리는 빈말, 혹은 의미 없는 말을 자제해야 한다(Carson). 사랑과 격려의 말을 다 하기에도 시간이 부족하다. 그러므로 악하고 나쁜 말은 삼가는 것이 지혜다. 하나님의 심판을 피할 수 있기 때문이다.

'네 말로 의롭다 함을 받고 네 말로 정죄함을 받으리라'(37절)는 격언 성향을 지닌 말씀이다. 그러므로 이 말씀을 가리켜 예수님이 당시 격언을 인용하신 것이라고 주장하는 이들도 있다(Harrington, Hill, McNeile).

503

우리는 언젠가 하나님 앞에 서서 모든 언행에 대해 심판받을 날이 오고 있다는 사실을 마음에 새기고 살아야 한다. 심판을 의식하면서 살면 죄를 훨씬 적게 지을 것이며, 무익한 말 역시 적게 할 것이다. 하나님이 우리를 심판하시는 날 우리는 평생에 걸쳐 심은 것을 그대로 거둘 것이다.

이 말씀은 우리의 행동뿐 아니라 말도 심판을 받을 것이라고 한다. 그러므로 신중하게 말하고, 선한 말을 하는 것이 좋다. 비방과 악한 말은 하나님이 심판하시는 날 심판을 피할 수 없을 것이기 때문이다.

IV. 예수님의 사역이 분란을 초래함(11:2–13:53)
  A. 내러티브(11:2–12:50)
    5. 바리새인들과의 갈등(12:22–45)

(3) 표적 요구(12:38–42)

³⁸ 그때에 서기관과 바리새인 중 몇 사람이 말하되 선생님이여 우리에게 표적 보여 주시기를 원하나이다 ³⁹ 예수께서 대답하여 이르시되 악하고 음란한 세대가 표적을 구하나 선지자 요나의 표적밖에는 보일 표적이 없느니라 ⁴⁰ 요나가 밤낮 사흘 동안 큰 물고기 뱃속에 있었던 것같이 인자도 밤낮 사흘 동안 땅속에 있으리라 ⁴¹ 심판 때에 니느웨 사람들이 일어나 이 세대 사람을 정죄하리니 이는 그들이 요나의 전도를 듣고 회개하였음이거니와 요나보다 더 큰 이가 여기 있으며 ⁴² 심판 때에 남방 여왕이 일어나 이 세대 사람을 정죄하리니 이는 그가 솔로몬의 지혜로운 말을 들으려고 땅끝에서 왔음이거니와 솔로몬보다 더 큰 이가 여기 있느니라

예수님의 말씀을 듣던 서기관과 바리새인 중 몇 명이 말했다(38절). '말하다'(ἀποκρίνομαι)는 '대답하다'라는 뜻이다. 그들은 예수님이 바알세불의 힘으로 귀신을 쫓는다는 논쟁(cf. 22절)에 대한 예수님의 이야기를

듣고 그에 대응하고 있다. 비록 그들은 예수님을 '선생'(διδάσκαλος)이라고 부르며 예의를 갖추고 있지만, 마음이 닫혀 있기 때문에 설득될 상황이 아니다. 이 호칭은 예수님을 반대하는 자들이 예수님을 부르는 타이틀이며(8:19; 9:11; 17:24; 22:16, 24, 36), 그들은 이미 예수님이 메시아라는 주장을 거부하기로 마음을 굳힌 상황이다(Hagner).

예수님은 지금까지 그분이 메시아임을 보여 주는 수많은 표적(σημείον)을 행하셨다. 그런데도 그들은 표적을 요구한다. 그동안 행하신 기적과 말씀을 인정하지 않는다는 뜻이다. 아마도 그들은 출애굽 사건처럼 모든 사람이 보고 경험할 수 있는 스펙터클한 징조를 요구하거나(Osborne), 예수님을 곤경에 빠트릴 징조를 요구하는 것으로 보인다(Wilkins). 그러나 예수님은 자신이 알려지는 것을 원하지 않으시는 조용한 메시아로 오셨다.

예수님은 바리새인들과 서기관들을 가리켜 음란한 세대라고 하신다(39절). 예수님이 메시아라는 사실을 믿지 못하겠다며 표적을 구하는 온 이스라엘을 대표한다는 뜻이다. '악하고 음란한 세대'는 출애굽 때 반역했던 광야 세대를 일컫는 말이다(Verseput, cf. 신 1:35; 32:5, 20). 예수님은 그들 앞에서 수많은 기적을 행하셨다. 그런데도 그들은 예수님을 믿지 못하겠다며 기적을 요구한다. 이러한 그들의 모습은 옛적에 그들의 조상이 광야에서 수많은 기적을 경험하고도 하나님을 믿지 못한 것과 같다(cf. 신 1:35; 32:5). 그러므로 그들은 '악하고 음란한 세대'이다.

'요구하다'(ἐπιζητεῖ)는 현재형 동사이며 끊임없이 계속 요구한다는 뜻이다. 그들은 이미 예수님을 죽이기로 작정했기 때문에(14절), 어떠한 징조를 주셔도 만족하지 않을 것이다. 물론 표적은 사람에 따라 다르게 해석될 수 있다(Wilkins). 그러나 이들의 문제는 공정한 판단을 내리기 위해 이적을 요구하는 것이 아니라, 시비를 걸기 위해 이적을 구한다는 것이다.

예수님은 선지자 요나의 표적밖에는 보일 표적이 없다고 하신다

(39b절). 요나가 행한 기적이 아니라, 요나 자신이 표적이 된다는 말씀
이다. 요나는 밤낮 사흘 동안 큰 물고기 배 속에 있었던 적이 있다(40a
절). 이처럼 예수님도 밤낮 사흘 동안 땅속에 있을 것이라고 하신다.
요나가 물고기 안에서 삼 일을 지낸 것은 예수님이 무덤에서 삼 일을
지내실 것의 모형(type)이라는 뜻이다. 어떤 이들처럼 '밤낮 사흘'을 하
루 24시간으로 계산해서 72시간으로 해석할 필요는 없다. 유대인들은
몇 시간도 하루로 간주했기 때문이다(cf. 창 42:17–18; 삼상 30:12–13; 왕
상 20:29; 대하 10:5, 12) 사흘 만에 죽음에서 부활하신 일은 하나님이 이
스라엘에 보여 주신 가장 중요한 징조였다(Davies & Allison, cf. 행 2:24,
32, 36; 3:15; 13:30, 33–34, 37; 17:31).

예수님은 종말에 있을 심판에서 니느웨 사람들이 증인이 되어 믿지
않는 이 세대 사람들을 정죄할 것이라 하신다(41a절). 그들은 요나가 전
한 메시지를 듣고 회개했지만, 이 세대는 요나보다 더 큰 이가 전하시
는 메시지를 듣고도 회개하지 않기 때문이다. 이 말씀은 심판 때 두로
와 시돈과 소돔이 더 견딜 만할 것이라고 하신 11:20–24 말씀과 비슷
하다.

또한 심판 날 남방 여왕이 일어나 이 세대 사람들을 정죄할 것이라고
하신다(42a절). 남방 여왕은 솔로몬의 명성을 듣고 찾아온 스바의 여왕
을 뜻한다(왕상 10:1–29). 이 여왕도 유대인 지도자들처럼 솔로몬을 시
험하고 싶어서 어려운 문제들을 가지고 찾아왔다(왕상 10:1). 솔로몬을
시험한 여왕은 믿었지만, 예수님을 시험하는 유대인 지도자들은 믿지
않는다. 솔로몬보다 더 크신 분이 말씀하시는데도 말이다.

니느웨 사람들과 남방 여왕 모두 이방인이다. 그들은 기회만 주어진
다면 믿는 이방인들이다. 반면에 유대인들은 예수님이 그렇게 수많은
기회를 주셨는데도 믿지 못한다. 그러므로 이 말씀에서 믿는 이방인들
과 믿지 않는 유대인들이 매우 강력한 대조를 이룬다. 이방인들보다
못한 주의 백성이다.

예수님은 12:6에서 자신이 성전과 그 안에서 사역하는 제사장보다 크다고 하셨다. 이번에는 선지자 요나보다 더 크고, 솔로몬왕보다 더 크다고 하신다. 구약에서는 이 세 직분자(왕, 선지자, 제사장)를 통해 하나님의 말씀이 임했다(France, Wilkins). 예수님은 이 세 직분을 모두 합한 것보다 더 크신 분이다. 예수님처럼 하나님의 말씀과 계시를 전달할 분은 없다는 뜻이다. 안타깝게도 세상에서 하나님을 가장 잘 안다는 이스라엘, 그중에서도 하나님 말씀에 대한 전문가라는 바리새인들과 서기관들은 하나님의 말씀이 성육신하신 예수님을 알아보지 못한다. 그들의 시야는 니느웨 사람들과 남방 여왕 같은 이방인의 것보다 못하다(Hagner).

이 말씀은 선교의 필요성을 생각하게 한다. 예수님은 메시아를 보고도 불신하는 유대교 지도자들이 이방인보다 못하다고 하셨다. 만일 그들이 경험한 일을 이방인들이 경험했다면 그들은 주저하지 않고 믿었을 것이기 때문이다. 우리는 복음을 이미 접하고도 계속 거부하는 사람들보다 복음을 접하지 못해 믿지 못하는 사람들에게 복음을 전해야 한다.

(4) 돌아온 귀신(12:43-45)

⁴³ 더러운 귀신이 사람에게서 나갔을 때에 물 없는 곳으로 다니며 쉬기를 구하되 쉴 곳을 얻지 못하고 ⁴⁴ 이에 이르되 내가 나온 내 집으로 돌아가리라 하고 와 보니 그 집이 비고 청소되고 수리되었거늘 ⁴⁵ 이에 가서 저보다 더 악한 귀신 일곱을 데리고 들어가서 거하니 그 사람의 나중 형편이 전보다 더욱 심하게 되느니라 이 악한 세대가 또한 이렇게 되리라

그동안 예수님은 귀신 들린 사람에게서 귀신을 쫓아내는 은혜를 베푸셨다. 이번에는 쫓겨난 귀신 이야기를 통해 예수님을 메시아로 영접하지 않는 유대교 종교 지도자들과 그들을 따르는 '이 악한 세대'(45절, cf. 39절)에게 경고하신다.

더러운 귀신이 사람에게서 '나갔다'(ἐξέρχομαι)고 하는데(43절), 이는 쫓겨났다는 뜻이다(Wilkins). 쫓겨난 귀신은 물 없는 곳으로 다니며 쉴 곳을 찾았다(43b절). 물 없는 곳은 광야를 뜻하며, 성경에서 귀신들이 머무는 곳으로 묘사된다(사 13:21; 34:14; 계 18:2). 그러나 귀신은 원하는 쉴 곳을 얻지 못했다.

안식처를 찾지 못한 귀신은 자기가 나온 집으로 돌아가기로 했다(44a절). 귀신에게 사람은 집(οἶκος)과 같다. 와서 보니 집이 (1)청소되었고, (2)수리되어 있었다(44b절). 귀신이 머물기에 예전보다 훨씬 더 좋아졌다는 뜻이다. 게다가 집이 비어 있었다! 귀신으로서는 금상첨화다. 귀신은 집이 얼마나 좋은지 혼자 머물기 아깝다는 생각이 들어 자기보다 더 악한 귀신 일곱을 데려와 함께 살았다(45a절). 숫자 7은 총체성을 상징한다. 그의 삶이 귀신으로 가득 찼다는 뜻이다. 결국 그 사람의 형편은 예전보다 더욱 나빠졌다(45b절). 예전에는 귀신 하나에 시달리며 살았는데, 이제는 귀신 여덟에게 시달려야 하니 당연한 일이다.

이 귀신 들린 사람은 유대교 지도자들과 그들을 따르는 '이 세대'다(Nolland, Turner, cf. 39, 45절). 예수님은 온갖 기적과 가르침으로 그들이 더는 마귀의 지배를 받지 않게 하셨다. 그러나 그들은 예수님이 베푸신 표적들에 어느 정도 호기심을 느꼈지만 주님을 따르기로 결단한 것은 아니었다(cf. 30절). 오히려 메시아로 영접하기를 거부하고 있다. 그러므로 그들의 영혼은 귀신이 다시 찾은 비어 있는 집과 다름없다. 그들이 예수님을 메시아로 영접하기를 거부하는 한 주님의 보호를 받지 못할 것이다. 그러므로 언제든 예전보다 더 혹독한 귀신(들)의 농간에 놀아날 수 있다.

이 말씀은 경건은 삶에서 나쁜 것들을 제거하는 것이 아니라, 나쁜 것을 좋은 것으로 대체할 때 이룰 수 있다고 한다. 우리가 개혁이나 경건을 추구할 때 우리 삶에서 나쁜 일을 하거나 나쁜 습관을 갖지 않는 것보다 더 중요한 것은 좋은 일과 좋은 습관으로 우리 삶을 채우는 일이다. 예를 들면 담배를 끊을 때 더는 피지 않는 것으로 끝낼 것이 아니라, 담배 피우던 시간을 더 좋은 것으로 채우는 것이 더 중요하다. 그래야 담배에서 해방될 수 있다.

Ⅳ. 예수님의 사역이 분란을 초래함(11:2-13:53)
  A. 내러티브(11:2-12:50)

6. 아버지의 뜻대로 하는 사람들(12:46-50)

[46] 예수께서 무리에게 말씀하실 때에 그의 어머니와 동생들이 예수께 말하려고 밖에 섰더니 [47] 한 사람이 예수께 여짜오되 보소서 당신의 어머니와 동생들이 당신께 말하려고 밖에 서 있나이다 하니 [48] 말하던 사람에게 대답하여 이르시되 누가 내 어머니이며 내 동생들이냐 하시고 [49] 손을 내밀어 제자들을 가리켜 이르시되 나의 어머니와 나의 동생들을 보라 [50] 누구든지 하늘에 계신 내 아버지의 뜻대로 하는 자가 내 형제요 자매요 어머니이니라 하시더라

예수님은 바리새인들과 날 선 논쟁을 잠시 멈추시고 제자도에 관해 말씀하신다. 누가 예수님의 참된 가족인가? 제자의 삶을 사는 사람, 곧 하나님의 뜻대로 사는 사람들이라고 하신다(50절). 영적인 관계가 가족 관계보다 더 깊고 중요하다는 뜻이다. 가족을 매우 소중히 여겼던 당시 사회에서는 참으로 충격적인 말씀이다. 그렇다고 해서 예수님이 가족의 중요성을 부인하시는 것은 아니다(cf. 13:54-58; 15:3-9). 제자들과 영으로 맺어진 관계가 혈육 관계보다 더 중요하다고 하시는 것

509

뿐이다.

예수님이 사람들에게 하나님 나라에 대해 가르치실 때 어머니와 동생들이 찾아왔다. 마가복음 3:20-21은 가족들이 예수님이 실성했다고 생각해서 집으로 데려가려고 왔다고 하는데, 마태는 이러한 정보를 삭제했다. 가족들을 예수님을 반대하는 자들이 아니라 지지하는 자들과 연결시키기 위해서다(Osborne).

'동생들'(οἱ ἀδελφοὶ)은 '형제들'이라는 뜻이지 반드시 동생을 뜻하는 것은 아니다. 그래서 성모 마리아가 평생 동정인(Perpetual Virginity)이었다고 주장하는 그리스 정교와 가톨릭 학자들은 예수님을 찾아온 형제들이 아버지 요셉이 마리아와 결혼하기 전에 다른 여자와 결혼해 얻은 예수님의 이복형들(Clements of Alexandria, Eusebius, Origen) 혹은 사촌들(Jerome, Augustine)이라고 했다(cf. Boring, Harrington). 그러나 만일 요셉에게 예수님보다 먼저 난 아들이 있었다면, 예수님은 장자가 아니므로 '다윗의 아들'이라는 타이틀을 받으실 수 없다(Carson). 가톨릭은 비성경적인 교리를 만들어 놓고 그것을 정당화하기 위해 성경을 왜곡하고 있는 것이다.

어머니와 동생들은 예수님이 무리를 가르치시는 집 안으로 들어오지 않고 밖에서 불러내 말하려고 했다. 어떤 이들은 가족들이 집 밖에 머무는 것은 예수님을 메시아로 믿지 않기 때문이라고 하지만(Bruner), 그렇게 해석하기에는 증거가 부족하다. 더욱이 마태가 가족들을 예수님을 반대하는 자들과 함께 취급하지 않으려고 했다면 더욱더 그렇다.

가족의 말을 전해 주려는 사람이 들어와 예수님에게 어머니와 동생들이 찾아왔다고 하자(47절), 예수님은 수수께끼 같은 말씀을 하신다(Verseput). "누가 내 어머니이며 내 동생이냐?"(48절) 가르치는 무리에게 좋은 교훈을 줄 기회를 포착하시고는 이를 적절하게 사용하고자 하시는 것이다.

이어 손을 내밀어 제자들을 가리키시며 이들이 예수님의 어머니와 동생들이라 하신다(49절). 손을 내밀어 가리키는 행위는 '저들은 내 보호 아래 있다'는 의미다(Luz). 예수님은 그들과 영원히 함께하며 보호할 것을 다짐하시는 것이다. 그러면서 누구든 하나님의 뜻대로 사는 사람이 바로 형제요 자매요 어머니라 하신다(50절). 마태복음에서 '형제'(ἀδελφός)는 제자를 의미하는 용어가 되며(18:15, 21, 35; 19:29; 23:8; 25:40; 28:10) 이 본문에서 처음 이러한 의미로 사용되고 있다(Osborne).

여성을 존중하지 않았던 당시 사회에서 예수님이 제자들을 '자매'(ἀδελφή)로도 부르시는 것은 상당히 파격적이다(Hagner). 하나님 나라 복음을 바탕으로 형성되는 메시아 공동체에는 성차별이 없다는 것을 선언하신다. 또한 예수님은 하나님을 '하늘에 계신 내 아버지'라 부르시며 하나님과 특별한 관계에 있다는 점과 하나님은 우리와 질적으로 다른 초월하신 하나님(transcendent God)이심을 강조하신다. 하나님은 분명 우리에게 자비를 베푸시는 따뜻하고 인자하신 분이지만, 우리가 범접할 수 있는 분은 아니다.

이 말씀은 우리의 영적 가족이 육신적 가족보다 더 중요하다고 한다. 믿음 공동체는 하나님 나라를 세워 나가고자 함께 모인 천국 가족이다. 이 가족은 영생을 함께할 가족이기도 하다. 그러므로 육신적 가족보다 더 소중하다.